새로운 자유를 찾아서

자유지선주의 선언

서양편 · 723

새로운 자유를 찾아서

자유지선주의 선언

머리 N. 로스바드(Murray N. Rothbard) 지음
권기붕, 정연교, 정혜영, 한학성 옮김

한국문화사

한국연구재단 학술명저번역총서 서양편·723
새로운 자유를 찾아서: 자유지선주의 선언

발 행 일	2013년 12월 10일 1판 1쇄 발행
	2023년 9월 25일 1판 2쇄 발행
원 제	For a New Liberty: The Libertarian Manifesto
지 은 이	머리 N. 로스바드(Murray N. Rothbard)
옮 긴 이	권기붕, 정연교, 정혜영, 한학성
펴 낸 이	김 진 수
펴 낸 곳	**한국문화사**
등 록	제1994-9호
주 소	서울시 성동구 아차산로49, 404호
	(성수동1가, 서울숲코오롱디지털타워3차)
전 화	(02)464-7708
팩 스	(02)499-0846
이 메 일	hkm7708@daum.net
홈페이지	http://hph.co.kr

책값은 뒤표지에 있습니다.
잘못된 책은 바꾸어 드립니다.
이 책의 내용은 저작권법에 따라 보호받고 있습니다.

ISBN 978-89-6817-078-2 93330

오류를 발견하셨다면 이메일이나 홈페이지를 통해 제보해주세요.
소중한 의견을 모아 더 좋은 책을 만들겠습니다.

'한국연구재단 학술명저번역총서'는 우리 시대 기초학문의 부흥을 위해 한국연구재단과 한국문화사가 공동으로 펼치는 서양고전 번역간행사업입니다.

역자 서문

자유주의liberalism는 역사적으로 전제주의에 대항하는 사상으로 태동하여 자유를 갈망하는 현대인의 가치체계를 대표하는 이념이자 철학으로 자리매김하였다. 국내외를 막론하고 자유주의가 차지하는 지성사적 헤게모니에 대해 반론의 여지가 없기 때문이다. 특히 지난 세기 자유주의의 대항 이념체계라고 할 수 있었던 공산주의의 쇠락 이후 자유주의의 독보성은 더욱 두드러져 보였다. 자유주의의 성공과 확산을 감안했을 때 순수 자유주의로 알려진 자유지선주의libertarianism, 自由至善主義가 국내 독자에게 많이 소개되지 않았다는 사실은 국내 지식인 계층의 편식성을 잘 드러내고 있는 것이다. 최근 마이클 샌델Michael Sandel이 자신의 저서『정의란 무엇인가?』*Justice: What's the Right Thing to Do?*에서 자유지선주의[1]와 공리주의 입장을 비교 분석함으로써 자유지선주의가 주목받게 되었지만, 아직까지 국내 지성계에서 공리주의를 포함한 여타의 사상체계에 비하여 자유지선주의에 관한 저술을 제대로 번역하여 소개하지 못하고 있다.

20세기 후반 이후의 현대 자유지선주의는 복지국가로 대표되는 국가주의statism 및 중앙집권주의, 특히 최근의 행정권과 사법권의 심각한 확

---

[1] [역주]『정의란 무엇인가?』의 국내 번역본에서는 'libertarianism'을 '자유지상주의'(自由至上主義)로 번역하고 있다. 역자들의 판단으로, '자유지상주의'는 국내에서 부정적인 의미로 통용되는 것으로 여겨지기도 해서 이 책에서는 긍정적 의미를 살리고자 자유지선주의(自由至善主義)로 번역하였다.

대에 대한 반작용으로 나타났다. 국가와 국민을 위한다는 명목으로 과도한 국가권력을 행사하여 개인의 자유와 생활을 짓밟는 행위에 대해 반발할 뿐만 아니라, 침략적 전쟁을 수행하면서도 전 세계의 자유를 수호한다고 정당화하는 신제국주의에 대해서 경종을 울리고, 시장과 개인의 사적 영역에 복지라는 이름으로 깊숙이 침투하는 국가를 용인하는 보수주의의 타락과 부패에 대해 특히 경각심을 불러일으킴으로써 진보적 자유주의의 대안 사상으로 자유지선주의가 주목을 받게 되었다. 즉 자유지선주의는 존 레넌 John Lennon이 부른 "Imagine"의 2절 가사와 같이 국가가 존재하지 않는 세상을 추구하는 사상이다. "국가가 없는 세상을 상상해보라. 그리 어려운 일도 아니라네. 서로 죽이거나 죽을 일이 없고, 종교도 없겠지. 모든 사람이 평화로운 삶을 누리는 세상을 상상해보세 …" (Imagine there's no countries / It isn't hard to do / Nothing to kill or die for / And no religion too / Imagine all the people / Living life in peace …).

한마디로 정의해서 자유지선주의는 개인의 자유와 기본권의 극대화를 추구하는 정치·사회철학이라 할 수 있다. 본 번역서의 원저인 『새로운 자유를 찾아서: 자유지선주의 선언』 For a New Liberty: The Libertarian Manifesto 에서 저자 머리 로스바드 Murray Rothbard는 자연법 사상, 고전적 자유주의, 자유주의 경제학 전통, 그리고 미국의 전통적인 반전주의 등을 하나로 묶어 '자유의 과학' science of liberty이라는 자유의 절대적 가치에 기초한 정치, 사회, 경제의 통합 이론을 제안하고 있다. 로스바드는 좌익과 우익의 이념적 틀에서 벗어나 정치, 사회, 경제, 교육, 환경보호 등에 이르는 모든 사회 분야에서 자유지선주의 사회를 구현하는 전략과 대안을 구체적으로 제시한다. 이런 측면에서 자유주의 진영에서는 로스바드를 현대 자유지선주의의 주창자로 부른다.

자유지선주의를 표방하는 이론가들은 로스바드 자신이 인정하고, 인용하듯 다수 있다. 하지만 진정한 의미에서 혁명적이고 실천적인 이론가의 지위에 걸맞은 자유지선주의자는 로스바드를 제외하고서는 생각하기 어렵다. 무엇보다 로스바드는 시류에 영합하고자 타협하지 않는다. 그의 주장은 단지 정부를 축소하는 것이 아니라 완전히 없애자는 것이고, 단지 사유재산권을 보장하자는 논리가 아니라 심지어는 법원, 도로, 강, 바다까지 모두 사유화하자는 것이고, 단지 복지를 줄이는 것이 아니라 완전히 없애자는 것이며, 인위적인 통화팽창을 막기 위해 아예 중앙은행을 폐지하자는 것이다. 아울러 그는 사회주의 계획경제와 미국의 제국주의를 맹비난하고 있다. 그는 본 번역서의 원전에서 완전한 자유를 위한 포괄적 비전을 제시하고, 그 이행방안을 '자유지선주의 선언' Libertarian Manifesto이라고 불렀다.

　로스바드의 사상적 원리는 개인의 신체 및 재산에 대한 엄격한 권리, 자유시장, 정부 개입의 절대 반대 등과 같이 단순한 것이지만, 그 원리들을 하나의 통일된 시스템으로 구성하여 제안한다는 점에서 차별성을 가진다. 따라서 그의 시스템은 기존의 고정관념에서 탈피하여 세상의 여러 사건을 다른 각도에서 이해해보고자 하는 이들에게는 세상을 선명하게 재 조망할 수 있는 렌즈를 제공해주고, 세상이 어떻게 달라져야 하는지에 대한 대안적 비전을 제시해준다. 로스바드는 순수 자유주의자들에게, "자유는 반드시 승리할 것이고 시간이 흐를수록 자유 이외에는 다른 대안이 없다"는 확신을 피력한다. 이는 존 레넌의 "Imagine"의 3절 가사 "나를 몽상가라고 말할지 모르지만, 절대 나 혼자의 꿈만은 아니라네. 언젠가 여러분도 동참하기를 희망해요, 그런 날이 오면 세상은 하나가 되지"(You may say I'm a dreamer / But I'm not the only one / I hope someday you'll join us / And the world will be as one)를 떠올리게 한다.

로스바드의 저서를 번역해보자는 의견은 역자들이 재직하고 있는 경희대학교 사회철학연구모임에서 제안되었다. 정기적으로 '잊혀져가는 정치, 경제, 사회사상'에 대한 토론을 벌이는 연구모임에는 당시 정치학, 철학, 영어학, 경제학, 경영학, 생물학, 종교학, 사회학 전공의 다양한 교수들이 참여하고 있었다. 따라서 자유지선주의 사상 및 철학의 전통, 개인의 자유, 국가 및 공공부문 정책, 복지정책, 교육정책, 경제 및 환경정책, 외교정책, 기업정책 등 다양한 사상과 현실적 정책 대안을 다루고 있는 로스바드의 저서를 읽고 토론하는 데 안성맞춤이었다. 토론과 흥미가 깊어지면서 구성원 사이에서 로스바드를 국내에 본격적으로 소개할 필요성이 제기되었고, 내부 논의를 거쳐 자유지선주의 사상의 소개가 필요하다는 데 공감하는 교수들로 번역진이 구성되었다. 물론 번역자들 개인의 철학적, 이론적 견해가 로스바드의 것과 일치하기 때문에 번역작업에 동참한 것은 아니다. 개인의 견해와 별개로 사회적으로 중요한 사상적 논의는 학계의 울타리를 넘어 사회 저변에서 활발히 개진될 필요가 있고, 이러한 사상적 생동성이 건강한 사회, 미래를 여는 사회의 기초가 된다는 데 의견을 같이 한 것이다.

　　이와 같이 로스바드에 대한 관심에서 출발한 일이, 번역 진행 과정에서 한국연구재단의 '명저번역사업'에 채택되어 소정의 연구비를 지원받았고, 이를 통해 번역을 완수할 수 있게 되었다. 번역 과정에는 가급적 역자 주석을 삽입함으로써 자유지선주의에 대한 사전 지식이 없는 독자도 쉽게 이해할 수 있게 하고자 했다. 비록 공동 작업이긴 하지만 장시간의 토론을 거쳐 한 사람이 번역하는 것과 같은 효과를 내려고 노력하였다. 이 같은 과정에서 비록 번역에는 직접 참여하지 않았지만, 자신의 일처럼 훌륭한 조언을 아끼지 않았던 연구모임 참여교수들의 도움이 무엇보다도 큰 힘이 되었다. 특히 경제학과의 박현 교수님과 생물학과의 정용석 교수님께 이 자리를 빌려 심심한 감사를 표하고 싶다. 이외에도 다양한 방식으로 도움을 아끼지 않았던 번역자들의 개인적인 지인, 학생 및 연구조교 등에게도 감사를 표한다. 번역 과정에 상당한 시간이 소요되었을 뿐 아니라, 그 이후에도 수정과 교정에 시간이 지체되면서 피로가 누적되어 번역자들의 주의성과 세밀힘이 떨어졌을 때 이들의 날카롭고 치밀한 원고 검토는 수많은 오류를 잡아내는 데 결정적인 역할을 하였다. 이들의 노고에도 불구하고 아직 남아있는 번역의 문제는 모두 역자들의 책임인 것은 당연하다.

마지막으로 이 책의 출판을 기꺼이 허락해 준 한국문화사의 김진수 사장님과, 이 출판을 성사시키는 데 큰 역할을 하신 박재형 팀장님, 원고의 출판을 맡아서 완벽한 책으로 변환시켜 준 이지은 팀장님께도 이 자리를 빌려 심심한 감사를 표한다.

2013년 11월
역자: 권기붕
정연교
정혜영
한학성

저자 서문

이 책의 초판이 출판되었을 때(1973년)는 미국에서의 새로운 자유지선주의 운동은 겨우 걸음마 단계였다. 그 후 6년 동안 이 운동은 매우 빠르게 성숙했으며, 양적 질적으로 크게 성장했다. 따라서 이 수정판에서 자유지선주의에 대한 설명을 강화하고 전체적으로 새로운 흐름을 반영하기도 했지만, 가장 큰 변화는 자유지선주의 운동을 다룬 부분이라고 할 수 있다. "새로운 자유지선주의 운동"the New Libertarian Movement 이라는 제목의 초판 제1장은 시대에 뒤진 내용으로서 관련성을 상실했기 때문에 1장 전체를 부록으로 보내 오늘날 자유지선주의 운동의 복잡한 구조를 이해하는 데 도움이 되게끔 재구성했다. "자유지선주의 전통" the Libertarian Heritage 이라는 제목의 새로운 제1장에서는 간략하지만 대단히 필요한 자유liberty 에 대한 미국 및 서구의 전통과, 그 성공과 실패 사례의 역사적 배경을 제공하여 오늘날의 운동으로 재탄생한 자유지선주의를 논의하는 연결고리를 마련했다. 새롭게 추가된 제9장에서는 인플레이션과 경기순환, 그리고 이 같은 악을 조장하고 다시 완화시키는 정부와 자유시장의 역할을 논의했다. 마지막으로, 전략을 논의하는 결론 장에서는 자유는 반드시 승리할 것이고, 장기적으로는 물론 단기적으로도 자유는 앞으로 크게 도약할 것이며, 그리고 시간이 흐름에 따라 자유 이외에는 다른 대안이 없다는 최근의 나의 신념을 발표하고 설명을 추가했다.

나는 이 책의 기원과 영감과 관련하여 첫 번째 편집자, 탐 맨델Tom

Mandel에게 빚을 지고 있다. 그는 자유지선주의에 대한 최근의 사회적 관심을 예견한 비전을 가진 사람이다. 이 책은 그가 없었다면 빛을 보지 못했으며 완성되지도 못했을 것이다. 이 수정판을 위해서는 『자유지선주의 리뷰』Libertarian Review 의 편집자인 로이 차일즈 2세 Roy A. Childs, Jr. 의 도움이 매우 컸다. 어떤 부분을 수정해야 하는지 제안해주있다. 또한 하트포드 대학 University of Hartford 경제학과의 도미니크 아르멘타노 Dominic T. Armentano, 『인콰이어리』Inquiry 잡지의 편집자인 윌리엄슨 에버스 Williamson M. Evers, 그리고 『자유 논집』The Literature of Liberty 의 편집자인 레너드 리지오 Leonard P. Liggio 의 훌륭한 도움 말씀에 깊은 감사를 표하고 싶다. 이 책에 대한 월터 미클버그 Walter C. Mickleburgh 의 끝없는 열정은 수정판을 준비하는 데 큰 역할을 했으며, 샌프란시스코의 카토 연구원 Cato Institute 의 원장인 에드워드 크레인 3세 Edward H. Crane III 는 이 책의 개선을 위해서 많은 도움을 주셨으며 격려와 충고를 아끼지 않았다.

머리 N. 로스바드 Murray N. Rothbard
캘리포니아 팔로 알토에서 Palo Alto, California
1978년 2월

책 소개

오늘날 세계에는 매우 다양한 자유지선주의 사상이 있으나 로스바드주의 Rothbardianism 는, 심지어 그 이름이 언급되지 않더라도, 그 지적인 무게, 주요 사상과 양심, 전략 및 도덕의 핵심에서 중심적인 위치를 지켜왔고, 논쟁의 초점이 되어왔다. 그 이유는 머리 로스바드 Murray Rothbard 가 현대 자유지선주의의 창시자이기 때문이다. 그가 주창한 현대의 자유지선주의는 좌파와 우파의 이념적 틀은 물론 국가권력의 행사와 관련한 그들의 중앙집권적 계획에서 즉시 벗어날 것을 제안한 하나의 정치적-이념적 체제라는 데 있다. 자유지선주의는 국가권력은 제대로 작동할 수 없고 비도덕적이라고 주장하는 급진적 대안 사상이다.

로스바드는 '미스터 자유지선주의자' Mr. Libertarian 로 불리었고, '정부의 살아있는 적'이라 할 수 있다. 그는 여전히 그렇다. 사실 그는 많은 선배 사상가들의 사상, 특히 고전적 자유주의 전통, 오스트리아의 자유주의 경제학파, 미국의 반전주의 antiwar 전통, 그리고 자연법 전통 등을 완전히 섭렵하여 그의 사상에 반영시켰다. 그러나 이 모든 조각을 하나의 통일된 시스템으로 만든 사람은 바로 로스바드이다. 그의 시스템은 처음에는 비현실적인 것처럼 보이나, 그가 일단 정의하고 설명하고 나면 우리 사회가 받아들이지 않으면 안 되는 것으로 변화한다. 그의 시스템에서 개별적 조각은 단순하나(자신에 대한 소유권, 엄격한 재산권, 자유시장, 생각할 수 있는 거의 모든 면에서 반정부주의), 그 함축적 의미는 지축을 뒤흔들 정도이다.

일단 자유지선주의에 대한 전체적인 모습을 접하고 나면(로스바드의 『새로운 자유를 찾아서』*For a New Liberty*는 지난 4반세기 이상 가장 주요한 접촉의 수단이 되어왔다) 독자들은 그것을 잊지 못하게 된다. 우리가 실제 세상의 사건을 가장 선명히게 들여다 볼 수 있게 해주는 필수불가결한 렌즈가 된다.

다른 어떤 책보다 이 책은 왜 세월이 갈수록 로스바드의 명성이 높아지는지(그의 영향력은 사후에 크게 높아졌다) 그리고 왜 좌파, 우파, 중도파를 막론하고 로스바드주의에 대한 많은 적이 있는지 잘 설명해준다. 간단히 말해, 로스바드가 성공적으로 시도한 자유에 대한 과학적인 탐구는 그 어떤 실수도 허용치 않는 만큼이나 완전히 자유로운 세계의 창조에 대한 희망을 가져다줌에 있어서 감동적이다. 이의 논리적 및 도덕적인 일관성과 이에 더한 경험에 기초한 설득력은 국가를 이용하여 미리 짜인 계획에 따라 세상을 개조하려는 그 어떤 지적 비전에 대해서도 위협으로 작용한다. 또한 이는 세상이 어떻게 달라질 수 있을 것인지에 대한 희망적 비전을 독자들에게 그만큼 깊게 심어준다.

로스바드가 이 책을 쓰기 시작한 것은 맥밀란Macmillan 출판사의 편집인이었던 탐 맨델Tom Mandel이 1971년 봄에 뉴욕타임스 신문의 독자의견란에 게재된 그의 글을 보고 연락하고나서이다. 그것은 로스바드가 상업 출판사로부터 수임 받은 유일한 경우였다. 타이핑이 아주 일정하고 초벌에 이미 거의 완벽한 모습을 갖춘 오리지널 원고를 보면 그가 힘들이지 않고 얼마나 즐겁게 작업했는지 알 수 있다. 그 원고는 매끈하고 가차없으며 힘 있어 보인다.

역사적 맥락을 살펴보면 간과하기 쉬운 사항이 드러난다. 현대 자유지선주의는 비록 반좌파주의(이 용어가 일반적으로 이해되는 바와 같이)와

반사회주의를 취하기는 하지만 사회주의나 좌파주의에 대한 반발로 발생한 것이 아니라는 점이다. 오히려 미국의 역사적 맥락에서 자유지선주의는 보수주의의 국가주의statism 성향과 이의 보수적인 스타일의 국가 계획에 대한 선택적인 찬양에 대항하여 발생하였다. 미국의 보수주의자들은 복지국가나 지나친 경제규제 정책을 찬양하지는 않겠지만, 민족주의나 전쟁주의 또는 '친가족'pro-family 정책 및 개인의 자유와 사생활을 침해한다는 명목으로 행사되는 권력에 대해서는 긍정적인 평가를 내린다. 린든 존슨Lyndon B. Johnson 대통령 이후 미국 역사에서는 행정권과 사법권의 심각한 확대에 대해서는 민주당 정부의 대통령보다는 공화당 정부의 대통령에게 더 많은 책임이 있다. 닉슨 대통령부터 시작하여 레이건 대통령을 거쳐 부시 대통령까지 지속된 보수주의의 부패와 타협에 맞서서 순수한 자유를 지키고자 한 것이 로스바드의 정치경제체제를 탄생하게 하는 영감으로 작용하였다.

    로스바드가 주장을 펼칠 때 전혀 조심스러움을 보이지 않는 것도 놀랍다. 그러한 도발을 받는 입장에 있는 다른 지식인들은 기분을 상하지 않게 하려고 논점을 희석시키려는 경향이 있다. 예를 들어, 정부의 권한을 일부 제한하자는 온건한 주장을 펴면 더 많은 사람이 이 운동에 참여할지 모르는데도 국가를 완전히 없애자고 하거나 무정부주의anarchism로 가야 한다는 주장을 펴는 이유가 무엇인가? 미국의 제국주의를 맹비난하면 이 책을 좋아할 사람들이 그렇지 않다면 자유시장 성향을 긍정적으로 생각할 수도 있는 반소련 보수주의자로 제한될 터인데도 왜 그렇게 하는가? 사람들을 소원하게 할지도 모르는 위험에도 법원과 도로 및 수역을 사유화하는 문제에서 그렇게까지 구체적인 주장을 편 이유는 무엇인가? 그냥 놔두면 더 많은 사람의 관심을 끌 수도 있는데 왜 개인의 소비행태와 도덕성에 대한 규제 등과 같은 까다로운 분야를 다루고 있고, 그것도 불편할 정도로 일관성 있게 그러는가? 적당히 자유기업 정도를 지지하는 주장을 편다면 수많은 상공회의소 Chamber of Commerce 타입 보수주의자들을 흡족하게 만들었을 터인데 왜 그렇게까지 구체적으로 통화문제와 중앙은행 제도를 다루는가?

그러나 시대와 독자들에게 영합하려고 다듬고 타협하는 것은 로스바드의 방식이 아니었다. 그는 자유지선주의의 그 모든 영광을 온전히 펼쳐 보일 수 있는 일생일대의 기회라는 것을 잘 알고 있었고, 그 기회를 놓치고 싶지 않았다. 그래서 우리는 여기서 다음과 같은 내용을 읽게 된다. 단지 정부를 축소하는 것이 아니라 총체적으로 없애자는 주장, 단지 사유재산권을 부여하는 것이 아니라 심지어 계약의 이행 문제까지 시장에 맡기자는 주장, 그리고 단지 복지를 줄이는 것이 아니라 복지-전쟁 국가 전체를 몰아내자는 주장을 접하게 된다.

자유지선주의를 내세우는 여타의 시도가 이 책의 출판 전과 후 공히 대체로 과도기적이고 임시방편적 방안을 요청하기도 하고 국가주의자들에게 가급적 양보하려는 의도를 보이기도 하지만 우리는 그런 것을 로스바드에게서는 볼 수가 없다. 그가 아니었다면 학교 이용권 school voucher 이나 정부 프로그램의 민간화와 같은 계획은 존재하지도 않았을 것이다. 그 대신 그는 자유가 취할 수 있는 모습에 대한 완전하고 포괄적인 비전을 제시하고 그것을 끝까지 완수하고 있다. 그런 이유로 자유지선주의 선언 Libertarian Manifesto 을 쓰고자 한 수많은 유사 시도가 시간의 시험을 통과하지 못하였지만 로스바드의 이 책만은 여전히 많은 사람이 찾고 있는 것이다.

마찬가지로, 그 사이 자유지선주의에 관한 많은 책이 있었지만, 그 책들은 대부분 철학의 한 면이나 정치학의 한 면 또는 경제학이나 역사학의 한 면만을 다루고 있다. 이 모든 주제를 한꺼번에 다룬 책들도 주로 여러 저자의 저작을 모아놓은 것이었다. 로스바드만이 이 모든 분야를 통달하여 통합된 선언문을 쓸 수 있었고, 이것은 절대 대체할 수 없는 것이었다. 하지만 그의 접근방법은 주로 자신을 내세우지 않은 것이었다. 그는 항상 과거나 동시대의 다른 저자나 지성인들을 지칭했다.

그뿐만 아니라 이런 종류의 서론을 작성하여 독자에게 어려운 책을 접하는 데 좀 더 쉬운 경로가 되기도 하지만 여기서는 그렇지가 않다. 로스바드는 절대 독자에게 쉽게 풀어서 얘기하지는 않지만 항상 명료하게 설명하였다. 로스바드는 자기 식으로 말한 것이다. 나는 이 책에서 내가 좋아하는 부분을 열거하거나 또는 만약 로스바드가 수정판을 낼 기회가 있었다면 어떤 문장들을 더 분명히 했을지 추정하는 일에서 독자들을 해방시키고자 한다. 독자들은 혼자서 각 페이지에서 그의 에너지와 열정을 느낄 수 있으며, 그가 펼치는 주장의 논리가 불가항력적으로 설득력을 가지고 있고, 이 저작에 영감을 준 그의 지적인 불길이 지금도 과거 못지않게 찬란하게 타오른다는 사실을 깨달을 것이다.

이 책은 아직도 '위험'한 책으로 간주되고 있다. 그 이유는 바로 일단 로스바드주의를 접하게 되면 그 어떤 다른 정치학, 경제학, 또는 사회학 책도 다시는 같은 방식으로 읽히지 않기 때문이다. 한때는 상업적인 현상이었던 것이 지금은 향후 수세대에 걸쳐 읽힐 것으로 예상할 수 있는 진정한 고전적 성명서가 되었다.

르웰린 로크웰 2세 Llewellyn H. Rockwell, Jr.
어번, 앨러배마 Auburn, Alabama
2005년 7월 6일

차례

- 역자 서문 ··· v
- 저자 서문 ··· x
- 책 소개 ·· xii

제1부 새로운 자유를 찾아서: 자유지선주의 선언

01 자유지선주의 전통: 미국독립혁명과 고전적 자유주의 ················· 3
    제1절 혁명 이후 ·· 12
    제2절 자유에 대한 저항 ··· 16
    제3절 내부로부터의 와해 ·· 24

02 소유와 거래 ·· 33
    제1절 비침해성의 공리 ··· 33
    제2절 소유권 ·· 38
    제3절 사회와 개인 ·· 59
    제4절 자유로운 교환과 자유로운 계약 ······························ 63
    제5절 사유재산권과 "인권" ··· 67

03 국가 ··· 72
    제1절 침해자인 국가 ·· 72
    제2절 국가와 지식인 ·· 86

제2부 현행 사회문제에 대한 자유지선주의 해법

- 04 현행 사회 문제의 개요 ········· 113
- 05 비자발적 노예제도 ········· 125
  - 제1절 징집 ········· 126
  - 제2절 군대 ········· 129
  - 제3절 파업금지법 ········· 133
  - 제4절 납세제도 ········· 136
  - 제5절 법원 ········· 139
  - 제6절 강제입원 ········· 145
- 06 개인의 자유 ········· 151
  - 제1절 표현의 자유 ········· 151
  - 제2절 라디오와 텔레비전의 자유 ········· 157
  - 제3절 포르노 ········· 167
  - 제4절 성행위에 관한 법률 ········· 170
  - 제5절 도청 ········· 175
  - 제6절 도박 ········· 176
  - 제7절 마약과 약물 ········· 178
  - 제8절 경찰의 부패 ········· 180
  - 제9절 총기 규제법 ········· 183
- 07 교육 ········· 191
  - 제1절 의무 공교육 ········· 191
  - 제2절 획일성인가, 다양성인가? ········· 203
  - 제3절 세금 부담과 보조금 ········· 213
  - 제4절 고등교육 ········· 220
- 08 복지와 복지국가 ········· 227
  - 제1절 복지제도는 위기인가? ········· 227
  - 제2절 복지국가의 부담과 보조금 ········· 253
  - 제3절 정부는 무엇을 할 수 있는가? ········· 261
  - 제4절 역소득세 ········· 269

09 인플레이션과 경기순환: 케인스 패러다임의 붕괴 ···················· 274
    제1절 통화와 인플레이션 ·· 279
    제2절 연방준비은행 제도와 부분준비금 제도 ································ 287
    제3절 은행대출과 경기순환 ·· 297
10 공공 부문 I: 영업하는 정부 ·· 316
11 공공 부문 II: 도로 ··· 325
12 공공 부문 III: 경찰, 법률, 법원 ··· 344
    제1절 경찰 업무 ·· 344
    제2절 법원 ·· 354
    제3절 법률과 법원 ·· 362
    제4절 법의 수호자가 타락하는 경우 ·· 373
    제5절 국방 ·· 378
13 환경보존, 생태 및 경제성장 ··· 384
    제1절 자유주의자들의 불만 ·· 384
    제2절 기술과 경제성장에 대한 공격 ·· 389
    제3절 자원 보존 ·· 394
    제4절 공해 문제 ·· 406
14 전쟁과 외교정책 ·· 420
    제1절 좌파 및 우파의 고립주의 ·· 420
    제2절 정부 역할의 제한 ·· 422
    제3절 미국의 외교정책 ·· 431
    제4절 보수주의자 비판 ·· 438
    제5절 국가 건강 상태로서의 전쟁 ··· 443
    제6절 소련의 외교정책 ·· 451
    제7절 선험적 역사 인식 회피 ··· 462
    제8절 외교정책 프로그램 ·· 465
    제9절 군비축소 ··· 466

제3부 에필로그

- 15 자유를 위한 전략 ··· 473
  - 제1절 교육: 이론과 운동 ··· 473
  - 제2절 우리는 과연 '몽상가들'인가? ·· 476
  - 제3절 교육만으로 충분한가? ·· 490
  - 제4절 누구를 설득해야 하는가? ·· 492
  - 제5절 왜 자유는 승리할 것인가 ·· 499
  - 제6절 자유로운 미국을 향하여 ·· 509

- ■ 해제: 머리 N. 로스바드와 그의 책 『새로운 자유를 찾아서』에 대해 ············· 512
- ■ 찾아보기 ··· 530

• 일러두기 •

1. 논문이나 기사의 제목은 「 」로, 책 제목은 『 』로, 신문이나 잡지 이름은 《 》로, 단체명은 〈 〉로 표기했다.
2. 외국어 논문 제목은 " "으로, 외국어(학술지 포함) 책 제목은 이탤릭체로 표기했다.
3. 고유명사는 외래어 표기법에 따랐다.
4 옮긴이 주는 [역주]로 표기했다.

제1부
새로운 자유를 찾아서 :
자유지선주의 선언

제1부
새로운 자연을 찾아서
— 창조성의 본질

01 자유지선주의 전통: 미국독립혁명과 고전적 자유주의

　1976년 미국 대통령 선거에서 자유지선당Libertarian Party 의 정·부통령 후보 맥브라이드Roger L. MacBride와 버글랜드David P. Bergland는 미국 전역의 32개 주에서 174,000여 표를 획득했다. 그 결과 저명한 의회 전문지 『콩그레셔널 쿼털리』Congressional Quarterly[1]로부터 미국 3대 정당의 하나로 평가받을 수 있었다. 불과 5년 전인 1971년 콜로라도 주의 어느 집 거실에서 단 몇 사람이 모여 당을 시작한 것을 생각하면 실로 눈부신 성장이었다. 창당 이듬해에는 겨우 두 개 주의 투표용지에만 정·부통령 후보 이름을 올릴 수 있었을 뿐이었다. 그런데 이제는 당당히 미국의 제3당이 된 것이다.

　더욱 주목할 만한 점은 이와 같은 자유지선당의 눈부신 성장이 '자유지선주의'[2]라는 새로운 이념적 신조를 고수하는 가운데 이루어졌다는 것

---

[1] [역주] 미국 의회 전문 뉴스 미디어.
[2] [역주] 'libertarianism'은 흔히 '자유지상주의'로 번역한다. 그런데 '지상주의'라는 말은 '외모지상주의', '학벌지상주의', '일등지상주의', '성적지상주의', '시청률지상주의' 등의 예에서 보듯이, 상당 부분 부정적 뉘앙스를 띠고 있다. 이에 '지상주의'와 그 의미가 유사하면서도 부정적 선입견을 배제할 수 있는 용어로 '지선주의(至善主義)'를 선택하여 'libertarianism'을 '자유지선주의'로 번역하기로 한다.

이다. 그 결과 그저 세금이나 축내면서 자리나 수입을 탐하는 것이 아니라, 원칙 자체를 중시하는 정당이 최근 100년간의 미국 정치사에 최초로 출현한 것이다. 정치학자들이나 전문가인 척하는 사람들은 미국 및 미국 정당제도의 특장점이 이념에 얽매이지 않는 '실용주의'에 있다고 끊임없이 주장해왔다(이는 자리나 수입을 챙기려고 가엾은 납세자의 등골을 빼는 일에나 골몰한다는 말을 그럴듯하게 포장한 말에 지나지 않는다). 그것이 사실이라면, 분명하게 이념적 지향을 밝히고 그것을 위해 매진하는 신생 정당이 이처럼 경이로운 성장을 보인 이유를 어떻게 설명할 수 있는가?

혹자는 미국 사람들이라고 해서 언제나 실용적이기만 한 것은 아니며 때로는 이념에 관심을 두기도 한다는 식으로 설명하려 할지도 모른다. 이와는 다른 관점에서 최근 역사학계에서는 미국독립혁명이 이념적 성격이 다분할 뿐 아니라 자유지선주의 신조와 자유지선주의 제도에 헌신한 결과로 일어난 사건이라는 자각이 생겨나고 있다. 미국의 초기 정착민들은 자유지선주의 이념을 신봉해왔는데, 이 이념에 따라, 영국의 제국주의 정부가 그들의 권리와 자유를 침탈해오자 그에 맞서 자신의 생명, 재산 그리고 신성한 명예를 걸고 저항하게 되었다는 것이다. 오랫동안 학자들은 미국독립혁명의 정확한 원인이 무엇인지 논쟁해왔다. 헌법, 경제, 정치, 이념 중 어느 것이 원인인지 논란이 분분했다. 그러나 미국 건국의 아버지들이 자유지선주의를 신봉했음을 참작하면, 그들이 한편으로는 도덕적 권리와 정치적 권리를 추구하고 다른 한편으로는 경제적 자유를 추구한 것에 아무런 모순도 없음이 자명해진다. 오히려 자유지선주의 하에서는 시민적 자유, 도덕적 자유, 정치적 독립, 그리고 생산과 거래의 자유 같은 것은 모두 하나의 이상적 제도를 구성하는 하부 요소가 되는 것이다. 이를 애덤 스미스는 미국 독립선언서가 발표된 해에 발간된 그의 저서³에서 "단순 명백한 자연적 자유 체제" obvious and simple system of natural liberty 라고 불렀다.

자유지선주의 신조는 17~18세기 서구에서, 특히 17세기 영국의 시민혁명 시기에 태동한 '고전적 자유주의' classical liberal 운동에서 비롯되었다. 상당히 급진적이었던 이 자유지선주의 운동은 비록 발생시인 영국에서는 부분적인 성공에 그쳤지만, 국가의 통제와 정부의 지원을 받는 도시 길드제도의 숨 막히는 통제에서 산업과 생산을 벗어나게 함으로써 영국에서 산업혁명이 발흥하는 데 일조했다. 고전적 자유주의 운동은 당시 수 세기 동안 서구 세계 전체를 지배해온 구질서, 즉 '앙시앵 레짐' the ancien regime 에 맞서 일어난 강력한 자유지선주의적 '혁명'이었기 때문이다. 앙시앵 레짐은 16세기에 시작하는 근대의 여명기에 봉건적 토지 독점과 도시 길드의 통제와 제약이라는 종래의 규제망 위에 절대적 중앙집권 국가 체계이자 왕권신수설에 따라 통치권을 행사하는 왕정 체제를 구축하였다. 이러한 구질서 하에서는 다양한 통제와 세금에 시달리게 되고, 또 중앙정부나 지방정부에 잘 보인 업자들만 생산이나 판매의 독점권을 얻게 되는 등의 결과로 유럽 전체가 침체의 늪에서 헤어나지 못했다. 관료적이고 호전적인 새로운 중앙 집권적 국가와 특권에 길들여진 상인 간의 연합(이 연합을 후일 사학자들은 '중상주의' mercantilism 라고 부름), 그리고 그 둘 간의 연합에 봉건적 토착 영주 계급이 가세한 체제가 바로 17~18세기에 고전적 자유주의자와 급진파가 들고 일어난 구질서 체제였다.

고전적 자유주의자는 모든 영역에서 개인의 자유를 확보하고자 노력했다. 경제 분야에서는 세금을 대폭 감축하고, 통제와 규제를 없애며,

---

³ [역주] 이 저서는 『국부론』을 의미한다.

개인과 기업이 시장에서 자유롭게 생산하고 교환하게 하여 모두가 경제적 혜택을 누릴 수 있도록 노력했다. 그리하여 기업가들이 자유롭게 경쟁하고 개발하며 창조할 수 있게끔 하고자 하였다. 또한, 토지, 노동 그리고 자본에 대한 온갖 형태의 제재도 제거하고자 하였다. 개인의 자유와 시민적 권리를 보장하여 국왕과 그 하수인들의 폭정과 수탈을 방지하고자 하였다. 수백 년간 교파 간의 권력 투쟁으로 유혈 전쟁의 원인이 되어 온 종교를 국가의 간섭으로부터 해방함으로써 모든 종교인과 비종교인이 평화롭게 공존할 수 있게끔 하려고 하였다. 고전적 자유주의자가 가진 외교정책의 신조 역시 평화였다. 국권과 국부 증대를 도모하는 이전의 제국주의 정책에서 탈피하여 다른 모든 나라와 평화롭게 공존하며 자유롭게 교역할 수 있게 하는 외교정책을 도입하고자 하였다. 그들은 또한 전쟁은 육군, 해군 등의 상비군에 의해, 즉 끊임없이 영토 확장을 획책하는 군대에 의해 발생하는 것이므로, 이들을 자기 가정과 이웃의 방어만을 목적으로 하는 자발적인 지역 의용군, 즉 민병대로 대체해야 한다고 생각하였다.

따라서 이제는 상식으로 통하는 '정교분리'라는 사상은 '경제와 국가의 분리', '언론/출판과 국가의 분리', '토지와 국가의 분리', '전쟁/군사와 국가의 분리' 등 서로 연관된 다양한 주제, 한 마디로 사실상 모든 것을 국가로부터 분리해야 한다는 주장의 한 면에 불과하다.

단언컨대, 국가는 아주 작아야 한다. 거의 무시해도 좋을 만큼 적은 예산으로 국정을 운영해야 한다. 고전적 자유주의자들이 명확한 조세이론을 갖고 있었던 것은 아니지만, 그들은 세금을 올리거나 새로운 세금을 도입하려는 그 어떤 시도에 대해서도 강력히 저항했다. 미국에서도 조세 때문에 봉기가 일어나거나 일어나기 직전까지 간 경우가 두 차례나 있었다. 우편세 stamp tax 와 차세 tea tax 로 인한 것이 그것이다.

최초의 자유지선주의 성향의 고전적 자유주의 이론가로는 영국 시민혁명기의 '동등주의자들' the Levelers[4]과 17세기의 영국 철학자 존 로크 John Locke를 들 수 있는데, 18세기 영국 정치를 주도한 '휘그 기득권 세력' Whig Settlement[5]에 맞서 급진적 자유지선주의를 표방한 '순수 휘그파' True Whig[6]들이 이들을 계승한 사람들이다. 존 로크는 각 개인이 자신의 신체와 재산에 대한 자연권을 갖고 있으며, 정부의 목적은 오직 그 자연권을 보호하려는 것으로만 한정된다고 갈파했다. 로크의 영향을 받은 미국 독립선언문에는 다음과 같이 적혀 있다. "이 같은 권리를 지키고자 사람들은 정부를 세웠으며 정당한 공권력은 국민의 동의로부터 비롯된다. 어떤 형태의 정부이든 이 같은 목적에 부합하지 않으면, 그러한 정부를 교체하거나 제거하는 것은 국민의 권리이다."

당시 미국에서 로크의 저작물이 널리 읽히기는 하였지만, 추상적인 그의 철학 자체가 혁명을 촉발한 것은 아니었다. 이 일은 18세기에 활약한 급진적 로크주의자들의 몫이었다. 이들은 훨씬 대중적이고 단도직입적이며 열정적인 방식으로 글을 썼으며 당시의 정부, 특히 대영제국 정부가 지닌 구체적인 문제점을 로크의 기본 철학에 따라 조명해 내었다. 이러한 맥락에서 가장 중요한 저술은 「카토의 편지」Cato's Letters라고 알려진 글인데, 이는 1720년대 초 런던에서 순수 휘그파 True Whig인 존 트렌처드

---

[4] [역주] 영국시민전쟁(1642~1651) 당시 부상한 정치운동. 주권재민, 참정권확대, 법적 평등권, 종교적 관용 등 자유주의적 가치를 주창했다.
[5] [역주] 1680년대에서 1850년대에 이르기까지 토리당과 함께 영국의회를 지배한 정당이다. 절대왕권에 맞서 입헌군주주의 주창했으며, 초기에는 귀족의 이익, 후에는 산업가와 상인의 이익을 대변했다.
[6] [역주] 영국의 휘그 세력과 관계가 있던 급진적인 정치평론가 그룹이다. 귀족(토지소유자)의 과두정치를 지지했던 휘그당의 정책기조에 맞서 장인과 노동자 계급까지 포함하는 민주적 정치제제를 주장했다. 공화제 옹호 논평을 통해 미국의 독립혁명을 추동했다.

John Trenchard와 토머스 고든Thomas Gordon이 쓴 일련의 신문 기고문이다.[7] 정부가 국민의 자유를 침해할 때 국민은 정당하게 혁명권을 행사할 수 있다는 견해를 로크가 피력하고는 있지만, 트렌처드와 고든은 한 걸음 더 나아가 정부는 항상 국민의 권리를 침해하는 방식으로 행동하게 된다고 지적한다. 「카토의 편지」에 따르면, 인류 역사는 권력과 자유 간의 어쩔 수 없는 투쟁의 기록이다. 권력(즉 정부)은 언제나 개인의 권리를 침해하고 자유를 침범함으로써 자신의 권력을 확장하려고 한다. 그래서 권력은 어떤 일이 있더라도 최소화시켜야 하며, 시민의 끊임없는 감시와 경계하에 두어, 권력이 적정 범위를 벗어나는 일이 없도록 해야 한다고 카토는 주장했다.

> 권력을 가진 사람은 그것을 버리기보다는 그것을 유지하고자 그 어떤 악랄하고 부정한 일이라도 하려고 한다는 사실을 우리는 무수히 많은 사례와 경험을 통해 안다. 이 세상 누구도 자기 마음대로 권력을 휘두를 수 있는 한 그 권력을 버린 적이 없다. … 세계나 인류의 안녕이 권력자들이 권력을 유지하거나 포기하는 데 있어 진짜 이유가 아니었다는 것은 분명하다.
> 권력은 본래 끊임없이 잠식해오는 속성이 있다. 특정 시기에, 특정 경우에 한해 사용할 수 있도록 허용된 비상 권력이라도, 그것을 어느 경우에나 사용할 수 있는 일상 권력으로 바꾸고자 하는 속성이 있다. 더는 비상 상황이 아니라 하더라도 그 권력을 우월한 입장에서 스스로 포기하는 사람은 없다. …
> 애석하도다! 권력은 매일같이 자유를 침해해오고 있다. 너무도 성

---

[7] [역주] 카토의 편지는 두 가지를 의미한다. 하나는 신문기고문이고 다른 하나는 후에 이를 묶어 펴낸 단행본이다.

공적으로. 권력과 자유의 균형은 사라진 셈이다. 폭정이 이 세상을 거의 모두 삼켜버렸다. 인류를 뿌리째, 가지째, 파괴하며 전 세계를 도살장으로 만들고 있다. 단언하건대, 파괴는 틀림없이 계속될 것이다. 자기 자신을 망가트리거나, 아니면 이럴 가능성이 더 높은데, 파괴할 것이 더는 아무것도 없을 때까지.[8]

카토의 경고는 미국 식민지 정착민들의 뇌리를 파고들었다. 이에 그들은 「카토의 편지」를 미국 전역에서 거듭해서 찍어냈으며, 이는 혁명이 일어날 때까지 계속되었다. 미국인들의 마음속 깊이 뿌리박힌 이 같은 권력관이 바로 역사학자 버너드 베일린Bernard Bailyn이 적절히 이름 붙인 것처럼 미국독립혁명을 이끈 "세상을 바꾸는 급진적 자유지선주의"를 태동시킨 것이다.

미국독립혁명에는 당시 세계 최강인 서구 제국주의의 사슬에서 벗어나는 데 성공한 근대 최초의 사건이라는 의미만 있는 것이 아니다. 그보다 더 중요한 것은 역사상 최초로 국민이 헌법, 그리고 무엇보다도 권리장전bills of rights이라는 형태로, 새로이 등장하는 정부의 권력에 다양한 제약을 가하게 되었다는 것이다. 신생 미국 전역에서 교회와 국가는 엄격히 분리되었으며, 종교의 자유는 보장되었다. 봉건시대의 특권인 한사상속제도entail와 장자상속제도primogeniture를 폐지함으로써 미국 전역에서 봉건시대의 유습을 완전히 몰아내었다. ('한사상속제도'란 봉토를 후손

---

[8] 로스바드(Murray N. Rothbard)의 『자유로 잉태한, 제2권, "유익한 태만: 18세기 전반부의 미국 식민지』(*Conceived in Liberty, vol 2, "Salutary Neglect": The American Colonies in the First Half of the 18th Century*, New Rochelle, N. Y.: Arlington House, 1975), 194쪽을 참조할 것. 또한 재콥슨(D. L. Jacobson)이 편집한 『영국의 자유지선주의 전통』(*The English Libertarian Heritage*, Indianapolis: Bobbs-Merrill Co., 1965)에 수록된 트렌처드와 고든(John Trenchard and Thomas Gordon)의 『카토의 편지』(*Cato's Letters*)를 참조할 것.

에게 대대손손 영구히 물려줄 수 있도록 하는 대신, 후손들이 봉토의 일부 또는 전부를 팔 수 없도록 하는 제도를 말하며, '장자상속제도'란 장자만이 유일하게 재산을 상속받게 하는 제도를 말한다.)

'연방규약Articles of Confederation'에 의해 출범된 신생 연방 정부는 어떤 세금도 국민에게 부과할 수 없게 되어 있었으며, 만약 연방 정부가 어떤 중요한 권한을 확대하고자 할 경우에는 반드시 모든 주 정부의 동의를 얻도록 했다. 특히 군사나 전쟁과 관련 있는 연방정부의 권한은 엄중한 감시와 제약을 통해 함부로 행사할 수 없도록 했다. 18세기 미국의 자유지선주의자들은 전쟁, 상비군 유지 그리고 군국주의를 주된 수단으로 하여 국가가 그 권력을 증대해 왔음을 꿰뚫고 있었던 것이다.[9]

베일린은 미국의 독립혁명가들이 이룩한 업적을 이렇게 요약한다.

> 혁명 시기 및 그 이후에 일어난 미국 정치와 미국 정부의 현대화는 영국의 조지 1세 치하의 저항 지식인들이 최초로 제창했던 프로그램을 일거에 철저하게 실현하게 하는 형태로 나타났다. … 현실 안주적인 정치사회 질서와 어렵게 맞서야 했던 영국의 반대파는 그저 꿈꾸는 데 그칠 수밖에 없었던 반면, 같은 꿈을 가지고 이미 여러 면에서 근대화된 사회에서 산 미국인들은 정치적 속박에서 벗어나자마자 일거에 행동으로 옮길 수 있었다. 영국의 반대파는 그저 부분적 개혁을 촉구하는 정도에 그칠 수밖에 없었던 반면 … 미국의 지도자들은 급진적 해방 이념 중에서도 가장 이루기 어려운 꿈을 별다

---

[9] 독립혁명이 미국 사회에 미친 자유지선주의적 영향에 대해서는 니스벳(Robert A. Nisbet)의 『혁명의 사회적 영향』(*The Social Impact of the Revolution*, Washington, D. C.: American Enterprise Institute for Public Policy Research, 1974)을 참조할 것. 유럽에 미친 영향에 대해서는 팔머(Robert R. Palmer)의 『민주 혁명의 시대』(*The Age of the Democratic Revolution*, vol. 1, Princeton, N. J.: Princeton University Press, 1959)를 참조할 것.

른 사회적 동요 없이 빠르게 체계적으로 실행에 옮길 수 있었다.

이 과정을 통해 그들은 … 미국의 정치 문화에 … 다음과 같은 18세기의 급진적 자유지선주의의 핵심 사상을 주입했다. 무엇보다도 권력은 사악하다는 믿음이다. 권력은 불가피할지는 모르지만 사악하다는 것이다. 권력은 끊임없이 부패한다는 것이다. 따라서 권력은 통제하고 제약을 가해야 한다는 것이다. 사회질서를 유지하는 데 필요한 최소한으로만 유지해야 한다는 것이다. 헌법의 명문화, 권력의 분립, 권리장전, 행정부, 입법부, 사법부에 대한 제한, 공권력과 전쟁선포에 대한 제약 등은 모두 미국 혁명을 이끈 이념의 심층부에 자리 잡고 있는 권력에 대한 근원적 불신을 반영한 것이다. 이는 미국 독립 전쟁 이후 영구불변의 전통으로 미국인에게 전해져오고 있다.[10]

고전적 자유주의 사상 자체는 영국에서 태동했으나 그것을 일관되고 철저하게 발전시킨 것은 미국이다. 그것을 가장 훌륭한 모습으로 현실화시킨 것도 미국이다. 당시 미국에는 유럽과 달리 봉건적 토지 독점이나 귀족 계급이 없었기 때문이다. 지배계급이라고 해봐야 영국에서 건너온 식민정부 관리들과 몇몇 특권상인계층이 있었을 뿐인데, 이들은 혁명이 일어나고 영국의 식민지 정부가 전복되었을 때 축출하기가 비교적 쉬웠다. 그 결과 고전적 자유주의는 영국 본토에서보다 미국 식민지에서 더 많은 대중적 지지를 받았으며, 기득권 세력의 조직적 저항이라고 할 것

---

[10] 커츠와 허트슨(S. Kurtz and J. Hutson)이 편집한 『미국 혁명 논총』(*Essays on the American Revolution*, Chapel Hill, N. C.: University of North Carolina Press, 1973)에 수록된 베일린(Bernard Bailyn)의 「미국 혁명의 중심 주제들에 대한 해석」(The Central Themes of the American Revolution: An Interpretation), 26~27쪽을 참조할 것.

도 별로 없었다. 이에 더해 미국은 지역적으로 고립되어 있어서 프랑스 혁명 때처럼 혁명을 반대하는 이웃 나라가 군대를 보내 침략하지 않을까 걱정할 필요도 없었다.

제1절 혁명 이후

미국은 이렇게 그 어떤 나라보다도 더 명백한 자유지선주의 혁명 속에서 탄생했다. 이 혁명은 제국에, 과세에, 무역 독점과 규제에, 그리고 군국주의와 행정 권력에 반대하는 혁명이었다. 이 혁명의 결과 인류 역사상 처음으로 정부 권력에 대한 제약이 시행되게 되었다. 자유지선주의의 물결을 거부하는 미국 내 조직적 저항은 별로 없었지만, 고율의 세금, 규제, 정부가 제공하는 독점 특혜 등 영국식 중상주의 체제를 유지하기 원하는 엘리트 세력이 초기부터, 특히 거대 상인과 거대 농장주 사이에서 나타났다. 이들은 강력한 중앙집권적 정부, 심지어 제국주의 정부를 원하기까지 했는데, 한 마디로 이들은 대영제국 없는 영국식 제도를 원했던 것이다. 이들 보수반동세력은 미국독립혁명 기간에 최초로 나타났으며, 이후 1790년대에 '연방주의당' the Federalist Party 을 결성하여 연방주의 정부를 수립하기도 했다.

19세기까지만 해도 자유지선주의의 기세는 계속되었다. 토머스 제퍼슨 Thomas Jefferson 과 앤드류 잭슨 Andrew Jackson 이 주도한 운동, 그리고 '민주-공화당' the Democratic-Republican Party 과 그 후의 '민주당' the Democratic Party 모두 미국에서 실질적으로 정부를 없애려고 대놓고 노력하였다. 그것은 육군이나 해군 등 상비군이 없는 정부, 부채가 없으며, 직접 연방세나 소비세, 수입 관세가 없는 정부, 다시 말해 극히 미미할 정도로만 과세하고 지출하는 정부, 통제나 규제를 하지 않는 정부, 화폐와 금융을 민간에 맡기고, 태환제도를 고수하며, 인플레이션을 일으키지 않는 정부를 의미했다. 이들이 원한 것은 한 마디로 멘켄H. L. Mencken이 꿈꾼 "전혀 없는 것 같은 정부"였다.

제퍼슨이 추구한 최소 정부는 제퍼슨의 내동령 취임 이후 불가능하게 되었다. 연방주의자들에게 한 양보(선거인단 수에서의 동수를 타개하기 위해 연방주의자들과 거래한 결과일 수가 있음)[11]와 위헌적인 '루이지애나 영토' the Louisiana Territory[12] 매입 때문이었다. 무엇보다도 제퍼슨의 두 번째 임기 중 제국주의적 야망으로 영국과의 전쟁[13]을 준비했기 때문이다. 이 때문에 결국 전쟁이 촉발되었으며, 아울러 군비 증가, 중앙은행, 보호관세, 직접 연방세, 공공사업 등 국가주의적 연방주의자들의 정책 대부분을 확립시킨 일당 체제가 생겨났다. 이러한 결과에 경악한 제퍼슨은 퇴임 후 그의 거처 몬티첼로Monticello에서 숙고에 들어간다. 이후 그는 그를 자주 방문하던 젊은 정객 마틴 밴 뷰렌Martin Van Buren과 토머스 벤튼Thomas Hart Benton을 움직여 새로운 정당인 민주당을 창당하게 한다. 이는 물론 미국으로 하여금 새로이 대두한 연방주의 체제에서 벗어나게 하고 이전의 제퍼슨 사상을 되살리게 하기 위함이었다. 이 두 젊은 정객이 앤드류 잭슨을 그들의 지도자로 옹립하게 되자, 새 정당인 민주당이 탄생

---

[11] [역주] 제퍼슨은 1800년 대통령 선거에서 아론 버(Aaron Burr)와 선거인단 득표에서 동률을 이루었고 대통령 선임이 하원에 넘겨졌다. 이에 제퍼슨은 당시 하원을 장악하고 있던 연방주의자 대표 해밀턴과 모종의 타협을 통해 대통령에 선임되었다고 알려져 왔다.

[12] [역주] 1803년 미국 제3대 대통령 제퍼슨은 프랑스 령 루이지애나 영토를 당시 총 1500만 달러의 비용을 들여 나폴레옹으로부터 매입했다. 루이지애나 영토는 미국의 14개 주와 캐나다의 2개 지방을 전부 혹은 부분적으로 포함하는 방대한 지역이다.

[13] [역주] 미국이 1812년에서 1815년까지 영국과 무역 분쟁, 군인 징집 및 영토 확장 등의 이유로 벌인 전쟁이다.

하게 되었다.

잭슨을 중심으로 한 자유지선주의자들은 다음과 같이 계획을 하고 있었다. 즉 잭슨이 8년간 대통령으로 봉직한 후, 밴 뷰렌이 이를 이어받아 8년을 더 하고, 이어서 벤튼이 다시 8년 동안 집권하는 계획이었다. 24년간 잭슨식 민주주의가 계속되었다면, 멘켄이 꿈꾼 극소정부는 실현될 수 있었을 것이다. 이는 결코 허황된 꿈이 아니었다. 당시 미국에서 민주당이 즉각 다수당이 되리라는 것이 분명했기 때문이다. 그 무렵 대다수 국민이 자유지선주의적 입장을 갖고 있었다. 실제로 잭슨 대통령은 8년간 재임하면서 중앙은행을 폐지하고 국가부채를 상환했으며, 밴 뷰렌 역시 4년의 재임기간 중 연방정부가 은행에 간섭하지 않도록 조치했다. 그러나 1840년 선거에서 이변이 일어났다. 최초의 현대적 선거운동가라고 할 수 있는 설로 위드Thurlow Weed라는 사람이 나타나 유례없는 선동적 선거운동으로 밴 뷰렌을 낙선시킨 것이다. 위드는 오늘날에는 이미 일상적인 것이 되었지만, 각종 선거 장식들, 예를 들면, 따라 하기 쉬운 구호와 버튼 그리고 유세용 노래와 퍼레이드 등을 이용해 선거를 승리로 이끌었다. 그 결과 당시 무명이었던 휘그당의 윌리엄 해리슨William Henry Harrison 장군이 대통령에 당선되었다. 하지만 이는 요행으로 얻은 승리에 불과했다. 1844년 선거에서는 민주당도 위드의 선거 전술을 그대로 따라할 준비를 갖춤으로써 정권재탈환이 확실시되었다. 당연히 밴 뷰렌이 다시 잭슨 대통령의 정책 기조를 이어갈 수 있는 듯이 보였다. 그러나 바로 이때 비극적인 사건이 일어난다. 민주당이 노예제도, 더 정확하게는 새로 미국에 편입되는 주에 노예제도를 확대할 것인가의 중차대한 문제를 두고 둘로 갈라진 것이다. 당시 민주당 내에서는 텍사스공화국을 노예허용 주로서 미합중국의 일원으로 받아들일 것인지 여부를 놓고 의견이 대립하였다. 밴 뷰렌은 반대했고 잭슨은 찬성했다. 이들의 입장 차는 민주당 내에 상존하고 있던 분파간의 갈등이 상징적으로 나타난 것이다. 그로 인해 그때까지 당연시되었던 밴 뷰렌의 대통령 후보 재지명이 좌초되고 말았다. 민주당이 추구하는 자유지선주의 정책에 전혀 어울리지 않는 반자유지선적 노예제도 때문에 민주당이 와해되고, 그 결과 민주당의 자유지선주의도 물거품이 되고 만 것이다.

남북전쟁은 전대미문의 살상과 파괴를 가져오기도 했지만, 전쟁에서 승리해 사실상 일당 체제를 이룬 공화당이 이전의 휘그당 정책인 국가주의적 정책들을 강력하게 밀어붙이는 계기를 마련해주기도 했다. 보호관세, 거대 기업에의 보조금 지급, 통화팽창을 유발하는 종이 화폐 제도, 은행에 대한 연방정부의 통제권 회복, 대규모 공공사업, 고율의 소비세, 전시 징병제 및 소득세 등이 도입되었다. 그뿐만 아니라 각 주는 연방으로부터 분리 독립할 수 있는 권한을 비롯하여 연방 정부 권한과 구별되는 주 자체의 다른 권한들을 상실하게 되었다. 남북전쟁 이후 민주당이 다시 자유지선주의적 정책 기조를 되살리고자 했지만, 뜻을 이루기에는 이미 일이 너무 어려워져 있었다.

이제까지 우리는 어떻게 해서 미국에 뿌리 깊은 자유지선주의의 전통이 생기게 되었는지 살펴보았다. 자유지선주의 전통은 아직도 미국 내 정치적 화법에 많이 남아 있으며, 정부에 대한 대다수 미국인의 도도한 개인주의적 태도에 그대로 투영되어 있다. 만약 세상 어디에서인가 자유지선주의가 다시 부활할 수 있다면, 미국보다 더 좋은 토양을 가진 곳은 없을 것이다.

제2절 자유에 대한 저항

1970년대에 자유지선주의 운동과 자유지선당이 급속히 성장할 수 있었던 배경에는, 버너드 베일린Bernard Bailyn의 말을 빌리자면, 미국독립혁명이라는 강력하고 '영원한 유산'이 있었다. 그런데 만일 이 유산이 미국의 전통에서 그처럼 중요한 것이라면, 무엇이 문제였을까? 이제 와서 왜 또 다시 새롭게 자유지선주의 운동을 일으켜 '아메리칸 드림'을 되살려야 할까?

이 물음에 답하려면 먼저 고전적 자유주의가 구질서의 수혜자들인 지배 세력, 즉 왕, 귀족, 특혜를 받은 상인, 군부, 그리고 관료들이 누리고 있던 정치 경제적 이해에 중대한 위협이 되었음을 상기할 필요가 있다. 자유주의자들이 주도한 3대 혁명, 즉 17세기의 영국 및 18세기의 미국과 프랑스에서 혁명에도 불구하고 유럽에서 이룬 승리는 완전한 것이 아니었다. 구질서의 기득권 세력은 완강한 저항을 통해 토지에 대한 독점, 교회의 특권적 지위 및 호전적 외교 국방 정책을 유지하게 시키고, 투표권 또한 상당 기간 부유한 엘리트층만이 누릴 수 있도록 하였다. 자유주의자들은 제1의 우선순위를 투표권 확대에 둘 수밖에 없었다. 시민 대중의 정치 경제적 이익을 확보하기 위해서는 개인의 자유부터 확보해야 했기 때문이다. 한 가지 흥미로운 것은 19세기 초만 해도 자유주의자 중 다른 이들보다 더 고집스럽게 원칙을 따랐던 사람들인 '자유방임세력'laissez-faire force을 '자유주의자' liberals 나 급진주의자radicals로, 구질서를 유지하고자 하거나 구질서로 돌아가고자 하는 사람들은 '보수주의자' conservatives 라고 불렀다는 사실이다.

실제로 보수주의는 미국독립혁명, 프랑스혁명, 산업혁명 등의 고전적 자유주의 정신에 대한 반동으로, 즉 이를 파괴하고 그 이전의 상태로 회귀시키기 위해 19세기 초에 태동한 것이다. 프랑스의 사상가 '드 보날' de Bonald과 '드 메트르' de Maistre의 선봉 아래 보수주의는 법 앞의 평등과 모든 개인의 평등권 대신 소수 엘리트가 지배하는 위계적인 구체제를 옹호했으며, 개인의 자유와 최소 정부 대신 거대 정부의 절대적 통치를 옹호했다. 이에 더해 종교적 자유를 거부하고 국교에 기반을 둔 신정 통치를, 자유 무역 대신 중상주의적 규제를, 그리고 평화 대신 군국주의와 국익을 위한 전쟁을 옹호했다. 그들은 또한 공업과 제조업보다는 봉건적인 농업 경제를 옹호했으며, 국민 모두의 생활수준이 향상되는 대량 소비의 새 세상보다 소수 지배층만 호사를 누리는 구질서를 선호했다.

그러나 19세기 중반에 이르자 보수주의자들도 더는 역사의 흐름을 거스를 수 없다는 사실을 깨닫기 시작한다. 산업혁명과 그것이 일반 대중에게 안겨준 엄청난 규모의 생활수준 향상을 내놓고 비판하거나 참정권 확대를 계속 반대하여 결과적으로 일반 대중의 이익에 반하는 태도를 고수하면, 그들에게 더는 희망이 없다는 사실을 깨닫게 된 것이다. 이러한 깨달음은 19세기 말이 되면 더욱 분명해진다. 이에 '우익' right wing(프랑스 혁명 시절 구질서 수호자들이 의사당의 우측에 앉았던 우연한 사실에 기인함)은 그간 견지해왔던 고루한 국가주의적 견해를 바꾸어 산업주의와 참정권 확대에 대한 노골적 반대 뜻을 포기하게 된다. 그 결과 예전의 보수주의자들처럼 드러내놓고 대중을 향한 증오나 혐오를 표하는 대신, 그들을 기만하고 선동하기 시작한다. 새로운 보수주의자들은 대중에게 "우리 역시 산업화를 원하고, 인민이 높은 생활수준을 누릴 수 있기 바란다. 그러나 그런 목적을 이루려면 산업이 공익에 기여하도록 규제해야 한다. 정글의 법칙이 지배하는 자유경쟁시장을 잘 조직화한 협동 체제로 대체해야 하며, 무엇보다도 국가를 파멸로 이끌 평화주의, 자유무역주의를 버리고, 국가 번영을 위해 자주국방, 보호무역, 영토 확장, 부국

강병을 꾀해야 한다"고 설파했다. 이렇게 하려면 최소정부 minimal government 로는 어림도 없고 거대 정부가 탄생해야 한다는 것이었다.

그 결과 19세기 말 국가주의와 거대 정부가 부활한다. '친-산업', '친-복지'의 얼굴을 하고서. 구질서가 복귀한 셈이다. 그러나 수혜자 면면에는 일부 변화가 일어났다. 귀족과 영주, 군대와 관료 그리고 정부의 비호를 받는 상인이 예전의 구질서 체제에서 특혜를 받은 계층이었다면, 새롭게 등장한 구체제에서 혜택을 누리게 된 자들은 군인과 관료 그리고 과거에 비할 수 없을지는 몰라도 여전히 토지를 소유한 영주들과 무엇보다도 특권적 지위의 제조업자들이었다. 특히 프로이센의 비스마르크가 이끌던 '신우익' the New Right 은 전쟁, 군국주의, 보호무역 및 산업의 강제적 카르텔화를 토대로 우파적 집산주의 right-wing collectivism, 즉 정부와 대기업 간의 유착을 가져오는 통제와 규제, 보조금 및 특혜의 거대한 네트워크를 조성해냈다.

새로이 생겨난 수많은 공장 임금 노동자, 즉 프롤레타리아의 문제에도 대처해야 했다. 18세기와 19세기 초까지만 해도, 실제로는 19세기 말까지, 대다수 노동자는 자유방임과 자유경쟁시장을 선호했다. 노동자로서는 좋은 임금과 좋은 작업 조건을 얻을 수 있고, 소비자로서는 값싸고 다양한 소비재를 얻을 수 있기 때문이었다. 일례로 영국에서는 초기 노동조합들조차 자유방임적 경제체제를 철저히 신봉했다. 하지만 독일의 비스마르크와 영국의 디즈레일리로 대표되는 신보수주의자들은 한편으로는 노동자들의 열악한 작업 환경에 동정을 보이는 시늉을 하고, 다른 한편으로는 기업을 병합하고 통제하여 경쟁의 효율성을 의도적으로 막아버림으로써, 자유지선주의에 대한 노동자들의 의지를 약화시켜 버렸다. 그 결과 20세기에 이르러서는 오늘날까지도 서구 세계의 지배적인 정치경제 체제인 신보수주의적 '조합주의 국가' corporate state 가 등장하고, 노동조합마저 '책임을 다하는' 노동조합이라는 기치 아래, 국가주의적이고 조합주의적인 의사결정체제에 편입되어 거대 정부와 특권적 지위의 대기업의 하수인 역할을 하는 신세로 전락하고 만다.

미국독립혁명과 프랑스혁명 이전의 구질서를 현대적으로 각색한 것에 불과한 소위 '신질서' the New Order를 정착시키려고 신 지배 계층은 오늘날까지도 계속되고 있는 것과 같이 대국민 사기극을 펼쳐야 했다. 절대군주제나 군사독재정부를 막론하고 어떤 정부든 대다수 국민의 지지를 받아야 존속할 수 있지만, 민주 정부는 특히 매일같이 국민의 지지를 얻어내야 한다. 그러려면 신보수주의의 지배 엘리트들은 여러 핵심적이며 기본적인 사안에 있어 국민을 기만해야만 했다. 그들은 국민으로 하여금 억압이 자유보다 더 좋고, 자유경쟁시장 체제보다 카르텔식 봉건적 산업체제가 소비자에게 더 유리하며, 반독점 anti-trust이라는 핑계로 독점적 카르텔을 허용하는 것이 마땅하며, 지배 엘리트를 위한 전쟁과 군국주의가 강제징집을 당하고 세금을 내며 전장에서 죽기까지 하는 국민에게 실제로 더 이익이라는 생각을 하도록 했다. 어떻게 그러한 일이 가능했던 것일까?

어느 사회든지 여론을 주도하는 것은 지식인이다. 지식인이 사회의 여론을 형성하는 것이다. 국민 대부분은 새로운 생각이나 개념을 만들지도, 퍼트리지도 않기 때문이다. 사람들은 전문 지식인 집단, 즉 아이디어를 전문적으로 다루는 사람들이 퍼트리는 아이디어를 듣고 이를 자기 의견으로 받아들인다. 앞으로 더욱 자세히 보게 되겠지만, 역사적으로 지식인을 필요로 한 것은 보통 사람들이 아니라 국가를 지배하는 독재자나 지배 엘리트였다. 국가는 항상 대중으로 하여금 국가 지도자들이 현명하고 선량하며, 따라서 하늘이 선택한 사람이라고 믿도록 해주는, 즉 "임금님은 벌거숭이가 아니라고" 여론을 조작해주는 지식인을 필요로 했다.

근대 이전에는 주술사나 성직자와 같이 종교와 관련이 있는 사람들이 불가피하게 지식인의 소임을 떠맡았다. 교회와 국가 간에 긴밀히 지속해 온 이 같은 동반자 관계는 역사적으로 유구한 전통을 이어 왔다. 교회는 미혹한 신도들에게 왕을 임명한 것은 하느님이니 반드시 그에게 복종해야 한다고 가르쳤고, 왕은 그 대가로 세금을 걷어 교회의 금고를 두둑이 채워주었다. 자유지선주의적인 고전적 자유주의자들에게 교회와 국가의 분리가 그토록 중요한 것도 이 때문이다. 이들 자유주의자가 꿈꾸던 세상은 지식인이 세속의 다른 모든 사람처럼, 국가에 기생하지 않고 시장에서 스스로 생계를 꾸려갈 수 있는 그런 세상이었다.

신보수주의자들은 그들이 원하는 새로운 국가주의적 질서, 즉 신중상주의적 조합주의 국가 시스템을 뿌리내리게 하려면 국가와 지식인 간의 새로운 연대를 구축해야 했다. 세속화가 급속히 진행된 당시의 상황에서 이는 곧 성직자가 아닌 속세의 지식인과 연대하는 것을 의미했다. 구체적으로 말하자면, 새롭게 지식인 계층으로 등장한 교수, 박사, 역사학자, 교사, 테크노크라트 경제학자, 사회사업가, 사회학자, 의사 및 엔지니어 등과 손잡는 것을 의미했다. 국가와 지식인 간의 이 새로운 연대는 19세기 전반부와 후반부로 나누어 볼 수 있다. 19세기 초에 보수주의자들은 합리적 이미지를 자유주의자들에게 양보하면서, 대신 불합리성, 낭만주의, 전통 그리고 신권정치의 덕목을 내세웠다. 보수주의자들은 전통과 불합리한 상징이 가진 덕목을 강조함으로써, 위계적 사회질서가 계속될 수 있도록 대중을 기만했으며, 국민국가와 군대에 대한 미신을 견지하도록 오도했다. 19세기 후반에 들어서면 신보수주의자들은 이성 reason 과 '과학'이라는 장식을 받아들인다. 이제 경제나 사회를 '전문가 집단'인 기술관료가 다스려야 한다는 것은 과학이 명령하는 바가 되었다. 이 같은 메시지를 대중에게 널리 알리는 대가로 신지식인 계층은 새로운 질서의 옹호자로서, 새로운 카르텔을 형성한 경제와 사회를 기획하고 조정하는 직책과 명예를 갖게 되었다.

19세기 말과 20세기 초에 서구 국가의 정부들은 새로운 국가주의 체제를 여론보다 우위에 서게 하고, 여론의 동의를 확실하게 얻고자 교육을 통제히고, 사람들의 정신을 통제하기 시작했다. 그들은 대학을 통제하고 공립학교 체제를 구축하고 의무 교육법을 만들어 교육 전반을 통제했다. 특히 공립학교를 통해 의도적으로 청소년들에게 국가에 대한 복종심과 여타 시민적 덕목을 주입했다. 이 같은 교육의 국가주의화는 결과적으로 교사와 교육전문가들이 국가주의의 확장과 관련하여 최대 기득권 세력의 하나로 자리 잡게 만들었다.

신국가주의 체제에서 지식인이 가장 먼저 한 일은 과거의 용어가 지닌 의미를 바꾸는 일이었다. 그리하여 대중이 그러한 용어에 대해 마음 속에 품고 있는 함축적 의미를 조작하는 일이었다. 예를 들어 오랫동안 '자유주의자' liberals 라는 말은 자유방임을 옹호하는 자유지선주의자를 지칭하는 말이었다. 그리고 '급진주의자' radicals 라는 말은 그들 중 가장 순수하고 가장 원칙에 충실한 사람을 가리키는 말이었다. 그들을 '진보주의자' progressives 라고 부르는 것도 그들이 산업 발전, 자유의 확산 그리고 소비자의 생활수준 향상에 뜻을 같이하는 사람들이었기 때문이다. 하지만 신국가주의 학자와 지식인들은 엉뚱하게도 자신을 스스로 '자유주의자', '진보주의자'라고 지칭하는 동시에, 거꾸로 자유지선주의자들을 변화와 개혁에 저항하는 고리타분한 구시대인이자 '반동적' reactionary 세력이라고 몰아세웠다. 그리고 마침내 '보수주의자' conservative 라는 오명을 뒤집어씌웠다. 그리고는 이미 우리가 살펴보았다시피 신국가주의자들은 '이성'이라는 개념까지도 자기들의 것으로 만들었다.

국가주의와 중상주의가 '진보적'인 조합국가주의라는 이름으로 다시 등장하게 되면서 자유방임적 자유주의 개념에 혼란이 야기된 것도 사실이지만, 19세기 말 고전적 자유주의의 쇠퇴를 가져온 결정적 이유는 아무래도 사회주의라는 새로운 운동에서 찾아야 할 것이다. 사회주의는 1830년대 태동해서 1880년대 이후 급속도로 팽창했다. 사회주의의 특징은 상호 대척적 기존 이념인 자유주의와 보수주의 두 이념의 영향을 함께 받은, 그 둘을 제멋대로 섞어놓은 잡종 운동이라는 점이다. 사회주의는 고전적 자유주의로부터 산업주의와 산업 혁명, '과학'과 '이성'에 대한 숭배심을 차용했다. 수사에 불과할지라도, 평화, 개인의 자유 및 생활 수준 향상 등과 같은 고전적 자유주의의 이상을 추구했다. 실제로 사회주의자들은 조합주의가 등장하기 훨씬 이전부터 과학, 합리성 그리고 산업화 사이의 조화를 도모했다. 그뿐만 아니라 그들은 고전적 자유주의자들의 민주주의를 넘어서는, '인민'이 스스로 경제를 운용하는 '확장된 민주주의' expanded democracy 체제를 제창하기도 했다.

이러한 자유주의적 목표를 달성하기 위해 사회주의는 보수주의로부터 국가주의적 수단을 동원하는 방안과 강제력을 행사하는 방안을 받아들였다. 국가를 '과학'에 근거해 경제와 사회를 다스리는 절대 권력 기구로 만들어 산업 평화와 성장이라는 목표를 달성하고자 했다. '인민'과 '민주주의'를 앞세워 '테크노크라트'라 불렸던 전위대로 하여금 개인의 자유와 재산을 제멋대로 침탈하고 통제하게끔 하였다. 자유주의자들이 내세우는 합리성과 과학 탐구의 자유만으로 만족하지 못하던 사회주의자들은 과학자들이 다른 모든 것을 지배하는 국가체제를 꿈꾸었다. 자유주의자들이 전대미문의 풍요를 이룰 수 있게끔 노동자들에게 자유를 준 정도로는 만족하지 못하던 사회주의자들은 노동자들이 다른 모든 사람을 지배하는 국가체제, 그러나 실제로는 노동자의 이름으로 정치인과 관료와 기술관료가 지배하는 체제를 구축하려고 했다. 또한, 자유주의자가 신봉하는 권리의 평등, 법 앞에서의 평등에 만족하지 못하던 사회주의자는 결과의 평등 혹은 동등이라는 괴이하고도 불가능한 목표를 내세우며 권리의 평등, 법 앞에서의 평등마저 짓밟았다. 그러한 불가능한 평등을 이루기 위함이라는 미명 하에 새로운 특권 엘리트 계급을 만들어냈다.

사회주의는 모순을 잉태한 잡종 운동이았다. 자유와 평화 그리고 산업 평화와 성장이라는 자유주의적 목표, 즉 정부로부터 모든 것을 독립시킴으로써, 다시 말해 자유를 통해서만 성취 가능한 목표를 국가주의, 집산주의 그리고 계급주의적 특권과 같은 이전의 보수주의적 수단을 통해 달성하려고 했기 때문이다. 그랬기에 사회주의는 애초부터 실패할 수밖에 없는 운동이었으며, 실제로 실패로 끝났다. 20세기에 여러 국가에서 등장한 사회주의 정부가 자기 국민에게 가져다준 것은 전대미문의 독재, 기아 그리고 혹독한 가난뿐이었음이 이를 잘 말해준다.

사회주의의 등장이 초래한 가장 큰 해악은 고전적 자유주의가 원래 '좌익'으로서 가졌던 이념적 좌표, 다시 말해 서구 사회에서 희망, 급진주의 그리고 혁명을 상징하는 당으로서 가졌던 이념적 좌표를 잃게 한 것이다. 프랑스혁명 기간 중 구제도를 옹호하는 사람들이 국회의사당의 오른쪽에 앉았듯이, 자유주의자들과 급진주의자들은 왼쪽에 앉았다. 그 때부터 사회주의가 등장할 때까지 자유지선주의적인 고전적 자유주의자들은 이념적 스펙트럼에서 '좌' 혹은 '극좌'에 위치했다. 1848년까지만 해도 프랑스 국회의사당의 왼편에 앉아 있었던 이들은 바스티아Frederic Bastiat 같은 자유방임적 극렬 자유주의자들이었다. 고전적 자유주의자들은 서구에서 급진적이고 혁명적인 정당으로서, 자유, 평화, 진보를 위한 개혁과 희망의 정당으로 출발했다. 그런 고전적 자유주의자들이 원래의 이념적 자리에서 밀려나 사회주의자들에게 '좌익 정당'으로서의 정체성을 빼앗긴 것은 매우 뼈아픈 전략적 패착이었다. 이 때문에 자유주의는 사회주의와 보수주의라는 양 극단 중간에 있는 어정쩡한 정당으로 오인 받게 되었다. 자유지선주의에서 자유를 향한 변화와 진보를 빼면 아무것도 남지 않으므로, 그 역할을 포기한다는 것은 현실에서나 대중의 마음에서 자유지선주의 자체의 존재 이유의 대부분을 포기하는 것을 의미했다.

그러나 만일 고전적 자유주의자들이 내부에서 와해되지 않았다면 이 같은 일은 일어나지 않았을 것이다. 그들 중 일부가 그랬듯이, 사회주의는 모호하고 자가당착적일 뿐만 아니라 보수주의나 마찬가지이며, 절대 군주제 또는 봉건주의라는 사실을 입증할 수 있었을지도 모른다. 또한 오직 그들만이 여전히 진정한 급진주의자들이며 자유지선주의의 완전한 승리가 아니면 절대로 물러서지 않는 불퇴전의 용사들이라는 사실을 보여줄 수 있었을지도 모른다.

제3절 내부로부터의 와해

고전적 자유주의는 국가주의에 대한 부분적이지만 인상적인 승리를 거둔 이후 급진성, 즉 보수적 국가주의를 끝까지 밀어붙여 최후의 승리를 거두고자 하는 끈질김을 상실하기 시작했다. 부분적 승리를 교두보로 삼아 더 큰 압력을 가해야 했었음에도, 변화에 대한 갈망과 원칙의 순수성에 대한 갈망을 잃기 시작했던 것이다. 그들은 그간 거둔 성과를 지키는 데 안주함으로써 급진주의자에서 현 상태에 만족한다는 의미에서 보수주의자로 변모했다. 한 마디로 이들은 사회주의가 희망과 급진을 대표하는 정당으로 자임할 수 있도록 방치했을 뿐 아니라, 나중에 등장하는 조합주의자들이 자유지선주의적인 고전적 자유주의자들을 '극우주의자'

혹은 '보수주의자'로 규정하고 스스로를 '자유주의자'나 '진보주의자'라고 나서도록 방치하기까지 했다. 이는 자유주의자들이 아무런 변화도 기대할 수 없는 문자 그대로 정지 상태 stasis 에 스스로를 가두었기 때문에 일어난 일이었다. 이 같은 전략은 급변하는 세상에서는 도저히 통할 수 없는 어리석기 이를 데 없는 것이었다.

그러나 자유주의가 퇴락한 이유를 단지 전략이나 입지에서 찾는 것은 적절치 않다. 그들은 원칙 면에서도 문제가 있었다. 그들은 전쟁과 관련된 권한을 국가의 손에 넘겼으며, 교육에 대한 권한, 화폐와 은행에 관한 권한과 도로에 대한 권한을 국가의 손에 넘겼다. 다시 말해 권력의 핵심적 지렛대로 사용할 수 있는 권한을 모두 국가에 양보했다. 행정기구와 관료주의를 전적으로 적대시한 18세기 자유주의자와 달리, 19세기 자유주의자는 행정 권력과 소수 엘리트 중심의 관료체제를 용인했을 뿐만 아니라 경우에 따라서는 환영하기까지 했다.

18세기와 19세기 초 자유주의자가 주장한 '노예 폐지론' abolitionism 은 그들의 원칙과 전략에 어떤 문제가 있었는지 잘 보여준다. 이 입장은 노예제이든 아니든 국가주의에 바탕을 두고 있는 제도는 최대한 빨리 폐지해야 한다는 것이었다. 비록 국가주의의 즉각적 폐지가 실제로는 불가능할지라도, 즉각적인 폐지를 모색하는 것만이 도덕적으로 정당화할 수 있는 유일한 입장이라고 보았기 때문이다. 사악하고 강압적인 제도의 즉각 폐지보다 점진적 개선을 선호하는 것은 그러한 악을 재가하고 추인하는 것이며, 따라서 자유지선주의의 원칙에 반하기 때문이다. 위대한 노예제 폐지론자이자 훌륭한 자유지선주의자였던 윌리엄 개리슨 William Lloyd Garrison 은 이렇게 말했다. "우리가 있는 힘을 다해 즉각적인 폐지를 주장해도, 애달프게도 노예제도는 점진적으로 폐지될 수밖에 없을 것이다. 우리는 노예제도가 한 번에 전복될 것이라고 말한 적이 없다. 단지 그렇

게 되어야 마땅하다고 우리는 줄기차게 주장할 것이다."¹⁴

고전적 자유주의 철학과 이념이 서구 세계에서 역동적이고 진보적이며 급진적인 입장에서 퇴락을 거듭하게 된 이면에는 두 가지 중요한 사건이 있었다. 가장 중요하다고 할 수 있는 첫 번째 사건은 19세기 초에서 중반 사이에 일어난 일로서 '자연권' natural rights 이론을 포기하고 그 대신 테크노크라트의 이념인 공리주의 utilitarianism 를 채택한 것이다. 자연권 이론은 자유의 근거를 개인이 자신과 자기 재산에 대해 가진 절대적 도덕성에서, 즉 자유의 옹호 근거를 기본적으로 권리와 정의의 차원에서 모색하는 데 비해, 공리주의는 국민 복지나 공동선과 같이 모호한 목적을 성취하는 데 자유가 일반적으로 최선의 방편이기 때문에 이를 선호할 뿐이다. 자유의 이론적 근거를 자연권으로부터 공리주의로 전환하게 되면서 두 가지 심각한 결과가 발생했다. 먼저 목표의 순수성과 원칙의 일관성이 불가피하게 훼손되었다. 자연권 이론을 신봉했던 자유지선주의자들은 도덕과 정의를 추구했기 때문에 순수한 원칙을 강력히 고수할 수 있었지만, 공리주의자들은 자유를 그때그때의 방편적 측면에서만 중요시할 뿐이다. 방편이라는 것이 본질적으로 상황에 따라 변할 수밖에 없어서, 냉철히 손익계산을 해야 하는 공리주의자로서는 사안별로 국가주의적 입장을 취할 수도 있게 되고, 그러다 보면 결국 원칙 자체를 버리게 되는 것도 가능한 일이었다. 바로 이와 같은 일이 영국에서 벤담 류의 공리주의자들에 의해 실제로 나타났다. 철저하지 못한 자유지선주의와 자유방임 이념을 가지고 출발했기 때문에 너무나도 쉽게 점점 더 깊은 국가주의의 수렁으로 빠져 들어가게 된 것이다.

---

¹⁴ 윌리엄 피즈(William H. Pease)와 제인 피즈(Jane H. Pease) 편, 『노예제도 반대 논리』(*The Antislavery Argument*, Indianapolis: Bobbs-Merrill Co., 1965), xxxv쪽에 인용되었음.

둘째로, 이 역시 첫 번째 결과만큼 중요한데, 공리주의자 중 급진적인 사람, 즉 포악과 강압의 즉각적 폐지를 열망하는 사람을 찾기가 극히 어렵다는 것이다. 공리주의자들은 효율성을 중시하므로 급진적인 변화에 반대할 수밖에 없다. 따라서 공리주의자 중에 혁명가가 나온 적이 없다. 공리주의자 중에는 즉각적 폐지론자가 있을 수 없는 것도 이 때문이다. 폐지론자가 되려면 무엇보다도 잘못된 것, 정의롭지 못한 것을 최대한 빨리 없애려고 해야 한다. 그렇기에 냉철하게 그때그때 손익을 저울질할 만한 여유를 부려서는 곤란하다. 결과적으로 공리주의를 택한 고전적 자유주의자들은 급진주의를 포기하고 점진적 개혁주의를 택하게 되었다. 개혁가로 자처하면서 그들은 어쩔 수 없이 국가를 위해 일하는 자문가나 효율성 전문가로 활동하지 않을 수 없었다. 그 결과 공리주의자들은 자유지선주의의 원칙뿐만 아니라 그 원칙에 기반한 전략까지도 포기하지 않을 수 없게 되었다. 공리주의자들은 기존 체제와 현상 유지의 옹호자가 되고 말았고, 그 결과 한편으로는 사회주의자들로부터, 다른 한편으로는 진보적 조합주의자들로부터 어떠한 변화도 거부하는 편협하고 보수적인 수구 세력이라는 공격을 받게 되었다. 처음에는 보수주의자들의 대척점에서 출발한 급진적이고 혁명적인 자유주의자들이 오히려 그들이 그토록 맹렬하게 투쟁했던 거대 악의 모습을 하게 된 것이다.

아직도 자유지선주의는 공리주의의 악영향으로부터 완전히 벗어나지 못했다. 경제학의 태동기에 벤담과 리카도의 영향 아래 공리주의가 시장 경제학을 주도했고 그 영향은 오늘날에도 여전히 막강하다. 최근의 시장 경제학에서도 점진주의가 대세를 이루고 있으며 윤리, 정의 또는 원칙의 일관성 같은 것은 빈축을 사기 일쑤이다. 계산만 맞으면 당장에라도 자유시장 원칙을 내버릴 태세이다. 오늘날의 자유시장 경제학에 대해 지식인들은 그저 현상유지론을 극히 일부 수정한 정도로만 취급한다. 그리고 그러한 지적은 상당 부분 일리가 있다고 할 수 있다.

고전적 자유주의 이념의 변질에 박차를 가한 두 번째 사건은 19세기 후반 자유주의자들이, 최소한 20~30년 동안, 사회적 다윈주의 social Darwinism라고도 알려진 '사회진화론' social evolutionism의 원칙을 받아들이면서 발생했다. 국가주의적 역사가들은 허버트 스펜서 Herbert Spencer나 윌리엄 섬너 William Graham Sumner와 같은 사회진화론적 자유방임주의자들을 냉혹한 사람들이라고 비방했다. 적자생존의 논리를 앞세워 사회 부적응자를 방치하고 더 나아가 말살하려고까지 했다는 것이다. 스펜서나 섬너는 그저 경제학 및 사회학적 입장에서 자유시장 원칙에 당시 유행했던 진화론의 옷을 입힌 것뿐이었다. 사회진화론의 치명적인 문제는 오히려 종(이나 유전자)의 변화가 극히 천천히, 수천 년의 시간을 두고, 일어난다는 원리를 사회 영역에 잘못 적용한 데 있었다. 사회진화론을 받아들인 자유주의자들은 이제 혁명이나 급진적 변화에 대한 생각 자체를 포기하고, 대신 오랜 세월이 지나면 작은 변화가 축적되어 저절로 변화가 일어날 것이라고 관망하는 태도를 보이게 되었다. 한 마디로 혁명과 급진적 변화를 주도하여 지배 엘리트들의 권력에 도전해야 마땅할 자유주의자들이 사회진화론을 받아들이면서 급진적 방법을 거부하고 점진적 변화만을 찬성하는 보수주의자로 변신하였던 것이다.[15]

---

[15] 역설적이게도 현대 진화론은 점진적 변화에 의한 진화 이론을 완전히 포기하게 되었다. 대신 종은 하나의 정적인 균형 상태로부터 다른 균형 상태로 급격한 도약을 통해 진화한다는 이론이 더 정확한 것으로 인식되고 있다. 이 이론은 "단속적 변화 (punctuational change)" 이론이라 불린다. 이 같이 새로운 진화이론을 전개한 대표적인 학자인 굴드(Stephen Jay Gould)는 이렇게 말했다. "점진주의는 변화에 대한 철학적 입장이지 자연계에서 도출한 사실이 아니다. … 점진주의가 힘을 얻었던 이유는 그것이 자연과 일치하는 객관적 설명을 제공했기 때문이 아니라 강력한 이념적 요소를 지니고 있었기 때문이다. … 점진주의는 급진적인 변화에 대한 자유주의의 반감을 정당화하는 근거, 즉 갑작스런 변화는 자연의 법칙에 위배된다는 도그마를

사실인즉, 한때 위대한 자유지선주의자였던 스펜서 자신이 이러한 변화가 고전적 자유주의 내에서 어떻게 일어났는지 극명하게 보여주는 예이다. (마찬가지 예를 미국에서 찾아보면 윌리엄 섬너를 들 수 있다.) 어떤 의미에서는 스펜서의 삶 자체가 19세기에 일어난 자유주의의 퇴락 과정의 상당 부분을 구현하고 있다고 할 수 있다. 스펜서는 처음에는 순수 자유지선주의자라고 할 만큼 철저하게 급진적인 자유지선주의자였기 때문이다. 그러나 사회학과 사회진화론에 물들면서 스펜서는 점차 자유지선주의를 이론상으로는 받아들이면서도, 이를 역동적이고 급진적인 역사적 운동의 일환으로는 보지 않게 되었다. 그는 완전한 자유의 승리, '신분'에 대한 '계약'의 승리, '군국주의'에 대한 '산업'의 승리를 갈망하면서도, 이러한 승리는 긴 시간 동안의 점진적 진화 이후에나 가능하다고 생각하게 되었다. 그에 따라 스펜서는 급진 투쟁을 마다치 않는 신조로서의 자유주의를 버리고 당시 급성장하던 집산주의collectivism와 국가주의에 무력하게, 보수적이고 수세적으로 저항하는 정도로만 그의 자유주의를 유지하였다.

만약 자유주의 운동의 철학과 이념을 퇴락하게 한 주원인이 사회진화론에 기초한 공리주의였다면, 자유주의 운동을 사망에 이르게 한 결정적인 원인은 바로 이전까지만 해도 엄중하게 지켜졌던 전쟁과 제국, 그리고 군국주의에 대한 반대 원칙을 저버린 데 있다. 국민국가와 제국의 사이렌 소리가 전 세계 방방곡곡에서 고전적 자유주의를 파멸시킨 것이다. 19세기 말과 20세기 초에 영국의 자유주의자들은 코브던Cobden, 브라이트Bright, 맨체스터 학파가 주창한 반전주의와 반제국주의, 즉 '작은 영국

정당화했기 때문에 강력한 이념으로서의 효용을 지닐 수 있었다." 스티븐 제이 굴드(Stephen Jay Gould), 「진화: 향상인가 폭발인가?」(Evolution: Explosion, Not Ascent), 『뉴욕타임스』(*New York Times*), 1978년 1월 22일.

주의'Little Englandism를 포기하게 된다. 그들은 대신 '자유주의적 제국주의'Liberal Imperialism 라는 터무니없는 이름을 내걸고 보수주의자들과 결탁하여 대영제국의 확장에 동참했으며, 보수주의자 및 우익 사회주의자와 손잡고 제1차세계대전을 초래한 제국주의와 집단생산주의를 받아들였다. 독일에서는 철혈재상 비스마르크가 통일 독일이라는 목표를 미끼로 승리를 눈앞에 둔 자유주의를 분열시켰다. 그 결과 영국과 독일 양국에서 자유주의의 이상이 파멸을 맞게 되었다.

오랫동안 미국에서 고전적 자유주의를 대표하는 정당은 19세기 후반 "개인의 자유를 대변하는 정당"the party of personal liberty 으로 알려진 민주당이었다. 당시 민주당은 개인의 자유뿐 아니라 경제적 자유를 대변하는 정당이기도 했다. 민주당은 금주법, 청교도적 금욕법, 의무교육법에 강력히 반대했으며, 자유 무역, 태환화폐제도(정부에 의한 인플레이션이 불가능함), 정부와 은행의 분리, 그리고 절대적 최소정부를 구현하기 위해 앞장섰다. 민주당은 각 주의 권력을 극소화하고자 노력했고, 연방 정부의 권력을 사실상 유명무실하게 만들려고 애썼다. 외교정책에도, 민주당은, 국내 정책에 대해서만큼은 아닐지라도 평화, 반군국주의, 반제국주의를 표방하는 정당이었다. 그러나 1896년 '브라이언파' the Bryan forces[16] 가 민주당을 장악하면서부터 개인의 자유와 경제적 자유 영역에서 자유지선주의적 기조를 상실하게 되었고, 20여 년 후 우드로 윌슨 Woodrow Wilson이 집권하면서 불간섭주의적 외교 정책 역시 폐기되었다. 그러고는 간섭과 전쟁이 밀려와, 죽음과 황폐화의 세기, 전쟁과 새로운 폭정의 세기가 도래한다. 또한, 전쟁 중인 이들 조합주의적 국가주의 나라들에서

---

[16] [역주] William Jennings Bryan과 그 파벌을 말한다. 브라이언은 19세기 말 민주당의 반자유지선주의 세력의 태두였다. 1896년, 1900년 및 1908년 민주당의 대통령 후보를 역임했다.

앞에서도 언급한 바 있는 거대 정부, 거대 기업, 노동조합 그리고 지식인이 연대를 이루는 '복지-전쟁 국가' welfare-warfare State 의 세기가 도래한다.

미국에서 피어난 자유방임적 자유주의의 마지막 불꽃은 19세기 마지막 무렵에 '반제국주의연맹' the Anti-Imperialist League 를 결성하려고 뭉친 자유지선주의 용사들에 의해 피어올랐나. 이들은 미국의 대 스페인 전쟁과 그 후 스페인과 미국으로부터 독립을 쟁취하고자 하는 필리핀인을 진압하려는 미국의 제국주의적 전쟁에 대항하고자 뭉친 것이다.

오늘날의 눈으로는 마르크스주의자가 아니면서 반제국주의자가 된다는 것이 이상하게 보이겠지만, 제국주의에 대한 저항은 원래 영국의 코브던과 브라이트 그리고 프로이센의 유진 리히터 Eugen Richter 와 같은 자유방임적 자유주의자로부터 비롯되었다. 보스턴의 사업가이자 경제학자였던 에드워드 앳킨슨 Edward Atkinson 이 주도(섬너도 함께)했던 이 반제국주의연대는 노예제도 폐지를 위해 맹렬히 투쟁하고 이후 자유무역, 태환화폐제도 그리고 최소정부를 지지한 자유방임적 급진주의자들이 주 구성원이었다. 그들이 이처럼 미국의 제국주의화에 끝까지 맞서 싸운 것은 그들이 한평생 강압과 국가주의, 그리고 불의와 싸워온 것, 즉 국내외를 막론하고 모든 일상사에서 거대 정부가 출현하지 못하도록 싸워온 것과 궤를 같이하는 것이었다.

우리는 이제까지 지난 수 세기 동안 일어난 고전적 자유주의의 태동, 부분적 승리, 그리고 쇠락을 추적해보았다. 그렇다면 최근 몇 년 동안 특히 미국에서 다시 자유지선주의 사상과 활동이 부활하고 있는 이유는 무엇일까? 그토록 막강한 국가주의 세력과 연대가 이 정도라도 자유지선주의 운동에 자리를 내어주는 것은 어째서일까? 19세기 말과 20세기를 풍미한 국가주의의 위세를 보면, 희미한 자유지선주의의 불꽃이 다시 불타오르기는커녕 사그라져야 마땅하지 않겠는가? 그런데 어떻게 해서 자유지선주의는 아직 죽지 않고 살아있는가?

  우리는 왜 자유지선주의가 자연스럽게 미국에서 가장 먼저, 가장 온전하게 일어날 수 있는지 보았다. 미국은 자유지선주의적 전통이 매우 강한 땅이다. 그러나 우리는 갑자기 몇 년 전부터 자유지선주의가 부흥하려는 이유가 무엇인지, 이런 놀라운 변화를 가져온 계기가 무엇인지에 대해서는 아직 검토하지 못했다. 이 질문에 대한 답은 이 책의 마지막 부분까지 미루기로 한다. 그전에 먼저 자유지선주의 신조가 무엇이며, 이 신조가 우리 사회의 핵심 문제들을 어떻게 해결할 수 있는지부터 살펴보도록 하자.

02 소유와 거래

제1절 비침해성의 공리

자유지선주의 신조는 하나의 핵심적 공리[1]에 의존한다. 그것은 어느 누구도 다른 사람의 신체 또는 재산을 절대로 침해해서는 안 된다는 것으로서 '비침해성의 공리' nonaggression axiom 로 불리기도 한다. 여기서 '침해' aggression 는 타인의 신체나 재산에 대하여 물리적 폭력을 사용하거나 위협하는 행위로 정의되며 공격 invasion 과 유사한 뜻이다.

누구도 다른 사람을 절대로 침해해서는 안 된다면, 다시 말해서, 누구든지 다른 사람으로부터 침해당하지 않을 절대적 권리를 갖는다면, 이는 당연히 자유지선주의들이 일반적으로 알려진 '시민적 자유' civil liberties 를 확고하게 지지한다는 것을 의미한다. 여기서 시민적 자유는 언론, 출판 및 결사의 자유는 물론이고, 포르노나 변태적 성행위 그리고 매춘과 같이 '피해자 없는 범죄' victimless crimes 를 행할 수 있는 자유까지 포함한다.

---

[1] [역주] 공리의 사전적 의미는 일반인과 사회 모두에서 두루 통하는 진리나 도리를 말한다. 수학과 논리학 등에서의 공리는 증명이 필요 없는 자명한 진리를 일컬으나, 문학이나 도덕 등의 분야에서는 공리를 전자의 의미로 사용할 때가 많다. 로스바드는 이 글에서 양자 모두를 겸용하고 있다.

(왜냐하면 자유지선주의자들은 '범죄'를 타인의 신체 및 재산에 대한 폭력적 침해로 정의하기 때문에, 피해자 없는 범죄는 '범죄'로 간주하지 않는다). 이와는 달리 자유지선주의자들은 강제징집제도를 대규모 노예제도로 간주하며, 국가 간의 전쟁 특히 현대전과 같이 무고한 시민의 대량 살상을 유발하는 전쟁은 명백한 부당 행위로 간주한다.

위와 같은 자유지선주의 입장은 현대의 이념적 잣대로 보면 '좌익'과 유사하다. 그러나 좌익과는 달리 자유지선주의자들은 사유재산권에 대한 침해를 반대하기 때문에, 사유재산권에 대한 정부의 직접적 간섭은 물론이고, 규제 및 통제, 보조금 지급, 그리고 사업제한 및 금지 등을 통해 정부가 자유 시장경제에 간섭하는 모든 행위를 철저히 반대한다. 왜냐하면 모든 개인이 다른 사람의 침해 및 약탈 없이 자기 재산에 대한 권리를 갖는다면, 그의 재산을 자유롭게 무상으로 양도(증여 및 상속)하거나 아무런 간섭 없이 다른 사람들의 재산과 교환(자유로운 계약이나 자유시장을 통해)할 수 있는 권리를 가져야 한다. 자유지선주의자들이 사유재산권과 자유로운 거래를 제한없이 보장하는 '자유방임적 자본주의' laissez-faire capitalism 체제를 지지하는 것도 이 때문이다.

사유재산과 경제체제에 대한 자유지선주의자들의 입장은 통상적 잣대에 의하면 '극우적'이다. 그러나 사안에 따라 어떤 경우는 '좌파', 다른 경우는 '우파'와 입장이 같다고 해서 일관성이 없다고 볼 수는 없다. 각 개인의 자유를 옹호하는 것이 자유지선주의자들의 일관성 있는 유일한 입장이다. 개인의 자유 측면에서 좌파와 우파는 모두 일관성이 결여되어 있다. 예를 들어, 좌파는 개인의 자유를 침해하는 전쟁이나 강제징집과 같은 폭력에는 반대하면서 어떻게 세금징수나 시장통제와 같은 폭압적 침해행위에 대해서는 지지하는 모순을 보일 수 있는가? 우파 역시 한편으로는 사유재산권 보장과 자유기업체제를 찬양하면서 다른 한편으로는 전쟁과 강제징집을 지지함은 물론, 단지 비도덕적이라는 이유만으로 타인에게 전혀 해가 되지 않는 비침해적 활동 및 사업의 불법화를 지지하는 모순을 보일 수 있는가? 우파는 또한 군산복합체military-industrial complex에 대한 정부의 광범위한 보조금 지급이나 시장 왜곡 또는 비효율 등의 병폐에 대해서는 함구하면서 어떻게 자유시장체제를 전석으로 지지한다고 말할 수 있겠는가?

자유지선주의자들은 개인과 단체를 불문하고 누구도 다른 사람의 신체 및 재산에 대한 기본권을 침해해서는 안 된다는 뜻을 견지하면서, 지금까지 역사적으로 가장 두드러지게 폭압적인 방식으로 개인의 기본권을 침해한 기제가 바로 국가라고 간주한다.[2] 이 점에서 자유지선주의는 좌파, 우파 또는 중도파들을 비롯한 여타 입장과 확연히 다르다. 자유지선주의자들은 어느 개인이나 사회단체가 범했다면 당연히 부도덕하다고 비난하거나 법적으로 처벌해야 할 행위임에도, 국가가 자행하면 면죄부를 줄 수 있다는 여타 사상의 입장에 절대적으로 반대한다. 간단히 말해, 아무리 국가라 하더라도 보편적 도덕 및 규범으로부터 예외일 수 없으며 모든 개인 및 집단과 마찬가지로 똑같이 적용되어야 한다는 입장이다. 그러나 국가를 있는 그대로 직시하면 자유지선주의자가 아닌 사람들조차 극악무도한 범죄로 인정하는 행위를 국가가 저지르면 관대하게 눈감아주고 심지어 권장하는 사례를 쉽사리 관찰할 수 있다. 실제로 국가는 '전쟁'이나 '폭동 진압'을 핑계로 대량학살을 습관적으로 자행해왔고, '징집'이라는 허울 하에 국민을 노예처럼 부려왔으며, '조세'라는 핑계로 국민의 재산을 강탈함으로써 체제를 유지해왔다. 이러한 국가 행위가

---

[2] [역주] '침해자로서의 국가'에 대한 자유지선주의 입장은 다음 제3장에서 자세히 논의한다.

대다수의 국민에게 지지를 받고 있는지 여부는 문제의 본질이 아니다. 자유지선주의자들은 설사 국민 대다수가 국가의 수탈을 용인한다 해도, 전쟁은 여전히 대량학살이고, 징집은 노예제도이며, 세금징수는 도둑질과 다름없다고 생각한다. 비유하자면, 자유지선주의자들은 고집스럽게 '임금님은 벌거숭이'라고 계속 외쳤던 동화 속의 아이와 같다.

역사적으로 집권자들은 어용 지식계급에 의해 신격화되어 왔다. 지난 수 세기 동안 왕의 가신들은 국민에게 국가와 왕은 신성하다는 사상을 지속해서 주입함으로써 왕들이 저지른 독재, 대량학살, 광범위한 경제적 수탈 등을 국가 경영상 불가피한 선택이라고 믿게끔 하였다. 근대사회로 이동하면서 집권자들의 신성한 지위는 거의 소멸하였으나 '어용 지식인들'은 예전보다 훨씬 더 교묘한 방식으로 국가와 집권층을 대변하기 시작한다. 그들은 이제 정부가 하는 일은 모두 '공공의 이익'과 '국민 복지'를 위한 것이고, 세금을 걷고 쓰는 일은 소위 '승수효과' multiplier effect[3]를 통해 국가 경제를 반석 위에 올려놓으려는 것이며, 정부의 다양한 '서비스'는 민간이 시장과 사회에 대해 자율적으로 제공할 수 없는 것들을

---

[3] [역주] 거시경제에서 정부(개인 포함)의 지출은 결국 개인이나 기업의 소득으로 돌아간다. 즉, 정부 지출이 소득을 늘리고 그 소득은 다시 지출을 초래하는 반복적 과정을 겪게 된다. 정부 지출이 경제에 몇 배수의 효과를 초래하는지를 개념화한 것이 승수효과이다. 케인스(Keynes) 학파는 정부 지출이 승수효과를 통하여 경제 활성화에 기여하며 침체된 경제를 자극할 수 있다고 믿는다. 예를 들어, 각국에서는 종종 둔화된 경기를 활성화하기 위하여 공공사업에 대한 정부 지출을 시행한다. 도로 건설을 예로 든다면, 정부 지출은 시멘트, 철재, 건설장비의 구매는 물론, 건설 인력에게 임금으로 지급된다. 이어서 도로 건설에 참여한 기업과 사람들은 획득한 이윤과 임금을 식품, 주택, 의복 등의 구매에 다시 소비하게 되며, 이 같은 소비활동이 승수효과를 통해 경제 활성화에 기여한다. 만약 소득의 80%를 소비하고 20%를 저축하는(즉, 한계소비성향 = m = 0.8) 어느 건설인력에게 1원의 임금이 지급되면, 그 사람의 소비지출이 경제에 미치는 승수는 $1/(1-m) = 1/(1-0.8) = 5$원이다. 다시 말하면, 100만원의 임금 지급이 경제 전체에는 그 5배인 500만원의 지출효과를 내게 되며, 한계소비성향(m)이 클수록 승수효과는 커진다.

대신 제공하는 것이라고 선전한다. 자유지선주의자들은 이들의 주장을 전면적으로 부정한다. 정부와 어용지식인들의 일거수일투족은 모두 국가 지배를 정당화하려는 술책이고 국민을 기만하는 수작에 불과하며, 오직 정부만이 제공할 수 있다고 큰소리치는 대국민 서비스 역시 민간이나 기업이 훨씬 더 공정하고 효율적으로 제공할 수 있다고 믿는다.

그러므로 자유지선주의자들의 주요 과업 중의 하나는 불행히도 국가의 허구성을 직시하지 못하는 국민에게 국가는 더이상 신성하지 않고 신비한 존재가 아니라는 사실을 전파하고 계몽하는 것이다. 자유지선주의자들이 가장 경계하는 것은 국민이 국가를 신성한 존재로 여기는 것이다. 전제 군주는 물론이고 소위 '민주적'이라고 일컬어지는 현대국가 역시 결코 신성한 존재가 아니다. 모든 정부는 국민을 착취하고 국민 위에 군림함으로써 존속 가능하다는 사실을 잊어서는 안 되며, 국가 지배의 필요성 및 정당성에 대한 어떤 객관적 근거도 존재하지 않는다는 사실을 직시하도록 지속해서 계몽해야 한다. 자유지선주의자들은 지배계급과 피지배계급을 나누는 주된 기제가 바로 조세와 국가라는 사실을 증명하려고 노력해왔다. 비록 어용 지식인들이 온갖 술수를 사용하여 국민이 국가의 지배를 받아들이도록 조장하고, 그 대가로 집권자들로부터 권력을 나누어 받고 국민에게서 착취한 부를 챙길지라도, 자유지선주의자들은 국민이 언젠가는 실상을 파악할 것이라고 믿는다.

국가주의자statists[4]에 따르면, 납세는 국민의 자발적 행위이다. 그러나

---

[4] [역주] '국가주의'(statism)는 자유지선주의자들이 자신들의 입장과 대비되는 입장을 지칭하기 위해 즐겨 쓰는 정치철학 용어이며, 국가주의를 지지하는 사람들을 국가주의자(statist)라고 부른다. 국가주의자들은 좌파이건 우파이건 간에 국가는 좋은 것이며, 정치, 경제, 군사, 사회적 목표 달성을 위해 국가(또는 중앙정부)의 사용 또는 역할이 필요하다고 믿는 사람들이다. 최근(2011년) 미국의 정치인인 댄 미첼(Dan Mitchell)은 부유한 국가주의자들(예, 워렌 버핏)에 의한 세금 더 내기 운동

만약 이들의 주장대로 세금납부가 진짜 '자발적' 행위라면, 누구도 세금 납부를 거부함으로써 국가로부터 처벌받는 일이 없어야 한다. 그러나 현실은 그와 정반대이다. 생각해보면 사회를 구성하는 개인과 단체 중에서 유일하게 정부만이 강제적 폭력을 동원하여 수입을 올리고 있다. 정부 이외의 모든 개인과 단체는 자발적 기부(동호회, 자선단체, 체스클럽 등), 또는 소비자들의 자발적 구매에 의한 재화와 서비스의 판매를 통하여 수익을 창출한다. 만약 정부가 아닌 누군가가 감히 '세금'을 징수하겠다고 나선다면, 당연히 강제적 약탈이나 도둑질로 간주될 것이다. 그럼에도 국가는 '통치권' sovereignty 이라는 요상한 개념을 동원해서 국민을 상대로 엄청난 규모의 도둑질을 합법적이면서도 조직적인 방식으로 자행하고 있다. 오직 자유지선주의자들만이 이 같은 실태를 직시하고 사회에 고발하고자 노력한다.

제2절 소유권

위에서 설명한 바와 같이, 자유지선주의 신념의 핵심 공리는 다른 사람의 신체와 재산을 절대로 침해하지 않는 것이다. 이제 이러한 공리가 역사적으로 어떻게 형성되어 왔으며, 그것의 이론적 기초와 배경은 어떤 것인지 살펴보자. 자유지선주의 공리는 대체로 주정주의 emotivism [5], 공리

(예, 부유세 납부)과 큰 정부(bigger government) 만들기 주장을 위선적 행태라고 비판하였다.

[5] [역주] 주정주의(emotivism)는 1930년대에 철학자 에이어(Ayer) 등이 주창했으며, 윤리는 논리나 원칙이 아닌 정서적 태도에 의한 것이라는 견해이다. 도덕적 판단이나 규범, 명령과 같은 가치판단 기준은 합리적 논의의 대상이 아니라 개인의 감정 및 정서 등에 의해 판단되어야 하며, 진실 또는 거짓으로 규정할 수 없고, 도덕적

주의utilitarianism 그리고 자연권natural rights 이론 등 세 가지 유형의 윤리학설에서 그 이론적 근거를 찾을 수 있다. 주정주의자들은 전적으로 주관적이고 감성적인 근거에 토대를 두고 자유 또는 비침해성의 공리를 지지한다. 그러나 주관 및 감성에 의존한 주정주의자들의 정치철학은 그들 자신의 신조를 굳건하게 만드는 근거로서는 타당할지 몰라도 타인들을 설득하기에는 역부족이다. 주정주의에 의하면, 도덕적 원칙은 합리적인 대화를 통해 합의에 이를 수 있는 성질의 것이 아니므로, 아무리 그들 자신은 믿어 의심치 않는 신념이라 해도 다른 사람들에게 널리 전파하는데 한계를 가질 수밖에 없다.

한편, 공리주의자들은 자유로운 사회와 그렇지 않은 사회에서 나타나는 결과에 관한 연구에 기초하여, 세상은 자유가 보장될 때 구성원 모두가 바라는 가치인 조화, 평화 그리고 번영을 이룰 가능성이 커진다고 주장한다. 물론, 이념을 평가함에 그 이념이 초래하는 결과를 비교하여 장단점을 평가하고 상대적 우월을 가늠해야 한다는 주장에 이의를 제기할 사람은 없을 것이다. 그러나 전적으로 공리주의적 윤리에만 의존하는 것은 많은 문제점을 내포하고 있다. 대표적으로, 공리주의는 각각의 선택지가 가져오는 결과의 좋고 나쁨을 측정할 수 있고 그것에 기초하여 정책적 판단을 내릴 수 있다고 가정한다. 그러나 만약 어떤 선택지 X가 초래하는 결과에 관해 가치판단을 내리는 것이 정당하다면, 결과가 아니라 대안 그 자체에 가치판단을 적용하지 못할 이유가 있겠는가? 어느 행위 그 자체는 그것이 지닌 본질적 성격에 의해 선악을 판단할 수 있지 않겠는가?

진실 또는 도덕적 지식이 될 수 없다는 주장이다. 다시 말하면, 도덕적 문제는 어떤 규범체계를 가정해야 판단할 수 있으나, 우리는 그 기본적 도덕원칙에 대해 판단할 수 없다는 것이다.

공리주의의 또 다른 문제점은 현실 세계에 존재하는 여러 가지 구체적 상황에 예외 없이 적용 가능한 절대적이고 일관된 판단 기준과 원칙이 존재하지 않는다는 것이다. 공리주의자들은 기껏해야 모호한 지침이나 이상적 목표만을 원칙으로 채택하고 있으며, 상황에 따라 언제든지 그 원칙도 무시하는 경향이 있다. 이는 19세기 영국의 급진주의자들의 중요한 약점이었다. 이들 급진주의자는 18세기 자유주의자들liberals 의 자유방임주의적 이념을 이어받았지만, 그 후 소위 '신비주의적'이라고 비판받았던 자연권natural rights 사상을 포기하고 당시 '과학적'이라고 칭송받았던 공리주의를 자신들의 철학적 기초로 삼았다. 그 때문에 19세기의 자유방임주의적 자유주의자들은 자유방임을 의심의 여지가 없는 확실한 판단척도가 아닌 여러 다양한 척도 중의 하나 정도로 사용하기 시작하였으며, 그 후 현실과 타협을 계속하면서 자유지선주의 신념과는 전혀 다른 견해를 밝혔다. 지나치게 단정적으로 들릴 수도 있겠으나, 다양한 가치와 이해가 서로 상충하는 현실을 고려할 때, 모든 구체적 사안에 대해 공리주의자들이 자유지선주의 원칙을 지킬 가능성은 거의 없다고 말하는 것이 적절하다. 현존하는 인물 중에서 이를 가장 잘 보여 주는 사례는 자유시장을 신봉하는 경제학자인 밀턴 프리드먼Milton Friedman 이다. 그 역시 다른 고전경제학자들처럼 국가의 간섭을 비판하고 자유의 필요성을 역설했지만, 자유를 다양한 가치 중의 하나에 불과한 개념으로 취급함으로써 실제 문제에서 수없이 많은 독소적인 예외를 용납하고 말았다. 경찰과 군대 문제, 교육, 조세, 복지, '이웃효과' neighborhood effects [6], 반독점법,

---

[6] [역주] 이웃에 사는 사람들의 일반적 경향이나 또는 개인적 친분이 있는 주변 사람과의 관계에 의해 개인의 성향이 형성되며, 그것이 개인의 투표 성향에 영향을 준다고 설명하는 것이 정치학에서의 이웃효과이다. 이는 경제학의 외부효과(external effects) 이론 형성에도 영향을 주었다. 즉, 어느 개인 또는 산업의 경제활동이 다른

그리고 화폐 및 금융 분야에서 그가 용납한 예외들은 그가 평소에 주창했던 자유와 자유시장의 원칙을 스스로 와해시키기에 충분했다.

공리주의의 문제점을 이해하기 위해 조금은 극단적인 예를 하나 들어보자. 빨간 머리를 가진 사람은 모두 악마의 사도라는 맹목적 믿음에 근거하여 발견 즉시 사형에 처하는 공동체가 있다고 가정해 보자. 더 나아가 빨간 머리는 조상 대대로 아주 소수이어서 통계적으로 거의 무시할 정도라고 가정해보자. 이 경우 공리주의적 자유지선주의자들 utilitarian-libertarian 은 아마 다음과 같이 추론할 것이다. "아무 잘못도 없는 빨간 머리 몇 명을 처형하는 짓은 분명 유감스러운 일이지만, 죽임을 당하는 사람은 소수에 불과하며, 빨간 머리의 공개 처형으로부터 커다란 즐거움을 느낄 수 있는 사람들은 대다수이다. 그렇기에 사회적 비용은 무시할 만한 수준이고, 사회적, 심리적 혜택은 매우 크다. 따라서 공동체 전체의 관점에서 보면 빨간 머리들을 처형하는 것이 올바르고 적절한 일이다." 공리주의적 자유지선주의자에 반해 자연권 이론을 주장하는 자유지선주의자들 natural-rights libertarian 은 '정의'에 대한 신념에 따라 이러한 행위는 절대로 넘겨버릴 수 없는 것이라고 강하게 반대할 것이다. 왜냐하면 그 같은 처형은 무고한 사람을 살해하는 정의롭지 않은 행위이며 공격이라고 보기 때문이다. 비록 빨간 머리를 처형하지 않아 '그 결과' 공동체 구성원 다수가 심리적 쾌감을 느낄 수 없다고 해도, '절대주의적인' 자유지선주의자들은 전혀 영향을 받지 않을 것이다. 그 무엇보다도 사회 정의와 논리적 일관성을 중시하는 자연권적 자유지선주의자들은 자신들의 이념을 끝까지 고수함으로써 기꺼이 '근본주의자'가 되는 것을 마다하지 않을

사람이나 산업에 긍정적 또는 부정적 영향을 준다는 것이다. 부정적 외부효과의 예를 들면, 하천 상류에서의 폐수 방출은 하류의 어족을 고갈시켜 하류에 거주하는 어민들에게 피해를 주는 경우이다.

것이다.

그러면 이제 자유지선주의 신조의 기초를 제공한 자연권 사상이 무엇인지 살펴보자. 자연권 이론은 과거와 현재를 막론하고 대부분의 자유지선주의자가 어떤 형태로든 자신의 철학적 기초로 받아들였던 사상이다. '자연권'은 역사적으로 자연법 natural laws 사상이라는 더 포괄적 사유체계의 정치철학적 토대가 되었다. 자연법 이론은 다음과 같은 통찰에 근거하고 있다. 우리는 하나 이상의 다양한 독립체 entity 로 구성된 세계에 살고 있고, 각각의 독립체는 다른 독립체와 구분되는 특유의 속성, 즉 '본질' nature 을 갖고 있으며, 그 본질은 인간의 이성, 지각 및 정신 능력에 의해 파악할 수 있다. 예를 들어 구리는 다른 금속과 구별되는 속성이 있어서 고유한 기능을 수행할 수 있다. 마찬가지로 철이나 소금도 본연의 속성과 역할이 있다. 인간이라는 종 species 또한 다른 것으로부터 구별 가능한 속성이 있다. 이에 더해 인간을 둘러싸고 있는 주변 세계 및 그들 사이의 상호작용 방식에서 나타나는 구별 가능한 속성도 있다. 조금 지나치게 축약하여 말한다면, 모든 무기체와 유기체는 그것에 고유한 자연적 속성과 그것이 접촉하는 다른 독립체의 자연적 속성에 의해 결정된다. 식물이나 하등동물의 경우, 각자는 생물학적 특질 즉 '본능'에 의하여 결정되지만, 인간은 이와 달리 목적을 선택하고 그 목적을 달성하는 데 필요한 수단과 방법을 스스로 마련하는 특질을 타고났다. 인간은 외부환경에 자동적으로 반응하는 본능을 갖고 있지 않아서, 각자 자기 자신과 자신이 처한 세상에 대해 배워야 하고, 자신의 지적 능력을 활용하여 가치관을 선택해야 하고, 원인과 결과를 판단해야 하고, 자신의 생존과 유지를 위해 목표 지향적으로 행동해야만 한다. 인간이 생각하고, 느끼고, 평가하고, 행동하는 것은 모두 개인적일 수밖에 없으므로, 각자가 자유롭게 배우고, 선택하고, 소질을 계발하고, 자신의 지식과 가치관에 따라 행동해야 하는 것이야말로 각자의 생존과 번영을 위해 필수불가결한 것이 된다. 이것이 인간 본성에 맞는 길이다. 누군가 폭력을 사용하여 이 과정을 방해하거나 저지한다면 그것은 곧 인간 속성에 의해 추구하는 생존과 번영에 필요한 무엇인가를 심각하게 해치는 것이 된다. 따라서 인간의 배움과 선택을 폭력적으로 방해하는 것은 매우 '반인간적' antihuman 인 처사이며 인간의 욕구에 관한 자연법을 위반하는 것이다.

개인주의자들 individualists 은 늘 '원자론적' atomistic 이라는 이유로 다른 사람들로부터 비난받아 왔다. 즉 개인주의자들은 사람들이 다른 사람과 아무런 교류 없이 혼자 생각하고 선택하는 것처럼, 다시 말해, 마치 아무도 없는 '텅빈' 진공 세계에서 사는 것처럼 생각한다는 비판을 받아왔다. 그러나 이는 전체주의자들이 그저 비판을 위해 만들어낸 허상에 불과하다. 개인주의자 중 실재로 '원자론적'으로 살아온 사람이 있는지 의심스럽지만, 설사 그렇다고 해도 사실상 그 수는 극소수에 불과하다. 사람은 언제나 다른 사람들과 서로 배우고 협조하고 교류하면서 살아왔다. 생존을 위해서는 그렇게 할 수밖에 없다는 것이 자명하다. 중요한 것은 주변으로부터의 어떤 영향은 수용하고 거부할 것인지, 그리고 어떤 것을 먼저 수용하고 어떤 것을 나중에 수용할 것인지에 관한 최종 선택은 각 개인이 할 수밖에 없다는 사실이다. 자유지선주의자들은 자유롭게 행동하는 사람들끼리 서로 자발적으로 교환하고 협력하는 체제를 적극 지지한다. 자유지선주의자들이 아주 싫어하는 것은 바로 그 같은 자발적인 협력을 저해하고, 각자가 지닌 생각과 뜻에 어긋나게 선택하고 행동하도록 강제하는 폭력의 사용이다.

자연권 이론에 입각한 자유지선주의 입장을 가장 쉽게 이해하는 방법은 핵심 논제를 여러 부분으로 나누어 살펴보는 것이다. 먼저 자유지선주의의 기본적인 공리라고 할 수 있는 '자기소유권' right to self-ownership 에 관해 생각해보자. 사람들은 각자 그가 인간이라는 사실 때문에 자기 신체를 '소유'할 수 있는 절대적 권리를 가져야 한다는 것이 바로 자기소유권이 의미하는 바다. 이는 누군가의 강압적 간섭 없이 자신의 신체를 통제할 수 있는 절대적 권리가 있음을 의미한다. 누구나 생존과 번영을 위해서는 스스로 생각하고, 배우고, 판단하고, 목적과 수단을 선택해야 하므로 어떤 강압적 폭력에 의해서도 방해받거나 제한당하지 않고 이 같은 중요한 활동을 수행할 수 있는 권리를 부여하는 것이다.

사람들이 자기 신체 소유권을 '부인'할 때 어떤 결과를 초래하는지 생각해보자. 오직 두 가지 경우만이 존재하게 된다. (1) 특정 집단 A에 속한 사람들이 다른 집단 B에 속한 사람들을 소유할 권리를 가지는 경우이거나, (2) 모든 사람이 똑같은 몫으로 서로를 공유할 권리를 가지는 경우이다. 첫 번째 경우에 따르면, 집단 A에 속한 사람들은 인권을 갖게 되지만, 집단 B에 속한 사람들은 사실상 인간 이하의 취급을 받게된다. 당연히 인권 또한 가지지 못한다. 물론 집단 B에 속한 사람들 역시 '인간'이므로, 특정 부류의 인간에 대해서 인권을 부인하는 첫 번째 경우는 그 자체로 모순적이다. 더욱이 집단 A에 속한 사람들에게 집단 B에 속한 사람들을 소유하도록 허용하는 것은 전자로 하여금 후자를 정당한 대가 없이 착취하면서 기생충처럼 살도록 허용하는 것을 의미한다. 그러나 이러한 기생 행위는 바로 자신의 생존을 위해서는 생산과 거래와 같은 기본적 경제 행위를 스스로 수행해야 한다는 원칙에 어긋난다.

두 번째 대안은 모든 사람이 똑같은 몫으로 서로 공유할 권리를 가지는 경우로서 '참여적 공유주의' communalism 나 '공산주의' communism 라고 부를 만하다. 만약 지구상에 20억 명의 인간이 있다면 모두가 다른 사람을 20억 분의 1만큼 소유할 수 있는 권리가 있다는 뜻이다. 첫째, 이 같은 입장은 어처구니없는 발상이라고 말할 수 있다. 왜냐하면 누구나 다른 사람의 신체에 대한 소유권이 있는 반면 정작 본인은 '자기 자신을 소유' 할 권리가 없다는 말이기 때문이다. 둘째, 그 같은 세계가 실현 가능한지도 따져 볼 일이다. 누구도 '다른 사람'의 사전 동의나 지시 없이 어떤 행동도 자유롭게 할 수 '없는' 세계는 실현 가능해 보이지 않기 때문이다. 이 같은 '공산주의자' 세계에서는 누구도 그 어떤 일도 할 수 없을 것이 분명하므로, 머지않아 인류는 멸망할 것이다. 만약 본인은 자기 자신에 대한 소유권을 전혀 보유하지 못한 반면 누구나 다른 사람에 대한 소유권만을 보유하는 세상이 인류의 멸망을 의미한다면, 한 걸음이라도 그러한 방향으로 내딛는 것 자체가 결국 지구상에서 인간과 인간 생명이 가장 소중하다고 말하는 자연법을 거스르는 셈이 된다.

결론적으로 참여적 공유주의 세계를 현실에서 구현하는 것은 '불가능'하다. 이러한 세상에 사는 사람은 자신 이외의 다른 모든 사람의 신체를 똑같이 배분하여 소유하므로, 다른 사람의 신체를 쪼갤 수 없는 상황을 감안할 때, 다른 사람의 신체를 지속해서 공유하는 것이 불가능할 것이고, 그 결과 다른 사람에 대한 소유권을 행사하는 것도 불가능해질 것이다. 그래서 만인이 만인에 대한 공동의 소유권을 보유한다는 개념은 유토피아적 발상에 불과하며 현실적으로 가능하지 않다. 참여적 공유주의 개념을 실현하려면 다른 사람을 감독하고 통제하고 소유할 수 있는 권한을 특정 전문가 집단에 양도하는 것이 반드시 필요하며, 그렇게 할 경우, 그 특정 전문가 집단이 결국 우리 모두를 지배하는 계층으로 자리잡게 된다. 다시 말해, 현실 세계에서 공유주의 또는 공산주의 체제로 전환한다는 것은 곧 실재에 있어서는 계급지배 체제 class rule 로의 전락을 의미할 수밖에 없으며, 이는 앞에서 논의한 첫 번째 경우와 유사한 입장으로 되돌아감을 의미한다.

결국 자유지선주의는 앞서 설명한 두 가지 경우를 모두 거부하고 자유지선주의 기본 공리를 지지하는 것으로 결론짓게 된다. 즉, 모든 사람은 인간이라는 이유에 의해 자기 소유권이라는 보편적 권리를 보유해야 한다는 것이다. 이보다 좀 더 어려운 과제는 사람이 아닌 사물, 즉 지구상에 존재하는 물질에 대한 소유권 이론을 정립하는 것이다. 누군가가 다른 사람의 신체 소유권을 침해했을 때, 그 침해 여부를 판단하는 일은 비교적 쉽다. 만약 A가 B에게 폭력을 행사했다면, A는 B가 가진 자기 신체에 대한 소유권을 침해한 것이다. 하지만 물질에 대한 소유권의 침해 여부는 판단이 쉽지 않다. 예를 들어, A라는 사람이 B가 소유한 시계를 빼앗은 경우에도, 우리는 쉽게 A가 B의 소유권을 침해했다고 단정 지을 수 없다. 왜냐하면 A가 시계의 원래 소유자, 즉 '진정한' 소유자여서 자신의 재산을 정당하게 되찾는 행위일지도 모르기 때문이다. 이 같은 문제를 판단하려면 시계의 정당한 소유자가 A인지 혹은 B인지 그도 아니면 제삼자인지 판단할 수 있는 근거를 제공하는 이론, 즉 소유에 대한 정의론theory of justice이 필요하다.

자유지선주의자 중 어떤 이는 현행법이나 현행 정부방침에 의해 공인된 소유권을 준거로 삼아야 한다고 주장한다. 아직 정부의 실상에 대해 자세히 살펴보지 않았지만, 이런 방식으로 문제를 해결하려는 시도는 적지 않은 문제를 안고 있다. 우선 지금까지 정부가 하는 일이라면 무엇이든지 간에 의혹의 눈초리를 보내던 자유지선주의자가 갑자기 태도를 바꿔서, 모든 사회질서의 근간이 되는 소유권 개념을 바로 그 정부로 하여금 규정하고 적용하도록 맡기겠다는 것은 앞뒤가 맞지 않는다. 일단은 존속해온 소유권을 모두 인정해준 후, 이후부터 새로운 자유지선주의 세상을 여는 것이 가장 현실적 대안이라고 믿는 사람들이다.

바로 공리주의에 바탕을 둔 자유방임주의자들utilitarian laissez-fairists이 다시 말해, 이들은 자유지선주의자들이 그간 자유의 침해자라고 계속 지탄해 온 바로 그 정부의 법령에 따라 인정된 기존 소유권을 그대로 승인해야 한다고 주장한다.

가상의 예를 하나 들어보자. 어느 날 정부와 산하 기관이 자유지선주의자들의 압력에 굴복하여 그간 누려왔던 권력을 포기해야 할 사태에 이르자 시민에게 권력을 이양하기 직전 나음과 같은 간교한 책략을 쓴다고 상상해보자. 뉴욕 주 정부는 뉴욕 주의 모든 토지를 록펠러 가문에게 이양하고, 매사추세츠 주 의회는 마찬가지로 모든 땅을 케네디 가문 소유로 만드는 법률을 제정한다. 다른 주에서도 이와 유사한 법률이 제정된다. 그런 후에 정부는 자유지선주의자들의 요구를 수용한다는 핑계로 앞으로는 모든 권력을 포기할 것이며, 세금과 규제 관련 법률 역시 모두 철폐하겠다고 선언한다. 이런 경우, 공리주의에 바탕을 둔 자유지선주의자들은 딜레마에 봉착하게 된다. 과연 록펠러와 케네디 가문이 새로 취득한 소유권을 정당한 사유재산권으로 인정해야 하는가? 소유권에 대한 정당성 이론을 전혀 갖추지 못한 공리주의자들이 만약 위와 같이 정부 법령에 따라 인정된 소유권을 그대로 승인한다면, 미국의 50개 주에서 50명의 신흥 부호들이 일방적으로 '임차료' 형태의 세금을 거둬들일 수 있는 사회질서를 승인하는 셈이 된다. 이에 비해 자연권 이론을 지지하는 자유지선주의자들은 유일하게도 정부 법령에 의존하지 않는 방식으로 정당한 소유권 이론을 정립하고 있다. 따라서 이들만이 새로운 지배층이 전 국토를 사유화하려는 책동을 저지하고 무효화시킬 수 있는 논리를 제공한다. 19세기의 위대한 자유주의자였던 영국의 액튼 경 Lord Acton 이 자연법이야말로 정부의 법과 조례를 지속해서 비판할 수 있는 유일하고 확실한 이론적 기초라고 역설한 이유도 여기에 있다.[7] 그러면 이제부터

---

[7] 참고문헌: 게르트루드 힘멜파브(Gertrude Himmelfarb)의 『액튼 경: 양심과 정치에

자연권 입장에서의 소유권은 어떤 것인지 구체적으로 살펴보자.

우리는 이제까지 각 개인의 자기소유권, 즉 자기 자신과 신체에 대한 소유권의 공리를 확립해왔다. 그러나 사람은 떠도는 유령도 아니고, 모든 것을 홀로 해결할 수 있는 존재도 아니다. 사람은 모든 것을 부단히 활용함으로써 생존하고 번영할 수밖에 없는 존재이다. 사람은 땅 위에서 '거주'해야 하고, 또한 자신의 생존과 유지를 위해 자연이 제공한 자원을 '소비재', 즉 자신이 사용하고 소비하기에 적합한 물질로 변환시켜야 한다. 먹거리를 재배하여 식품으로 만들어야 하고, 광물을 채굴하여 돈을 벌거나 유용한 소비재로 가공해야 한다. 다시 말해, 사람은 자신의 몸과 마음은 물론이고 물질 또한 소유해야 생존에 필요한 것을 통제하고 사용할 수 있다. 그렇다면 이들 물질에 대한 소유권은 어떻게 배분해야 하나?

이해를 돕고자 진흙과 도구를 사용해서 작품을 만들어내는 조각가를 상상해보자. 잠시 진흙 덩어리와 조각 도구가 애초에 누구의 소유였는지는 접어두기로 하자. 여기에서 문제의 초점은 "조각가가 공들여 만든 예술품은 과연 '누구의' 소유인가?"이다. 물론 이 물음에 대한 답은 조각가이다. '창조'한 것이므로 그의 소유이다. 비록 그가 물질을 창조한 것은 아니지만, 그는 자연이 제공한 물질(즉, 진흙)을 자신의 아이디어와 손과 에너지를 동원하여 다른 형태로 변환시켰기 때문이다. 아마 이런 상황에서 조각가가 그의 작품을 소유할 자격이 없다고 말할 사람은 거의 없을 것이다. 만약 모든 사람이 자기 몸을 소유할 권리가 있고, 또한 생존을 위해 세상의 물질을 활용할 수밖에 없다면, 자신의 에너지와 노력을 투

대한 연구』(*Lord Acton: A Study in Conscience and Politics*, Chicago: Phoenix Books, 1962), 294~305쪽. 그리고 비교를 위한 참고문헌: 존 와일드(John Wild)의 『플라톤의 현대의 적들과 자연법 이론』(*Plato's Modern Enemies and the Theory of Natural Law*, Chicago: University of Chicago Press, 1953), 176쪽.

입하여 만든 작품은 조각가가 소유할 권리가 있다고 보아야 한다. 왜냐하면 그 작품은 진정한 의미면서 조각가의 몸과 마음이 '확장'된 것으로 보아야 하기 때문이다. 소유권에 대한 위대한 이론가인 존 로크$^{John\ Locke}$의 표현을 빌리자면, 조각가는 진흙 덩어리에 자신의 '노동을 섞음으로써' $^{mixing\ his\ labor}$ 그 원재료에 자신의 몸과 마음을 각인시킨 것이다. 조각가가 자신의 에너지를 투입하여 변환시킨 작품은 이제 조각가의 아이디어와 비전이 물질적으로 구현된 것이라고 보아야 한다. 이에 대해 존 로크는 이렇게 말했다.[8]

> … 모든 사람은 자기 '몸과 마음'에 대해 '소유권'을 가지고 있다. 자신 이외에는 누구도 그 소유권을 가질 수 없다. 그의 몸을 사용하는 '노동'과 그의 손을 사용하는 '작업' 역시 전적으로 그의 것이라고 말해도 좋다. 그렇다면 자연이 제공해서 줄곧 자연 속에 존재해 온 상태로부터 추출한 것은 무엇이든지, 그것에 자신의 노동을 섞고 자기가 소유하는 어떤 것과 결합하면 자신의 소유로 만들 수 있다. 비록 애초의 자연 상태에서는 인류 공동 소유로 존재했지만, 그 사람이 그것을 추출하여 그의 노동을 결합해 무엇인가를 만들었다면 이제 더는 다른 사람이 공동 소유를 주장할 수 없게 된다. 노동은 의문의 여지 없이 노동한 사람의 소유이므로, 일단 그 같은 노동이 결합한 것에 대해서는 그를 제외한 어느 누구도 권리를 가질 수 없기 때문이다.[9]

---

[8] [역주] 로크는 당시 역사적으로 전승된 국왕과 교회에 유리한 재산권 이론의 대안으로 자연권에 기초한 재산권 이론을 주창한 것으로 알려져 있다.

[9] 존 로크(John Locke), 『시민정부론』(*An Essay Concerning the True Original Extent and End of Civil Government*). 출처: 바커(E. Barker) 편저, 『사회계약론』(*Social Contract*, New York: Oxford University Press, 1948), 17~18쪽.

신체에 대한 소유권처럼, 물건의 소유권에 대해서도 세 가지 논리적 대안을 생각할 수 있다. (1) 그것을 만든 사람, 즉 '창조자'가 그것에 대한 소유권을 가지는 것이다. (2) 그가 아닌 다른 사람이나 집단이 그가 창조한 것에 대한 소유권을 가지는 것이다. 즉, 그 조각가의 동의 없이 강제로 그 조각을 차지할 권리를 갖도록 하는 것이다. (3) "공유주의적" 해법으로서 세상의 모든 사람이 똑같은 몫으로 그 조각에 대한 소유권을 나누어 가지는 것이다. 신체에 대한 소유권 논의에서 보았듯이 어떤 사람이나 집단이 그 조각가의 재산을 강제로 빼앗는 것이 정의롭다고 생각하는 사람은 없다. 빼앗은 사람이나 집단이 전 세계를 대표한다고 할지라도 그럴 것이다. 누가 그런 권리를 가질 수 있겠는가? 조각가의 마음과 에너지로 만든 작품을 무슨 권리로 빼앗을 수 있겠는가? 조각가가 자신의 신체와 노동을 섞어 무엇인가를 만드는 것처럼 명백한 경우에는 일반적으로 그 조각가의 소유를 인정하고 있다. (그리고 사람의 신체를 공유하는 공유주의적 해법에서 논의한 바와 같이, 어느 창조자의 작품을 '전 세계 공동 유산'이라는 이름으로 빼앗아 실제로 공동 소유로 삼으려는 해법은 결국 '일부' 특권계층의 독점체제를 초래한다.)

여기서 중요한 사실은 다른 '모든 생산물'과 조각 작품이 본질적으로 크게 다르지 않다는 것이다. 땅에서 진흙을 추출하여 조각가에게 판매한 사람들의 경우, 조각가처럼 '창조적'이지는 않지만, 그들 역시 자연이 준 물질에 자신들의 생각과 기술적 비법을 섞어서 유용한 제품을 만들었으므로 똑같은 '생산자'임에 틀림없다. 다시 말해, 그들 역시 천연자원에 자신의 노동을 섞어서 그 자원을 좀 더 유용한 제품과 서비스로 변환시켰기 때문에 '생산자'로서 그 소유권을 인정받을 자격이 있다. 그렇다면 소유권은 정확히 어느 시점부터 발생하는 것일까? 다시 로크의 말을 들어보자.

숲 속 도토리나무에서 채취한 도토리나 사과나무에서 딴 사과를 먹고 살아온 사람은 그것들을 당연히 자신의 소유로 여겨왔다. 아마 아무도 그가 채취한 것이 그의 것이 아니라고 주장할 수 없을 것이다. 그렇다면 그것들은 정확하게 언제부터 그의 소유가 되는 것일까? 소화되었을 때일까? 먹었을 때일까? 삶았을 때일까? 집으로 가져왔을 때일까? 아니면 채취했을 때일까? '분명한 것은' 만약 최초의 채취 행위로 그것이 그의 것이 되지 않았다면, 그 후의 어떤 행위도 그것을 그의 것으로 만들 수 없다는 것이다. 그의 것과 만인 공동의 것을 구분해주는 것은 바로 노동이라는 사실도 명백하다. 우리 모두의 공동의 어머니인 자연이 우리에게 제공한 것에 무엇인가를 새롭게 더한 것이 바로 노동이므로, 그가 채취한 것은 그의 소유가 된다. 그가 모든 사람의 동의를 받지 않았기 때문에 그가 채취한 도토리와 사과를 그의 소유가 아니라고 말할 수 있는 사람이 과연 있겠는가? 모든 사람의 공동 소유를 혼자서 독차지했다는 이유로 그의 행위를 도둑질로 간주해야 하는가? 만약 모든 사람으로부터 동의를 받아야 한다면, 하나님이 인간에게 주신 것이 제 아무리 많다고 해도, 사람들은 모두 굶어 죽을 것이다 … 그렇기에 비록 애초에는 다른 사람들과 권리를 공유하고 있던 지역에서 내 말이 뜯어 먹은 풀, 내 하인이 깎은 잔디밭, 내가 직접 채굴한 광물은 다른 사람들에게 일부를 배분하거나 다른 사람들로부터 승인받지 않아도 나의 소유가 된다. 그 노동은 바로 나의 소유이므로 그것들을 애초의 공동 상태로부터 떼어낸다면 그것들은 바로 나의 소유가 된다.

만약 공동으로 주어진 것의 일부를 자신만의 것으로 만드는 데 반드시 다른 모든 사람의 명시적인 동의를 얻어야 한다면, 어느 아버지나 주인이 자신의 아이들이나 하인들에게 공동의 고깃덩어리를 주더라도 각자에게 정해진 몫을 배분하지 않고는 그 고깃덩어리를 자를 수조차 없는 경우와 같다. 샘에서 솟아난 물이 모든 사람의 공동 소유라고 해서 누가 과연 주전자 속의 물이 그 물을 길은 사람의 소유라는 사실에 이의를 제기할 것인가? 그의 노동이 이미 샘물을 공동 소유의 자연의 품으로부터 뗐다 … 따라서 그것은 그만의 전유물이 된다.

    이 같은 이성의 법칙에 의해 인디언이 애써 사냥한 사슴은 그의 소유물이 된다. 비록 그전에는 모든 사람의 공동의 권리였지만, 그것에 그의 노동을 부여했기 때문에 이성의 법칙에 의해 그의 재화로 인정한다. 이전에는 공동 소유였던 것에 대한 최초 소유권 인정 문제에 적용되었던 이 원시적인 자연법칙은 문명사회를 이루고 살아가는 사람들에게도 여전히 적용 가능하다. 같은 맥락에서 아직도 인류 공동 소유의 드넓은 바다에서 누군가가 잡아 올린 물고기나 공동 소유의 자연 상태에서 자신의 노동으로 잡아 올린 향유고래에서 추출한 용연향[10]에 대한 소유권은 그런 수고를 마다치 않고 감수한 사람에게 귀속된다.[11]

만약 모든 사람이 자신의 신체를 소유하고, 따라서 그 신체를 사용한 노동까지 소유한다고 가정하면, 그리고 더 나아가 그 노동을 사용하여 '창출'하였거나 그 이전에는 누구도 사용하거나 소유하지 않아서 '자연 상태'로 남아 있는 것으로부터 채취한 재화를 모두 소유한다고 가정하면, 이제 남은 문제는 '바로' 그 토지에 대한 소유권이나 통제권은 과연 누구에게 귀속되는 것인지에 관한 것이다. 간단히 말해, 도토리나 산딸기는 그것을 채취한 사람이 소유권을 갖고, 밀과 복숭아는 그것을 수확한 농민이 소유권을 가진다고 가정하면, 이것들이 자라난 땅에 대한 소

---

[10] [역주] 용연향은 향유고래의 창자에서 추출한 방향 물질이다.
[11] 로크(Locke) 저, 『시민정부론』(Civil Government), 18~49쪽. 로크는 소유권에 관한 훌륭한 이론가였지만, 우리는 로크가 개발하여 적용한 이론이 완벽하고 일관성 있다고 주장하지는 않는다.

유권은 과연 '누구'에게 귀속되는 것일까? 자유지선주의자들과 줄곧 입장을 같이 해왔던 헨리 조지 Henry George[12]와 그의 추종자들은 이 문제에 있어서만은 의견을 달리하고 있다. 즉, 채취 및 수확활동이 이루어진 '땅', 즉 토지에 대해서는 개인의 소유를 부정하고 있는 것이 현재 그들의 입장이다. 그들은 개인이 생신하고 창조한 재화는 당연히 각자의 소유이지만, 토지는 자연 또는 신이 창조했으므로 누구도 그것을 소유할 권리가 없다고 주장한다. 그러나 토지가 어떤 방식으로든 효율적으로 생산에 활용되려면, 토지는 '어느' 개인이나 집단에 의해 반드시 소유 또는 통제되어야 한다. 이들의 주장을 논의하기 위해 토지의 소유 방식을 다음과 같은 세 가지 대안으로 나누어 생각해보자. 첫째, 처음으로 토지를 생산에 투입한 사람, 즉 첫 번째 토지 사용자에게 소유권을 귀속시킨다. 둘째, 첫 번째 토지 사용자가 아닌 다른 사람들로 구성된 단체에 그 소유권을 귀속시킨다. 셋째, 전 세계 모든 인간이 모든 토지를 각각 똑같이 나누어 공동 소유하는 방식이다. 헨리 조지는 세 번째 방식을 선호했지만, 그것으로는 그가 애초에 제기한 도덕적 문제를 해결할 수 없다. 즉, 만약 토지가 하느님이나 자연에 귀속되어야 마땅하다면, 전 세계 모든 인간이 모든 토지를 똑같이 나누어 공동 소유하는 것이 각 개인에게 토지 소유권을 허용하는 것보다 왜 더 도덕적인가? 현실적으로 지구상에

---

[12] [역주] 헨리 조지(1839~1897)는 미국의 작가, 정치인, 정치경제학자로서 "사람들은 자신이 창조한 것은 마땅히 소유해야 하지만, 토지와 같이 자연에 원래 존재하는 것은 인류가 공동으로 똑같이 소유해야 한다"고 주장하였다. 이 같은 사상을 조지주의(Georgeism)라고도 부른다. 그는 1879년에 저술한 『성장과 재산』(Progress and Poverty)에서 산업사회에서는 순환적으로 불평등이 나타날 수밖에 없으며 그 해결책은 토지가치세(land value tax)를 도입하는 것이라고 주장하였다. 즉, 토지는 공동으로 소유하되 토지사용자들에게 경제적 사용료를 부과하는 것이다. 현대의 일부 환경주의자들은 조지주의 정신에 따라 공해물질 방출에 대해 환경세 도입을 주장하였다.

존재하는 모든 토지에 대해 40억 인구가 (만약 인구가 40억이라면) 각기 40억 분의 1만큼의 소유권을 효과적으로 행사하는 것은 당연히 불가능하다. 다시 말해, 전 세계인이 공동으로 소유하는 것이 불가능해서, 위에서 내린 결론과 마찬가지로, 몇몇 독재자 집단이 통제하고 소유하는 과점체제를 낳게 된다.

헨리 조지의 주장이 가지는 이 같은 한계점과는 달리, 자연권 이론의 관점에서 볼 때, 토지 소유권을 정당화하는 문제와 토지가 아닌 다른 모든 재화에 대한 최초 소유권을 정당화하는 문제는 본질적으로 다르지 않다. 왜냐하면, 이제까지 논의한 바와 같이, 누구도 '실제로' 물질을 '창조'하지 않기 때문이다. 인간은 그저 자연이 제공한 물질을 가지고 자신의 아이디어와 비전에 따라 노동을 투입함으로써 그 물질을 변환시킨다. 그러나 '이러한' 행위는 그전에는 누구도 사용하지 않았던 토지를 자신의 개인 소유로 만든 개척자, 즉 '개척이주민' homesteader 의 행위와 정확히 동일하다.[13] 토지를 정비하고 울타리를 치고 땅을 갈고 그 위에 농가건물을 지은 개척이주민의 행위는 땅에서 철광석을 채굴한 사람의 행위와 다르지 않으며, 자신의 노하우와 에너지를 투입해서 채굴한 철광석을 강철로 변환시킨 사람의 행위와 정확히 동일하다. 개척이주민 역시 자신의 노동과 정성을 다해 자연이 제공한 땅을 변환시켰기 때문이다. 조각가나 제조업자의 경우와 정확히 마찬가지로 개척이주민은 그 땅의 합법적 소유자이다. 개척이주민 역시 다른 사람들만큼 '생산자'로서의 충분한 자

---

[13] [역주] homesteader라는 말은 신대륙 초기의 개척이주민을 지칭한 데서 유래한다. 미국에서는 '공유지 불하법'(Homestead Act, 1862)을 제정하여 개척이주민들에게 공유지를 불하하는 방법으로 개인소유권을 인정해주었다. 1934년까지 신청자의 약 40%인 160여만 명에게 토지 불하가 승인되었다. 이는 미국 토지의 약 10% 정도에 해당된다.

격을 갖추고 있다.

　더욱이, 만약 최초의 토지가 자연이나 신이 부여한 것이라면 사람들의 재능, 건강과 아름다움 역시 자연이나 신이 부여한 것이다. 그리고 사람들의 이 모든 속성이 '사회'가 아니라 각각의 개인들에게 부여되었듯이, 토지나 자연자원 역시 마찬가지이다. 즉, 이 모든 자원은 '사회'가 아니라 개인들에게 주어진 것이다. 사회는 실재하지 않는 추상적 개념에 불과하다. 세상에 '사회'라고 부를 수 있는 것은 존재하지 않는다. 오직 상호작용하는 개인들만이 존재한다. 토지나 다른 모든 재화를 '사회'가 공동으로 소유해야 한다고 주장하는 것은 사실상 정부 관료나 그와 흡사한 소수 독재집단이 그 재화를 소유해야 한다고 주장하는 것과 다르지 않다. 그것은 최초로 그 재화를 존재하게끔 한 창조자 또는 개척이주민들을 착취하고 희생을 강요하는 것이다.

　더구나 누구도 최초 토지의 도움 없이는 움직일 수도 없으며 '어떤' 것도 생산할 수 없다. 누구도 자신의 노동만으로는 아무것도 생산하거나 창조할 수 없다. 인간은 반드시 토지와 다른 천연자원의 도움을 받아야 한다.

　인간은 자연이 제공하는 토지와 천연자원으로 이루어진 세계에 태어나며 그것들과 함께 살고 있다. 인간은 이러한 자원에 노동과 정신과 에너지를 투입함으로써 그 자원을 자신에게 좀 더 유용한 재화로 변환시킨다. 그러므로 만약 개인이 최초 토지를 소유할 수 없다면, 인간은 온전한 의미에서 노동의 결과물 또한 소유할 수 없다. 예컨대 만약 농민이 밀을 키울 수 있는 땅을 소유할 수 없다면, 그 자신이 수확한 밀 또한 소유할 수 없다. 결국, 토지와 노동은 밀접하게 서로 연계되어 있어서, 토지소유권을 빼앗으면 나머지에 대한 소유권도 동시에 빼앗는 것이 된다.

　만약 노동의 결과물이 그것을 만든 사람의 소유가 '아니라면' 과연 누구의 소유란 말인가? 예를 들어, 어떤 사람이 아이오와 주에 있는 땅을 밀밭으로 일구었다고 가정해보자. 만약 이 땅에 대해 파키스탄의 어떤 신생아가 일부 지분의 소유를 주장한다면 설득력이 있을까? 아이오아의 어떤 어린애가 파키스탄에 있는 어느 농장에 대해 일부 소유권을 주장하는 경우도 마찬가지이다. 본래 그 땅들은 누구도 사용한 적이 없고 누구도 소유한 적이 없었던 토지였는데도 말이다. 헨리 조지와 같은 공유주의자들은 그 토지를 전 세계인의 공동 '소유'라고 주장할지도 모르지만, 만약 아무도 아직 사용한 적이 없었다면 그것은 실질적으로 주인이 없는 땅이다. 인류에게 가치를 주지 못한 그 땅을 생산과 사회적 효용이 있는 것으로 만든 사람은 바로 그 땅을 최초로 사용하고 옥토로 전환한 개척자 또는 개척이주민들이다. 수천 마일 이상 떨어진 곳에 살면서 그런 토지가 존재한다는 사실조차 모르는 사람들에게 공동소유권을 나누어 주려고 그 개척민들로부터 소유권을 빼앗는 것은 도의적으로도 이해하기 어려운 일이다.

 도덕적 의미에서 그리고 자연권적 의미에서 누가 과연 정당한 소유권을 지녔는지에 대한 문제는 가축의 예를 살펴보면 훨씬 더 명확해진다. 동물은 원래 자연에 속한 자원이어서 경제적 의미에서 '땅'과 다를 바 없다. 아마 야생마를 최초로 발견하고 길들여서 가축으로 전환한 사람에게 그 말의 소유권을 부여하는 것에 이의를 제기할 사람은 없을 것이다. 이는 산에서 도토리와 딸기를 채취한 사람에게 그 소유권을 인정해 주는 것과 무엇이 다르겠는가? 이와 마찬가지로 개척이주민은 그때까지 누구도 경작하지 않았던 '야생'의 땅을 '길들여' 쓸모 있는 생산적 토지로 만든 사람이다. 따라서 마치 야생 동물을 길들여 가축으로 만든 사람에게 소유권을 부여하는 것처럼 야생의 땅에 노동을 투입한 사람에게 그 소유권을 부여하는 것은 당연하다. 로크가 천명했듯이 "어느 사람이 땅을 개간하여 나무를 심고, 토질을 개량하여 씨를 뿌리고 경작하여 그 생산물을 자신의 용도로 사용할 수 있다면 그 모든 것은 그 사람의 소유이어야 한다. 또한, 그러한 토지에 노동을 투입한 사람은 그 토지의 공동 소유를 배제하기 위하여 울타리를 칠 권리가 있다."[14]

19세기 프랑스의 자유방임주의 경제학자였던 레온 월로우스키 Leon Wolowski와 에밀 르바써 Emile Levasseur는 자유지선주의의 소유권 이론을 다음과 같이 요약했다.

> 인간이 어떤 것에 대해 권리를 갖게 되는 것은 그가 무엇인가를 적극 실행할 수 있고 동시에 지능적이며 자유롭기 때문이다. 인간은 실행을 통해 바깥 자연에 영역을 확대하고, 지적 능력을 발휘하여 그것을 지배하고, 자신의 필요에 적합하도록 그것을 변형시키며, 자유 의지에 따라 자신과 자연 사이의 인과 관계를 확립함으로써 자연을 자기 것으로 만든다 …
>
> 문명국가에서 인간의 발자취가 닿지 않은 땅이나 나뭇잎이 어디 있는가? 도시에 사는 우리는 인간이 만들어 놓은 것들에 둘러싸여 있다. 우리는 평평한 포장도로나 잘 다져진 도로 위를 걷는다. 예전의 진흙 길을 개선하려고 멀리 떨어진 언덕 기슭에서 돌과 자갈을 가져다가 포장하여 좋은 길로 만든 것도 인간이다. 우리는 잘 지어진 집에 살고 있다. 채석장에서 돌을 파내서 그것을 다듬고, 산에서 목재를 채취하고 대패질해서 한낱 바위나 나무에 불과했던 재료들을 적절하게 다듬고 배치하여 건물을 만든 것도 바로 인간이다. 지금도 우리는 주변 곳곳에서 사람들의 활약상을 관찰할 수 있다. 수 세대에 걸쳐 농민은 토질을 개선하고 기름진 땅을 갈아 경작하였다. 사람들은 강을 막아 댐을 만들고 황량한 곳에 물을 공급하여 기름진 땅으

---

[14] 로크(Locke) 저, 『시민정부론』(*Civil Government*), 20쪽.

로 변환시켰다… 어디에서나 우리는 하나님이 주신 위대한 손으로 무엇인가를 만들고, 지적 능력을 발휘하여 … 자신이 원하는 것을 충족시켰다. 자연은 인간을 주인으로 인정했으며, 인간은 자연 속에 있을 때 편안함을 느낀다. 자연은 늘 인간에 의해 '독점적으로' 이용됐으며, 점차 인간의 '소유'로 인식되었다. 자연은 인간의 '재산'이며, 그 소유권은 정당한 것이다. 소유권은 인간이 마음대로 행사할 수 있는 신성한 권리이다. 재화는 모두 인간이 만든 것이고 인간으로부터 절대 분리할 수 없기 때문에 인간의 소유물이다. 인간이 출현하기 전에는 값진 것이 거의 없었다. 인간이 출현한 이후에 인간의 노력으로 만들어지고 다듬어지고 추출되고 운반됨으로써 소위 가치 있는 재화가 존재하기 시작했으며, 이것들이 상호 교환 가능한 부 wealth 로 축적되었다. 모든 것이 자연적 물질로 이루어졌지만, 그 물질의 기여가 거의 없는 위대한 화가의 그림에서부터 단지 흐르는 강물을 끌어올려 소비자에게 제공되는 물 한 동이에 이르기까지, 그것이 무엇이 되었든 간에 인간의 생산물은 인간들 사이의 품질 평가에 의해서만 그 가치를 획득하며, 그 품질은 인간의 활동과 지적 능력 그리고 힘으로 결정된다. 생산자는 자신이 만든 제품 속에 오직 그 자신만이 지닌 개성을 반영시키며, 그 개성이 결국 높은 가치를 창출하는 것이다. 즉, 그 생산물은 모두 외부 자연에 인간이 자신의 능력을 투영하여 만든 결과물이다. 그리고 자유인으로서의 인간은 자신의 소유물이다. 다시 말해, 그 생산을 가능하게 한 인간의 생산능력이 바로 그 자신의 소유이므로, 그 능력을 발휘하여 생산한 결과물 역시 당연히 자신의 재산이다. 이같이 인간의 개성이 분명하게 각인된 것에 대한 소유권을 누가 감히 부정할 수 있겠는가? …

결국, 모든 부는 그것을 창조한 인간에게 귀속시킬 수밖에 없다. … 인간이 물질에 자신의 개성을 각인시키는 것은 바로 자신의 노동에 의해서이다. 지구를 가꾸고 쓸모없는 땅을 기름진 전답으로 만드는 것도 바로 노동이고, 버려진 산림을 질서정연하고 경제적으로 유용한 숲으로 만드는 것도 바로 노동이다. 씨앗을 뿌려 대마를 가꾸고, 대마에서 실을 뽑고, 그 실을 가지고 천을 짜고, 다시 천으로 옷을 만드는 것도 바로 여러 사람이 장시간에 걸쳐 투입한 노동의 산물이다. 광산에서 캐낸 볼품없는 철광석을 조각상으로 변환시켜 공공장소를 아름답게 장식하고, 그것을 관람하는 모든 사람에게 예술가의 생각을 지속해서 전달해 주는 것 역시 인간의 노동이다. …

  노동으로 그 존재가 드러나게 되는 재화는 그것에 독특한 향취를 부여한 사람에게 권리를 부여하는 것이 당연하다. 그 자신의 신체에 대한 소유권과 마찬가지로, 재산에 대한 소유권 역시 다른 사람의 권리를 침해하지 않는 한 신성불가침하다. 어느 개인이 애초에 독립적으로 혼자서 제작했다면 당연히 그의 소유이어야 하고, 여러 사람이 협조하여 제작에 참여한 때에도 그것을 마지막에 소유한 사람이 이전의 모든 작업자가 기여한 노동과 그 결실에 대해 소정의 가치를 내고 샀다면 그의 소유여야 한다. 제조업에서 생산되는 물품은 대체로 이러한 과정을 통해 소유하게 된다. 소유물이 판매나 상속을 통하여 타인에게 양도될 때도 상황은 크게 변하지 않는다. 소유물은 인간의 노동이 투영된 자유의 결실이며, 그 보유자는 생산자가 소유권을 가져야 한다는 똑같은 논리에 의해 그것에 대한 소유권을 갖게 된다.[15]

제3절 사회와 개인

이제까지 우리는 개인의 권리에 대하여 상세하게 논의하였다. 그러면

---

[15] 레온 월로우스키(Leon Wolowski)와 에밀 르바써(Emile Levasseur)의 '소유'(Property). 출처: 『랠러의 정치학 백과사전』(*Lalor's Cyclopedia of Political Science*, Chicago: M. B. Cary & Co., 1884) 제III권, 392~393쪽.

누군가가 '사회의 권리' rights of society 는 어떻게 되느냐고 물을지도 모르겠다. 사회의 권리가 개인의 권리보다 우선해야 한다고 주장하는 사람도 있을 수 있다. 하지만 자유지선주의자는 개인주의자이다. 따라서 그들은 '사회'를 실제로 존재하는 어떤 실재로 간주하는 사회학 이론이 매우 잘못되었다고 생각한다. 사람들은 '사회'를 개인에 대해 '우선권'을 가지는, 우월하고 신성한 존재로 취급하기도 하고, 다른 한 편으로는 이 세상에 존재하는 모든 죄악에 관한 책임을 전가해도 무방한 악마적 존재로 취급하기도 한다. 하지만 개인주의자들은 오직 개인만이 존재하고, 생각하고, 느끼고, 선택하고, 행동하는 실재이고, '사회'는 단지 상호작용하는 개인들로 이루어진 집합의 호칭에 불과할 뿐이며 실재하는 것이 아니라는 생각을 고수한다. 사회를 스스로 선택하고 행동할 수 있는 실재로 간주하는 것은 그 사회를 움직이는 실질적인 힘이 무엇인지 잘못 파악하는 오류를 낳는다. 만약 어느 작은 공동체에서 10명의 사람이 집단으로 다른 3명을 공격하여 재산을 탈취한다면, 이는 분명히 특정 개인들로 구성된 어느 한 집단이 합심하여 또 다른 개인들로 구성된 다른 집단을 해치는 경우이다. 이때 만약 10명의 사람이 자신들만이 '사회'를 대표한다고 착각하여 자신들이 저지른 일은 '사회'의 이익을 위한 것이라고 주장한다면, 그것은 법정에서는 물론이고 상식적으로도 생각해볼 가치도 없는 주장이다. 아마 도둑들조차 이렇게 뻔뻔스러운 논리를 펴지는 않을 것이다. 그런데 이를 주장하는 집단의 규모가 커지면 그 같은 우스꽝스러운 논리가 사람들에게 먹혀들면서 사람들을 현혹하는 데 성공하고 있다.

사람들이 '사회'에 대해 잘못 생각하는 것과 마찬가지로, '국가'라는 집합 명사에 대해서도 똑같은 오류를 범하고 있다. 역사학자인 파커 문 Parker T. Moon 은 이 같은 오류에 대해 다음과 같이 신랄하게 비판하였다.

사람들은 '프랑스'라는 단음절어를 사용할 때, 프랑스를 하나의 단위, 즉 실재하는 것으로 생각한다. … 그래서 "프랑스가 튀니지를 정복하기 위해 '그의' 군대를 파견했다"는 말을 접할 때, 사람들은 프랑스를 하나의 개체로 간주할 뿐만 아니라 마치 인격을 지닌 것으로 생각한다. 바로 이 같은 단어 사용 방식은 사실을 왜곡할 뿐만 아니라, 국제관계를 마치 인격을 갖춘 여러 국가가 배우로 활동하는 화려한 드라마처럼 착각하게 한다. 진짜 배우는 육체와 정신을 가진 남녀노소의 사람들이라는 사실을 우리는 모두 쉽게 간과하고 있다. … 만약 우리에게 '프랑스'라는 단어가 없다면 … 우리는 튀니지 원정을 다음과 같이 좀 더 정확하게 표현할 수 있을 것이다. "이들 [프랑스 국민] 3,800만 명 중에서 일부가 튀니지 정벌을 위해 3만 명의 다른 사람들을 파병하였다." 이렇게 표현하면 즉각적으로 다음과 같은 일련의 질문이 제기된다. 도대체 그 '일부'는 누구를 뜻하는가? 그들은 왜 튀니지에 3만 명을 파병했는가? 그리고 다른 사람들은 왜 그들의 뜻을 따르는가? 제국주의 국가는 국가 스스로 만드는 것이 아니라 사람들이 만드는 것이다. 따라서 우리가 관심을 둬야 할 문제는 각국에서 제국주의와 직접적인 이해관계를 가진 소수의 적극적인 사람들이 누구인지를 파악하고, 그다음에 왜 대다수의 사람이 제국주의적 팽창에 필요 불급한 전쟁의 비용을 지급하고 더 나아가 참전까지 하는지에 대한 이유를 분석하는 것이다.[16]

'사회'에 대한 개인주의자들의 견해는 "사회는 당신 자신을 제외한 모든 사람이다."라는 문장으로 요약할 수 있다. 이 같은 견해는 대체로 '사회'가 초월적 권력을 갖는 영웅이면서 동시에 온갖 원성을 한몸에 받는 악당으로 간주하는 경우의 분석 도구로 사용된다. 어느 개인이 범죄를

---

[16] 파커 토머스 문(Parker Thomas Moon), 『제국주의와 세계정치』(*Imperialism and World Politics*, New York: McMillan, 1930), 58쪽.

저질렀을 때, 그 자신이 아니라 '사회'가 책임져야 한다고 주장하는 경우를 생각해보자. 예를 들어, 스미스라는 사람이 존스라는 사람의 물건을 빼앗고 살해했을 때, '전통적인' 견해는 스미스가 자신의 행동에 관해 책임을 져야 한다고 말한다. 그러나 현대의 자유주의자들은 '사회'가 책임을 져야 한다는 반대 입장을 취하고 있다. 이들 자유주의자의 견해는 얼핏 세련되고 인도주의적인 것처럼 보이지만, 개인주의자의 견해를 통해 다시 해석해보면 그렇지 않다는 사실을 쉽게 알 수 있다. 다시 말해, 자유주의자들의 주장은 '사실상' 스미스를 제외한 '모든 사람', 즉 피해자인 존스까지 포함한 모든 사람이 스미스의 범죄에 대해 책임져야 한다고 말하는 것과 다를 바 없다. 물론 대부분 사람은 말도 안 되는 주장이라고 생각할 것이다. 그럼에도, '사회'라는 가상의 실재를 도입해서 그럴듯하게 말을 꾸미면 사람들은 혼란에 빠지게 된다. 사회학자인 아널드 그린 Arnold W. Green은 이 같은 현상에 대해 다음과 같이 지적하였다. "범죄에 대하여 범죄자는 책임이 없고 전적으로 사회가 책임을 져야 한다면, 그것은 결국 범죄를 저지르지 않은 사회구성원들만이 범죄에 관한 책임을 져야 한다고 말하는 것과 같다. 이처럼 말도 안 되는 헛소리에 사람들이 넘어가는 것은 사회를 악마로 간주할 때만이 가능하다. 즉, 사회 속의 사람들과 그 사람들의 행동이 바로 사회의 구성요소인데도 불구하고, 사회를 그들과 전혀 동떨어진 악마 같은 존재로 착각하기 때문이다."[17]

미국의 위대한 자유지선주의 기고가인 프랭크 초도로프 Frank Chodorov 역시 "사회는 곧 사람이다"라고 강조하면서 다음과 같이 그의 사회관을 피력하였다.

---

[17] 아널드 그린(Arnold W. Green), 「악마의 출현」(The Reified Villain). 출처: 『사회연구』(Social Research), 1968년 겨울호, 656쪽.

사회는 집합 개념 중 하나일 뿐 그 이상의 것이 아니다. 편의상 많은 사람을 지칭하는 단어일 뿐이다. 가족, 군중, 갱단 등과 같이 사람들의 집합체에 붙여진 단어와 마찬가지이다. 사회는 … 제3의 '인물'이 아니다. 만약 인구조사 결과 인구가 1억 명이라면, 정확히 1억 명이 존재하는 모든 것이다. 하나라도 더 많이 존재하거나 적게 존재하지 않는다. 이 세상에 태어나야만 비로소 사회에 추가될 수 있다. '유령도시'나 폐허만 남은 고대문명에서 볼 수 있듯이, 구성원이 모두 떠나고 나면 사회 또한 사라진다는 사실에 의해서도, 사회를 어떤 초월적 존재로 생각하는 것이 잘못된 것임을 알 수 있다. 개인들이 모두 사라지면 전체도 사라진다. 전체는 절대로 개체와 독립적으로 존재하지 않는다. 집합명사인 사회를 단수형 동사와 짝을 이루어 사용하다 보니 잘못된 상상의 함정에 빠지는 것 같다. 우리는 종종 집단에 인격을 부여하게 되고, 마치 그 집단 자신이 몸과 마음을 갖고 있다고 착각하는 것 같다.[18]

제4절 자유로운 교환과 자유로운 계약

자유지선주의 신조의 핵심은 모든 사람에게 절대적인 사유재산권을 부여하는 것이다. 첫째, 자신의 신체에 대해 절대적인 소유권을 부여하는 것이고, 둘째, 이전에는 아무도 사용하지 않았던 자연자원을 누군가가 최초로 자신의 노동을 섞어 변환시켰다면 그 사람에게 그것에 대해 절대적인 소유권을 부여하는 것이다. 이들 두 가지 공리, 즉 자기 자신에 대한 소유권 및 '개척자'의 권리는 자유지선주의 믿음체계에서 중추적인

---

[18] 프랭크 초도로프(Frank Chodorov), 『사회의 생성과 소멸』(*The Rise and Fall of Society*, New York: Devin Adair, 1959), 29~30쪽.

원리이다. 따라서 자유지선주의자들의 주장은 모두 이들 핵심적 신조에서 도출되거나 그 함축적 의미를 응용한 것으로 볼 수 있다. 예를 들어, X는 밀을 키우는 농장주이고, Y는 어부이며, Z는 양배추를 재배하는 농장주라고 가정해보자. 만약 이들에게 절대적인 소유권이 부여되었다면, 이들은 자신의 소유물에 대한 소유권을 다른 사람에게 '양도'하거나 '교환'할 수 있는 권리를 가진다. 자유계약과 자유시장 경제체제의 정당성의 근거는 바로 이 같은 사유재산권으로부터 연유한다. 위와 같이 만약 X가 밀을 재배했다면 그는 그 밀을 Y가 잡은 물고기나 Z가 재배한 양배추와 교환할 수 있다. 또한, X와 Y, 또는 Y와 Z, 또는 X와 Z가 자발적으로 소유권을 교환하기로 동의하면 그 재산은 합법적으로 타인에게 이전된다. 만약 X의 밀과 Y의 물고기를 교환하면 Y의 물고기는 X의 재산이 되고, 반대로 X의 밀은 Y의 재산이 된다. 교환 후에 이들은 자신이 원하는 대로 그 새로운 재산을 다시 양도하거나 교환할 수 있다.

인간은 또한 자신의 소유인 재화뿐만 아니라 자신의 노동도 자유롭게 제공하거나 교환할 수 있다. 노동 역시 당연히 그 자신의 소유이기 때문이다. 예를 들어, Z는 농부 X의 농산물을 받는 대가로 X의 아이들을 가르치는 서비스를 제공할 수 있다.

이렇게 자연스럽게 자유시장 경제체제가 나타나며, 그로부터 노동의 전문화 및 분업체제가 뒤따른다. 자유시장 경제체제는 이제까지 우리에게 알려진 가장 생산적 형태의 경제체제를 이룸으로써 인류 문명을 이끈 산업화와 현대 경제로의 발전에 기여하였다. 이러한 행운의 발전은 자유시장의 공리주의적 결과에 기인한 것이 사실이다. 그러나 자유지선주의자들이 자유시장 경제체제를 지지하는 '주요' 이유는 그 시장체제가 이룩한 결과 때문이 아니다. 그 주요 이유는 바로 자유시장 경제체제가 도덕적이며 자연권에 기초한 사유재산 보호에 근거하기 때문이다. 설령 애덤 스미스의 순수 자유체제 system of natural liberty 보다 더 생산적인 경제체제가 존재하더라도 그것이 만약 독재적이고 조직적인 권리침해가 심각한 사회체제라면, 자유지선주의자들은 도덕적인 이유로 그 자유체제를 지지할 것이다. 그러나 다행히도 많은 분야에서 공리주의와 도덕성, 자연권 사상과 진제적인 민영은 서로 공존할 수 있다.

고도화된 시장경제도 외견상 매우 복잡해 보이지만, 사실은 앞에서 언급한 밀 재배 농부와 양배추 재배 농부, 그리고 밀 재배 농부와 교사 등 두 사람의 자발적 상호 합의에 기초한 거래가 확장된 네트워크에 불과하다. 내가 10센트를 내고 신문을 사는 것도 자발적이고 상호 이득이 되는 두 사람 사이의 거래이다. 이 거래에서 나는 10센트의 소유권을 신문 판매자에게 양도하고, 그는 신문의 소유권을 나에게 양도하는 것이다. 노동의 분업체제하에서 나는 신문 한 부의 가치가 10센트보다 더 크다고 믿으며, 마찬가지로 신문 판매자는 신문 한 부를 가지고 있는 것보다는 10센트를 가지는 것이 더 좋겠다고 생각하기 때문에 이 같은 교환이 발생한다. 또 대학교수는 강의라는 노동을 제공하지 않는 것보다는 월급 받는 것을 선호하고, 대학 당국은 교육예산을 지출하지 않는 것보다는 교수의 강의서비스 제공을 선호하기 때문에 교환이 이루어진다. 만약 신문 판매자가 신문값으로 50센트를 고집한다면 나는 그 신문이 그 정도 가치는 없다고 판단하여 교환하지 않을 수도 있다. 마찬가지로, 만약 대학교수가 월급을 3배 올려 달라고 고집을 부린다면 대학 당국은 그 강의서비스를 중단시키는 방향으로 문제를 해결할 수도 있다.

사실 많은 사람이 정의와 사유재산권, 그리고 자유시장 경제체제를 기꺼이 수용한다. 따라서 그들은 농민들이 자신의 밀에 대한 소비자 가격을 마음대로 결정할 수 있고, 노동자들이 자신의 노동에 대한 대가를 마음대로 선택할 수 있는 그런 체제를 기꺼이 지지한다. 그러나 우리는 유산

상속에 대해서는 아직 결론을 내리지 못하고 있다. 예를 들어, 야구 선수인 스타젤이 동료 선수인 잭보다 10배의 실력을 발휘한다면 스타젤이 잭보다 10배 더 많은 연봉을 받아야 한다는 주장에 대해서는 많은 사람이 대체로 동의한다. 그러나 많은 사람이 제기하는 질문은 백만장자인 록펠러 가의 아들이 그 집안에서 태어났다는 이유만으로 학자인 로스바드의 아들보다 10배 이상의 유산을 물려받는 것이 정당한지의 여부이다. 자유지선주의자들의 해답은 유산을 물려받는 상속인이 아니라 그 거액의 유산을 '물려주는 사람'의 정당성에 초점을 맞춘다. 만약 스미스와 존스 그리고 스타젤이 자신의 노동과 재산을 다른 사람들과 자유롭게 교환할 수 있는 권리를 갖고 있다면, 그들은 당연히 자신의 재산을 그들이 원하는 사람에게 자유롭게 '줄' 수 있는 권리도 보유하고 있기 때문이다. 그리고 사람은 누구나 당연히 자신의 자녀에게 재산소유권을 유산으로 제공할 권리가 있다. 만약 스타젤이 자신의 노동으로 벌어들인 재화를 소유할 수 있다면, 그는 그 재화를 스타젤 2세에게 줄 수 있는 권리가 있다.

선진국의 자유시장 경제체제에서 농민은 밀과 화폐를 상호 교환한다. 제분업자는 밀을 사들여 밀가루로 변환시켜 빵을 만드는 제과업자에게 판매하고, 그 제과업자는 만든 빵을 도매상에게 팔고, 다시 산매상을 거치면서 최종적으로 소비자에게 팔리게 된다. 각 단계에서 생산업자와 판매업자는 고용된 노동자들에게 화폐를 지급하고 노동서비스를 받는다. 각 단계에서의 '화폐'의 역할을 파악하는 것은 복잡한 일이지만, '개념적으로는' 화폐가 밀이나 밀가루 등과 교환되는 일련의 상품과 같은 재화라는 사실은 분명하다. 물론, 밀이나 밀가루는 화폐 대신에 옷감이나 철 등과 직접 교환될 수도 있다. 중요한 것은 각 단계에서 서로에게 이득이 되는 소유권의 교환이 합의를 통해 거래된다는 사실이다.

이제 자유지선주의자들이 '자유'[19]의 개념을 어떻게 정의하는지 논의할 차례이다. 자유는 어느 개인이 보유하고 있는 자신의 신체에 대한 소유권 및 합법적으로 획득한 물질적 재산에 대한 소유권이 부당하게 침해 또는 공격당하지 '않은' 상태를 말한다. 타인의 재산을 훔친 사람은 타인의 머리를 때린 사람과 마찬가지로 타인의 자유를 침해하고 제한한 것이다. 그래서 자유와 제한 없는 사유재산권은 서로 밀접한 연관성이 있다. 자유지선주의자들에게 '범죄'는 타인의 재산에 대한 권리, 즉 타인의 신체 또는 물질적 소유물에 대한 권리를 침해한 행위이다. 즉, 범죄는 폭력을 사용하여 타인의 재산을 침해함으로써 그의 자유를 침해하는 것이다. '노예상태'는 자유의 반대말이며, 자기 신체에 대한 소유권이 전혀 없거나 거의 없는 상태를 말한다. 따라서 노예는 폭력에 의해 자신의 신체 및 생산물을 주인에게 체계적으로 착취당하는 사람이다.

이같이 자유지선주의자는 분명히 평등주의자egalitarians가 '아닌' 개인주의자이다. 자유지선주의자가 주창하는 '평등'은 자신의 신체에 대한 권리, 여태껏 사용되지 않았던 자원을 '개척'하여 얻은 재산에 대한 권리, 그리고 자발적 교환 또는 증여를 통하여 다른 사람들로부터 획득한 재산에 대한 권리를 각 개인에게 동일하게 부여하는 것이다.

제5절 사유재산권과 "인권"

자유주의자들은 일반적으로 모든 사람이 '개인의 자유' personal liberty 를 누릴 수 있어야 한다고 믿는다. 여기서 개인의 자유는 생각하고, 말하고,

---

[19] [역주] 저자는 자유의 의미로서 freedom과 liberty를 구분하지 않고 사용한다.

쓰고, '성인 간의 동의' 하에 이루어지는 성적인 활동과 같은 개인적 '거래'를 자유롭게 수행할 수 있는 권리를 말한다. 다시 말해, 자유주의자들은 개인의 신체에 대한 자기소유권은 철저히 옹호하지만, '물질적 재화'에 대한 개인의 소유권은 부정한다. 즉, 전형적인 자유주의자는 '인권'은 철저히 지지하지만 '사유재산권'은 거부하는 이분법적 입장을 취한다. 이에 비해, 자유지선주의자는 인권과 사유재산권은 서로 밀접하게 연관되어 분리할 수 없어서 이 둘을 별개로 생각하지 않는다.

예를 들어, 자유주의적 사회주의자들 liberal socialists 은 표현 및 언론의 자유를 '인간적' 권리로 생각하여 강력히 옹호하지만, 정부가 모든 '생산수단'을 소유해야 한다고 주장한다. 하지만 국민 각 개인의 사유재산권이 보장되지 않는 상황에서 '인간적' 권리가 어떻게 행사될 수 있겠는가? 예를 들어, 정부가 모든 언론 매체와 인쇄소를 소유한다면, 어떻게 언론의 자유가 보장될 수 있겠는가? 만약 정부가 모든 언론 매체를 소유한다면, 필연적으로 모든 언론 매체를 운영하고 배정할 수 있는 권한과 힘을 갖게 된다. 따라서 만약 정부가 자신의 정책 방향과 맞지 않는다는 이유로 일부 언론 매체의 사용을 제한한다면, 그 매체와 관련된 특정 국민의 '언론의 자유'는 한낱 조롱거리가 되어버릴 것이다. 또한, 정부 임의대로 부족한 예산을 여러 언론 매체에 배분하는 과정에서, 소수파들 또는 소위 '사회질서를 어지럽히는' 반사회주의자들의 언론의 자유는 매우 축소될 가능성이 높다. 더 나아가 정부가 모든 집회 장소를 소유하고 정부정책에 동조하는 집단에게만 그 장소의 사용을 허용한다면, '표현의 자유' 역시 언론의 자유와 같은 운명에 처하게 된다. 예를 들어, 무신론을 표방했던 과거 소련 정부가 마트조 matzoh[20] 생산에 필요한 재원을 할

---

[20] [역주] 유대인들이 유월절에 먹는 과자의 이름이다.

당하지 않기로 했다면, 정통파 유대인들의 '종교의 자유'는 크게 훼손되었을 것이다. 그리고 그 제한의 이유에 대해 소련 정부는 숫자도 적은 정통파 유대인들의 과자를 만들기 위해 희소 재원을 투입할 수는 없다는 핑계를 댔을 것이다.

'인권'과 '사유재산권'을 별개로 생각하는 것은 인간을 초현실적인 추상적 존재로 취급하는 것처럼 심각한 오류이다. 인간이 자기 신체에 대한 소유권을 갖는다는 것은 스스로 자기 인생을 통제하고 결정할 수 있는 권리를 가지는 것이며, 따라서 자신의 생존과 번영을 위해 자신에게 주어진 자원에 자신의 노동을 결합해 유용한 재화로 변환시킬 수 있는 권리를 가져야 한다는 것이다. 인간은 또한 자신이 거주하고 사용할 수 있는 토지 및 자원 또한 소유할 수 있어야 한다. 간단히 말해서, 자신의 '인권', 즉 자신의 신체에 대한 소유권을 계속 보장받으려면 물질세계에서 자신이 생산한 재화에 대한 소유권도 보유해야 한다는 것이다. 사유재산권은 '사실상' 인권과 같다. 그리고 자유주의자들이 그토록 힘을 쏟고 있는 바로 그 인권이 보장되려면 필수적으로 사유재산권 보장이 뒷받침되어야 한다. 언론 매체를 사적으로 소유할 수 있는 인간의 권리가 보장되지 않고서는 언론의 자유를 누릴 수 있는 인간의 권리 또한 보장되지 않는다.

사유재산권과 분리된 인권은 사실상 존재할 수 '없다'. 표현의 자유에 대한 인간의 권리는 집회 장소를 자유롭게 빌릴 수 있거나 아예 소유할 수 있는 권리, 즉 사유재산권에 불과하다. 언론의 자유에 대한 인간의 권리 역시 종이와 잉크를 자유롭게 사들여 신문이나 책을 인쇄해서 원하는 사람들에게 팔 수 있는 권리와 다르지 않다. 위에서 설명했듯이, '표현의 자유' 또는 언론의 자유는 사유재산권 보장 이외에 더 특별한 무엇이 필요한 것이 아니다. 더욱이 인간의 모든 권리와 관련하여 발생하는 분쟁은 그 권리와 관련된 사유재산권이 무엇인지 찾아내어 파악하면 해결할 수 있다.

자유주의자들은 일반적으로 '표현의 자유'가 '공공의 이익'을 위해서 제한할 수 있다고 생각해왔다. 이에 대해 과거의 유명한 예를 하나 들어보자. 미국의 대법원 판사였던 홈스Holmes[21]는 그의 판결문에서 누구도 만원인 극장 안에서 거짓으로 '불이야!'라고 외칠 권리가 없다는 유명한 말을 남겼다. 홈스와 그의 추종자들은 모름지기 모든 권리는 정확하고 절대적인 것이 아니라 상대적이고 잠정적일 필요가 있다는 주장을 펴기 위해 위의 예문을 반복적으로 인용해왔다.

그러나 홈스의 판결문에서의 문제점은 인간의 권리라고 해서 무제한으로 보장할 수는 없다는 결론이 '아니라' 그 결론을 사유재산권 침해라는 명확한 개념에 근거하지 않고 전적으로 '표현의 자유'라는 모호하고 부정확한 개념에 근거하여 도출한 점이다. 그러면 이 사례를 사유재산권 측면에서 다시 분석해보자. 만원인 극장 안에서 거짓으로 '불이야!'라고 외쳐서 큰 혼란을 야기한 사람이 그 극장의 주인이거나 지배인일 때, 그리고 극장에 입장한 고객일 때로 나누어 생각해보자. 만약 그가 극장 주인이라면 그는 고객들에게 사기를 친 것이다. 그는 고객들에게 영화나

---

[21] [역주] 올리버 홈스 2세(Oliver Wendell Homes, Jr. 1841~1935)는 미국의 대법원 판사(1902~1932)를 역임하였으며 표현의 자유 확대에 공헌함으로써 미국의 자유주의자들의 지지를 받았다. 그는 1919년의 '쉥크 대 미국'(Schenck v. United States)이라는 소송 재판의 판결문에서 "표현의 자유 보장을 위한 가장 유력한 방법은 극장 안에서 거짓으로 불이 났다고 외쳐서 사람들을 공포로 몰아넣는 사람을 보호하지 않는 것이다"라는 의견을 제시했다. 제1차세계대전 당시 미국 정부의 전쟁 동원령에 반대하는 연설과 인쇄물을 배포했다는 이유로 수천 명의 사람이 체포되어 기소되었다. 피고인들은 미국 수정헌법 제1조에 의해 표현의 자유가 보장되었기 때문에 반대의견을 자유롭게 제시할 수 있다고 주장하였다. 홈스는 위의 판결문에서 '명백하고 상존하는 위험'(clear and present danger) 상황에서는 표현의 자유를 법적으로 제한할 수 있다는 주장을 제시하였다. 홈스는 자연법에 반대하였으며, 뉴딜 정책 등과 같은 경제규제를 지지하였다.

연극을 상연해주겠다는 약속의 교환조건으로 돈을 받은 다음, 거짓으로 '불이야!'라고 외쳐서 혼란을 초래하고 상연을 중단시켰기 때문이다. 따라서 그는 계약 의무를 이행하지 않고 고객의 재산을 훔침으로써 고객의 사유재산권을 침해한 것이다.

반면에 거짓으로 외친 사람이 극장 주인이 아닌 고객이었다고 가정해보자. 이 경우 그는 돈을 내고 공연을 보러 온 다른 고객들의 사유재산권은 물론이고 그 극장 주인의 사유재산권까지 침해한 것이다. 그는 고객으로서 극장 주인의 재산을 침해하거나 극장 주인이 제공하는 공연을 방해하지 않겠다는 조건에 암묵적으로 동의하고 극장 주인의 소유물에 입장한 것이다. 따라서 그의 악의적인 행동은 극장 주인과 다른 고객들의 사유재산권을 침해한 것이다.

그러므로 '불이야!'라고 거짓으로 외친 사건의 해결을 위해서 개인적 권리의 제한을 들먹일 필요는 없다. 개인의 권리인 표현의 자유는 '여전히' 절대적이다. 따라서 '사유재산권' 침해에 초점을 맞춰야 한다. 만원의 극장 안에서 악의적으로 '불이야!'라고 외친 사람이 사실상 유죄인 이유는 '공공의 이익'을 위하여 그의 '표현의 자유'는 실질적으로 제한되어야 하기 때문이 '아니라' 그가 명백하게 타인의 사유재산권을 침해했기 때문이다.

03 국가

제1절 침해자인 국가

자유지선주의 사상의 요체는 개인의 신체 및 그 개인이 자발적으로 획득한 사물에 대한 재산권을 침해하는 모든 형태의 행위에 반대하는 것이다. 개별 범죄자와 범죄 집단도 당연히 거부된다. 그러나 그것만으로는 자유지선주의 신념이 여타 사상과 특별히 다르다고 할 수는 없다. 어느 사상이나 사람을 막론하고 개인의 신체와 재산에 대한 무작위적 폭력 행사를 용인하지는 않기 때문이다.

하지만 범죄행위로부터 사람들을 보호해야 한다는 보편적 견해에 대해서도 자유지선주의자들은 그 강조점이 다르다. 자유지선주의 사회에서는 피해자가 처벌을 원치 않는데도 실재하지도 않는 '사회'라는 이름으로 가해자를 기소하는 '검찰'이 없다. 고소 여부를 결정하는 것은 피해자 자신이다. 동전의 양면 같은 이야기지만, 더 나아가 자유지선주의 세계에서는 피해자가 검사에게 기소를 요청하지 않고도 잘못한 사람에 대해 직접 소송을 제기할 수 있다. 또한, 자유지선주의 형벌 체계의 주안점은 '사회'로 하여금 범죄자를 감옥에 가두게 하는 데 있는 것이 아니라 범죄자로 하여금 범죄 피해자에게 합당한 배상을 하도록 강제하는 데 있다. 이에 비해 현행제도는 피해 보상은커녕 가해자를 감금하는 데 드는 비용까지 피해자가 세금 형식으로 더 부담해야 하는 모순을 안고 있다. 이는 재산권 보장을 근간으로 피해자를 배려하는 자유지선주의 세계에서는 분명 말이 안 되는 제도이다.

그뿐만 아니라 대부분 자유지선주의자들이 평화주의자는 아니지만, 평화주의자가 되고자 하는 사람들의 '권리'까지 간섭하는 현행제도에는 참여하지 않을 것이다. 가령 평화주의자인 존스라는 사람이 범죄자인 스미스에 의해 침해를 당했다고 해보자. 존스가 자기 신념에 기초해 폭력 행사를 통한 자기 방어에 반대하고, 그에 따라 범죄에 대한 어떤 처벌도 거부한다면, 존스는 단순히 기소하지 않을 것이고, 그러면 그 사건은 그것으로 마감된다. 심지어 피해자가 원하지 않을 때에도 범죄자를 추적해 재판에 넘기는 현행 검찰과 같은 정부 기구는 존재하지 않는 셈이다.

그러나 자유지선주의자와 일반인의 가장 큰 특징적 차이는 개인적 범죄의 차원에서가 아니라 국가, 즉 정부의 역할과 관련한 양자 간의 견해에 있다. 자유지선주의자들은 국가를 국민과 국민의 재산을 침해하는 항구적이며 고도로 조직화한 최상위 침해자로 간주한다. 국가가 침해자라는 사실은 동서고금을 막론하고 정치체제의 종류에 상관없이 민주국가나 독재국가 또는 왕정에도 그대로 적용된다. 그 국가의 이념이 빨간색이거나 흰색, 파란색, 또는 갈색이거나를 구별할 것도 없이 공통적으로 그러하다.

국가라는 존재! 정부와 그 통치자 및 운영자들은 언제나 일반적인 도덕률 너머에 있는 것으로 여겨졌다. 최근의 한 사례인 『국방부 보고서』에서 보듯이 개인으로서는 충분히 존경받을 만한 인물이 국민을 상대로 해서는 서슴없이 새빨간 거짓말을 늘어놓는 예가 인류역사에는 허다하다. 왜 그런 것일까? '국가라는 이유' 때문이다. 일반시민에 의해

'사적'으로 자행되었다면 비도덕적이거나 범죄로 여겨질 행위라도 국가에 대한 봉사라는 이유에서라면 모두 면책된다고 생각하는 것이다. 자유지선주의의 특징은 일반적 도덕률을 국가기구의 일원으로 일하는 사람들에게까지 냉철하고 비타협적으로 적용하는 것이다. 자유지선주의자들은 예외를 두지 않는다. 수 세기 동안 국가는 (더 엄밀하게 말해서 정부의 일원으로 행세하는 소수의 개인은) 자신의 범죄행위를 고매한 수사법으로 포장해왔다. 수 세기 동안 국가는 대량 살상 행위를 '전쟁'이라고 부르면서 그에 수반되는 대규모 학살을 미화하였다. 또한, 국가는 오래전부터 국민을 노예화하여 무장집단으로 만들었고, 이를 '국가에 봉사'하기 위한 '징집'이라 불렀고, 국민을 총대로 위협하고 약탈하는 행위를 '세금 징수'라고 이름 붙였다. 자유지선주의자들이 국가와 국가의 모든 행위에 대해 어떻게 생각하는지 알고 싶다면 그저 국가를 범죄 집단이라고 생각해보라. 그러면 자유지선주의자들의 모든 입장이 그대로 이해될 것이다.

예를 들어, 정부가 사회의 다른 조직과 뚜렷하게 구별되는 점이 무엇인지 생각해 보자. 정치학자와 사회학자들은 흔히 모든 조직과 단체를 위계적, 구조적, '정부적' 등이라 칭하며 이들 간의 중대한 구분을 흐리고 있다. 가령, 좌파 성향의 무정부주의자들은 정부뿐만 아니라 기업과 같은 사적 조직에 대해서도 '엘리트적'이고 '강제적'이라는 이유로 반대할 것이다. 이에 비해 '우파'적 자유지선주의자들은 그 같은 불평등에 대해서는 반대하지 않으며, '강제'라는 개념은 단지 폭력을 행사할 때에만 적용하는 것으로 본다. 자유지선주의자들은 정부는 중앙이건, 주 또는 지방이건 간에 두 가지 중요한 점에서 사회의 다른 모든 조직과 명백히 구분된다고 본다. 첫째, 정부를 제외한 다른 집단이나 개인은 자발적인 지급의 방식으로 소득을 획득한다. 예를 들어 지역공동체의 공동기금이나 브리지 클럽과 같이 자발적인 기부나 선물에 의해 자금을 마련하며, 식료품점 주인이나 야구선수 또는 철강 제조업자 등은 시장에서 재화나 서비스를 자율적으로 제공함으로써 소득을 얻는다. 오직 정부만이 유일하게 강제적이고 폭력적인 방식으로 소득을 얻는다. 즉 정부는 납부금이 들어오지 않으면 몰수나 감금과 같은 직접적인 위협을 행사한다. 이러한 강제적 징수가 바로 '조세'인 것이다. 두 번째 차이점은 범죄를 저지르는 무법자를 제외하고, 오직 정부만이 자국민이나 또는 다른 대상을 향해 폭력을 행사하는 데 자체 재원을 사용할 수 있으며, 또한 오직 정부만이 포르노를 금지하고, 종교의식을 준수케 하며, 정부가 생각하는 적정 가격 수준보다 높은 가격에 재화를 판매한다고 해서 관련자들을 감옥에 보낼 수 있다. 이 두 차이는 바로 다음과 같이 정리될 수 있다. 사회에서 오직 정부만이 자국민의 재산권을 침해할 수 있는 권한을 가진다는 사실이다. 그것이 세입을 확보하기 위해서이든, 도덕률을 강제하기 위해서이든 혹은 정부와 의견 차이가 있는 자를 처형하기 위해서이든 마찬가지이다. 더 나아가, 어떤 형태의 정부이건, 심지어 가장 비독재적인 정부라고 할지라도 대부분의 재정 수입은 항상 강제적인 징세권을 통해 확보해왔다. 또한, 과거 세계역사 속에서 자행된 살인과 노예적 예속화의 대부분은 정부의 손에 의해 자행되었다. 이미 앞에서 보았다시피 자유지선주의의 요체는 개인의 신체와 재산에 관한 권리를 침해하는 그 어떠한 것에도 반대한다는 것이다. 따라서 자유지선주의자들은 필연적으로 국가를 이 귀중한 권리를 위협하는, 본질적으로 가장 강압적인 적으로 간주하여 반대한다.

국가에 의한 침해가 개인 간의 사적인 침해보다 훨씬 더 중대하게 된 데는 국가의 지배자가 부과할 수 있는 중앙에서의 자원 동원 능력과 그 조직의 규모가 개인보다 월등히 크다는 것 외에 또 다른 이유가 있다.

그 이유는 국가의 약탈을 견제할 어떠한 수단도 존재하지 않는다는 것이다. 마피아나 노상강도에 대해 우려할 때 생각할 수 있는 그런 종류의 견제 말이다. 사적 범죄자로부터 보호를 받기 위해서 우리는 국가나 그 하부 조직인 경찰에 의존해왔다. 하지만 국가 자체로부터는 누가 우리를 보호해 줄 수 있는가? 아무도 없다. 국가의 또 다른 중요한 차이점은 국가가 보호 서비스를 독점화하도록 강요한다는 것이다. 국가는 실질적으로 폭력 행사를 독점하고 사회 내에서의 최종 의사 결정권을 자신의 것으로 만들었다. 예를 들어 우리가 국가의 법원에서 내리는 결정을 수용하기 어렵다면 우리가 의탁할 수 있는 또 다른 보호 기구는 어디에도 없다.

최소한 미국에는 정부의 특정 권한에 대해 엄격한 제약을 가하는 헌법이 있다는 것은 사실이다. 그러나 지난 세기에 이미 경험했듯이, 어떤 헌법도 스스로 해석하거나 집행을 강제할 수 없다. 해석은 '사람'이 해야 한다. 따라서 헌법을 해석할 수 있는 최종 권한이 정부 자체의 대법원에 있다는 점을 참작하면 그 대법원이 자신의 정부를 위해 끊임없이 더 광범위한 권한을 승인하리라는 것은 불을 보듯 뻔한 일이다. 또한, 미국에서 크게 내세우는 정부 내의 '견제와 균형' 그리고 '권력 분립' 같은 것들은 사실 보잘것없는 것이다. 분립이라고는 해도 결국은 같은 정부의 일부이고, 같은 부류의 사람들에 의해 통치되기 때문이다.

미국의 가장 탁월한 정치 이론가 중 한 사람인 존 칼훈[John C. Calhoun]은 성문 헌법의 제약을 무력화시키는 국가의 본연적 경향에 대해 다음과 같이 예언적으로 언급했다.

> 성문 헌법은 분명 여러 장점이 있다. 그러나 보호 대상인 그 국민에게 헌법 준수를 강제할 수 있는 수단을 주지 않으면서 단순히 정부의 권한을 제한하고 한계를 정하는 규정을 추가하는 것만으로 우월적 지배자인 정부가 그 권한을 남용하지 못하도록 충분히 막을

수 있다고 생각하는 것은 큰 오산이다. 정부를 소유하고 있는 당사자인 그들은 헌법에 따라 부여된 권력에 대해서는 우호적이지만 그것을 제한하고자 하는 규제에 대해서는 반대할 것이다. 우월하고 지배적인 당사자인 그들은 자신들을 보호하려 이러한 규제가 필요치 않을 것이다. …

반면 작고 힘없는 자들은 반대의 입장을 취할 것이고, 우월한 상대에 대항하여 자신들을 보호하는 데는 이러한 규제가 필수적이라 여길 것이다. … 우월한 상대로 하여금 규제를 준수케 하는 방법이 없을 때 그들에게 남은 오직 유일한 수단은 헌법을 엄격하게 만드는 것이다. 물론 이에 대항하여 우월한 당사자는 자유주의적 헌법을 제시할 것이다. 즉 권한을 부여한다는 단어에 가능한 최대의 포괄적 의미를 허락하는 그런 헌법 말이다. 그러면, 양측이 서로 장군멍군 하는 식이 될 것이다. 즉, 한 쪽은 정부의 권한을 최대한 확장하려는 것이고, 다른 쪽은 가능한 축소하려는 것이다. 그런데 한 쪽이 만든 것을 실행하는 모든 권한을 가지고 있고, 다른 쪽은 자신의 것을 집행할 수단을 박탈당하고 있는 상황에서, 강자의 자유로운 해석에 대항하여 약자가 엄격하게 헌법을 구성한다는 것이 도대체 무슨 소용이 있겠는가? 그렇게 상대가 되지 않는 대결에서의 결과는 뻔하다. 제한을 옹호하는 쪽이 힘에서 압도될 것이다. … 그 대결의 결말은 헌법의 전복일 것이며 … 제한 규정은 결국 폐지되고, 정부는 일종의 무제한적 권력기구가 되고 말 것이다.

정부를 서로가 상호 독립적으로 대하는 별개의 부서로 분리한다고 해서 이러한 결과를 막을 수 있는 것은 아니며 … 전체 정부뿐 아니라 이들 개별 부서 모두가 수적 다수의 통제에 있다고는 하지만 단순히 권력을 대리인이나 대표자 간에 배분하는 것으로는 권력 남용과 억압의 경향을 전혀 막을 수 없다는 것은 설명이 필요 없을 정도로 분명하다.[1]

그런데 왜 정부 권한에 대한 제약의 미비를 걱정해야 하는가? 특히 '민주국가'에서 말이다. 자유주의적 유토피아에 대해 서서히 의구심이 일기 시작하던 1960년대 중반 이전의 전성기 시절에 미국의 자유주의자들은 "우리가 바로 정부가 아니던가?"라는 문구를 자주 사용했다. "우리가 정부다"라는 문구에서 사용된 '우리'라는 용어는 적나라한 착취의 정치 실태를 은폐하는 이념적 위장막을 드리우게 했다. 왜냐하면, 만약 진실로 우리가 정부라면 정부가 개인에게 하는 모든 행위는 정당하고 비억압적일 뿐 아니라, 관련 당사자인 개인으로서는 '자발적인' 것이 된다. 정부가 일군의 집단을 위해서 다른 집단으로부터 세금을 거두어 갚아야 하는 공적 부채를 엄청난 규모로 발생시켰다고 하더라도, 이 현실적 부담은 '우리가 우리에게 빚지고 있다'라는 허튼소리로 편리하게 가려졌다 (그러나 '우리'라는 자들은 누구이며 '우리 자신'은 누구를 말한단 말인가?). 정부가 누군가를 징집하든 또는 불온한 사상을 이유로 누군가를 감옥에 보내버린다고 해도 그것은 "자기가 자신에게 하는 것"일 뿐이므로 어떤 부적절한 일도 발생하지 않는다는 것이다. 이런 논리에 따르면 나치 정부가 죽인 유대인은 살해당한 것이 아니다. 유대인 자신들이 민주적으로 선택한 정부이므로 그들은 '자살'을 한 것임이 분명하며, 따라서 정부가 자행한 어떤 짓도 그들에게는 자발적인 일인 셈이다. 하지만 국가를 단지 국민의 자비롭고 자발적인 대리인으로만 보는 정부 옹호론자들로서는 이런 끔찍한 추론에서 벗어날 방법은 없다.

결론적으로 말해, '우리'도 정부가 아니고 정부도 '우리'가 아니다. 엄밀하게 말해 정부는 대다수 국민을 '대표'하지 않는다. 설사 그렇다 할지

---

[1] 존 칼훈(John C. Calhoun), 『정부에 대한 논설』(*A Disquisition on Government*, New York: Liberal Arts Press, 1953), 25~27쪽.

라도, 극단적인 예로 90%의 국민이 10%를 죽이거나 노예로 만들자고 결정하더라도 그것은 여전히 살해이며 노예화의 범죄인 것이지 억압된 소수 측에서 행한 자발적인 자살이나 예속화가 될 수는 없다. 아무리 많은 시민이 억압에 동의한다고 하더라도 범죄는 범죄이고, 권리에 대한 침해는 침해이다. 다수자라는 것에 그 어떤 신성함도 없으며 폭노 역시 자신의 영역에서는 다수일 뿐이다.

폭도와 같이 다수가 적극적으로 전제적이고 호전적이 될 수도 있지만, 국가는 일반적으로 지속하는 상태가 과두지배이다. 즉 국가 기구의 통제권을 얻게 된 엘리트들에 의한 강압적 지배인 것이다. 여기에는 두 가지 이유가 있다. 첫째는 모든 인간의 행위에서 '과두정의 철칙' Iron Law of Oligarchy 을 낳게 하는 인간 본성에 내재하는 불평등과 노동 분화이고, 둘째는 국가사업 자체의 기생적 속성 때문이다.

우리는 앞에서 개인주의자는 평등주의자가 아니라고 말한 바 있다. 그 부분적인 이유는 인류에 내재하는 방대한 다양성, 즉 문명이 진보하고 생활수준이 향상됨에 따라 만개하게 될 그런 다양성과 개별성에 대해 개인주의자가 보여준 통찰력 때문이다. 직업 간에서뿐 아니라 직업 내에서도 개개인은 각기 다른 능력과 관심이 있다. 그래서 모든 직업과 인간사에서는 그것이 철강 생산이든 아니면 브리지 클럽 조직에서이든, 상대적으로 소수의 가장 능력 있고 활동적인 사람들이 지도층을 형성하게 되고 나머지 다수는 일반 추종자가 되는 것이다. 이것은 선의에 기초한 경우이거나 (범죄 조직에서와 같이) 악의에 기초한 경우이거나를 막론하고 언제나 적용되는 진리이다. 사실 과두정의 철칙은 독일 사민당이 표면적으로는 평등주의를 추구하지만, 실제 기능에서는 엄격히 과두적이고 서열적임을 밝혀낸 이탈리아 사회학자 로베르트 미헬스 Robert Michels 가 발견했다.

국가가 과두 지배가 되는 두 번째 이유는 국가의 기생적 본성, 즉 국가가 시민의 생산 활동에 강제적으로 빌붙어 산다는 사실이다. 이런 방식으로 잘 살아가려면 기생적 착취의 열매가 비교적 소수 사람들에게 한정되어야 한다. 그렇지 않으면 별 의미 없이 모든 사람에 의한 모든 사람의 약탈이 자행되고, 이것은 누구에게도 이득이 되지 못한다. 19세기 후반 독일의 위대한 사회학자 프란츠 오펜하이머 Franz Oppenheimer 는 국가의 강압적이며 기생적인 본질에 대해 그 누구보다 명확히 갈파했다. 오펜하이머는 인간이 부를 획득하는 데에는 두 가지 서로 배타적인 방법밖에 없다고 지적했다. 하나는 자유시장 방식인 생산과 자발적 교환의 방법이며, 다른 하나는 폭력 사용에 의한 강탈의 방법이다. 오펜하이머는 전자를 '경제적 수단', 후자를 '정치적 수단'이라 각기 명명했다. 정치적 수단은 명백히 기생적인 속성을 가진다. 그 이유는 착취자가 징발하려면 그 이전에 생산이 있어야 하고, 징발한다는 것은 사회 내의 총생산에서 무엇인가를 더하는 대신 감소시키는 것이기 때문이다. 나아가, 오펜하이머는 국가를 '정치적 수단의 조직'이라고 정의했다. 즉, 특정 영토 내에서 약탈 과정을 체계화하는 조직이라는 것이다.[2]

단적으로, 사적인 범죄는 기껏해야 산발적으로 발생하고 불확실하며, 기생적 삶이라 해도 오래가지는 못하고, 기생의 강제적 생명선은 피해자의 저항으로 언제든지 끊어질 수 있다. 반면 국가는 생산자의 재산에 대해 합법적이고 조직적이며 체계적인 약탈의 경로를 구축하고, 사회 내의 기생 계급에 생명선을 제공하며, 이 생명선을 확실하고 안전하며 '평화로운' 것으로 만든다. 위대한 자유지선주의자 작가인 앨버트 제이 녹

---

[2] 프란츠 오펜하이머(Franz Oppenheimer), 『국가』(*The State*, New York: Vanguard Press, 1926), 24~27쪽 여러 곳.

Albert Jay Nock은 "국가는 범죄의 독점을 요구할 뿐 아니라 그렇게 하고 있다. … 국가는 사적 살인을 금한다. 하지만 스스로는 어마어마한 규모의 조직적 살인을 범하고 있다. 사적인 도둑질은 벌한다. 하지만 자신은 시민의 재산이든 외국인의 재산이든 상관없이 원하는 것은 무엇이든 파렴치하게 손을 댄다."[3]라고 생생히 기술했다.

물론 처음에는 누구도 선뜻 세금을 강도질이라고 생각하지 않을 것이며 정부를 강도 집단으로 보지도 않을 것이다. 하지만 세금을 '자발적' 납부의 일종이라고 주장하는 사람조차 세금을 내지 않으면 발생할 일을 생각해 본다면 마음이 변할 것이다. 절대 자유지선주의자라고는 볼 수 없는 위대한 경제학자 조셉 슘페터는 "국가는 사적 영역에서 사적 목적으로 창출된 수입을 정치적 폭력을 동원하여 본래의 목적에서 벗어나게 함으로써 먹고 산다. 세금을 클럽 회비나 진료비와 같은 서비스 비용에 비유하는 이론은 세금에 대한 사회과학적 설명이 얼마나 비과학적인지 증명할 뿐이다"[4]라고 했다. 빈의 저명한 '실증주의' 법학자 한스 켈젠 Hans Kelsen은 그의 논문 『법과 국가의 일반 이론』 *The General Theory of Law and the State*에서 전적으로 '과학적'이고 가치 중립적인 기반 위에서 정치 이론, 즉 국가의 정당성에 관한 이론을 수립하고자 하였다. 하지만 현실은 책의 도입부에서 이미 '당나귀의 다리' pons asinorum [5]라고 불리는 정치

---

[3] 앨버트 제이 녹(Albert Jay Nock), 『옳은 일을 하는 것에 대하여 및 기타 에세이』 (*On Doing the Right Thing, and Other Essays*, New York: Harper & Bros., 1928), 145쪽.

[4] 조셉 슘페터(Joseph A. Schumpeter), 『자본주의, 사회주의, 그리고 민주주의』 (*Capitalism, Socialism, and Democracy*, New York: Harper & Bros., 1942), 198쪽과 198쪽 주석.

[5] [역주] '당나귀의 다리(bridge)'로 번역된 *pons asinorum*은 유클리드 기하학에서 이등변 삼각형의 두 변은 같다는 뜻임. 비유적으로는 초심자에게는 어려운 문제 혹은 둔한 학생은 이해하기 어려운 문제라는 뜻이다.

철학적 문제에 직면하고 만다. 즉 도적의 명령과 국가의 칙령은 어떻게 다른가? 켈젠은 그저 국가의 칙령은 '정당하다'고 선언한 후, '정당성'을 설명하거나 정의하지도 않은 상태에서 논지를 펼쳐 나갔다. 사실 자유지선주의자라면 다음과 같은 질문을 고민해 보는 것이 유익할 것이다. 어떻게 해야 조세를 강탈과 구별하여 정의할 수 있는가?

지난 19세기에 개인주의적 무정부주의자로 활동한 위대한 헌법 법률가 라이샌더 스푸너Lysander Spooner에게 이 문제에 대한 해답은 자명한 것이었다. 그는 국가를 강도 집단으로 보았는데 그의 이러한 분석은 이제껏 개진된 비판 중에서 가장 신랄한 것이다.

> 헌법 이론상으로는 모든 세금은 자발적으로 납부되는 것이며, 정부는 사람들이 상호협의 하에 자발적으로 가입한 상호 보험 회사나 다름없다. …
> 그러나 정부에 관한 이 이론은 현실과 매우 다르다. 현실 속의 정부는 노상강도와 마찬가지로 사람에게 "돈을 주든가 아니면 목숨을 내놓든가"라고 협박하고 있다. 그리고 대부분은 아니더라도 많은 세금이 이러한 위협적 강제 하에 징수된다.
> 정부가 실제로 한적한 곳에 숨어서 기다리다 갑자기 나타나 머리에 권총을 겨누고 주머니를 뒤지는 것은 아니다. 하지만 조세는 여전히 강도 행각이며 보기에 따라서는 훨씬 더 부끄럽고 비열한 강도질이다.
> 노상강도는 자신이 저지른 일에 따르는 위험과 처벌을 혼자서 감당한다. 그는 당신의 돈을 빼앗는 것이 정당하다고 주장하거나, 그 돈을 당신의 이익을 위해 쓰는 체하며 가장하지도 않는다. 노상강도는 자신이 사람들의 의사에 반하여 돈을 갈취하는 것이 스스로 자신을 보호할 수 있다고 잘못 생각하거나 강도가 제공하는 보호망의 가치를 인정하지 못하는 얼빠진 여행자를 보호해 주려는 것이라고

말할 정도로 뻔뻔하지는 않다. 노상강도도 그런 허언을 할 정도로 지각이 없지는 않다. 그뿐 아니라, 돈을 빼앗은 후에는 당신이 원하는 대로 그냥 놓아줄 것이다. '보호'를 빌미로 자신이 당신의 적법한 '주권자'라고 자처하며 원하지 않는데도 줄곧 쫓아다니지는 않을 것이다. 그는 계속해서 보호를 자처하며 당신에게 엎드려 시중들라고 요구하거나, 무엇을 하라고 명령하거나, 무엇을 하지 말라고 금지하지도 않을 것이다. 또한, 자기의 만족과 이익을 위해 필요할 때마다 돈을 강탈하지도 않을 것이며, 자신의 권위에 반하거나 요구에 응하지 않는다고 당신을 반역자로 낙인찍어 무자비하게 총살에 처하지도 않을 것이다. 이런 종류의 사기, 모독 그리고 흉악 범죄에 비하면 노상강도조차 너무나 신사라 할 정도이다. 다시 말해, 강탈한 것도 모자라 당신을 얼간이나 노예로까지 만들려 하는 강도는 없다는 것이다.[6]

만일 국가가 약탈자 집단이라면, 그 집단은 누구인가? 지배 엘리트는 언제나 (1) 국가를 담당하고 운영하는 전담기구, 즉 관료, 정치인, 왕 그리고 (2) 국가로부터 특권, 보조, 그리고 혜택을 획득하는 데 성공한 집단들로 구성되어 있다. 사회의 나머지는 피지배자가 된다. 아무리 정부 권력이 미약하고 세금 부담이 적고 공평하게 배분된다고 하더라도 정부는 그 속성상 사회 내에 서로 갈등하는 불평등한 관계의 두 계급을 만들어 낼 수밖에 없다. 이러한 사실을 그 누구보다 분명하게 간파해 낸 사람 역시 존 칼훈이었다. 감면 다 받아도 결국 세금을 내는 사람, 즉 '세금 납부자'와 낼 거 다 내고도 주로 세금으로 사는 사람, 즉 '세금 소비자'이

---

[6] 라이샌더 스푸너(Lysander Spooner), 『비 반역, 비 권위의 제4헌법』(*No Treason, No. VI The Constitution of No Authority*, 1870, 재출간 Larkspur, Colo.: Pine Tree Press, 1966), 17쪽.

다. 정부가 댐을 건설하려고 그다지 많지 않은 표면상으로 균등하게 배분된 세금을 부과한다고 가정해 보자. 바로 이 행위는 대다수 국민에게서 돈을 가져와서 순 '세금 소비자', 즉 사업 운영자인 관료와 댐을 건설하는 건설업자, 그리고 노동자에게 지급하려는 것이다. 정부의 정책결정 영역이 커지면 커질수록 재정 부담은 더 커지고, 그것이 초래하는 부담과 이 두 계급 사이의 인위적 불평등 역시 더욱더 확대된다고 칼훈은 지적한다.

> 비교적 소수이지만 정부의 대리인과 고용인은 공동체의 구성원 중에서 세금으로부터 나온 수익을 배타적으로 수혜받는 계층이다. 세금이라는 형태로 얼마를 공동체로부터 가져가든 중간에 없어지지 않는다면 그것은 비용이나 지급금의 형태로 그들에게 들어간다. 조세와 지급금 이 둘은 정부의 재정을 구성하며 서로 상관관계를 가진다. 세금이라는 명목으로 공동체에서 가져간 것을 지급금이라는 명목으로 공동체의 일원인 수혜자에게 이전시킨다. 그러나 수혜자는 공동체 일부분만을 구성하기 때문에, 재정 과정의 두 부분을 통합해 생각해보면, 세금을 내는 사람과 그 수익을 받는 사람 사이에는 불평등 관계가 성립하게 되는 셈이다. 세금이라는 형태로 각 개인에게서 징수된 돈이 지급금의 형태로 납부 당사자에게 돌아가지 않는 한 (그럴 때 그 과정 자체가 터무니없고 부질없는 것이 되겠지만) 다른 결과가 나올 수 없다. …
> 그래서 정부의 불평등한 재정행위는 필연적으로 공동체를 거대한 두 계급으로 분할시킨다. 즉 실제로 세금을 내며 전적으로 정부를 지탱하는 사람들로 구성된 계급과 지급금을 통해 세수를 받음으로써 사실상 정부에 의해 보조되는 계급으로 나뉜다. 더 간단히 말해 세금 납부자와 세금 소비자로 양분되는 것이다.
> 하지만 그 결과는 정부의 조세 행위를 중심으로 두 계급을 서로

적대적인 처지에 놓이게 하고, 정부 정책과정을 적대적인 두 계급의 이해관계와 직결되도록 한다. 조세와 지급금의 규모가 커지면 커질수록 한쪽은 이득이, 다른 쪽은 손해가 더욱 증대되며, 그 반대의 경우도 마찬가지이기 때문이다. … 매번 규모가 증대될 때마다 한쪽은 강해지고 부유해지지만, 다른 한쪽은 약해지고 빈곤해진다.[7]

만약 지구상 모든 국가가 약탈자인 소수 지배집단에 의해 운영됐다면 그들은 어떻게 민중에 대한 지배력을 유지할 수 있었던 것일까? 철학자 데이비드 흄(David Hume)이 이미 두 세기 전에 지적했듯이, 모든 정부는 아무리 독재적이라 할지라도 결국에는 국민 다수의 지지에 의존할 수밖에 없다. 그렇다고 해서 정부라는 것이 국민의 자발적 의사에 의한 것이라는 말은 아니다. 세금이나 또 다른 형태의 공권력이 존재한다는 사실 자체가 국가가 얼마나 많은 강제를 행사하고 있는지 보여주기 때문이다. 또한, 다수의 지지가 반드시 열성적이고 열렬한 승인이어야만 하는 것도 아니다. 단지 소극적인 수용이나 체념일 수도 있다. "세상에는 두 가지 확실한 것이 있다. 죽음과 세금이 그것이다"라는 경구에서 볼 수 있듯이 국가와 징세를 불가피한 것으로 추정하여 체념하고 수동적으로 받아들이는 사람이 많다는 것을 암시한다.

물론 국가로부터 혜택을 받은 집단인 세금 소비자는 소극적인 세금 납부자와 달리 국가 체제의 열성적인 추종자이다. 그러나 이들은 단지 소수일 뿐이다. 그렇다면 어떻게 일반 국민의 동의와 복종을 확보할 수 있는가? 여기에서 우리는 일상화된 폭력행사의 문제, 즉 정치를 다루는 철학 분야인 정치철학에서의 중심 과제라고 할 수 있는 시민 복종이라는

---

[7] 칼훈(Calhoun), 『정부에 대한 논설』(*Disquisition on Government*), 16~18쪽.

불가사의한 문제와 마주한다. 왜 사람들은 지배 엘리트의 칙령이나 약탈 행위에 복종하는가? 자유지선주의와는 반대편에 서 있는 보수주의 작가 제임스 버넘James Burnham은 시민 복종을 정당화할 수 있는 합리적인 이유는 없다는 사실을 인정하며 매우 명쾌하게 이 문제에 대해 의문을 제기하고 있다. "정부의 기원이나 정당성을 전적으로 합리적인 방식으로 설명해낼 방법은 없으며 … 왜 세습 군주제, 민주주의 혹은 또 다른 정치체제를 내가 받아들여야 하는가? 왜 나에 대한 특정인의 지배를 어떤 하나의 정치체제 또는 정치원칙을 통해 정당화해야 한다고 보는가?" 그의 답변은 다른 사람들을 이해시킬 수 있을 만큼 설득력 있는 것은 아니다. "나는 그 원칙을 받아들인다. 글쎄 … 내가 그렇게 하기 때문이고, 지금까지도 그랬고 지금도 당연히 그렇게 해야 하기 때문이다."[8] 그러나 반대로 그러한 원칙을 받아들이지 않는 사람이 있다고 가정해 보자. 그러면 '그렇다'는 것은 무엇을 의미하는가? 왜 국민 대다수가 그것을 수용하는 데 동의하는가?

제2절 국가와 지식인

위 질문에 대한 답변의 실마리는 초기 국가의 기원 이래 지배자들은 줄곧 자신들의 지배를 공고히 하려고 사회 내 지식 계층과 동맹을 맺어왔다는 사실에서 찾을 수 있다. 대중은 추상적인 이념을 스스로 만들어 내거나 이념에 대해 스스로 고민하지 않는다. 대중은 효과적인 '여론 주

---

[8] 제임스 버넘(James Burnham), 『의회와 미국의 전통』(*Congress and the American Tradition*, Chicago: Henry Regnery, 1959), 6~8쪽.

조자'인 지식인 무리가 채택하고 퍼뜨리는 이념을 묵묵히 따른다. 국가가 필사적으로 필요로 하는 것이 바로 지배자에게 우호적인 여론이기 때문에, 지식인과 국가 지배 계층 사이에는 오래전부터 탄탄한 동맹이 형성되었다. 이 동맹은 철저하게 주고받기에 토대를 두고 있다. 지식인은 대중에게 국가의 지배계층을 선하고 현명하며, 심지어 신성하다고 칭송하거나 다른 어떤 것보다 바람직하고 불가피한 대안이라는 사상을 퍼트린다. 그 대가로 국가는 지식인을 지배 엘리트 계층에 편입시키고 권력과 지위, 명예 그리고 물질적인 보상을 제공한다. 지식인은 또한 관료조직을 채우고 경제와 사회를 '계획'하는 데도 필요하다.

근대 이전에는 국가를 보좌하는 지식인 중에서 사제 계층의 세력이 특히 강했다. 추장과 주술사, 즉 권좌와 제단 간의 강력하고 끔찍한 동맹을 굳건하게 만들기 위해서이다. 국가는 교회를 세우고 권력과 특권, 그리고 신민들로부터 빼앗은 부를 부여했다. 그 대가로 교회는 국가에 신의 재가를 부여하고 이 사실을 주민에게 주입했다. 신학적 주장이 빛을 잃어가던 근대에 와서는 지식인들이 과학으로 무장한 '전문가' 집단으로 행세하며, 외교와 내정에 걸친 정치 문제는 무력한 일반 대중이 감당하기에는 지나치게 복잡하다는 메시지를 널리 전파했다. 오직 국가와 국정 전문가, 기획자, 과학자, 경제학자, 그리고 '국가 안보 관리자'만이 이러한 고도의 복잡한 문제를 다룰 수 있다고 주장했다. 민주주의 국가에서조차 대중의 역할은 식견을 갖춘 통치자가 내린 결정을 추인하고 동의하는 것에 불과하다.

역사적으로 제단을 상징하는 교회와 권력자에 해당하는 국가의 연합은 국민의 복종과 지지를 이끌어내는 가장 효과적인 장치였다. 버넘은 "과학이라는 환상이 전통적인 지혜를 오염시키기 이전의 고대에는 도시국가의 창건자들을 신이나 반신으로 여겼다"[9]라고 기술하면서 일반 대중의 지지를 유도하는 데 신화와 신비가 효과적이라는 사실을 증언하고 있다. 신정체제에서는 지배자가 신의 부름을 받았다고 믿었으며, 특히 아시아의 독재적 전제주의 체제에서는 지배자가 그 자신을 신이라고 여겼다. 따라서 지배에 반항하거나 의문을 가지는 것은 신성모독 행위로 간주하였다.

수 세기 동안 지배자와 지식인들은 국민을 지배하기 위해 다양하고 미묘한 이념적 무기를 구사해왔다. 이들이 주로 사용한 효과적인 무기 중 하나는 '전통'이다. 한 국가의 지배가 오래될수록 이 무기는 더욱 강력해진다. 왜냐하면, 오래된 국가 혹은 왕조는 표면적으로 수 세기에 걸친 전통이라는 무게를 지니게 되기 때문이다. 따라서 조상 숭배는 은연중에 이전에 군림했던 선대의 지배자들을 숭배하는 의식을 심어주는 수단이 된다. 물론 전통은 국민에게 지배체제의 타당성과 정당성을 확인시켜 주는 오랜 '습관'에 의해 힘을 얻고 지탱된다. 정치 이론가 베르트랑 드 주브넬Bertrand De Jouvenel은 '습관'에 관해 다음과 같이 기술하고 있다.

> 복종의 근본 이유는 복종이 인류의 습관이 되어버렸기 때문이다. … 인간에게 권력은 본성의 하나이다. 역사가 시작된 초창기부터 권력은 언제나 인간의 운명을 관장했고 … 예전에 세상을 지배했던 권력자들은 … 그들의 특권을 예외 없이 후세에 넘겨주고 떠났으며 사람들의 마음속에 점점 커지는 흔적을 남겼다. 수 세기 동안 여러 정부가 동일 사회를 지배했지만, 이 정부들은 지속적으로 성장하는 하나의 근원적인 정부라는 각인을 새겨 놓은 것이다.[10]

---

[9] 버넘(Burnham), 앞의 책, 3쪽.
[10] 베르트랑 드 주브넬(Bertrand De Jouvenel), 『권력에 대하여』(*On Power*, New York: Viking Press, 1949), 22쪽.

국가가 추구하는 또 다른 강력한 이념적 도구는 개인적인 것을 깎아내리고 사회 결속성을 칭송하는 것이다. 다시 말해 독자적인 견해나 새로운 의혹을 제기하면 조상의 지혜를 모독하는 행위로 비난받게 된다. 더욱이 비판적인 견해는 말할 것도 없고 모든 새로운 생각은 필연적으로 소수 의견에서 비롯될 수밖에 없다. 따라서 국가는 지배체제를 위협할 잠재적인 위험을 지닌 사상을 전면 차단하기 위해 대중 여론에 반하는 모든 견해를 조롱거리로 만들어 새로운 사상의 싹이 움트기도 전에 잘라내려고 한다. 종교를 이용해 개인을 전제주의 사회에 묶어두었던 고대 중국의 사례와 관련하여 노먼 제이콥스 Norman Jacobs 는 다음과 같이 말했다.

> 중국의 종교는 개인의 이익이 아니라 사회의 이익을 성취하고자 하는 사회적 종교이다. … 종교는(개인이 개인적인 문제를 해결하는 수단이기보다는) 본질적으로 개인을 초월한 사회적 조정과 통제를 행하는 힘이며, 사회적 조정과 통제는 윗사람에 대한 경외와 교육을 통해 달성된다. … 윗사람에(연장자, 따라서 교육과 경험에서 우월한 윗사람에) 대한 경외는 사회적 조정과 통제의 윤리적 기반을 이룬다. … 정통 종교와 정치적 권위가 밀접한 상관관계를 맺는 중국에서 이단은 곧 잘못된 정치적 판단을 의미했다. 정통 종교는 이단 교파들을 파괴하고 박해하는 일에 특히 적극적이었고, 이 과정에서 세속 권력의 지원을 받았다.[11]

---

[11] 노먼 제이콥스(Norman Jacobs), 『근대 자본주의의 기원과 동아시아』(*The Origin of Modern Capitalism and Eastern Asia*, Hong Kong: Hong Kong University Press, 1958), 161~163쪽, 185쪽. 동양의 전제주의에 대한 모든 측면을 다룬 훌륭한 책은 칼 위트포겔(Karl A. Wittfogel), 『동양의 전제주의: 전제적 권력의 비교연구』(*Oriental Despotism: A Comparative Study of Total Power*, New Haven: Yale University Press, 1957).

어떤 이단적 견해라도 굳이 찾아내 막으려 하는 정부의 일반적인 경향에 대해 자유지선주의자 작가인 헨리 멘켄H. L. Mencken은 그답게 재치있고 유쾌하게 다음과 같이 정리하였다.

> [정부가] 독창적 사상에서 볼 수 있는 것이라고는 오직 잠재적인 변화와 그로 말미암은 자신의 특권에 대한 침해뿐이다. 정부 입장에서 가장 위험한 사람은 널리 알려진 미신과 금기를 두려워하지 않고 독자적으로 생각할 수 있는 사람이다. 대개 그런 사람은 정부란 부정직하고 제정신이 아니며 더는 참아줄 수 없다는 결론에 도달하게 되고, 그래서 만약 낭만적인 사람이라면, 필연적으로 변화를 기도하게 된다. 또한, 낭만적이지 않은 사람이라 하더라도 낭만적인 사람들 사이에 불만을 퍼트릴 가능성은 아주 크다.[12]

국가로서는 국가의 지배가 불가피한 것처럼 느끼게 하는 것이 특히 중요하다. 만약의 경우 사람들이 통치에 반감을 갖게 되더라도 '죽음과 조세'에 대한 친숙한 경구가 상징하듯이 결국 체념하며 받아들이게 될 것이기 때문이다. 한 가지 방법은 역사적 결정론을 국가의 편으로 삼는 것이다. 즉, X라는 국가가 우리를 지배한다면 그것은 '역사의 움직일 수 없는 법칙'(혹은 '신성한 의지'나 '절대자' 또는 '물적 생산력')에 의해 불가피하게 생겨난 것이기 때문에 작고 연약한 개인으로서는 어쩔 수 없는 것이라고 생각하게 하는 것이다. 또한, 국가는 국민에게 소위 '역사의 음모론'이라 불리는 설에 대해 혐오감을 심어주는 것이 중요하다. 음모를 조사하다 보면 종종 엉뚱하지만 지배 엘리트의 비행과 행위 동기를

---

[12] 헨리 멘켄(H. L. Mencken), 『멘켄 명문집』(*A Mencken Chrestomathy*, New York: Alfred A. Knopf, 1949), 145쪽.

연관 지어 특정 개인에게 책임을 전가하기 때문이다. 그러나 국가에 의해 강요된 독재나 무절제 또는 침략적 전쟁은 그 어떤 것이든 특정 지배자에 의해 초래된 것이 아니라 신비하고 불가해한 '사회적 힘'에 의해서이거나 아니면 세계의 불완전 상태에서 비롯한 것이라고 하던가, 혹은 '우리가 모두 실인자이다'라고 통상적으로 표현되듯이 어떤 이유에서는 모든 사람에게 책임이 있다는 식으로 이해된다면 그러한 비행에 대해 분개한다거나 결연히 일어나 맞설 여지는 사라지는 것이다. 아울러 '음모론'을 의문시하는 것은, 사실 '경제적 결정론'의 냄새가 나는 그 어느 것이든 이를 의문시하는 것은, 침해행위에 연루될 때마다 국가가 변함없이 내세우는 '일반 국민의 복지'라는 명분을 국민이 더 쉽사리 받아들일 수 있게 만들 것이다.

이처럼 국가의 지배는 불가피한 것으로 보이게끔 만들어져 있다. 나아가 현존하는 국가에 대한 어떠한 대안에도 공포심을 불어넣는다. 국가가 자행하는 독점적 약탈행위에는 눈을 감으면서 국가가 사라지고 난 후 닥쳐올 혼란에 대해서는 국민에게 공포심을 심어주고 있다. 국민 자신들만으로는 산재한 범죄자와 약탈자에 대항하여 자신의 안전을 보장할 수 없다고 설파한다. 게다가 각 국가는 특히 타국의 지배자들이 자국민에게 가져올 위험성을 주입하는 일에 큰 성과를 거두고 있다. 현재 지구상의 모든 땅덩어리가 특정 국가에 의해 분할되어있다 보니 각국의 지배자들에게는 자신을 자신이 지배하는 영토와 동일시하는 것이 기본적 독트린과 전술의 하나가 되었다. 사람 대부분이 자신의 고향을 사랑하는 경향이 있기 때문에 땅과 사람을 국가와 동일시하는 것은 자연 발생적 애국심을 국가에 유리하게 작동하게끔 하는 수단이 되었다. 이제 '루리타니아'라는 나라가 '왈다비아'라는 나라에 공격을 당했다고 가정해 보자. 루리타니아 국가와 그 지식인들이 해야 하는 첫 번째 일은 공격이 그들의 지배층에 대한 것이 아니라 루리타니아 국민에 대한 것이라고 이해시키는 것이다. 이런 방식으로 지배자 간의 전쟁이 국민 간의 전쟁으로 전환되고, 양국의 국민은 지배자들이 열과 성을 다해 자신들을 지켜주고 있다고 착각해 자국의 지배자들을 지키기 위해 전장으로 돌진한다. 민족주의라는 바로 이 정치적 장치는 근세기에 들어와 특히 성공적이었다. 최소한 서구에서는 피지배자인 대중이 전쟁을 이런저런 귀족과 그들의 수하 사이에서 일어나는 투쟁쯤으로 간주하여 자신들과는 무관한 것으로 여기던 것이 그다지 오래전 일이 아니었다.

국가의 의지에 국민을 굴복시키는 수단으로 시도된 또 하나의 확실한 방법은 죄의식을 심어주는 것이다. 개인의 행복 증대는 언제나 '양심 없는 탐욕'이나, '물질주의', 혹은 '과다한 풍요'라고 비난당할 수 있고, 시장에서의 호혜적인 교환도 '이기적'이라는 비난을 받을 수 있다. 어쨌든 결론은 항상 사적 부분에서 더 많은 자원을 징발하여 기생적인 '공공' 부분, 즉 국가 부문으로 이양해야 한다는 것이다. 국민에게 더 많은 자원을 내놓으라는 것을 지배 엘리트들은 종종 국가 혹은 공공의 복리를 위해 더 많은 '희생'이 준엄히 요구된다는 식으로 포장한다. 어찌 됐건 국민은 희생해야 하고 '물질적인 탐욕'을 줄여야 하는 것으로 되어 있지만 그 희생은 항상 일방적이다. 국가는 희생하지 않으면서 국민의 물적 자원을 점점 더 많이 열성적으로 가로챈다. 여러분의 지배자가 '희생'을 소리 높여 요구할 때 사실 여러분은 여러분 자신의 생명과 지갑을 살펴야 하는 것이 상수이다.

이런 종류의 논리는 국가를 제외하고는 누구에게도 적용되지 않는 일상적인 도덕의 이중 잣대를 반영하고 있다. 예를 들어 경제인이 더 많은 이익을 추구한다는 사실을 알게 된다고 해서 놀라거나 섬뜩해하는 사람은 아무도 없다. 노동자들이 저임금에서 고임금 직장으로 옮긴다고 놀라지도 않는다. 이 모든 것이 정상적이고 일반적인 행동으로 간주된다. 그러나 정치인이나 관료가 자신의 소득을 극대화하고자 하는 욕망에서 행동한다고 누군가 주장한다면 '음모론자'나 '경제결정론자'들의 강력한 항의가 국가 전역에 퍼질 것이다. 물론 국가가 면밀하게 심은 여론이기는 하지만, 사람들이 정부나 정치에 입문하는 것은 순수하게 헌신적인 마음으로 공공의 선과 국민의 안녕을 증진하기 위해서라고 믿는다. 무엇이 국가 기구에 종사하는 자들에게 우월한 도덕적 품격을 부여하는가? 그것은 아마도 국민이 막연하나마 본능적으로 인식하고 있는 바인 국가는 체계적인 도둑질과 약탈을 일삼고 있다는 사실 때문이며, 오로지 국가 쪽에서 이타주의에 헌신할 때에만 이러한 행위는 용인될 수 있다고 그들은 생각할 것이다. 다른 사람들과 마찬가지로 정치인이나 관료들도 금전적 목적을 추구한다고 간주하는 것은 국가의 약탈 행위로부터 도둑의 두건을 벗기는 셈이다.[13] 그렇게 하면 오펜하이머의 표현에서와 같이 일반 시민은 부를 획득하려고 평화롭고 생산적인 '경제적 수단'을 선택하여 추구하지만, 국가 기구는 강압적이고 착취적인 '정치적 수단'에 조직적으로 매진한다는 사실이 분명해지기 때문이다. 그러면 공공의 안녕을 위해 이타적으로 배려를 하는 것처럼 행세를 하는 황제의 가증스러운 겉옷은 벗겨지게 된다.

역사적으로 국가가 국민의 동의를 '조작'하려고 활용해온 논거는 다음과 같이 두 가지의 주장으로 구분할 수 있다. (1) 현존하는 정부에 의한 지배는 불가피하고 절대적으로 필요하며, 정부가 무너질 때 초래될 형언할 수 없는 불행보다는 훨씬 낫다. (2) 국가 지배자는 특히 위대하고,

---

[13] [역주] 원문에서는 "로빈 후드의 두건을 벗긴다(strip the Robin Hood veil)"고 되어 있으나 여기서는 도둑이라고 일반화하여 번역하였다.

현명하고, 이타적인 인물이며, 단순한 피지배자들보다 훨씬 우수하다. 과거에는 두 번째 주장이 '신성한 권리'나, '신성한 지배자', 혹은 '귀족정치'의 지배 형태를 띠었다. 앞에서 언급했듯이 근대에 와서 이 주장은 신성한 합법성을 강조하기보다는 국가 통치와 세상의 비밀스러운 일에 대한 지식을 겸비한 현명한 '과학 전문가' 집단에 의한 지배를 강조한다. 일반적으로도 그렇지만, 특히 사회과학에서 두드러지는 점증하는 과학적 전문용어의 사용은 지식인으로 하여금 국가 지배를 합리화하는 변명을 짜낼 수 있게 하고 있고, 이는 몽매주의하에서의 고대 성직자 통치에 비견할만하다. 예를 들어 도둑이 피해자에게 빼앗은 돈을 소비함으로써 소매시장을 활성화해 결국 피해자에게 도움이 되었노라고 주장한다면 그 도둑은 즉시 야유를 받고 쫓겨날 것이다. 그러나 같은 유형의 이론이 케인스 방식의 수학 방정식과 무언가 있어 보이는 '승수 효과'에 대한 언급으로 포장되면 혼란스러운 대중에게는 훨씬 더 큰 확신을 가져다 준다.

최근 미국에서는 선거 결과와 정부 교체에도 상관없이 특정 전문성을 활용하여 전쟁과 외교 개입 및 군사적 모험을 획책하는 '국가안보 관리자' 집단이 지속해서 성장하고 있다. 이들은 베트남 전쟁이라는 엄청난 실책으로 국민적 의혹의 대상이 되기 전까지는 대체로 국민을 자신들이 계획한 일을 달성하는 데 필요한 총알받이에 불과하다고 여기고 국민을 깔보며 의기양양해하는 오만한 태도를 보였다.

'고립주의자'였던 로버트 태프트Robert A. Taft 상원의원과 손꼽히는 국가안보 전문가 중 한 사람인 맥조지 번디McGeorge Bundy 사이의 공개 논쟁은 관건이 된 쟁점과 지배 엘리트의 태도를 구별하는 데 있어 많은 시사점을 제공한다. 번디는 1951년 초 태프트를 공격하며 한국전쟁 수행과 관련한 공개논쟁을 개시했다. 번디는 공산주의 국가들에 대항해 전개되는 수십 년에 걸친 장기적인 국지전에서는 오직 행정부 정책 지도자들만이 외교 및 군사를 통제할 수 있다고 강조했다. 이런 영역에서는 국민 여론과 공개적 논의가 제외되어야 한다고 주장하였다. 왜냐하면, 정책 관리자들이 식별해 낸 확고한 국가적 목표에 대해 유감스럽게도 일반 국민은 충실하지 못하며, 단지 주어진 상황의 임시방변석으로 현실에 반응할 뿐이라고 그는 경고한다. 또한, 번디는 정책 관리자의 결정에 대한 비난이나 심지어 검토마저 해서는 안 된다고 주장한다. 국민이 의심 없이 그들의 결정을 받아들이는 것이 중요하기 때문이라는 것이다. 반대로 태프트는 국민의 세세한 감독에서 상당히 벗어나 있는 상태에서 이뤄지는 행정부의 군사 고문관과 전문가에 의한 비밀스러운 정책 결정을 비난하였다. 더 나아가 "만일 누구라도 비판을 하거나 심지어 엄밀히 논의하자는 제안을 할 용기를 낸다면 그 사람은 바로 고립주의자이고 양당이 합의한 외교정책과 단결을 저해하는 자로 낙인찍히고 만다"[14]라고 불만을 토로했다.

마찬가지로 아이젠하워 대통령과 국무장관 덜레스가 인도차이나에서의 전쟁을 개인적인 차원에서 숙고하고 있을 당시 또 다른 저명한 국가안보 관리자인 조지 케넌 George F. Kennan 은 국민에게 "정부를 선출하면, 국가 간의 회의체에서 그렇게 하듯이, 우리는 그들이 통치하고 우리를 옹호하도록 내버려 두는 것이 최상일 때가 가끔 있다"[15]라고 조언하였다.

우리는 왜 국가가 지식인들을 필요로 하는지 분명히 알 수 있다. 그러면 왜 지식인들은 국가가 있어야 하는가? 간단히 말해서 자유시장에서

---

[14] 레너드 리지오(Leonard P. Liggio), 『왜 헛수고인 성전을?』(*Why the Futile Crusade?*, New York: Center for Libertarian Studies, 1978년 4월), 41~43쪽 참조.
[15] 조지 케넌(George F. Kennan), 『미국 외교정책의 실체』(*Realities of American Foreign Policy*, Princeton: Princeton University Press, 1954), 95~96쪽.

지식인들의 생계는 일반적으로 잘 보장되지 않는다. 시장에서의 다른 모든 사람과 마찬가지로 지식인들도 동료 대중의 가치 체계와 선택에 의존해야 한다. 지적인 관심 분야에는 흥미가 없다는 것이 이들 대중의 특징이기 때문이다. 반면 국가는 지식인들에게 따뜻하고 영속적이며 안정된 거처를 자체 기구 내에 제공할 의향이 있고, 보장된 소득과 화사한 명예도 마찬가지이다.

국가와 지식인 간에 기꺼이 형성된 동맹은 19세기에 베를린 대학의 교수들이 자발적으로 조직하여 '호헨촐레른 가문House of Hohenzollern 의 지식 경호인'이라 자처했던 그 염원에서 상징적으로 드러난다. 피상적으로는 다른 이론적 관점이라 할 수 있는, 고대 중국의 전제주의에 대한 칼 위트포겔Karl Wittfogel 의 신랄한 비판에 대해 분노의 반응을 보인 마르크스주의자 고대 중국 역사가 조셉 니덤Joseph Needham 의 경우에서도 그 속내가 잘 드러난다. 위트포겔은 유교적 찬양체계를 유지하는 데 있어 전제주의 중국을 지배했던 관료제도의 구성원인 지식인층의 중요성을 강조했다. 반면 니덤은 "위트포겔이 이처럼 통렬하게 공격하는 바로 그 문화가 시인과 학자를 관리로 만들 수 있었던 문화이다"[16]라고 분개하여 비난하였다. 지배계층이 공인된 지식인들에 의해 융숭히 보좌되는데 전제주의가 무슨 문제가 된다는 말인가!

지식인이 지배자에게 경배와 아첨의 태도를 보이는 것은 역사상 여러 차례 예증되었다. '호헨촐레른 가문의 지식인 경호인'에 상응하는 현재

---

[16] 조셉 니덤(Joseph Needham), 「칼 위트포겔의 "동양의 전제주의"에 대한 비판」 (Review of Karl A. Wittfogel, *Oriental Despotism*), 『과학과 사회』(*Science and Society*, 1958), 65쪽. 니담의 견해와 반대되는 태도를 위해서는, 조지 드 휘자르 (George B. De Huszar) 편, 『지식인』(*The Intellectuals*, Glencoe, Ill.: The Free Press, 1960)에 수록된 존 루카스(John Lukacs), 「지식인 계층 또는 지식인 직업?」 (Intellectual Class or Intellectual Profession?) 522쪽 참조.

미국에서의 경우가 대통령과 그 직책을 향해 보이는 수많은 자유주의 지식인의 태도이다. 예로, 정치학자 리처드 노이스타트Richard Neustadt에게 대통령은 '합중국의 유일한 국왕 같은 표상'이었다. 정책 관리자인 타운센드 후프스Townsend Hoopes는 1960년 가을 "현행 체제에서는 국민이 외교 정책 과제의 본질과 그에 효과적으로 대처하는 국가 프로그램 및 필요한 희생이 무엇인지 정의하려면 대통령에게 기대할 수밖에 없다"[17]라고 썼다. 이러한 수사법이 오랫동안 사용된 상황에서 리처드 닉슨Richard Nixon이 대통령에 선출되기 전날 유사한 방식으로 그의 향후 역할을 묘사한 것은 놀랄 일이 아니다. "그는[대통령] 국가의 가치를 분명히 하고, 목표를 정하며, 의지를 모아야 한다"라고 했다. 자신의 역할에 대한 닉슨의 인식은 1930년대 독일에서 에른스트 후버Ernst Huber가 규정한 『범 독일제국의 헌법적 법률』과 놀랍게도 유사하다. 후버는 국가의 수장은 "달성해야 할 큰 목적을 세우고 공동의 목표를 성취하기 위해 모든 국력을 활용할 계획을 세운다 … 그는 국민 생활에 진정한 목적과 가치를 부여한다"[18]라고 적었다.

국가의 현행 안보지식경호인의 행태에 대해서는 케네디 행정부에서 국가안보위원회의 보좌관이었던 마커스 라스킨Marcus Raskin이 신랄한 비판을 퍼부었다. 그들을 '대량살육 지식인'이라 부르면서 라스킨은 다음과 같이 썼다.

---

[17] 리처드 노이스타트(Richard Neustadt), 「세기 중반의 대통령 직책」(Presidency at Mid-Century), 『법과 현실 문제』(Law and Contemporary Problems), 1956년 가을호, 609~645쪽; 타운센드 후프스(Townsend Hoopes), 「환상의 지속: 소련의 경제 공세와 미국의 국가 이익」(The Persistence of Illusion: The Soviet Economic Drive and American National Interest), 『예일 비평』(Yale Review, 1960년 3월호), 336쪽.
[18] 토머스 리브스(Thomas Reeves)와 칼 헤스(Karl Hess), 『징병제의 종식』(The End of the Draft, New York: Vintage Books, 1970), 64~65쪽 재인용.

… 그들의 가장 중요한 기능은 그들 고용인의 존재를 정당화하고 확대하는 것이다 … 이러한 [열융합 핵] 폭탄과 미사일의 지속적인 대량생산을 정당화하기 위해서 군과 산업 지도자들은 무기 사용을 합리화하는 일종의 이론이 필요했다. 이것은 아이젠하워 행정부에서 경제를 우선시하는 관료들이 무기 사용의 정당성이 확보되지 않은 상태에서 많은 금전적, 사상적, 물적 자원이 무기구매에 소비되는 것을 의아해하기 시작한 1950년대 후반에 이르러서는 아주 긴급했다. 그래서 대학의 안팎에 소재한 '국방 지식인'들에 의해 일련의 합리화 작업이 시작되었다. 무기 조달은 계속해서 성행할 것이며 그 타당성을 지속적으로 논증할 것이다. 이런 점에서 그들은 돈과 권력 그리고 명예라는 보상을 얻기 위해 그들을 고용한 조직의 근거 없는 주장을 수용하는 대다수 현대 전문가 집단과 다를 바가 없다. … 고용주인 조직의 존재 이유를 의심하기에는 너무 영리한 사람들이다.[19]

그렇다고 모든 지식인이 어디서나 '궁정 지식인' 혹은 권력의 하인이며 하급 파트너라는 말은 아니다. 그렇지만 지식인의 이러한 위치는 문명의 역사에서 일반적으로 성직자 지배라는 형태로 나타났다. 이것은 과거 문명에서의 일반적인 지배 형태가 여러 종류의 전제주의였던 것과 마찬가지이다. 하지만 특히 서구 문명의 역사에서 영광스러운 예외가 발견된다. 서구에서는 지식인이 종종 국가 권력의 통렬한 반대자이자 비판자였으며, 권력에서 해방되기 위한 투쟁에 필요한 이론적 체계를 세우는 데

---

[19] 마커스 라스킨(Marcus Raskin), 「대규모 학살의 지식인」(The Megadeath Intellectual), 『뉴욕 서평』(*The New York Review of Books*), 1963년 11월 14일, 6~7쪽. 또한 마틴 니콜라우스(Martin Nicolaus), 「교수, 경찰, 그리고 농민」(The Professor, the Policeman, and the Peasant), 『사회 악 보고서』(*Vice-Report*), 1966년 6월~7월호, 15~19쪽 참조.

자신의 지적인 재능을 제공했다. 그러나 지식인은 예외 없이 국가 기구와는 별개의 독립적인 자산을 지닌 권력 기반에 기초해 활동할 때에만 상당한 세력으로 성장할 수 있었다. 국가가 재산과 고용을 통제하는 곳은 어디나 경제적으로 국가에 의존하고 있어서 독립적인 비판이 일어나기 (불가능하지는 않을지라도) 어렵기 때문이다. 일군의 지식인 비평가가 번성할 수 있었던 곳은 권력이 분산되고 독립적인 재산과 고용이 보장되어 국가를 자유롭게 비판할 수 있는 독자적인 기반이 존재했던 서구에서였다. 중세에는 국가로부터 독립적이지는 않지만 최소한 분리되어 있던 로마 가톨릭 교회와 새롭게 등장한 자유 도시가 지식인과 실제적 저항의 중심지가 되었다. 중세 이후에는 비교적 자유로운 사회에서 교사와 성직자 및 선동가들이 자유의 더 넓은 확장을 선동하는 데 국가로부터 독립된 지위를 활용할 수 있었다. 이와는 대조적으로 최초 자유지선주의 사상가 중 한 사람이라고 할 수 있는 노자는 고대 중국의 전제주의despotism하에서 살면서 그러한 전체주의totalitarian 사회에서는 자유를 성취할 수 있는 어떠한 희망도 보지 못했고, 따라서 개인이 모든 사회적 삶을 전면적으로 포기하는 것까지 포함하는 무위주의를 권고할 뿐이었다.

   서구 유럽의 경제는 분권화된 권력, 국가와 분리된 교회, 봉건적 권력 구조를 벗어나 번성할 수 있었던 도시들과 사회 내에서의 자유 등의 조건이 어우러져 이전 시대 모든 문명을 초월할 정도로 발전할 수 있었다. 그뿐만 아니라 해체되던 로마 제국을 계승한 게르만족과 특히 켈트족의 부족 구조는 강한 자유지선주의적인 요소를 지니고 있었다. 부족 구성원들 사이에서 분쟁이 발생하면 강력한 국가 기구의 독점적 폭력 행사에 의존하는 대신 부족 내 공동 관습법에 기초해 부족 장로에게 자문하는 방식으로 해결하였다. '부족장'은 일반적으로 타 부족과의 전쟁이 진행 중일 때 전사의 일원으로 소환되어 전시 지도자 구실을 할 뿐이었다. 부족 사회에서는 항구적인 전쟁도 없었고, 그렇기에 군사적 관료도 필요치 않았다. 다른 많은 문화에서와 마찬가지로 서구 유럽에서 전형적인 국가의 기원은 자발적인 '사회 계약'이 아니라 특정 부족에 의한 타 부족의 정복이었다. 이 과정에서 정복당한 부족 또는 농민계층이 누렸던 본래의 자유는 정복자에 의해 희생된다. 처음에는 정복 부족이 피정복민을 살해하고 강탈한 후 갈 길을 재촉해 떠나갔다. 그러나 어느 시점에서 정복자들은 농민들 사이에 정착해 영속적이고 체계적인 기반 위에 피정복민을 지배하고 약탈하는 것이 훨씬 더 이득이 된다는 결론에 이르게 된다. 그러면서 농민들한테서 주기적으로 거둬들인 공물은 결국 '조세'라고 불리게 되었다. 마찬가지로, 일반적으로 정복민 수장은 농민의 땅을 여러 군벌에게 분배해 정착을 돕고 농민한테는 봉건적 '토지 임대료'를 징수했다. 농민은 종종 노예화되거나 분배된 토지 자체에 속한 농노가 되어 봉건 영주를 위해 노동 착취를 견뎌내며 지속적으로 자원을 제공하게 된다.[20]

우리는 정복을 통한 근대 국가 탄생의 경우로 몇몇 두드러진 사례를 언급할 수도 있다. 하나는 스페인인들이 감행한 라틴 아메리카 인디언 농민의 군사적 정복이다. 스페인 정복자는 인디언 위에 군림하며 새로운 국가를 세웠을 뿐만 아니라 농민의 땅을 분배받은 정복자 군벌들은 이후

---

[20] 국가의 일반적 기원과 관련해서는 오펜하이머(Oppenheimer), 앞의 책, 2장 참조. 로위(Lowie)나 위트포겔(Wittfogel), 앞의 책, 324~325쪽은 굼플라우비츠-오펜하우머-뤼스토우(Gumplowicz-Oppenheimer-Rüstow)의 이론인 국가는 언제나 정복에 기원한다는 설을 반박하겠지만, 그들도 소위 국가의 내적 발달에는 정복이 관여했다는 데는 동의한다. 그뿐만 아니라, 첫 번째 위대한 문명인 수메르에서 정복에 대항한 군사적 방어가 영속적인 군대와 국가 관료제를 야기하기 전까지 번성하고 자유로운 국가 없는 사회가 존재했다는 증거가 있다. 참조) 새뮤얼 노아 크레이머(Samual Noah Kramer), 『수메르인들』(*The Sumerians*, Chicago: University of Chicago Press, 1963), 73쪽과 다음 쪽.

경작자로부터 지속해서 지대를 받았다. 또 다른 예는 1066년 노르만인이 영국을 정복한 후 색슨족에게 강제되었던 새로운 정치 형태이다. 영국의 토지는 노르만 군벌에게 분할되었고, 분배된 토지를 기반으로 군벌은 국가와 피지배 주민을 지배하는 봉건 토지기구를 형성하였다. 자유지선주의자에게는 가장 흥미로우면서도 동시에 분명 가장 애석한 정복 국가 생성의 예로 17세기에 잉글랜드가 파괴한 고대 아일랜드의 자유지선주의적인 사회를 들 수 있다. 잉글랜드의 정복 전쟁 결과 제국주의 국가가 설립되었고, 수많은 아일랜드인이 자신들의 소중한 땅에서 추방되었다. 천 년에 걸쳐 명맥을 유지했던 아일랜드의 자유지선주의적 사회는, 아래에서 부연 설명하겠지만, 수백 년 동안 영국의 정복에 저항했다. 이처럼 오랜 저항이 가능했던 이유는 쉽사리 정복할 수 있는 대상이며 정복 후에는 토착민에 대한 지배에 사용될 수 있는 국가가 부재했기 때문이다.

서구 역사 전 기간에 걸쳐 지식인들이 국가 권력을 제한하고 견제하는 이론을 세우기는 했지만, 각 국가는 오히려 자체 지식인들을 이용하여 이러한 이론을 왜곡하여 국가의 권력 확장을 정당화하는 데 활용했다. 원래 서구 유럽에서 '국왕의 신성한 권한'이라는 개념은 교회가 국가의 권력을 '제한'하려고 장려한 개념이었다. 다시 말해 왕은 자신의 임의적인 의지를 단순히 강제할 수 없다는 취지였다. 왕이 공포할 수 있는 칙령은 신의 법에 부합하는 것으로 한정되었다. 하지만 절대 군주제가 진전되면서 국왕은 이 개념을 뒤집어 왕의 모든 행위는 신의 승인을 받은 것이며, 따라서 '신이 부여한 권리'로 지배한다는 개념으로 변화시켰다.

마찬가지로 의회민주주의라는 개념은 군주의 절대 권력에 대한 국민의 견제에서 비롯되었다. 국왕은 세입을 허가해주는 의회의 권력에 의해 제한되었다. 하지만 점차 국가의 수반으로 의회가 국왕을 대체하면서 의회 자체가 견제를 받지 않는 국가의 주권이 되었다. 19세기 초 사회적 효용과 일반 복지라는 미명하에 추가적인 개인의 자유를 옹호했던 영국의 공리주의자들은 이러한 개념이 국가 권력의 확장을 승인하는 것으로 변환되는 과정을 목격하게 된다.

이와 관련하여 드 주브넬은 다음과 같이 쓰고 있다.

> 주권이론을 다루는 많은 저자가 이런저런 종류의 제한적 장치를 고안해 냈다. 그러나 결국 이러한 이론 하나하나는 조만간 본래의 목적을 잃어버리고 얼마 지나지 않아 자신과 동일시하게 되는 보이지 않는 주권이라는 강력한 조력자를 제공하게 됨으로써 단지 권력을 향한 발판으로 작동하기 이른다.[21]

역사상 국가에 제한을 가하고자 했던 가장 의욕적인 시도는 분명 미국 헌법에서의 권리장전 및 여타 제한 규정이다. 바로 여기에서 정부에 대한 명문화된 제한이 근본적인 법, 명목상은 정부의 여타 부서로부터 독립적인 사법부가 해석하는 법이 되었다. 미국인은 누구나 존 칼훈의 예언적인 분석이 입증되는 과정에 대해 잘 알고 있다. 국가 자체의 독점적인 사법부가 지난 한 세기 반 동안 국가 권력을 가차 없이 확장했던 것이다. 그러나 그 누구도 자유주의자 찰스 블랙Charles L. Black만큼 이 과정을 예리하게 간파한 사람은 없었다. 블랙은 권력 확장 과정을 환영한 인물로 국가 권력의 제한 장치였던 위헌법률심사 자체를 국가가 국민 마음속에 국가 행위에 대한 정당성을 확보하는 강력한 수단으로 전환했다는 점에 주목했다. 만약 '헌법 불합치'라는 사법적 판단이 정부 권력에 대한 강력한 견제라고 한다면, 마찬가지로 '헌법 합치'라는 판결도 국민이 더 큰 정부

---

[21] 드 주브넬(De Jouvenel), 『권력에 대하여』(On Power), 27쪽.

의 권력을 쉽게 수용할 수 있게 만드는 강력한 무기이다.

블랙은 정부가 지속해서 유지되려면 기본적으로 다수 대중이 정부와 정부의 행위를 수용하는 데 필요한 '정당성'이 필수적이라는 사실을 지적하면서 분석을 시작한다. 그러나 '정부가 의존하는 이론에 상당한 수준의 제한이 내재한' 미국과 같은 나라에서는 정당성의 수용이 현실적인 문제가 된다. 문제 해결에 필요한 것은 다름 아닌 정부가 국민에게 확장하는 정부의 권력이 사실 '헌법적'인 것임을 보증할 수 있는 수단이라고 블랙은 덧붙인다. 그리고 이것이 위헌 법률 심사의 역사상 주요 기능이었다고 결론짓고 있다.

[정부에] 최고의 위험은 정부가 얼마나 오랫동안 힘이나 관성 혹은 매력적이고 즉각적으로 가용한 대안의 부재에 의해 지탱되었는지에 상관없이, 해당 정부의 도덕적 권위 상실과 전체 주민 사이에 광범위하게 퍼진 분노의 감정 그리고 불만에 따른 위험이다. 제한된 권력을 지닌 정부하에 사는 개인은 거의 모두가 조만간 자신의 의견에 비추어 볼 때 정부의 권한 밖이거나 정부가 해서는 안 되는 명백히 금지된 것으로 여겨지는 행위를 하는 정부와 반드시 직면하게 된다. 헌법 어디에도 징집에 대한 언급을 찾을 수 없는데도 어느 사람은 징집을 당한다. 어느 한 농부는 정부가 정해준 밀 경작량을 듣게 되고, 아버지라 할지라도 딸에게 결혼 상대를 명령할 수 없는 것처럼 정부도 농부가 키울 수 있는 밀의 양이 얼마인지 말할 권리는 없다는 자신의 믿음에 동조하는 존경스러운 법률가도 일부 있다는 사실을 발견하게 된다. 어떤 사람은 하고 싶은 말을 한다는 이유로 연방 교도소에 감금되어 '의회는 표현의 자유를 제한하는 법을 만들지 않는다'를 되뇌며 감방 안을 서성거린다. 또 한 사업가는 버터우유를 생산하려면 할 수 있는 질문과 해야만 하는 질문이 무엇인지 정부로부터 전해 듣는다.

이러한 위험은 충분히 실재적이어서 이들 각각은 (누가 이들에 속하지 않는가?) 정부 제한이라는 개념에 (그가 보기에는) 실제 제한의 명백한 지나침을 들이댈 것이며, 그리곤 정당성과 관련한 그 정부의 위상에 대해 분명한 결론을 내릴 것이다.[22]

블랙에 따르면, 이러한 위험은 국가가 연방 정부 자체 내에 속한 '어떤 한 기구'가 합헌성에 대한 최종 결정권을 가져야 한다는 독트린을 주창함으로써 피해 갈 수 있다는 것이다. 연방 사법부의 표면상 독립이 사법부의 결정을 다수의 대중에게 실질적인 '신성한 영장'Holly Writ으로 생각하도록 하는 데 중요한 역할을 했기 때문이다. 그러나 사법부가 정부 기구의 한 부분인 것 또한 사실이며 행정부와 입법부에 의해 지명되는 것도 사실이다. 블랙은 정부가 자신의 사건에 스스로 재판장을 세운 셈이며, 따라서 정당한 결정에 도달하는 데 반드시 필요한 기본적인 재판상의 원칙을 어겼다는 점을 인정한다. 그러나 블랙은 이러한 근본적인 위반에 대해서는 놀랍게도 우려하지 않는다. "정부의 최종 권력은 … 법이 멈추는 곳에서 멈춰야 한다. 그렇다면 이 막강한 권력을 상대로 누가 한계점을 정하고, 누가 멈추도록 강제할 것인가? 왜 당연히 정부 스스로, 즉 자체의 재판장과 법을 통해서인가? 누가 절제하는 자를 통제하는가? 누가 현자를 가르치는가? …"[23] 그래서 블랙은 우리가 정부를 소유하고 있을 때 모든 무기와 강제력을 정부 기관에 넘겨주었다는 점을 인정한다. 우리는 절대적 결정권에 대한 모든 권력을 이 신성한 집단에 넘겨주고, 그런 후 즐겁게 앉아 묵묵히 이 정부 집단에서 쏟아져 나올 정의의 물줄

---

[22] 찰스 블랙(Charles L. Black, Jr.), 『국민과 법원』(*The People and the Court*, New York: Macmillan, 1960), 42~43쪽.
[23] 앞의 책, 32~33쪽.

기를 기다려야 한다. 비록 그들이 근본적으로 자신들의 사건을 스스로 재판하지만 말이다. 블랙은 이러한 사법상의 결정권을 독점하는 정부에 대한 대안을 생각할 수 없다고 보았다. 하지만 우리의 새로운 운동은 정확히 이러한 전통적인 시각에 도전하고 가능성 있는 대안이 존재한다는 사실을 주장하는 것이다. 그것이 자유지상주의이다.

다른 대안은 보지 못하고, 블랙은 결국 정부를 옹호하며 다시 신비주의에 빠져든다. 최종 결론에서 그는 정부가 정부 관련 사건을 지속적으로 스스로 재판하면서 정당성을 확보하는 것은 '기적과 같은 일'이라고 보았다. 이러한 맥락에서 자유주의자 블랙은 보수적인 버넘과 마찬가지로 신비주의를 취하고, 정부를 지지할 만한 만족스러운 합리적 논쟁은 찾을 수 없다고 인정한다.[24]

블랙은 대법원에 대한 자신의 현실적인 관점을 유명한 1930년대 법원과 뉴딜 정책 사이의 갈등에 적용하면서 동료 자유주의자들이 사법적 방해주의judicial obstructionism를 규탄하는 것은 근시안적이라고 비난했다.

> … 뉴딜 정책과 법원 간의 일반적인 이야기는, 그 자체로 정확하기는 하지만, 강조점이 잘못되었다 … 그것은 어려움에 집중한다. 뉴딜 정책 대법원 사례는 사건이 어떻게 결론 났는지는 거의 잊어버렸다. 그 사건의 요점은 (이 점을 내가 특히 강조하고자 한다) 스물넉 달간의 지체 후에 … 대법원은 법적 내용에서 한 글자도 바꾸지

---

[24] 블랙(Black)의 안이함과는 대조적으로 헌법과 대법원의 권력에 대한 신랄한 비판은 정치학자 스미스(J. Allen Smith)에 의해 행해졌다. 스미스는 "분명 일반 상식은 정부의 어느 기관도 자신의 권력을 자체적으로 결정해서는 안 됨을 요구한다"라고 썼다. 알렌 스미스(J. Allen Smith), 『입헌 정부의 성장과 쇠퇴』(*The Growth and Decadence of Constitutional Government*, New York: Henry Holt and Co., 1930), 87쪽. 분명 일반 상식과 '기적'은 매우 다른 정부에 대한 견해를 요구한다.

않은 상태에서, 아니면 참으로 그 실제의 모습으로, *뉴딜정책에 정당성이라는 도장을 확실하게 찍어 주었고, 그리고 미국의 정부에 대한 새로운 개념 또한 확인시켜 주었다.* [이탤릭체는 저자의 것]25

이러한 방법으로 대법원은 뉴딜에 의한 권력 확장에 대해 헌법을 들어 강력히 반대하던 다수의 미국인에게 최후의 일격을 가할 수 있었다.

당연히 모든 사람이 만족하지는 않았다. 헌법에 명시된 자유방임주의를 대변하는 멋진 찰리 왕자Bonnie Prince Charlie26가 비현실적일 만큼 거친 고산지대에 사는 소수 광신도의 마음을 여전히 휘젓고 있다. 하지만 의회가 국가 경제를 처리하는 것을 포함하는 헌법상의 권한에 대해 대중은 이제 더는 중대한 또는 위험한 의구심을 갖지 않는다. … 우리는 대법원 이외에는 뉴딜에 정당성을 부여하는 다른 방법을 알지 못했다.27

그러므로 심지어 헌법을 가진 정부 중에서도 특이한 경우인 미국에서도 최소한 부분적으로는 정부의 행동에 엄격하고 중대한 제한을 두기는 한다. 하지만 헌법은 정부의 힘을 축소하는 것이 아니라 오히려 확대하는 것을 승인하는 도구임이 증명되었다. 칼훈이 지적했듯이, 정부가 자신의

---

25 앞의 책, 64쪽.
26 [역주] Bonnie Prince Charlie는 잘생긴 찰리 왕자란 뜻이다. 찰리는 찰스의 애칭으로, 여기서의 찰스 왕자는 명예혁명으로 영국 왕위를 잃은 제임스 2세의 손자로서 왕권을 회복하기 위해 1745년 스코틀랜드에 잠입하여 자코뱅들의 지원을 받아 영국과 전쟁을 벌였던 사람이다. 왕권회복에 실패하고 쫓기며 스코틀랜드를 6개월간 떠돌다가 다시 프랑스로 돌아가는데, 그 과정에서 플로라 맥도날드와의 로맨스는 스코틀랜드에서 아직도 회자되는 일화이다.
27 앞의 책, 65쪽.

힘을 자의적으로 해석할 여지를 주는 어떠한 성문화된 제약도 필연적으로 정부의 권력 확대를 용인하는 것으로 해석될 뿐 제한하는 것으로는 해석되지 않는다. 의미심장하게도 성문화된 헌법으로써 정부의 힘을 묶어 두고자 하는 노력은 실패로 돌아간 고매한 실험에 불과하다는 것이 증명되있다. 엄격히 제한된 정부라는 아이디어는 이상적인 유토피아에 지나지 않음이 증명되었다. 정부의 지나친 비대화를 막으려면 더욱더 급진적인 다른 방법을 찾아야 한다. 자유지선주의 체제에서는 이 문제에 대한 새로운 대처 방식의 출발점을 주어진 영토에 대한 독점적 강제력을 갖춘 정부 설립 후 그 정부의 확장을 저지하는 방법을 모색한다는 개념 자체를 방기하는 데서 찾는다. 자유지선주의 대안은 독점적인 정부가 처음부터 생겨나지 않도록 하는 것이다.

우리는 뒷장에서 정부가 없는 상태의 사회, 공식적인 정부가 없는 사회라는 개념 전체를 탐구할 것이다. 그러나 우선 예시적으로 사물을 습관적으로 보는 방식에서 벗어나 정부에 대한 논의를 원점에서부터 다시 고려해 보는 연습을 해볼 수 있다. 우리의 기억이 미치는 한 오래전부터 정부가 치안과 사법 서비스를 독점해 왔다는 사실을 초월하려는 노력을 해보자. 수만 명의 우리가 완전히 성숙하고 발달한 상태로 다른 행성에서 지구에 떨어져 모두가 아주 새롭게 시작한다고 상상해 보자. 논의는 어떻게 보호(치안과 사법)를 받을지에 대한 것부터 시작한다. 누군가가 다음과 같이 말한다: "우리의 무기를 저기 있는 존스라는 사람과 그의 친척들에게 넘겨주자. 그리고 존스와 그의 가족이 우리 사이의 분쟁을 판정하게 하자. 그렇게 어느 누군가가 저지를 침해와 사기詐欺로부터 존스 가족이 우리를 보호할 수 있을 것으로 생각해 보자. 모든 권력과 능력을 지닌 존스가 분쟁에서 절대적인 결정권을 가지므로 우리는 서로가 서로에게 가하는 위험에서 보호받을 수 있을 것이다. 그리고 우리는 보호를 제공하는 대가로 존스 가족에게 절대적인 결정권이라는 무기를 사용해 소득을 획득할 수 있게 해주고 그들이 원하는 만큼의 세입을 갹출할 수 있도록 해 주자." 이러한 상황에서 위와 같은 내용의 제안을 한다면 당연히 누구나 웃음거리로밖에 받아들이지 않을 것이다. 왜냐하면, 그것은 너무나도 분명히 여하한 경우에도 일어나지 않을 일이기 때문이다. 다시 말해 존스 가족의 약탈과 공격에서 자신을 보호할 방법이 있는 사람은 아무도 없다는 것이 분명하기 때문이다. 따라서 "그렇다면 누가 관리인들을 관리할 것인가?"라는 정곡을 찌르는 해묵은 질문에 대해 블랙처럼 경솔하게 "누가 절제하는 사람을 통제한다는 말인가?"라는 어리석은 답변을 할 사람은 없을 것이다. 우리가 현재 사회적 보호와 방어에 대해 정확히 이런 식의 부조리한 답을 한 것은 단지 우리가 수천 년 동안 존재해 온 정부에 익숙해져 있기 때문이다.

그리고 물론 국가는 엄연히 이러한 종류의 '사회적 계약'에 의해 시작되지는 않았다. 오펜하이머가 지적했듯이, 국가는 일반적으로 폭력과 정복을 통해 시작되었다. 때때로 국가가 내부적 과정에서 비롯되었다고 하더라도 그것은 명백히 보편적인 합의나 계약을 통해서가 아니었다.

이제 자유지선주의 신념은 다음과 같이 정리될 수 있다. (1) 모든 사람은 자신의 신체에 대한 절대적인 권리를 가진다. (2) 자신이 발견하거나 변환한 물적 자원에 대해서도 동등한 절대적 지배권을 가진다. (3) 그러므로 소유권을 교환하거나 양도받고자 하는 사람에게 교환하거나 줄 수 있는 절대적 권한을 가진다. 우리가 살펴보았듯이 각각의 과정은 모두 소유권과 관련되어 있다. 하지만 우리가 (1) 단계를 '개인적' 권리라고 부르더라도 '개인적 자유'에 관한 문제는 필연적으로 물적 소유권이나 자유 교환에 대한 권리와 관련이 있다는 사실을 우리는 알아차리게 될 것이다. 간단히 말해, 개인적 자유와 '기업 활동의 자유'는 거의 항상 서로 얽혀서 떼어 놓고 생각할 수가 없다.

예를 들어 앞에서 논의한 바와 같이 개인적인 '표현의 자유'를 실현하는 데는 언제나 '경제적 자유', 즉 물적 재산을 소유하고 교환할 수 있는 자유도 실현되어야 한다는 점을 이해하게 되었다. 표현의 자유를 실현하기 위한 모임을 한다는 것은 회의실을 내어하는 문세, 도로를 통해 해낭 장소로 이동해야 하는 점, 어떤 형태이든 교통수단을 이용하는 것 등이 함께 고려되어야 한다. 밀접한 관련이 있는 '출판의 자유'에는 더 명백히 인쇄와 기계를 사용하는 비용과 인쇄물을 원하는 구매자에게 판매하는 것 등, 즉 '경제적 자유'의 모든 구성 요소가 내포되어 있다. 게다가 앞장에서 예로 들었던 바와 같이 사람이 많은 극장에서 '불이야'라고 소리치는 경우는 주어진 상황에서 누구의 권리가 반드시 지켜져야 하는지에 대해 우리에게 분명한 지침을 제공해 준다. 이 지침은 '재산권'이라는 우리 자유지선주의의 원칙에 의해서이다.

제2부
현행 사회문제에 대한 자유지선주의 해법

04 현행 사회 문제의 개요

이제 우리 사회가 당면한 주요 문제를 간략히 검토하면서 이 모든 문제를 관통하는 '악의 연결고리' red thread 를 찾을 수 있는지 살펴보자.

1. 과도한 세금

해마다 높아만 가는 세금은 대부분의 사람을 무기력하게 만들었으며, 자발적인 에너지뿐만 아니라, 생산성 근무의욕 및 근검절약을 저해하고 있다. 연방차원에서 소득세[1] 부담에 대한 국민의 저항이 커지고 있으며, 급기야 지나치게 수탈적이고 비합헌적이라는 이유로 조세반발 운동이 거세지고, 심지어는 자체 조직과 간행물까지 갖추게 되었다. 각 주와 지방자치단체 차원에서도 강압적인 재산세 부과를 반대하는 정서가 고조됐다. 예를 들어, 1978년에 캘리포니아의 1,200만 유권자들은 자비스와 간 Jarvis & Gann 이 발의한 주민청원[2]을 적극 지지했다. 이는 재산세율을

---

[1] [역주] 미국의 경우, 소득세는 연방정부에 귀속되는 세금이며 재산세는 각 주 및 지방자치단체에 귀속되는 세금이다.
[2] [역주] 하워드 자비스(Howard Jarvis, 1903~1986)는 유타 출신의 모르몬 교도로서 캘리포니아에서 사업가 및 정치가로 활동했으며, 폴 간(Paul Gann, 1912~1989)은 캘리포니아에서 정치가로 활동하면서 1980년에 캘리포니아 상원의원에 출마하였으

현행에서 즉시 그리고 영구적으로 2/3만큼 줄여서 1%로 낮추고, 재산평가액에 상한선을 설정하는 것을 골자로 하고 있다. 또한 자비스와 간의 발의에서는 주 정부가 1%의 상한 세율보다 더 높이 재산세를 부과하려면 캘리포니아 등록 유권자의 2/3 이상의 동의를 받게 함으로써 동결을 강제하고 있다. 더 나아가 주 정부가 다른 세금으로 이를 대체하려는 시도를 확실히 막기 위해 어떤 형태의 세금이든 인상을 하려면 주의회 의원의 2/3 이상의 찬성을 얻도록 강제하고 있다.

또한, 1977년 가을 일리노이 주의 쿡Cook 카운티에 거주하는 수천 명의 주택소유자는 주 정부가 재산평가액을 대폭 상향 조정함으로써 재산세가 인상되자 세금 거부운동에 나섰다.

소득세 및 재산세를 포함한 제반 세금의 부과 행위가 정부의 배타적 독점권에 해당한다는 사실은 재론의 여지가 없다. 그 어떤 개인이나 조직도 강제적인 징수를 통해 소득을 얻는 특권을 누리지 못하기 때문이다.

2. 도시 재정 위기

미국 전역의 주 정부 및 지방자치단체가 공공부채의 급증 탓에 이자

나 당선에 실패했다. 두 사람은 모두 공화당을 지지하는 보수주의를 표방했다. 캘리포니아에서는 1971년부터 각 지역에서 거두어들인 재산세를 해당 지역 내 공립학교의 무상교육 재원으로 충당했으나, 1976년에 캘리포니아 대법원은 미국의 수정헌법 제14조에서의 평등보호 조항(Equal Protection Clause)과 일치하지 않는다는 이유로 위헌 판정을 내렸다. 즉, 캘리포니아 주 정부는 캘리포니아 주에서 거두어들인 재산세를 캘리포니아 내의 각 지역에 골고루 분배해야 한다고 판결했다. 더욱이 1973~1975년에 걸친 세계적 오일쇼크 여파로 인플레이션이 심각해지고 주택가격이 폭등하면서 재산세 납부액이 크게 증가하자 주민의 불만이 높아졌다. 1978년에 자비스와 간은 그 법을 수정하고자 상당수 주민으로부터 서명을 받아 '재산세 부과를 제한하는 주민청원'(제안서 제13호)을 제출했다. 동년 6월 3일에 실시된 주민투표에서 제안서 13호는 유권자 70%의 투표 참여와 65%의 지지를 얻어 통과되었다.

및 원금 상환의 어려움을 겪고 있다. 뉴욕시 정부는 상환계약 의무를 부분적으로 이행하지 못함으로써 이 분야에서 개척자이다.[3] 도시 재정위기는 각 자치단체가 주민이 내는 고율의 세금 이상으로 재정지출을 늘렸기 때문이다. 얼마나 많은 지출을 해야 할지는 각 자치단체의 결정 사항이다. 따리서 이들 역시 정부에 책임을 물어야 할 사안이다.

3. 베트남 전쟁 및 국외 간섭주의

베트남 전쟁은 미국 외교정책에서 완전 실패작이다. 수많은 사람이 살해당했고 국토가 황폐해졌으며, 막대한 재원이 낭비된 후 결국 1975년 초에 미국이 후원했던 정부는 패망했다. 베트남 전쟁의 악몽 때문에 미국의 나머지 대외 간섭주의 정책들은 재고의 과정에 들어가게 되고, 이는 미국 의회가 아프리카 앙골라에서의 대실패에 대한 미국의 군사개입에 제동을 거는 데 일조했다. 그 전쟁들은 우리의 군대에 의해 수행되었고, 그 군대는 연방정부가 독점하고 있다. 그러므로 정부는 모든 전쟁과 외교정책 문제에 대하여 전적으로 책임을 져야 한다.

4. 노상 범죄

많은 범죄가 문자 그대로 노상에서 저질러지고 있다는 사실을 생각해 보자. 통상적으로 도로는 정부가 소유하고 있고, 따라서 정부는 도로 소유의 실질적인 독점자이다. 이 같은 범죄로부터 우리를 보호해야 하는 경찰 역시 정부가 강제적으로 독점권을 보유하고 있다. 그리고 범죄자들

---

[3] [역주] 1960년대 이후 뉴욕시는 높은 물가와 범죄율 증가 등으로 인하여 도심 공동화 현상이 두드러졌으며 많은 산업체가 이사 가면서 세수가 경감하고 복지예산이 증가하면서 1970년대에는 시 재정이 바닥나는 사태까지 몰리게 되었다.

을 기소하고 처벌하는 일을 맡은 법원 또한 정부가 강제적으로 독점하고 있다. 따라서 베트남 전쟁에서의 실패와 마찬가지로 이 분야에서의 실패에 관한 책임 역시 정부에게 전가해야 한다.

5. 교통체증

교통체증 역시 전적으로 정부가 소유한 도로에서 발생하고 있다.

6. 군산복합체

군산복합체 military-industrial complex[4]는 전적으로 연방정부의 작품이다. 과도한 살상 무기 제조에 계속해서 수천억 달러를 쓰도록 결정하는 것이 정부이다. 제조 및 공급업체를 선정하고, 원가 보전 확약을 통해 비효율을 보조하는 것도 정부이며, 공장을 지어 계약업체에 임대하거나 무상으로 공여하는 것도 정부이다. 물론 기업들이 이러한 특혜를 따려고 로비를 폈겠지만, 그 특권의 기제와 낭비적 자원의 부적절한 배분이 존재하는 것 자체는 모두 정부를 통해서 이루어진다.

7. 운송시설

교통 위기는 교통체증뿐만 아니라 노후 철도, 비싼 항공요금, 일부 시간대에 심각한 체증을 겪는 공항, 만성 적자 탓에 거의 붕괴상태로 치닫고 있는 뉴욕시 같은 대도시의 지하철 등에 이르기까지 다양하다. 그러나 지난 19세기에 지나친 정부(연방, 주, 지방정부) 보조금으로 과잉 부설된 철도는 미국 역사상 가장 장기간에 걸친 극심한 규제의 대상이었다.

---

[4] [역주] 군산복합체는 군대와 민간기업의 협력체이다.

또한, 항공사들은 민간항공위원회 Civil Aeronautics Board 의 규제에 대항하여 연합체 cartel 를 형성한 후, 특혜적 우편물 운송계약 및 무료에 가까운 공항 이용계약 등을 통하여 보조금을 받고 있다. 영리 목적의 항공노선이 이용하는 공항은 모두 정부 산하기관(주로 지방자치단체)이 소유하고 있다.

8. 하천 오염

하천은 사실상 소유자가 없다. 즉, 정부가 소유한 '국유지'로 유지됐다. 더 나아가 하천 오염의 최대 주범은 지방자치단체가 운영하는 하수처리장이다. 다시 말해 정부는 자원의 부주의한 '소유자'이면서 동시에 최대 오염원인 셈이다.

9. 물 부족

물 부족은 일부 지역에서 주기적으로 심각하게 발생하고 있으며, 뉴욕시와 같은 대도시 지역에서도 간헐적으로 발생하고 있다. 그러나 정부는 국유지의 소유권을 통해 (1) 물 공급원인 하천을 소유하고 있으며, (2) 거의 유일한 영리 목적의 물 공급자로서 저수지와 수도를 소유하고 있다.

10. 대기 오염

정부는 국유지의 소유자로서 대기까지 '소유'하고 있다. 그뿐만 아니라 지난 수 세대에 걸쳐 산업화하면서 발생하는 대기 오염으로부터 우리 신체와 과수원에 대한 소유권을 지키는 데 실패한 원인은 정부가 전적으로 소유한 법원의 의도적 정책 결과에서 비롯되었다. 더욱이 직접적 대기 오염의 상당 부분은 정부 소유의 공장시설이 직접적인 원인이었다.

11. 전기 부족과 정전

미국토 전역에 걸쳐 주 정부 및 지방자치단체는 가스와 전력공급을 강제적으로 독점하고, 그 독점의 특혜를 민간사업자에게 부여했다. 이 때문에 전기 및 가스 요금은 이들 사기업에 영구적으로 고정 이익을 보장해주는 수준으로 높게 책정됐다. 이것도 정부가 독점과 규제의 원천이다.

12. 전화서비스

전화서비스 수준이 점차 악화하는 것은 정부로부터 강제적인 독점의 특혜를 부여받고, 정부가 이윤을 보장하는 수준에서 요율을 책정해주는 공공사업이기 때문이다. 가스 및 전기사업의 경우와 마찬가지로 누구도 전화회사의 독점과 경쟁하지 못하게 되어 있다.[5]

13. 우편서비스

출범 때부터 줄곧 적자에 시달리고 있는 우편서비스는, 자유시장의 민간기업에 의해 생산되는 재화와 서비스와는 대조적으로, 가격은 높고 품질은 낮은 상태가 되었다. 또한, 제1종 보통우편물을 이용하는 대다수 국민이 2종이나 3종과 같은 대량 할인 우편제도[6]를 이용하는 기업을 강

---

[5] [역주] 1990년대부터, 이동통신사업의 출현으로 전화 사업에 대한 미국 정부의 독점권은 거의 사라졌다.

[6] [역주] 우체국이 제시하는 우편 상품의 종류는 시대에 따라 자체적인 사업조정 등의 필요에 의하여 변화한다. 미국의 우편물 분류에서 제1종 우편물은 개인이 주로 이용하는 일반적 형태의 편지 및 카드이며, 제2종 우편물은 정기간행물, 제3종 우편물은 대량우편물로써 주로 기업의 인쇄물, 광고물, 납부고지서 등으로 구성된다. 제2종과 제3종 우편물에는 대체로 연례 회비를 부과하거나 할인 혜택이 주어진다. 그리

제적으로 보조하고 있다. 우체국 역시 19세기 후반부터 정부의 강제된 독점사업이었다. 불법적인 경우를 포함하여 민간기업의 우편물 배송이 허용되었던 기간에는 언제나 예외 없이 저렴한 가격에 더 나은 서비스가 제공되었다.[7]

14. TV 방송

텔레비전은 늘 지루한 프로그램과 왜곡된 뉴스를 내보내고 있다. 라디오와 텔레비전 채널은 지난 반세기 동안 연방정부에 의해 국유화되었다. 정부는 정부 소속의 연방통신위원회FCC, Federal Communications Commission를 통하여 몇몇 특권을 가진 면허취득자에게 선물을 주듯 채널을 부여하기도 하고, 심기를 거스르는 방송국으로부터는 그 선물을 회수하기도 했다. 이 같은 상황에서 어떻게 진정한 표현의 자유 또는 언론의 자유가 존재할 수 있겠는가?

15. 복지제도

사회복지 역시 대체로 주 정부 및 지방정부의 배타적인 영역이다.

16. 도시 주택문제

대도시에서의 주택부족은 교통문제와 함께 가장 두드러진 실패의 사례이다. 하지만 이 산업부문은 다른 어떤 영역보다 관련 산업과 정부위원회가 밀접하게 얽혀 있다. 각 도시의 도시계획은 도시를 통제하고 규제한

고 반송서비스를 받으려면 추가요금을 내야 한다.
[7] [역주] 1980년대부터 미국에서는 우편사업에 대한 우체국의 독점권이 대부분 해제되었다.

다. 도시구획법은 도시 주택건설과 토지사용에 대해 갖가지 제한을 가해왔다. 높은 재산세 property taxes 부과는 도시개발을 저해했고 주택소유를 포기하게끔 하였다. 건물에 관한 각종 규정은 주택건설을 제한했으며 건축비를 상승시켰다. 도시 재개발사업에서는 부동산 개발업자들에게 막대한 보조금을 제공했기 때문에 아파트와 점포들은 무자비하게 철거당했고, 그 결과 주택공급은 감소하고 인종차별은 심화하였다. 교외지역에서는 반대로 정부의 대출확대 때문에 건축과잉이 초래되었다. 그리고 정부의 임차료 통제[8]는 결국 아파트 부족과 거주용 주택의 공급 감소로 이어졌다.

17. 노동조합의 파업과 규제

노동조합은 경제를 마비시킬 정도의 힘을 가진 귀찮은 존재가 되었다. 이는 정부가 노조에 각종 특권을 부여해서 초래된 결과이다. 특히 여전히 발효 중인 1935년 와그너 법 Wagner Act[9]에 의해 다양한 면책특권이 부여된 노동조합 때문이다. 이 법에 의하면 고용주는 정부에 의해 임의로 정의된 '협상단'으로부터 다수표를 획득한 노조와 반드시 협상해야 한다.

---

[8] [역주] 임차료 통제는 매년 상한선을 제시하여 그 이상으로는 임차료를 인상할 수 없도록 지방자치단체에서 규제하는 행위이다. 일반적으로 주거 공간에 임차료 통제가 이루어진다.

[9] [역주] 와그너 법(Wagner Act)은 1935년에 뉴욕 주의 로버트 와그너(Robert Wagner) 상원의원의 발의에 의하여 제정되었다. 이 법은 민간부문에서 사용자는 노동자의 조합결성권, 집단교섭권, 파업참여권 등을 완전히 제한할 수 없으며, 이를 위반한 사용자를 처벌할 수 있다는 규정을 포함하고 있다. 이 법은 또한 노사 간의 갈등을 조정하기 위하여 전국노사관계위원회(National Labor Relations Board, NLRB)의 설립을 제안했기 때문에, NLRA(National Labor Relations Act, 노동관계법)라고도 부른다. 노동자들이 합법적으로 파업하려면 파업 전에 공식적으로 NLRB에 중재를 요청해야 한다.

18. 교육

한 때는 모성이나 성조기처럼 존경받고 신성한 존재로 여겨졌던 공립학교가 최근 여러 정치 이념적 스펙트럼으로부터 광범위한 공격을 받고 있다. 공립학교를 지지하는 사람들조차 이제는 공교육이 실제로 뭔가를 많이 가르친다고 감히 주장하지 못하고 있다. 더욱이 최근 남부 보스턴과 웨스트버지니아의 카나와Kanawa 카운티 등에서는 몇몇 공립학교가 취한 행동에 대해 학부모들의 폭력적인 반발이 일어나는 등 극단적 사건이 발생했다. 물론 공립학교는 연방차원의 상당 수준의 보조와 조정하에 주정부 및 지방자치단체가 전적으로 소유하고 운영한다. 공립학교는 의무교육법에 따라 지원되고 있으며, 그 법에 따라 모든 아동은 고등학교 나이까지 반드시 공립학교 또는 정부가 인증한 사립학교에 다녀야 한다. 고등교육 역시 최근 정부와 더 밀접하게 얽히고 있다. 많은 대학이 정부의 소유이고, 다른 대학들은 정부로부터 지속해서 장학금, 보조금 및 용역계약의 혜택을 받고 있다.

19. 인플레이션과 스태그플레이션

다른 나라와 마찬가지로 미국도 최근 만성적이고 점차 악화하는 인플레이션에 시달리고 있다. 이 인플레이션은 높은 실업을 동반하고 극심한 불황과 약한 불황이 반복되는 현상을 보이고 있다[즉 '스태그플레이션' stagflation [10]]. 이러한 달갑지 않은 현상의 원인에 대해서는 추후 설명할 예정이다.[11] 즉, 독점적인 연방정부의 지속적 화폐공급 확대가 근원적 원인

---

[10] [역주] stagflation은 stagnation(불황)과 inflation(인플레이션)을 합성한 신조어이다.
[11] [역주] 이 책의 제9장을 참조하기 바란다.

이라는 사실을 밝히고자 한다. 누구든지 정부의 화폐발행과 경쟁하려는 자는 화폐위조 혐의로 감옥에 가야 한다. 현재 화폐공급의 상당 부분은 민간은행의 당좌화폐checkbook money[12] 발행으로 이루어진다. 하지만 이것 역시 연방정부의 연방준비제도Federal Reserve System에 의해 완전한 통제를 받고 있다.

20. 워터게이트 스캔들

마지막으로 다른 것 못지않게 중요한 사안은 '워터게이트 스캔들' Watergate scandal 이다. 이 때문에 많은 미국인이 심각한 외상 후 스트레스 증후군traumatic syndrome을 겪었다. 워터게이트 스캔들은 대통령과 중앙정보국CIA 및 연방수사국FBI 등과 같은 예전의 신성불가침 연방기관들을 탈신성화시켰다. 한때 추앙받던 대통령[13]이 국민의 재산권을 침해하고, 경찰국가적인 수단을 사용하고, 국민에게 거짓말을 하고, 부패와 연루되고, 수많은 범죄를 조직적으로 용인했다는 이유로 결국 전대미문의 대통령 탄핵을 초래했다. 그리고 이는 당연히 정치인과 정부 관료에 대한 국민의 신뢰를 크게 훼손했다. 기성 정치체제는 이렇게 새로 대두한 광범위한 신뢰 추락을 심히 개탄했지만, 워터게이트 스캔들 이전 시절에 국민

---

[12] [역주] 민간은행이 고객으로부터 수신한 요구불 예금을 연방준비은행(즉 중앙은행)에 준비금(reserve)으로 예치할 때, 그 민간은행은 예치금의 6배까지 대출(또는 당좌화폐 발행)할 수 있다. 이 같은 제도를 통하여 정부는 통화공급량을 늘리고 있으며(또는 통화팽창), 우리나라를 비롯한 대부분의 국가에서 이 제도를 시행하고 있다.

[13] [역주] 미국의 37대 대통령인 닉슨(Nixon, 재임기간 1969~1974)을 가리킴. 닉슨(1913~1994)은 캘리포니아 출신의 공화당 소속 대통령이었으며, 미국 역사상 대통령직을 사임한 유일한 대통령이다. 재임기간 중에 베트남 전쟁 종식, 중국과의 핑퐁 외교 등의 업적이 많았으나 워터게이트 스캔들로 탄핵 위기에 몰리자 자진 사임했다. 대통령직은 당시 부통령이었던 포드(Gerald Ford)에게 이양되었다.

이 가졌던 순진한 신뢰를 회복시킬 수는 없었다. 자유주의적인 역사학자인 세실리아 케년 Cecilia Kenyon 은 연맹규약 Articles of Confederation 을 옹호하고 헌법을 반대했던 반연방주의자들 anti-federalists [14] 을 정부조직에 대한 '신념이 부족한 사람들' men of little faith 이라고 비난하는 글을 쓴 적이 있다.[15] 만약 그녀가 그 글을 워터게이트 스캔들 이후에 썼다면 아마 그렇게까지 순진하지는 않았을 것이다.

워터게이트 스캔들은 물론 전적으로 정부 때문인 현상이다. 대통령은 연방정부의 최고책임자이며, 그 '배관공'[16]들은 대통령의 하수인이고, 사건에 가담한 FBI 및 CIA 역시 정부기구이다. 워터게이트 스캔들로 무너진 것은 당연히 정부에 대한 믿음과 신뢰이다.

이상과 같이, 우리 사회의 위기와 실패라는 중대한 문제 영역을 살펴보면, 전체를 구별하고 서로 묶어주는 하나의 '악의 연결고리'를 모든 사안에서 발견하게 된다. 그것은 정부라는 고리이다. 이 모든 경우에서 정부는 모든 사업을 완전히 독점적으로 운영하든지 혹은 핵심적 영향력을 행사한다. 경제학자인 존 갤브레이스 John K. Galbraith [17]는 그의 베스트셀

---

[14] [역주] 반연방주의자들은 현재 미국 헌법상의 연방(federal) 개념이 너무 강해서 각 주의 독립성을 살릴 수 없다고 생각한다. 따라서 옛날 미국 독립 이전의 영국 식민지 시대에 각 주가 독립을 유지하면서 서로 느슨한 형태의 동맹(confederation)을 맺은 것과 같은 제도를 지지한다. 현재 캐나다의 제도 역시 용어상으로는 federal이 아닌 confederation이다.

[15] 『윌리엄 및 메리 쿼털리』(William and Mary Quarterly), 1955년 1월호, 3~43쪽에 실린 세실리아 케년(Cecilia Kenyon)의 논문, 「신념이 부족한 사람들: 대의 정부의 본질에 대한 반연방주의자들」(Men of Little Faith: The Anti-Federalists on the Nature of Representative Government).

[16] [역주] 워터게이트 스캔들에서 실제로 도청장치를 설치한 사람은 포섭된 배관공으로 알려져 있다.

[17] [역주] 존 갤브레이스(John Kenneth Galbraith, 1908~2006)는 캐나다 출신의 미국

러인 『풍요로운 사회』The Affluent Society 에서 정부 부문이 우리 사회 실패의 핵심이라고 갈파했다. 그러나 그는 "그래서 더 많은 재원과 자금을 민간부문에서 공공부문으로 이동시켜야 한다"라는 이상한 처방을 내놓았다. 그는 20세기에 진입하면서부터 미국 정부(연방, 주와 지방자치단체)의 역할이 절대적 수준뿐만 아니라 다른 부문과의 상대적 비교에서도 크게 확대되었고, 특히 근자에 들어오면서 더욱 그러했다는 사실을 무시하고 있다. 불행히도 갤브레이스는 "정부의 운영 및 활동에 원래 그런 것이 포함되어 있었는지 또는 우리 주변에 널려 있는 바로 그 실패의 원인이 되었던 무언가가 있었는지"에 대한 의문조차 제기하지 않았다. 다음 장부터 우리는 정부 및 자유와 관련된 주요 문제를 좀 더 자세히 분석하고, 그 실패의 원인이 무엇인지 탐색하면서 새로운 자유지선주의의 해법을 제안할 것이다.

하버드 대학의 경제학자였다. 그는 케인스 학파이면서 경제제도에 관심이 많은 제도학파(institutionalist)로 분류되며 미국의 자유주의를 선도한 사람 중의 하나로 유명하다. 그는 미국의 민주당 정부에도 깊이 개입했으며, 루스벨트 대통령 재임기간에는 물가관리국 부국장, 케네디 대통령 재임기간에는 인도 주재 대사 등을 역임했으며, 트루먼 및 존슨 대통령의 경제 자문 역할도 수행했다. 그의 저서인 『미국의 자본주의』(1952), 『풍요로운 사회』(1958), 『새로운 산업국가』(1967) 등은 베스트셀러의 반열에 올랐다.

05 비자발적 노예제도

자유지선주의가 철저하게 반대하는 것이 있다면, 그것은 인간의 가장 기본적 권리의 하나인 '자신에 대한 소유권' right to self-ownership, 또는 줄여서 '자기소유권'[1]을 부정하는 행위로서의 '비자발적 노예제도' involuntary servitude, 즉 강제노동이다. 자유와 노예제도는 항상 정반대의 개념으로 인식되었다. 그래서 자유지선주의는 노예제도를 완전히 부정한다.[2] 일부 학계에서는 현대 미국사회에서 노예제도는 더는 존재하지 않는다고 믿는 것 같다. 그러나 과연 그러할까? 노예제도라는 것은 바로 (1) 노예 주인이 원하는 일을 강제로 해야 하고, (2) 근근이 생존할 만큼만 주거나 아니면, 그 금액이 얼마든지 간에, 노예가 자진해서 받아야 할 보수보다 더 낮게 주는 것이다. 간단히 말해, 자유시장에서의 임금보다 낮은 임금으로 노동을 강요당하는 것이다.

그러면 현재 미국에는 비자발적 예속에 해당하는 노예제도로부터 진

---

[1] [역주] 자신에 대한 소유권은 자신의 신체 및 정신은 자신만이 소유할 권리를 갖는다는 의미이다.
[2] 예외가 하나 존재한다. 즉 다른 사람을 공격했거나 다른 사람을 노예화(즉, 비자발적 노예제도)한 범죄자를 처벌할 때는 강제적으로 예속시킬 수 있다. 자유지선주의 체제에서도 피해자를 위한 배상 차원에서 가해자를 강제 노역시키는 것을 지지한다.

짜 자유로운가?" 그리고 비자발적 노예제도를 금지하고 있는 미국의 수정헌법 제13조[3]가 지금도 잘 지켜지고 있는가? 이에 대해 논의해보자.

제1절 징집

그 한 예로 '징집' conscription 제도보다 더 뻔뻔스러운 비자발적 예속은 없다. 모든 남성은 18세가 되면 복무선발체제 selective service system [4]에 반드시 등록하기를 강요받는다. 또한, 등록 후에는 항상 징병카드를 소지해야 하고, 언제든지 연방정부가 때가 되었다고 판단하면 당국에 의해 징집되어 군 복무를 시작해야 한다. 군대에서 자신의 신체와 의지는 더는 자신의 소유가 아니며 정부에 헌신해야 하는 대상일 뿐이다. 정부가 명령하면 언제든지 다른 사람을 죽여야 하고, 자신의 목숨을 위험에 내놓아

---

[3] 미국의 수정헌법 제13조(the Thirteenth Amendment of the Constitution, 1865년 12월 6일)에는 노예금지에 대한 유일한 예외의 경우를 포함하고 있다. 그 예외조항은 정당한 절차에 의해 유죄판결을 받은 범인에 대한 형 집행이다. 즉 정당한 절차에 의해 유죄판결을 받은 경우(범죄행위를 처벌하기 위하여)를 제외하고, 어떤 형태의 노예제도나 비자발적 노예제도는 미국 내 그리고 미국의 사법권역 내에서 허용되지 않는다.

[4] [역주] 미국의 복무선발제도는 1917년에 군대복무를 목적으로 남자들을 징집(선발)할 수 있는 권한을 대통령에게 부여한다는 법률이 통과되면서 실시되었으며 1940년에는 독립적인 연방기관으로서 복무선발제도가 공식적으로 출범했다. 물론 그간 수차례의 제도 변화가 있었다. 이 제도의 요체는 미국정부가 징집대상의 젊은이들에 대한 정보를 보유하는 것이기 때문에, 18세에서 25세까지의 미국 시민권자 및 이민 온 비시민권자들은 모두 자신의 신상에 관한 정보를 반드시 등록하고, 변동사항이 있으면 즉시 보고해야 한다. 현재 미국에서 복무선발제도에 등록된 사람의 수는 1,400만 명에 이르는 것으로 알려져 있다. 이전에는 신체등급과 연령 순으로 징집(draft)했으나 1969년부터는 복권추첨(lottery) 방식으로 징집자를 선발했다. 또한 1973년부터는 강제징집이 폐지되고 전면 지원제(all-volunteer)로 바뀌었지만, 전시상황에서의 징집에 대비하여 복무선발제도는 계속 유지하고 있다.

야 한다. 이러한 군대 징집이 비자발적 노예제도가 아니라면 뭐가 노예제도겠는가?

역사적으로 공리주의적 utilitarianism 관점이 징집제도를 옹호하는 논리에 깊숙이 스며들어 있다. 예를 들어, 정부는 다음과 같은 공리주의적 논리를 내세우고 있다. 외국의 침입이 있을 때 우리가 빙어할 사람을 강세하고 징집하지 않으면 '누가' 우리를 방어해 줄 것인가? 그러나 자유지선주의자들에게는 이 같은 논지에 반대하는 여러 가지 반박논리가 있다. 첫째, 나와 우리 이웃을 위해 방어가 필요하다고 해서 다른 사람에게 우리를 방어하도록 강요할 권리는 없으며, 더욱이 다른 사람에게 권총이나 총검으로 강제하는 것은 도덕적으로 용납되지 않는다. 징집 행위는 우리를 공격한 외부의 침략행위나 납치 또는 살인이 정당하지 않은 것과 마찬가지로 절대 정당화될 수 없는 침해행위이다. 징집된 군인은 '사회'와 '국가'에 빚지고 있으므로 그들의 신체와 생명을 기꺼이 바쳐야 한다고 말한다면 우리는 다음과 같이 되물어야 한다. 그런 노예제도를 정당화시키는 불가사의한 힘을 가진 사회와 국가는 과연 '누구'인가? 사회와 국가라는 것은 단지 징집된 젊은이들 '이외의' 이 땅에 사는 모든 사람일 뿐이다. 그리고 이 경우에 '사회'와 '국가'는 특정 개인의 이익을 도모하려고 무자비하게 강제력을 행사한다는 사실을 은폐하고자 사용하는 신비로운 추상적 실체에 불과하다.

둘째, 공리주의적인 태도를 보인다고 해서 방어할 사람들을 징집하는 것이 '왜' 필요하다고 생각하는가? 반드시 그럴 필요는 없다. 자유시장에서는 누구도 징집되지 않는다. 그 대신 자발적인 구매와 판매를 통하여 상상할 수 있는 온갖 제품과 서비스가 거래된다. 심지어 가장 필수적인 것들도 거래된다. 사람들은 시장에서 음식, 주택, 옷, 의약품 등을 사고판다. 그렇다면 사람들은 왜 자신들을 방어할 사람을 자유시장에서 고용하지 않는가? 사실 우리는 이미 위험을 대비한 서비스를 받고자 산림소방대, 산림경비대, 시험 조종사, 경찰, 사설 경호원, 감시인 등과 같은 많은 사람을 자유시장에서 고용하고 있다. 군인도 이 같은 방법으로 채용하면 되지 않겠는가?

달리 표현하면, 정부는 국민에게 다양한 서비스를 제공하려고 트럭운전사, 과학자, 사무원 등 수없이 많은 사람을 고용하고 있지만, 왜 이들 중에는 징집된 사람이 아무도 없는가? 왜 이들 직종에서는 정부가 인력을 구하려고 강제력을 행사하지 않아도 인력 '부족'이 발생하지 않는가? 그뿐만 아니라 군대에서도 장교는 징집하지 않아도 '부족' 현상이 발생하지 않으며, 장군이나 해군제독은 징집하지 않는다. 이런 질문에 대한 대답은 간단하다. 정부가 시장에서 경쟁력 있는 임금을 지급하고 고용하므로 행정사무원의 부족사태는 발생하지 않는다. 그리고 충분한 연봉과 복지혜택 및 연금이 지급되므로 장군의 부족은 생기지 않는다. 이에 비해 현재 사병지원자가 부족한 것은 시장임금에 비해 말할 수 없을 만큼의 낮은 임금을 지급하고 있기 때문이다. 적어도 과거에는 부족 사태가 더욱 심각했다.[5] 지난 수년간의 통계를 보면, 미국 군인에게 지급한 음식 및 주거 등의 모든 서비스의 화폐금액을 포함하더라도 사병의 수입은 그들이 민간인 신분이라면 받을 수 있는 연봉의 50%에도 미치지 못한다. 이 같은 상황에서 입대자 부족으로 골머리를 앓는 것은 특별히 놀랄만한 일이 아니다. 사실상 우리는 위험 직종에서 자발적으로 근무할 지원자들을 구하려고 초과 보상을 약속하는 방법을 사용해왔다. 그런데 정부는 이들에게 민간에서의 수입의 반도 안 되는 연봉을 지급하고 있다.[6]

---

[5] [역주] 위의 역주에서 설명했듯이 미국에서는 1973년에 징집제를 폐지하고 전면 지원제를 채택했다. 그러나 아직도 많은 나라에서 징집제를 유지하고 있다.

[6] 제임스 밀러 3세(James C. Miller, III)의 편저, 『왜 징집하는가?』(*Why the Draft?*,

다른 사람들보다 훨씬 많은 나이에 징집 대상이 되는 의사의 징집제도는 특히 치욕스럽다. 전문의가 되려면 이 같은 형벌을 감수해야 하는가? 이같이 특별하고 중요한 직업에 성가신 부담을 부과하는 것에 대한 도덕적 정당성은 무엇인가? 사람들에게 만약 당신이 의사가 된다면 반드시 징집대상에 포함될 것이고, 그것도 늦은 나이에 징집된다는 사실을 공시해주는 것이 의사 부족사태를 치유하는 길인가? 마찬가지로 정부가 전문의에게 시장임금은 물론 위험수당까지 충분히 지급할 용의가 있다면 군대가 필요로 하는 의료 인력은 쉽게 확보될 것이다. 지금도 정부가 핵물리학자나 '씽크 탱크'의 우수 전략연구원들을 구하고자 할 때는 근사한 보상체계를 제시하고 고용하고 있다. 그렇다면 의사들은 그보다 못한 수준의 인간이란 말인가?

제2절 군대

군대에 징집되는 것은 비자발적 예속을 악화시키는 뻔뻔스러운 노예제도의 일례지만, 군대 구조 문제는 매우 미묘한 사안이라서 사람들이 그 심각성을 잘 알지 못한다. 이 점을 주목해보자. 이 나라의 어느 직종에서 누가 직장을 그만두면 '탈영'이라는 이름으로 그를 감옥에 보내거나 극형에 처하겠는가? 누군가 GM 자동차 회사를 그만두면 해 뜰 때 총살당하게 될까?

입대자는 사병이나 장교 모두 자발적으로 일정 기간의 복무를 약속했기 때문에 그 복무기간 중에는 이탈 없이 계속 복무할 의무가 있다고

Baltimore: Penguin Books, 1968).

반박할 수 있다. 그러나 '복무기간'이라는 개념 그 자체가 문제의 초점이다. 예를 들어, 만약 어느 엔지니어가 아람코Aramco 라는 석유회사와 3년간 사우디아라비아에서 근무하는 조건으로 계약했으나 일이 자신과 맞지 않아 근무 시작 몇 달이 지나기도 전에 그만두었다고 가정해보자. 이 사람의 경우 '도덕'이 실종되고 도덕적 의무를 이행하지 않았다고 말할 수는 있다. 그러나 그것이 법으로 강제할 의무사항인가? 단적으로 말해, 정부가 독점적 권한을 가진다고 해서 그 사람이 잔여 계약기간까지 계속 일하도록 강제하거나 강제해야 하는가? 만약 그렇게 할 수 있다면 그것은 강제노동이며 비자발적 노예제도에 해당한다. 왜냐하면, 그 사람이 미래 복무를 약속한 것은 사실이지만, 자유사회에서 신체는 여전히 자신만의 것이기 때문이다. 실제 사회뿐만 아니라 자유지선주의 이론상으로도 위의 엔지니어는 계약 위반으로 도덕적 지탄을 받을 수 있고, 다른 석유회사의 블랙리스트에 오르며, 미리 받은 계약금을 반환해야 할지는 모르겠지만, 그는 결코 아람코 회사에서 3년간 노예 생활을 해야 하는 것은 '아니다'.

그러나 아람코 회사와 같은 민간 기업이나 직장에서 가능한 일이라면 왜 군대에서는 가능하지 않은가? 만일 어떤 사람이 7년 계약에 서명했더라도 중간에 사임하고 싶다면 떠나도록 허용해야 한다. 연금을 손해 보고, 도덕적 비난을 받거나 협력기업들로부터 고용거부를 당할 수는 있지만, 자기소유권을 가진 사람으로서 그는 자신의 의지에 반하여 노예가 되어서는 안 된다.

군대는 다른 직종과는 달리 이런 종류의 강제적 제재가 필요한 예외적으로 중요한 직종이라고 반박할지 모른다. 의료, 농업, 운송 분야 등과 같은 강제적 방법에 의존하지 않는 직종의 중요성에 대해서는 차치하고라도, 민간인 직업으로서 군대와 비슷한 보호 기능을 수행하는 경찰을 비교 대상으로 삼아보자. 경찰은 군인 못지않게 중요한 서비스를 제공하는데도, 복무기간의 의무적 준수를 강제하지 않으며, 사람들은 수시로 경찰에 합류하기도 하고 떠나기도 한다. 그래서 자유지선주의자들은 징집 폐지를 요구함과 더불어 '복무기간'이라는 개념 자체와 그것이 함의하는 노예제도의 완전한 폐기를 제안한다. 군대를 경찰, 소방대, 산악경찰대, 사설 경호단 등과 마찬가지로 운영하여 비자발적 예속이라는 도덕적 범죄의 어둠에서 벗어나도록 하자!

그런데 군대를 완전히 자발적 체제로 바꾼다 해도 군대라는 조직은 또 다른 문제를 내포하고 있다. 미국인은 건국 초기의 유산 중에서 가장 고귀하고 강력했던 전통 하나를 완전히 망각하고 있다. 그것은 '상비군' standing army 제도 전반에 대한 단호한 반대였다.[7] 정부가 상비군을 보유하면 정부는 항상 그것을 사용하고 싶은 유혹을 느끼며, 심지어는 공세적이고 간섭주의적이며 호전적인 방식으로 사용하게 된다. 외교정책에 대해서는 제15장에서 논의하겠지만, 영구적인 상비군은 국가로 하여금 권력을 확장하고, 타국과 타국민을 괴롭히며, 심지어는 자국민의 생활을 압제하고자 하는 유혹에 빠지게 한다. 미국정치에서 주로 자유지선주의적 요소에 근거한 제퍼슨주의 Jeffersonian [8] 운동의 원래 목표는 육상 및 해

---

[7] [역주] 상비군은 평화 시에도 해산하지 않는 전문적이고 영구적 군대이다. 역사적으로 영국과 유럽에서는 시민에 대한 군인들의 착취와 약탈 때문에 군에 대한 혐오감이 팽배해 있었다. 미국 독립전쟁의 원인도 영국군의 횡포에서 기인되었다고 주장하는 사람이 많다. 미국의 독립전쟁 전후에 조지 메이슨(George Mason) 등의 반연방주의자들(anti-federalists)은 "상비군 유지가 국가를 지키는데 적절한 수단인가?"라는 문제를 제기함으로써 상비군 유지를 반대했다. 이 같은 논란을 종식시키기 위해 1865년에 수정된 수정헌법 13조에서는 "평화 시기이건 전시이건 군인들은 소유자의 허락 없이 민간 시설에 주둔할 수 없다"는 숙영 금지 조항을 제정했다. 상비군 유지를 반대하는 사람들은 이 조항은 역사적으로 고찰해 볼 때 상비군 유지를 실질적으로 금지하는 것이라고 생각한다.

[8] [역주] 제퍼소니언(Jeffersonians)은 미국의 제3대 대통령이었던 제퍼슨(Jefferson)

상의 상비군을 모두 폐지하는 것이었다. 건국 초기의 원칙은 국가가 침공당하면 시민이 즉각 결집하여 그 침입자를 격퇴한다는 것이었으며, 상비군은 오직 국가권력의 남용과 문제만을 초래할 것으로 생각했다. 패트릭 헨리Patrick Henry는 버지니아 비준회의에서 미국 건국 당시 제안된 헌법에 대하여 예리하고 예언적인 비판을 퍼부으면서 상비군 유지에 대해서도 다음과 같이 경고했다. "의회는 징세권과 군대 창설권 및 민병대 통솔권을 모두 보유함으로써 한 손에는 칼을 들고 다른 한 손에는 돈 지갑을 들고 있는 셈이다. 이 중 어느 하나도 갖고 있지 않은 우리는 과연 안전하겠는가?"[9]

상비군은 국민의 자유를 상시로 위협하는 존재이다. 군대의 무기 독점권, 그리고 그 강압적인 군대에 물자를 제공하기 위해 '군산복합체'를 창설하고 지원하고자 하는 현대 정부의 특성, 그리고 마지막으로 패트릭 헨리가 지적했듯이 그 군대 비용을 충당해주는 세금징수권의 보유는 결

의 사상을 추종하는 사람들이다. 제퍼슨은 미국연방헌법의 초안을 작성한 사람이었지만 강력한 연방주의를 반대했다. 이에 비하여 당시 해밀튼(Hamilton, 워싱턴 대통령 당시의 재무장관)은 강력한 연방주의를 지지했다. 그리고 이를 지지하는 연방주의자들을 해밀토니언(Hamiltonians)이라고 부른다.

[9] 아서 에커치 2세(Arthur A. Ekirch, Jr.)의 『시민과 군대』(*The Civilian and the Military*, New York: Oxford University Press, 1956), 28쪽 참조. 육군 최고사령관에 대한 제퍼슨 추종자들의 예리한 공격에 대한 참고문헌은 존 테일러(John Taylor)의 『미국 정부의 원칙과 정책에 대한 연구조사』(*An Inquiry into the Principles and Policy of the Government of the United States*, 1814, 재인쇄; New Haven: Yale University Press, 1955), 175쪽 등 참조. 그리고 17세기 영국의 자유지선주의 이론가들과 미국 독립전쟁 중의 미국 상비군에 대한 이들의 적대적 감정이 당시 사회에 미친 영향에 관한 참고문헌은 버나드 베일린(Bernard Bailyn)의 『미국혁명의 이념적 기원』(*The Ideological Origins of the American Revolution*, Cambridge: Harvard University Press, 1967), 61~64쪽 참조. 또 다른 참고문헌은 돈 히겐보쌈(Don Higgenbotham)의 『미국 독립전쟁』(*The War of American Independence*, New York: Macmillan, 1971), 14~16쪽 참조.

국 군대 규모와 힘의 영속적 확장을 초래하여 우리에게 지속적 위협으로 작용할 것이다. 물론 자유지선주의자들은 세금 지원으로 운영되는 '모든' 기관은 강압적이라는 이유로 반대한다. 더욱이 군대는 현대 무기의 막강한 화력을 한 손에 끌어모아 축적하므로 특별히 더 위협적이다.

제3절 파업금지법

1971년 10월 4일에 미국의 닉슨 대통령은 부두 파업을 80일 동안 중단시키는 법원의 명령을 받아내고자 태프트-하틀리 법 Taft-Hartley Act[10]을 발동했다. 이는 연방정부가 태프트-하틀리 법을 적용한 아홉 번째의 부두 파업에 해당한다. 또한, 그 몇 달 전에는 뉴욕시 교원노조의 조합장이 공무원의 파업을 금지하는 법률을 무시했다는 이유로 구류 처분되었다. 이 같은 조치는 파업으로 말미암은 생활의 불편으로 오랫동안 고통받던 주민을 파업으로부터 구해내는 데는 분명 편리한 도구였을 것이다. 그러나 이런 강제된 '방안'은 분명히 강제 노동에 해당하며, 노동자들에게는 그들의 의지에 반하여 업무에 복귀해야 하는 압박으로 작용했다. 노예제도를 반대하고 비자발적 예속을 불법으로 간주하는 나라에서 파업을 금지하는 법적 또는 법원의 조치, 그리고 불응하는 노동조합 지도자를 구

---

[10] [역주] 태프트-하틀리 법은 1935년에 제정된 와그너 법을 1947년에 태프트와 하틀리 의원의 발의에 의해 수정한 법이다. 이 법은 LMRA(Labor-Management Relations Act, 노동자-사용자 관계법)로 불리기도 한다. 와그너 법에서는 사용자의 부당노동행위 금지 및 이를 위반한 사용자 처벌 등을 통하여 사용자의 권한을 약화시켰으나, 태프트-하틀리 법에서는 노동자의 파업을 제한할 수 있고(예, 법원의 파업중지 명령 및 공공노조 파업금지 등), '노동조합 가입 조건의 채용'(closed shop)을 금지함으로써 노동조합의 권한을 크게 약화시켰다.

류시킨 조치에 대해서는 도덕적 변명이 있을 수 없다. 이는 아직도 우리 사회에서 노예행위가 근절되지 않고 있다는 또 다른 예이다.

파업은 업무 중단의 특별한 형태인 것은 사실이다. 파업 참여자들은 단지 그들의 직장을 그만두는 것이 아니다. 그들은 뭔가 형이상학적 의미에서 직장을 여전히 '소유'하며 그럴만한 자격이 있으며, 언제든지 문제가 해결되면 직장에 다시 복귀할 의사가 있다는 것을 주장하는 것이다. 하지만 이러한 자기 모순적 정책을 철회하고 파괴적 노동조합의 힘을 없애는 해결책은 오히려 파업을 불법화하는 법률을 제정하지 않는 것이고, 그간 노조에 다양한 특권을 부여한 연방, 주와 지방자치단체의 관련 법률을 상당 부분 폐지하는 것이다. 건전한 경제발전을 위해서 그리고 자유지선주의 원칙에 의해서도 필요한 것이라고는 이러한 특권을 제거하고 폐지하는 것뿐이다.

노조의 특권 조항은 원래 1935년에 통과된 와그너-태프트-하틀리 법 Wagner-Taft-Hartley Act[11]과 1932년에 제정된 노리스-라가디아 법 Norris-La Guardia Act[12]에 신성하게 모셔져 있다. 노리스-라가디아 법에서는 폭력적

---

[11] [역주] 1935년에 제정된 와그너 법과 1947년에 이를 수정한 태프트-하틀리 법을 와그너-태프트-하틀리 법이라고 부른다.
[12] [역주] 미국의 대공황(1929년) 이전의 연방정부는 대체로 노동조합에 적대적이었다. 그러나 대공황 발생과 함께 노동조합의 폭력적 활동이 증가하면서 노동자에게 조합결성권 등을 보장하는 규정이 나타났다. 노리스-라가디아 법은 1932년에 공화당 소속의 조지 노리스(George Norris, 네브래스카 상원의원)와 피오렐로 라가디아(Fiorello La Guardia, 뉴욕 하원의원)가 발의하여 제정된 연방법으로서 노동자에게 불리한 황견계약 금지, 비폭력적 노사갈등에 대한 법원의 금지명령 발부 금지, 노동자의 산별노조 가입에 대한 사용자의 불간섭 등의 조항을 포함하고 있다. 이어서 연방정부는 1933년에 국가산업부흥법(NIRA, National Industrial Recovery Act)을 제정하여 ① 공정경쟁을 촉진하기 위하여 산업 규제를 완화하고 카르텔 및 독점을 허용하며, ② 노동자에게 노동조합 결성권과 집단교섭권을 보장하는 등의 조항을 포함시켰다. 그리고 노동자 권리에 대한 NIRA의 좀 더 구체적 내용은 1935년의 와그너 법으로 제정되었다.

노동쟁의가 임박한 때도 이를 금지시키는 법원명령을 발부하지 못하도록 규정하고 있다. 또한, 와그너-태프트-하틀리 법은, 회사 내에 복수 노조가 존재할 때, 고용주는 연방정부가 임의로 정한 협상단에게서 다수 표를 받은 노조와 반드시 '성실하게' 협상에 응해야 하고, 노조 운동에 참여한 사람들이 차별받지 않도록 강제하고 있다. 노동조합이 미국 사회에서 더욱 강력한 힘을 갖게 된 것은 바로 1932년에 제정된 국가산업부흥법NIRA, National Industrial Recovery Act[13]과 이를 수정한 와그너 법(1935년)이 제정된 후이다. 전체 노동자의 5% 정도만이 가입했던 미국의 노동조합이 20% 이상의 조합원들을 갖게 된 것은 바로 그때이다. 더욱이 미국의 주와 지방자치단체 중에는 노동조합을 상대로 소송을 제기하지 못하도록 보호하는 규정과 파업불참 노동자들을 고용하지 못하도록 제한하는 규정 등을 법률로 제정한 예도 있다. 또한, 경찰과 파업불참 노동자는 노조 피켓을 들고 폭력을 행사하는 노조원의 행동에 개입하지 못하도록 제한하고 있다. 노조의 이 같은 특권 및 면책조항들을 철폐하면 노동조합은 예전처럼 미국 경제에 큰 영향력을 행사하지 못할 정도로 약화할 것이다.

노동조합에 대한 일반 국민의 불만이 1947년에 태프트-하틀리 법의 제정으로 이어졌지만, 정부가 노조의 특권을 전부 폐기하지 않은 것은 당시의 국가주의적 추세의 특징 때문이었다. 그 대신 정부가 노조에 부여한 특권을 제한시키는 특별 조처만을 추가하는데 그쳤다. 이러한 결과는 자신의 권력을 스스로 감축시키기보다는 기회만 있으면 더 많은 권력을 가지려는 국가 본연의 특성에 기인한 것 같다. 그 결과 정부는 한편으로

---

[13] [역주] 국가산업부흥법(NIRA, National Industrial Recovery Act)에 대한 설명은 앞의 역주 참고.

는 노조를 육성하고, 다른 한편으로는 노조의 힘을 제한해야 한다고 떠들어 대는 묘한 상황을 연출했다. 비슷한 예는 미국의 과거 농업정책에서도 찾을 수 있다. 미국 농무부Department of Agriculture 산하의 한 기관에서는 생산을 '줄이도록' 농민에게 보상금을 지급하고, 또 다른 산하기관에서는 생산성을 높이도록 격려금을 지급한 적이 있다. 이는 소비자와 납세자 입장에서 전혀 이해되지 않는 불합리한 정책이지만, 보조금을 받는 농민들 '그리고' 점점 더 많은 권력을 갖게 되는 행정부의 입장에서는 합리적인 정책이다. 마찬가지로, 노조에 대한 이 같은 정부의 모순적 정책은, 첫째, 노사관계에 대한 정부의 통제력을 확대하는 데 일조했으며, 둘째, 경제 부문에 대한 정부의 역할을 유지하려고 노조를 정부의 하위 동업자로 참여시킴으로써 정부의 구미에 맞게 통합하고 기득권화한 노동조합주의unionism를 육성했다.

제4절 납세제도

어떤 의미에서는 조세제도 전체가 비자발적 예속의 한 형태이다. 특히 소득세income taxes의 예를 살펴보자. 높은 소득세를 낸다는 것은 우리가 모두 일 년 중의 몇 달은 정부를 위해서 '무료로' 일하고 나서야 비로소 우리의 소득을 시장에서 쓸 수 있게 허락받는 것과 다를 바 없다. 노예제란 것의 핵심은 무엇보다 돈을 받지 않거나 아주 적은 돈으로 누군가를 위해 강제 노역하는 것이다. 소득세는 우리가 땀 흘려 번 돈의 상당 부분을 정부가 마음대로 빼앗아 가는 것이다. 이것이 무급으로 강제 노역을 시키는 것과 무엇이 다른가?

소득세의 '원천 과세'withholding tax[14] 부분은 좀 더 분명한 비자발적 노예제도의 예이다. 수년 전에 코네티컷 주의 웨스트포트Westport에서 제조업체를 경영하던 비비언 켈럼스Vivien Kellems라는 용감한 사장이 주장했듯이, 사장은 각 임직원의 소득세를 떼어 내 연방 및 주 정부에 보내는 업무 때문에 많은 시간과 인력 및 비용을 지출하고 있지만, 그 비용을 전혀 보상받지 못하고 있다는 것이다. 세금 계산하는 비용까지 강제로 고용주에게 떠넘기는 정부의 행위를 무슨 도덕적 원리로 정당화할 수 있겠는가?

원천 과세의 원칙은 미국의 연방소득세[15] 제도에서 가장 중요한 부분이다. 노동자의 월급봉투에서 이같이 안정적이고 상대적으로 고통이 적은 방식으로 직접 징수하지 않는다면, 정부는 노동자에게서 많은 세금을 단번에 거둬들이기는 쉽지 않을 것이다. 원천 과세는 제2차세계대전 중에 시행되었고, 단지 전시 상황에서의 임시방편일 뿐이었다는 사실을 기억하는 사람은 거의 없다. 하지만 국가전체주의의 여러 다른 독재적 제도와 마찬가지로, 전시의 긴급 상황에서 도입된 이 제도 역시 전후에 폐지되지 않고 곧바로 미국의 신성불가침한 제도로 정착되었다.

비비언 켈럼스가 원천 과세제도의 합헌성constitutionality 여부를 검증하자고 제기했을 때, 연방정부가 그 도전을 받아들이지 못했다는 사실은 상당한 의미가 있다. 1948년 2월에 코네티컷의 웨스트포트에서 작은 공장을 운영하던 켈럼스 여사는 지금부터 원천징수법에 불응하고 임직원들에게서 더는 세금을 공제하지 않겠다고 선언했다. 또한, 법원이 제발

---

[14] [역주] 원천 과세는 고용인이 피고용인에게 급여를 지급할 때마다 일정 금액의 소득세를 미리 떼어서 국세청에 납부하고 그 다음 연도 초에 정확한 세금계산을 통해 그 차액을 정산하는 제도이다. 다음 연도 초에 전년도의 소득에 기초하여 정확한 세금액을 자발적으로 신고하는 행위를 세금신고(tax return)라고 부른다.

[15] [역주] 일반적으로 미국에서의 소득세는 연방세에 해당되며, 재산세는 연방세가 아닌 주세에 해당된다.

원천 과세제도의 합헌성을 심의하도록 유도하기 위해 연방정부에 그녀 자신을 기소하도록 요구했다. 그러나 정부는 다시 그녀의 요구를 들어주지 않고 오히려 그녀의 은행계좌에서 해당 금액을 강제로 압류했다. 그래서 켈럼스는 압류당한 돈을 반환하라고 정부를 피고로 연방법원에 소송을 제기했다. 마침내 1951년 2월에 나온 최종 판결에서 배심원들은 그 돈을 반환하도록 정부에 명령했다. 그렇지만 합헌성에 대한 문제는 더는 제기되지 않았다.[16]

엎친 데 덮친 격으로 개별 납세자들이 자신의 세금계산서를 스스로 작성하는 것이 매우 까다로운 작업인데도, 정부는 어떤 보상이나 고마운 마음도 표시하지 않고 무상으로 그것을 보고하도록 강제한다. 여기서도 납세자들은 세금 신고 과정에서 발생하는 여러 비용과 노력에 대한 보상을 정부에 요구할 수 없다. 그뿐만 아니라 모든 사람이 세금보고서를 작성하여 자진 신고하도록 강제한 법률은 분명히 미국 수정헌법 제5조를 위반한 것이다. 그 수정헌법은 정부가 누구에게도 '자기부죄'self-incrimination[17]를 강요해서는 안 된다고 못 박고 있다. 그러나 법원은 기타 시시한 문제에 대해서는 수정헌법 제5조를 지키려 열성적이지만, 거대해진 연방정부의 전반적인 생존이 걸린 이 문제에 대해서는 어떤 조처도 취하지 않고 있다. 소득세, 원천 과세, 자진 납세 신고 조항을 폐지하면, 정부는 상대적으로 힘이 약했던 20세기 이전의 수준으로 되돌아갈 수밖

---

[16] 켈럼스 소송에 관한 참고문헌은 비비언 켈럼스(Vivien Kellems)의 『고된 노동, 세금, 그리고 어려움』(Toil, Taxes and Trouble, New York: E. P. Dutton, 1952).

[17] [역주] 미국 수정헌법 제5조(the Fifth Amendment of the Constitution, 1791년 수정)는 주요 범죄에 대한 대배심원(grand jury) 제도 도입, 일사부재리의 원칙(double jeopardy 금지), 정당한 절차에 의해 재판 받을 수 있는 권리, 그리고 자기부죄(self-incrimination) 강요 금지 등에 관한 규정을 포함하고 있다. 여기서 자기부죄의 강요는 자기에게 불리한 죄의 실토 또는 증언의 강요를 의미한다.

에 없다.

정부는 또한 소매점에게 수고료조차 지급하지 않고 '판매세' sales tax, 소비세, 입장세 등과 같은 간접세를 모아서 납부하도록 강제하고 있다.

정부를 대신하여 납세자가 부담하는 높은 세금징수비용은, 아마도 권력을 쟁취하려는 사람들의 의도인지는 몰라도, 또 다른 부작용을 낳고 있다. 그 비용이 대기업에는 큰 부담이 아닐지 모르지만 중소기업에는 부당하게 무겁고 감당하기 어려운 부담으로 작용할 수 있다. 따라서 대기업은 그들의 경쟁자인 중소기업에 큰 부담으로 작용한다는 사실을 알기 때문에 이의 제기 없이 기꺼이 그 비용을 부담하고 있는지도 모른다.

제5절 법원

강제노동은 미국의 법과 재판제도에도 깊숙이 뿌리내려 있다. 그렇기에 우리가 존중하는 재판절차 역시 '강제 증언' coerced testimony 제도에 의존한다. 모든 강제는 그 누구에 대한 것이든 유죄가 확정된 범죄자를 제외하고는 사라져야 한다는 것이 자유지선주의 공리이기 때문에, 강제 증언제도도 폐지되어야 한다. 최근 법원은 어떤 범죄혐의자일지라도 자신에게 불리하게 증언하거나 자신의 유죄와 관련된 물증을 내놓도록 강요당해서는 안 된다는 수정헌법 제5조를 준수하려고 노력해 온 것이 사실이다. 그러나 미국 의회는 1972년에 면책법안을 통과시킴으로써 수정헌법 제5조의 취지를 중대하게 약화시켰다. 이 법에서는 누군가가 자기 동료의 죄를 증언해주면 그 사람에게 기소하지 않겠다는 면책권 immunity [18]

---

[18] [역주] 범죄와 관련된 사람 중의 하나가 증인으로서 다른 범죄자에게 불리한 증언을

을 제안하고, 더 나아가 그 증인에게는 그 제안을 반드시 수용하여 자기 동료에 대한 증언을 강제할 수 있도록 규정하고 있다. 어떤 이유든지 간에 누군가에게 증언을 강요하는 것은 강제노동이며 더 나아가 납치에 해당한다. 왜냐하면 그 사람은 강제적으로 청문회 또는 재판에 출석하여 증언이라는 노동을 제공해야 하기 때문이다. 그러나 면책법immunity laws 만이 문제가 되는 것은 아니다. 범죄 현장의 증인을 마구 소환하여 그들에게 증언을 강요하는 행위를 포함한 '모든' 강제 증언제도를 폐지하는 것이다. 증인은 그 범죄와 관련자일 수도 있고 전혀 무관할 수도 있다. 따라서 그런 일반 사람에 대해 강제하는 것에 대해서는, 이제까지 누구도 그 문제점을 제기하지 않았지만, 범죄 피고인에게 증언을 강요하는 것보다 훨씬 더 정당화될 수 없다.

소환권subpoena power은 사실상 재판 출석의 강요를 의미하므로 소환권 전체가 없어져야 마땅하다. 심지어 기소된 범죄자나 불법행위자라고 할지라도 재판 출석을 강제해서는 안 된다. 왜냐하면, 아직 유죄판결을 받지 않았기 때문이다. 자유지선주의적 성향이 강한 과거 영국법 원리에 따르면, 사실 그는 유죄가 증명될 때까지는 아직 결백하므로 법원은 피고를 강제적으로 재판에 출석시킬 권한이 없다. 왜냐하면, 수정헌법 제 13조에서 비자발적 노예제 금지에 대한 '유일한' 예외는 "정당한 절차에 의하여 유죄판결을 받은 당사자의 범죄행위에 대한 처벌의 일환인 경우" 라는 것을 기억해야 한다. 기소된 당사자는 아직 유죄 판결을 받은 것이 아니다. 법원이 취할 수 있는 것은 피고에게 앞으로 재판이 열릴 것이라는 사실을 통보하고 그 재판에 당사자 또는 변호인을 '출석'하게 하는 것이 거의 전부이다. 만약 그들이 재판에 출석하지 않는다면 '궐석 재판'

해준다면, 그 증인을 기소하지 않겠다는 검사의 제안.

trial in absentia 으로 진행된다는 사실을 알려주면 된다. 그렇게 되면 피고는 당연히 자신의 사건에 대해 최선의 변호를 할 수 없게 된다.

수정헌법 제13조와 자유지선주의 신념은 모두 유죄판결을 받은 범죄자에 대한 예외를 두고 있다. 자유지선주의자들은 범죄자가 타인의 권리를 침해한 만큼 범죄자 자신의 권리는 상실한다고 믿는다. 따라서 유죄가 확정된 범죄자를 그 정도만큼 감금하고 비자발적 노예상태로 처할 수 있다. 하지만 자유지선주의 세계에서는 감옥에 가두고 처벌하는 '목적'이 분명히 다르다. 거기에서는 존재하지도 않는 '사회'를 대신하여 범죄자를 기소하고, 또 그 '사회를 대신'하여 범죄자를 처벌하는 것으로 여겨지는 '검찰'이 존재하지 않는다. 그 세계에서 검사는 항상 '개별 피해자'를 대변할 것이고, 따라서 처벌은 피해자에게 이득이 돌아가는 방향으로 행해진다. 즉 처벌의 초점은 가해자가 피해자에게 응분의 보상을 해주거나 배상 restitution 하도록 강제하는데 맞춰진다. 이 같은 경우의 한 예는 미국독립 이전의 식민지 시대의 관행에서 찾을 수 있다. 지역 내의 농부에게 강도질한 범인을 감옥에 가두는 것 대신에 그 도둑은 농부에게 강제로 예속되어 빚을 모두 갚을 때까지 일하게 했다. 이는 사실상 기간제 노예제와 같다고 말할 수 있다. 중세 시대에 흔히 존재했던 처벌의 개념 역시 피해자에 대한 변상이었다. 그러나 국가 권력이 커짐에 따라 왕이나 귀족과 같은 정부 당국이 서서히 그 변상과정을 간섭하기 시작했으며, 그 결과 범죄자의 재산을 몰수하여 착복하고 힘없는 피해자들을 방치하는 사례가 늘어났다. 나아가 '국가 이익에 반한 짓'이라는 식의 추상적인 범죄에 대해서는 점차 변상에서 처벌로 그 강조점이 변화함에 따라 잘못을 저지른 사람에게 가해지는 국가의 처벌은 점점 더 가혹해졌다.

스티븐 셰퍼 Stephen Schafer가 지적했듯이, "국가가 처벌기능을 독점함에 따라 신체적 상해를 입은 피해자의 권리는 점차 형법과 분리되었다."[19]

그리고 20세기 전환기에 범죄학자인 윌리엄 탤럭 William Tallack 의 말을 빌자면, "신체적 상해를 입은 사람들의 권리가 조금씩 침해되기 시작한 것은 봉건시대 귀족들과 중세 교회권력의 과도한 욕심이 주요 원인이었으며, 세월이 흐름에 따라 피해자들의 권리는 이들 권력자의 전유물이 되었다. 이들은 범법자들의 재산을 박탈하여 그 피해자에게 주지 않고 착복했을 뿐만 아니라, 범법자들을 지하 감옥에 가두고 고문했으며, 심지어는 화형이나 교수형에 처하는 등의 방법으로 처벌함으로써 중복적으로 앙갚음을 자행했다. 그러나 원래 피해자에 대한 배려는 전혀 무시되었다."[20]

자유지선주의자들은 감옥 자체를 전면 부정하지는 않지만, 현재의 재판 및 형벌제도 penal system 중에서 몇 가지 부분에 대해서는 반대 의견을 가지고 있다. 그 중 하나는 재판 기간에 피의자가 유치장에 머무는 시간이 너무 길다는 것이다. '신속한 재판'에 대한 헌법상의 권리란 재판부의 원칙 없는 집행을 의미하는 것이 아니라, 유죄가 확정되기 '전'까지는 비자발적 예속의 기간을 최소화하는 방안이다. 사실 범죄현장에서 현행범으로 체포되어 유죄가 추정되는 경우를 제외하고는 재판이 열리기 전은 물론이고 유죄가 확정되기 전까지는 '어떤' 감금도 정당화될 수 없다. 심지어 현장범으로 체포된 경우에도 그 제도를 공정하게 만들려면 제도화해야 할 중요 개혁 사항이 하나 있다. 그것은 경찰이나 기타 사법당국 역시 법 앞에서는 일반 사람과 같게 취급해야 한다는 것이다. 아래에서

---

[19] 스티븐 셰퍼(Stephen Schafer)의 『범죄피해자에 대한 보상』(*Restitution to Victims of Crime*, Chicago, Quadrangle Books, 1960), 7~8쪽 참조.

[20] 윌리엄 탤럭(William Tallack)의 『취조당한 무죄인에 대한 배상과 범죄피해자가 보상받을 권리』(*Reparation to the Injured and the Rights of the Victims of Crime to Compensation*, London, 1900), 11~12쪽 참조.

좀 더 깊이 논의하겠지만, 모두가 같은 형법의 적용을 받아야 한다고 말하면서 사법기관들에는 그 형법의 적용을 면제시키는 것은 그들에게 계속 위법행위를 저질러도 좋다는 법적 면허를 주는 것이다. 범죄자를 체포하고 가두는 경찰, 그리고 재판이나 유죄판결을 받기 전에 그를 구금하는 사법기관 및 형벌기관에는 모두 보편적인 법률의 적용을 받아야 한다. 간단히 말해서, 사법기관이 실수를 범하고 피의자가 결백한 것으로 판명되면 이들 공적 기관도 무고한 사람을 납치하여 감금한 다른 일반 범죄인과 같은 처벌을 받아야 한다. 예를 들어, 베트남 전쟁 중에 미라이My Lai 마을에서 저지른 학살행위에 대해 캘리Calley[21] 대위가 용납될 수 없듯이, 자신의 직무를 수행하는 과정에서 저지른 사안에 대한 면책권 역시 변명으로 기능해서는 안 된다. 검찰에서는 그가 저지른 학살행위에 대해서 기소 면제를 제안한 적이 있다. 이 같은 법집행기관의 예외 조치는 결코 용납될 수 없다.[22]

'보석'bail을 허용하는 것은 재판 전에 감금한다는 폐단을 완화하려는 무성의한 조치이다. 하지만 보석제도가 가난한 사람들에게 불리한 차별을 초래하는 것은 분명하다. 보석금 대여업의 등장으로 예전보다 더 많은 사람이 보석의 혜택을 보고는 있지만 가난한 사람에 대한 차별은 여전히

---

[21] [역주] 1968년에 베트남의 미라이(My Lai) 마을에서 미국 해병대에 의해 양민 104명이 학살당하는 사건이 발생했다. 당시 현장에서 학살을 지휘했던 중대장 캘리 대위로부터 상부의 지시가 있었는지에 대한 증언을 얻기 위해 검찰은 캘리 대위에게 기소 면책권을 제안했다. 그러나 재판부는 캘리 대위로부터 상부 지시에 대한 증언을 확보하지 못했고, 결국 캘리 대위가 혼자 우발적으로 명령하여 저지른 범죄라는 결론을 내렸다. 이로 인하여 캘리는 종신형을 받았다. 캘리 대위는 약 35년을 복역한 뒤 2005년에 출소했다. 이 사건을 주제로 영화(예, 〈어 퓨 굿맨〉(*A Few Good Man*), 1992), 노래, 연속극 등이 출시되기도 했다.

[22] 체포기관과 형벌기관의 면책 사항을 신랄하게 비판한 참고문헌은 멘켄(H. L. Mencken)의 『편견에 관한 편저』(*Prejudices: A Selection*, New York: Vintage Books, 1958), 138~143쪽에 수록된 「자유의 본질」(The Nature of Liberty) 참조.

존재한다. 법원은 사건이 너무 많아서 재판을 신속히 진행할 수 없다고 반박하지만, 전혀 설득력이 없다. 반면에 이 같은 고질적인 비효율성은 정부기관으로서의 법원은 폐지되어야 한다는 주장을 뒷받침하는 훌륭한 논거가 된다.

더욱이 보석금은 유죄판결 전이라도 누구든지 구금할 수 있는 무소불위의 힘을 지닌 판사가 임의로 책정한다. 이는 특히 '법정 모독죄' contempt of court를 적용할 때 더 큰 위험성을 내포한다. 왜냐하면, 법정 모독죄는, 판사는 증거주의나 재판에 관한 일반 규칙, 그리고 본인 관련 사건은 본인이 재판할 수 없다는 기본 원칙까지 위반하면서 혼자서 검사·판사·배심원 역할을 수행하여 피의자를 기소하고 유죄평결을 내리고 형량을 부과한 후, 누구든지 감옥으로 내칠 수 있는 거의 무제한의 권력에 해당하기 때문이다.

마지막으로, 사법제도 judiciary system 중에서, 이유는 모르겠지만, 너무나 오랫동안, 자유지선주의자들조차 이의를 제기하지 않은 중요한 사항이 하나 있다. 그것은 '강제적인 배심원 의무봉사' compulsory jury service 제도이다.[23] 배심원 의무제도와 징집제도는 그 정도에서는 큰 차이가 있지만, 유사성에는 거의 차이가 없다. 이들은 모두 노예적 예속에 해당하고, 양자 모두는 노예 수준의 임금을 받고 국가를 위해 강제로 일해야 한다. 시장의 적정 임금보다 훨씬 낮은 보수를 지급함으로써 자발적 징집자가 없는 것과 마찬가지로, 배심원 의무에 대한 보상도 매우 낮아서 배심원으로 강제 선정된다 해도 이를 기꺼이 수락하는 사람은 많지 않다. 더욱

---

[23] [역주] 배심원단(jury)은 보통 시민(변호사 제외) 중에서 선정된 12명의 배심원(juror)으로 구성되어 피고가 유죄(guilty)인지 무죄(not guilty)인지 평결(verdict, 배심원단이 재판장에게 답신)한다. 일반 시민은, 배심원으로 선정되면, 그 선정을 거부할 수 없다.

이 배심원들은 일단 선정되면 의무적으로 참여하여 역할을 수행해야 할 뿐만 아니라, 가끔은 몇 주 동안 감금된 상태로 신문도 읽지 못하게 한다. 범죄자도 아닌 사람을 이같이 감금하는 것이 비자발적 노예제도가 아니고 무엇이겠는가?

배심원 의무봉사가 시민이 수행해야 할 매우 중요한 역할이고 (판사는 국가체제의 일부이고 그렇기에 검사 쪽 입장에 편향되기 쉬우므로) 피고인이 판사로부터 보장받지 못하는 재판의 공정성을 확보할 수 있게 한다고 배심원 제도를 지지하는 사람이 있을 수 있다. 사실 그럴 수 있다. 하지만 배심원 의무봉사가 그렇게 중요해서 반드시 필요하다면 그 봉사는 기쁜 마음으로 자발적으로 참여하는 사람들에 의해 수행되어야 하는 것이 무엇보다도 중요하다. 우리는 자유로운 노동이 노예적 노동보다 더 행복을 주고 더 효율적이라는 사실을 잊었다는 말인가? 노예 제도적인 배심제도의 폐지는 자유지선주의 정강 정책의 중요한 항목이 되어야 한다. 판사가 징집되지 않고 쌍방의 변호사 역시 강제 징집하지 않듯이 배심원도 강제 징집해서는 안 된다.

미국 전역에서 변호사들에게 배심원 의무봉사를 면제하고 있는 것은 아마 우연은 아닌 것 같다. 법률을 작성하는 사람들이 주로 법률가라는 점을 고려할 때 특정 계급의 특혜와 입법이 작용한 것은 아닌지 따져 볼 일이다.

제6절 강제입원

우리 사회에서 가장 부끄러운 비자발적 예속의 한 형태는 아직도 광범위하게 행해지는 정신병 환자의 강제 격리수용 또는 비자발적 입원이다.

실제로 1940년대부터 정신질환자를 우리 사회에서 제거하는 조치의 하나로 범죄를 저지르지도 않은 환자를 강제 입원compulsory commitment 시키는 제도가 도입되었다. 이는 20세기 자유주의 사상에 기초한 조치로서 겉으로는 꽤 인간적으로 보일지 모르지만 실제로는 매우 음흉한 것이다. 지금도 정신과 의사를 포함한 많은 의사는 '환자 자신을 위한다'는 명분으로 이 불쌍한 사람들을 구금하는 데 일조하고 있다. 이들 인도주의자의 수사법은 그러한 관행이 더 광범위하게 확산하게 만들었고, 특히 환자 때문에 불편을 겪는 가족이 양심의 가책도 느끼지 않고 사랑하는 사람들을 치워버릴 수 있도록 해주었다.

1960년대에 자유지선주의 정신과 의사이며 정신분석학자인 토머스 새즈Thomas S. Szasz는 홀로 강제입원에 반대하는 성스러운 전쟁을 치렀다. 그의 항의는 처음에는 사회적으로 큰 반응이 없었으나 점차 힘을 얻어 지금은 정신과 분야에서 큰 반향을 일으키고 있다. 많은 저서와 논문을 통하여 새즈는 이 관행에 반대하는 합리적이고 체계적인 공격을 퍼부었다. 예를 들어, 그는 비자발적 입원은 의료 윤리를 심각하게 위반하는 것이라고 주장했다. 정신과 의사들은 지금 그들이 당연히 돌보아야 할 환자를 위해 일하는 것이 아니라, 환자 가족과 국가를 위해 일하면서 환자의 이익을 무시하고 폭군처럼 행동하고 있다. 더욱이 강제입원과 강제 '처방'은 정신질환을 치료하는 것이 아니라 더욱 악화시키고 영구화시킬 가능성이 있다. 새즈가 지적했듯이 강제입원은 환자에게 진정한 도움을 주는 것이 아니라 오히려 감금을 통하여 귀찮은 환자를 폐기하는 수단이 되고 있다.

강제입원에 대한 주요 논거는 환자가 '자신이나 타인에게 위험할' 수도 있다는 것이다. 이러한 논리의 첫 번째 문제점은 명백한 공격적 행위가 실제로 발생한 것이 '아니라' 그 같은 행위가 언젠가 일어날 수도 '있다'고 누군가가 판단하면, 경찰이나 사법당국이 개입한다는 것이다. 이는 국가라는 무제한적 폭군에게 요술지팡이를 쥐여주는 것과 같다. 사람이라면 누구든지 범죄를 저지를 수 있고 또 언젠가는 범죄를 저지를 가능성이 높다는 판정을 받을 수 있다. 그런데 바로 이 같은 이유 때문에 실제로 범죄를 저질러서가 아니라 앞으로 범죄를 저지를 수도 '있다'는 누군가의 '생각'에 의해 합법적으로 감금당할 수 있다는 것이다. 이런 종류의 생각은 누구든지 혐의만으로 '누구든' 일시적일 뿐만 아니라 '영구적으로' 감금하는 것을 정당화한다. 자유지선주의의 근본이념은 모든 개인은 자유의지와 자유 선택의 능력이 있다는 것이다. 통계적으로 또는 통상적 판단으로 범행 가능성이 높다고 인정되는 사람이라 해서 반드시 미래에 범죄를 일으킨다고 생각하는 것은 옳지 않다. 어떤 경우이든 간에 명백하고 확실한 현행범이 아닌데도 의심이 간다는 이유만으로 누군가를 강제 감금하는 것은 비도덕적일 뿐만 아니라 그 자체가 침해이고 범죄라고 자유지선주의는 주장한다.

최근 새즈는 다음과 같은 질문을 받았다. "자신뿐만 아니라 다른 사람에게 위험하다고 판정받은 사람은 사회가 격리시켜 돌봐야 할 권리와 의무가 있다고 생각하지 않는가?" 이에 대해 그는 다음과 같이 답변했다.

> 강제로 입원시켜 참혹한 짓을 저지르는 것이 그들을 '돕는' 길이라는 생각은 옛날에 고문과 화형을 통하여 마녀를 '구제'한다고 생각한 것처럼 종교적 발상에서 나온 것이다. '자신에 대한 위험성' 때문에 감금해야 한다는 주장에 대해서는 존 스튜어트 밀John Stuart Mill[24]이 말한 것처럼 인간의 신체와 정신은 그 자신의 소유이며 국가

---

[24] 존 스튜어트 밀(John Stuart Mill, 1806~1873)은 영국의 의회 의원을 지낸 철학자 및 경제학자였다. 자유에 대한 밀의 사상은 '국가의 무제한적인 통제에 반대하여

의 소유가 아니라는 사실로 반박하고 싶다. 나아가 각 개인은 그가 다른 사람을 해치거나 다른 사람의 권리를 침해하지 않는 한 그가 원하는 대로 자신의 신체를 사용할 '권리'를 가지고 있다.

'다른 사람에 대한 위험성' 때문에 감금해야 한다는 주장에 대해서는, 입원 환자들을 치료하는 대부분 정신과 의사가 실토하듯이, 순전히 공상적인 발상에 불과하다. … 정신질환자가 사실상 정상인보다 훨씬 더 법을 잘 지키고 있다는 통계분석 연구도 있다.

이에 더하여 인권변호사인 부르스 에니스Bruce Ennis는 다음과 같이 말하고 있다.

> 우리는 전과자의 85%가 미래에 다시 범행을 저지르며, 빈민가에 사는 사람과 10대 남자 청소년은 평균적인 사람보다 범죄를 저지를 가능성이 훨씬 높다는 사실을 알고 있다. 최근 연구결과에서 우리는 정신질환자가 일반 남자보다 통계적으로 덜 위험하다는 사실을 알고 있다. 우리가 진정으로 걱정하는 것이 위험성이라면 먼저 모든 전과자를 감금하고, 그다음으로 빈민가에 사는 모든 사람을 감금하고, 그리고 또 10대 남자 청소년을 모두 감금해야 하지 않는가? … 새즈가 의문을 제기하는 것은 사회가 무슨 권리로 법을 위반하지도 않은 사람을 감금하는가?이다.[25]

개인의 자유를 보장'하는 데 크게 기여함으로써 19세기 영국 사회에 가장 큰 영향을 준 것으로 평가받고 있다. 밀은 공리주의를 주창한 벤담(Bentham)의 영향을 많이 받은 공리주의자로도 알려져 있다.

[25] 매기 스카프(Maggie Scarf)의 「토머스 새즈에 대하여 …」(Dr. Thomas Szasz …), 『뉴욕타임스 매거진』(New York Times Magazine), 1971년 10월 3일, 42쪽 및 45쪽 참조. 또 다른 참고문헌은 토머스 새즈(Thomas S. Szasz)의 『법, 자유, 그리고 정신의학』(Law, Liberty, and Psychiatry, New York: Macmillan, 1963).

비자발적으로 감금당한 사람들은 두 가지 부류로 나눌 수 있다. 하나는 범죄를 저지른 적이 없는 사람이고, 다른 하나는 범죄를 저지른 사람이다. 자유지선주의자들은 전자에 대해서는 무조건 석방을 요구한다. 그러나 후자 중에서 정신질환이나 기타 유사한 이유로 범행을 저지른 범죄자에게는 소위 감옥에 처넣는 '잔혹한' 처벌을 하지 않는 대신에 국가의 손에 의해 치료를 받게 하는 것은 어떤가? 이에 대해서도 새즈는 다음과 같이 자유주의적 '인도주의자들'의 전형을 맹렬히 비판하는 데 앞장섰다. 첫째, 국가에서 운영하는 정신병원에 감금하는 것이 일반 감옥에 가두는 것보다 오히려 '더 인도적'이라는 주장은 터무니없다. 그와는 정반대로, 정신병원의 횡포는 더 잔혹해지고 강제 입원된 환자는 자신의 권리를 방어하는데 더 의지할 데가 없게 된다. 왜냐하면 '정신질환'의 판정을 받으면 그는 곧 '인간이 아닌 사람'nonperson 으로 분류되어 누구도 더는 중요하게 생각하는 의무감을 갖지 않기 때문이다. 새즈는 조롱 섞인 어조로 "국립 정신병원에 있으면 누구든 미치게 된다!"라고 말했다.

한 걸음 더 나아가 우리는 객관적인 절차에 따라 누군가를 격리시킨다는 개념 전체에 대해 우리는 다시 한 번 의문을 제기해야 한다. 그렇게 하는 것은 그들에게 도움을 주는 것이 아니라 오히려 치명상을 입힐 수 있다. 예를 들어, A와 B라는 두 사람이 비슷한 절도죄를 범했고, 이에 대한 통상적인 처벌은 5년의 징역형이라고 가정해보자. 그런데 B는 정신질환 판정으로 징역형을 '면제'받고 주립정신병원에 넘겨졌다. 자유주의자들은 B의 경우, 예를 들어, 정신과의사가 '완치' 또는 '재활 성공'을 확인해주면 2년 만에 석방될 수 있다는 그 가능성에 주목한다. 그러나 만약 정신과 의사가 완치 소견을 '끝내' 내지 않거나 아니면 세월이 한참 흐른 후에야 낸다면 어떻게 할 것인가? 그러면 B는 그 단순 절도죄 때문에 평생을 정신병원에 감금되는 끔찍한 일을 당할지도 모른다. 따라서 자유주의자들이 말하는 '형량 미확정 선고' indeterminate sentencing[26] 의 개념, 즉 객관적 증거에 의거하여 형량을 확정적으로 선고하는 것이 아니라 범죄자의 정신상태 또는 사회 적응성 등에 대한 국가의 판단에 의존하여 미확정적으로 형량을 선고하는 것은 폭정이며 가장 비인간적인 처벌 형태이다. 그뿐만 아니라, 이 제도는 죄수로 하여금 자신은 이제 완치되어 수감에서 벗어나도 된다고 주지시키기 위해 정신과 의사를 속이는 기만적 행동을 하도록 부추기는 일까지 벌어지게 한다. 이 같은 과정을 치료 또는 재활이라고 부르는 것은 이들 단어를 잔인하게 조롱하는 것이다. 모든 죄수를 객관적인 형법에 따라 선고하는 것이 진정으로 더 인간적이고 훨씬 원칙에 충실한 것이다.

---

[26] [역주] (형량) 미확정 선고는 유죄로 평결된 범죄자에 대해 구체적인 형량이나 석방 일자, 또는 최대 수감기간이나 가석방 조건을 지정하지 않고, 5~10년 등과 같이 수감기간만을 선고한 후 수감자의 교도소 생활, 품성 및 태도, 범죄의 특성, 죄인의 과거 경력, 사회 적응 가능성 등을 고려하여 미래에 가석방 여부를 결정하는 방식이다. 19세기 후반에 영국 자유주의자들의 주장으로 영연방 국가들과 미국에서 도입되었으며, 1970년대 이후 미국에서는 감소되었으나 아직도 36개 주에서 시행되고 있다. 또한 공공의 이익을 도모한다는 이유로 미확정 선고를 받은 수감자들의 석방이 매우 제한적으로 허용되고 있다는 주장이 끊임없이 보고되면서 미확정 선고 제도에 대한 재검토 및 찬반 논쟁이 그치지 않고 있다.

06 개인의 자유

제1절 표현의 자유

개인의 자유 personal liberty 와 관련된 것 중에는 당연히 '비자발적 노예제도'의 범주에 포함될 수 없는 것이 많다. 개인의 자유 중 언론 및 출판의 자유는 '시민권 옹호 자유지선주의자' civil libertarians[1] 로 자처하는 사람들이 오랫동안 소중하게 생각해 온 것이다. 여기서 '시민권'은 경제적 자유 및 사유재산권을 포함하지 않는 개념으로서 좀 더 기본적인 시민의 자유를 말한다.[2] 그러나 우리는 제2장에서 '표현의 자유'를 개인의 일반적 재산권(특히 자기소유권까지 '포함')에 속하는 것으로 보지 않는 한, 그

---

[1] [역주] 시민권 옹호 자유지선주의자들은 자유지선주의자 중에서 시민의 자유(civil liberties) 보호와 확대를 위하여 적극적으로 행동하는 그룹이다. 시민의 자유는 표현의 자유, 종교 및 양심의 자유, 자기 방어의 자유, 노예 및 강제노동을 거부할 자유와 같이 개인이 갖는 구체적 자유 및 권리를 의미하며, 1215년 영국의 권리장전(마그나 카르타[Magna Carta])으로부터 연유한다.

[2] [역주] 경제적 자유는 사람들 간의 자유로운 계약활동을 기본으로 하며, 사유재산권 보장과 밀접하게 관련된다. 이 책의 저자인 로스바드(Rothbard) 등 많은 학자는 시민의 자유를 개인의 기본적 자유로 생각하고, 경제적 자유 등은 개인의 부차적 자유로 구분하여 생각한다. 물론 일부 학자는 경제적 자유와 사유재산권을 시민의 자유에 포함시키기도 한다.

표현의 자유는 절대적 권리로 유지될 수 없음을 살펴보았다. 제2장에서 언급했듯이, 많은 사람이 모인 극장에서 거짓으로 '불이야!'라고 외친 사람은 극장 소유주와 관객의 계약상의 사유재산권을 침해하는 것이므로 그렇게 외칠 권리는 누구에게도 없다.

그러나 자유지선주의자들은 누구나 표현의 자유는 타인의 재산을 침해하지 않는 한 최대한 보장되어야 한다고 생각한다. 언론 및 출판의 자유와 그 출판물을 판매할 수 있는 자유는, 그것이 무엇을 표현하고 무슨 내용을 출판했는지에 상관없이, 절대적 권리로 보장되어야 한다는 것이다. 이 부분에서 시민권 옹호 자유지선주의자들의 노력은 상당한 성과를 거두었으며, 특히 사법 분야에서 고故 휴고 블랙Hugo L. Black[3] 판사는 수정헌법 제1조[4]에 근거하여 표현의 자유를 정부의 규제로부터 지켰던 사람으로 유명하다.

그러나 불행히도 가장 열성적인 '시민권 옹호 자유지선주의자들'조차도 모호한 입장을 취하는 영역이 있다. 누군가 폭도를 '선동'한 경우를 예로 들어 보자. 어느 선동자의 말을 듣고 폭도가 폭동을 일으켜 타인의

---

[3] [역주] 휴고 블랙(Hugo L. Black, 1886~1971)은 프랭클린 루스벨트 대통령 재임 중에 대법관을 역임했으며, 20세기에 가장 큰 영향을 미친 대법원 판사로 선정되기도 했다. 그는 또한 미국 헌법을 원문 그대로 해석하는 원문주의자로 알려졌으며, 미국 민주당 소속 앨라배마 주 상원의원(1927~1937)도 역임했다.

[4] [역주] 수정헌법 제1조~10조는 국민의 기본적 인권 선언에 관한 것으로서 '권리장전'(Bill of Rights)이라고 부른다. 그 중에서 수정헌법 제1조(The First Amendment of the United States Constitution)는 종교의 자유, 언론·출판·집회 등 표현의 자유에 관한 선언을 담고 있다.

그러나 제1차세계대전 당시 미국에서는 정부의 전쟁 동원령에 반대하는 연설과 인쇄물을 배포했다는 이유로 수천 명의 사람이 체포·기소되었다. 피고인들은 미국의 수정헌법 제1조에 따라 표현의 자유가 보장되어 있으므로 반대의견을 자유롭게 제시할 수 있다고 주장했다. 이에 대법원 판사 홈스(Holmes)는 판결문에서 '명백하고 현존하는 위험'(clear and present danger)이 존재하는 상황에서는 표현의 자유를 법적으로 제한할 수 있다고 주장했다.

신체와 재산을 침해했을 때, 그 폭동 선동의 행위는 유죄인가? 자유지선주의 관점에서는 인간의 자유의지와 선택의 자유를 부인하는 경우에만 선동이라는 것이 범죄가 된다. 예컨대 A라는 사람이 B와 C에게 "너희 모두 폭동을 일으켜라!"라고 말을 했고, 그러자 B와 C가 어쩔 수 없이 그렇게 했다고 가정한다면 그것은 범죄에 해당한다. 그러나 인간의 자유의지를 신봉하는 자유지선주의자라면, 폭동을 선동한 A의 행위는 비도덕적이고 불행한 일이지만, 순전히 신념의 옹호 advocacy 에 해당하므로 법적 처벌 대상이 아니라고 강하게 주장해야 한다. 물론 A가 폭동에 참여하여 그 스스로 폭도가 되었다면 다른 폭도와 마찬가지로 처벌 대상이 된다. 더욱이 A가 범죄조직의 우두머리이고 부하들에게 "너희들, 어느 은행을 털어라"라고 명령하여 그 부하들이 실행에 옮겼다면, A는 당연히 '종범에 관한 법률' law of accessaries[5] 로 범죄행위의 참여자 또는 더 나아가 그 범죄조직의 우두머리가 된다.

신념의 옹호가 범죄가 아니라면, '신념의 옹호를 위한 사전 모의' conspiracy to advocate 는 더더욱 범죄가 아니어야 한다. 즉, 무엇인가를 서로 도모하자고 '사전 모의'(즉, 동의)한 행위를 신념의 실제적 표현보다 더 불법적 행위로 간주할 수 없다는 것이다. 그러나 불행히도 미국에는 '사전 모의에 관한 법률' conspiracy law 이 제정되어 있다. (두 사람 이상이 모여서 당신 또는 법률제정자들이 싫어하는 무엇인가를 하기로 합의하는 것 이외에 달리 어떻게 '사전 모의'를 정의할 수 있겠는가?)[6]

---

[5] [역주] '종범에 관한 법률'은 범행 교사자로서 현장에 없었던 자 및 범인을 방조하고 숨긴 자를 처벌하는 법률이다.

[6] '명백하고 현존하는 위험'(clear and present danger)의 존재라는 기준이 '단순한 옹호'(advocacy)와 '실제 행동으로 옮긴 것'(overt act)의 차이를 명확히 구분하는 잣대로서 충분하지 않다는 주장에 대한 비판서로는 알렉산더 미클존(Alexander Meiklejohn)의 『정치적 자유』(Political Freedom, New York: harper & Bros.,

판단이 어려워 보이는 또 다른 영역은 '중상모략과 명예훼손에 관한 법률' law of libel and slander 이다. 어떤 사람의 발언이 허위이거나 또는 악의적으로 다른 사람의 명예에 손상을 입힐 때는 표현의 자유에 제한을 가할 수 있다는 의견이 일반적으로 받아들여져 왔다. 명예훼손에 관한 법률은 한 마디로 명예에 대한 각 개인의 '재산권'을 논하는 것이어야 한다. 그러나 각 개인의 '명예'는 '소유'되는 것이 아니며 소유될 수도 없다. 그것은 전적으로 다른 사람들의 주관적 감정이나 태도에 달려 있기 때문이다. 다시 말하면, 누구도 진정으로 타인의 정신과 태도를 소유할 수 없으므로, 아무도 문자 그대로 자신의 '명예'에 대한 재산권을 보유할 수 없다. 한 사람의 명예는 나머지 사람의 태도와 의견에 따라 항상 변화한다. 그러므로 말로 타인을 공격하는 것은 그의 재산권을 침해한 것이 될 수 없으며, 따라서 제한되거나 법적 처벌의 대상이 되어서는 안 된다.

물론, 타인에 대한 중상모략은 비도덕적이다. 그러나 앞에서 말했듯이, 자유지선주의 입장에서 '도덕'과 '법'은 엄연히 서로 다른 영역이다.

현실적으로, 만약 명예훼손이나 중상모략을 처벌하는 법률이 없다면, 사람들은 증거가 불충분한 비난에 대해서는 지금보다 훨씬 더 유보적인 태도를 취할 것이다. 요즘 누군가가 어떤 결점이나 잘못된 행위 때문에 비난받으면, 사람들은 일반적으로 그 사람이 그런 결점을 실제로 갖고 있을 것으로 믿는 경향이 있다. 왜냐하면, 그 비난이 허위라면 "왜 명예훼손으로 고발하지 않겠는가?"라고 생각하기 때문이다. 또한, 가난한 사람들은 부유한 사람들처럼 쉽사리 명예훼손 소송을 낼 수 없으므로, 명

1960), 29~50쪽 참조. 그리고 또 다른 비판서로는 존 로기(O. John Rogge)의 『수정헌법 제1조와 제5조』(*The First and the Fifth*, New York: Thomas Nelson and Sons, 1960), 88쪽 이후 참조.

[역주] '명백하고 현존하는 위험'의 존재에 대해서는 위의 역주 4항을 참조.

예훼손에 관한 법률은 가난한 사람들을 차별하는 경향이 있다. 따라서 부자들은 명예훼손으로 소송을 제기하겠다는 위협을 통하여 가난한 사람들의 정당한 비판과 표현을 제한함으로써 명예훼손법을 가난한 사람들에게 타격을 주는 무기로 사용할 수 있다. 결국, 역설적이게도, 가난한 사람들은 명예훼손법이 없었던 시절보다 지금이 더 명예훼손 때문에 고통받을 수 있으며 표현의 자유까지 제약받을 수 있다.

다행히 최근에는 명예훼손법이 점차 약화하여서 공무원이나 공인을 향해서는 고액의 법적 소송이나 처벌을 두려워하지 않고 신랄하게 비판할 수 있게 되었다.

제한을 완전히 철폐해야 할 또 다른 행위로는 불매운동 boycott이 있다. 불매운동은 한 명 또는 다수의 사람이 표현의 자유를 앞세워 누군가에게 다른 사람의 제품을 구매하지 말라고 강하게 요구하는 것이다. 그러나 어떤 이유에 의해서든 몇몇 사람이 일반 소비자에게 XYZ맥주를 사지 '말라고' 조직적인 캠페인을 벌여도 그것은 전적으로 신념의 표현이므로 지극히 합법적 행동이다. 불매운동이 XYZ맥주 생산자에게 피해를 줄 수 있지만, 그 운동은 그야말로 표현의 자유와 사유재산권의 영역에 속한다. XYZ맥주의 생산자는 소비자의 자유선택에 따라 판매기회를 잡는 것이며, 소비자는 그들이 선택한 누군가에게 귀를 기울이고 마음을 결정할 권리가 있다. 그러나 현행 노동법은 노동조합이 특정 회사의 이익에 반하는 불매운동을 조직적으로 수행할 수 없도록 규정함으로써 그들의 권리를 침해하고 있다. 또한, 현행 은행법에 따르면, 특정 은행의 도산 위험에 대한 소문을 퍼뜨리는 행위 역시 불법이다. 이는 은행법의 본래 목적과는 반대로 정부가 표현의 자유를 불법화함으로써 은행들에 추가적 특혜를 주는 명백한 사례이다.

특히 판단하기 어려운 문제로는 피켓시위 또는 데모와 관련된 것이 있다. 표현의 자유는 사람들이 함께 모여서 서로의 의견을 교환할 수 있는 집회결사의 자유를 당연히 포함한다. 그러나 모든 사람이 함께 쓰는 '도로'를 점유하여 집회를 연다면 상황이 좀 더 복잡하다. 피켓시위자들이 종종 그러하듯이 사유 건물이나 공장에 접근하지 못하도록 막거나 피켓라인을 가로지르는 사람들에게 폭력적 위협을 가하는 행위는 명백히 불법으로 간주한다. 그리고 연좌농성은 명백히 개인 재산권의 불법적 침해에 해당한다. '평화적 피켓시위'도 항상 합법적인 것은 아니다. 왜냐하면, 도로의 사용을 누가 결정하느냐에 대한 모호한 문제가 포함되기 때문이다. 결국, 이 문제는 도로의 소유자가 일반적으로 정부라는 사실에서 기인한다. 그러나 정부는 개인소유자가 아니어서 거리사용에 대한 명백한 배분기준이 없으며, 그렇기에 정부의 모든 결정은 임의적일 수밖에 없다.

예를 들어 '위스테리아'(이후 '위사모')라는 등나무를 사랑하는 사람들의 모임이 공공도로에서 시위와 행진을 벌이기로 했으나, 경찰은 이들 시위가 시민의 통행과 교통을 방해할 것이라는 이유로 금지 견해를 밝혔다고 가정해보자. 시민권 옹호 자유지선주의자들은 당연히 '표현의 자유'를 부당하게 제한한다는 이유로 경찰의 저지를 반대할 것이나, 이에 맞서서 경찰 측은 도로 질서와 차량 흐름의 유지는 정부 책임이라는 이유로 자신들의 행위가 합법적이라고 주장할 수 있다. 이 같은 상황에서 정부는 어떤 결정을 내려야 하나? 정부가 어떤 결정을 내리더라도 '모든' 국민을 만족하게 하지는 못할 것이다. 정부가 시위를 허가하면 운전자와 보행자가 피해를 보게 되며, 그렇지 않을 경우는 '위사모' 회원들의 불만이 커지게 된다. 어떤 경우든지 그런 결정을 내리는 것이 정부이므로 납세자와 시민 사이에서도 정부의 자원을 사용하는 사람과 사용하지 않는 사람 간의 갈등이 조장될 수밖에 없다.

이 문제가 풀기 어렵고 공정한 해결책을 도출하기 어려운 이유는 바로 정부가 도로를 소유하고 통제하기 때문이다. 자원을 어떻게 사용할지는 그 소유자가 '누구든지 간에' 당연히 소유자가 결정해야 한다. 보도 내용을 결정하는 것은 언론사 주인의 몫이며, 도로 사용을 어떻게 배분할지 결정하는 것은 도로 소유자의 몫이다. 만약 뉴욕에서 가장 번화한 5번가 도로가 민간 소유이고, '위사모' 회원들이 시위 및 행진을 목적으로 그 도로의 사용을 요청할 경우, 그 민간소유자는 '위사모'에게 시위용으로 도로를 빌려주거나, 아니면 사용을 거부하는 결정을 내릴 것이다. 모든 도로를 민간이 소유하는 순수 자유지선주의 세계에서는 도로 소유자가 시위용으로 도로를 빌려줄 것인지, 누구에게 빌려줄 것인지, 그리고 도로 사용료는 얼마를 부과할 것인지 결정한다. 따라서 논의의 초점은 분명히 '표현의 자유' 또는 '결사의 자유'에 관한 문제가 아니라 사유재산권에 관한 문제이어야 한다. 즉 이 문제는 도로를 빌려서 사용하려는 집단의 권리와 그 사용 요청을 승인 또는 거부할 수 있는 도로 소유자의 재산권과 관련된다는 것이다.

제2절 라디오와 텔레비전의 자유

현재 미국에서 언론 및 출판의 자유가 실질적으로 보장되지 않고 있는 중요한 분야가 하나 있다. 그것은 라디오와 텔레비전의 영역이다. 이 같은 제한은 미국 연방정부가 1927년에 라디오 전파법Radio Act을 제정하여 공중전파를 모두 국유화한 데서 비롯되었다. 그 결과로 연방정부가 실질적으로 모든 라디오와 TV 채널의 소유권을 보유하게 되었다. 그때부터 연방정부는 자기 뜻대로 각 민간방송국에 채널 사용 면허를 내줄 수 있는 것으로 생각했다. 한편, 민간방송국들은 무료로 면허를 받았기 때문에 그 희소한 공중전파 사용에 대한 대가를 지급할 필요가 없다. 자유시장이라면 응당 그 대가를 지급해야 한다. 따라서 이들 방송국은 정부로부터 큰 보조금을 받은 것이므로 그것을 지키려고 안간힘을 쓰고 있다. 면허 교부권자인 연방정부는 반대급부로 모든 방송국을 지속해서 규제할 수 있는 권리와 힘을 갖게 되었으며, 실제로 방송국에 사업면허 갱신 거부 또는 영업정지와 같은 위협수단을 행사해왔다. 그 결과 라디오와 TV에서의 언론자유는 있으나마나하게 되었다. 모든 방송국은 연방통신위원회FCC, Federal Communications Commission 의 규제사항을 준수해야 하며, 그 지시로 프로그램을 편성하도록 강요받고 있다. 예를 들어, 모든 방송국이 분야별 '균형'을 맞춰 프로그램을 편성해야 하고, 일정량의 '공익광고' 방송을 내보내야 하고, 선거에서 같은 자리를 놓고 경쟁하는 모든 후보자에게 같은 시간을 할당해야 하고, 정치적 견해가 다른 사람들을 동등하게 대우해야 하며, '논란'이 되는 음반의 가사는 검열을 통하여 삭제해야 한다. 그 후 오랫동안 방송국은 어떤 주관적인 논설도 방송에 내보낼 수 없었다. 그러나 이제 모든 의견에는 '책임 있는' 편집인의 반론권을 보장함으로써 반박을 곁들여 균형을 맞춰야 한다.

모든 방송국과 방송인은 항상 FCC의 눈치를 보아야 하므로 방송에서 표현의 자유는 완전히 눈 가리고 아옹하는 셈이다. 그러다 보니 논란이 많은 문제에 대해 텔레비전이 논평을 낼 때 그것이 한결같이 '기득권층'에 우호적이라고 해서 그리 놀랄 것도 없다.

대형 상업적 라디오 방송국들이 방송을 시작한 이후에도 이 같은 현상은 지속하였으며, 대중은 이 상황을 참고 받아들일 수밖에 없었다. 그러면 모든 신문사의 사업면허 교부 및 그 갱신 권한을 연방언론위원회FPC, Federal Press Commission 가 행사하고, 신문사들이 감히 FPC에 맞서서 '불공정한' 사설을 게재하거나, 공익광고 방송을 제대로 하지 않을 때 그 면허를 취소하겠다고 위협하는 상황에 대해서 우리는 어떻게 생각해야 하는가? 이는 위헌은 아니더라도 언론의 자유를 파괴하는 용납할 수 없는 상황이 아니겠는가? 또한 연방출판위원회FBC, Federal Book Commission 의 정책에 맞지 않는 책을 출판했다는 이유로 그 출판사의 면허 갱신이 거부당한 사례가 발생한다면 우리는 어떻게 생각해야 하는가? 그러나 우리가 도저히 받아들일 수 없는, 언론이나 출판업자에 대한 위와 같은 전체주의적 정책이 요즘 가장 인기 있는 교육 및 표현매체인 라디오나 TV에서는 당연한 것으로 받아들여지고 있다. 불행히도 이들 두 부문에 적용되는 원칙은 정확히 동일하다.

여기서 우리는 '민주적 사회주의'democratic socialism 이념의 치명적 결함 중의 하나, 즉 정부가 모든 자원과 생산수단을 소유하면서 시민의 언론 및 출판의 자유를 완전히 보장해준다는 이율배반적 논리를 보게 된다. 사회주의 사회에서 '언론의 자유'를 보장한다는 추상적 헌법이 어떻게 실현 가능하겠는가? 정부가 모든 신문·출판·언론기관을 소유한다면, 신문을 포함한 언론매체를 누구에게 맡길 것인지 그리고 어떤 내용을 인쇄하고 방송하게 할 것인지에 대한 결정은 그 소유자인 '정부'의 몫이 될 수밖에 없다. 이것이 가장 큰 문제이다. 도로 소유자인 정부가 도로를 어떻게 사용할 것인지 결정해야 하는 것과 같이, 사회주의 정부는 뉴스 인쇄에 대한 배분뿐만 아니라, 집회 장소, 신문·방송 기기, 신문운송트럭 등과 같은 언론 및 출판과 관련 있는 자원을 어떻게 배분할 것인지 모두 결정해야 한다. 말로는 표현의 자유를 완전히 보장한다고 선언하면서도 실제로는 자신들의 지지자에게만 배분할지도 모른다. 이 경우 자유언론이란 말은 역시 조롱거리에 불과하게 된다. 사회주의 정부가 그렇지 않아도 희소한 자원을 '왜' 사회주의를 반대하는 사람들에게 조금이라도 배분하겠는가? 이런 식으로 운영되면 진정한 표현의 자유는 영원히 보장되지 않을 것이다.

그렇다면 라디오와 텔레비전에 대한 해결방안은 없을까? 해법은 간단하다. 이들 방송매체를 언론 및 출판업과 정확히 동일하게 취급하는 것이다. 정부는 모든 표현 매체에 대한 간섭과 역할에서 완전히 손을 떼야 한다는 것이 자유지선주의자 및 미국 헌법 수호자들의 입장이다. 간단히 말해, 연방정부는 모든 공중파 사업을 민영화해야 하며 각 채널을 민간에 주거나 팔아야 한다는 것이다. 민간방송국이 실질적으로 자신들의 채널을 소유한다면 그들은 진정으로 자유롭고 독립적이 될 것이다. 그들은 자신들이 원하는 프로그램을 제작할 수 있고, 시청자들이 원하는 프로그램을 편성할 수 있으며, 정부 보복에 대한 두려움 없이 자신의 의견을 표현할 수 있을 것이다. 또한, 채널소유자는 다른 방송국에 자유롭게 채널을 팔거나 빌려줄 수 있다. 이러한 방식으로 운영하면 채널 사용자들에 대한 인위적 특혜도 없어지게 된다.

더 나아가 민간이 텔레비전 채널을 자유롭게 소유하고 독립적으로 운영할 수 있다면, 대규모 네트워크를 갖춘 방송국이라도 FCC에게 유료 텔레비전pay-TV 방송을 불법화하라고 압력을 행사하지 않을 것이다. 유료 텔레비전 방송의 기반 구축이 불가능했던 이유는 FCC가 그것을 금했기 때문이다. 대규모 방송국이 운영하는 '무료 텔레비전' free TV 은 실질적으로 '무료'가 아니다. 광고주가 지급한 프로그램 제작 및 운영비용은 고스란히 소비자의 상품구매가격에 추가되기 때문이다. 혹자는 소비자가 간접적으로 광고비를 지급하는 무료 텔레비전과 소비자 자신이 원하는 프로그램을 직접 구매하는 유료 텔레비전 간에 무슨 차이가 있느냐고 반문할 수도 있다. 이 둘의 차이는 똑같은 (방송)상품이라도 소비자가 다르다는 것이다. 예를 들어, TV 광고주는 항상 (1) 가능한 한 많은 시청자를 확보하고, (2) 자신의 광고메시지를 가장 잘 전달할 수 있는 '특정' 시청자 그룹의 확보에 관심이 있다. 따라서 이들 무료 TV는 공통관심사가 거의 없는 일반인을 대상으로 자신의 광고메시지가 가장 잘 흡수될 수 있는 프로그램 제작만을 원하게 된다. 예를 들어, 신문이나 전문잡지를 읽지 않는 시청자가 대상이라면, 신문이나 잡지와는 다른 내용을 전달하려 할 것이다. 따라서 이들 무료 텔레비전 프로그램은 상상력이 부족하고 단조로우며 획일적인 경향이 있다. 이에 비하여 유료 텔레비전은 각 프로그램이 스스로 고객을 찾아야 하므로 전문화된 시청자들의 수준에 맞는 전문화된 프로그램 개발에 초점을 맞춘다. 따라서 다양하고 품질이 높은 프로그램이 제작되고 방송된다. 이는 전문화된 잡지와 서적을 출판하여 스스로 시장을 개척하는 출판업계의 경우와 유사하다. 유료 텔레비전의 이 같은 잠재력에 위협을 느낀 대형 무료 텔레비전 사업자들은 지난 수년간 로비를 통해 이들 유료 텔레비전 사업을 방해해 왔다. 그러나 진정한 자유시장체제라면 당연히 무료 TV, 유료 TV, 케이블 TV, 또는 우리가 아직 상상하지 못한 여러 형태의 매체까지 시장에서 자유롭게 경쟁할 수 있도록 보장되어야 한다.

 TV 채널의 민영화를 반대하는 주장 중의 하나는 채널의 '희소성' 때문에 채널소유권을 정부가 보유한 후 적절히 배분해야 한다는 것이다. 자유주의 경제학자들은 이런 주장을 터무니없는 것으로 받아들이고 있다. 사실상 '모든' 자원은 희소하며, 그 희소성이 반영된 시장가격은 정당한 것으로 받아들여야 한다. 예를 들어, 빵 한 조각, 구두 한 켤레, 의복 한 벌의 경우, 그것이 모두 희소하기 '때문에' 일정한 금액을 지급해야만 살 수 있다. 만약 공기처럼 희소하지 않고 남아도는 재화라면 그것은 당연히 무료로 이용할 수 있어야 하며 어느 누구도 그것의 생산 및 분배를 걱정할 필요가 없다. 그러나 언론 산업에서 잉크, 종이, 인쇄기기, 운송

트럭 등은 모두 희소자원이다. 희소성이 높을수록 더 높은 가격을 지급해야 한다. TV 채널도 기술적으로 지금보다 훨씬 더 늘릴 수 있다. FCC가 출범할 당시, 극초단파UHF 영역은 채널 숫자를 더 늘릴 수 있는데도, 초단파VHF 영역으로 방송국을 선정한 오류는 채널의 희소성을 더욱 악화시켰다.

방송매체의 민간소유를 반대하는 또 다른 주장은 민간방송국이 우후죽순으로 생겨나면 특정 민간방송국이 다른 민간방송국의 주파수를 침범하여 청취 및 시청을 방해할 수 있다는 것이다. 그러나 이는 어떤 사람이 자동차로 다른 사람의 토지를 침범할 '가능성'이 있으므로 모든 자동차 또는 토지는 국유화해야 한다고 주장하는 것과 다를 바 없이 어불성설이다. 이 모든 경우의 문제는 법원으로 하여금 명확하게 재산권을 규정하도록 하고, 만약 타인의 재산권을 침해하는 경우에는 법원의 판단에 따라 기소 여부를 결정하는 것이다. 물론 토지의 소유권 다툼은 위와 같은 과정을 거쳐 충분히 해결할 수 있다. 그러나 공중파, 물, 석유 유전을 둘러싼 분쟁에서도 법원이 합리적으로 해결할 수 있는지는 의심의 여지가 있다. 그러나 공중파도 송출위치, 전파 수신거리 및 깨끗한 수신에 필요한 주파수의 폭 등과 같은 기술적 판단으로 특정 공중파 영역에 대한 재산권을 부여할 수 있다. 예를 들어, A 라디오 방송국이 1500주파수로 디트로이트 인근 200마일 내에서 방송할 수 있는 재산권을 소유하고 있는데 그 이후에 B 방송국이 유사한 주파수로 동일 지역에서 새로 방송을 시작했다면, B 방송국은 A 방송국의 재산권을 침해한 혐의로 기소될 수 있다. 만약 법원이 경계를 정해주고 A방송국의 재산권을 지켜준다면, B 방송국에 의한 침해는 더는 없을 것이다.

대부분의 사람은 1927년 전파법이 제정되기 전에는, 방송국들이 서로 전파를 방해하여 혼란을 야기했고, 따라서 연방정부가 개입할 수밖에 없었으며, 이 때문에 당시 라디오 산업이 정상적으로 정착될 수 있었다고 믿고 있다. 다시 말해, 안타깝게도 국민은 연방정부의 공중파 채널 국유화를 정당한 것으로 받아들인다. 그러나 이는 미신일 뿐 사실이 아니다. 실제로는 '정확히 그 반대'였다. 왜냐하면, 동일한 채널에서 전파교란이 발생했을 때 피해자 측은 침해자를 법원에 고발했으며, 법원에서는 재산권에 대한 민법이론을 잘 적용하여 이러한 혼란을 없애 주었기 때문이다. 라디오 전파송출은 당시로는 새로운 기술영역인데도, 위에서 설명한 자유지선주의 이론과 유사한 방식으로 문제없이 잘 처리할 수 있었다. 이는 법원이 미국 건국 초기의 '개척이주민 homesteaders 에게 토지 소유권을 인정한 방식'[7]을 공중파라는 새로운 재산권 인정에 적용한 셈이다. 그러나 당시 연방정부는 공중파에 대한 사유재산권의 새로운 확장 가능성을 우려하면서 혼란을 미리 방지한다는 구실로 성급하게 공중파를 국유화하였다.

20세기 초에 라디오는 선박끼리 또는 선박과 육지 사이의 의사소통 수단으로만 사용되었다. 그 후 해군은 해상 안전을 확보한다는 구실로 라디오를 규제하려고 시도했다. 그러나 1912년에 나온 최초의 연방규제법에 따르면, 라디오 방송국에 대한 규제는 단지 상무부 장관이 부여하는 면허를 취득해야 한다는 정도에 그쳤다. 이 법에는 상무부 장관이 면허 갱신 및 취소 결정권을 갖지 않는 것으로 되어 있다. 그 후 1920년대 초반에 공공 목적의 라디오 방송이 시작되었으며, 당시 상무부 장관이었던 허버트 후버 Herbert Hoover 가 방송국에 대한 규제를 시도했다. 그러나 1923년과 1926년에 법원은 최초 면허취득, 면허 갱신, 심지어 방송국

---

[7] [역주] 미국은 서부개척을 장려하고자 일정한 자격을 갖춘 성인이 미개척지에서 5년 이상 거주하면 160에이커에 달하는 공유지의 소유권을 실제 거주자에게 양도하는 정책을 도입했다. 제2장의 제2절 참조.

주파수에 대한 정부의 규제를 무력화시켰다.[8] 이와 거의 동시대에 '트리뷴 사와 오크 리브스 방송사 간의 소송' *Tribune Co. v. Oak Leaves Broadcasting Station*, 1926년 일리노이 주 쿡 카운티의 순회재판소에서 법원은 공중파에 대해서도 개척이주민의 사유재산권 인정 개념을 적용하여 판결했다. 당시 법원의 판결을 살펴보면, 이미 사용하고 있는 공중파에 대한 재산권은 기존의 방송사업자가 획득한 것으로 인정해야 하며, 따라서 새로운 방송국이 어떠한 방식으로든 기존의 방송전파를 교란했다면 그 주파수 사용은 금지되어야 한다고 명시되어 있다.[9] 이같이 법원은 재산권 이론을 적용하여 혼란을 종식하고 안정을 되찾게 했다. 그럼에도 정부는 공중파를 성급하게 국유화함으로써 방송산업의 발전 의지를 꺾어버렸다.

1926년 제니스Zenith 사가 제기한 소송사건에 대한 법원의 판결은 면허 갱신 거부 등과 같은 규제를 강화하려던 연방정부에 철퇴를 가했으며, 결국 상무부는 방송사업을 신청한 모든 사업자에게 면허를 내주지 않을 수 없었다. 이 때문에 라디오 방송산업은 활황을 맞게 되었으며, 법원 판결 이후 9개월 동안 200개 이상의 새로운 방송국이 생겨났다. 그러나 결과적으로 1926년 7월에 미국 의회는 주파수에 대한 영구적 재산권을 '인정하지 않는' 임시법령을 서둘러 제정했으며, 모든 면허의 유효기간을 90일로 제한했다. 그 후 1927년 2월까지 미국 의회는 현재의 FCC와 유사한 권한을 가진 연방전파위원회Federal Radio Commission의 설립 법안을

---

[8] 「후버와 인터시티 라디오 회사」(*Hoover v. Intercity Radio Co.*) 간의 소송에 관한 판결, 286 Fed. 1003 (Appeals D. C., 1923) 참조. 그리고 「미국과 제니스 라디오 회사」(*United States v. Zenith Radio Corps.*) 간의 소송에 대한 판결, 12F. 2d614 (ND. Ill., 1926) 참조. 또한 로널드 코스(Ronald H. Coase)의 훌륭한 논문, 「연방통신위원회」(The Federal Communication Commission), 『법·경제학 저널』(*Journal of Law and Economics*), 1959년 10월호, 4~5쪽 참조.
[9] 앞의 코스(Coase)의 논문 31쪽 주석 참조.

통과시켰고 공중파는 결국 전면적으로 국유화되었다. 법률 사학자인 해리 워너Harry P. Warner는 이들 유식한 정치인들의 목적은 혼란을 없애는 것이 '아니라' 혼란을 해결한다는 구실로 공중파에 대한 재산권을 뺏는 결과를 초래했다고 비난했다. 워너는 자신의 저서에서 "국회의원들은 심각한 우려를 표명했으며, 그 우려는 대체로 통신행정에 대한 비판과 관련되었다. … 면허 또는 접근 수단에 대한 재산권을 인정하면 정부의 실질적 규제는 영원히 불가능해질 수도 있으며, 이로 말미암아 수백만 달러 가치를 갖는 영구 프랜차이즈 방송사업권을 인정하는 셈이 될 수도 있다"고 주장했다.[10] 그 후 엄청난 가치의 프랜차이즈 사업체가 탄생한 것은 사실이나, 그 사업체는 개척이주민 식의 경쟁을 통하여 설립된 것이 아니라 FRC(그 후 FCC로 전환)의 원칙 없는 임의적 배려에 의해 독점적 방식으로 탄생했다.

FCC와 FRC의 면허 허가권 행사 때문에 표현의 자유가 직접 침해된 사례는 무수히 많으며, 대표적으로 두 사례를 꼽을 수 있다. 그 중 하나는 아이오와 주에서 방송국을 운영하는 베이커Baker의 면허갱신을 1931년에 FRC가 취소한 사례이다. 당시 FRC는 면허갱신 취소 이유를 다음과 같이 밝히고 있다.

> 본 위원회는 베이커 씨와 분쟁관계에 있는 미국의사협회 및 여타 당사자들을 옹호할 생각이 추호도 없다. 베이커 씨의 방송은 공공의 중요성을 무시한 잘못을 범했기 때문에, 우리는 대중에게 공중파의 중요성을 환기할 필요가 있다. 베이커 씨의 방송기록들을 살펴본 결과, 베이커 씨의 방송은 고상함과는 거리가 멀다. 그는 방송에서 자

---

[10] 해리 워너(Harry P. Warner)의 『라디오와 텔레비전 법』(*Radio and Television Law*, 1958), 540쪽. 앞의 코스(Coase)의 논문 32쪽에서 인용.

신의 개인적 취미가 무엇이고, 어떻게 암을 치료해야 하는지, 자신이 싫어하고 좋아하는 사람이나 사물은 무엇인지 쉴 새 없이 변덕스럽게 떠들어댔다. 이같이 청취자들을 계속 괴롭히는 행위는 방송면허를 적절히 사용하는 것이 아니다. 그의 말과 표현은 외설적이라고까지는 할 수 없지만, 상당 부분 품위가 부족하다. 그는 분명히 청취자들에게 행복과 즐거움을 주지 않는다.[11]

연방정부가 이와 유사한 이유로 신문이나 출판업자의 면허를 취소할 때, 얼마나 격렬한 항의가 뒤따를지 상상해 보았는가? 또 다른 사례는 1970년대에 FCC가 하와이 주의 주요 라디오 방송국 중의 하나인 KTRG의 면허를 취소하겠다고 위협한 예이다. 당시 KTRG는 2년여에 걸쳐 하루에 몇 시간씩 자유지선주의 프로그램을 방송해 왔다. 그 후 FCC는 KTRG의 면허취소와 관련하여 장시간에 걸친 청문회 개최를 결정했으며, 결국 그 같은 위협을 견디지 못한 소유자들은 1978년에 방송국을 영원히 폐쇄했다.[12]

---

[11] 연방전파위원회(Federal Radio Commission)의 결정, Docket No 967, 1931년 6월 5일. 앞의 코스(Coase)의 논문 9쪽에서 인용.

[12] 재산권을 어떻게 라디오와 TV에 할당할 수 있는지에 대한 최상의 그리고 매우 정교한 설명은 드바니 등(DeVany et al.)의 논문「전자자기 스펙트럼의 시장 할당을 위한 재산권 제도: 법적 경제적 공학적 연구」(A Property System for Market Allocation of the Electromagnetic Spectrum: A Legal-Economic-Engineering Study), 『스탠포드 법 리뷰』(Stanford Law Review), 1969년 6월호 참조. 그리고 윌리엄 메클링(William H. Meckling)의 논문「미국의 통신정책: 토론」(National Communications Policy: Discussion), 『미국 경제 리뷰』(American Economic Review, Papers and Proceedings), 1970년 5월호, 222~223쪽 참조. 드바니 등(DeVany et al.)의 논문 이후에 지역 텔레비전 및 유선 텔레비전(cable TV)은 큰 폭으로 증가했으며, 그로 인하여 주파수의 희소성은 감소되었고 잠재적인 경쟁의 범위는 넓어졌다.

제3절 포르노

자유지선주의 입장에서 포르노 금지 법안에 대한 보수주의자와 자유주의자의 논쟁은 지나칠 정도로 핵심에서 벗어나 있다. 보수주의자들은 대체로 포르노가 저속하고 비도덕적이므로 불법화해야 한다고 주장한다. 이에 비하여 자유주의자는 성행위는 좋고 건전한 것이고, 따라서 사회에 좋은 영향을 주고 있다고 반박하면서, 그 대신 TV, 영화, 만화잡지에서의 폭력적 묘사를 불법으로 규정해야 한다고 주장한다. 그러나 어느 쪽도 다음과 같은 핵심 문제를 지적하지 못한다. 즉, 포르노가 궁극적으로 사회에 좋은 영향을 주는지 또는 나쁜 영향을 주는지, 아니면 아무런 영향도 주지 않는지는 그 자체로 흥미로운 문제일 수는 있으나, 그것을 불법화해야 할지의 여부와는 전혀 관계가 없다는 것이다. 자유지선주의는 개인의 도덕적 신념에 대한 선택을 강요하는 것은 법이 할 일이 아니며, 오히려 그 사람에게 보복적 폭력을 행사하는 일이라는 뜻을 견지하고 있다. 사람들을 착하고, 존경받고, 도덕적이고, 깨끗하고, 정직하게 만드는 것이 현실적으로 가능하더라도(실제로는 대체로 그렇지도 않지만), 그것은 법에서 다루어야 할 사안이 아니라는 것이다. 도덕적 신념은 각 개인이 스스로 선택해야 할 문제이다. 폭력 사용으로부터 사람들을 보호하고, 개인의 신체와 재산에 대한 폭력적 침해를 막는 것만이 유일한 법의 영역이다. 그러나 만일 정부가 포르노를 불법으로 간주하여 단속한다면, '그것 자체'가 진짜 불법에 해당된다. 왜냐하면, 그것은 포르노를 생산, 판매, 구매, 소유하는 사람들의 재산권을 침해하는 것이기 때문이다.

우리는 사람들을 고결하게 만들려고 법을 제정하지 않으며, 이웃에게 친절하게 인사하고 버스 운전기사에게 고함치지 못하도록 강요하려고 법을 제정하지 않는다. 우리는 사랑하는 사람에게 정직하게 대하도록 강요하려고 법을 제정하지 않으며, 매일 일정량의 비타민을 섭취하게 강요하려고 법을 만들지 않는다. 마찬가지로 포르노의 자발적 생산과 판매를 금지하는 법을 제정하는 것은 정부가 할 일이 아니며 국회가 할 일도 아니다. 포르노가 사람들에게 나쁜 영향을 주는지, 좋은 영향을 주는지, 또는 아무런 영향도 주지 않는지가 사법당국의 관심사가 되어서는 안 된다.

'포르노의 폭력성'을 지적하는 자유주의자들의 쓸데없는 우려 역시 문제의 핵심에서 벗어나 있다. 텔레비전에서의 폭력 장면 방영이 실제로 폭력을 유발한다는 논리로 방영을 금지하는 것은 국가가 해야 할 일이 아니다. 폭력 영화가 관람자의 범죄 '가능성'을 높일 수 있다는 이유로 그런 영화 제작을 불법화하는 것은 인간의 자유의지를 부정하는 것이며, 그런 영화를 보고도 범죄를 저지르지 '않을' 사람들의 권리를 완전히 부정하는 것이다. 더욱 중요한 사실은 십 대 흑인 남자들이 다른 인종의 사람들보다 범죄행위 가능성이 높다는 이유로 그들을 미리 감금하는 조치(위에서 이미 언급)보다도 폭력 영화의 불법화는 더 정당화될 수 없는 사안이다.

포르노 금지는 생산, 판매, 구매, 소유에 대한 재산권을 침해하는 것이 분명하다. 포르노 불법화를 요구하는 보수주의자들은 그들이 줄기차게 주장해 온 사유재산권 개념을 스스로 부정하는 모순을 범하는 셈이다. 이는 또한 위에서 논의한 바와 같이 사유재산에 대한 일반적 권리의 하나라고 할 수 있는 표현의 자유를 부정하는 셈이다.

자유주의나 보수주의자들이 꿈꾸는 '이상향'이라는 것이 사람들을 새장 속에 가두고 그들이 도덕적이라고 믿는 신념을 따르도록 강요하고 있다. 자유주의자와 보수주의자가 생각하는 새장의 형태는 각기 다르겠지만, 둘다 새장이라는 점은 부인할 수 없다. 보수주의자들이 성매매,

약물중독, 도박, 신성모독 등을 금지해야 한다고 주장하는 것은 모든 사람으로 하여금 그들이 만든 도덕적, 종교적 틀에 따라 행동하도록 강요하는 것이다. 자유주의자들 역시 폭력영화, 미적이지 않은 광고, 미식축구, 인종차별의 금지를 주장하고, 심지어는 모든 사람을 소위 자비로운 자유주의 독재자가 운영하는 '스키너 상자' Skinner Box[13] 속에 가두려 한다. 이들 주장은 결과적으로 같다. 사람들을 인간 이하로 과소평가하는 것이며 인간성의 가장 귀중한 부분인 선택의 자유를 빼앗는 것이다.

역설적으로, '도덕적' 인간, 즉 도덕적으로 '행동'하는 사람이 되도록 강요하는 보수주의적 또는 자유주의적 교도관들이 실제로는 도덕적 인간이 되려는 바로 그 '가능성'마저 빼앗는 경우가 많다. '도덕성'의 개념은 도덕적 행동을 자유롭게 선택할 수 있을 때만이 타당한 것이다. 예컨대, 하루 세 번씩 자발적으로 메카를 향해 절하는 것이 최상의 도덕적 행위이기 때문에, 더 많은 사람이 메카를 향해 절하도록 간절히 바라는 독실한 이슬람 신자가 있다고 가정해보자. 그런데 만약 그가 사람들에게 메카를 향해 절하도록 강권한다면, 그는 오히려 사람들이 도덕적 인간이 되려는 기회, 즉 자유롭게 메카를 향해 절하려는 선택의 기회를 박탈한 것이 된다. 강요는 인간에게서 '선택의 자유'를 박탈하는 것이며, 더 나아가 도덕적 선택의 가능성마저 빼앗는 것이다.

보수주의자 및 자유주의자와는 대조적으로 자유지선주의자는 인간을 새장에 가두려 하지 않는다. 자유지선주의가 모든 사람에게 원하는 바는 자유이다. 즉, 도덕적이든 비도덕적이든 스스로 결정한 대로 행동할 수

---

[13] [역주] 저자는 비유로서 스키너 상자(Skinner box)를 예로 들고 있다. 스키너 상자는 동물의 자발적 행동을 유도하기 위해 행동주의 심리학자 스키너(B F Skinner)에 의해 고안된 상자로서 상자에 갇힌 동물이 상자 안의 특정장치를 터치하면 그 보상으로 음식물을 제공한다. 이 상자는 동물의 행동수정 연구에 사용된다.

있는 자유이다.

제4절 성행위에 관한 법률

다행히도 최근 자유주의자들은 '둘 또는 그 이상의 성인이 합의한 모든 행위'는 합법이어야 한다는 결론을 제시했다. 그러나 안타깝게도 그들은 이 기준을 성행위에만 국한했으며 아직 일반적 거래 및 교환 행위까지는 확대하지 않았다. 왜냐하면, 그렇게 주장하면 완전한 형태의 자유지선주의자와 가까워지기 때문이다. 자유지선주의자는 '성인 사이에 합의'된 모든 관계는 그것이 무엇이든지 간에 합법이라고 강력히 주장한다. 자유주의자들은 또한 최근부터 '피해자 없는 범죄' victimless crimes 의 폐지를 요구하기 시작했다. 다만 이들이 '피해자'를 공격적 폭력에 의한 피해자로 좁게 정의했다면 금상첨화였을 것이다.

성행위는 전적으로 사생활의 일부인데도, 성행위를 규제하고 법제화하는 것을 정부의 당연한 기능으로 생각하는 것은 절대 용납할 수 없다. 그러나 안타깝게도, 그 같은 규제는 정부가 선호하는 임무의 하나로 자리 잡아 왔다. 물론, 강간과 같은 폭력적 행위는 개인의 신체를 해치는 다른 폭력적 행동과 같은 범죄로 취급해야 한다.

정부는 자발적 성행위를 불법으로 규정하여 기소하는 터무니없는 일을 저지르면서도, 유죄 판결을 받은 강간범에게는 다른 형태의 신체적 가해로 유죄 판결을 받은 범죄자들보다 훨씬 약한 처벌을 내릴 때도 있다. 더욱이 많은 경우에 강간 피해자들은 사법기관으로부터 거의 죄인처럼 취급당했다. 사법기관의 이런 태도는 강간 이외의 다른 범죄피해자에게는 적용되지 않았다. 1977년 3월에 '미국시민자유연맹' American Civil

Liberties Union 이사회는 다음과 같은 성명을 발표했다.

성범죄 피해자는 다른 범죄피해자와 다르게 취급되어서는 안 된다. 성범죄 피해자는 사법기관과 의료기관 직원으로부터 불신을 받거나 심지어는 학대받는 경우가 자주 발생하고 있다. 예를 들어, 수사관의 불신과 무관심은 물론, 심지어 피해자의 평소 생활방식이나 동기에 대하여 잔인하고 거칠게 조사하는 사례가 늘고 있다. 응당 피해자를 보호하고 도와줘야 하는 기관의 이 같은 무책임한 행동은 피해자의 아픈 경험과 상처를 더욱 악화시킬 수 있다.

정부의 이러한 이중 잣대 문제는 강간을 법적 및 사법 절차상의 특별 범주에서 제외하고 그것을 신체적 상해에 관한 일반 형법체계에 포함하면 해결이 가능하다. 예를 들어, 배심원에 대한 판사의 지침 또는 증거능력 등에 적용되는 모든 기준은 일반 형사재판과 유사하게 적용되어야 한다.

일반적으로 노동 및 신체의 자유를 보장하려면, '성매매의 자유'도 보장해야 한다. 성매매는 자발적 노동의 판매이므로, 정부는 그 판매를 금지하거나 제한할 권리가 없다. 노상에서의 성매매 행위와 같이 혐오스러운 광경은 성매매 업소의 불법화에서 기인한다는 사실에 주목해야 한다. 성매매 업소 주인들은 고객들과 장기적으로 좋은 관계를 유지하고자 질 높은 서비스를 제공할 것이며, 성매매 업소끼리 나름대로 '브랜드 네임'을 강화하고자 경쟁할 것이다. 다시 말하면, 성매매 업소의 불법화는 결국 성매매를 더 위험하고 질 낮은 '암시장' 또는 일시적 야간사업으로 내몰았다. 최근 들어 뉴욕 경찰은 성매매 여성들이 고객을 상대로 빈번히 범죄를 저지르고 있어서 성매매는 더는 '피해자 없는 범죄'가 아니라는 논리에 따라 성매매 단속을 강화하고 있다. 범죄 가능성이 높은 거래라는 이유로 성매매를 불법화한다면, 주먹싸움이 빈발하는 술집도 불법화해야 한다. 문제의 해법은 자발적이고 합법적인 행위를 불법화하는 것이 아니라, 그곳에서 진짜 범죄가 일어나지 않도록 경찰의 감시를 강화하는 것이다. 자유지선주의자들이 성매매의 자유를 옹호한다 해서 성매매 그 자체를 옹호하는 것은 절대 아니다. 또한, 어떤 청교도적 정부가 모든 화장품을 불법화한다면, 자유지선주의자들은 화장품 사용 자체에 대한 찬반의 개념 없이 즉각적으로 화장품 불법화 철회를 요구할 것이다. 한편, 화장품이 합법화된 상황에서 어떤 사람은 자신의 윤리적 또는 미적 관점에서 화장품을 사용하지 말라고 선동할 수도 있다. 그러나 그런 시도는 언제나 강압보다는 설득에 기초해야 한다.

만약 성행위의 자유가 보장되어야 한다면, 당연히 '산아제한' birth control 역시 자유이어야 한다. 그러나 자유주의자들이 산아제한을 '강제' 해야 한다고 선동함에 따라 산아제한을 불법화한 적이 있으며, 그것은 미국 사회의 불행한 단면 중의 하나였다. 물론, 이웃에 아이가 하나 생기면 당연히 주변 사람에게 좋거나 나쁜 영향을 주는 것이 사실이다. 다시 말하면, 어느 개인의 행동은 대부분 다른 사람들에게 어떤 형태로든 영향을 줄 수 있다. 그렇다고 이웃에 반드시 피임하도록 강제력을 행사할 수는 없다. 특히 자유지선주의들에게 강제력의 사용은 절대로 정당화되지 않는다. 강제력은 전쟁할 때나 그 강제력을 제한하기 '위해서만' 사용되어야 한다. 임신이나 출산 여부를 여성 스스로 결정하는 것보다 더 개인적인 권리는 없으며 더 귀중한 자유는 없으므로, 그런 여성의 권리를 정부가 앞장서 부정하는 것은 극단적 전체주의자들이나 하는 짓이다. 예를 들어, 어떤 가족이 자신들의 부양능력보다 더 많은 자녀를 갖는다면, 그 부담은 대부분 그 가족이 짊어져야 한다. 결과적으로 생활수준의 향상을 지속해서 원하는 가족은 자발적으로 아이의 수를 줄이게끔 되어 있다.

산아제한보다 좀 더 복잡한 문제가 '낙태' abortion 문제이다. 자유지선주의자들은 낙태에 반대하는 '가톨릭' 입장이 타당하지 않은 것으로 결론을 내리고는 있으나, 그렇다고 이 문제를 무조건 일축할 수는 없다. '가톨릭'의 주장은 사실 신학적 관점에 근거한 것이라기보다는[14] 낙태가 인간의 생명을 빼앗는 살인에 해당하기 때문에 절대 용납할 수 없다는 것이다. 즉, 낙태가 살인인지의 여부가 문제의 핵심이다. 만약 낙태가 진정으로 살인이라면, 가톨릭 신자 또는 같은 견해를 갖는 사람들만이 부담해야 할 문제가 아니며, '가톨릭'의 입장을 가톨릭을 믿지 않는 사람들에게 강요해서는 안 된다고 말할 수도 없을 것이다. 살인은 특정 종교의 문제가 아니다. 어떤 종교적 분파도 '종교적 자유'라는 이름으로 그 종교의 교리에 따라 살인을 하고도 그 죄에 대해 자유로울 수 없으며 자유로워서는 안 된다. 따라서 가장 중요한 질문은 낙태를 살인으로 간주해야 하는지이다.

이 문제에서 논의의 출발점은 '어느 시점'부터 '태아'를 인간으로 인정해야 하는지, 즉 언제부터 태아를 살아있는 생명체로 간주할 수 있는지의 여부로 귀결된다. 이 모든 것은 사실 낙태의 '합법성' 여부(물론, 반드시 '도덕적'이지는 않지만)와는 무관하다. 가톨릭에서 낙태를 반대하는 사람들은 태아에게도 인간의 권리, 즉 살해되지 않을 권리가 존재한다고 천명하고 있다. 그러나 여기에 고려해야 할 사항이 하나 더 있으며, 그것이 오히려 더 중요하다. 만약 태아를 인간과 동일한 권리를 갖는 생명체로 간주한다면, 다음과 같은 질문을 던질 수 있다. 임신한 여성이 원하지도 않는데 그 여성의 신체 내에 기생충처럼 계속 붙어 있는 것은 과연 '인간'의 권리인가? 여기서 자신의 신체에 대한 소유권은 모든 여

---

[14] [역주] 개신교의 일부 교파에서는 낙태의 절대 반대를 주장하지 않는다.

성을 포함한 인간의 절대적 권리라는 사실에 주목해야 한다. 낙태라는 행위는 임신한 여성이 원치 않는 어떤 존재를 그녀의 몸에서 제거하는 것이다. 그리고 낙태로 태아가 죽는다고 해서, 그것이 누구의 동의도 받지 않고 다른 사람의 몸 안에 기생하여 살아 갈 권리가 없다는 주장에 반하는 것은 아니다.

여성 자신이 원해서 또는 적어도 자신의 책임으로 임신한 경우에 대한 일반인의 비난 역시 같은 논리를 적용하여 풀어야 한다. 여성이 처음에는 아이를 원했다고 할지라도 그 여성은 자신의 신체에 대한 소유권자로서 마음을 바꾸어 태아를 떼어낼 권리가 있다.

국가가 자발적 성행위를 제재해서는 안 되는 것처럼, 남녀 중 어느 하나를 우대하거나 차별하는 정책 역시 채택되어서는 안 된다. 미국에서의 '소수집단 우대 정책' Affirmative Action[15]은 취업과 진학에서 여성 및 소수자를 강제로 할당하는 제도이므로, 명백히 남성 또는 다수자에게 불이익을 주는 제도이다. 이같이 여성을 보호하는 노동법이 여성에게 유리한 듯 보이지만 반드시 그렇지만은 않다. 예를 들어, 특정 시간대 또는 특정 직업에서의 여성 근무를 금지함으로써 실제로는 오히려 여성을 차별하는 결과를 낳을 수 있다. 근무시간이나 직업의 선택 여부는 여성들의 선택의 자유에 해당하므로, 노동법이 오히려 그런 선택을 못 하도록 제한하는 셈이다. 정부는 이 같은 방식으로 여성이 남성의 영역에서 자유롭게 경쟁할 수 있는 여지를 강제적으로 박탈하고 있다.

---

[15] [역주] 미국의 소수집단 우대 정책(Affirmative Action)은 케네디 대통령 재임기간에 발의되어 존슨 대통령 재임기간 중에 강제 정책으로 자리 잡았다(1965년). 이는 고용, 교육, 공공계약, 건강 프로그램 분야에서 다수 집단의 희생으로 소수 집단의 혜택을 늘리기 위하여 인종, 피부색, 종교, 출생지역, 성별을 배려해야 하는 정책이다.

1978년의 자유지선주의 정당Libertarian Party 의 정강에서는 정부의 남녀 차별 및 여타 차별에 대한 자유지선주의 입장을 다음과 같이 명확히 밝히고 있다. "성별, 인종, 피부색, 이념, 나이, 출생 지역, 성적 취향과 관련하여 어떤 개인의 권리도 미국의 연방정부, 주 정부 및 기타 지방정부의 법으로 부인하거나 제한할 수 없다."

제5절 도청

도청wiretapping 은 개인의 사생활과 재산권에 대한 비열한 침해이므로 공격행위로 간주하여 불법화해야 한다. 개인적 도청을 지지하는 사람은 사실상 거의 없다. 그러나 범죄 '혐의'를 받고 있는 사람에 대해서는 경찰이 도청할 수 있도록 허용해야 한다고 주장하는 사람들이 계속 논란을 제기하고 있다. 그렇게 하지 않으면 정말로 범인을 잡기 어려운가?

첫째, 현실적으로 은행 강도와 같이 '일회성' 범죄는 도청효과가 거의 없다. 일반적으로 마약과 도박처럼 상시적이고 지속적으로 진행되는 '사업'을 일망타진하려고 스파이를 침투시키거나 '도청'을 사용한다. 둘째, 아직 유죄 판결 받지 않은 사람에 대한 재산권 침해는 그 자체가 범죄라는 사실이다. 이는 자유지선주의의 주요 이념이다. 예를 들어, 정부가 수천만 명의 경찰을 고용하여 국민 전체를 염탐하거나 도청한다면, 당연히 범죄의 총량은 감소할 것이다. 이는 마치 빈민가의 범죄를 줄이려고 빈민가의 십 대 남자아이들을 모두 감금하는 조치와 유사하다. 그러나 이것은 정부 자신이 뻔뻔스럽게 합법적으로 자행하는 대규모 범죄와 무엇이 다른가?

경찰 측 논리의 일부는 수용할 수 있지만, 그렇다고 경찰이 좋아할지는 잘 모르겠다. 예를 들어, 다른 사람의 재산을 탈취한 절도범의 재산을 모두 몰수하는 것은 적절하다. 가령 경찰이 존스라는 사람을 확실한 보석 절도범으로 생각한 후 도청을 통해 수집한 증거를 유죄 입증자료로 사용하려 한다고 '가정'해보자. 혹자는 이 같은 도청은 합법적이므로 처벌하지 말아야 한다고 생각할지도 모른다. 그러나 만약 존스가 절도범이 '아니라'고 판명될 때, 도청을 승인하는 영장court order을 발급한 판사와 도청에 직접 참여한 경찰은 부적절하게 도청한 죄로 '유죄 판결'을 받고 교도소에 가야 한다. 이러한 방향으로 개혁되면 우리는 두 가지 만족한 결과를 얻게 된다. 첫째는 피의자가 범인이라는 확신이 없을 때, 경찰과 판사는 도청에 가담하지 않을 것이다. 둘째는 경찰과 판사 역시 다른 사람들과 마찬가지로 같은 형법의 적용 대상이 된다는 것이다. 자유의 평등성에 따라 법은 반드시 모든 사람에게 평등하게 적용돼야 한다. '누구든지' 범죄자가 아닌 사람의 재산을 침해했다면 불법으로 간주해야 한다. 잘못된 추측으로 범죄자가 아닌 사람을 공격한 경찰은 '사적인' 도청자의 경우처럼 당연히 유죄로 간주해야 한다.

제6절 도박

도박금지법보다 더 불합리하고 부당한 법은 아마 없을 것이다. 왜냐하면, 도박금지법은 우선 확실한 집행이 어렵기 때문이다. 예를 들어, 짐과 잭이 둘이서 내일의 미식축구경기나 대통령 선거 결과를 놓고 가볍게 돈내기 한 경우가 불법이라면, 법을 확실히 집행하려면 모든 사람을 염탐해서 돈내기에 참여한 사람들을 찾아내야 하므로 수백만 명의 비밀경찰이 필요하며, 또한 이들 비밀경찰이 조사과정에서 뇌물을 받았는지 확인하려면 또 다른 대규모의 첩보조직을 운영해야 할지도 모른다. 보수주의자들은 살인혐의자들을 모두 검거할 수 없다는 이유로 살인금지법을 폐지할 수 없듯이, 성매매, 포르노, 마약 등의 완전한 색출이 불가능하다는 이유로 이들 행위에 대한 '금지법'을 폐지할 수 없다는 논리를 즐겨 사용한다. 그러나 이들의 논리는 아주 중요한 점 하나를 간과하고 있다. 대다수의 사람은 본능적으로 살인을 혐오하고 살인자를 규탄하는 자유지선주의적 성품을 갖고 있어서 살인을 저지르지 않는다는 사실이다. 따라서 살인금지는 대부분의 집행이 가능하다. 반면에, 대부분의 사람은 가벼운 내기는 범죄라고 생각하지 않기 때문에 계속하여 재미로 내기하고 있으며, 따라서 도박금지법의 적절한 집행은 불가능하다.

가벼운 내기를 금지하는 법은 엄격한 집행이 불가능하므로, 정부 당국은 몇몇 매우 '가시적' 형태의 도박만을 집중 단속하기로 하고, 그 도박행위를 일부 지역에서만 할 수 있도록 정했다. 예를 들어, 룰렛, 경마, '스포츠 결과 맞히기' 등을 도박이 매우 상시로 행해지는 지역에서만 할 수 있도록 허용한 것이다. 그러나 우리의 윤리적 판단으로는 완전히 동의할 수 없는 중요한 것이 하나 있다. 즉, 룰렛, 경마 등은 도덕적으로 죄악이므로 대규모의 경찰력을 동원하여 단속해야 하고, 반면에 개인 사이의 가벼운 돈내기는 도덕적으로 아무런 문제가 없어서 성가시게 단속할 필요가 없다는 것인가?

뉴욕 주는 어리석게도 최근까지 경마장 '이외의' 장소에서 이루어지는 모든 형태의 경마 관련 도박을 불법으로 규정해 왔다. 아퀴덕트^{Aqueduct}와 벨몬트^{Belmont} 같은 유명 경마장에서 마권을 사는 것은 도덕적이고 합법적이라고 규정하면서, 그 경마 결과를 놓고 친한 이웃끼리 가볍게 내기하는 행위는 죄악이고 불법이라고 규정하는 이유를 도저히 이해할 수 없다. 물론 이 법이 결국 경마꾼들로 하여금 경마장의 배만을 불리기 위한 것이라는 점을 눈치채지 못한다면 말이다. 최근 뉴욕시가 직접 경마 사업에 뛰어든 것은 다시 한 번 주민의 이맛살을 찌푸리게 하였다. 가장 크게 문제가 된 사안은 뉴욕시에서 '직접' 운영하는 상점에서 마권을 구입하는 것은 적법하고, 사설 경쟁상점에서 마권을 구매하는 것은 불법으로 규정한 것이다. 결국, 특정 경마장과 시에서 운영하는 마권 상점에만 특권을 부여한 셈이다. 다른 주 역시 경쟁적으로 복권을 발행하여 재정확보를 도모함으로써 도덕성과 존경심 상실이 가속화되고 있다.

도박의 불법화를 지지하는 전형적인 논리는 도박을 허용하면 가난한 노동자들이 월급을 대책 없이 날려서 가족을 극빈 상태로 몰아넣을 수 있다는 것이다. 친구들끼리 내기를 통해 월급을 축내는 것은 방치하면서, 도박에 대해서는 가부장적이고 독재자와 같다는 논리는 맞지 않는다. 사실 적절한 논리가 없다. 사람들이 자기 재산을 탕진하기 때문에 도박을 불법화해야만 한다면, 백화점에서 대책 없이 물건을 구매하는 사치행위는 왜 불법화하지 않는가? 노동자들이 자신의 봉급을 대책 없이 쓰기로 마음먹으면, 도박보다는 가전제품, 술, 옷, 귀금속, 골프세트 등에 소비할 기회가 사실상 더 많다. 노동자와 그 가족들을 위해 도박을 금지해야 한다는 발상은 그들을 전체주의적 새장에 가둔 후에 가부장적인 정부가 나서서 무엇을 해야 하고, 돈은 어떻게 써야 하며, 얼마만큼의 비타민을 섭취해야 하는지 일일이 말해 주고, 정부의 지시에 복종하도록 강요하는 것이다.

제7절 마약과 약물

어떤 제품이나 활동을 불법화해야 한다는 논리는 정신병 환자의 강제

입원을 정당화할 때 내세우는 다음의 두 가지 논리(제5장에서 논의)와 마찬가지다. 첫째, 그것이 당사자 자신을 해치거나, 또는 다른 사람들을 해치는 범죄를 유발한다는 논리이다. 마약에 대한 일반적 또는 어떤 당연한 공포 때문에 마약을 금지하자는 강력한 여론이 형성되었다는 주장은 맞지 않다. 미약과 환각제의 불법화를 반대하는 논리는 1920년대의 공포의 금주령을 반대한 논리보다 훨씬 더 약하다고 할 수 있다. 금주령은 현재까지도 미국사회에서 계속 조롱거리가 되어 왔다. 환각제가 알코올음료보다 더 해롭다는 것은 인정하지만, 알코올음료 역시 해로운 것이 사실이다. 사람에게 해롭다는 이유로 마약과 환각제를 금지하는 것은 사람들을 전체주의적 새장에 몰아넣고, 몸에 해로운 사탕은 절대 먹지 말고 '몸에 좋은' 요구르트만을 먹으라고 강제하는 것과 같다. 마약과 환각제가 타인에게 해를 끼칠 수 있다는 주장에서도 우리는 환각제보다 알코올음료가 범죄 및 자동차 사고 유발 위험성이 훨씬 더 높다는 사실을 알아야 한다. 환각제는 오히려 사람들을 소극적이고 초자연적이고 평화롭게 만든다. 중독과 범죄는 사실상 매우 강한 상관성을 가진다. 그러나 그 상관성은 금지를 '반대하는' 논리로 사용해야 한다. 예를 들어, 마약의 불법화로 마약 가격이 상승하고, 그에 따라 중독자들이 약값 마련을 위하여 절도범죄를 저지를 수 있다. 만약 마약이 합법화된다면 공급이 많이 증가하고 암시장도 없어지고 경찰 상납금도 없어져서 가격은 크게 떨어질 것이며, 따라서 마약으로 말미암은 범죄는 없어질 것이다.

물론, 마약은 합법화하고 알코올음료는 금지해야 한다는 주장은 아니다. 다만 범죄 유발 가능성이 높다는 이유로 불법화하는 것은 다른 사람의 신체와 재산에 대한 권리를 불합리하게 침해할 수도 '있다'는 것이다. 이는 범죄를 줄이려면 십 대 흑인 남자애들을 즉시 감금해야 한다는 논리와 다르지 않다. 명백하게 범죄를 저지를 때만 불법으로 간주해야 한다. 음주 탓으로 생기는 범죄와 싸우는 길은 알코올음료를 불법화하는 것이 아니라 범죄 그 자체에 대한 좀 더 적절한 대처방법을 찾는 것이다. 그리고 이는 음주와 관련 '없는' 범죄까지 줄여 주는 좋은 결과를 가져다 줄 것이다.

마약 및 약물 금지에 대한 가부장적 태도는 보수 우파들의 주장만은 아니다. 자유주의자들은 마리화나와 헤로인의 합법화를 찬성하나, 담배는 암을 유발한다는 이유로 불법화해야 한다고 떠들어댄다. 이 역시 이해하기 어렵다. 자유주의자들은 이미 연방정부에 압력을 행사하여 텔레비전에서의 담배 광고를 금지했다. 이는 자신들이 그렇게 소중히 여기는 표현의 자유를 스스로 크게 훼손시킨 것이다.

다시 한 번 강조하자면, 모든 사람은 선택의 권리를 갖고 있다. 담배의 해악을 마음껏 선전하는 것은 좋지만, 다른 사람의 인생은 스스로 자유롭게 선택할 수 있도록 놓아둬야 한다. 그러지 않으면 여러 가지 많은 활동과 제품을 제멋대로 금지하는 사회가 될 수 있다. 예를 들어, 꼭 끼는 구두, 잘 맞지 않는 틀니, 햇빛에의 과도한 노출 등은 암을 유발할 가능성이 높고, 아이스크림, 달걀 및 버터의 과도한 섭취는 심장질환을 일으킬 가능성이 높다는 이유로 불법화해야 한다는 주장이 나올 수도 있다. 그리고 이 같은 모든 금지 조치를 '확실히' 집행하기 '어렵다면', 정부는 모든 국민을 새장에 가둔 후에 적절한 햇빛과 올바른 식사 및 적당한 크기의 신발 등을 제공해야 한다는 논리를 펼지도 모른다.

제8절 경찰의 부패

1971년 가을에 뉴욕시의 냅 위원회Knapp commission[16]는 뉴욕시 경찰의 부패가 심각한 수준에 이르렀다고 발표함으로써 시민의 주목을 받았다. 개별 사례 발표에 치중하여 핵심 문제가 희석되었다는 비판도 있었지만, 냅 위원회는 상황을 정확히 파악하고 있었다. 대부분의 부패 사례에서 경찰관들은 정부가 불법으로 규정한 다양한 사업 및 거래에 개입했다. 그리고 많은 시민이 불법 상품과 서비스를 이미 소비해왔다는 사실은 그런 것들을 살인, 절도, 폭행 등과 같은 범주로 분류하는 것에 동의하지 않는다는 것을 나타낸다. 실제로 어떤 사례에서도 경찰관 '매수'가 극악한 범죄로 연결되지는 않았다. 대부분 사례는 합법적이고 자발적 거래에서 경찰관들이 매수된 것이었다.

관습법에서는 '본래적 범죄' *malum in se* 와 '법령에 의해 금지된 범죄' *malum prohibitum* 를 엄격히 구분한다. '본래적 범죄'는 대부분의 사람이 본능적으로 싫어하는 나쁜 행위로서 처벌해야 한다고 생각하는 범죄이다. 예를 들어, 폭행, 절도, 살인과 같이 타인의 신체와 재산을 침해하는 행위이며, 이는 자유지선주의자들이 정의한 범죄와 대체로 일치한다. 또 다른 범죄인 법령으로 금지한 범죄는 정부가 법을 제정하여 금지한 행위이다. 이 영역은 광범위하고 느슨해서 경찰 부패가 일어날 소지가 크다.

다시 말하면, 법령에 따라 금지된 범죄는 사업가들이 자발적 사업을 영위하는데도 정부가 그 사업을 불법으로 규정할 때가 많다. 환각제 판매, 성매매, 도박 사업 등이 여기에 속하며, 경찰부패가 발생할 가능성이 높다. 예를 들어, 도박 단속과정에서 불법 도박 여부 등에 대한 구체적 판단은 경찰의 몫이어서 경찰의 특권 남용 기회가 존재한다. 즉, 경찰은 도박 업소에 특별면허를 내줄 수 있는 권력을 부여받은 후에 상황에 따

---

[16] [역주] 1970년 4월에 뉴욕 경찰의 부패를 조사하려고 뉴욕시장의 주도 하에 설립된 위원회이다. 위원장의 이름을 따서 냅 위원회(Knapp Commission)로 명명되었다.

라 비공식적으로 그 면허를 해당 업소에 파는 것이나 다를 바 없으며, 그것이 바로 뇌물이다. 어느 경찰관의 증언에 따르면, 만약 법을 완벽하게 집행하면 뉴욕시의 공사현장 중에서 어느 한 곳도 불법 아닌 곳이 없다고 한다. 왜냐하면, 건설공사현장에 관한 그 소소하고 까다로운 규정을 모두 지키고 있는지 감독하는 것은 사실상 불가능하기 때문이다. 요컨대 의식적이든 아니든 정부가 일하는 방식은 다음과 같다. 먼저 어떤 활동, 예를 들어, 마약, 도박, 건축 등을 불법화한다. 그런 다음, 정부 산하의 경찰은 미래 잠재적 사업가들에게 그 사업에 진입하거나 계속 영위할 수 있는 특권을 판다.

이 같은 상황이 발생하면 이들 사업은 결국 자유시장에서 나타나는 것보다 비용은 훨씬 많이 들고 산출량은 적을 수밖에 없으며, 사회에 치명적 결과를 초래한다. 경찰이 파는 것은 단지 윤활유 수준이 아니라 사실상 독점적 특혜이다. 예를 들어, 어느 도박사업자가 사업을 계속하는 데 만족하지 않고 다른 경쟁사업자들의 진입을 막으려고 경찰에게 뇌물을 바친 경우이다. 이 때문에 고객들은 경쟁상태에서 얻을 수 있는 이득은커녕 독점사업자가 부담한 비용까지 고스란히 떠안을 수밖에 없다. 1930년대 초에 금주령이 폐지되었을 때, 폐지를 반대한 주요 그룹은 기독교 원리주의자들 및 금주주의자들 이외에 경찰 및 공무원들과의 특수관계를 통해 독점적 이득을 취해 왔던 조직화한 주류 밀매업자들이었다.

경찰부패를 없애는 방법은 간단하고 명료하다. 자발적 사업활동에 반하는 법률과 '피해자 없는 범죄'를 처벌하는 법률을 모두 폐지하는 것이다. 그렇게 하면, 경찰부패는 모두 사라지며 남는 경찰력을 개인의 신체와 재산을 침해한 '실질' 범죄의 해결에 투입할 수 있다. 왜냐하면, 실질 범죄를 해결하는 것이 경찰의 최우선 기능이기 때문이다.

우리는 광범위한 정부 부패 및 경찰 부패의 문제에 대해 좀 더 넓은 시야에서 바라보고 접근해야 한다는 사실을 깨달아야 한다. 예를 들어, 어떤 활동을 부당하게 금지하고 규제하고 과세하려는 부당한 법률이 '존재하는' 불행한 사회에서는 부패가 오히려 사회에 훨씬 유익하다는 것이다.[17] 여러 국가의 사례에서 볼 수 있듯이, 정부의 부당한 금지법안, 조세 및 강제집행 등을 무력화시키는 부패가 없다면, 살아남을 산업가 무역은 거의 없을 것이다. 부패는 무역에 활기를 주는 윤활유 역할을 한다. 다시 말하면, 부패에 대한 해결책은 부패를 개탄하거나 부패를 막으려고 법집행을 강화하는 것이 아니라 부패가 싹틀 수밖에 없는 정부의 부당한 정책과 법률을 모두 폐지하는 것이다.

제9절 총기 규제법

위에서 언급한 문제 대부분에서 자유주의자들은 대체로 자유로운 거래와 활동을 지지했으나, 보수주의자들은 대체로 범법자들을 최대한 단속하고 엄격하게 법을 집행해야 한다고 주장했다. 그러나 의아하게도 총기 규제의 강화에 대해서는 입장이 반대인 것 같다. 폭력적 범죄에 총기가 사용될 때마다 자유주의자들은 만약 개인의 총기 소유가 금지되지 않는다면 더 큰일이 일어날 수 있다고 호들갑을 떨면서 총기 소유를 극

---

[17] [역주] 부패 현상을 다루는 경제학 이론에 따르면, 부적절한 규제가 존재하는 상황에서 불법 및 부패가 오히려 사회에 유익하다는 주장이 존재한다. 예를 들어, 계획경제체제에서의 암시장은 사회에 유익할 수 있다는 주장이 존재한다. 또한 매우 필요하고 급한 일처리를 위해 공무원에게 급행료를 지불하고 신속히 처리하는 것도 사회 전체적으로 유익할 수 있다. 그러나 규제가 정당할 경우의 불법 및 부패는 사회에 유익하지 않다. 예를 들어, 멸종 위기에 처한 카스피 해의 철갑상어를 보호하려고 어로 규제를 하고 있는 상황에서 몰래 철갑상어를 남획한다면 장기적으로 사회에 유익하지 않다.

도로 제한해야 한다고 선동하고 있으며, 보수주의자들은 개인의 자유를 위해 그런 규제에 반대한다는 뜻이다.

자유지선주의의 입장은 사람은 누구나 자신의 신체와 재산을 소유할 권리를 가지고 있으므로, 범죄자들의 폭력에서 자신을 방어하기 위한 폭력 사용을 할 수 있는 권리를 갖는다는 것이다. 그러나 위에서 설명한 바와 같이 자유주의자들은 이상한 논리를 내세워 무고한 사람들의 자기 방어수단을 박탈하려 했다. 수정헌법 제2조에서 "국민의 무기 소유 및 휴대 권리는 침해되어서는 안 된다"고 보장했는데도, 정부는 조직적으로 헌법상 권리의 상당 부분을 약화시켜 왔다. 예를 들어, 미국의 여러 주와 마찬가지로 뉴욕 주에서는 설리번 법 Sullivan Law [18]을 제정하여 주 정부가 발급한 면허 없이 '감출 수 있을 정도의 작은 무기' concealed weapons 의 휴대를 금하고 있다. 애석하게도 정부는 이런 위헌적 법령에 따라 총기 휴대를 금했을 뿐만 아니라, 한 걸음 더 나아가 무기로 사용될 가능성이 있는 물건의 휴대까지 금했다. 이는 자기 방어목적으로밖에 사용할 수 없는 물건조차 휴대할 수 없다는 것을 의미한다. 따라서 잠재적 범죄 피해자들조차도 칼이나 펜 모양의 최루가스통, 또는 머리핀까지 휴대할 수 없게 되었으며, 심지어는 자신을 공격한 범죄자로부터 자신을 방어하려고 이러한 물건을 사용한 사람들이 기소당한 사례도 있다. 미국의 많은 도시에서 시행되는 이 같은 작은 무기의 휴대 금지는 희생자들에게서 자기 방어 수단을 모두 빼앗는 결과를 초래했다. ['감출 수 없는 큰' unconcealed 무기의 소지를 금하는 공식적 법률은 없다. 그러나 최근 경찰의 대응을 시험하고자 소총을 소지하고 뉴욕 거리를 걸어가던 사람이

---

[18] 설리번 법은 총기 규제를 위하여 1911년 뉴욕 주에서 제정되었다. 주요 골자는 '감출 수 있을 정도의 작은'(small enough to be concealed) 무기를 소지하려면 반드시 면허를 받아야 한다는 것이다.

'사회의 평화를 저해한다'는 명목으로 즉시 체포된 적이 있다.] 더욱이 자기 방어 과정에서조차 '부당한' 힘의 사용을 금지하는 법률조항에 따라 범죄희생자들은 꼼짝할 수 없는 상황이어서, 현행 사법체계는 자동으로 범죄자들에게 엄청난 상대적 우위를 부여하고 있는 셈이다.

어떤 물건도 '그 자체로' 공격적인 것은 없다. 총, 칼, 막대기를 비롯한 '모든' 물건은 공격용으로든 방어용으로든 또는 범죄와 무관한 다양한 목적으로 사용될 수 있다. 따라서 칼, 곤봉, 머리핀, 돌멩이 등의 소지를 불법화하는 것보다 오히려 총기 구매와 소유를 제한하고 불법화하는 것이 더 이치에 맞지 않는다. 사실상 마음만 먹으면 모든 물건을 공격용으로 쓸 수 있기 때문이다. 그렇다면 이 모든 물체를 어떤 기준으로 불법화할 수 있겠는가? 그리고 불법화한다면 그 금지 조치를 어떤 방법으로 집행할 수 있겠는가? 법이 해야 할 일은 그런 물건을 소지하고 휴대한 선량한 사람들을 단속하는 것이 아니라, 실질 범죄자들과 어떻게 싸우고 체포해야 하는지 다루는 것이다.

우리의 결론을 강화하는 데 추가로 고려해야 할 사항이 하나 더 있다. 만약 일반인의 총기 소유를 제한하고 불법화하면, 범죄자들 처지에서는 더 이상의 장애가 없어지는 셈이다. 범죄자들만이 총을 구매하고 소지할 수 있게 되기 때문이다. 총기와 기타 무기의 소지를 금지하는 법안을 제안한 자유주의자들의 선심성 행태 때문에 고통받는 사람들은 무고한 시민뿐이다. 마약, 도박, 포르노를 합법화해야 한다는 논리와 마찬가지로, 자기 방어 목적의 총과 무기는 합법화해야 한다.

세인트루이스 법과대학의 돈 케이츠Don B. Kates는 동료 자유주의자들의 권총 휴대금지 법제화 제안에 반박하는 유명한 논문에서, 마리화나 규제법에 적용한 논리가 총기 규제법에는 동일하게 적용되지 않았다고 비판했다. 그의 여론조사 결과를 인용하여 현재 미국에는 오천만 명 이상이 권총을 소유하고 있으며, 미국민 중에서 67~80%가 권총 휴대금지에 반대하고 있다고 지적했다. 따라서 필연적으로, 성행위 관련 법률과 마리화나 금지 법률처럼, 재수 없게 적발된 사람만이 가혹한 처벌을 받게 되며, 그 같은 불완전한 선택적 집행으로 법과 사법기관에 대한 불신만이 조장된다는 것이다. 즉, 그 법은 사법기관의 눈 밖에 난 사람들에게만 선택적으로 적용된다는 것이다. 이에 대해 케이츠는 다음과 같이 설명했다. "법집행은 점점 더 무계획적으로 변해서 결국 그 법은 경찰과 관계가 나쁜 사람들에게만 적용될 것이다. 우리는 경찰과 정부가 이 법의 위반자들을 찾아내려고 함정에 빠뜨리고 추악하게 압수 수색하고 체포하는 전략을 구사해왔다는 사실을 잊어서는 안 된다." 케이츠는 또한 다음 사항을 추가로 덧붙였다. "이러한 나의 논리에 사람들이 익숙해하는 이유는 아마도 그것이 마리화나 법에 반대하는 자유주의자들의 표준적 논리와 유사하기 때문일 것이다."[19]

케이츠는 이들 이상한 자유주의자들이 미처 깨닫지 못한 부분에 대하여 다음과 같은 매우 흥미로운 시각을 덧붙였다.

총기 금지는 경찰이 치안을 포기한 지역에 거주하는 가난한 사람

---

[19] 돈 케이츠 2세(Don B. Kates, Jr.)의 「권총 통제: 금지에 대한 재고찰」(Handgun Control: Prohibition Revisited), 『인콰이어리』(*Inquiry*), 1977년 12월 5일, 21쪽 참조. 엄격한 법집행과 독단적인 수색·검거 방식은 이미 만연되어 있다. 영국이나 다른 나라에서도 무차별적 총기류 수색이 자행되고 있다. 말레이시아, 로디시아, 타이완, 필리핀 등에서는 총기 휴대 혐의에 사형을 부과하기도 한다. 또한, 미조리 주의 세인트루이스 경찰은 최신형 차를 운전하는 흑인들이 불법 총기를 휴대할 가능성이 높다는 이론에 입각하여 최근 수천 명의 흑인을 집중적으로 검문한 적이 있다. 미시간 주에서는 불법적인 단속과정에서 적발되어 기소된 무기의 70%를 압수했다. 미시간 주의 디트로이트 시의 경찰당국자는 향후 권총휴대 금지법을 위반하지 못하도록 무차별적 수색을 허용해야 하며, 이를 위해서는 수정헌법 제4조의 폐지가 필요하다고 주장했다. 논문 23쪽 참조.

들과 소외계층의 어려움을 제대로 모르는 백인 중산층의 자유주의자들 머리에서 나온 생각이다. 이들 자유주의자는 마리화나 색출을 위한 불시단속이 빈민가에만 집중되었던 1950년대에도 마리화나 법의 문제점에 대해서 전혀 이의를 제기하지 않았다. 치안이 확실한 교외 지역의 부촌이나 핑커튼Pinkerton[20]과 같은 사설 경비원이 지키는 고급아파트에 거주하는 철없는 자유주의자들은 (자신의 아파트 경비원이 총기 휴대하는 것은 반대하지 않으면서) 총기 소유를 '서부개척시대에서나 볼 수 있는 시대착오적 발상'이라고 조롱했다.[21]

케이츠는 또한 총기 무장을 통한 자기 방어의 가치를 계산했다. 예를 들어, 시카고 지역에서 지난 5년간 무장한 시민이 자기방어 과정에서 사살한 폭력범의 수는 경찰이 사살한 수의 3배였다. 그리고 과거 수백 건의 폭력범죄를 자세히 분석한 연구에서 케이츠는 경찰보다 무장 민간인이 오히려 범죄 퇴치에 더 성공적이었다는 사실을 발견했다. 자기 방어를 위해 총기를 소유한 민간인과 관련된 사건에서는 75%의 범인이 검거, 부상, 사살, 도주했다. 반면에 경찰과 대치한 사건에서는 이보다 훨씬 낮은 61%만의 성공률을 보였다. 도둑에게 적극 대항한 사람은 수동적으로 대처한 사람보다 부상당할 확률이 높은 것이 사실이다. 그러나 케이츠는 위의 사실에서 무시된 두 가지 항목을 지적했다. (1) 총을 갖지 않고 대항한 사람은 총을 갖고 대항한 사람보다 2배 이상의 위험이 크며, (2) 대항할 것인지에 대한 선택은 자신이 처한 상황과 가치기준에 따라 본인 스스로 결정한다.

---

[20] [역주] 스코틀랜드 태생으로 19세기에 미국에서 활동한 탐정 앨런 핑커튼(Allan Pinkerton)을 지칭한다.
[21] 앞에서 인용한 논문 21쪽 참조.

부상당하지 않고 사는 것은 은행 잔고가 넉넉한 백인의 자유주의 학자들에게는 매우 중요한 일이다. 그러나 1개월분의 가족 생활비를 도둑에게 빼앗기고 좌절하는 임시직 노동자나 복지수당 수혜자들, 또는 절도보험에도 가입할 수 없는데 잦은 도둑 피해 탓에 상점문을 닫아야 하는 어느 흑인에게는 부상당하지 않고 사는 것이 그들만큼 중요하지 않을 수 있다.

1975년 DMI Decision Making Information 라는 여론조사기관에서 미국 전역의 권총소지자들을 대상으로 벌인 설문조사 결과에 따르면, '단지' 자기 방어 목적으로만 총기를 소유하고 있다고 응답한 그룹 중에는 흑인, 저소득층, 노인층도 포함되었다. 이에 대하여 케이츠는 다음과 같이 경고했다. "이들이 바로 그 사람들이다. 경찰이 치안을 포기한 지역에 살면서 단지 자신의 가족들을 보호하려고 총기 보유를 고집했다는 이유로 감옥에 보내겠다는 것이 총기 금지법의 제안이다."[22]

과거의 역사적 경험은 어떠한가? 자유주의자들이 주장하는 것처럼, 권총휴대 금지가 사회에서의 폭력 수준을 크게 낮추었는가? 결과는 정확히 반대이다. 1975년 가을에 위스콘신 대학 University of Wisconsin 에서 수행한 대대적 연구에 따르면, "총기 규제는 개인적 또는 집단적 측면에서 폭력적 범죄율을 낮추는 데 전혀 효과가 없었다." 이 연구에서는 또한 정상적이고 평화로운 사람도 감정이 격해지면 이를 억제하지 못하고 총기를 사용하는지에 대한 가설을 검증했다. 이들은 미국의 주별 비교를 통하여 권총 소유율과 살인 발생률 사이에는 '전혀 상관관계가 없음'을

---

[22] 앞에서 인용한 논문 참조. 단지 권총을 휴대했다는 이유로 사람을 감옥에 보내겠다는 잘못된 생각은 바로 자유주의자들의 극단적 이상주의에 근거하고 있다: 권총 휴대 혐의로 체포된 사람은 최소 1년의 실형을 선고해야 한다는 내용의 매사추세츠 주의 법 개정안은 다행히 유권자들의 압도적 반대로 1977년에 부결되었다.

발견했다. 더욱이 이 결과는 매사추세츠 주를 대상으로 한 1976년의 하버드 대학의 연구에서도 확인되었다. 1974년에 매사추세츠 주에서는 정부의 허가 없이 권총을 소유한 것이 발견되면 최소 1년의 감옥형을 받아야 한다는 법을 통과시켰다. 이 법에 대한 하버드 대학의 연구결과에 따르면, 이 법이 통과된 다음 해인 1975년에는 실제로 총기 휴대 및 총기 사용에 의한 공격이 많이 감소한 것이 사실이었다. 그러나 하버드 연구진은 놀랍게도 다른 모든 유형의 폭력범죄는 전혀 감소하지 않았다는 사실을 발견했다. 이에 대한 설명은 다음과 같다.

이전의 범죄학 연구결과에서 밝힌 바와 같이, 순간적으로 격분한 시민으로부터 권총을 빼앗는다면 그들은 더 긴 장총을 빼어들 것이고 그것마저 빼앗는다면 칼이나 망치를 휘두를 것이다.

따라서 "만약 권총 소유를 줄인다고 살인이나 폭력범죄가 감소하지 않는다면, 실질 범죄 소탕에 투입해야 할 경찰력을 쓸데없이 피해자 없는 범죄(예, 권총휴대)의 단속을 위해서 낭비하는 것이 아니겠는가?"[23] 끝으로 케이츠는 다음과 같은 흥미로운 주장을 제기했다. 평화로운 시민이 무장한 사회는 범죄희생자들을 자발적으로 도우려는 착한 사마리아인들 Good Samaritans[24]로 넘쳐나는 사회가 될 가능성이 훨씬 높다. 그러나

---

[23] 앞에서 인용한 논문 22쪽 참조. 영국의 경우도 유사하다. 1971년에 캠브리지 대학의 연구결과에 의하면, 현재 권총휴대가 금지된 영국의 경우, 지난 15년간 살인발생률은 두 배로 증가했다. 더욱이 권총휴대 금지법이 시행되기 이전인 1920년대에는 총 범죄 중에서 총기를 사용한 비율은 현재보다 훨씬 낮았다.
[24] [역주] 신약성서 누가복음서 10장에는 강도 피해를 입고 쓰러져 있는 유대인을 아무런 조건도 바라지 않고 오히려 철저하게 자신을 희생하는 마음으로 구해주는 사마리아인(Samaritan)의 이야기가 나온다. 2010년에 우리나라의 몇몇 국회의원은 '착한 사마리아인 법'(Good Samaritan Law)의 제정 필요성을 논의한 적이 있다. 즉, 명백

06 개인의 자유 | 189

총기 소유를 금지한다면, 불행히도 사람들은 범죄희생자들을 도울 방법이 없으며 하는 수 없이 그 일을 경찰에게 떠넘길 수밖에 없다. 실제로 뉴욕 주에서 권총을 불법화하기 전에는 착한 사마리아인의 사례가 지금보다 훨씬 많았다. 그리고 최근의 설문결과에 따르면 착한 사마리아인의 역할을 한 사람들의 81%가 총기 소유자였다. 시민이 곤경에 처한 이웃을 기꺼이 도우려는 사회의 건설을 원한다면, 우리는 시민에게서 범죄에 대처할 수 있는 어떠한 실질적 능력도 빼앗아서는 안 된다. 평화로운 시민을 무장 해제시키는 엉뚱한 짓을 저지른 '후'에, 폭력희생자를 신속히 도와주지 않는다고 애꿎은 시민만 '무정한' 사람으로 비난하는 일이 자주 벌어질 것이다.

히 도움을 주어야 하는 상황인데도 그냥 지나쳐버릴 경우 처벌대상이 되어야 한다는 것이다.

07 교육

제1절 의무 공교육

얼마 전까지만 해도 미국에서 공교육만큼 신성시되던 것은 별로 없었다. 자유주의자들 liberals 에게는 특히 그랬다. 공교육에 대한 열정은 제퍼슨이나 잭슨의 사상을 추종하던 건국 초기 미국인에게도 마찬가지였다. 그들이 다른 사안에 대해서는 대부분 자유지선주의자들 libertarians 이었음에도 말이다. 근래에 와서는 공교육이 민주주의의 핵심 요소이자 동포애의 산실이며, 엘리트주의와 분파주의에 대한 대항마로 인식되게 되었다. 공교육은 모든 어린이가 교육을 받을 수 있다는 권리의 구현이며, 아울러 계층이나 직업을 막론하고 모든 미국인이 어린 시절부터 서로 어울려 이해하고 함께 지내게 하는 일종의 용광로로 받아들여졌다.

공교육의 확장과 더불어 의무교육법이 도입되었다. 이 법에 따라 모든 어린이는 일정 기간 공립학교나 주 정부의 인증을 받은 사립학교에 다니지 않으면 안 되게 되었다. 이 의무교육 기간은 지속적으로 늘어 왔다. 상대적으로 소수만이 상급 학교에 진학하던 과거와는 달리, 이제는 모든 국민이 인생에서 가장 감수성이 예민한 시기의 상당 부분을 학교에 갇혀 지내게 되었다. 우리는 이 의무교육법을 비자발적 예속 involuntary servitude

을 다룬 바 있는 제5장에서 논의할 수도 있었으리라고 생각한다. 그보다 더 명백한 거대 감금 체계가 어디 있겠는가? 근자에 폴 굿먼 Paul Goodman을 비롯한 일부 교육평론가는 미국의 공립학교를 (정도의 차이는 있으나 사립학교도 마찬가지로) 청소년을 감금하는 거대한 감옥, 즉 공부에 뜻이 없거나 적응하지 못하는 수많은 어린이를 학교라는 울타리 안에 감금하는 체제라고 신랄하게 비난하였다. "탈옥하라"고 외치며 학교 문제에 파고들려 한 신좌파 the New Left 의 전술은 어리석고 비효과적이었을지 모른다. 그러나 그것이 학교 제도에 대한 중요한 진실이 드러나게 했음은 분명하다. 만일 우리가 '교육'이라는 핑계로 모든 어린이를 교직원이 간수 역할을 하는 거대한 감옥에 처넣으려 한다면, 그 어린이들이 불행해하고, 불만스러워 하며, 소외되어, 마침내 반란을 꾀하리라는 것이 너무나 당연한 일이 아니겠는가? 그 반란이 아직 일어나지 않았다는 것이 오히려 이상한 일이다. 그러나 이제 미국이 가장 자랑스러워 하는 이 제도에 심각한 문제가 있다고 인식하는 사람들이 점차 늘어가고 있다. 특히 도시 지역에서는 공립학교가 이미 범죄, 절도, 마약 중독의 소굴이 되었으며, 어린이들의 정신과 영혼을 뒤틀리게 할 뿐 진정한 교육이라고는 거의 이루어지지 않는다는 인식이 생겨나고 있다.[1]

나라의 청소년들에 대해 이러한 폭력이 가해지는 이면에는 교육받은 중산층이 가진 잘못된 이타주의 misplaced altruism 가 숨어 있다. 그들의 생각으로는 노동자들, 즉 '하류층'은 중산층이 매우 높은 가치를 부여하는 교육을 누릴 기회를 가져야 한다는 것이다. 만일 당사자인 어린이나 그

---

[1] 폴 굿먼(Paul Goodman)의 『잘못된 의무교육과 학자들의 사회』(*Compulsory Miseducation and the Community of Scholars*, New York: Vintage Press, 1964)를 비롯한 다른 저술들과 존 홀트(John Holt), 조너선 코졸(Jonathan Kozol), 허버트 콜(Herbert Kohl), 이반 일리치(Ivan Illich) 등의 저술을 참조할 것.

부모가 무지몽매해서 자신들 앞에 주어진 이 귀중한 기회를 놓치려 한다면 어느 정도의 강제력이 행사되어도 무방하다는 것이다. 물론 이는 "하류층 자신들을 위해서"라는 것이다.

중산층의 학교 숭배에는 중대한 오류가 하나 있는데, 그것은 학교 교육과 교육 일반을 혼동하는 것이다. 교육은 평생에 걸친 배움의 과정이며, 배움은 학교에서뿐 아니라 인생의 모든 영역에서 이루어진다. 어린이들이 놀 때나, 부모나 친구들의 말을 들을 때, 그리고 신문을 읽을 때나 직장에서 일할 때 등 어느 때나 교육이 이루어진다. 학교 교육은 전체 교육 과정 중 극히 일부에 불과하며 고급 수준의 체계적인 내용을 가르칠 때에나 적합하다. 초보적인 내용이나 읽기, 쓰기, 그리고 산수 등과 같은 것은 가정에서나 학교 밖에서도 얼마든지 쉽게 배울 수 있다.

그뿐만 아니라, 인류에 주어진 큰 축복 중 하나가 바로 다양성이다. 즉, 각 개인 하나하나가 서로 다르며, 서로 다른 능력과 관심 그리고 적성을 가지고 있다는 사실이다. 학교 교육에 능력이나 관심이 없는 어린이를 학교에 강제로 가두는 것은 그 어린이의 영혼과 정신을 뒤트는 범죄 행위이다. 폴 굿먼은 어린이들에게 일찍부터 일을 하게 하거나 장사를 배우게 하는 등 자신의 적성에 가장 잘 맞는 일을 시작하게 하는 것이 오히려 대부분의 어린이에게 훨씬 더 나을 것이라고 강력히 주장하였다. 미국은 정규 학교 교육을 거의 받지 못한 시민과 지도자들에 의해 세워졌다. 그러므로 사회에 나와 일자리를 잡기 전에 고등학교를 졸업해야 한다거나 오늘날처럼 대학 졸업장을 따야 한다는 생각은 터무니없는 것이다. 의무교육법을 폐지해 각자 뜻대로 하게 내버려 두라. 그러면 미국은 훨씬 더 생산적이고, 흥미진진하며, 창의적이고, 행복한 사람들의 나라로 되돌아갈 것이다. 신좌파와 반항 청소년들에게 비판적인 사람들이 지적하는 것처럼, 청소년들이 가지고 있는 불만의 상당 부분, 그리고 그들이 현실과 유리되어 있는 문제는 그들이 의존과 무책임의 누에고치 안에 너무 오랫동안 갇혀 있어서 발생하는 것이다. 다시 말해 그들의 의무교육 연한이 너무 길어서 일어나는 것이다. 그런데 이 의무교육 연한은 도대체 왜 자꾸만 늘어나는 것일까? 이는 분명 사회 전반의 시스템 때문이다. 그중에서도 의무교육법 때문이다. 이 법은 사람들로 하여금 끊임없이 학교에 가야 한다고 설교한다. 처음에는 고등학교까지 가라고 하더니, 이제는 대학까지 가라고 한다. 조만간 박사 학위까지 받으라고 할 판이다. 불만족을 만들어내고 또 '실제 세계'로부터의 도피처를 지속해서 만들어내는 것은 바로 대중 교육에 대한 강박관념이다. 인류 역사상 이만큼 대중 교육에 사로잡힌 나라나 시기는 일찍이 없었다.

생각하는 방식이나 말하는 방식에서 신좌파와 현저하게 달랐던 옛날의 우파 자유지선주의 신봉자들이 대중 교육의 전제적 성격에 대해서만큼은 유사한 인식을 하고 있다는 것은 특기할 만하다. 1920년대와 30년대의 위대한 개인주의 이론가인 앨버트 제이 녹Albert Jay Nock은 당시 미국의 교육 제도에 대해 모든 어린이를 똑같이 교육할 수 있다는 잘못된 평등주의적 믿음에 따라 '교육할 수 없는' 어린이들까지 억지로 학교 안으로 몰아넣는 제도라고 혹평하였다. 적성과 능력이 있는 학생뿐 아니라 그 외의 누구라도 다 학교에 다니도록 강요함으로써 결과적으로 학교 교육에 적성이 없는 아이들의 인생을 왜곡시켰으며 진짜 적성이 있는 아이들의 교육마저 제대로 하지 못하게 되었다. 녹Nock은 자동차 운전, 바구니 짜기, 치과 병원 고르기 등의 과목을 개설하여 교육의 질을 떨어뜨렸다는 이유로 소위 '진보적 교육'을 공격한 보수파들에도 통찰력 있는 비판을 가했다. 녹Nock은 고전적 개념의 교육을 감당할 수 없는 어린이들까지 학교로 보내려 한다면 가장 낮은 공통분모에 맞추어 직업 교육 쪽으로 교육의 방향을 선회하는 수밖에 없다고 지적한다. 치명적 결함은 진보적 교육에 있는 것이 아니라 보편 교육universal schooling 에 대한 강박관념에 있으며 진보주의 운운은 단지 임시방편적 대응에 지나지 않는다.²

존 맥더모트John McDermott 나 폴 굿먼 같은 신좌파 비평가들은 중산층이 그들과 전혀 다른 가치관과 적성을 가진 노동자층의 아이들을 중산층의 틀에 맞춰 찍어 내기 위해 고안한 공교육 제도 안으로 억지로 밀어 넣고 있다고 공격한다. 지지하는 계층이나 교육관이 무엇이든지 간에 비판의 실질적 내용이 같다는 것은 분명하다. 즉 대부분의 아이가 흥미도 없고 적성에도 맞지 않는 제도 속으로 떠밀려 들어가고 있다는 것이다.

세계 여러 나라의 공교육과 의무교육 역사를 살펴보면, 잘못된 이타주의보다는 기득권층이 원하는 틀 안으로 대중을 강제로 밀어 넣으려 하는 의도적 책략이 근저에 도사리고 있다. 저항하는 소수를 다수의 틀 안으로 밀어 넣어야 한다는 것이다. 또한, 모든 시민에게 시민으로서의 덕목을 주입해야 한다는 것이다. 무엇보다도 국가에 대한 복종심을 주입해야 한다는 것이다. 사실 모든 국민이 정부가 만든 학교에서 교육받아야 한다면, 학교가 국가 권위에 대한 복종심을 주입하는 강력한 도구가 되지 않을 방법이 어디에 있겠는가? 현대 의무 국가 교육의 주창자인 마르틴 루터Martin Luther 는 독일의 영주들에게 보낸 그의 유명한 1524년 편지에서 다음과 같이 탄원하였다.

> 친애하는 영주들께 … 국민으로 하여금 자녀를 반드시 학교에 보내게 하도록 책무를 다해야 합니다. … 정부가 전시에 군 복무에 적합한 시민에게 창과 총을 들게 하고, 성벽에 오르게 하는 등 국방의

---

² 앨버트 제이 녹(Albert Jay Nock)의 『미국의 교육 이론』(*The Theory of Education in the United States*, Chicago: Henry Regnery, 1949)과 『어느 잉여 인간의 회고록』(*Memoirs of a Superfluous Man*, New York: Harper & Bros., 1943)을 참조할 것.

의무를 이행하게 강제하는 것이 가능하다면, 시민으로 하여금 그 자녀를 학교에 보내게 하는 권리는 얼마나 더 당연한 것입니까? 왜냐하면, 이 경우에 우리는 악마와 전쟁을 치르고 있기 때문입니다. 그 악마는 암암리에 우리 도시와 공국들을 거덜 나게 하려고 하고 있습니다. …³

루터에게 있어 국가가 제공하는 학교 교육은 '악마와의 전쟁', 즉 가톨릭교도, 유대교도, 불신자, 기타 경쟁 관계에 있는 다른 개신교 교파와의 전쟁을 수행하는 데 없어서는 안 될 요소였다. 오늘날 루터와 의무교육을 칭송하는 사람들은 다음과 같이 생각한다.

1524년 루터가 행한 선언이 가진 불변의 긍정적 가치는 다음에 있다. … 즉 그것이 신교의 나라 독일에서 개인과 국가가 교육에 대해 지니는 의무와 국교 사이에 신성한 연합을 확립시켰다는 점이다. 이렇게 해서 영국에서보다 훨씬 먼저 프로이센 Prussia 에서 의무교육 원칙을 쉽게 수용한 건실한 여론이 형성되었음이 분명하다.⁴

또 다른 위대한 개신교파의 창시자인 존 칼뱅 John Calvin 도 대중 공교육을 증진함에 있어 결코 열정이 덜하지 않았으며, 그 이유도 흡사했다. 그러므로 미국 최초의 의무교육이 매사추세츠 연안 지역의 칼뱅파 청교도들에 의해 확립되었다는 사실은 결코 놀랄 일이 아니다. 이들은 신대륙에서 칼뱅주의를 기반으로 하는 절대 신정 체제를 구축하려고까지 하였

---

³ 1896년에 출간된 존 윌리엄 페린(John William Perrin)의 『뉴잉글랜드 의무교육사』 (*The History of Compulsory Education in New England*)를 참조할 것.
⁴ 『대영백과사전』(*Encyclopaedia Britannica*, 14th Ed. 1929), VII, 999~1000쪽에 실린 트웬티맨(A. E. Twentyman)의 「독일 교육」(Education; Germany)을 참조할 것.

다. 매사추세츠 연안 식민지가 최초의 법률을 제정한 지 바로 다음 해인 1642년 6월에 이들은 영어 사용 지역 가운데 최초의 의무교육 체제를 확립하였다. 다음은 그 법의 내용이다.

> 아이들을 잘 교육하는 것이 우리 사회에 분명한 이익과 도움이 됨에도, 상당수 부모나 고용주가 너무 나태하여 자녀나 도제를 교육할 의무를 게을리하므로 이에 다음과 같이 명하노라. 각 마을에서 특정인을 선발하여 … 그들로 하여금 이웃을 철저히 감시하도록 하라. 즉 어느 부모나 고용주가 그 자녀나 도제를 제대로 교육시키기 위해 노력하지 않는 것과 같은 야만적 행위가 절대로 일어나지 않게끔 철저히 감시하라.[5]

그 후 5년 뒤에 매사추세츠 연안 지역은 이 법에 따라 공립학교를 세우게 된다.

이렇게 미국 역사의 여명기부터 공교육 추진의 배후에는 순치된 대중을 빚어내려는 욕구가 숨어 있었다. 미국이 영국의 식민지였을 때에는 식민 백성에게 국가에 대한 복종심을 주입할 뿐 아니라 종교적 반대파들을 억압하는 기제로도 공교육이 사용되었다. 예를 들어 퀘이커 교도들을 탄압하는 과정에서 매사추세츠 주와 코네티컷 주가 퀘이커 교도들이 자신들의 학교를 설립하지 못하게 한 것 등이 전형적이라고 할 수 있다. 1742년에 코네티컷 주에서는, 실패로 끝나기는 했지만, '새 등불' New Light 운동을 탄압하기 위해 그 교파의 학교 설립을 금지했다. 코네티컷 주 당국에 따르면, 그렇게 하지 않으면 그들이 "청소년들에게 잘못된 원

---

[5] 페린(Perrin)의 『뉴잉글랜드 의무교육사』(*The History of Compulsory Education in New England*)를 참조할 것.

칙과 습속을 가르쳐서 이 땅의 공공의 평화와 안녕을 극도로 저해하는 혼란을 야기할지도 모른다"는 것이다.[6] 그런 의미에서 뉴잉글랜드 지역의 유일한 자유 식민지였던 로드아일랜드Rhode Island가 공교육 제도가 없는 유일한 주라는 사실은 결코 우연의 일치만은 아니라고 할 수 있다.

의무 공교육에 대한 동인은 독립 후에도 본질적으로 별로 달라진 것이 없었다. 노스캐롤라이나 주 공교육 제도의 아버지라 불리는 아치볼드 머피Archibald D. Murphey는 다음과 같은 학교를 요구했다.

> 모든 어린이는 이들 학교에서 교육받을 것입니다. … 이들 학교에서 도덕률과 종교적 계율을 주입받을 것입니다. 그리고 복종하고 순종하는 습관을 들이게 될 것입니다. … 부모들은 자식들을 어떻게 가르쳐야 할지 모릅니다. … 그들을 사랑하고 그들의 복리를 걱정하는 국가가 책임지고 그 아이들을 학교에 잡아두어야 합니다. 그리하여 그들의 정신을 계몽하고 필요한 덕목을 기르게 해야 합니다.[7]

의무 공교육은 언어가 다른 소수 민족이나 식민지 백성을 억압하여 무력화시키는 기제로 자주 사용됐다. 즉, 그들에게 지배층의 언어와 문화를 강요하여 그들 자신의 언어와 문화를 포기하게 했다. 아일랜드나 퀘벡에서의 영국계 사람들 그리고 중부유럽과 동유럽 및 아시아의 여러 나라에서는 소수 민족을 자신들이 운영하는 공립학교로 밀어 넣었다. 억압받는 사람들의 불만과 저항을 촉발시키는 가장 강력한 자극제 중 하나는 바로 그들을 억압하는 자들이 휘두르는 공교육이라는 폭거로부터 그

---

[6] 멀 커티(Merle Curti)의 『미국 교육가들의 사회 사상』(*The Social Ideas of American Educators*, New York: Charles Scribner's Sons, 1935)을 참조할 것.

[7] 『아치볼드 D. 머피 논문집』(*The Papers of Archibald D. Murphey*, Raleigh, N. C.: University of North Carolina Press, 1914), vol. II, 53~54쪽.

들 자신의 언어와 문화유산을 지켜내고자 하는 욕구였다. 자유방임적 자유주의자 루트비히 폰 미제스Ludwig von Mises는 다언어 국가와 관련하여 다음과 같이 말하였다.

외무교육 정책을 계속 유지하는 것은 영속적 평화를 확립하려는 노력과 전적으로 양립 불가능하다. …
　어느 언어를 사용하여 교육할 것인지의 문제는 대단히 중요한 의미를 갖는다. 어느 쪽으로 결정하든지 그 결정은 시간이 지나감에 따라 그 지역 전체의 국적을 결정하게 된다. 학교가 자식들을 부모의 국적으로부터 떼어 놓을 수도 있다. 또한, 전체 국민을 억압하는 수단으로 학교가 사용될 수도 있다. 학교를 통제하는 사람은 결국 자기와 같은 국적인에게는 이익을 주고 다른 국적인에게는 피해를 줄 수 있는 힘을 갖게 되는 것이다.

그뿐만 아니라 미제스의 지적에 따르면 어느 특정 국적인에 의한 지배는 강압적일 수밖에 없는데, 이렇게 되면 부모가 자신의 국적어로 가르치는 학교에 자녀를 보낼 수 있게 허용된다 하더라도 문제 해결은 불가능할 수밖에 없다는 것이다.

개인이 공개적으로 다른 국적을 선언하는 것은 생계 때문에 불가능할 때가 많다. 간섭주의interventionism 제도 아래서, 그렇게 하면 다른 국적에 속하는 단골들을 잃게 되거나, 고용주가 다른 국적일 경우 직장을 잃게 될 수도 있을 것이다. … 부모에게 자기 자녀를 교육할 학교를 선택할 수 있게 한다면, 생각할 수 있는 모든 형태의 정치적 억압에 노출시키는 셈이다. 다인종 사회에서 학교야말로 가장 중요한 정치적 포획물이다. 학교가 의무 공교육 기관으로 존재하는 한, 학교로부터 정치적 성격을 벗겨 낼 수 없다. 해결책은 사실상 단 '하나'뿐이다. 국가나 정부 그리고 법률로 하여금 절대로 학교나 교육에 관여하지 못하게 하는 것뿐이다. 국민의 세금을 교육 목적으로 사용해서는 안 된다. 청소년을 양육하고 교육하는 문제는 전적으로 부모, 그리고 민간단체와 기관에 맡겨야 한다.[8]

사실 현대 공교육 제도를 만들어낸 19세기 중엽의 미국의 '교육개혁가들'이 품었던 가장 중요한 동기 중 하나는 바로 학교 교육을 통해 미국에 들어오는 수많은 이주민의 고유문화와 언어를 말살시키는 것이었다. 교육개혁가 새뮤얼 루이스 Samuel Lewis 의 말처럼 그들을 "하나의 국민"으로 찍어내는 것이었다. 당시 다수파인 앵글로 색슨인들의 바람은 이주민들을 자신들이 원하는 방향으로 길들이고 몰아가고 재편하는 것이었으며, 특히 교육 '개혁' 추진의 주된 동기를 형성한 것은 바로 가톨릭계 교구 학교들을 혁파하는 것이었다. 오늘날 학교 교육의 역할을 빈민 지역 어린이들의 정신을 무력화시키고 정해진 틀에 맞춰 찍어내려 하는 것으로 인식하는 신좌파 비평가들은 단지 호레이스 만 Horace Mann, 헨리 바너드 Henry Barnard, 캘빈 스토우 Calvin Stowe 등을 추종하는 공교육 기득권층의 오랜 염원이 현실화된 오늘날의 모습만을 붙들고 있는 것이다. 예를 들어, 만이나 바너드는 학교를 잭슨식 Jacksonian [9] 운동으로 초래될 수 있는 우민 정치 mobocracy 에 반대하는 세뇌 교육의 장소로 사용할 것을 촉구했

---

[8] 루트비히 폰 미제스(Ludwig von Mises)의 『자유 번영 사회』(*The Free and Prosperous Commonwealth*, Princeton, N. J.: D. Van Nostrand, 1962), 114~115쪽.

[9] [역주] 미국의 7대 대통령 앤드류 잭슨(Andrew Jackson)은 선거권 확대, 대통령선거제도 개선, 전국당대회제 채택, 교육의 보급 등으로 일반대중의 정치참여 기회를 증대시켰다. 그가 확립한 새로운 민주주의 개념은 '잭슨민주주의(Jacksonian Democracy)'라는 이름으로 미국의 지배적인 이데올로기가 되어 20세기 초반까지 그 영향력을 행사하였다.

다. 또한, 마르틴 루터에 의해 주창된 프로이센 의무교육 제도를 논한 탁월한 논저의 저자인 스토우는 분명한 루터식 어조로, 또 군대풍의 어조로, 학교에 대해 다음과 같이 말하였다.

> 조국이 침략당했을 때 공공의 안전을 위해 정부가 시민으로 하여금 국방의 의무를 이행하도록 강제할 수 있다면, 마찬가지 이유로 정부는 시민에게 그들 자녀에게 교육을 제공하도록 강제할 수 있어야 한다. … 침략군의 첩자를 출입시켜 국가의 안위를 위태롭게 할 권리를 허용해서는 안 되는 것과 마찬가지로 무지하고 사악한 자녀를 사회에 내보내어 국가의 안위를 위태롭게 하는 권리도 허용해서는 안 된다.[10]

그로부터 40년 후 교육계 중진인 뉴턴 베이트먼 Newton Bateman 은 청소년들의 '정신과 영혼 및 육체'에 대한 국가의 '수용권' right of eminent domain 에 대해 "교육은 개인의 변덕이나 임기응변에 맡겨져서는 안 된다"[11]고 주장했다.

공교육 신봉자들이 그들의 통제권을 극대화하기 위해 행한 가장 야심적 시도는 1920년대 초 오리건 주에서 이루어졌다. 오리건 주는 주에서 인증하는 사립학교마저 없애기 위해 1922년 11월 7일 관련법을 통과시

---

[10] 캘빈 스토우(Calvin E. Stowe), 『프로이센 공교육제도와 그 제도의 미국 이식 가능성』(*The Prussian System of Public Instruction and its Applicability to the United States*, Cincinnati, 1830), 61쪽 이하. 교육개혁가들의 엘리트주의적 동인에 대해서는 마이클 카츠(Michael B. Katz)의 『초기 학교 개혁의 아이러니』(*The Irony of Early School Reform*, Boston: Beacon Press, 1970)를 참조할 것.
[11] 에드워드 커크랜드(Edward C. Kirkland)의 『사업가들의 꿈과 생각』(*Dream and Thought in the Business Community, 1860~1900*, Chicago: Quadrangle Books, 1964), 54쪽에 인용되어 있음.

켜 사립학교를 불법화하고 모든 학령의 아이를 공립학교에 취학하도록 했다. 이때가 바로 교육자들의 꿈이 절정에 달했을 때이다. 마침내 모든 어린이가 주 당국에 의해 모두에게 똑같은 교육이라는 소위 '평등화'[12]의 틀 안으로 들어가게 된 것이다. 다행스럽게도 이 법은 1925년 미국 대법원에 의해 위헌 결정이 내려졌다(1925년 6월 1일 '피어스Pierce와 수녀회 간의 소송' 결과 참조). 대법원의 판결에 따르면 "어린이는 단순히 국가의 예속물이 아니며" 이 법은 "미국 내 모든 정부의 토대를 이루는 자유에 관한 기본 이론에 반한다는 것이다. 공교육 광신자들은 그 후 같은 시도를 하지는 않았다. 그러나 과연 어떤 세력이 오리건 주에서 모든 사립학교를 불법화하고자 시도했는지 짚어보는 것은 우리에게 많은 시사점을 준다. 왜냐하면, 그 법의 선봉에 선 사람들은 일반인의 생각처럼 자유주의적이거나 진보적인 교육가나 지식인이 아니라, 바로 백인 우월주의 집단인 KKK단Ku Klux Klan이었기 때문이다. 이들은 당시 북부 주에서 세력을 얻고 있었으며, 가톨릭 교구 학교 시스템을 파괴하여 모든 가톨릭 및 이민자 자녀로 하여금 공립학교에 다니게 하여 결과적으로 그들을 개신교도로 만들고 '미국화'시키려고 한 것이다. 주목할 만한 것은 이들이 '자유라는 제도의 보존'을 위해 그러한 법이 필요하다고 주장했다는 것이다. 그토록 칭송되는 '진보적'이고 '민주적'인 공교육 제도를 가장 열렬히 신봉한 무리가 미국의 다양성을 지워버리기를 갈망하는 가장 편협한 집단의 일원이었다는 것은 곰곰이 생각해볼 만한 일이다.[13]

---

[12] [역주] 원문에는 'democratizing'이라는 표현으로 되어 있으나 이를 문맥상 '평등화'로 번역함.
[13] 『가톨릭 역사 리뷰』(*Catholic Historical Review*), 1968년 10월호, 455~460쪽에 실린 로이드 조겐슨(LLoyd P. Jorgenson)의 「1922년 오리건 주 학교법: 법안 통과 및 그 이후」(The Oregon School Law of 1922: Passage and Sequel)를 참조할 것.

제2절 획일성인가, 다양성인가?

오늘날 교육자들이 앞에서 이야기한 KKK단처럼 극단적 시도를 하는 것은 아니지만, 공교육의 속성 자체가 획일성을 강요하고 교육의 다양성과 개별성을 불가능하게 한다는 점을 깨닫는 것은 중요하다.

왜냐하면, 어떤 정부이든지 관료주의라는 것에는 일련의 규정을 제정하고 그것들을 획일적이고 강압적인 방법으로 적용하려는 속성이 있기 때문이다. 그렇게 하지 않으면 담당 관료는 개별 사안들을 건건이 임의로 결정해야 하는데, 그렇게 하면 당연히 민원인들로부터 동등한 대우를 하지 않는다는 공격을 받게 될 위험이 있다. 즉 관료가 시민을 차별하고 특정인에게 특혜를 준다는 공격을 받게 될 것이다. 그뿐만 아니라 관료들이 자신의 업무 사항에 대해 획일적 규정을 정해 놓는 것은 행정적 편의를 위한 것이기도 하다. 영리를 목적으로 하는 사기업과는 달리, 정부 관료들은 자기가 하는 일의 효율성이나 자기가 할 수 있는 최대한의 서비스를 고객에게 제공해야 한다는 데에는 관심이 없다. 이윤을 도모할 필요가 없고 손실에 대해 걱정할 필요가 없는 관료들로서는 소비자인 고객의 욕구나 요구를 무시할 수 있으며, 실제로 무시한다. 그들의 관심사는 "문제를 일으키지 않는 데" 있다. 문제를 일으키지 않기 위해 개별 사안에 대한 진지한 검토 없이 획일적 규정을 공평하게 적용하려 한다.

교육 담당 관료는 자기 지역의 교육과 관련하여 여러 가지 중요하며, 또한 논란이 될 수 있는 결정을 내려야 한다. 예를 들어 전통적 교육을 택할 것인가, 진보적 교육을 택할 것인가? 자유 기업적 교육을 택할 것인가, 사회주의적 교육을 택할 것인가? 경쟁 교육을 택할 것인가, 평등 교육을 택할 것인가? 인문 교육을 택할 것인가, 직업 교육을 택할 것인가? 분리 교육을 택할 것인가, 통합 교육을 택할 것인가? 성교육을 시킬 것인가 말 것인가? 종교 교육을 할 것인가 말 것인가? 또는 앞에 열거한 양 극단 사이에 수많은 중간 입장이 있을 수 있다. 중요한 것은 어떤 결정을 내리든지, 그리고 그 결정이 다수의 뜻에 따른 것이라 하더라도, 언제나 상당수 부모와 학생들이 자신이 원하는 교육을 받지 못하게 된다는 것이다. 예를 들어 전통적 교육을 택하게 되면, 진보적 성향의 학부모들은 낭패를 보게 될 것이며, 그 반대의 경우도 역시 마찬가지이다. 이는 다른 사안의 경우에도 마찬가지이다. 교육이 공공 부문이 되면 될수록, 학부모나 학생들은 그들이 필요하다고 생각하는 교육을 받을 권리를 더 많이 빼앗기게 될 것이다. 교육이 공적 영역이 되면 될수록, 더욱 강력하고 고압적인 획일성이 개인과 소수자들의 필요와 욕구를 박탈하게 될 것이다.

결과적으로 사교육에 대응하는 공교육의 영역이 확대되면 될수록, 사회생활에서의 갈등의 범위와 강도는 더 커질 수밖에 없다. 만일 한 기관이 교육과 관련된 결정을 내리게 된다면 (즉, 성교육을 할 것인지 말 것인지, 전통적 교육을 택할 것인지 진보적 교육을 택할 것인지, 분리 교육을 택할 것인지 통합 교육을 택할 것인지 등), 정부에 통제력을 행사하여 반대파가 결정권을 갖지 못하도록 막는 일이 특별히 중요해진다. 따라서 다른 분야에서와 마찬가지로 교육에서도 정부의 결정이 사적 결정을 대신하면 할수록, 각 핵심 영역에서 단 하나가 될 그 결정이 자신들의 뜻에 맞게 이루어지게 하려고 생사를 건 필사적 경쟁이 일어나게 된다.

정부 결정에 수반되는 과도한 사회적 갈등과 박탈감의 문제를 자유시장에서의 상황들과 비교해 보자. 교육이 전적으로 민간 부문에 맡겨진다면, 부모들도 제각각 자신들이 원하는 학교를 후원하게 될 것이다. 학생과 학부모의 다양한 교육 수요를 충족시키기 위해 수많은 다양한 학교들이 나타나게 될 것이다. 전통적 학교도 나오고, 진보적 학교도 나오게 될 것이다. 그뿐 아니라 전통적 학교와 진보적 학교 사이에 수많은 중간 학교들이 나타날 것이다. 학년 구분이 없는 평등주의적 실험 학교도 나올 수 있으며, 반대로 엄격한 학습과 경쟁을 강조하는 학교도 나올 수 있다. 다양한 종교적 신념을 강조하는 학교도 나올 수 있고, 반대로 비종교적 학교도 나올 수 있다. 자유 기업의 덕목을 강조하는 자유지선주의적 학교도 나올 수 있고, 반대로 사회주의를 신봉하는 학교도 나올 수 있다.

잡지와 도서도 대단히 중요한 교육의 수단이 될 수 있다는 점을 상기하면서 오늘날의 잡지나 도서 출판업계를 한 번 예로 들어보자. 잡지 시장에는 대체로 자유시장 원리에 따라 소비자의 다양한 취향과 수요를 충족시키기 위해 수많은 종류의 잡지가 들어와 있다. 전국적 규모의 다목적 잡지도 있고, 또 자유주의적 색채의 잡지, 보수적 색채의 잡지 등 모든 종류의 이념 잡지도 있다. 전문 학술지도 있고, 교양이나 체스, 음향기기 등 특정 관심사나 취미를 위한 잡지도 많다. 도서 시장도 유사하다. 전국적으로 유통되는 도서도 있고, 특화된 시장을 겨냥한 도서도 있으며, 모든 종류의 이념 서적도 있다. 공립학교를 폐지하라. 그러면 자유경쟁 때문에 '학교 시장'도 잡지나 도서 시장처럼 각양각색의 다양한 형태가 나타날 것이다. 반대로 만일 각 도시나 주마다 하나의 잡지만이 존재한다면, 얼마나 많은 싸움과 갈등이 발생하겠는가? 그 잡지가 보수적이어야 하나, 진보적이어야 하나, 아니면 사회주의적이어야 하나? 소설과 교량에는 얼마나 많은 지면을 할애해야 하나? 등등 엄청난 압력과 갈등이 생길 것이다. 어떠한 해결책도 만족스럽지 못할 것이다. 어떤 결정이라도 수많은 사람으로 하여금 그들이 원하고 요구하는 것을 갖지 못하게 할 것이기 때문이다. 이렇게 보면 자유지선주의자들이 요구하는 것은 처음에 느껴지는 것만큼 이상한 것도 아니다. 그들이 요구하는 것은 오늘날 다양한 교육 매체가 있는 것처럼, 학교 제도 역시 자유롭고 다양해야 한다는 것이다.

다시 다른 교육 매체의 비유로 돌아가 보자. 만일 누군가가 연방 정부나 주 정부가 국민의 세금으로 전국적 규모의 공공 잡지나 공공 신문망을 만들어 모든 국민 혹은 모든 학생에게 읽히도록 하자는 제안을 했다고 하자. 어떻게 할 것인가? 거기에다 만일 정부가 다른 신문이나 잡지는 불법화한다면, 그렇게까지는 아니더라도 최소한 정부 측 위원회에서 생각하는 '기준'을 충족시키지 못하는 신문이나 잡지만이라도 불법화하는 조처를 한다면 어떻게 할 것인가? 그런 식의 제안은 전국에 전율을 일으킬 것이 분명하다. 그런데 이것이 바로 학교에 대해서 정부가 해온 일이다. 의무적으로 어느 특정 언론만을 접해야 한다는 것은 바로 언론의 자유라는 기본권을 침해하는 것이다. 교육의 자유도 언론의 자유만큼 중요하지 않은가? 둘 다 공공의 정보와 교육을 위해서, 그리고 자유로운 모색과 진리에의 탐구를 위해서 반드시 필요한 수단이 아닌가? 사실상 교육의 자유를 억압하는 것이 언론의 자유를 억압하는 것보다 훨씬 더 무서운 일이다. 왜냐하면, 교육은 아직 미숙하고 제대로 형성되지 않은 어린이들의 정신과 더 직접적 관계가 있기 때문이다.

흥미로운 것은 공교육 옹호론자 중에 앞에서 이야기한 교육과 언론 간의 유사점을 인식하고 언론을 그렇게 만들려고 한 사람들이 있었다는 사실이다. 그들은 바로 1780년대와 1790년대 보스턴 정계에서 세력을 떨치던 극렬 연방주의자들의 모임인 '에식스 결사' Essex Junto[14]였다. 이들

---

[14] [역주] 에식스 결사는 18세기 말 미국의 매사추세츠 에식스 지역에서 활동한 극렬 연방주의자들의 모임이다. 이들은 영국과의 우호 관계를 원하고 프랑스식 혁명에 반대하였다. 제퍼슨 대통령 임기 중인 1803~1804년에 이들은 미연방에서 탈퇴해 뉴잉글랜드(New England) 지역을 중심으로 한 북부연합(Northern Confederacy)으로 독립하고자 하였으나 실패하였다. 이 모임의 대표적 지도자로는 피커링(Thomas Pickering)이 있다.

은 매사추세츠 주의 에식스 카운티 출신의 잘 나가는 상인과 변호사 그룹이었는데, 이들은 특히 "청소년들에게 복종심을 제대로 가르치기 위해" 공교육 제도를 확장시킬 것을 갈망했다. 이 무리 중의 하나인 스티븐 히긴슨Stephen Higginson 은 대놓고 "국민이란 무릇 지도자를 신뢰하고 존경하도록 교육되어야 한다"고 말했다. 마찬가지 관점에서 신문도 학교 교육만큼 중요한 교육의 한 형태임을 간파한 또 다른 에식스 상인이며 이론가인 조너선 잭슨Jonathan Jackson 이라는 사람은 언론의 자유를 못마땅하게 생각했다. 이유인즉슨 그 때문에 언론이 독자들에게 아부하게 된다는 것이다. 따라서 독자들로부터 독립해 시민에게 적절한 덕목을 주입할 수 있도록 신문을 국영화해야 한다고 주장하였다.[15]

웨스트E. G. West도 교육의 제공과 음식의 제공 간에 흥미로운 비유를 제시한 바 있다. 이는 물론 어른들뿐 아니라 어린이들에게도 최소한 마찬가지 정도로 중요한 것이다. 웨스트는 다음과 같이 적었다.

> 굶주림이나 영양 부족으로부터 어린이를 보호하는 것은 무지로부터 어린이를 보호하는 것만큼이나 중요할 것이다. 그러나 어린이들이 음식이나 의복과 관련한 최소 기준을 모두 충족시킬 수 있게 하려고 정부가 의무적으로 어떠어떠한 것은 똑같이 먹고 입어야 한다는 법률을 통과시킨다는 것은 상상하기 어렵다. 어린이들에게 관에서 정한 장소에서 '무료' 급식을 제공하기 위해 세금이나 공공요금

---

[15] 『윌리엄 및 메리 쿼털리』(*William and Mary Quarterly*), 1964년 4월호, 191~235쪽에 실린 데이비드 피셔(David Hackett Fischer)의 「에식스 결사 신화」(The Myth of the Essex Junto)를 참조할 것. 아울러 길크리스트(D. T. Gilchrist) 편, 『항구도시들의 성장』(*The Growth of the Seaport Cities, 1790~1825*, Charlottesville, Va.: University Press of Virginia, 1967), 178~179쪽에 실린 로스바드(Murray N. Rothbard)의 「경제사상: 논평」(Economic Thought: Comment)을 참조할 것.

을 올리는 조치를 하리라는 것도 마찬가지로 상상하기 어렵다. 국민 대다수가 이런 제도를 무조건 받아들이리라는 것은 더군다나 생각하기 어렵다. 특히 '행정 편의를 위해' 그들의 집에서 가장 가까운 급식 장소에서 먹어야 한다고 하면 말이다. … 음식이나 의복에 적용한다면 정말 말도 안 되는 것으로 여겨지는 상황이 국가 교육에서는 전형적으로 일어나고 있다.[16]

자유지선주의 사상가들은, '좌우'를 막론하고, 의무 공교육에 내재된 전체주의적 성향에 대해 심각한 비판을 가해왔다. 일례로 좌파 자유지선주의자인 영국의 허버트 리드 Herbert Read 는 다음과 같이 말하였다.

인류는 자연스럽게 수많은 유형으로 나누어진다. 이들을 우격다짐으로 같은 틀 안에 넣는 것은 필연적으로 왜곡과 억압을 가져올 뿐이다. 학교에는 다양한 종류가 있어야 한다. 그리하여 다양한 방법으로 다양한 성향을 충족시킬 수 있어야 한다. 전체주의 국가에서도 이런 원칙을 인정해야 한다고 주장할 수도 있을 것이다. 사실인즉 다양화라고 하는 것은 생물체 특유의 과정으로서 특정 목적을 위해 개체들이 자발적으로 헤쳐모이며 일어나는 것이다. … 이런 구조를 … 인위적으로 만들려고 한다면 우리가 그리는 자연적 과정으로서의 교육은 좌초하고 말 것이다. …[17]

19세기 영국의 위대한 개인주의 철학자인 허버트 스펜서 Herbert Spencer

---

[16] 웨스트(E. G. West)의 『교육과 국가』(*Education and the State*, London: Institute of Economic Affairs, 1965), 13~14쪽.
[17] 허버트 리드(Herbert Read)의 『자유인 교육』(*The Education of Free Men*, London: Freedom Press, 1944), 27~28쪽.

는 다음과 같이 질문하였다.

> 정부가 마땅히 국민을 교육해야 한다는 말은 도대체 무슨 뜻인가? 국민을 왜 교육해야 한다는 것인가? 무엇을 위한 교육인가? 국민이 사회생활을 영위할 수 있게 하려고, 즉 그들을 훌륭한 시민으로 만들기 위해서인가? 훌륭한 시민의 정의가 무엇인지 누가 결정하는가? 두말할 것도 없이 정부이다. 다른 판관judge은 있을 수 없다. 그렇다면 그 훌륭한 시민을 어떻게 길러 낼지는 누가 결정하는가? 역시 정부이다. 다른 판관은 있을 수도 없다. 결론인즉슨 정부가 어린이들을 훌륭한 시민으로 빚어내야 한다는 것이다. … 정부는 우선 모범 시민의 개념을 명확히 해야 한다. 그리고 나서 그 본에 따라 시민을 길러 내는 데 가장 알맞은 훈육 제도를 구안해 내어야 한다. 그리고 그 훈육 제도를 철저히 시행해야 한다. 그렇게 하지 않으면, 사람들로 하여금 정부가 생각하는 시민상과 다른 시민이 될 수 있도록 허용하는 셈이 되며, 따라서 정부는 자신에게 맡겨진 의무를 다하지 못하는 셈이 되기 때문이다.[18]

또한 20세기 미국의 개인주의 문필가인 이사벨 패터슨Isabel Paterson은 다음과 같이 선언했다.

> 교육용 교재에 실리는 주제나 언어, 관점 등은 취사선택될 수밖에 없다. 교육을 민간 부문에서 관장하면 학교마다 가르치는 내용에 상당한 차이가 생길 것이다. 그러면 학부모는 각 학교의 교육 과정을 비교해 보고 자신의 자녀들에게 적합한 교육 내용이 무엇인지 판단

---

[18] 허버트 스펜서(Herbert Spencer)의 『사회정태론』(*Social Statics*, London: John Chapman, 1851), 332~333쪽.

해야 한다. … 어느 학교에서도 "필수 원리로서 국가의 우월성"을 가르칠 이유가 없다. 그러나 정치에 의해 통제되는 교육 제도 아래에서는 그것이 왕권신수설이 되었건 '민주 국가'에서의 '국민의 뜻'이 되었건, 결국에는 국가 우월성 원칙을 주입하게 될 것이다. 그 원칙이 일단 받아들여지게 되면, 정치 권력에 의한 시민 생활의 통제를 막아낼 방법은 거의 없다고 보아야 한다. 국민의 신체와 재산, 그리고 정신은 태어날 때부터 정부의 손아귀에 들어 있는 셈이다. 거기서 빠져나오기를 기대하느니, 차라리 문어가 제 입에 들어온 먹이를 스스로 놓아줄 것을 기대하는 편이 나을 것이다.

국민의 세금으로 운영되는 의무교육 제도는 전체주의 국가의 전형적 모델이다.[19]

웨스트가 지적했듯이, 관료적 편의를 위해 국가는 항상 지리적으로 구획된 학군을 설정하고, 학군별로 학교를 세워, 학생에게 거주지에서 가까운 학군의 학교에 다니도록 해오고 있다. 교육이 민간 부문에 맡겨져 있는 경우에도 대다수 어린이는 집에서 가까운 학교에 다니게 될 것이 분명하다. 그러나 현행 제도 아래에서는 학군마다 특정 학교가 교육을 독점한다. 그리하여 지역마다 획일적 교육을 강요하게 된다. 어떤 이유로 해서 다른 학군의 학교에 다니고 싶어 하는 아이가 있다 해도 그것이 금지된다. 그 결과 지역마다 교육의 동질성이 강요되며, 이는 곧 그 지역 주민에 의해 각 학교의 특성이 결정됨을 의미한다. 따라서 모든 공립학교가 같아지는 것이 아니라, 같은 학군에 속해 있는 학교들끼리 같아지게 된다. 학생의 구성, 학교 재정, 그리고 교육의 질이 그 지역의 가치관,

---

[19] 이사벨 패터슨(Isabel Paterson), 『기계의 신』(The God of the Machine, New York: G. P. Putnam, 1943), 257~258쪽.

재산 정도 및 세원에 의존하게 될 것이다. 그렇게 되면 불가피하게 부자 학군은 가난한 학군보다 더 값비싼 양질의 교육, 교사들에 대한 높은 임금, 그리고 양질의 근로 조건을 제공할 수 있게 될 것이다. 교사들은 부자 학군의 학교를 훨씬 좋은 자리로 생각하게 되고, 우수한 교사들이 부자 학군으로 몰리게 될 것이다. 상대적으로 부실한 교사들이 저소득층 학군에 남게 될 것이다. 따라서 학군별로 공립학교를 운영하게 되면, 필연적으로 공교육 제도의 당초 목표인 소위 평등교육에 반하는 결과가 나오게 된다.

게다가 만일 그 지역이 흔히 그렇듯이 인종적으로 분리되어 있다면, 지리적 여건에 의해 인종적으로 분리된 공립학교가 나타나지 않을 수 없게 된다. 다른 인종들과의 통합 교육을 원하는 학부모들은 이 제도와 부딪칠 수밖에 없게 된다. 또 누군가가 요즘에는 "금지되지 않은 것은 모두 의무적"인 것이라고 말했듯이, 최근 교육 관료들의 행태를 보면, 통합 교육을 받게 할지를 학부모의 선택권을 확대하는 차원에서 학부모들이 자발적으로 결정하게 하려 하기보다는 반대로 모든 학교에 통합 교육을 강요하려 한다. 그 결과 어떤 어린이들은 자기 집에서 엄청나게 먼 학교로 버스 통학을 해야 하는 어처구니 없는 경우까지 생긴다. 이 역시 정부의 전형적 행태이다. 분리 교육이건 통합 교육이건 둘 중 하나를 의무적으로 해야 한다. 개별 당사자들의 자발적 결정에 맡기는 일은 어느 국가에서건 관료들의 성미에는 잘 맞지 않는 법이다.

흥미로운 것은 학교 교육에 대해 그 지역 학부모들이 영향력을 행사하고자 하는 최근의 운동을 어느 때는 '극우익'으로 매도하고, 어느 때는 '극좌익'으로 매도한다는 것이다. 어느 경우이든 자유지선주의자들의 동기는 같은데도 말이다. 학부모들이 자녀의 의무적 원거리 버스 통학에 반대하면, 교육 수구 세력들은 이를 '편협'한 '우익'적 행태로 매도해왔다. 그러나 이와 유사하게 뉴욕시 오션 힐-브라운스빌Ocean Hill-Brownsville 의 사례에서처럼 흑인 학부모들이 학교 교육에 대한 학부모들의 결정권을 요구하자, 이번에는 이를 '극좌익'적이며 '무정부주의적' 행태라고 비난하였다. 신기한 것은 이 두 경우의 학부모들이 서로 공통된 열망, 즉 해당 지역 학부모로서 통제권을 행사하기를 원한다는 사실을 깨닫지 못했다는 것이다. 그 결과 서로 반대파로부터 '편협'하다느니, '호전적'이라느니 등의 비난을 받았다는 것이다. 불행하게도 그 지역의 백인 그룹이나 흑인 그룹 모두 그들이 교육 기득권층에 맞서는 공통의 목적이 있다는 사실을 미처 깨닫지 못했다. 즉 그들이 모두 교육 관료들의 독재적 행태, 즉 '관료들'이 호락호락하지 않은 대중에게 부과해야 한다고 믿는 식의 교육을 강요하는 행태에 반대한다는 사실 말이다. 자유지선주의자들의 과제 중 하나는 국가 교육의 폭압에 대항하는 모든 그룹의 학부모가 가진 공통된 목표를 결집해내는 일이다. 물론 공교육을 완전히 폐지하여 자유시장 원리에 맡기기 전까지는 학부모들의 등에서 국가라는 괴물을 완전히 떼어낼 수는 없다는 점도 함께 지적되어야 한다.

공교육 제도의 지역적 속성은 궁극적으로 주민을 소득에 따라, 결과적으로 인종에 따라 주거 지역을 분리하는 결과를 야기했다. 이는 미국 전역에 걸쳐 나타난 현상인데, 특히 교외 지역에서 훨씬 심각했다. 모두 다 아는 바이지만, 미국은 제2차세계대전 후에 인구의 폭발적 증가가 계속되었다. 이는 도시 중심부보다 도시 외곽 교외 지역에서 일어났다. 갓 결혼한 젊은 부부들이 교외로 이주해 옴에 따라 지역 예산의 가장 큰 부분이 학교 교육에 투입되었다. 당시 인구 1인당 출산율이 상대적으로 높은 젊은 부부들을 수용해야 했기 때문이다. 이 학교들의 재정은 예외 없이 날로 증가하는 재산세에 의해 마련되었다. 그리고 재산세의 상당 부분이 교외 주택에 부과되었다. 이는 교외의 주민이 부유하면 부유할수록, 그리고 주택이 고가이면 고가일수록, 그 지역 학교의 재정을 위한 세수가 더 많아짐을 의미한다. 따라서 교육세에 대한 부담이 커질수록, 교외 주민은 필사적으로 부유층과 고가 주택의 유입을 유도하기 위해 노력했다. 반면 가난한 사람들의 유입은 막으려 했다. 요컨대 새집을 사서 들어오는 신혼 가정이 자식의 교육을 위해 부담하는 재산세와 그 집의 가격 간에 일종의 손익분기점이 있는 것이다. 그 비용 이하의 집에 사는 가정들은 자기 자녀의 교육 재정을 위해 충분한 재산세를 내지 않게 되고, 그 결과 그 지역에 이미 거주하고 있는 주민에게 더 많은 세금을 부담지우게 되는 셈이다. 이를 간파한 교외 지역 주민은 최소 비용 수준 이하의 주택을 건설하지 못하게 하는 엄격한 법을 만들어 가난한 사람들의 유입을 차단했다. 가난한 사람들의 비율은 백인보다 흑인이 훨씬 높았기 때문에, 이는 흑인들을 교외 지역으로 이주하지 못하게 하는 데도 효과가 있었다. 최근에는 기업과 일자리도 도시 중심부에서 교외 지역으로 계속 이전하고 있다. 그 결과 흑인들에게 실업의 압력이 점점 증대되고 있다. 이 압력은 일자리 이전이 가속화되면 될수록 더 커질 수밖에 없다. 공교육을 폐지하여 재산세와 학교 재정이 연관되지 못하게 하면, 궁극적으로 앞에서 이야기한 행태가 사라지게 될 것이며, 결과적으로 교외 지역이 더는 상위 중산층 백인들만의 지역이 되지 않게 될 것이다.

제3절 세금 부담과 보조금

공교육 제도는 이뿐 아니라 복잡한 징세 및 보조금 망을 수반한다. 이 모든 것은 어떤 윤리적 이유로도 정당화하기 어렵다. 우선 공교육 제도는 자녀를 사립학교에 보내고 싶어 하는 부모에게는 이중부담을 지게 한다. 다시 말해 그들은 의무적으로 공립학교 학생들에게도 보조금을 지급해야 하는 한편, 별도로 자기 자식의 교육비도 감당해야 한다. 대도시에서 공립학교 교육이 확실하게 실패한 경우에만 사립학교가 발전하였다. 대학 교육의 경우에는 그 실패가 그처럼 명백하지는 않으므로, 국민의 세금 지원으로 무상 등록금에 높은 교원 임금을 제공하는 주립 대학과의 경쟁에서 밀려나는 사립대학들이 급속하게 늘고 있다. 마찬가지로, 공립학교들은 헌법상 특정 종교를 강요할 수 없으므로, 종교 학교에 자녀를 보내고 싶어 하는 학부모들도 일반 공립학교에 보조금을 지급해야만 한다. '정교분리'는 숭고한 원리이며, 모든 것을 국가로부터 떼어 놓기를 원하는 자유지선주의 원칙의 일부이지만, 종교 교육을 원하는 학부모들에게 국가가 비종교 학교를 보조하도록 강요하는 것은 분명 지나치게 잘못된 처사라 아니 할 수 없다.

공교육 제도는 또한 미혼자나 자녀를 두지 않은 부부들에게 자녀를 둔 가정을 보조하도록 강요하게 된다. 이것이 윤리적으로 타당한가? 인구 증가가 더는 유행이 아닌 지금, 인구 감소를 우려하는 어느 자유주의자가 자녀를 둔 가정에 보조금을 지급하는 정도가 아니라, 자녀 수에 비례하여 그만큼 더 보조금을 지급하는 공교육 제도를 옹호한다고 생각해 보라. 정부가 자녀 수에 비례하여 보조금을 지급하는 정책을 펴는 것이 현명한지 의문을 제기하기 위해 반인구주의자들의 견해에 100% 동의할 필요는 없을 것이다. 이 역시 가난한 미혼자들과 자녀를 두지 않은 가난한 부부들이 자녀를 둔 부유층을 도와주도록 강제하는 것이다. 이것이 과연 윤리적일 수 있을까?

최근 공교육 지지 세력은 "모든 어린이는 교육받을 권리가 있다"는 원칙을 천명하고, 따라서 그 권리를 보장해 주려면 국민으로부터 강제로 세금을 걷어야 한다고 주장했다. 그러나 이는 '권리'의 개념을 크게 잘못 해석한 것이다. '권리'란 철학적으로 인간 본성과 실재에 내재하는 그 무엇, 어느 경우에나 시대를 막론하고 유지 보존될 수 있는 그 무엇이어야 한다. 자기 소유권이나 자기 생명 및 재산에 대한 방어권 등은 분명히 그런 종류의 권리에 속한다. 이는 네안데르탈 동굴 인이나 근대의 캘커타 주민이나 오늘날의 미국인이나 모든 사람에게 적용된다. 그러한 권리는 시공을 초월하는 것이다. 그러나 '일할 권리'라든지 '하루에 세 끼를 먹을 권리' 혹은 '12년간 학교 교육을 받을 권리' 등은 그처럼 보장될 수 없다. 만일 네안데르탈인들이 살던 시대나 근대의 캘커타에서처럼 그런 것들이 아예 없는 경우에는 어떻게 하란 말인가? 그 '권리'라는 것이 현대 산업사회에서만 이행 가능한 것이라면, 그것은 결코 인간의 자연권이 될 수 없다. 그뿐만 아니라 자유지선주의자들이 말하는 '자기 소유권'은 사람들에게 다른 사람들의 '권리'를 제공하라고 강요하지 않는다. 모든 사람은 다른 사람들에게 어떠한 강요도 하지 않고 자기 소유권을 향유할 수 있다. 그러나 교육받을 '권리'의 경우에는 다른 사람들을 강요해야만 이루어질 수 있다. 교육받을 권리, 일할 권리, 세 끼 먹을 권리 등등은 인간의 속성 속에 있는 것이 아니라, 그러한 '권리'를 제공하기 위해 다른 사람들로 하여금 착취당할 것을 강요한다.

게다가 '교육받을 권리'라는 개념은 반드시 학교 교육이라고 하는 것이 평생의 교육 중 작은 한 부분에 지나지 않는다는 사실에 비추어 생각해야 한다. 만일 모든 어린이에게 교육받을 '권리'가 실제로 있다면, 신문과 잡지를 읽을 '권리'는 왜 없는가? 그렇다면 원하는 사람들에게 무료로 공공 신문이나 잡지를 제공하기 위해 정부가 모든 사람에게 세금을 부과해야 하지 않겠는가?

시카고 대학의 경제학 교수인 밀턴 프리드먼 Milton Friedman 은 교육 등의 분야에서 정부 보조금과는 여러 면에서 차별화되는 일종의 기금을 고안해내는 데 중요한 역할을 담당했다. 그가 모든 어린이가 국민의 세금으로 운영되는 학교에 다닐 권리가 있다는 견해를 받아들인 것은 불행한 일이다. 그러나 그는 그렇다고 해서 이것이 공립학교를 옹호하는 논거가 되지는 않음을 지적하였다. 공립학교 없이도 국민의 세금으로 모든 어린이의 교육받을 권리를 보장해 줄 수 있다는 것이다.[20] 이제는 잘 알려진 프리드먼의 '보조금 쿠폰 제도 voucher plan'에 따르면, 정부는 각 부모에게 일정 금액의 수업료로 낼 수 있는 쿠폰 voucher 을 제공하고, 부모는 어느 학교든 자녀를 위해 선택한 학교에 그 쿠폰을 사용할 수 있다. 이 보조금 쿠폰 제도 역시 국민의 세금으로 모든 어린이의 교육을 보조하는 것이지만, 관료주의의 폐해인 독점, 비효율, 전횡을 막을 수 있게 한다. 학부모는 원하는 사립학교 어디에나 자녀를 보낼 수 있게 되며, 이렇게 되면 학부모와 자녀의 선택 폭은 극대화될 것이다. 아이들은 이제 어떤 종류의 학교이든지 (진보적, 전통적, 종교적, 비종교적, 자유 기업적, 사회주의적 등을 막론하고) 부모가 선택한 학교에 다닐 수 있게 된다. 이렇게 되면 금전적 보조는 공교육 제도를 통한 정부의 실질적 교육 제공과 전적으로 분리되게 된다.

프리드먼 플랜이 학부모들의 선택 폭을 넓혀주고 공교육 제도를 폐지할 수 있게 해준다는 점에서 현행 교육제도에 괄목할 만한 개선을 가져온 것은 틀림없지만, 자유지선주의자들의 처지에서 보면 아직도 심각한 문제가 많이 남아 있다. 무엇보다도, 비도덕적이라 할 수 있는 교육을 위한 강제적 보조가 그대로 남아 있다. 둘째로, 보조금 지급 권한은 필연

---

[20] 밀턴 프리드먼(Milton Friedman)의 『자본과 자유』(*Capitalism and Freedom*, Chicago: University of Chicago Press, 1962), 85~107쪽.

적으로 규제와 통제 권한을 수반한다. 정부가 아무 종류의 학교에나 쿠폰을 쓸 수 있도록 하는 것은 아니다. 당연히 정부는 국가가 적절하다고 인증한 사립학교에만 쿠폰을 쓸 수 있게 할 것이다. 이는 결국 정부가 사립학교 교육의 세부 내용, 즉 교육 과정, 교육 방법, 재정 조달 방법 등을 통제한다는 뜻이 된다. 쿠폰의 사용 가능 여부를 인증하는 권한을 국가가 갖게 되면, 사립학교들에 대한 국가의 지배권은 지금보다 훨씬 더 강화될 것이다.[21]

오리건 주에서의 사건 이래 공교육 옹호론자들은 더는 사립학교 폐지를 주장하지는 않았다. 그러나 사립학교들은 여전히 다양한 종류의 규제에 묶여 있다. 예를 들어 각 주는 모든 어린이는 주에서 인증한 학교에서 교육받아야 한다고 규정하고 있다. 이는 모든 학교에 정부가 원하는 획일적 교육 과정을 운영하도록 강제하는 것이다. 사립학교가 인증 자격을 '충족시키기' 위해서는 여러 가지 의미 없고 큰 비용 투입이 요구되는 규정들을 이행해야 한다. 이는 학교뿐 아니라 교사들의 경우도 마찬가지인데, 교사들은 가르칠 자격을 얻기 위해 잡다한 의미 없는 '교육' 과정을 이수해야 한다. 이러다 보니 훌륭한 사립학교 중에는 이 같은 정부의 어리석은 요구를 거부하고 법적으로는 '불법' 상태로 학교를 운영하는 곳도 많다. 가장 심각하게 정의를 훼손하는 규정은 아마도 주 대부분에서 부모가 직접 자기 자식들을 가르치지 못하게 하는 규정일 것이다. 그런 식으로는 제대로 된 '학교'가 될 수 없다는 것이 주 정부의 입장이기 때문이다. 특히, 초등학교 과정은 학교 교사보다 자기 자식을 훨씬 더 잘 가르칠 수 있는 부모가 얼마든지 있다. 그뿐만 아니라 부모만큼 자기 자

---

[21] 보조금 쿠폰 제도에 대한 자유지선주의자들의 비판에 대해서는 조지 피어슨(George Pearson)의 『교육 보조금 쿠폰 제도 재고찰』(*Another Look at Education Vouchers*, Wichita, Kan.: Center for Independent Education)을 참조할 것.

녀의 능력과 학습 속도를 잘 판단할 수 있고, 자녀 각각의 요구와 능력에 맞도록 교육을 이끌 수 있는 사람은 아무도 없다. 획일적 교실 안에 갇힌 학교 교육에서는 아무도 그런 종류의 서비스를 해줄 수 없다.

'무상' 교육이라고는 하지만, 그것이 현행과 같은 공립학교 교육이건 아니면 미래에 보조금 쿠폰으로 운영되는 학교이건, '진정으로' 무료가 아닌 것은 두말할 것도 없다. 누군가, 다시 말해 납세자들이, 그 교육 서비스에 대한 값을 치러야 한다. 그러나 돈을 내는 사람과 서비스를 받는 사람이 다르다 보니 학교에는 학생들이 너무 많이 들어오고 (동일한 효력을 갖는 의무교육법과는 별도로), 각 학생은 자기 가족이 그 비용을 지급하지 않다 보니 자신이 받는 교육 서비스에 대해 그다지 흥미를 느끼지 않는 경향이 생긴다. 그 결과 공부에 적성도 없고 흥미도 없어 차라리 집에 있거나 일을 배우는 것이 나은 아이들 상당수가 학교에 다니게 되고, 그것도 적정 기간보다 훨씬 더 오랜 기간을 강압적으로 다니게 된다. 대중 교육 광신자들 때문에 또 직업을 얻으려면 고등학교 정도는 (혹은 대학교까지) 나와야 한다는 믿음 때문에 결과적으로 수많은 학생이 불만에 가득 찬 채로 학교라는 감옥 생활을 하게 되는 것이다. 이에 더해 언론에서 크게 떠드는 '중도 퇴학 반대' 구호도 한몫을 해왔다. 이러한 상황에 대한 책임의 일부는 기업에도 있다. 고용주들은 그들의 노동 인력을 자신들이 직접 혹은 현장에서 훈련할 필요 없이, 국민의 세금으로 훈련해 주니 얼마나 좋은가? 대중 교육이라는 핑계로 고용주들이 그들이 응당 지급해야 할 노동자 훈련 비용을 납세자의 부담으로 떠넘기고 있는 것이다.

고용주가 비용을 부담하지 않는 이런 훈련이 얼마나 비싸고, 비효율적이며, 또한 쓸데없이 장기간 소요되는지 누구나 쉽게 예측할 수 있을 것이다. 현재와 같은 교육 중에서 상당 부분이 생산적 고용에 아무 도움이 되지 않는다는 증거가 실제로 많이 있다. 아서 스틴치콤 Arthur Stinchcombe 은 다음과 같이 묻는다.

> 고등학교 교육 중에서 육체 노동자를 고용하는 업주가 잘 가르치기만 하면 기꺼이 돈을 내겠다고 할 만한 내용이 하나라도 있는가? 이 질문에 대한 일반적 대답은 '아니오'이다. 육체 노동자를 고용하는 업주가 가장 중요하게 생각하는 두 가지 사항, 즉 육체적 능력과 신뢰성 중 어느 하나도 학교 교육에서 해결해 주지 않는다. 신뢰할 만한 근로자를 확보하고자 하는 고용주는 아마도 잘 훈육되었으리라는 증거로서나 고등학교 졸업장을 요구할지 모른다. 그렇지 않다면 그들은 고등학교에서보다 작업 현장에서 훨씬 잘 그리고 훨씬 저렴하게 근로자들을 훈련할 수 있다.[22]

그리고 밴필드 Banfield 가 지적하듯이 대부분의 직업 능력은 현장에서 길러지는 것이다.[23]

학교 교육이 육체노동을 훈련하는 데 얼마나 쓸모없는지는 코네티컷 주의 그린위치에 소재한 어느 옥수수 가공 회사가 운영하는 사설 교육업체인 마인드 MIND 의 성과에서 여실히 드러난다. 그들은 의도적으로 육체 노동에 숙련되지 못한 고교 중퇴생들을 선발한 후, 몇 주 동안의 강도 높은 훈련과 기계 다루는 법 교육을 통해 이들에게 기본 기능과 타자 능력을 배양시켜 주었다. 그러고 나서 이들을 회사에 취직시켰다. 10년

---

[22] 아서 스틴치콤(Arthur L. Stinchcombe)의 『어느 고등학교에서의 반란』(*Rebellion in a High School*, Chicago: Quadrangle Books, 1964), 180쪽. 에드워드 밴필드(Edward C. Banfield)의 『천국 같지 않은 도시』(*The Unheavenly City*, Boston: Little, Brown & Co., 1970), 136쪽에서 재인용.
[23] 앞에서 인용한 밴필드(Banfield)의 저서 292쪽.

동안의 학교 교육이 단 몇 주에 걸친 사설 기관 직업 훈련만도 못하다는 것이다! 젊은이들로 하여금 강요된 종속의 울타리에서 벗어나 스스로 독립하여 자기 한 몸을 먹여 살릴 수 있게 해주는 것은 그들 자신에게뿐 아니라 사회 전체를 위해서도 큰 도움이 될 것이다.

날로 심각해지는 비행 청소년 문제, 그중에서도 좌절을 겪는 상급학년의 경우가 특히 의무교육법과 관련이 있음을 보여주는 많은 증거가 있다. 스틴치콤에 따르면 반항적이고 범죄적인 행동은 "대체로 학교 자체에 대한 반작용"이라는 것이다. 또한, 영국 크로우더 위원회the British Crowther Committee의 조사 결과에 의하면, 1947년에 정부가 최저 졸업 나이를 14세에서 15세로 높이자, 1년 더 학교에 다녀야 했던 14세 청소년들에 의한 비행이 즉각 심각한 증가세를 보였다는 것이다.[24]

의무교육법과 대중 교육에 대한 책임의 일부는 노동조합에도 있다. 노조는 청장년 노동자들과의 경쟁을 피하고자, 젊은이들을 노동 시장에 못 들어오게끔 가능한 한 오랫동안 교육 시설에 가두어 놓기를 희망한다. 따라서 노조와 고용주 양측이 의무교육에 강력한 압력을 행사하며 그 결과 젊은이 대부분을 미취업 상태로 만들기 위해 노력한다.

제4절 고등교육

의무교육법의 문제는 아니지만, 우리가 공교육에 가한 비판은 국·공립 대학 교육에 대해서도 마찬가지로 적용되는데, 여기에는 주목할 만한 점이 하나 더 있다. 국·공립 대학 교육의 경우에는 분명히 강제 보조금이

---

[24] 앞에서 인용한 밴필드(Banfield)의 저서 149쪽 이하를 참조할 것.

가난한 사람들로 하여금 부유층의 교육을 보조하는 셈이라는 증거가 많이 있다! 여기에는 세 가지 기본적 이유가 있다. 첫째, 교육세는 특별히 '누진적', 즉 부유한 사람들에게 더 높은 세율을 부과하는 것이 아니기 때문이다. 둘째, 일반적으로 대학에 진학하는 학생의 가정이 그렇지 못한 학생이 가정보다 더 부유하기 때문이다. 셋째, 대학에 진학하는 학생은 결과적으로 그렇지 못한 학생보다 평생 더 높은 소득을 얻게 되기 때문이다. 따라서 국·공립 대학을 통해 가난한 이로부터 부유한 이에게로 소득이 재분배되는 것이다! 이런 일을 어떻게 윤리적으로 정당화할 수 있는가?

와이스브로드Weisbrod와 핸슨Hansen은 위스콘신 주와 캘리포니아 주의 주립대학 교육에 관한 공동 연구에서 이미 이 같은 소득 재분배 효과를 입증한 바 있다. 예를 들자면 1964~1965년 기간에 위스콘신 주립대학생 자녀를 두지 않은 위스콘신 주민의 평균 가계 소득은 6,500달러였음에 비해, 위스콘신대학University of Wisconsin에 다니는 자녀를 둔 가정의 평균 가계 소득은 9,700달러였다. 캘리포니아 주의 경우에는 각각 7,900달러와 12,000달러였다. 캘리포니아 주에서는 과세 구조가 훨씬 덜 '누진적'이어서 보조금 역전 현상이 훨씬 더 심각하다고 할 수 있다. 더글러스 윈담Douglas Windham은 플로리다 주에서도 이와 유사하게 가난한 사람들로부터 부유한 사람들에게로 소득 재분배 효과가 나타나는 것을 발견하였다. 핸슨과 와이스브로드는 그들의 캘리포니아 연구로부터 다음과 같은 결론을 내린다.

> 전반적으로 이러한 보조금은 다양한 경제·사회적 배경을 가진 사람들 사이의 불평등을 축소하기보다는 확대하는 결과를 낳았다. 왜냐하면, 저소득층 가정에서는 그 보조금을 받을 자격이 안 되거나 혹은 그들의 소득 수준과 관련된 다른 여러 조건 및 제약으로 그

보조금을 이용할 수 없게끔 되어 있기 때문이다.

우리가 캘리포니아 주를 대상으로 한 연구에서 발견한 사실, 즉 주립대학 교육을 통해 보조금이 과도할 정도로 불평등하게 분배된다는 사실은 다른 주들에서는 훨씬 더 심각할 수 있다. 왜냐하면, 캘리포니아 주만큼 직업 교육 중심의 전문대학을 많이 보유한 주는 없기 때문이다. 그리고 이 때문에 고교 졸업생의 주립대 진학률이 캘리포니아 주보다 높은 주는 없기 때문이다. 이에 근거하여 우리는 캘리포니아 주가 다른 주들에 비해 보조금을 전혀 받지 못하는 젊은 이의 비율이 더 낮을 것이라고 확신한다.[25]

그뿐만 아니라 주 정부들은 주립대에 대한 세금 지원 등 불공정 경쟁의 결과로 사립대학들을 재정 위기에 빠뜨리면서 동시에 다양한 규제를 통해 사립대학들을 엄격히 통제하고 있다. 예를 들어 뉴욕 주에서는 '대학college' 혹은 '대학교university'라는 이름이 들어가는 기관을 설립하려면 뉴욕 주에 50만 달러 상당의 공채를 예치해야 한다. 이는 분명 재정 상태가 취약한 소규모 교육기관을 심각하게 차별하는 행위이며, 실제로 그들의 대학 교육 진입을 효과적으로 막고 있다. 아울러 기존의 대학들로 구성된 지역 협의체는 '인증권accreditation'을 무기로 교육과정이나 재정 상

---

[25] 핸슨(W. Lee Hansen)과 와이스브로드(Burton A. Weisbrod)의 『공고등교육의 이익, 비용 및 재원』(Benefits, Costs, and Finance of Public Higher Education, Chicago: Markham Pub. Co., 1969), 78쪽을 참조할 것. 위스콘신 주 및 위스콘신 주와 캘리포니아 주와의 비교에 대해서는 『미국경제학회보, 발표논문집』(American Economic Review, Papers and Proceedings), 1969년 5월호, 335~340쪽에 실린 핸슨(W. Lee Hansen)의 「고등교육의 소득 분배 효과」(Income Distribution Effects of Higher Education)를 참조할 것. 현대 '복지 국가'에서 일어나는 가난한 사람들로부터 부유한 사람들로의 재분배 현상과 관련한 일반적 문제에 대해서는 『뉴욕 서평』(New York Review of Books), 1971년 8월 12일, 7~9쪽에 실린 로스(Leonard Ross)의 「사정이 나아지고 있다는 신화」(The Myth that Things are Getting Better)를 참조할 것.

태가 그들이 정한 기준에 맞지 않는 대학을 얼마든지 문 닫게 할 수 있다. 예를 들어 대학이 아무리 잘 가르친다 해도 재단법인 형태가 아닌 개인 영리 목적으로 운영되면 인증을 내주지 않는다. 개인 소유 대학은 효율성 및 고객 봉사 면에서 대단히 높은 동기를 갖고 있어서 재정적으로 성공할 확률이 높다고 할 수 있는데, 이러한 차별은 사립대학들에 엄청난 경제적 부담을 하나 더 얹어주는 것이다. 최근 워싱턴 D. C.에서 성공적으로 운영되던 마조리 웹스터 초급대학Marjorie Webster Junior College이 인증을 받지 못해 문을 닫을 뻔한 위험에 처한 적이 있다. 혹자는 인증기관들이 사설 기관이지 공공 기관은 아니라고 말할지 모르나, 그 기관들은 비인증 대학에는 통상적인 장학금이나 군 복무자 지원금GI benefits 지원을 거부하는 등의 권한을 가진 연방 정부와 긴밀한 협조 관계에 있다.[26]

영리 목적의 대학(및 여타 기관들)에 대한 정부의 차별은 인증이나 장학금 문제에서 끝나지 않으며, 차별적 소득세 부과가 그들을 더욱 어렵게 만든다. 예를 들어 재단법인 체제로 운영되는 기관에는 소득세를 면제해 주면서 영리 목적의 기관에는 고율의 세금을 징수함으로써 가장 효율적일 뿐 아니라 궁극적 해결책이 될 수 있는 사교육 기관들을 탄압해 결과적으로 불구로 만들고 있다. 이러한 불공정에 대한 자유지선주의자들의 해결책은 재단법인 형태의 대학에도 같은 부담을 지우라는 것이 아니라 영리 목적의 대학에 대한 세금 부담을 철폐하라는 것이다. 자유지선주의자들의 윤리는 모든 사람을 똑같이 노예로 만들라는 것이 아니라, 모두에게 똑같은 자유를 누리게 하라는 것이다.

재단법인 형태의 운영 방식은 일반적으로 기관의 운영 방식으로는 그

---

[26] 마조리 웹스터 초급대학(Margorie Webster Junior College) 사건에 대해서는 『공공이익』(*The Public Interest*), 1970년 여름호, 40~64쪽에 실린 코어너(James D. Koerner)의 「마조리 웹스터 사례」(The Case of Margorie Webster)를 참조할 것.

다지 좋지 않다. 우선 영리 목적의 주식회사나 합자회사 등의 기업들과는 달리 재단법인 형태로 운영되는 기관에는 주인이 없다. 재단은 조직을 잘 운영해서 이윤을 얻으면 안 된다. 따라서 효율을 추구한다거나 고객에게 좋은 서비스를 제공하려는 동기가 전혀 없다. 해당 대학이나 기타 조직은 심각한 적자에 허덕이지 않는 한, 저효율 상태로도 그럭저럭 굴러갈 수는 있다. 재단이 고객에 대한 서비스를 개선한다고 해도 그것으로부터 이윤을 얻을 수는 없으므로 그들의 업무 태도는 느슨해지기 십상이다. 또한, 그들은 재단법인 설립 허가서 조항 때문에 재정적 효율을 높이기 위한 영리사업을 벌일 수 없게 되어 있다. 예를 들어 대학 재단은 학교 캠퍼스의 일부를 영리 목적의 주차장 등으로 전용해 재정 문제를 개선할 수 없게 되어 있다.

현재와 같은 재단법인 형식으로 대학을 운영한다면 교육의 질 저하가 더욱 심화될 것이다. 그 이유는 학생들은 학비의 극히 일부만을 부담하고 나머지는 국민이 낸 세금이나 기부금으로 충당하기 때문이다. 일반적인 시장 원리, 즉 생산자는 물건을 팔고 소비자는 그 대가를 전액 지급해야 한다는 원칙이 지켜지지 않고 있다. 이에 따라 서비스와 가격 사이의 괴리가 모두를 불만족스럽게 하는 것이다. 예를 들어 소비자들은 경영자들이 제멋대로 하는 것처럼 느낀다. 반면 1960년대 후반에 학생 소요가 최고조에 달하였을 때 어느 자유지선주의자가 말했듯이, '아무도 수업을 듣지 않는' 경우도 발생한다. 그뿐만 아니라 비용 대부분을 부담하는 정부, 재단, 동창회 등이 대학 교육의 실제 '소비자'인 관계로, 이들 대학에서의 교육은 필연적으로 학생 자신의 교육보다는 그들의 요구에 맞게 왜곡되는 현상을 보인다. 이와 관련해 부캐넌 Buchanan 과 데블레토글루 Devletoglou 는 다음과 같이 말했다.

대학과 학생 사이에 정부가 개입함으로써 대학이 소비자인 학생들의 요구를 충족시키지도 못하고 학생들이 선호하는 바를 충족시키기 위해 직접 재원을 마련할 수도 없는 상황이 초래되었다. 재원을 마련하기 위해 대학들은 국민의 세금으로 운영되는 여타 사업들, 즉 군대, 초중등학교, 복지 제도 등과 경쟁을 해야 한다. 이 과정에서 소비자인 학생들의 요구는 무시되고 그로 말미암은 학생 소요는 현재 우리가 목도하는 혼란의 요인을 제공한다. … 점증하는 정부 재정에의 의존 자체가, 이것이 무상교육이라는 제도로 나타났으므로, 바로 현재 나타나는 불안에 대한 중요한 원인일지도 모른다.[27]

현재와 같은 교육 난맥상에 대한 자유지선자들의 처방은 간단하다. 교육의 전 과정에서 정부의 입김을 완전히 배제하라. 정부는 그동안 공교육 제도를 통해 미국의 청소년들에게 교의를 주입하고 그들을 정해진 틀에 박아 찍어내려 해왔으며, 대학교육을 국가가 운영하고 통제함으로써 미래의 지도자들을 판에 따라 찍어내려 해왔다. 의무교육법을 폐지하면 미국의 청소년들을 학교라는 감옥에 가두고 감시하는 행태는 끝나게 될 것이다. 그리고 그들을 학교 밖으로 해방시켜 독립심과 생산적 일거리를 얻게 해 더 나은 생활을 영위하게 할 것이다. 공교육 제도를 폐지하면 숨통을 죄는 재산세 부담도 없어질 것이며 다양한 요구에 부응하는 수많은 형태의 교육이 가능해질 것이다. 교육에 대한 정부의 간섭이 없어지면 가난한 사람이 부유한 사람을 도와주는 식의, 또 식구가 많은 가정을 유리하게 만드는 식의 부조리한 강제 보조금 제도도 없어질 것이다. 국가가 원하는 방향으로 미국의 젊은이들을 찍어내고자 하는 정부의 악행은 사

---

[27] 부캐넌 & 데블레토글루(James M. Buchanan and Nicos E. Devletoglou)의 『무정부 상태의 학계: 경제적 진단』(*Academia in Anarchy: An Economic Diagnosis*, New York: Basic Books, 1970), 32~33쪽.

라지고, 그 대신 학교 안에서건 밖에서건 자유롭게 선택하고 자발적으로 행동하는, 즉 진정한 의미의 자유 교육이 가능해질 것이다.

08 복지와 복지국가

제1절 복지제도는 위기인가?

이념 성향과 관계없이 거의 모든 사람이 고삐 풀린 듯 확대되는 미국의 복지제도는 뭔가 크게 잘못된 것이라는 데 동의한다. 현 체제에서는 점차 많은 국민이 놀고먹으면서 의무적인 권리나 요구하며 다른 사람들의 생산 활동에 기대어 살고 있다. 몇 가지 통계자료를 통해 급속히 악화되고 있는 문제의 여러 국면을 간략하게나마 엿볼 수 있다. 미국 역사상 최대의 공황상태로 경제활동이 최저점이었던 1934년에 정부의 총 사회복지 지출은 58억 달러였고, 그중에서 직접 사회보장 지급액(즉 '공적 지원')은 25억 달러였다. 이에 비해 미국 역사상 최대 호황을 누렸던 전후 40년의 시점, 즉 비교적 낮은 실업률로 인류 역사상 가장 높은 생활수준에 다다른 1976년에는 정부의 사회복지 지출은 총 3,314억 달러였고, 그중 직접 사회보장 지원액은 489억 달러에 달했다. 간단히 말해서, 총 사회복지 지출이 지난 40여 년간 5,614%, 직접 사회보장 지원액은 1,856% 증가하였다. 달리 표현하면, 1934년에서 1976년 기간 동안 사회복지 지출은 매년 평균 133.7% 늘어났고, 이에 비해 직접 사회보장 지원은 연평균 44.2%씩 늘어났다.

직접 사회보장에 대하여 좀 더 자세히 살펴보면, 1934~1950년 사이에는 지출이 거의 증가하지 않았으나, 제2차세계대전 후의 경제호황과 더불어 천정부지로 치솟았다. 1950~1976년 기간에 사회보장 지원은 연평균 84.4%이라는 엄청난 증가세를 보였다.

이 같은 급증의 원인은 부분적으로 달러화의 가치하락과 구매력 저하를 초래한 인플레이션의 영향에 있다. '1958년 기준 달러 가치'(1958년 당시 1달러와 대략 같은 구매력을 가지는 데 필요한 각 해당 연도별 달러 화폐 금액)를 적용하여 각 연도의 인플레이션 효과에 따른 차이를 반영한 사회보장 지출액을 비교하여 보자.[1] 불변가치를 적용하여 환산할 경우 1934년의 사회복지 총지출은 137억 달러이고, 직접 사회보장 지원액은 59억 달러이다. 이에 비해 1976년에는 그 금액이 각각 2,477억 달러 및 365억 달러에 이른다.

인플레이션 효과를 참작해 금액을 비교하더라도 전후 42년간 (1934~1976년) 정부의 사회복지 지출 총액은 1,798% 증가하였다. 이는 연평균 42.8%씩 증가한 셈이다. 직접 사회보장 지원 역시 그 기간에 519% 증가하였으며, 이는 연평균 12.4% 증가에 해당한다. 특히 경제 호황을 누렸던 1950~1976년 기간에 직접 사회보장 지원은 인플레이션 반영 기준으로 1,077% 증가하였고, 연평균 증가율 기준으로는 41.4%에 달한다.

이제 1인당 지급액을 비교하기 위하여 같은 기간 중의 인구증가 효과를 대입하여 보자. 미국 인구는 1934년의 1억 2천6백만 명에서 1976년에

---

[1] [역주] 예를 들어, 1934년의 1달러와 1958년의 3달러가 동일한 구매력을 갖는다면 (즉, 그 기간 중의 인플레이션은 약 300% 발생), 1934년의 지출액 58억 달러는 174억 달러(= 58억 달러 × 3)로 수정되고, 1976년의 1달러와 1958년의 0.5달러가 동일한 구매력을 갖는다면(즉, 그 기간 중의 인플레이션은 약 200% 발생), 1976년의 지출액 3,314억 달러는 1,657억 달러(= 3,314억 달러 × 0.5)로 수정된다.

는 2억 1천5백만 명으로 증가하였다. 인플레이션과 인구증가 효과를 모두 고려한 1인당 사회복지 지출액은 1934년에는 108달러에 불과하였으나 1976년에는 1,152달러에 달해 해당 기간 중 거의 10배 이상 증가하였다. 직접적인 공적 지원 역시 1934년에는 47달러였으나 1976년에는 170달러로 3배 이상 증가하였다.

몇 가지 수치를 추가로 비교해보자. 상당히 풍요로웠던 1955년에서 1976년 사이 사회보장 수급자 총계는 220만에서 1,120만 명으로 5배 이상 증가하였다. 1952년에서 1976년 기간에 18세 이하의 청소년 인구는 42% 증가하였으나, 사회보장 수급자의 수는 400% 증가하였다. 또한, 뉴욕시의 인구는 거의 정체 상태였으나 사회보장 수령자는 1960년 33만 명에서 1971년에는 120만 명으로 현저히 늘어났다. 명백히 복지 위기가 도래한 것이다.[2]

만약 '사회보장 지원'에 가난한 사람들에게 지급하는 모든 종류의 사회복지 보조금을 포함한다면 그 위기는 더욱 심각한 것으로 보인다. 연방정부가 제공하는 '극빈자 구호'는 1960년의 95억 달러에서 1969년의 277억 달러로 거의 3배 정도 증가하였다. 주 정부 및 기타 지방자치단체의 사회복지 지출은 1935년의 33억 달러에서 1969년의 460억 달러로 1,300% 폭등했으며, 연방, 주, 지방자치단체를 합한 1969년의 총 사회복지 지출액은 물경 737억 달러에 달한다.

대부분의 사람은 사회보장을 받게 된다는 것이 마치 인간의 의지로는 어쩔 수 없는 해일이나 화산 폭발 같은 자연재해쯤으로 간주하며, 사회

---

[2] 미국에서는 『미합중국의 통계 개요』(Statistical Abstract of the United States)라는 통계연감(annual edition)을 통하여 미국에 관한 주요 기초 자료를 발표하고 있다. 지역별 분석 등에 대해서는 헨리 해즐릿(Henry Hazlitt), 『인간 대 복지국가』(Man vs. Welfare State, New Rochelle, N. Y.: Arlington House, 1969), 59~60쪽 참조.

보장 제도의 수급자인 자신과는 관계가 없는 것처럼 생각한다. 일반적인 견해는 '가난'이 개인이나 가족이 사회보장의 대상이 되는 원인이라고 보는 것이다. 그러나 '빈곤'을 판단하는 기준이 무엇이든지 간에 또는 어느 정도 소득 수준 이하를 가난한 사람으로 정의하든지 간에 1930년대 이후 '빈곤선' poverty line 이하의 사람이나 가계의 수는 꾸준히 감소했다는 것은 부정할 수 없는 사실이다. 따라서 빈곤의 정도는 복지 대상자의 엄청난 증가를 전혀 설명할 수 없다.

사회보장 수령자의 수는 경제학에서 소위 '양(+)의 공급함수'라고 불리는 것에 영향을 받는다는 점을 이해하면 이 같은 수수께끼에 대한 해답은 분명해진다. 다시 말해, 사회보장 수령자가 되는 것에 대한 경제적 '인센티브'가 높을수록 사회보장 명부는 길어질 것이다. 이에 대한 경제적 '반인센티브' disincentive 가 약해져도 마찬가지 결과가 발생할 것이다. 묘하게도 여타 분야에서는 누구도 이 같은 연구결과에 대해 이의를 제기하지 않는다. 예를 들어, 누군가 신발 공장에서 일하는 사람 모두에게 추가로 10,000달러를 지급한다고 하자(여기서 돈 주는 사람이 정부이든 아니면 좀 멍청한 백만장자이든 상관없다). 그러면 신발 산업에 종사하고자 하는 노동자의 수는 많이 증가할 것이다. 정부가 신발 공장 노동자들에게 소득세를 감해주겠다고 약속하는 것과 같은 반인센티브의 감소 경우에도 같은 결과가 발생할 것이다. 이 같은 분석을 다른 경제 분야의 경우와 마찬가지로 사회보장 고객에게도 적용한다면 복지와 관련한 수수께끼에 대한 대답은 명약관화해진다.

그러면 구체적으로 사회보장 수급자가 되는 중요한 인센티브 또는 반인센티브는 어떤 것이 있으며 어떻게 변천해 왔는지 살펴보자. 가장 중요한 요인은 생산 활동을 하면서 벌 수 있는 소득과 사회보장에서 받을 수 있는 소득의 관계일 것이다. 간단히 말해서, 만약 어느 분야의 '평균'

소득 혹은 대략 평균적인 노동자가 받을 수 있는 임금이 7,000달러이고, 일하지 않고 사회보장 혜택을 받는 경우는 연간 소득이 3,000달러라고 가정하자. 이는 일을 할 때 세전 소득의 순이익은 연간 4,000달러라는 의미이다. 이번에는 사회보장 급여가 연간 5,000달러로 올랐거나 연간 근로소득이 5,000달러로 내려갔다고 가정해보자. 그러면 일할 때 얻게 되는 순이익, 즉 연간소득 차이는 4,000달러에서 2,000달러로 감소하게 된다. 따라서 그 결과 사회 보장을 받으려는 사람의 수는 급증하게 되리라는 것은 자명하다. 더 나아가, 실제 거의 세금을 내지 않는 사회보장 대상자의 증가분을 지원하기 위해 7,000달러의 근로소득자가 더 높은 세금을 내야 한다면 그 숫자는 더욱 증가할 것이다. 그래서 평균 근로소득의 증가율보다 사회보장 급여 수준의 증가율이 높다고 한다면 더욱 많은 사람이 사회보장 명부에 이름을 올리기 위해 몰려들 것이라 예상할 수 있다. 물론 실제로 그러했다. 더욱이 모두가 '평균'을 벌어들이지는 못한다는 당연한 점을 고려하면 이 영향은 더욱 커질 것이라 예상할 수 있다. 사회보장 명부에 이름을 올리려 몰려가는 사람들은 평균 이하의 임금을 받는 '한계적' 근로자일 것이기 때문이다. 우리가 든 예에서 연간 사회보장 지급액이 5,000달러로 올랐을 때, 연간 4,000달러, 또는 5,000달러, 혹은 6,000달러를 버는 근로자에게 무슨 일이 일어날 것이라 기대할 수 있는가? 예전에 사회보장 수령자보다 2,000달러를 더 받던 연봉 5,000달러 소득자는 이제 그 차액이 영寒이 됐다는 것을 알게 된다. 이렇게 되면 국가에 의해 지탱되는 태만한 사회보장 수령자와 별반 차이가 없고, 심지어 세금을 제외하면 더 못한 상태라는 것을 알게 될 것이다. 이 사람들이 사회보장이라는 횡재를 하기 위해 몰리기 시작하는 것은 놀라운 일이겠는가?

구체적으로 보면, 1952~1970년 기간에 복지수급자는 2백만 명에서 천만 명으로 5배 증가했으며, 같은 기간의 소비자 물가지수가 불과 50% 상승한 것에 비해 수혜 가족 당 월간 평균 사회보장 급여는 82달러에서 187달러로 130% 증가하였다. 또한 1968년에 뉴욕시 시민예산위원회 Citizens Budget Commission of New York City가 미국에서 사회보장 수급자 수가 가장 많이 증가한 10개 주와 가장 적게 증가한 10개 주를 비교하여 얻은 결과에 의하면, 가장 큰 증가세를 보였던 10개 주의 월간 사회보장 급여는 평균 177달러로서 가장 낮은 증가세를 보였던 10개 주의 평균 급여 88달러보다 2배 이상 수준이었다.[3]

높은 사회보장비용의 영향과 이것의 근로 임금과의 관계에 관한 또 다른 예는 1965년에 발생한 왓츠폭동 Watts riot[4]을 조사한 맥콘위원회 McCone Commission의 보고서에서 찾을 수 있다. 맥콘위원회 보고서에 의하면 최저 임금을 지급하는 직장에서는 월 220달러를 받는데 이 금액에서 의류비와 교통비 등 일과 관련된 비용이 지출되어야 했다. 이와는 대조적으로 그 지역에 거주하는 평균 사회보장 수혜 가정은 월간 177달러에서 238달러를 받았지만 거기에서 일과 관련된 비용은 전혀 차감되지 않았다.[5]

---

[3] 로저 프리먼(Roger A. Freeman), 「잘못 가는 복지국가」(The Wayward Welfare State), 『현대 시대』(Modern Age), 1971년 가을호, 401~402쪽 참조. 또한 구체적인 주별 비교 연구에서, 브렘(Brehm)과 세이빙(Saving)은 1951년의 각 주의 복지수급자들의 60% 이상이 그 주의 복지 지급액의 최고 수준을 받았으며, 1950년대 말에는 이 비율이 80%까지 육박하였다. 클로이드 브렘(C. T. Brehm)과 토머스 세이빙(T. R. Saving), 「일반 보조금 수요」(The Demand for General Assistance Payments), 『미국경제학회보』(American Economic Review), 1964년 12월호, 1002~1018쪽.

[4] [역주] 미국의 로스앤젤레스에서 발생하였다.

[5] 로스앤젤레스 반란에 관한 주지사 산하 위원회의 보고서, 『도시의 폭력 – 시작인가 종식인가?』(Violence in the City – An End or a Beginning?), 1965년 12월 2일, 72쪽. 에드워드 밴필드(Edward C. Banfield), 『천국 같지 않은 도시』(The Unheavenly City, Boston: Little, Brown & Co., 1970), 288쪽 재인용.

사회보장 수급자 수 증가의 또 다른 주요 원인은 사회보장을 받는 것에 대한 여러 가지의 강한 반대 유인이 점차 사라졌다는 것이다. 가장 중요한 반인센티브는 사회보장을 받는 사람들이 늘 안고 사는 치욕감, 생산 활동에 참여하지 않고 기생하여 살아간다는 굴욕감이었다. 이 같은 치욕감이 현대 자유주의 가치기준의 확산 덕분에 우리 사회에서 점차 사라졌다. 그뿐만 아니라 정부기구 및 사회복지사들조차 이들을 환대하고, 심지어 될 수 있으면 빨리 복지혜택을 받을 수 있도록 레드카펫을 깔아주는 격이 되었다. 과거 사회복지사들의 '전통적인' 신조는 개인 각자가 자급자족할 수 있도록 돕고, 자립을 성취하고 유지하며, 스스로 설 수 있도록 하는 것이었다. 그러나 지금의 사회복지사들은 정반대의 목표가 있다. 가급적 더 많은 사람이 복지혜택을 받도록 노력하며, 그들의 '권리'를 광고하고 선포해주고 있다. 그 결과로 대상자 자격요건은 점차 완화되었고, 관료주의가 간소화되어 사회보장을 지속해서 받기 위한 요건이었던 거주 기간, 일자리 및 최소 소득 조건이 더는 요구되지 않았다. 누구든 사회보장 수급자는 일자리를 수용해야 하고 사회보장에서 벗어나야 한다는 식으로 말하면 그 사람은 반동적인 도덕적 나병환자 또는 사회적 부적합자 취급을 받는 실정이다. 과거에 복지수급자가 느꼈던 치욕감이 사라짐에 따라 사람들은 점점 사회보장에서 벗어나기보다는 이에 의존하려는 경향을 보이고 있다. 어빙 크리스톨Irving Kristol은 1960년대의 '복지 폭발'에 대해 다음과 같이 신랄하게 비판하였다.

> 이 같은 '폭발'은 공공정책을 '가난과의 전쟁' War on Poverty 으로 인식하여 집행하였던 공공기관의 관리와 직원들에 의해서 일부 의도적인 면이 있지만 상당 부분 의식하지 못한 채 야기되었다. 이러한 정책들은 나중에 '복지 폭발'이라는 상황에 무척 어리둥절하던 바로 그 사람들에 의해 주로 주창되고 법제화되었다. 당연히 그들이

해결해야 할 문제가 바로 그들 자신이 조장한 문제라는 사실을 깨닫는 데는 한참의 시간이 걸렸다.

1960년대 '복지 폭발'의 원인은 다음과 같다.

1. '빈곤'과 '결핍'의 공식적 기준을 상향 조정하면 복지혜택을 받을 자격이 있는 사람들의 숫자는 증가한다. '가난과의 전쟁'이 그 기준의 상향 조정을 가져왔고, 따라서 '유자격자'의 숫자가 자동으로 증가하였다.
2. 1960년대 실제 그랬듯이 복지 혜택 금액이 커지면 복지를 신청하는 사람들의 숫자도 증가한다. 의료지원Medicaid 및 식량 배급표 등을 포함하여 사회보장 급여가 저임금과 경쟁할 때 가난한 사람들 다수는 합리적으로 사회보장을 선호할 것이다. 현재 뉴욕시는 다른 대도시와 마찬가지로 사회보장 혜택의 수준이 저임금과 경쟁할 뿐만 아니라 이것들을 능가하고 있다.
3. 복지신청을 장려하는 조직적 캠페인을 벌일 때 실제 사회보장 대상이 되지만 자존심, 무지, 또는 두려움 등의 이유로 신청을 꺼리는 사람들의 숫자는 감소한다. 1960년대 이후 (1) '경제기회국' Office of Economic Opportunity 의 재정지원을 받은 다양한 지역공동체 조직과 (2) 복지권리운동Welfare Rights Movement, 그리고 (3) 사람들을 자립시켜 복지혜택에서 벗어나도록 도와주기보다는 더 많은 사람이 복지혜택을 받도록 도움을 주는 것이 자신들의 도덕적 의무라고 생각하는 대졸 학력자들이 주류를 이루는 사회복지사들에 의해 그러한 사회복지 장려 캠페인이 성공적으로 추진되었다. 그뿐만 아니라 법원 역시 거주 요건 등과 같은 법적 장애를 철폐함으로써 일조하였다.

여하튼 더 많은 가난한 사람이 사회보장 대상자가 되어 후한 보상을 받는다는 사실이 미국을 매우 살기 좋은 나라로 만드는 것 같지는 않다. 복지혜택을 받는 가난한 사람들에게조차 그러하다. 가난하지만 복지혜택을 받지 않고 살던 때보다 생활여건이 확연히 나아지지 않았다. 뭔가 잘못되고 있는 것으로 보이고, 자유주의적이고 연민에 사로잡힌 사회정책이 온갖 종류의 예상치 못한 뒤틀린 결과를 낳고 있다.[6]

과거 사회복지사를 움직였던 신조는 이와는 아주 다른 자유지선주의적인 것이었다. 두 가지의 기본적인 원칙이 있었다. 첫째, 모든 구호와 사회보장 지원은 정부의 강제적인 세금이 아니라 민간 기구에 의해 자발적으로 마련되어야 한다. 둘째, 도움을 주는 목적은 수급자들이 될 수 있는 한 빨리 독립심을 가지고 생산에 참여하도록 도와주는 것이어야 한다. 물론 논리상으로는 두 번째 원칙이 첫 번째 원칙으로부터 도출된다. 왜냐하면, 그 어떤 민간기구도 오랫동안 힘겹게 세제의무를 이행하는 납세자들에게서 거둬들인 기금에 무한정 손을 벌릴 수는 없기 때문이다. 민간 지원기금은 매우 제한적이어서 다른 사람의 생산물에 대하여 영속적이고 무제한적인 권리주장을 하는 복지 '권리'라는 개념이 설 자리가 없었다. 기금의 제한에서 추론되는 또 다른 사항은 사회복지사들은 꾀병을 부리거나, 일을 거부하거나, 또는 암거래에 지원금을 쓰는 사람에게는 지원할 여지가 없다는 것을 잘 알고 있었다는 것이다. 따라서 결국 '받을 자격이 없는' 사람과 이에 대비하여 '받을 자격이 있는' 가난한 국민을 구별하는 개념이 세워졌다. 이런 맥락에서 19세기 영국의 자유방임적 기구인 자선기구협회 Charity Organization Society 는 구제받을 자격이 없는 가난한 사람들의 부류에 구호가 필요치 않은 자, 사기꾼 그리고 자신

---

[6] 어빙 크리스톨(Irving Kristol), 「최선의 의도, 최악의 결과」(The Best of Intentions, the Worst of results), 『아틀란틱 월간』(*Atlantic Monthly*), 1971년 8월호, 47쪽.

의 처지가 "분별없는 행동이나 낭비벽 때문인 사람과 자선을 베풀어도 앞으로 자립의 희망이 보이지 않는 사람"7을 포함했다.

영국의 자유방임적 자유주의는 '빈민법'에 의한 정부의 복지 지급을 대체로 수용하지만 강력한 반인센티브 효과가 있어야 한다고 주장하였다. 즉 엄격한 지원 자격뿐만 아니라 구빈원에 머무는 것 자체가 어느 정도 불편하도록 하여 구빈원이 제공하는 구호가 매혹적인 기회가 아니라 강력한 억제가 분명히 되게 하기 위해서였다. 또한, 자신의 운명이 본인의 책임인 '받을 가치가 없는 가난한 자'에게 구호 체제를 남용하는 것은 오직 "지원자에게 구빈을 최대한 역겨운 것으로 만듦으로써만, 즉 일반적인 규칙으로 노동 가능 여부 확인 또는 구빈원 내 거주를 요구함으로써만 억제될 것이다"8라고 믿었다.

엄격한 억제가 수급자들의 '권리'에 대한 장황한 설명이나 공개적인 환영보다 훨씬 바람직하다. 당연하지만, 자유지선주의의 입장은 '자격이 있는 가난한 사람'에게 도움을 줘서 하루빨리 자립의 길로 들어서게 한다는 것을 전제로 정부의 복지 지급을 폐지하고 민간 자선단체의 도움에 의존하라고 요구하고 있다. 사실 대공황 시기였던 1930년대까지는 미국에서 정부 차원의 사회보장이 거의 없거나 아예 없었고, 생활수준이 낮았는데도 거리에서 대량 기아 사태가 일어나지는 않았다. 근대에 들어서면서 가장 성공적인 민간복지 프로그램은 3백만 신도의 모르몬 교회가 운영하던 것이었다. 이 놀라운 사람들은 가난과 박해에 쫓겨 19세기에

---

[7] 자선기구협회(Charity Organization Society), 「15차 연간 보고서」(*15th Annual report*, 1883), 54쪽. 찰스 로흐 모와트(Charles Loch Mowat), 『자선기구협회: 1869~1913』(*The Charity Organisation Society, 1869~1913*, London: Methuen & Co., 1961), 35쪽 재인용.

[8] 자선기구협회(Charity Organization Society), 「2차 연간 보고서」(*2nd Annual report*, 1870), 5쪽. 모와트(Mowat), 앞의 책, 36쪽 재인용.

유타Utah주와 인근 주로 이주하였고, 근면과 절약 정신으로 상당한 수준의 번영과 풍요를 일구어냈다. 모르몬교도는 공공 보조를 받지 말고 자력에 의존하여 독립적으로 살아가도록 교육을 받고 있어서 사회보장을 받는 사람이 거의 없었다. 모르몬교도들은 신앙심이 돈독하기에 이같이 훌륭한 가치를 성공적으로 내재화할 수 있었다. 그뿐만 아니라 모르몬교회는 이른 시일 내에 자립할 수 있도록 도와준다는 원칙에 따라 교인들을 위한 광범위한 민간복지 프로그램을 운영하였다.

다음에 소개되는 모르몬 교회의 '복지 프로그램' 원칙에 주목해 보자.

> 1830년에 창설된 모르몬 교회는 줄곧 신도들에게 경제적 독립의 확립과 유지를 장려하였다. 교회는 절약을 장려하고, 고용을 창출하는 산업을 육성했으며, 신앙심이 깊은 가난한 사람들을 도울 수 있도록 항시 준비하고 있었다.

1936년에 모르몬 교회는 교회복지계획을 통해 천명하기를,

> 교회복지계획은 … 스스로 다시 한 번 게으름의 저주를 떨쳐버리고, 사회보장의 악을 폐기하며, 독립과 근면, 검약 그리고 자존의 정신이 또다시 우리 사이에서 자리 잡을 수 있게 하는 체계이다. 교회의 목표는 사람들이 자조적일 수 있도록 돕는 것이다. 우리 교회 신도들의 삶에서는 일이 지배적인 수칙으로 숭상될 것이다.[9]

프로그램을 운영하는 모르몬 사회복지사는 이 원칙에 따라 행동하도

---

[9] 『말일성도예수교회의 복지 계획』(Welfare Plan of the Church of Jesus Christ of Latter-Day Saints, The General Church Welfare Committee, 1960), 1쪽.

록 지시받았다.

복지 프로그램의 운영자들은 이 같은 원칙에 충실하여야 하며, 신도들이 온 힘을 다하여 스스로 자립할 수 있도록 도와주고 가르쳐야 한다. 말일성도 교인은 누구나 신체적으로 능력이 있는 한 자발적으로 자신이 아닌 남에게 자신의 짐을 지게 해서는 안 된다. 가능하면 전지전능하신 하느님과 자신의 노동에 의지하여 자신의 생활에 필요한 것들을 스스로 공급해야 한다.[10]

그들의 복지 프로그램이 당면한 목표는 다음과 같았다.

1. 일할 능력이 있는 사람들에게는 돈벌이가 되는 직장을 찾아 준다. 2. 직장에서 일할 수 있는 능력이 없는 사람들은 될 수 있는 대로 복지 프로그램 내에서 일하도록 고용한다. 3. 교회가 책임을 진 가난한 사람들에게 생필품을 공급해줄 수 있도록 그 수단을 확보한다.[11]

복지 프로그램은 가능한 소규모의 분권적인 풀뿌리 그룹 중심으로 실행되었다.

가족, 이웃, 사제단과 구역 그리고 기타 교회 단위는 서로 상부상조할 수 있는 소규모 그룹을 형성하는 것이 바람직하다. 각 그룹은 농작물을 파종하고, 수확하며, 음식을 가공하거나 저장하며, 옷을 만들고 땔감을 장만한다. 그리고 기타 프로젝트도 그들의 상호 이익을 위해 함께 수행한다.[12]

---

[10] 앞의 책, 4쪽.
[11] 앞의 책, 4쪽.

구체적으로 모르몬 교회의 주교와 사제단은 신도들이 자립할 수 있도록 도와줘야 하는 의무가 있었다.

신체적 능력은 있으나 가난한 사람은 모두 일시적인 문제로 간주해야 하며, 그 사람이 자립할 수 있을 때까지 보살펴 주는 것이 주교의 세속적 의무이다. 가난한 사람의 세속의 빈곤뿐만 아니라 영적인 빈곤 역시 충족될 때까지 사제단은 그 사람의 문제가 끝나지 않은 것으로 간주해야 한다. 예로, 어느 직공 또는 기술자가 직장을 잃으면 주교는 그 사람에게 도움을 주어야 하고, 사제단은 그 사람이 일을 통해 자신을 세울 수 있도록 도와야 하며, 완전히 자립하여 성도의 의무를 다할 수 있도록 노력해야 한다.

사제단에 부과된 가난한 구역원을 위한 구체적인 재활활동에는 다음과 같은 것이 포함되어 있다.

1. 구역원과 구역원의 가족에게 영구적인 직장을 알선한다. 경우에 따라서는 직업훈련, 수습생 제도 등을 통하여 소속 구역원이 좀 더 나은 직업을 가질 수 있도록 돕는다. 2. 소속 구역원과 가족이 스스로 자영업을 시작하도록 도와준다. …[13]

모르몬 교회의 주요 목표는 가난한 신도들에게 일자리를 찾아주는 것이었다. 이 목적을 위해,

---

[12] 앞의 책, 5쪽.
[13] 앞의 책, 19쪽.

교회의 복지제도하에서 적절한 일자리를 찾아주는 것은 사제단 구성원의 주요 책임에 속한다. 그들과 구호협회Relief Society 단원들은 항상 어디에 고용 기회가 있는지 주의를 기울여야 한다. 각 구역의 복지위원회 위원들이 이런 면에서 그들의 역할을 잘한다면 대부분 실업자들은 그 그룹이나 구역 내에서 일자리를 잡을 것이다.[14]

일자리를 구하지 못한 사람들은 재활을 통해 자영업을 갖게 하고, 이때 교회가 소규모 대출을 해주거나 그가 속한 사제단이 자체 기금으로 보증해준다. 일자리 잡기가 어렵거나 자영업을 시작할 형편이 안 되는 모르몬 교도들은 "될 수 있으면 교회 시설 내에서 생산적인 노역의 일자리를 마련한다. …" 교회는 수급자가 가능한 무슨 일이든 해야 한다는 것을 강조한다.

주교의 창고 프로그램bishops' storehouse program 에 의해 지탱되는 사람들은 반드시 각자가 능력이 닿는 만큼 일하고, 그 대가로 받는 것이 수입이어야 한다. … 복지 프로그램에서 일하는 것은 영구적인 고용이 아니라 일시적인 것으로 간주하여야 한다. 그렇지만 주교의 창고 프로그램을 통해 그 사람에게 도움이 가는 한 일은 계속되어야 한다. 주관하는 여러 프로그램을 통해 그 사람에게 지속적인 도움을 주게 된다. 이런 방식으로 교회는 일시적 어려움을 해결해주면서 사람들의 정신적 복지까지 보살핀다. 자신감이 없던 마음이 해소될 것이다. …"[15]

다른 방법을 찾지 못할 때 주교는 복지수급자를 도움이 필요한 개별

---

[14] 앞의 책, 22쪽.
[15] 앞의 책, 25쪽.

구성원에게 일손이 되도록 배정하고, 지원받은 구성원은 교회에 통상 임금수준으로 변상했다. 일반적으로 복지수급자들은 이 같은 도움에 대한 보답으로 돈이나 농산물 또는 노력봉사 등을 통하여 그 교회의 복지 프로그램에 나름대로 기여를 하였다.[16]

이같이 자립성을 기른다는 원칙에 기초한 포괄적인 지원과 더불어 모르몬 교회는 구성원이 공적 사회복지 대상자가 되지 못하도록 다음과 같이 단호한 입장을 취했다. "각 지역의 교회 관계자들은 각 개인 및 가정, 그리고 각 교회의 신도들이 자립하고 공적 구호에 의존하지 않는 것이 중요함을 강조해야 한다고 요구하고 있다." 덧붙여서, "직접적인 공적 구호를 신청하고 수령하는 것은 종종 게으름이란 저주를 부르며 또 다른 사회보장 수령이라는 악을 키우는 것이다. 그것은 자립과 근면, 그리고 절약과 자존심을 파괴한다"[17]라고 강조하였다.

민간 주도의 자발적이고 합리적이며 개인주의적인 복지 프로그램으로서 모르몬 교회의 복지 모형보다 더 훌륭한 것은 없다. 정부 주도의 사회복지는 폐지하자. 그러면 전국적으로 상부상조를 위한 다양한 유사 프로그램이 자생적으로 촉발될 것이라 기대할 수 있다.

이 같은 모르몬 교회의 고무적인 사례는 어떤 사람이 그리고 얼마나 많은 사람이 공공복지 대상이 되는지 결정하는 주요 요인은 소득 수준이 아니라 문화적이자 도덕적인 가치기준이라는 점을 시사하고 있다. 또 다른 좋은 예가 뉴욕시에 거주하는 알바니아계 미국인 집단이다.

알바니아계 미국인은 뉴욕시에서 극빈자 계층에 속하며 거의 예외 없이 열악한 빈민가에 거주한다. 정확한 통계 수치는 없지만, 이들의 평균

---

[16] 앞의 책, 25쪽, 46쪽.
[17] 앞의 책, 46쪽, 48쪽.

소득은 틀림없이 흑인이나 푸에르토리코인보다 훨씬 낮다. 그러나 사회보장 지원을 받는 알바니아계 사람은 단 한 명도 없다. 그 이유는 그들의 자존심과 독립심 때문이다. 그들 지도자 중 한 사람이 말했듯이, "알바니아인은 구걸하지 않는다. 알바니아인에게는 사회복지를 받는 것은 길거리에서 구걸하는 것과 같다."[18]

유사한 사례는 뉴욕시 브루클린Brooklyn 의 노스사이드Northside 지역 내 달동네에서 가난하게 사는, 주로 가톨릭 신자인 폴란드계 미국인에게서 찾을 수 있다. 낮은 소득은 물론이고, 오래되어 낡고 삭막한 주거환경임에도 약 15,000명의 주민 중에서 사회복지 수령자는 거의 찾을 수 없다. 그 이유는 무엇일까? 노스사이드 지역개발위원회 위원장인 루돌프 스토비에르스키Rudolph J. Stobierski는 다음과 같이 답하고 있다. "그들은 사회보장을 받는 것을 모욕으로 간주한다."[19]

밴필드Banfield 는 그의 유명한 저서 『천국 같지 않은 도시』The Unheavenly City 에서 종교와 인종이 가치에 대해 미치는 영향과 더불어 각 구성원의 고유한 가치에 영향을 주는 요인으로 소위 상류계급 또는 하류계급 문화의 중요성을 주장하였다. 여기서 밴필드가 '계급'에 대해 내린 정의는 순전히 소득과 지위 수준에 따른 것은 아니지만 대체로 일반적인 정의와 상당히 일치하고 있다. 밴필드는 현재 및 미래에 대한 태도의 차이에 초점을 맞춘다. 상류 및 중류 계급 사람들은 미래 지향적이고, 목표 지향적이며, 합리적이고 자기 수련이 잘되어 있는 경향이 있다. 이에 비하여 하위계급의 사람들은 현재 지향성이 강하며, 변덕스럽고, 쾌락적이며, 목표의식이 없어서 진득하게 직장이나 경력을 추구하지 않는 경우가 많

---

[18] 『뉴욕타임스』(*New York Times*), 1970년 4월 13일.
[19] 나다인 브로잔(Nadine Brozan), 『뉴욕타임스』(*New York Times*), 1972년 2월 14일.

다. 따라서 전자의 가치를 가진 사람들은 높은 소득과 좋은 직장을 가지지만, 하위층 사람들은 가난하고 직장이 없으며 사회보장 제도하에 있는 경우가 많다. 단적으로 말해, 사람들의 경제적 운명은 결국에는 자유주의자들의 주장처럼 외부요인이 아니라 자신의 내부적 책임일 가능성이 크다. 밴필드는 도시 빈민은 대체로 미래 지향성이 부족하여 의료서비스에 관한 관심이 부족하다는 다니엘 로젠블라트Daniel Rosenblatt의 연구 결과를 인용한다.

예를 들어, 문제점을 조기에 발견하기 위하여 정기적으로 자동차를 점검하는 행동은 도시 빈민의 일반적인 가치 체계와 맞지 않는 것 같다. 마찬가지로, 가재도구는 조금 흔들려도 고쳐 쓰지 않고 종종 망가질 때까지 쓰다가 버리고, 얼마나 오랫동안 돈을 내야하는지 생각지도 않고 쉽게 할부로 구매한다.

그들의 몸도 노후하면 수리하지 않고 방치하는 또 다른 물건으로 간주할 뿐이다. 따라서 치아도 관리를 받지 않고 방치되며, 나중에서야 의치가 무료인지 아닌지 같은 것이나 조금 관심을 둔다. 어쨌거나 의치는 거의 쓰지 않을 수도 있다. 안경을 쓴 사람조차도 진료시설의 유무를 떠나서 정기적으로 시력교정검사를 받지 않는다. 중상류계층의 사람들은 자신의 신체를 보철 기구를 쓰든, 재활 운동이나 성형수술 또는 영구적 치료를 통해서든 마치 잘 보존하여 완전한 기능이 유지되도록 보살펴야 하는 기계처럼 생각한다. 이에 반해 가난한 사람들은 신체가 제한된 활용 기간을 가진 것으로 생각한다. 젊었을 때는 즐기다가 나이가 들고 노쇠해지면 고통을 받으면서도 덤덤하게 참고 견뎌야 하는 것쯤으로 여기는 것이다.[20]

---

[20] 다니엘 로젠블라트(Daniel Rosenblatt), 「도시 빈민층을 위한 의료 지원의 장애요인」

또한, 밴필드는 하류계급의 사망률은 과거부터 상류층보다 훨씬 높았다는 점을 지적하고 있다. 그 차이의 상당 부분은 하류층의 가난이나 낮은 소득 때문이 아니라 그들의 가치기준이나 문화 때문이라는 것이다. 하류층의 주요 사망 원인 중에는 알코올 중독, 마약 중독, 살인, 성병 등이 포함되어 있다. 하류층의 유아 사망률 역시 상류층의 2~3배에 달한다. 이 차이의 주요 원인이 소득수준이 아니고 문화적 가치 때문이라는 사실은 밴필드가 행한 19세기 말부터 20세게 초까지 뉴욕시에 거주하던 아일랜드계 이민자들과 러시아계 유대인들의 비교에서 확인할 수 있다. 당시 아일랜드계 이민자들은 일반적으로 현재 지향적이며 하류계급의 태도를 보였으나, 러시아계 유대인들은 과밀한 아파트에서 아일랜드계보다 낮은 소득으로 살아가면서도 대체로 미래 지향적이며 '상류계급'의 가치 및 태도를 유지했다. 또한 당시 10살인 아일랜드계 소년 소녀의 기대 수명은 38세에 불과하였으나, 러시아계 유대인들은 50세가 넘었다. 더욱이 1911~1916년 사이의 미국 7개 도시를 비교한 또 다른 연구에 의하면 최저 극빈층의 유아 사망률은 최상위 소득 그룹의 3배 이상이었으나, 유대인들의 유아 사망률은 현저히 낮았다.[21]

(Barriers to Medical Care for the Urban Poor), 아서 쇼스탁(A. Shostak)과 윌리엄 곰버그(W. Gomberg) 편, 『빈곤에 관한 새로운 시각』(New Perspectives on Poverty, Englewood Cliffs, N. J.: Prentice-Hall, 1965), 72~73쪽. 밴필드(Banfield), 『천국 같지 않은 도시』(The Unheavenly City), 286~287쪽 재인용.

[21] 밴필드(Banfield), 앞의 책, 210~216쪽, 303쪽 참조. 유아 사망률의 비교는, 오딘 앤더슨(O. W. Anderson), 「유아 사망률과 사회 및 문화 요인: 역사적 추세와 현재 유형」(Infant Mortality and Social and Cultural Factors: Historical Trends and Current Patterns), 가틀리 야코(E. G. Jaco) 편, 『환자, 의사, 그리고 질병』(Patients, Physicians, and Illness, New York: The Free Press, 1958), 10~22쪽에서 볼 수 있다. 7개 도시의 비교 연구에 관해서는 로버트 우드버리(R. M. Woodbury), 『유아 사망률의 인과 요인: 8개 도시의 조사 자료 연구』(Causal Factors in Infant Mortality: A Statistical Study Based on Investigation in Eight Cities, U. S.

실업도 질병이나 사망률처럼 빈곤과 사회보장 여부와 밀접한 관계가 있다. 밴필드는 장기적 저소득 실업자들은 대부분 앞으로도 계속해서 '실업 가능성'이 높을 것으로 예측한 마이클 피오르Michael J. Piore의 다음과 같은 연구결과를 인용하였다. "하류계층의 문제점은 안정적이고 돈을 많이 주는 직장을 가는 데 필요한 기술 습득의 기회가 적은 것이 아니라, 그 같은 직장에 계속 붙어있는 데 필요한 개인적 근성이 부족한 점이다. 이들은 직장에 자주 결근하고, 사전 통보도 없이 직장을 그만두며, 지시 사항을 이행하지 않고, 심지어 회사 기물을 훔쳐가는 일까지 저지르는 경향이 있다."22 또한, 1968년의 보스턴 빈민가의 노동시장을 연구한 피터 되링거Peter Doeringer의 연구에 의하면, 지역 직업알선센터에서 추천한 구직자들의 70% 정도가 직장 제안을 받았으나 그중에서 반 이상은 거절하였고, 40%는 취업하였으나 한 달 이내에 퇴직하였다. 되링거는 "빈민 지역의 실업문제 원인은 대체로 일자리 부족이 아닌 근무 불안정성인 것 같다"고 결론 내렸다.23

Children's Bureau Publication #142, Washington, D. C.: U. S. Government Printing Office, 1925), 157쪽 참조. 아일랜드계와 유대계 사람들의 기대 수명에 관해서는 제임스 월시(James J. Walsh), 「뉴욕과 펜실베이니아에서의 아일랜드인 사망률」 (Irish Mortality in New York and Pennsylvania), 『논집: 아이리쉬 계간 비평』 (*Studies: An Irish Quarterly Review*), 1921년 12월호, 632쪽 참조. 유아 사망률을 줄이기 위한 가치기준과 생활형태의 변화 필요성에 관해서는 찰스 윌리(C. V. Willie)와 윌리엄 로트니(W. B. Rothney), 「국가 사망률의 유행병학과 인종, 민족, 소득 요인」(Racial, Ethnic and Income Factors in the Epidemiology of National Mortality), 『미국사회학회보』(*American Sociological Review*), 1962년 8월호, 526쪽 참조.
22 마이클 피오르(Michael J. Piore), 「사회적 약자인 노동자의 현장 학습에 관한 공공과 민간의 책임」(Public and Private Responsibilities in On-the-Job Training of Disadvantaged Workers). M. I. T. Department of Economics Working Paper #23, 1968년 6월, 밴필드(Banfield), 앞의 책, 105쪽, 285쪽 재인용.
23 피터 되링거(Peter B. Doeringer), 「빈민굴 노동시장 - 문제와 프로그램」(*Ghetto*

하류계층의 사람들이 안정적인 직장을 갖지 못하는 이유에 대하여 밴필드는 아래와 같이 냉정하게 부정적으로 설명한 데 비하여, 좌파 사회학자인 앨빈 굴드너 Alvin Gouldner 는 매우 적극적인 방안을 제시하였다. 이들의 논점을 비교하는 것은 시사점이 크다. 밴필드는 "길모퉁이에서 배회하고, 복지혜택을 받는 여자들에게 빌붙어 살고, 싸움이나 일삼으며 살아가는 데 익숙해진 사람들은 거의 아무도 '좋은' 직장의 그 지루한 일상에 매이려 하지 않는다"[24]고 했다. 이에 비하여 굴드너는 사회복지사들이 "책임감 없는 생활, 무절제한 섹스, 그리고 통제가 되지 않는 폭력성에서 벗어나도록" 이들을 이끌어 주는 데에 큰 성과를 거두지 못하는 이유에 대해 고민하면서, 이들은 다음과 같은 거래 제안에 흥미를 느끼지 못한다고 주장하였다.

> 무절제한 섹스를 하지 마라. 제멋대로의 공격성과 즉흥성을 보이지 마라. 그렇게 하면 근사한 식사를 할 수 있고, 고등학교에서 공부할 수 있고, 심지어는 대학교육도 받을 수 있으며, 은행계정과 안정된 직장을 가질 수 있고, 세상 사람들로부터 존경도 받을 수 있다.[25]

여기서 흥미로운 점은 밴필드와 굴드너는 서로 극단적인 이념 차 때문

Labor Markets – Problems and Programs), Harvard Institute of Economics Research, Discussion Paper #33, 1968년 6월, 밴필드(Banfield), 앞의 책, 112쪽, 285~286쪽 재인용.

[24] 밴필드(Banfield), 앞의 책, 105쪽, 112쪽.

[25] 앨빈 굴드너(Alvin W. Gouldner), 「조직의 비밀」(The Secrets of Organizations), 『사회복지 포럼』(*The Social Welfare Forum*), 사회복지에 관한 전국 회의 회의록 (Proceedings of the National Conference on Social Welfare, New York: Columbia University Press, 1963), 175쪽, 밴필드(Banfield), 앞의 책, 221~222쪽, 305쪽 재인용.

에 가치판단 기준이 서로 대조적이기는 하나 기본적 본질에 대해서는 서로 동의하고 있다는 것이다. 즉, 지속적인 하류층의 실업과 이에 따른 빈곤은 실업자들 자신이 원해서라는 점에 서로 동의한다는 것이다.

굴드너의 입장은 오늘날의 자유주의자와 좌파의 전형이다. 비록 강제적이지 않더라도 '부르주아' 혹은 '중산층 가치'를 영광스럽게도 즉흥적이고 '자연적'인 하류계층 문화에 떠넘기려 하는 것은 부끄러운 일이라고 생각하는 것이다. 아마 그럴지도 모른다. 그렇다면 열심히 일하는 부르주아 계층에게 그들이 혐오하는 게으름과 무책임의 기생적인 가치기준을 지지하고 보조하기를 기대하거나 요청하지도 말아야 한다. 만약 사람들이 '제멋대로' 살고 싶다면 그들 자신의 시간과 재원으로 그렇게 하도록 내버려 두고, 그 결정에 뒤따르는 결과에 대해 스스로 책임지도록 해야 하며, 국가의 강제력을 빌어 열심히 일하고 '제멋대로 살지 않는' 사람들에게 그 짐을 떠넘기려 해서는 안 된다. 간단히 말해서, 복지제도를 폐지해야 한다.

만약 가난한 하류계층 사람들의 주요 문제점이 무책임하고 현재 지향적인 점이라면, 그리고 사람들을 사회보장과 종속성에서 벗어나게 하려고 (모르몬교도들에게는 실례지만) '부르주아'의 미래 지향적 가치를 주입하는 것이 필요하다면 최소한 그 가치기준은 사회에서 장려되어야 하지 말릴 일은 아니다. 하지만 사회복지사들이 가진 좌파 성향의 자유주의적 태도는 복지혜택은 하나의 '권리'이고 사회 생산물에 대한 당연한 요구라는 생각을 조장시키고 있고, 직접적으로 가난한 사람들로 하여금 일할 마음을 단념케 하고 있다. 더욱이, 쉽게 지급 받는 사회보장 수표는 분명히 수급자들로 하여금 현재 지향적이고, 일하려 하지 않으며, 무책임한 행동을 하게 만들고 있다. 이 때문에 빈곤과 사회보장의 악순환은 영구화된다. 밴필드는 "아마 모든 사람을 현재 지향적으로 바꾸기에는

모든 사람에게 너그러운 사회보장 급여 수표를 주는 것보다 더 쉬운 방법은 없다"고 비꼬았다.[26]

대체로 보수주의자들은 게으른 사람들을 지원하려고 정부가 세금을 강압적으로 징수하는 것은 윤리적·도덕적 측면에서 악惡이라는 점을 강조하면서 복지제도를 공격하고 있다. 반면에 좌파 성향의 비판자들은 국가와 행정부의 공짜 선물에 의존하는 사회보장 '고객'의 비도덕성에 초점을 맞추고 있다. 사실 두 가지 비판은 모두 옳으며, 어떤 모순도 발견되지 않는다. 다시 말하면, 위에서 설명한 바와 같이, 모르몬 교회에서 운영하는 자발적 프로그램이 이 문제에 대한 해답이다. 초기 자유방임주의자들의 사회보장제에 대한 비판은 사회보장의 비용을 지급하는 사람에 대한 강제성은 물론 사기저하에 관한 것이었다.

이같이 19세기 영국의 자유방임주의 주창자였던 토머스 매케이Thomas Mackay는 "사회보장 개혁의 핵심은 자립의 아름다움을 재창조하고 발전시키는 데 있다"고 선언하였다. 매케이는 "더 많은 자선보다는 인간생명에 대한 더 큰 존중과 인간의 자립능력에 대한 믿음"을 요청하였다. 더 많은 사회보장을 주창하는 사람들에 대해서는 조소를 퍼부었다.

> 이러한 대리 자선 사업가들은 값싼 인기를 좇아 날뛰는 사람들이다. 이웃들로부터 강탈한 세금을 가지고 금방이라도 사회보장에 의지하고 싶어 하는 군중 앞에서 서툰 인기몰이 쇼를 벌이고 있는 것이다.[27]

---

[26] 밴필드(Banfield), 앞의 책, 221쪽.
[27] 토머스 매케이(Thomas Mackay), 『사회 개혁의 방법』(*Methods of Social Reform*, London: John Murray, 1896), 13쪽.

이어 다음과 같은 말도 덧붙인다.

> 복지제도가 함축한 빈곤에 대한 법률적인 자격 부여는 우리의 사회제도 (예: 복지제도)에 매우 위험하고 때로는 비도덕적인 영향을 끼쳤다. 사회에서 그것이 꼭 필요한 것인지 전혀 증명되지 않았다. 외견상의 필요성은 그 복지제도 자체가 이에 의존적인 사람들을 만들어 냈다는 사실에 대체로 기인한다.[28]

의존성에 관해 부연설명하면서 매케이는 다음과 같이 분석하였다.

> 가난한 사람들의 절망과 고통은 가난 그 자체에서 오는 것이 아니라 남에게 의지해야 한다는 모멸감에서 오는 것이고, 이는 모든 공공구제 조치에서 반드시 고려되어야 할 요소이다. 그 같은 감정은 없어지지 않으며, 공공구제 사업의 방만한 방침에 의해 오히려 더 악화할 수 있다.[29]

매케이가 도출한 결론은 이러했다.

> 극빈자들을 줄이는 데 입법가 또는 행정가들이 취할 수 있는 유일한 방법은 과거로부터 내려온 극빈자들에 대한 법적 혜택을 모두 폐지하거나 제한하는 것이다. 두말할 나위 없이, 한 나라의 극빈자 숫자는 정확히 그 나라에서 지급하기로 정한 극빈자 숫자만큼이다. 이 같은 법적 혜택을 폐지하거나 제한하라 … 그러면 새로운 기구들이 나타나 활동에 들어갈 것이며, 인간 본연의 자립능력과 자연적

---

[28] 앞의 책, 38~39쪽.
[29] 앞의 책, 259~260쪽.

인간관계 및 친구 관계 내에서의 부조도 활성화될 것이다. 이 항목에 나는 공적 구호기구와는 구별되는 민간 자선단체도 포함할 것이다. …30

19세기 영국에서 가장 큰 민간 자선단체였던 자선기구협회 The Charity Organization Society 도 스스로 자립할 수 있도록 도와주는 것이 자신들의 운영원칙이라는 사실을 명확히 하였다. 그 협회의 역사를 연구한 찰스 모와트 Charles L. Mowat 는 다음과 같은 주장을 하였다.

이 C. O. S는 사회의 분열을 조정하고, 가난을 몰아내며, 행복한 자립 사회를 만들 수 있을 것으로 여겨지는 자선의 아이디어를 구현하려 하였다. 이 협회는 가난의 가장 심각한 문제는 남자이건 여자이건 가난한 자들의 심성을 타락시키는 것이라고 믿었다. 무분별한 자선은 사태를 더욱 악화시켜서, 이들을 무기력하게 만들었다. 진정한 자선은 친밀감과 배려, 그리고 자존감과 자신 및 가족을 부양할 수 있는 능력을 회복시켜줄 그런 종류의 도움을 요구한다.[31]

복지수혜가 초래하는 가장 잘못된 결과는 아마도 재활에 대한 금전적 인센티브를 없앰으로써 자립의지를 꺾는다는 사실일 것이다. 평균적으로 장애인들이 재활에 투자하는 1달러당 얻게 되는 투자 효과는 현재가치로 환산하여 10~17달러에 이르는 미래에 창출되는 소득이다. 하지만 재활에 성공하면 사회보장장애지원과 근로자재해보상을 받지 못하기 때문에 재활 인센티브는 무기력하게 된다. 그 결과 대부분의 장애인은 재활

---

[30] 앞의 책, 268~269쪽.
[31] 모와트(Mowat), 앞의 책, 1~2쪽.

에 대해 투자를 하지 않는다.³² 그뿐만 아니라 민간보험회사의 경우와는 반대로 사회보장 수급자가 용감무쌍하게도 62세 이후까지 일하며 소득을 얻으려 하면 보장급여 지급을 중단해 버리는 사회보장제도의 치명적인 반인센티브 폐해에 대하여 지금은 많은 사람이 인지하고 있다.

최근 지나친 인구성장에 대하여 다수가 우려를 표명하고 있는 와중에 일부 인구증가반대주의자들은 이와 관련하여 복지제도의 또 다른 부작용을 지적하고 있다. 가족에게 지급하는 생활보장금은 그 가족의 자녀 수에 비례하기 때문에 각 가정에 더 많은 아이를 낳도록 보조금을 지급하는 효과가 있다. 그런데 더 많은 아이를 가지려는 사람에게 자녀 부양 능력이 없다면 문제는 심각하다. 이같은 경우 본인은 물론 그 자식들까지 영구적으로 대대손손 복지 수당에 의존하여 살 수밖에 없는 상황이 연출된다.

최근 수년간 미국정부는 일하는 여성들의 아이를 보살피는 보육시설을 확충하자는 대대적 캠페인을 벌여 왔다. 정부의 주장은 시장에 맡겨 놓았더니 필요한 공급이 충분히 이루어지지 않았다는 것이다.

시장에서는 소비자들의 긴급한 수요가 발생하면 이에 대응하는 사업이 생겨나야 하는데, 이 경우에는 왜 시장이 작동하지 않았는지 궁금하다. 그 대답은 정부의 규제 때문이다. 정부가 사업자들에게 불리하고 귀찮으며 비용이 많이 드는 법적 제한 규정을 만들어 보육시설의 공급을 방해하였기 때문이다. 개인이 아이를 보살필 때는 누가 돌보든지 시설환

---

[32] 에스텔 제임스(Estelle James), 「직업 재활 경제학에 대한 비평」(Review of The Economics of Vocational Rehabilitation), 『미국경제학회보』(American Economic Review), 1966년 6월호, 642쪽. 또한, 예일 브로즌(Yale Brozen), 「복지국가 없는 복지」(Welfare without the Welfare State), 『자유인』(The Freeman), 1966년 12월호, 50~51쪽 참조.

경이 어떻든지 규제하지 않는다. 아이를 엄마 친구나 친척 집에 맡기든지 또는 이웃에게 돈을 주고 자기 집에서 돌보게 하든지 모두 합법적이다. 그러나 그 친구 또는 이웃이 보육원을 조금 크게 운영하려 하면 각종 규제가 따라붙는다. 예로, 보육원을 운영하려면 면허를 받아야 하고, 정규 간호사가 항시 출근해야 하며, 최소 규모 이상의 운동장을 갖추어야 하고, 전체 시설 또한 최소 규모 이상이 되어야 하는 등의 조건이 충족되지 않으면 면허가 취소된다.

정부는 친척, 친구, 이웃 또는 심지어 아이를 직접 돌보는 엄마의 자격요건은 제한하지 않으면서 보육시설에 대해서는 온갖 종류의 터무니없고 비용이 많이 드는 제한 규정을 두고 있다. 이들 규제를 철폐하면 시장은 자연스럽게 수요에 대응하면서 적절히 작동하게 될 것이다.

시인인 네드 오고먼 Ned O'Gorman은 은행에서 대부받은 적은 돈을 투자하여 뉴욕시의 할렘 Harlem 지역에서 스토어프런트 Storefront 라는 보육원을 지난 13년간 성공적으로 운영해 왔으나 최근 뉴욕시의 규제 강화로 보육원 운영을 포기해야 하는 상황이 발생하였다. 뉴욕시는 오고먼의 보육원이 '헌신적이고 효과적'이었다는 데는 동의하면서도 5명 이상의 아이를 보살피려면 주 정부가 공인한 1명의 사회복지사를 고용하게 되어있어서 이를 이행하지 않으면 무거운 벌금을 부과할 것이며 궁극적으로 보육원을 철폐해야 한다고 위협하였다. 이에 분개한 시인 오고먼은 다음과 같은 글을 기고하였다.

> 세상에 내가 왜 강요에 의해 사회복지를 공부하고 보육시설 운영 자격이 있다는 내용의 종이쪽지를 가진 사람을 고용해야만 하나? 할렘에서 13년간 보육원을 운영한 나에게 자격이 없다고 말하면 도대체 누가 자격이 있단 말인가?[33]

보육시설의 사례는 우리에게 시장에 대한 중요한 진실을 알려준다. 만일 확실한 수요가 있는데도 이에 대응한 공급이 부족하다면 그 문제의 원인은 정부에 있다는 것이다. 시장에 그대로 맡기면 모텔, 세탁기, 텔레비전, 기타 일상생활에 필요한 옷이나 장비 등의 부족 사태가 발생하지 않는 것처럼 보육시설의 부족 문제도 사라지게 될 것이다.

제2절 복지국가의 부담과 보조금

복지국가는 진실로 가난한 자를 도와주는가? 복지국가를 가능케 하고 지탱시킨 통상적인 견해는 복지국가가 소득과 부를 부자에게서 가난한 사람에게로 재분배한다는 것이다. 즉 다양한 복지와 서비스는 돈을 가난한 자에게 나누어주지만, 누진세제는 부자로부터 돈을 거둬온다는 것이다. 하지만 심지어 복지국가의 가장 큰 지지자이며 선동가였던 자유주의자들조차 이러한 생각이 모든 면에서 단지 한때 소중히 품었던 신화일 뿐임을 서서히 자각하고 있다. 정부가 발주하는 사업 계약은, 특히 군사적인 것과 관련해서는, 세금 재원을 정부에 친화적인 기업과 이미 상당한 보수를 받고 있는 산업 노동자의 주머니 속으로 흘려보내는 수단일 뿐이다. 최저임금법은 불행히도 실직자를 양산해 내며, 특히 가장 가난하고 교육과 기술 수준이 낮은 노동자에게 그 피해가 간다. 즉 남부지역의 빈민가 출신 십 대 흑인들과 고용 장애인들에게 그런 결과를 초래한다. 당연히 최저임금은 노동자 누구의 고용도 보장을 해주지 못한다. 그

---

[33] 「그의 보육원을 두고 시인과 기관이 대립」(Poet and Agency at Odds over His Day-Care Center), 『뉴욕타임스』(*New York Times*), 1978년 4월 17일, B2쪽.

래서 결국은 고용자가 지급하고자 하는 임금으로는 누구도 합법적으로 고용하지 못하게 만드는 셈이다. 경제학자들은 연방 정부가 정한 최저임금이 증가하였을 때 이미 잘 알려진 바인 흑인과 백인 십 대 청소년 간의 고용 격차가 발생하였고, 흑인 십 대 남성의 실업률이 전후 초기의 약 8%에서 현재의 35% 이상으로 상승하였다는 점을 보여주고 있다. 이는 1930년대에 20~25%에 달했던 대규모의 일반 실업률보다 훨씬 더 재앙적인 수준의 흑인 십대 청소년 실업률이다.[34]

이미 우리는 국가의 고등교육이 어떻게 가난한 자들로부터 부유한 시민에게로 소득을 재분배하는지 살펴봤다. 일부 직종에서 시작하여 여타 직종으로 계속 확산하고 있는 정부 허가라는 수많은 제한조치는 가난하고 숙련도가 떨어지는 노동자로 하여금 이런 규제의 대상 직종에서 일자리를 구하지 못하게 한다. 가난한 사람들의 빈민가 주거 환경 개선에 도움을 주려고 계획된 것으로 알려진 도시환경개선 프로그램들은 사실 그들의 주택을 파괴하고, 가난한 사람들을 더욱더 혼잡하고 쉽사리 구할 수도 없는 주택으로 내몰고 있고, 이 모든 것이 더 부유한 세입자와 건설 노조원, 특혜 부동산 개발업자와 시내 중심가의 상업 이익에 혜택을 주려는 일일뿐이라는 것이 점차 알려졌다. 한때 자유주의자들이 총애하던 응석받이 노동조합이 현재는 더 가난한 노동자와 소수자 집단 노동자들을 배제하려고 자신들이 정부로부터 부여받은 특권을 사용하는 것처럼 보인다. 연방 정부에 의해 지속적으로 증가하는 농산물 가격 보조는 식료

---

[34] 이에 관한 많은 연구 중에서 특히 예일 브로즌(Yale Brozen)과 밀턴 프리드먼(Milton Friedman), 『최저 임금: 누가 지불하나?』(*The Minimum Wage: Who Pays?*, Washington, D. C.: Free Society Association, 1966년 4월)과 존 피터슨(John M. Peterson)과 찰스 스튜어트(Charles T. Stewart, Jr.), 『최저 임금율의 고용효과』(*Employment Effects of Minimum Wage Rates*, Washington, D. C.: American Enterprise Institute, 1969년 8월) 참조.

품 가격을 계속해서 올리려고 납세자들에게 과태료를 부과하는 셈이고, 그럼으로써 특히 저소득 소비자에게 손해를 끼치고 있으며, 저소득 농민이 아닌 대규모 토지를 경작하는 부유한 농장주에게 혜택을 주고 있다. (농민은 수확량에 따라 지급받으므로 보조금 프로그램은 대체로 부유한 농장주에게 도움이 된다. 사실 농민은 종종 생산하지 않기로 하고 보조금을 받으므로 그 결과로 발생하는 일정 토지의 생산과정 배제는 농업 인구 중에서도 가장 가난한 계층인 농장 소작인과 농장 노동자들에게 심각한 실업을 야기한다.) 개발이 활발한 교외지역에서 실행되고 있는 토지 이용제한법은 더 가난한 시민, 즉 도심에서 벗어나 일자리 기회가 증가하고 있는 교외로 이주하고자 하는 흑인들의 이동을 주로 제한하는 결과를 낸다. 미국의 우체국은 신문과 잡지 보급사에 보조금을 지급하려고 일반 국민이 사용하는 보통 우편에 높은 수준의 독점 요금을 부과하고 있다. 연방주택국 Federal Housing Administration 은 부유한 주택소유자의 주택담보 대출에 보조금을 준다. 연방간척부 Federal Bureau of Reclamation 는 서부지역의 부유한 농민들에게 보조금이 지급된 농업용수를 공급함으로써 도시 빈곤층으로부터 물을 강탈하고, 이들이 높은 수도 요금을 내도록 강제하고 있다. 농촌전기사업국 Rural Electrification Administration 과 테네시강유역개발 Tennessee Valley Authority 은 부유한 농부와 교외거주자 및 기업에 전기를 공급하면서 보조금을 주고 있다. 예일 브로즌 Yale Brozen 은 다음과 같이 냉소적인 견해를 피력한다.

> 전미 알루미늄 주식회사 Aluminum Corporation of America 나 듀퐁사 Dupont Company 와 같은 가난에 찌든 회사에 공급하는 전기는 테네시 유역개발 TVA 의 면세 지위에 의해 보조된다(전기료의 27%가 민간에서 운영되는 설비회사에 부과되는 세금으로 간다.)[35]

정부 규제는 수많은 산업 부문을 독점화하고 카르텔화 함으로써 소비자에게 가격 상승 부담을 주고, 생산을 제한하며, 경쟁적인 대안 모색이나 상품의 질 개선 노력을 방해하고 있다. 철도 규제, 공공 설비 규제, 항공 규제, 석유 할당 규제 등이 그 예이다. 그렇듯 민간항공위원회Civil Aeronautics Board는 우호적인 기업에 항공 노선을 배분하여 군소 경쟁자들을 배제하거나 심지어 망하게 하고 있다. 주 정부와 연방 정부가 시행하는 석유 할당 제도는 원유 생산의 최대 한계를 설정함으로써 석유 가격을 상승시키고 있고, 그 가격은 수입 제한으로 한층 더 높아진다. 심지어 정부는 가스, 전기, 전화 회사 등 각 부분에 절대적인 독점권을 부여함으로써 경쟁으로부터 그들을 보호하고, 고정 이윤을 보장하기 위해 임의로 요금을 정하고 있다. 어느 곳이나 어떤 영역이나 마찬가지이다. 국민 다수는 복지국가에 의해 체계적으로 사취를 당하고 있는 것이다.[36]

대부분의 사람은 미국의 조세제도는 기본적으로 빈자보다는 부자에게 더 많은 세금을 부과하고, 그래서 소득을 고소득 계층에서 저소득 계층으로 재분배하는 방법이라고 믿는다. (물론 예로, 세금 납부자가 록히드 항공사나 제너럴 다이내믹 항공사에 보조금을 주는 것과 같이 다양한

---

[35] 브로즌(Brozen), 「복지국가 없는 복지」(Welfare Without the Welfare State), 48~49쪽.

[36] 브로즌(Brozen)의 같은 논문 이외에도 예일 브로즌(Yale Brozen), 「분명한 것의 거짓」(The Untruth of the Obvious), 『자유인』(The Freeman), 1968년 6월호, 328~340쪽 참조. 또한 예일 브로즌(Yale Brozen), 「전통적 자유주의의 부활」(The Revival of Traditional Liberalism), 『신 개인주의 비평』(New Individualist Review), 1965년 봄호, 3~12쪽과 샘 펠츠먼(Sam Peltzman), 「CAB: 경쟁으로부터의 해방」 (CAB: Freedom from Competition), 『신 개인주의 비평』(New Individualist Review), 1963년 봄호, 16~23쪽, 마틴 앤더슨(Martin Anderson), 『연방 불도저』 (The Federal Bulldozer, Cambridge: MIT Press, 1964) 참조. 석유 가격에 관한 얘기의 입문을 위해선 헨드릭 하우싹커(Hendrik S. Houthakker), 「불필요한 통제」(No Use for Controls), 『베론즈』(Barrons), 1971년 11월 8일, 7~8쪽 참조.

형태의 재분배가 있다.) 그러나 모두가 '누진적'이라 생각하는 소득세, 즉 빈자보다 부자에게 훨씬 더 많이 세금을 부과하고, 중산층은 그 중간일 것으로 생각하는 소득세도 이 세제의 다른 측면을 고려할 때 반드시 그런 식으로 작동하지는 않는다. 가령 사회보장세는 명백하고 적나라하게 '역진적'이다. 그것은 빈자와 중산층에게 바가지를 씌우기 때문이다. 예를 들어, 연간 8천 달러를 버는 사람이 사회보장세는 연간 백만 달러 버는 사람과 마찬가지로 내고 있고, 실제 액수는 매년 증가하고 있다. 주로 돈 많은 주식 소유자와 부동산 소유자에게 해당되는 양도세는 소득세보다 훨씬 적으며, 민간 재단이나 신탁은 세금이 면제되며, 지방이나 주 정부 채권에서 발생한 이자 소득에 대해서는 연방소득세가 면제된다. 우리는 각 '소득 계층' 별로 소득의 몇 퍼센트가 연방세로 지출되는지에 대해 다음과 같은 추정치를 도출하게 되었다.

1965

소득 계층	소득 대비 연방세 비율
$2,000 이하	19
$2,000~$4,000	16
$4,000~$6,000	17
$6,000~$8,000	17
$8,000~$10,000	18
$10,000~$15,000	19
$15,000 이상	32
평균	22

만일 연방세가 다소 '누진적'이지 않다고 말할 수 있다면 주 정부와 지방세는 지극히 역진적이다. 재산세는 (a) 비례적이고, (b) 오직 부동산 소유자에게만 해당하며, (c) 지방 세액 사정관의 정치적 변덕에 좌우된다.

다음은 주 정부와 지방세로 뽑혀나가는 소득의 대체적인 추정 비율이다.

1965

소득 계층	소득 대비 주정부 및 지방세 비율
$2,000 이하	25
$2,000~$4,000	11
$4,000~$6,000	10
$6,000~$8,000	9
$8,000~$10,000	9
$10,000~$15,000	9
$15,000 이상	7
평균	9

그 다음은 연방정부, 주 정부 및 지방세의 소득 계층에 대한 총체적 영향의 추정치 합산이다.

1965

소득 계층	소득 대비 총 세금 비율[37]
$2,000 이하	44
$2,000~$4,000	27
$4,000~$6,000	27
$6,000~$8,000	26
$8,000~$10,000	27
$10,000~$15,000	27
$15,000 이상	38
평균	31

모든 층위 정부에서의 총체적 세금 영향에 대한 더 최근의 추정치는 위의 사실을 확인해 주고 있으며, 최빈 소득계층의 세금 부담은 통계기간 삼 년 동안 증가 폭이 상대적으로 더 크다는 사실을 보여주고 있다.

1968

소득 계층	소득 대비 총 세금 비율[38]
$2,000 이하	50
$2,000~$4,000	35
$4,000~$6,000	31
$6,000~$8,000	30
$8,000~$10,000	29
$10,000~$15,000	30
$15,000~$25,000	30
$25,000~$50,000	33
$50,000 이상	45

많은 경제학자가 예로 2,000달러 이하 범주에 드는 사람들은 세금으로 내는 것보다 더 많은 혜택을 사회보장이나 기타 '이전 소득'의 형태로 받는다고 말하면서 이런 내막을 보여주는 숫자가 주는 충격을 완화하려 한다. 그러나 물론 이러한 시도는 각 소득 범주에서 동일한 인물이 사회보장 대상자이며 동시에 세금 납부자이지는 않다는 중대한 사실을 무시

---

[37] 추정치에 대해서는 조셉 페크먼(Joseph A. Pechman), 「부자와 가난한 자 그리고 그들이 내는 세금」(The Rich, the Poor, and the Taxes They Pay), 『공공 이익』(The Public Interest), 1969년 가을호, 33쪽 참조.

[38] 로저 헤리엇(R. A. Herriott)과 허먼 밀러(H. P. Miller), 「우리가 내는 세금」(The Taxes We Pay), 『컨퍼런스 이사회 기록』(The Conference Board Record), 1971년 5월, 40쪽.

하고 있다. 전자의 사람들에게 보조금을 지급하기 위해 후자 그룹이 심하게 타격을 받고 있다. 간단히 말해, 저소득층과 중산층이 또 다른 저소득자 및 중간 소득 그룹에게 제공되는 공영주택의 보조금 비용을 부담하기 위해 과세된다. 사회보장비를 받는 저소득자의 보조금 비용을 지급하기 위해 엄청난 액수의 부담을 떠안게 되는 것은 바로 일자리를 가진 저소득 계층이다.

이 나라[미국]에는 많은 소득 재분배가 있다. 록히드 항공사에, 사회보장 대상자에게 등등 다양하다. 하지만 '가난한 자'에게 지급하려고 '부자'들에게 세금을 부과하지는 않는다. 재분배는 각 소득 카테고리 '안'에서 발생하고 있다. 일부 가난한 자들이 다른 가난한 사람들의 비용을 부담하도록 강제되고 있는 것이다.

또 다른 세금 추정치도 이 같은 냉혹한 실태를 확인하고 있다. 예로, 조세재단 Tax Foundation 은 연방세, 주정부세 및 지방세가 연간 3,000달러 이하 소득자의 전체 소득 중 34%를 짜내 간다고 추정하고 있다.[39]

물론 이러한 논의의 목적이 부자들의 등골을 빼는 '진짜' 누진세 구조를 옹호하고자 하는 것은 아니다. 가난한 자를 보조하기 위해 부자에게 호되게 한다고 크게 선전되고 있는 현대 복지국가는 실제 그렇지 않다는 것을 지적하고자 할 뿐이다. 사실 부자에게 바가지 씌우는 것은 부자에게 만이 아니라 가난한 자와 중산층 자신들에게도 막심한 피해를 준다. 비교적 높은 수준의 저축과 투자 자본 및 사업적 선견지명을 제공하는 것은

---

[39] 윌리엄 챔프먼(William Chapman), 「연구는 세금이 가난한 자들에게 부담을 준다는 점을 보여줌」(Study Shows Taxes Hit Poor), 『뉴욕포스트』(*New York Post*), 1971년 2월 10일, 46쪽. 『유에스 뉴스』(*US News*), 1968년 12월 9일, 로드 매니스(Rod Manis), 「빈곤: 자유지선주의 견해」(*Poverty: A Libertarian View*, Los Angeles: Rampart College, n. d.), 예일 브로즌(Yale Brozen), 「복지국가 없는 복지」(Welfare Without the Welfare State), 앞의 책.

부자들이고, 미국 일반 대중의 생활수준을 전대미문의 최고 수준으로 만들어 준 기술 혁신에 필요한 자금을 조달하는 것도 부자들이기 때문이다. 부자들에게 바가지 씌우는 것은 심각하게 부도덕할 뿐만 아니라, 현재 우리가 누리는 괄목할 만한 생활수준을 가능케 했던 바로 그 미덕인 근면함과 사업에 대한 선견 및 투자 등과 같은 것에 대해 극단적인 처벌을 가하는 것이다. 이는 진정 황금알을 낳는 거위를 죽이는 일이다.

제3절 정부는 무엇을 할 수 있는가?

그렇다면 정부는 가난한 사람들을 돕기 위해 도대체 무슨 일을 할 수 있다는 말인가? 유일한 정답이 역시 자유지상주의적인 답변인 방해가 되지 말고 "길을 내줘라"이다. 부자, 중산층, 가난한 자 할 것 없이 국민의 모든 집단이 생산적 에너지를 발산하는데 정부가 길을 막지 마라. 그러면 모든 사람, 특히 잘못 불리고 있는 '복지국가'에 의해 도움을 받는 것으로 여겨지는 가난한 자들의 복지와 생활수준은 엄청나게 향상될 것이다.

정부가 미국 국민의 삶에서 퇴장하는 데는 네 가지 주요한 방식이 있다. 첫째, 정부는 모든 층위의 세제, 즉 생산력과 저축, 투자와 기술 발전을 저해하는 과세를 폐지하거나 최소한 과감하게 삭감할 수 있다. 사실 이러한 세금을 폐지함으로써 발생하는 일자리 창출과 임금률 상승은 다른 누구보다도 저소득층에게 도움이 될 것이다. 브로즌이 지적하였듯이,

> 소득 분배의 불평등을 축소하기 위해 국가의 권력을 이용하려는 시도가 줄어들면서 불평등은 더욱 급속히 줄어들 것이다. 저축률과 자본 축적률이 상승하면서 낮은 임금률은 더욱 급속히 상승하게 되

고, 임금 소득자의 소득이 증가하면서 불평등은 감소할 것이다.[40]

가난한 자를 돕는 가장 좋은 방법이 세금을 삭감하고 저축과 투자와 일자리 창출이 방해받지 않고 진행되게 하는 것이다. 하퍼 F. A. Harper는 이미 수년 전에 생산적 투자가 '최상의 경제적 자선'이라고 말했다.

한쪽의 견해에 따르면 빵 껍질 한 조각 나누는 것이 자선의 방법이라 한다. 다른 쪽은 빵 덩어리를 추가로 생산하게 하는 기계와 저축을 옹호하고 그것이 가장 큰 경제적 구호라고 한다.

두 견해는 서로 상충한다. 왜냐하면, 매일 일상적으로 행해지는 사람들의 모든 선택에서 시간과 수단은 상호 배타적으로 전유되기 때문이다. …

견해 차이의 이유는 사실 경제세계의 본질에 대한 개념의 차이에 기인한다. 전자의 견해는 경제적 재화의 총합은 일정불변이라는 믿음에서 비롯된다. 후자의 견해는 생산의 확장은 어떤 제한도 없이 가능하다는 믿음에 기초하고 있다.

양 견해 사이의 차이는 생산의 이차원적인 시각과 삼차원적인 시각 사이의 차이에 비견된다. 이차원적 규모는 일정 시점에서 보면 고정되어 있지만, 삼차원인 총체적 규모는 저축과 도구에 의해 제한 없이 확장될 수 있다. …

---

[40] 브로즌(Brozen), 「복지국가 없는 복지」(Welfare Without the Welfare State), 47쪽.

모든 인류 역사는 경제적 재화의 총합이 일정하다는 것을 부인하고 있다. 또한, 역사는 저축과 도구의 확충이 괄목할만한 증가에 이르는 유일한 방법이라는 점을 보여준다.[41]

자유지선주의자 작가인 이사벨 패터슨 Isabel Paterson 역시 이 사안에 대해 다음과 같이 갈파하고 있다.

개인적인 자선 사업가와 그런 행동을 하는 개인 자본가 사이의 경우에서 장애인이 되지는 않았지만 실로 도움이 필요한 사람의 경우를 예로 들어보자. 그리고 자선가가 그에게 의식주를 제공해준다고 가정하자. 그 사람이 그것들을 사용하게 되었을 때 의존적인 습관을 얻게 될 수 있다는 점 이외에는 변한 것이라고는 없이 그 전에 있던 그 자리에 그대로 남아 있게 된다. 하지만 누군가가 그 어떤 호의적 동기도 없이, 자신만의 이유로, 단지 일이 처리되기를 원해서 도움이 필요한 사람을 임금을 주고 고용한다고 상정하자. 고용자는 선행을 한 것이 아니다. 그러나 고용된 사람의 상황은 실제로 변하게 된다. 두 행위 사이의 결정적 차이는 무엇인가?

비자선적인 고용자는 고용한 사람을 생산라인, 즉 위대한 에너지 서킷에 다시 복귀시킨다는 것이다. 반면 자선 사업가는 단지 생산에 복귀시킬 수 없는 방식으로 에너지를 우회시킬 뿐이고, 따라서 자비심을 베푸는 대상이 일자리를 찾을 가능성은 더 낮아진다. …

---

[41] 플로이드 하퍼(F. A. Harper), 「최대의 경제적 자선」(The Greatest Economic Charity), 메리 센홀즈(M. Sennholz) 편, 『자유와 자유 기업』(*On Freedom and Free Enterprise*, Princeton, N. J.: D. Van Nostrand, 1956), 106쪽.

만일 태고부터 있었던 '진지한' 자선가들의 전체적인 역할을 평가한다면, 그들의 순수한 자선 행위만으로는 그 전체를 다 더하더라도 토머스 에디슨Thomas Alva Edison의 일상적인 이기적 노력으로부터 발생하는 혜택의 십 분의 일도 인류에게 부여하지 못했을 것이다. 에디슨이 활용했던 기초 과학의 법칙들을 발견한 더 위대한 인물들의 성과는 말할 것도 없다. 수없이 많은 공상적인 사변가와 발명가 및 조직가들이 동료 인간의 안위와 건강과 행복에 기여를 해왔고, 그것이 그들의 직접적인 목적이 아니었기 때문에 그러한 결과를 가져왔다.

둘째는 과세의 현저한 삭감이나 폐지에 따른 결과로서 이에 상응하는 정부 지출의 감축일 것이다. 희소한 경제 자원을 더는 낭비적이고 비생산적인 지출, 즉 수십 조 원짜리 우주 프로그램이나 공공 토목공사 또는 군산복합체 등등으로 전용시키지 말아야 한다. 그 대신 이 재원은 소비자 대중이 원하는 재화와 서비스를 생산하는 데 활용할 수 있다. 쏟아져 나오는 재화와 서비스 덕분에 소비자들은 훨씬 저렴한 가격으로 새롭고 더 나은 상품을 사용할 수 있게 될 것이다. 더는 정부 보조금과 정부 수주로 발생하는 생산성의 비효율과 손해를 감내하지 않아도 된다. 그뿐만 아니라 국내의 과학자와 기술자들은 낭비적인 군사 관련 분야 또는 기타 정부 주도 연구와 지출에 전용되는 일에서 벗어나 실제 소비자에게 도움이 되는 평화적이고 생산적인 활동에 쓰일 수 있을 것이다.

셋째, 앞에서 언급한 바와 같이 정부가 가난한 자를 과세하여 부자에게 보조금을 주는 다양한 방식(고등교육, 농업보조금, 관계사업, 록히드 항공사 등) 역시 폐지한다면 그 자체로 정부가 가난한 자에게 부과하는 의도적인 강제 징수를 중단시키게 될 것이다. 정부가 부자에게 보조금을 지급하기 위해 더 가난한 자를 과세하지 않게 되면 생산 활동에서 그만큼 부담이 줄어들게 되고, 이렇게 함으로써 가난한 자들을 돕게 되는 것이다.

　마지막으로, 정부가 가난한 사람들을 도와주는 가장 중요한 조치 중 하나가 그들의 생산적 에너지 발산을 직접 방해하고 있는 자체 장애물을 제거하는 것이다. 요컨대 최저임금제는 인구 중 가장 가난하고 비생산적인 구성원을 실직시킨다. 정부의 노동조합에 대한 특혜는 그들로 하여금 가난한 소수자 집단의 노동자들을 생산적이고 높은 임금의 직종에서 배제할 수 있게 한다. 허가제, 도박 금지법 및 여타 정부 제한 조치들은 가난한 사람들이 자체적으로 일자리를 만들거나 소규모로 하는 장사를 시작하지 못하게 막고 있다. 예를 들어, 어디서나 정부는 행상에 대해 노골적인 금지에서부터 높은 허가료 부과에 이르기까지 부담스러운 제한을 가하고 있다. 행상은 주로 가난한 소자본의 이민자들이 기업가가 되고, 종국에는 큰 사업가로 성장하는 전형적인 통로였다. 그러나 이제는 이 길이 막혀버렸다. 주로 거리 행상들이 보여주는 기동성 있는 경쟁에 직면하게 되면 손해를 볼 것이라 우려하는 도시 소매점들에 독점적인 특혜를 부여하기 위해서였다.

　정부가 어떻게 가난한 자의 생산활동을 좌절시키는지 보여주는 전형적인 예가 운영자금을 조달하려고 채권을 유통한 신경외과의사 토머스 매튜Thomas Matthew의 경우이고, 그는 흑인들의 자활조직 네그로NEGRO의 창시자였다. 60년대 중반에 매튜는 뉴욕시 정부의 반대를 무릅쓰고 퀸스 구역의 자메이카 흑인 지역에 여러 인종이 이용하는 병원을 성공적으로 설립하였다. 하지만 매튜는 자메이카의 대중교통이 열악하여 환자와 직원이 내원하기에는 아주 부적절하다는 것을 금방 알아차리게 된다. 버스 교통이 적절치 못함을 알게 된 매튜는 몇 대의 버스를 구입하여 자메이카에서 정기적으로 운행되는 버스 서비스 회사를 설립하였다. 이

버스 노선은 정시에 효율적으로 운행되었고 대단히 성공적이었다. 그런데 문제는 매튜가 버스 노선을 운영할 수 있는 면허를 시로부터 획득하지 못했다는 것이었다. 그 특혜는 비효율적이지만 보호받고 있던 독점적인 운송회사에 제한되어 있었다. 시가 무면허 버스가 운임을 부과하는 것을 용인하지는 않을 것임을 알아챈 영특한 매튜는 자신의 버스 서비스를 무료로 만들었다. 단, 그 대신 누구든 원하는 사람이면 버스를 탈 때마다 25센트짜리 회사 채권을 살 수 있게 했다.

매튜의 버스 노선은 너무나 성공적이었다. 이에 고무되어 매튜는 할렘에 또 다른 버스 노선을 설립하고자 하였다. 그러나 바로 그 무렵인 1968년 초 뉴욕시 정부는 겁을 먹고 단속을 하기 시작했다. 시 정부는 소송을 제기하여 무면허 운행이라는 이유로 양쪽 노선 모두 운행을 못 하게 막았다.

몇 해가 지난 후 매튜와 동료는 할렘 구역에서 시 정부가 소유한 버려진 건물 한 채를 점유하였다. (뉴욕시 정부는 시의 최대 '빈민가 소유주'이다. 높은 재산세를 내지 못해서 유기된 엄청난 수의 쓸 수 있는 건물을 실제 소유하고 있고, 이 건물들을 그냥 썩혀서 쓸모없고 살 수 없는 곳으로 만들고 있다.) 이 건물에 매튜는 저비용의 병원을 설립하였다. 그것도 병원비가 치솟고 병상이 부족한 시점에 말이다. 시는 결국 이 병원 역시 '소방법 위반'을 이유로 문을 닫게 하였다. 어느 지역이든 정부의 역할은 항상 가난한 자들의 경제활동을 저해하는 것이었다. 뉴욕시 정부의 한 백인 관리가 매튜에게 어떻게 하면 흑인들의 자조 프로젝트에 가장 큰 도움을 줄 수 있느냐고 물었을 때 "우리를 방해하지 말고, 우리가 무언가를 하려고 할 때 그냥 내버려두어라"라고 답변한 것은 의아스러운 일이 아니다.

어떻게 정부가 기능하고 있는지 보여주는 또 다른 예가 수년 전 연방

정부와 뉴욕시 정부가 할렘의 서른일곱 채 건물을 재건축하겠다고 소리 높여 공언했던 당시 발생했다. 개별 주택 각각 재건축 계약을 체결하는 민간업계의 일반적인 방식을 따르는 대신에 정부는 서른일곱 채 건물 전체를 대상으로 하나의 도급만을 허락하였다. 그렇게 함으로써 정부는 흑인 소유의 작은 건설회사가 입찰에 참여하지 못하게 했고, 그래서 포상과 같은 그 건의 계약이 자연스럽게 백인 소유의 큰 회사에 가도록 했다. 또 다른 예가 있다. 1966년에 중소기업청 Small Business Administration 은 흑인 소유의 소기업을 장려하기 위한 새로운 프로그램을 자랑스럽게 공표하였다. 그러나 정부는 대출에 몇 가지 중요한 제한을 덧붙였다. 첫째, 대출자 누구든 '극빈층'에 해당하여야 한다고 정했다. 몹시 가난한 자들은 애초에 자신의 사업을 벌일 수 있는 형편이 아니므로 이 제한은 사실 소상인이 될 가능성이 높은 사람들인 비교적 나은 형편의 저소득자 층이 소유한 수많은 소규모 사업체가 이 프로그램의 대상에서 원천적으로 배제되는 결과를 낳았다. 게다가 뉴욕의 중기청 SBA 은 추가 제한을 덧붙였다. 대출 받고자 하는 모든 흑인은 반드시 자신들의 지역에서 인지 가능한 '경제적 공백'을 메운다는 '실재적 필요성 증명'을 해야 한다고 했다. 그 필요와 공백이라는 것은 실제 경제적 현장에서 멀리 떨어진 관료들에게 만족스럽게 증명되어야 하는 것이었다.[42]

복지국가에서 정부가 어느 정도 실제로 가난한 사람들을 도와주는지 아니면 해를 끼치는지 가늠할 수 있게 하는 흥미로운 척도가 워싱턴 Washington, D. C. 소재 '정책 연구소' Institute for Policy Studies 의 미발표 연구 자료에 의해 제공된다. 워싱턴 시의 쇼-카르도조 Shaw-Cardozo 지역 저소득

---

[42] 매튜와 중소기업청의 경우에 관해서는 제인 제이콥스(Jane Jacobs), 『도시 경제』 (*The Economy of Cities*, New York: Random House, 1969), 225~228쪽 참조.

흑인 빈민가에서 세금으로 정부에 지급되는 자금 유출액을 그 지역으로 들어오는 연방 및 지역 정부의 자금 유입액에 대비한 추정 조사가 이루어졌다. 1967년 회계연도에 쇼-카르도조 지역은 인구가 84,000천 명이었고, 그 중 79,000명이 흑인이었으며, 가구당 소득 중간값은 연간 5,600달러였다. 그 해의 주민 총 개인 근로소득은 126만 5천 달러에 이르렀다. 1967년 회계연도에 그 구역에 유입된 사회복지 지급금에 공교육비 등을 추정하여 더한 정부 혜택의 총 가치는 약 4,570만 달러로 평가되었다. 쇼-카르도조 지역 총소득의 40%에 달하기에 보조금이 후한 것 아닌가? 아마도 그럴 것이다. 하지만 이것에 대비하여 대략 5,000만 달러로 추정되는 쇼-카르도조 지역에서 유출되는 세액 총계를 차감해야 한다. 그렇게 계산하면 저소득 빈민가인 이 지역에서 430만 달러에 이르는 순 유출이라니! 지나치게 방대하고 비생산적인 복지국가를 폐지하면 가난한 사람들이 고통을 받게 된다고 아직도 주장할 수 있겠는가?[43]

그렇듯 정부가 (사회의 나머지 계층도 마찬가지이지만) 가난한 사람들을 돕는 가장 좋은 방법은 길을 내주는 것이다. 즉 방대하고 효과 없는 세금과 보조금, 비효율적이고 독점적인 특혜 네트워크를 제거함으로써 말이다. 브로즌는 다음과 같이 '복지국가'에 대한 자신의 분석을 정리한다.

> 국가는 전형적으로 다수를 희생하여 소수를 위한 풍요를 생산하는 기구였다. 시장은 심지어 소수에게 거의 손해를 끼치지도 않으면

---

[43] 데이터는 멜러(Earl F. Mellor)의 미발표 연구에서 채택되었다. 얼 멜러(Earl F. Mellor), 「공공재와 서비스: 비용과 효과, 워싱턴 시의 쇼-카르도조 지역 연구」, (Public Goods and Services: Costs and Benefits, A Study of the Shaw-Cardozo Area of Washington, D. C.) 워싱턴 시 정책연구소(the Institute for Policy Studies, Washington, D. C.)에 1969년 10월 31일 제출됨.

서도 다수에게 풍요를 제공했다. 비록 지금은 공짜 우유와 공연예술 뿐만 아니라 교육과 의료를 제공한다지만 국가는 빵과 서커스를 대중에게 제공해주던 로마 시대부터 변한 것이 없다. 다수에게 복지를 제공한다는 허울의 뒷면에서 국가는 여전히 소수를 위한 독점 특혜와 권력의 원천이 되고 있다. 정치인들이 유권자들에게 관심을 기울이는 듯한 환상을 주기 위해 이용하는 수단들을 도용하지만 않는다면 더 융성해질 그 복지 말이다.[44]

제4절 역소득세

불행히도 우파 쪽에서는 닉슨 대통령을 비롯하여 밀턴 프리드먼Milton Freedman까지, 그리고 좌파 쪽에서도 다수가 광범위하게 수용하는 최근의 사조는 자유를 지향해서가 아니라 그 반대 방향으로 복지국가를 폐지하자는 주장이다. 새롭게 대두하는 이 추세는 '연간소득 보전'이나 '역소득세' 또는 닉슨 대통령이 추진하는 '가구 지원 계획' 등의 형태로 나타나고 있다. 현행 제도의 비효율성과 불평등 및 관료주의를 언급하면서 연간소득 보전 제도가 소득지원을 쉽고 '효율적'이며 자동적인 것으로 만들 것이라고 한다. 세무 당국은 기준 소득 이하를 버는 가구에 매년 돈을 지급하고, 물론 이러한 자동적인 지원금의 재원은 기준액보다 더 버는 근로 가구에 과세함으로써 충당한다는 것이다. 보기에는 깔끔하고 단순한 이 계획에 드는 추정 비용은 기껏해야 연간 몇백 억 달러 정도 될 것으로 예상하였다.

하지만 여기에 매우 중대한 함정이 있다. 그 비용은 누구나 할 것 없이,

---

[44] 브로즌(Brozen), 「복지국가 없는 복지」(Welfare Without the Welfare State), 52쪽.

즉 보편적으로 제공되는 사회보장의 지원을 받는 사람이나 이의 재원을 제공하는 사람이든 모두가 이전과 마찬가지로 계속해서 일할 것이라는 가정에서 추정되었다. 그러나 이 가정에 대해서 의문을 제기하지 않을 수 없다. 가장 큰 문제는 연간 소득 보전이 납세자와 수급자 모두에게 가져다줄 엄청나게 치명적인 의욕상실 효과 때문이다.

현행 복지제도가 전반적으로 재앙 수준의 결과를 내지 않은 이유는 바로 관료주의와 사회보장 대상자가 되는데 따르는 사회적 오명 때문이다. 최근에 약해지기는 했지만, 여전히 사회보장 수령자는 심리적인 수치심을 가지고 있고, 아직은 일반적으로 비효율적이고 비인간적이며 복잡한 관료주의를 직면해야 한다. 하지만 연간소득 보전 제도에서는 사회보장 지원금 수령을 효율적이고 용이하며 자동적인 것으로 만든다는 바로 그 이유 때문에 사회 보장의 '공급 기능'에 주요한 난관 또는 행동 장애 요인을 제거하게 된다. 그렇게 되면 보장된 지원금을 받으려고 대거 사람들이 몰리는 결과를 초래할 것이다. 그뿐만 아니라, 이제는 모두가 이 새로운 형태의 사회보장제를 특혜나 선물로 생각하지 않고 당연한 '권리'로 여길 것이며, 이에 따른 모든 오명은 사라지게 될 것이다.

예를 들어, 연간 4천 달러가 '빈곤선'이고 그 이하 소득자는 누구나 소득세 신고를 하면 자동으로 그 차액을 정부로부터 받는다고 하자. 소득이 전혀 없는 사람은 정부로부터 4천 달러를 받을 것이고, 3천 달러를 버는 사람은 1천 달러를 받는 등의 상황이 될 것이다. 그러면 연간 4천 달러 이하를 버는 사람은 누구나 일을 계속해야 할 진정한 이유는 없다는 것이 분명해진다. 일을 전혀 하지 않는 이웃이 자기와 같은 소득을 얻게 될 상황인데 왜 자기만 일을 해야 한단 말인가? 간단히 말해서, 일함으로써 얻는 순소득은 영(零)이 되고, 그러면 무슨 마법과도 같은 그 4천 달러에 이르지 못하는 근로자 전체는 일을 그만두고 자신들의 '권리'

인 실업수당을 받고자 몰려갈 것이다.

　이것이 다가 아니다. 4천 달러나 그 선보다 조금 더 버는 사람들은 어떻게 되는가? 연간 4천5백 달러를 버는 사람은 이웃에 거주하는 일하기를 거부하는 게으른 굼벵이가 연방 정부로부터 4천 달러를 받는다는 것과 자신은 주간 40시간이나 열심히 일해서 버는 순소득이 단지 연간 5백 달러밖에 되지 않는다는 점을 조만간 알게 된다. 그러면 자기도 일을 그만두고 역소득세 수령자가 되려 할 것이다. 같은 논리가 연간 5천 달러 버는 이들에게도 분명 적용된다.

　이 같은 불길한 과정은 여기서 끝나지 않는다. 4천 달러 이하를 버는 사람 전체와 심지어 4천 달러보다 상당히 더 많이 버는 사람까지 일자리를 떠나 사회보장 대열에 포함되면 총 사회보장 지출은 엄청나게 증가하게 될 것이고, 그 재원은 계속해서 일하는 상위 소득자들에게 더 무겁게 과세함으로써 조달할 수밖에 없는 상황이 된다. 그렇게 되면 상위 소득자의 세후 순소득은 급격히 감소할 것이고, 그들 중 상당수가 또다시 일자리를 떠나 사회보장으로 가는 등의 상황이 발생할 것이다. 연간 6천 달러 소득자의 경우를 생각해 보자. 처음에는 일함으로써 얻는 순소득인 2천 달러만이 문제가 된다. 여기에서 일하지 않은 사람들의 실업수당 지급에 필요한 자금을 조달하려고 예를 들어 5백 달러를 세금으로 낸다고 하면, 세후 순소득은 연간 1천5백 달러밖에 되지 않는다. 그런데 실업수당을 받는 사람들이 급격히 늘면서 그 재원을 조달하려고 1천 달러를 더 내야 하는 상황이 되면, 이 사람의 세후 순소득은 5백 달러로 떨어지게 되고, 그러면 이 사람도 사회보장 수령자가 될 것이다. 이렇듯 연간소득보존의 논리적 귀결은 거의 아무도 일하지 않고 모두가 사회보장 대상자로 전락하고 마는 논리적이긴 하지만 실현 불가능한 목표로 치닫는 재앙적인 상황으로의 악순환이다.

이에 더하여 몇 가지 중요한 부수적 고려 사항이 있다. 물론 실제로는 일단 4천 달러로 정해진 실업수당 선이 그대로 남아 있지는 않을 것이다. 사회보장 고객과 기타 압력단체들에 의한 버틸 수 없는 압력 행사 탓에 매년 그 기준선을 올리게 될 것임이 분명하고, 그러면 훨씬 더 빨리 악순환과 경제적인 파경을 초래하게 될 것이다. 실제로는 연간소득보존 제도가 보수주의 옹호자들이 바라는 바와 같이 누더기 같은 현행 복지 제도를 '대체'하지는 않고, 단지 현행 프로그램에 덧붙여 추가되는 형태로 실행될 것이다. 일례로 바로 그런 일이 주에서 시행하는 노령자 구호 프로그램의 경우에 발생했다. 뉴딜 정책의 연방 사회보장 프로그램과 관련하여 가장 많이 논의됐던 부분이 주에서 실행하는 현행의 누더기 같은 노령자 구호 프로그램을 효과적으로 '대체'할 것이라는 점이었다. 물론 실제로는 그렇게 되지 못했고, 현재 노령자 구호는 1930년대보다 훨씬 더 높은 수준에 머물러 있다. 점차 확장되는 사회보장 구조는 단지 기존 프로그램 위에 덧붙여 놓여있을 뿐이다. 마지막으로, 닉슨 대통령이 보수주의자에게 읊조리는 새로운 실업수당 제도에서는 건장한 신체를 가진 수령자는 일자리로 내몰릴 것이라는 주장도 실제로는 뻔한 날조다. 우선 그 사람들이 소위 적당한 일자리를 찾아야만 하는데 각 주에 소재한 실업구제기구들이 일반적으로 경험하는 바는 그러한 '적당한' 직장은 거의 찾기 불가능하다는 것이다.[45]

연간소득보존에 관한 제반 계획안들은 보편적으로 알려진 복지제도의

---

[45] 연간소득보존과 역소득세 그리고 닉슨의 계획에 대한 탁월한 이론적 비판을 위해서는 해즐릿(Hazlitt), 『인간 대 복지국가』(*Man vs. Welfare State*), 62~100쪽 참조. 카터 대통령의 사회보장 개혁안을 포함한 모든 종류의 연간소득보존 계획과 실험에 대한 최신의 확정적인 실증적 비판을 위해서는 마틴 앤더슨(Martin Anderson), 『복지: 미국의 복지 개혁 정치경제』(*Welfare: the Political Economy of Welfare Reform in the United States*, Stanford, Calif.: Hoover Institution, 1978) 참조.

해악을 대체하는 진정한 대안이 되지는 못한다. 이것은 우리를 더 깊은 악의 구렁으로 떨어트릴 뿐이다. 실행 가능한 한 오직 유일의 해결책이 자유지선주의자의 대안이다. 부자와 가난한 자 할 것 없이 모든 사람을 위해서 자유와 자발적 행위가 발현될 수 있도록 사회보장 구제제도 자체를 폐지하는 것이다.

09 인플레이션과 경기순환: 케인스 패러다임의 붕괴

1930년대 후반부터 경제학의 주류 자리를 차지했던 케인스^{Keynes}[1] 학파는 1973~1974년까지 광범위하게 그 위세를 떨쳤다. 자유시장체제에서는 소비의 과잉 또는 과소가 요동을 치고 그것이 경기에 영향을 주기 때문에 (실제로 케인스 학파의 우려는 대부분 '과소' 소비에 국한되었음)[2] 정부가 개입하여 시장의 결점을 보완해야 한다는 케인스 학파의 주

---

[1] 케임브리지 대학의 부유하고 카리스마 넘치는 경제학자였던 케인스 경(Lord Keynes)은 『고용, 이자 및 화폐에 관한 일반이론』(*General Theory of Employment, Interest, and Money*, New York: Hartcourt Brace, 1936)을 저술했다. 이 저술은 케인스 학파(Keynesians)의 토대를 제공했으며, '거시경제학'을 경제학의 새로운 분야로 개척하는 데 기여했다.
[역주] 케인스는 그 이전에 맬서스(Malthus) 등이 주장한 적극적 정부개입론을 더욱 발전시켰다고 볼 수 있다. 케인스는 사석에서 "애덤 스미스의 자유방임 이론이 아닌, 맬서스의 정부개입 이론이 그간의 경제학계를 지배했다면 지금보다 훨씬 나은 경제발전을 이룩했을 것"이라고 언급했다.

[2] [역주] 1930년대에 케인스 학파가 특히 우려한 것은 과소 소비 때문에 발생하는 문제였다. 즉, 국민의 과소 소비는 기업의 대량생산물(공장자동화 등의 영향)을 충분히 소화하지 못하고 있으며, 따라서 생산 부문의 고용 및 투자부진(금융부실로 연결)이 경제 전반에 큰 타격(예: 미국의 대공황)을 주고 있다는 것이다. 이 같은 진단에 따라 생산과 소비, 화폐, 고용, 금융 등을 동시에 고려하는 거시경제적 해결책을 모색했다.

장을 당시의 거의 모든 사람이 지지했다. 즉, 정부가 재정 지출 및 적자를 조정함으로써 (실제로는 재정지출의 확대) 그 불균형을 보완하는 것이었다. 이 같은 정부의 중대한 '거시경제정책'을 주도한 것은 물론 케인스 학파의 경제학자들로 구성된 이사회('경제자문단', Council of Economic Advisor)이었다. 이들은 인플레이션이나 경기침체를 막기 위해 경제를 '세밀하게 조정'하고, 인플레이션 없는 완전고용을 지속시키기 위해 지출 총량[3]을 적절히 통제할 수 있는 것으로 생각했다.

그러나 1973~1974년에 이르러서는 케인스 학파의 학자들조차도 자신들이 확신했던 시나리오에 심각한 문제가 있다는 사실을 깨닫고, 혼란 속에서 무엇인가 근본적인 문제부터 다시 되짚어 봐야 할 때가 되었다고 생각했다. 왜냐하면, 지난 40여 년간 케인스 학파의 주도로 정부의 조정과 통제가 있었음에도 제2차세계대전 이후의 만성적 인플레이션은 사라지지 '않았을' 뿐만 아니라, 그 기간에 인플레이션은 한때 두 자리 수(연간 약 13% 정도)로 치솟았기 때문이다. 그뿐만 아니라 1973~1974년의 미국 경제는 1930년대 대공황 이후 가장 심각하고 장기적인 경기침체 recession의 늪에 빠졌다. [만약 대공황 이후에 '공황' depression 이라는 용어가 정치적으로 바람직하지 못하다는 이유로 경제학자들이 그 용어의 사용을 자제하지 않았다면, 당연히 공황이라고 부를 만한 상황이었다.] 케인스 이론에 의하면 치솟는 인플레이션과 심각한 불황이 '동시에' 발생하는 특이한 현상은 '당연히 일어날 수가 없었다'. 왜냐하면 경기가 좋아지면 자연스럽게 물가가 오르고, '반대로' 높은 실업률을 동반한 불황이 닥치면 자동으로 물가가 떨어진다는 것이 바로 그들의 이론이었기 때문이다. 따라서 호황기에는 세금을 늘려 '과잉 구매력을 흡수'함으로써 전

---

[3] [역주] 지출 총량은 정부 지출과 소비자들의 소비 지출 등을 모두 포함한다.

체 경제의 지출을 축소해야 하고, 반대로 불황에는 전체 경제의 지출을 확대하기 위해 정부 지출을 늘리고 적자예산을 편성해야 하는 것이 케인스 학파의 경제정책을 펴는 정부의 처방이었다. 그러나 높은 인플레이션과 심각한 실업률을 '동반한' 불황이 '동시에' 발생했을 때 정부는 도대체 어떤 정책을 펴야 한단 말인가? 경기부양정책과 경기억제정책을 어떻게 '동시에' 쓸 수 있겠는가?

돌이켜보면, 이미 1958년의 경기침체기에도 이 같은 이상 징후가 나타났다. 불황에도 비록 미미한 정도였지만 역사상 처음으로 소비재 물가가 오르는 기현상이 발생했다. 그러나 당시의 그런 현상은 그저 미미한 조짐에 불과하여 케인스 학파들은 크게 우려하지 않았다.

소비자 물가는 1966년의 경기침체기에 또다시 오르는 현상을 보였으나 그 당시는 불황 정도가 심각하지 않아 사람들의 이목을 끌지 못했다. 그러나 그 후 1969~1971년의 불경기는 급격한 인플레이션을 동반하여 많은 사람의 동요를 유발했다. 하지만 1973~1974년에 두 자리 수의 인플레이션 속에 심각한 불황이 발생하게 되자 케인스 학파가 주도했던 경제 기득권 세력은 큰 혼란에 빠지게 되었다. 그들은 세밀한 경제 조정이 더는 효과적이지 않으며, 그들이 완전히 통제했다고 생각했던 경기순환이 여전히 되살아났을 뿐만 아니라, 만성적 인플레이션은 더욱 심해지고 동시에 불황까지 겹치는 현상이 발생했음을 인정했다. 또한, 인플레이션을 동반한 경기침체, 즉 '스태그플레이션' stagflation [4]에 지속해서 발생하고 있었다. 이는 새로운 현상이었을 뿐만 아니라 정통 경제학 이론의 틀로는 설명될 수 없었으며 그 '존재 자체'가 이론상 불가능한 것이었다.

---

[4] [역주] 스태그플레이션(stagflation)은 경기침체(stagnation)와 물가상승(inflation)의 합성어로서 새로운 경제용어이다.

인플레이션 현상은 점점 더 악화하는 것같이 보였다. 아이젠하워 대통령의 집권 시기(1953~1960년)에는 연 1~2% 수준이었던 것이 케네디 대통령 재임 시기(1961~1963년)에는 연 3~4%로 증가했고, 존슨 대통령 재임 시기(1964~1968년)에는 다시 연 5~6%로 높아졌으며, 급기야 1973~1974년에는 연 13%로 치솟았다.[5] 그 후 6% 수준으로 '다시' 낮아지기는 했지만, 인플레이션과 동시에 찾아온 심각한 장기 불황의 충격은 1973~1976년까지 수그러들지 않고 지속하였다.

여기에는 설명이 절실하게 필요한 몇 가지 문제가 있다. (1) 인플레이션은 왜 만성적이고 점점 더 심해지는 것일까? (2) 심각한 불황기임에도 왜 인플레이션이 발생하는 것일까? 만약 우리가 이 같은 질문에 대한 해답을 찾을 수 있다면, 그것은 중요하게도 다음과 같은 질문에 대한 해답의 실마리를 제공해 준다. (3) 도대체 경기순환은 왜 일어나는가? 왜 호황과 불황은 끝없이 반복되는가?

다행스럽게도 이 질문에 대한 해답은 이미 나와 있다. 이제까지 학계에서는 무시됐던 '오스트리아 경제학파' Austrian School of economics[6]의 '통화와 경기순환에 대한 이론'이 바로 그 해답이다. 이 이론은 오스트리아에서 루트비히 폰 미제스 Ludwig von Mises 와 그의 제자인 프리드리히 하이에크 Friedrich A. Hayek 가 개발하였으며[7] 1930년대 초에 하이에크가 영국의

---

[5] [역주] 1970년대 중반의 물가상승 및 경기침체는 세계적으로 제1~2차 오일쇼크의 영향에 기인한 것으로 생각하는 것이 정설이다. 당시 원유가격은 5년 기간에 걸쳐 배럴당 0.5달러에서 20달러 가까이 치솟았다.

[6] [역주] 오스트리아 경제학파는 오스트리아 합스부르크 왕조 시대부터 명성을 날렸던 멩거(Menger), 뵘바베르크(Bohm-Bawerk), 미제스(Mises), 하이에크(Hayek) 등의 경제학자들과 그 이후의 동조 그룹을 일컫는다. 이들은 가격결정체계에 대한 개입 반대, 개인주의적 관점, 분권화된 자유시장 등을 옹호하는 이론을 제시했다. 오스트리아 학파는 자유지선주의 학파로 간주되는 경향이 있다.

[7] [역주] 경기순환에 관한 설명은 미제스의 저서 『통화와 신용 이론』(The Theory of

런던경제대학London School of Economics으로 전했다. 하이에크의 경기순환 이론은 영국의 젊은 경제학자들로부터 선풍적 인기를 얻었다. 왜냐하면, 그의 이론만이 당시 세계를 휩쓸었던 경제 대공황을 만족스럽게 설명할 수 있었기 때문이었다. 나중에 케인스 학파를 주도한 영국의 존 힉스John R. Hicks, 아바 러너Abba P. Lerner, 리오넬 로빈스Lionel Robbins, 니콜라스 칼도 Nicholas Kaldor 그리고 미국의 앨빈 핸슨Alvin Hansen과 같은 학자들도 그 당시에는 하이에크 이론을 추종했다. 그 후 수년 후인 1936년에 케인스의 '일반이론' General Theory이 발표되면서 '케인스 혁명'이라는 이름으로 학계를 휩쓸기 시작했다. 케인스는 오만하게도 자신의 이론이 이제까지 누구도 설명하지 못했던 경기순환이나 대공황의 원인을 한꺼번에 설명할 수 있는 혁명적 이론이라고 주장했다. 그러나 여기서 강조하고 싶은 것은 케인스 이론이 학계의 충분한 논의와 반박을 거쳐 오스트리아 학파 이론을 압도한 것이 '아니라'는 사실이다. 오히려 사회과학의 역사에서 자주 볼 수 있듯이, 케인스 이론은 그저 새로운 유행이 되어버렸고, 오스트리아 학파의 이론은 어떤 반증으로 무너진 것이 아니라 그저 무시되고 잊혔다.

그 후 40여 년간 오스트리아 학파의 이론은 살아 있긴 했으나 경제학계가 애석하게 생각하지도 않았고, 존경하거나 칭송하지도 않았다. 1930년대에 미국으로 자리를 옮긴 이후 각각 뉴욕대학과 시카고대학에 재직한 미제스와 하이에크, 그리고 그들을 추종한 소수의 학자들만이 이 이론에 매달렸다. 오스트리아 학파 이론이 새롭게 르네상스를 맞게 된 시기

Money and Credit, 1912)에 포함되어 있다. 미제스의 제자인 하이에크는 그의 저서 『통화이론과 경기순환』(*Monetary Theory and the Trade Cycle*, 1929)에서 미제스의 이론을 더욱 발전시켰다. 하이에크는 그 공로를 인정받아 1974년에 노벨 경제학상을 수상했다[같은 해에 군나르 뮈르달(Gunnar Myrdal)과 공동 수상].

가 스태그플레이션 발생(1970년대)에 의한 케인스 이론의 붕괴 시기와 일치하는 것은 결코 우연이 아니다. 1974년에는 수십 년 만에 미국 버몬트 주의 로얄튼 대학Royalton College에서 제1회 오스트리아 학파 학회가 개최되었다. 그리고 같은 해 말에 하이에크가 노벨경제학상을 받음으로써 세계를 놀라게 했다. 그 후 미국의 하트포드 대학University of Hartford, 영국의 윈저 성Windsor Castle, 그리고 뉴욕대학 등에서 오스트리아 학파의 학회가 개최되었다. 케인스 학파였던 힉스와 러너까지도 그간 방관했던 오스트리아 학파의 입장으로 복귀하고자 했다. 또한, 미국의 동부, 서부, 중서부, 남서부 등에서도 지방학회가 개최되었고, 이 분야의 책들도 출간되기 시작했다. 그러나 무엇보다 중요한 사실은 오스트리아 학파 경제학에 전념하는 상당수의 최정예 대학원생과 소장파 교수들이 나타났고, 이들은 앞으로 학문적으로 크게 기여할 것임이 분명했다.

제1절 통화와 인플레이션

그러면 앞에서 제기된 문제에 대해 최근 재기한 오스트리아 학파의 이론은 무엇인가?[8] 먼저 지적해야 할 점은 인플레이션은 경제체제 내에서 불가피하게 발생하는 것이 아니며, 경제성장이나 번영을 위해 반드시 감수해야 하는 것도 아니라는 것이다. 예를 들어, 1812년의 영·미 전쟁

---

[8] 오스트리아 학파의 경기순환이론에 대한 간결한 개론서는 머리 로스바드(Murray Rothbard)의 『공황: 원인과 대책』(Depressions: Their Cause and Cure, Landing, Michigan: Constitutional Alliance, 1969년 3월호). 그리고 로스바드의 또 다른 저서인 『미국의 공황』(America's Great Depression, 3rd ed., Kansas City, Kans.: Sheed and Ward, 1975). 후자에서도 오스트리아 학파 이론을 1929~1933년의 미국 대공황에 적용해서 설명했으며, 최근의 스태그플레이션에 대해서도 간략히 언급했다.

기간과 1860년대의 미국의 남북전쟁 기간 등과 같은 전쟁 기간을 제외하고 19세기의 대부분은 물가는 '하락했지만' 경제성장 및 산업화가 동시에 진행되었다. 다시 말하면 물가 하락이 산업발전 및 경제 번영을 절대로 저해하지 않았다는 것이다.

이같이 물가 하락은 분명 시장경제가 성장하는데 따르는 '정상적인' 결과이다. 그렇다면 지속적 물가 하락 현상은 왜 그렇게 과거처럼 나타나지 않으며 순전히 비현실적인 꿈같이 보이는 것일까? 그리고 제2차세계대전 이후 미국 및 전 세계는 왜 만성적인 물가상승에 시달려 왔으며, 때에 따라서는 아주 급격한 물가상승을 경험했는가? 그 이전까지만 해도 세계 물가는 두 번의 세계대전 기간 중에만 급격히 올랐으나, 1920년대는 호황임에도 약간 떨어졌고 1930년대의 대공황 기간에는 크게 떨어지는 현상을 보였다. 간단히 말해, 전시를 제외하고 평화 시에 인플레이션이 발생하는 것이 기본이라는 개념은 제2차세계대전 이후에서야 생겨났다.

인플레이션 발생에 대한 통상적 설명은 탐욕스런 기업가들이 이윤을 높이기 위해 상품가격을 계속 올리기 때문이라는 것이다. 그러나 기업가들의 '탐욕' 지수가 제2차세계대전 이후부터 갑자기 높아진 것은 분명 아니다. 19세기에도 그랬고 1941년까지도 기업가들은 마찬가지로 '탐욕스럽지' 않았는가? 그렇다면 왜 그때는 지속적 인플레이션이 없었는가? 더욱이 만약 기업가들이 매년 10%씩 가격을 올릴 정도로 탐욕스럽다면 그들은 왜 그 정도 올리는 것에 만족하는가? 그들은 왜 더는 가격 인상을 하지 않는가? 그들은 왜 매년 50%씩, 아니면 즉시 두 배 또는 세 배씩 가격을 올리지 않는 것인가? 무엇이 그들에게 '제동'을 거는 것일까?

인플레이션의 원인에 대한 또 다른 주요 설명은 노동조합이 임금인상을 요구하고 기업가들이 그 인상을 상품가격 인상에 반영한다는 것이다.

그러나 이 설명 역시 기업가 탐욕설과 유사한 허점이 있다. 왜냐하면, 인플레이션은 노동조합이 존재하지 않았던 고대 로마 시대 및 그 이전에도 발생했으며, 노조가 없는 기업보다 노조가 있는 기업의 임금이 더 빠르게 상승한다거나, 또는 노조가 있는 기업의 상품가격이 노조가 없는 기업의 상품가격보다 더 빠르게 상승한다는 증거 역시 부족하기 때문이다. 더욱이 이 같은 증거 부족 이외에도 이 설명은 위에서 제기한 질문에 대한 답을 시원하게 제시하지 못하고 있다. 그렇다면 기업들이 계속 상품가격을 올리지 않는 이유는 '도대체' 무엇 때문인가? 무엇이 기업으로 하여금 어느 정도까지만 상품가격을 올리고 그 이상은 올리지 '않게' 하는가? 만약 노동조합이 그토록 막강하고 기업가들이 민감하게 적응할 수밖에 없다면, 왜 기업은 임금과 상품가격을 매년 50% 또는 100%씩 올리지 않는가? 무엇이 그들을 그 정도에서 '멈추게' 하는 것인가?

이에 대한 해답의 실마리는 몇 년 전 방영되었던 정부가 지원한 TV 광고에서 찾을 수 있다. 그 광고의 핵심은 소비자들이 '돼지처럼' 너무 많이 먹고 너무 많이 소비하기 때문에 인플레이션이 발생한다는 것이었다. 우리는 적어도 여기서 기업과 노조가 계속 가격 인상을 하지 않는 이유의 실마리를 찾을 수 있다. 즉, 소비자들이 인상된 가격을 지급하려 하지 않는다는 점이다. 커피 가격이 최근 1~2년 사이에 껑충 뛰었다가 소비자들의 저항 때문에 갑자기 제자리로 다시 떨어진 적이 있다. 소비자들의 '불매운동' 영향도 있었지만, 더 중요한 사실은 가격이 낮은 커피 대체품으로 소비자들의 구매습관이 변화한 것이었다. 즉, 소비자들의 커피 수요가 제한되면서 가격 상승에 제동이 걸리게 된다는 것이다.

그러나 이는 우리에게 한 단계 더 근본적인 문제의 검토를 요구한다. 어느 특정 시점에서의 소비자들의 수요는 무한하지 않다는 것이 논리적이라면, 어떻게 해서 그 수요는 매년 높아져만 가고 가격상승과 임금인상을 초래하거나 정당화시키는 것일까? 또한, 소비자들의 수요가 연간 10%씩 증가할 수 있다면, 무엇이 50%씩의 증가를 막는 것일까? 단적으로 말해, 무엇이 소비자들의 수요를 매년 증가시킬 수 있으며, 또한 무엇이 어느 선 이상으로 증가하지 않도록 막는 요인일까?

이러한 문제를 심도 있게 논의하기 전에 먼저 '가격'이라는 용어의 의미를 분석해보자. 가격은 정확히 무엇인가? 일정량의 상품에 대한 가격은 구매자가 그것을 얻기 위해 지급해야 하는 금액이다. 어떤 사람이 빵 10개를 사기 위해 7,000원을 지급해야 한다면, 빵 10개의 '가격'은 7,000원이다. 일반적으로 상품의 가격은 1단위당으로 표시하기 때문에 빵 1개의 가격은 700원이다. 따라서 교환이 이루어지려면 화폐를 가진 구매자와 빵을 가진 판매자 양측이 있어야 한다. 이 둘의 상호작용으로 시장에서의 가격이 형성되는 것은 분명하다. 간단히 말해, 만일 시장에 빵의 공급이 많아지면 빵의 가격은 낮게 형성되고(공급의 증가는 가격을 낮춘다), 반대로 빵 구매자들의 지갑에 돈이 많아지면 빵의 가격은 높이 형성된다(수요의 증가는 가격을 높인다).

우리는 이제 소비자의 수요량 및 가격을 제한하여 더는 높아지게 하지 않는 중대한 요인을 알게 되었다. 그것은 바로 소비자들이 보유하고 있는 화폐량이다. 소비자들 주머니의 화폐량이 20% 증가하면 소비자들의 수요 제약은 20%만큼 완화되며, 따라서 다른 요인의 변화가 없다면 가격은 20%만큼 오른다. 즉, 우리가 발견한 중요한 요인은 총통화량 stock of money 혹은 새로운 통화공급 supply of money이다.[9]

---

[9] [역주] 총통화량은 어느 시점에 경제에 존재하는 통화 총량이다. 이에 비하여 통화공급은 일정 기간에 새로이 공급되는 통화 총량이다. 즉, 총통화량은 새로운 통화공급에 의해 변화한다. 따라서 이 책에서는 총통화량의 조정과 통화공급의 조정은 같은 의미로 사용한다.

만약 경제 전체에 통용되는 가격을 생각할 때 가장 중요한 요인은 그 경제 전체의 총통화량 또는 총통화공급이다. 통화공급이 인플레이션에 미치는 영향의 중요성은 빵과 커피시장에만 적용했던 경제 논리를 경제 전체로 확장해보면 알 수 있다. '모든' 가격은 그 상품의 공급량에 반비례하고 수요량에 정비례하여 결정되기 때문이다. 오늘날과 같이 경제가 지속해서 성장하고 있는 경우 상품 공급량은 매년 증가하는 것이 일반적이다. 따라서 위의 등식에서 공급 측면만을 생각하면 대부분의 가격은 '떨어져야' 하며, 19세기에 우리가 경험했던 지속적 가격하락('디플레이션' 현상)은 지금도 계속되어야 한다. 만약 만성적 인플레이션이 기업이나 노동조합과 같은 생산자들의 활동, 즉 공급 측면이 원인이라면 상품의 전반적 공급량은 반드시 감소했어야 하며, 그에 따라 가격은 상승했어야 한다.[10] 그러나 상품 공급량은 매년 눈에 띄게 증가하고 있어서 인플레이션의 원인은 공급 측면이 아닌 수요 측면에 있을 것이며, 수요 측면에서 가장 중요한 요인은 위에서 지적했듯이 바로 통화공급이다.

전 세계적으로 과거 및 현재 상황을 살펴보면 각국의 통화공급은 빠른 속도로 증가해 온 것이 사실이다. 19세기에도 통화량이 증가하긴 했어도 지금처럼 빠른 속도로 증가하지는 않았으며 상품 및 서비스의 증가 속도보다는 훨씬 낮았다. 그러나 제2차세계대전 이후 통화공급의 증가 속도는 국내외를 막론하고 상품 공급량의 증가속도를 크게 웃돌아왔다. 그 결과 인플레이션이 발생하지 않을 수 없었다.

그렇다면 누가 또는 어떤 기관이 통화공급을 통제하고 결정하며, 특히 최근 수십 년간 누가 지속해서 통화량을 증가시켜 왔느냐는 질문이 중요

---

[10] [역주] 수요-공급의 원리에 의하면 상품의 공급량이 감소해야 가격이 상승하여 인플레이션이 발생한다. 그러나 역사적으로 상품의 공급량은 매년 증가 추세였기 때문에 수요-공급의 원리는 인플레이션 발생을 설명하지 못한다.

하게 대두한다. 이 문제를 논의하려면 우선 어떻게 화폐가 시장경제에서 발생하는지 고려해야 한다. 왜냐하면, 화폐는 사람들이 하나 또는 몇 가지의 적합한 물질을 선택하여 화폐로 사용하기로 함으로써 시장에 등장했다. 화폐로서 가장 적절한 재화는 수요가 매우 많고, 단위 중량당 가치가 높으며, 내구성이 높아서 사람들이 장기간 보관할 수 있어야 한다. 또한, 이동이 편리하여 쉽사리 장소를 이동할 수 있고, 쉽게 식별할 수 있으며, 가치 훼손 없이 적게 분할될 수 있어야 한다. 지난 수 세기에 걸쳐 국가별 또는 시장별로 다양한 종류의 물질이 화폐로 사용됐다. 예를 들어, 소금, 설탕, 조개껍데기, 소, 연초 등이 화폐로 사용되었고 제2차 세계대전 중의 포로수용소에서는 담배가 화폐로 사용되기도 했다. 그러나 역사적으로 다른 재화와의 경쟁에서 승리하여 화폐가 된 것은 금과 은이었다.

철은 '톤' 단위, 구리는 '파운드'[11] 단위 등처럼 금속은 언제나 무게 단위로 유통되고, 그 가격은 무게 단위로 책정되었다. 금과 은도 예외는 아니었다. 근대 사회에서 사용하는 통화의 기본 단위 역시 모두 금과 은의 무게 단위에 그 기원을 두고 있다. 예를 들어, 영국 화폐의 기본 단위인 '파운드화'는 원래 '1파운드의 은'을 뜻하는 말이다.[12] (그 이후 수 세기 동안 영국의 파운드화가 어느 정도 가치 하락이 있었는지 살펴보려면, 현재 영국 화폐 1파운드는 은 2/5 '온스'의 시장가격에 불과하다는 점을 주목해야 한다. 이것이 영국이 겪은 인플레이션, 즉 파운드화의 '가치 절하'의 결과이다.)[13] 미국 화폐의 기본 단위인 '달러' 역시 원래는

---

[11] [역주] 1파운드(pound)는 약 450g에 해당된다.
[12] 그러나 세월이 감에 따라 영국의 1파운드의 가치는 점차 하락했고, 그 결과 현재 영국의 1파운드의 실질 가치는 은 1파운드의 시장가치보다 낮다. 영국 파운드화의 가치절하 역시 영국의 인플레이션에서 기인했다.

은 1온스로 만든 보헤미아 동전의 이름에서 유래했다. 그 후 미국은 '1달러'의 가치를 금 1/20온스로 정의했다.

국가 또는 사회가 어떤 재화를 화폐로 채택하면 그 재화의 무게 단위가 화폐 단위로 정해져 일상생활의 계산 단위가 된다. 그러면 그 나라는 그 재회기 화폐의 '본위' standard 가 된다. 금과 은의 통용이 가능한 경우 시장에서는 금과 은을 보편적으로 가장 적절한 화폐로 간주하므로 각국의 경제는 자연적으로 금 또는 은의 본위제도가 정착하게 된다. 금본위제도에서 금의 공급량은 금 공급의 기술적 조건 및 다른 상품의 가격 등과 같은 시장의 힘에 의해 결정된다.

시장이 금과 은을 화폐로 삼으면서부터 통화공급을 통제하는 기능, 즉 얼마만큼의 통화량을 사회에 공급할 것인지 결정하는 기능을 국가가 장악하기 시작했다. 왜 국가가 그렇게 하고 싶어 하는지는 분명하다. 이는 국가가 통화공급에 대한 통제권을 시장으로부터 빼앗아 해당 국가기구의 관리들에게 넘겨주는 것을 의미한다. 국가가 왜 그런 역할을 자임했는지 이해하는 것은 그리 어렵지 않다. 납세자들이 항상 성가시게 여기는 세금 징수의 대안으로서 바로 손쉬운 통화발행을 선택할 수 있기 때문이다.[14]

현재 국가 지배자들은 간단히 화폐를 발행하여 원하는 곳에 지출하거나 또는 자신들의 우호 세력에게 빌려 줄 수 있다. 이런 것 중에서 어느 것도 인쇄기술이 발달하기 전까지는 그리 쉽지 않았다. 그러나 지폐 인쇄

---

[13] [역주] 영국 화폐 1파운드에 해당하는 은의 시장가치 자료는 저자가 이 책을 집필할 당시의 가치이다. 그리고 1온스(ounce)는 약 28g에 해당된다.
[14] [역주] 통화공급을 늘리면 세금을 징수하지 않고도 정부의 지출재원을 쉽게 마련할 수 있다. 예를 들어 정부 지출이 필요한 경우(예: 군대 유지), 세금징수 없이 화폐를 발행하여 지급하면 된다.

가 쉬워지면서 각국은 '달러화', '파운드화', '마르크화' 등의 지폐본위제도로 변경할 수 있었다. 즉, 금이나 은의 무게 단위에서 벗어나 간단히 중앙정부에서 인쇄한 종잇조각에 해당 '금액'을 적어 넣는 것으로 간단히 해결했다. 정부는 거의 비용을 들이지 않고 '무제한적으로' 지폐를 인쇄하고 마음 가는 대로 지출하고 빌려줄 수 있게 되었다. 이 같은 복잡한 변화가 완료되는 데는 수 세기가 걸렸지만, 현대의 총통화량이나 화폐발행에 관한 사안은 전적으로 각국 중앙정부의 통제에 있다. 그 결과로 부작용이 우리 주변에서 눈에 띄게 증가하고 있다.

예를 들어 정부가 존스 가족을 불러 다음과 같이 말했다고 가정할 때 어떤 일이 벌어질지 생각해보자. "정부는 이제 당신들에게 달러화를 무제한으로 발행할 수 있는 절대적 권한을 부여하겠으니 당신들이 사용할 총금액을 정하시오. 오직 당신들만이 절대적 독점권을 가지고 있으며, 만약 다른 사람이 그런 권한을 행사한다면 그 사람은 사악하고 체제 전복적인 지폐 위조범으로 장기간 구금될 것입니다. 당신에게 주어진 권한을 부디 현명하게 사용하시기 바랍니다." 우리는 존스 가족이 그 권한을 어떻게 행사할지 쉽게 예측할 수 있다. 처음에는 아마 천천히 조심스럽게 그 권한을 행사할 것이다. 예를 들어, 그동안의 빚을 갚거나 아주 간절히 사고 싶었던 물건 몇 개를 사는 데 지출할 것이다. 그러나 돈을 마음대로 찍어낼 수 있다는 단맛에 도취되면서 사치품을 사거나 친구들에게 선심 쓰는 등 그 권한을 최대한 행사하기 시작할 것이다. 그 결과 화폐공급량이 지속적으로 또는 가속적으로 증가하면서 결국 인플레이션은 지속하고 더 심각해질 것이다.

이제까지 모든 정부가 예외 없이 이 같은 짓을 '해왔다'. 화폐발행에 대한 독점권을 존스 가족에게 주지 않고 정부 '스스로가' 그 권한을 '차지한' 것을 제외하고는 모든 면에서 똑같다. 이는 국가가 부당하게 독점권을 행사하여 합법적으로 사람들을 납치하고 그것을 '징집'이라고 부르고, 또한 국가가 합법적으로 사람들로부터 도둑질하고 이를 '조세'라고 부르는 것과 마찬가지로, 화폐발행 역시 정부가 달러화(또는 프랑화나 마르크화 등)를 마음대로 찍어내는 독점권을 획득하고 그것을 통화공급의 확대라고 부르는 것이다. 우리는 현재 금본위제도 또는 자유시장에 의해 자연스럽게 화폐가 생성되고 화폐공급량이 결정되는 그런 제도 대신에, 불환지폐본위제도 아래서 살고 있다. 다시 말하면, 달러화나 프랑화 등은 국가 기구인 중앙정부가 마음대로 발행하여 그 위에 금액을 적어 놓은 종잇조각에 불과하다.

그뿐만 아니라, 지폐 위조범들이 이해관계가 복잡하지 않은 한 많은 위조지폐를 찍어내는 것처럼, '국가' 역시 최대로 많은 화폐를 발행하려 할 것이다. 이는 국민의 원성을 크게 사지 않으면서 뽑아낼 수 있는 한 많은 돈을 갹출하는 방법으로써 세금을 거둬들이는 권한을 사용하는 것과 다르지 않다.

일단의 사람들이 지폐인쇄에 대한 통제권을 보유하는 제도하에서는 '어느 경우든지' 인플레이션을 피할 수 없는 것과 마찬가지 이유로 정부 통제 하의 통화공급은 본연적으로 인플레이션을 유발할 수밖에 없다.

제2절 연방준비은행 제도와 부분준비금 제도

화폐발행을 늘림으로써 야기된 인플레이션은 이제 옛날 방식으로 여겨지고 있다. 왜냐하면, 그 방법은 국민의 '눈에 너무 잘 띄기' 때문이다. 시중에 많은 고액권이 나돌면 국민은 불청객인 인플레이션을 야기한 주범이 정부라는 생각을 하게 되고, 그 때문에 정부의 화폐발행 권한이 박탈당할 수 있다. 그 대신 정부는 같은 효과를 내면서도 훨씬 더 눈에 띄지 않는 복잡하고 정교한 방법을 고안해냈다. 즉, 좀 더 조직적으로 통화공급을 늘려서 원하는 곳에 지출할 수 있으며 우호적인 정치세력도 지원할 수 있게 하는 것이다. 기본적인 아이디어는 다음과 같다. 지폐를 마구 찍어내는 것 대신에, 달러화(또는 마르크화나 프랑화 등)를 기초 통화('법정 통화' legal tender)로 유지하고[15], 그 기초 통화를 근거로 모호하고 눈에 잘 띄지 않으면서 동일한 지급능력을 갖는 '당좌통화' checkbook money, 즉 은행 요구불예금 bank demand deposits 을 피라미드식으로[16] 발행하는 방법이다. 그 결과는 정부가 관리하는 인플레이션 엔진이 탄생하는 것이다. 하지만 그 작동원리를 은행 및 경제학자와 중앙은행 직원 등 몇몇 전문가 이외에는 (그것은 애초부터 그렇게 고안된 것이기 때문에) 누구도 이해하지 못한다.

첫째, 우리는 미국 등 어느 국가를 막론하고 모든 민간은행제도는 중앙정부의 완전 통제하에 있다는 사실을 인식해야 한다. 민간은행은 정부통제를 환영한다. 그 이유는 정부가 민간은행에 통화창출 money creation[17]

---

[15] [역주] 예를 들어 어느 은행이 고객으로부터 100만원의 예금을 유치했다면 그 은행은 100만원의 기초 통화를 확보한 셈이다.

[16] [역주] 피라미드(Pyramid) 방식으로 발행한다는 의미는 하나의 중앙은행과 여러 민간은행의 피라미드 구조 하에서 중앙은행이 여러 민간은행에 기초 통화를 근거로 은행 요구불예금의 발행을 허용한다는 것이다. 예를 들어 A 은행이 자신이 보유한 기초 통화 100만원에 근거하여 고객에게 100만원의 요구불예금을 발행(예, 대출)해 주었다고 가정하자. 그러면 그 대출금은 돌고 돌아 다시 A 또는 다른 B 은행에 예금되는 것이 보통이다. 그러면 A 또는 B 은행은 그 새로운 예금을 근거로 또 다른 은행 요구불예금을 발행할 수 있다. 이렇게 애초에 발행된 100만원은 세월이 감에 따라 거의 무한대로 새로운 요구불예금이 창출된다는 것이다.

[17] [역주] 위의 역주에서 보는 바와 같이, 은행은 결국 자신이 보유한 기초 통화의 몇 배수에 해당하는 은행 요구불예금을 발행(대출)할 수 있어서 이를 은행에 의한 통화창출(money creation) 또는 신용창출(credit creation)이라고 부른다.

을 허용하고 있기 때문이다. 민간은행은 사실상 정부의 부속기관인 중앙은행의 완전 통제하에 있으며, 이는 중앙은행이 화폐발행에 관한 강제적 독점권을 가지고 있다는 사실에 기인한다. 미국에서는 연방준비은행제도Federal Reserve System가 중앙은행의 기능을 수행한다. '연방준비은행' the Federal Reserve, 또는 줄여서 'Fed'은 민간은행들이 일정 금액의 '지급준비금' reserves(연방준비은행에 예치)을 마련하면, 그 지급준비금을 근거로 약 6배수의 은행 요구불예금('당좌통화')을 피라미드 방식으로 발행할 수 있도록 허용하고 있다.[18] 예를 들어, 어느 은행이 연방준비은행에 10억 달러를 추가로 예치하면 그 은행은 그 예치금을 60억 달러만큼 피라미드 방식으로 늘릴 수 있다. 따라서 은행은 10억 달러로 60억 달러 가치의 새로운 화폐를 창출하는 것이다.

은행 요구불예금이 왜 통화공급의 주요 부분을 구성하는 것일까? 은행 요구불예금은 연방준비은행이 발행한 달러화(연방준비은행권Fed Notes[19])와는 달리 공식적으로는 화폐, 즉 법정 통화가 아니다. 하지만 그것은 예금주('당좌예금 계좌'의 소유주)가 원하면 언제든지 현금으로 교환해 주겠다는 은행의 약속이다. 물론 여기서 중요한 사실은 은행들이 실제로 그 6배 분량의 현금을 보유하고 있지 '않으며', 그럴 수도 없다는 것이다.

---

[18] [역주] 이 제도를 '부분준비금 제도'(fractional reserve banking)라고 부르며, 전 세계 대부분의 자본주의 국가에서 채택하고 있다. 이 제도는 민간은행이 유치한 예금(기초 통화)을 다시 중앙은행에 '지급준비금'으로 예치하면, 중앙은행은 그 민간은행에게 그 예치금의 6배에 해당되는 금액 이내에서 은행 요구불예금의 발행(예, 대출)을 허용한다. 예를 들어, 은행이 60억 달러의 요구불예금을 발행하고 싶으면 연방준비은행에 그 일부분(fractional)인 10억 달러만 예치하면 된다는 것이다. 다시 말하면 어느 은행이 고객으로부터 10억 달러의 예금을 확보하면(기초 통화 확보) 60억 달러의 대출한도를 부여받을 수 있다. 따라서 이 제도는 통화팽창의 발원지라는 비판을 받고 있다.
[19] [역주] 우리나라의 원화를 한국은행권이라고 부르는 것과 마찬가지로 미국 달러화는 연방준비은행권이라고 부른다.

왜냐하면, 그 금액은 은행 자신이 연방준비은행에 당좌계좌로 예치한 금액보다 6배나 많기 때문이다. 그리고 그 금액을 고객들에게 모두 대출한다면 은행은 자신의 예치금의 6배를 빚지게 되는 셈이다. 그렇지만 국민은 연방준비은행이 민간은행의 건전성과 신성함을 보증해준다는 막연한 생각으로 그 민간은행을 믿고 있다. 그리고 사실상 연방준비은행은 곤란에 빠진 은행을 구제해 줄 능력이 있으며 실제로 구제해주는 때도 있다. 왜냐하면, 만약 예금주들이 이런 제도의 맹점을 이해하고 한꺼번에 몰려가 일거에 예금을 찾으려는 경우가 발생한다 해도 연방준비은행은 언제나 그 사태를 해결할 수 있는 충분한 화폐를 '찍어낼' 수 있기 때문이다.

연방준비은행은 은행의 통화창출 배수(예, 6 대 1)를 조정하거나 또는 더욱 중요하게는 지급준비금 전체 총액을 결정함으로써 통화에 의한 인플레이션 정도를 통제한다. 다시 말하면, 만약 연방준비은행이 총통화공급을 60억 달러만큼 늘리고 싶다면 60억 달러의 화폐를 찍어내는 대신에 지급준비금 총액을 10억 달러만큼 증가시키는 조처를 한다. 그리고선 민간은행이 새로운 요구불예금을 60억 달러만큼 창출하도록 허용하는 것이다. 그 사이에 국민은 그 과정과 의미에 대해 무지한 상태로 남아있게 된다.

그러면 은행들은 새로운 예금을 어떻게 창출하는 것일까? 간단하게 연방준비은행의 허용 한도 내에서 창출된 통화를 대출하면 된다. 예를 들어, 어느 민간은행이 고객으로부터 10억 달러의 예금을 유치하고 그 금액을 모두 연방준비은행에 지급준비금으로 새로이 예치했다고 가정해보자. 그 은행은 60억 달러를 고객들에게 대출해줄 수 있으며 그 대출과정에서 다시 새로운 예금을 창출하게 된다.[20] 일반사람들이 믿는 바와는

---

[20] [역주] 일반적으로 은행은 현금보다는 당좌예금으로 대출해준다. 예를 들어 어느

달리 민간은행이 개인이나 기업체 또는 정부에 돈을 빌려줄 때 국민이 힘들게 저축하여 은행 금고에 예금한 그 실제로 존재하는 돈을 다시 빌려주는 것이 '아니다'. 민간은행은 지급준비금에 의해 창출된 새로운 요구불예금을 빌려 주는 것이다. 그 새로운 요구불예금의 창출은 '지급준비금 요구금액'에 의해서만 한도가 정해진다. 즉, 지급준비금이 최대 배수 요구치(예, 6 대 1)가 바로 새로이 요구불예금을 창출할 수 있는 한도가 된다. 은행은 지폐를 발행하거나 금을 새로 캐내는 것이 아니다. 은행은 단지 현금으로 전환할 수 있는 예금이나 '당좌수표'의 청구권을 발행할 뿐이다. 이는 모든 사람이 한꺼번에 몰려와서 자신의 계좌에 있는 돈을 모두 내놓으라고 요구하면 그에 응하지는 못할 그런 청구권이다.

그러면 연방준비은행은 어떤 방법으로 국가 전체의 지급준비금 총액(대부분의 경우 연차적으로 '증가'하는 추세)을 결정하는가? 연방준비은행은 '재할인율' rediscount rate, 즉 인위적으로 책정한 낮은 금리로 민간은행들에 그 지급준비금을 다시 '빌려줄' 수 있으며 실제로 그렇게 하고 있다. 물론 민간은행은 연방준비은행으로부터 많은 돈을 빌릴 수는 있지만, 너무 많이 빚지는 것을 원치 않기 때문에 실제로 연방준비은행에 갚아야 할 대부금의 총액이 아주 크지는 않다.[21] 연방준비은행이 지급준비금 총액을 결정하는 가장 중요한 경로 중에서 국민에게 거의 알려지지

고객에게 100만원을 대출하면 그 고객은 우선 30만원만 사용하고 70만원을 다시 해당 은행에 예금할 수 있다(또는 애초의 대출금 100만원이 시중에서 돌고 돌아 해당 은행에 70만원이 다시 예금될 수 있다). 이렇게 새로 유치한 예금 70만원을 다시 연방준비은행에 예치하면 그 예치금의 6배에 해당되는 420만원의 대출금 한도를 새로이 확보할 수 있다. 이 같은 피라미드 방식을 통해 은행은 이론적으로 예금 수신고의 6배 이상(거의 무한대)의 통화를 창출할 수 있다.

[21] [역주] 따라서 재할인 제도는 실제로 통화량을 늘리는 데 크게 효과적이지 않을 수 있다.

않은 것은 '공개시장 매입' open market purchases 방식이다.[22] 이는 간단히 말해서 연방준비은행이 공개시장에 나가서 특정 자산을 매입하는 제도이다. 엄밀히 말해, 이때 연방준비은행이 어떤 종류의 자산을 매입하는지는 중요하지 않다. 예를 들어 그것은 20달러짜리의 간단한 계산기일 수도 있다. 이제 연방준비은행이 A전자회사로부터 20달러짜리 계산기를 구매한다고 가정해보자. 즉, 연방준비은행은 20달러짜리 계산기를 취득했다. 여기서 중요한 것은 연방준비은행이 계산기를 사들일 때 그 대가로 A회사에게 20달러짜리 수표를 발행해준다는 사실이다. 그런데 연방준비은행의 거래 상대는 민간은행이나 연방정부에 국한되어 있어서 일반시민이나 기업들에는 당좌예금 계좌를 개설해주지 않는다. 따라서 연방준비은행이 발행해준 20달러짜리 수표를 가지고 A회사가 할 수 있는 일은 자신의 거래은행에 예금하는 것밖에 없다. 이제 A회사의 거래은행이 K은행이라고 가정하자. 이 시점에서 또 하나의 거래가 발생한다. 즉, K은행에 개설된 A회사의 당좌예금, 즉 '요구불예금' 계좌의 잔고는 20달러만큼 증가한다. 따라서 K은행은 연방준비은행이 발행한 20달러짜리 수표를 확보한 셈이다.

위 거래에서 일차적으로 발생한 일은 A회사가 보유한 화폐량은 20달러만큼 증가, 즉 K은행에 개설된 A회사 계좌의 잔고가 그만큼 증가하였을 뿐 그것 이상의 통화량 증가는 없었다. 즉, 1단계가 종료된 시점에서 화폐공급량은 20달러만큼 증가했고, 이는 연방준비은행의 자산 구매액과 동일하다. 그러면 연방준비은행이 계산기 구매를 위해 지급한 돈은 어디서 나온 것인가? 연방준비은행은 자신을 지급인으로 지정한 수표를

---

[22] [역주] 공개시장 매입 정책 역시 전 세계 대부분의 선진 자본주의 국가에서 채택하고 있다.

발행함으로써 '허공'에서 20달러를 창출한 것이다. 연방준비은행의 수표 지급과정에서 그 돈이 창출되기 전까지는 연방준비은행을 포함한 누구도 그 20달러를 '보유'한 적이 없었다.

그러나 이것이 전부가 아니다. K은행이 연방준비은행 발행 수표를 보유하면서 연쇄저 거래가 다시 신나게 일어난다는 것이다. K은행은 연방준비은행에 달려가 그 수표를 예치하고 20달러만큼의 지급준비금 잔고, 즉 연방준비은행에 개설된 K은행의 요구불예금 계좌를 그만큼 늘리게 된다. 이제 은행권에 20달러가 증가했기 때문에 이를 근거로 대출한도가 확대된다. 즉, K은행은 그 6배수인 120달러에 이를 때까지 기업(또는 소비자나 정부)의 요구불예금을 대출 형태로 추가 창출한다. 따라서 제2단계가 끝나면 연방준비은행의 계산기 구매 대금 20달러가 은행 지급준비금으로 증가하고, 이 때문에 은행 요구불예금이 120달러 증가하며, 결국 기업 등에 대한 은행대출이 순수하게 100달러만큼 증가한다. 이 과정에서 총통화공급은 120달러 증가했고, 그중에서 100달러는 은행이 기업에 당좌계좌로 대출하는 과정에서 창출된 것이고, 20달러는 연방준비은행이 계산기 구매과정에서 창출한 것이다.

물론 실제로 연방준비은행은 아무 자산이나 매입하는 데 시간을 허비하지 않는다. 전체 경제를 부풀리려면 대규모 매입이 필요하므로 활성화된 시장에서 결제할 수 있고 유동성이 매우 높은[23] 자산을 선택한다. 현재 미국정부는 정부 자신이 발행한 국채나 유가증권을 매입한다. 왜냐하면, 미국 국채시장의 규모는 매우 크고 유동성 또한 매우 높고, 또한 연방정부가 민간기업이 발행한 회사채나 주식을 선택할 때 발생 가능한 정치적 갈등에 휘말릴 필요가 없기 때문이다. 정부로서도 연방준비은행

---

[23] [역주] 유동성이 높다는 말은 쉽게 사고팔 수 있다는 것이다.

이 매입에 나서면, 국채 및 정부발행 유가증권 시장의 활성화와 국채 가격을 높이는 일거양득의 효과가 있다.

어느 민간은행이 예금자들의 압력에 못 이겨 현금을 확보하고자 연방준비은행의 당좌계좌에 예치한 지급준비금을 모두 인출해야 하는 경우를 가정해보자. 아무것도 없는 데서 발행한 연방준비은행 수표가 결국 그 민간은행의 지급준비금을 창출했는데 연방준비은행이 혹시 부도를 내든지 아니면 그와 유사한 일이 벌어지는 것은 아닐까? 그렇다면 연방준비은행에는 어떤 일이 일어나겠는가? 아무 일도 일어나지 않는다. 왜냐하면, 연방준비은행은 화폐발행 독점권을 보유하고 있기 때문에 단지 필요한 만큼 연방준비은행권(즉, 지폐)을 찍어내어 그 요구불예금을 상환할 수 있고, 또 그렇게 하고 있다. 만약 어느 은행이 연방준비은행에 와서 자신의 지급준비금 20달러를 현금으로 반환하도록 요구한다면 연방준비은행은 단지 그만큼의 화폐를 발행하여 지급하면 된다. 그 지급준비금이 20달러가 아닌 2,000만 달러라도 문제없다. 이같이 화폐발행 권한을 지니고 있어서 연방준비은행은 민간은행이 부러워하는 특별한 지위를 누린다.

우리는 이제 현대 인플레이션 과정의 미스터리를 이해하는 열쇠를 얻게 되었다. 그것은 연방준비은행이 공개시장에서 정부발행 유가증권을 지속적으로 매입하는 방법을 통해 통화공급을 늘리는 과정에 대한 이해이다.[24] 통화공급을 60억 달러만큼 늘리고 싶을 때, (요구불예금 대비 지급준비금의 통화승수가 6 대 1인 경우), 연방준비은행은 정부발행 유가증권을 공개시장에서 10억 달러어치 매입하기만 하면 된다. 나머지 과정

---

[24] [역주] 반대로 통화공급을 줄이려면 공개시장에서 국채 등을 매입하지 않거나 더 많은 국채 등을 발행하여 시중의 자금을 회수한다.

은 저절로 진행되어 정부 목표는 빠르게 달성될 것이다. 실제로 연방준비은행은 매주 또는 지금 이 순간에도 뉴욕의 공개시장에서 필요한 만큼의 정부발행 유가증권을 매입하고 있고, 그렇게 함으로써 통화로 인플레이션 정도를 조정한다.

20세기 미국 통화정책의 역사는 국가의 인플레이션 조장 성향에 방해될 만한 제한을 지속적으로 하나둘씩 완화하거나 제거하는 방향으로 점철되었다. 이를 통해 정부는 마음대로 통화공급을 확대했고 그에 따라 물가는 계속 오르게 되는 양상을 보였다. 위와 같은 정교한 피라미드식 과정이 발생할 수 있도록 연방준비제도를 1913년에 출범시켰다. 이 새로운 제도는 제1차세계대전의 비용을 갚고자 출발했으나 결국 큰 폭의 통화공급 확대, 즉 인플레이션을 허용했다. 1933년에는 또 다른 치명적인 조치가 이루어졌다. 미국 정부는 금본위제도에서 탈퇴한 것이다. 그때까지만 해도 달러화는 법적으로 금의 무게에 따라 정해졌지만 이제 더는 금으로 태환될 수 없게 되었다. 요약하면 1933년 이전에는 연방준비은행이 통화공급을 확대하고 부풀릴 수 있는 능력에 큰 족쇄가 채워져 있었다. 즉, 연방준비은행권(달러화)은 그에 상응하는 금의 양으로 태환되어 지급될 수 있었다.[25]

분명히 금과 연방준비은행권은 큰 차이가 있다. 정부는 마음대로 금을 만들어낼 수는 없다. 금은 큰 비용을 들여 땅속에서 파내야 한다. 그러나 연방준비은행권은 비용을 거의 들이지 않고 마음대로 찍어낼 수 있다.

---

[25] [역주] 일정 무게의 금으로 상환 가능한 지폐를 태환지폐(convertible notes)라고 부르며, 상환가능하지 않은 지폐를 불환지폐(inconvertible notes 또는 fiat money)라고 부른다. 금본위제를 포기하면 태환지폐가 불환지폐로 바뀌게 된다. 금본위제도 하에서 연방준비은행은 금 보유량 한도 내에서만 화폐발행이 가능했기 때문에 1달러의 화폐를 발행하려면 추가로 일정량(예, 1/20온스)의 금을 확보해야 했다.

1933년에 미국정부는 금본위제도를 포기하고 달러 지폐 자체를 새로운 화폐 본위로 삼는 명목화폐 제도로 전환하고, 달러화 공급을 독점함으로써 정부의 인플레이션 성향에 대한 황금의 제약을 제거해 버렸다. 제2차 세계대전 기간 및 그 이후에 막강한 미국의 달러화와 상품가격이 심한 인플레이션을 겪게 된 이유는 바로 금본위제도를 포기했기 때문이다.

그러나 그 후에도 여전히 인플레이션을 반감시킬 수 있는 요소, 즉 미국정부의 인플레이션 조장 성향을 막을 수 있는 제약 요소가 하나 더 남아있었다. 미국은 국내적으로 금본위제를 포기했지만, 외국 정부가 보유했던 달러화(주로 해외 은행이 보유)에 대해서는 그들이 원할 때 금으로 상환해 줄 것을 약속했다. 간단히 말해, 미국은 여전히 '국제적으로는' 제한적이고 불완전한 형태의 금본위제도에 묶여 있었다. 그래서 미국이 1950년대와 60년대에 통화공급을 크게 늘리고 인플레이션을 조장하면서 많은 양의 달러화 및 달러화 표시 청구권(은행발행 지폐[26] 및 당좌통화 등)이 유럽 각국에 쌓이게 되었다.[27] 미국정부는 심지어 외국에 그들이 보유한 달러화를 금으로 상환해달라는 권리를 행사하지 못하도록 온갖 경제적 속임수와 정치적 협박을 가했지만, 결국 1971년 8월에 신성한 국제적 계약의무의 이행을 저버리고 '황금 창고의 문을 닫아버림으로써' 국가부도를 선언했다. 미국이 세계 각국 정부와 연결된 금본위제도의 마지막 유산을 가볍게 집어 던진 이후인 1973~1974년에 미국 및 외국에서 두 자리 수의 인플레이션이 발생한 것은 결코 우연이 아니다.

---

[26] [역주] 예전에는 중앙은행뿐만 아니라 민간은행 역시 은행권(bank notes, 일종의 화폐 또는 어음)이라는 지폐를 발행했다.

[27] [역주] 미국 내의 달러화 가치는 하락했지만, 외국에서 보유하고 있는 달러화에 대해서는 일정 무게의 금으로 상환해야 했기 때문에 해외 각국은 달러화 및 달러화 표시 유가증권을 점점 더 많이 보유하게 되었다.

우리는 이제 현재 미국과 전 세계에서 왜 만성적으로 인플레이션이 발생하고 점점 더 심해지는지 이해하게 되었다. 그 이유는 불행히도 20세기에 들어오면서 여러 국가가 하나둘씩 금본위제를 포기하고 정부발행 지폐를 새로운 화폐본위로 바꾸었으며, 아울러 중앙은행제도가 발달하면서 늘어난 지폐를 근거로 은행 요구불예금을 피라미드식으로 남발했기 때문이다. 상호 연관된 두 가지 사태는 결국 하나의 결과로 귀착된다. 그것은 통화공급에 대한 통제를 정부가 장악했다는 것이다.

인플레이션 문제에 대한 설명을 마쳤다고 경기순환, 불황, 그리고 인플레이션을 동반한 경기침체, 즉 스태그플레이션에 대한 설명이 끝난 것은 아니다. 경기는 왜 순환하며, 스태그플레이션이라는 새롭고 이상한 현상은 왜 발생하는가?

제3절 은행대출과 경기순환

서방 세계에 경기순환 business cycle 이 찾아온 것은 18세기 후반부터이다. 그 당시 경기순환은 뚜렷한 이유가 없어 보였고, 그 이전에는 실제로 나타난 적이 없어서 매우 이상한 현상으로 인식되었다. 경기순환은 규칙적으로 (완전히 주기적이지는 않지만) 반복되는 일련의 호황과 불황 현상으로서, 일정 기간 사업이 번창하고 고용이 늘고 물가가 오르며 인플레이션이 지속되다가 갑자기 사업 활동이 위축되고 실업자가 늘고 물가가 떨어지는 경기침체 또는 불황이 도래하며, 또 그런 불황이 지나가면 다시 경기가 회복되고 호황기가 다시 시작되는 것으로 이루어진다.

'선험적으로' 경제활동이 이러한 순환적 패턴을 보일 것으로 기대할 근거는 없다. 물론 일부 특정 형태의 활동이 순환적 파동을 그릴 수는 있다. 예를 들어, 7년 주기로 대규모 메뚜기 떼가 나타난다면, 그 7년을 주기로 메뚜기 떼 박멸활동이 필요해짐에 따라 스프레이나 장비를 생산하는 사업이 번창할 수 있다. 그러나 경제 전반에서 호황-불황의 경기순환을 기대할 이유는 없다. 사실 정반대의 현상, 즉 경기순환이 일어나지 않으리라고 기대할 만한 근거는 있다. 왜냐하면, 일반적으로 자유시장은 유연하고 효율적으로 작동하며, 특히 대다수 사람이 집단으로 변화를 예측하지 못하는 오류를 범하지 않기 때문이다. 그러나 기대와는 달리 경기순환은 현실화되었으며 특히 호황기에서 불황기로 전환될 때 갑자기 나타나는 심각한 손실은 분명히 사람들의 집단적 예측오류에 기인한 것처럼 보였다. 이 같은 경제 전체적인 경기순환은 사실상 18세기 이전에는 발생하지 않았다. 그 당시까지 경기는 대체로 유연하고 큰 변동 없이 움직였다. 물론 사람들이 예측하지 못했던 갑작스러운 장애물이 나타나는 경우는 있었다. 예를 들어 가뭄으로 밀 생산량이 급격히 저하되면서 농업 국가의 경제가 붕괴하거나, 왕이 갑자기 금융업자들의 돈을 몰수하여 나라 경제가 공황에 빠지거나, 전쟁이 발발하여 국가 간의 무역이 중단된 때도 있었다. 이러한 경우는 쉽게 확인할 수 있는 일회성 원인에 의해 큰 펀치를 맞은 것이기 때문에 더는 그 원인을 탐색할 필요가 없다.

그러면 경기순환이라는 새로운 현상은 왜 발생하는가? 18세기 후반의 경기순환은 당시 각국에서 가장 경제적으로 앞섰던 지역에서 발생했다. 즉, 당시 세계적인 생산 및 경제활동 중심지와 교역하던 항구도시에서 발생했다. 그 기간에 생산과 무역 면에서 세계 최고의 중심지였던 서유럽에서는 매우 중요한 두 가지 현상이 대대적으로 나타나기 시작했다. 하나는 산업화의 진전이고, 다른 하나는 상업은행 제도commercial banking system의 탄생이었다. 상업은행 제도는 위에서 우리가 분석한 '부분준비금' 제도와 같은 유형으로서 18세기로의 전환기에 세워진 세계 최초의 중앙은행인 영국은행the Bank of England28이 위치한 런던에서 출범했다. 19세기가 되면서 새로운 학문분야로 정착한 경제학자들 그리고 금융전문가와 평론가 중에는 이 달갑지 않은 새로운 형태의 경기순환 현상에 대한 설명을 시도했고, 그 과정에서 다음과 같은 두 가지 이론이 대두하였다. 하나는 산업화에서 그 원인을 찾는 것이었고 다른 하나는 은행제도에 초점을 맞춘 것이었다. 간단히 말해, 전자는 경기순환에 관한 책임이 자유시장 경제체제 내에 깊이 내재해 있다고 생각했다. 따라서 그러한 시각의 경제학자들(예, 마르크스 Marx)은 시장 폐지를 요구하거나, 또는 경기순환을 완화하기 위해 정부의 과감한 통제 및 규제를 요청(예, 케인스)했다. 반면에 후자의 이론을 제시한 경제학자들은 부분준비금 제도, 즉 자유시장 경제체제가 아닌 통화 및 은행제도에서 경기순환의 원인을 찾았다. 대표적으로 영국의 고전적 자유주의자들은 통화와 은행에 대한 정부의 통제권을 박탈해야 한다고 주장했으나 관철하지는 못했다. 왜냐하면, 19세기에 와서도 호황과 불황의 경기순환 원인이 은행에 있다고 탓하는 것은 곧 정부를 비난하는 것으로 간주하였기 때문이다.

경기순환의 책임을 자유시장 경제체제로 돌리는 경제학파들이 범한 수많은 오류에 대해 여기서 자세히 다룰 수는 없다. 다만 이런 이론으로는 호황기에는 왜 물가가 오르고 불황기에는 왜 물가가 떨어지는지 설명할 수 없으며, 호황기에서 불황기로 전환될 때 심각한 손실이 갑자기 나타나는 이유, 즉 왜 대다수 사람이 집단적으로 그 같은 예측오류를 범하는지 설명할 수 없다는 것만 언급하는 것으로 충분하다.

---

28 [역주] 영국의 중앙은행인 영국은행(the Bank of England)은 1694년에 설립되었으며 처음에는 민간 소유의 은행이었다. 저자는 영국은행이 세계 최초의 중앙은행이라고 기술하고 있지만, 다른 문헌에 의하면 세계 최초의 중앙은행은 1668년에 설립된 스웨덴 은행(the Bank of Sweden)이었다.

(1) 리카도의 화폐금융이론

통화와 은행제도에 초점을 맞추어 경기순환이론을 제시한 최초의 경제학자는 19세기 초 영국의 고전주의 경제학자였던 데이비드 리카도 David Ricardo[29]와 그 추종자들이다. 이들은 경기순환에 대한 '화폐금융이론' monetary theory[30]을 제시했다. 리카도의 학설은 다음과 같은 내용을 포함한다. 먼저 정부와 중앙은행에 의해 통제되고 조장되는 부분준비금 제도하의 은행들이 대출을 확대한다. 대출이 확대되고, 은행이 보유한 지폐와 금에 기초하여 요구불예금을 피라미드식으로 발행하면서 통화공급(은행 요구불예금 또는 그 당시에는 은행발행권 형태로 공급)이 증가한다. 통화공급의 확대는 물가를 상승시키고 인플레이션적인 호황을 촉발시킨다. 금에 기초한 요구불예금 및 은행발행권의 피라미드식 발행에 자극되어 호황이 지속하고 국내 가격이 상승한다. 따라서 국내 가격이 수입가격보다 점점 더 높아져서 결국 수입은 늘고 수출은 감소하게 된다. 즉, 무역수지 적자가 발생하고 그 적자 폭은 시간이 갈수록 점점 더 커지게 된다. 그런데 금본위제도하에서 국외 결제는 금으로 지급해야 하므로 인플레이션으로 무역적자가 발생한 국가의 금이 다른 국가로 흘러가게 된다. 이같이 국외로 금이 유출됨에 따라 금에 기초한 피라미드식 통화량

---

[29] [역주] 리카도(1772~1827)는 영국의 경제학자로서 스미스(Smith), 맬서스(Malthus), 밀(Mill) 등과 함께 고전주의 경제학에 가장 큰 영향을 준 사람이다. 그는 영국의회 의원, 사업가 및 투자자로서도 성공했으며 개인적으로 상당한 부를 축적한 것으로 알려져 있다. 그의 대표적 업적은 '비교우위의 법칙'(law of comparative advantage)을 근간으로 하는 무역이론이다. 즉, 자원이나 능력 면에서 큰 차이가 있는 국가 간에도 상대적 우위가 존재하는 생산이 가능하며, 따라서 국가 간의 무역은 언제나 상호 이득이 된다는 주장을 바탕으로 국가간 자유무역을 주창했다.

[30] 리카도의 이론에 대한 좀 더 상세한 분석은 머리 로스바드(Murray Rothbard)의 저서 『경기침체: 그 원인과 처방』(*Depressions: Their Cause and Cure*), 13~26쪽 참조.

확대는 점점 더 어려워지고 은행들은 도산 위험에 처하게 된다. 결국, 정부와 은행은 할 수 없이 이 같은 확대를 중단하고 살아남기 위해 은행대출 및 요구불예금 규모를 축소해야만 한다.

정부가 은행대출 확대정책을 견지하다가 갑자기 축소정책으로 전환하면 경제 상황은 빠르게 역전되고 호황에서 불황으로 바뀌게 된다. 은행들은 움츠러들 수밖에 없고, 대출금 상환 및 긴축의 압박이 거세지면서 기업활동과 경제활동은 크게 침체된다. 통화공급의 감소는 다시 전체적인 물가 하락(즉, '디플레이션'의 발생)으로 이어진다. 그러면 경기침체 또는 불황 단계에 접어든다. 그러나 통화공급이 축소되고 물가가 떨어짐에 따라 국내 상품은 국외 상품보다 다시 경쟁력을 확보하게 되고, 무역수지는 역전되어 적자에서 흑자로 돌아선다. 국외로부터 다시 금이 유입되고 금 보유량이 늘어남에 따라 그 금에 기초한 은행발행권 및 요구불예금의 발행이 증가하면서 은행의 재정상태는 크게 나아지고 경제는 회복 과정에 들어간다.

리카도의 학설은 몇 가지 주목할 만한 특징을 갖고 있다. 첫째, 상품가격 변동 또는 인플레이션 발생을 은행발행권의 공급량 변동(항상 호황기에는 증가하고 불황기에는 감소)에 초점을 맞추어 설명했다. 둘째, 무역수지의 변동 원인을 설명했다. 셋째, 호황과 불황을 연결함으로써 불황은 호황의 결과인 것으로 간주했다. 넷째, 인플레이션을 야기한 현명하지 못한 정부의 간섭에 대한 일침으로써, 불황은 호황의 결과일 뿐만 아니라 경제를 조정하는 건전한 수단이라는 사실을 일깨워 주었다.

간단히 말해, 불황은 어떤 원인 없이 찾아드는 불청객이 아니며, 산업화한 시장경제체제의 내부적 작동 때문에 발생하는 재앙이 아니라는 것을 처음으로 인식하게 되었다. 리카도와 그 추종자들은 통화 및 은행제도에 대한 정부의 간섭으로 초래된 인플레이션을 동반한 호황이 가장 큰 해악이며, 그 달갑지 않은 불황과 경기침체는 정부의 간섭에 의해 야기되었던 과거의 인플레이션을 동반한 호황을 경제체제로부터 말끔히 청소하는 일련의 불가피한 조정 과정이라는 사실을 깨달았다. 즉, 불황은 시장경제체제의 조정과정으로서 그간의 인플레이션을 동반한 호황에 의한 왜곡과 과잉을 깨끗이 정리하고 다시 건전한 경제상태를 재구축하는 것이다. 요약하면, 불황은 과거 호황기의 왜곡과 과잉에 대한 힘들지만 필요한 반작용이다.

그러면 왜 경기순환은 반복적으로 일어나는 것일까? 왜 호황과 불황의 순환이 반복되는가? 이에 대한 해답을 제시하려면 우리는 은행과 정부가 어떤 동기에 의해 움직이는지 이해해야 한다. 민간은행은 대출을 늘리고 새로운 통화공급을 창출함으로써 이익을 내고 살아남는다. 따라서 그들은 가능한 한 '대출확대'를 통한 이익 추구 쪽으로 기울어지게 되어 있다. 정부 역시 통화확대를 원한다. 왜냐하면, 정부는 자체 재정수입을 확대하고 (화폐를 더 찍어내거나 그렇게 하여 은행제도를 통해 정부 적자를 조달할 수 있도록) 호황과 금리 인하를 통해 우호적인 정치·경제 집단을 돕기 위해서이다. 이제 우리는 최초의 호황이 왜 발생하게 되는지 알게 되었다. 정부와 은행은 큰 재앙의 위협이 있고 위기가 닥치면 그때야 확대정책을 포기한다. 하지만 금이 다시 국내로 유입되면서 은행들의 재정상태는 다시 호전된다. 그리고 은행들의 재정상태가 호전되면, 통화공급과 대출을 부풀리려는 그들의 자연적 성향으로 복귀한다. 이 때문에 '다시' 호황이 발생하지만, 그것은 필연적으로 '다음에' 찾아올 불황의 씨를 뿌리는 일이다.

위와 같이, 리카도 이론은 경기순환이 계속 반복되는 이유도 설명했다. 그러나 아직 두 가지를 설명하지는 못했다. 첫째, 가장 중요하게도 호황이 불황으로 바뀌고 위기가 찾아올 때 기업가들이 왜 집단으로 그것을 예측하지 못하는 실수를 범하는지 설명하지 못했다. 누구보다도 경기 예측의 달인인 기업가들이 호황에서 불황으로 전환될 때 집단으로 심각한 실수를 저지름으로써 큰 손실을 보게 되는 것은 그들답지 않기 때문이다. 둘째, 모든 경기순환에서 나타나는 또 다른 중요한 측면은 호황 및 불황을 막론하고 소비재 산업보다 '자본재 산업'(기계, 장비, 공장설비, 또는 산업 원자재를 생산하는 산업)이 더 크게 겪는다는 사실이다. 리카도 이론은 경기순환의 이 같은 측면을 전혀 설명하지 못했다.

(2) 오스트리아 학파의 악성투자 이론

오스트리아 학파의 대표적 학자인 미제스 Mises[31]는 리카도의 분석을 기반으로 그들만의 경기순환이론인 화폐금융 과잉 투자 이론, 좀 더 정확히 표현하면 '화폐금융 악성투자' monetary malinvestment 이론을 개발했다. 오스트리아 학파의 이론은 리카도 학파가 설명한 현상뿐만 아니라, 기업가들의 집단적 오류 현상과 자본재 산업의 경기순환이 더 강하게 나타나는 이유를 모두 설명할 수 있었다. 또한 아래에서 설명하겠지만, 이것이 현대의 스태그플레이션 현상을 설명할 수 있는 유일한 이론이기도 하다.

미제스의 이론은 리카도 이론과 같은 전제에서 출발한다. 즉, 먼저 정부와 중앙은행이 자산 매입과 그로 말미암은 은행예금 증대를 통하여 민간은행들의 대출확대를 자극하며, 이어서 은행대출이 확대됨에 따라 국가 전체적으로 요구불예금 형태(민간은행권의 발행은 그 후 실질적으로 사라졌기 때문)의 통화공급이 확대된다는 것이다. 리카도 학파와 마

---

[31] [역주] 미제스(Ludwig von Mises, 1881~1973)는 오스트리아의 경제학자로서 오스트리아 학파의 경제사상에 큰 영향을 주었다. 그는 1940년에 나치를 피해 뉴욕으로 이주했으며, 20세기 중반부터 미국의 자유지선주의 운동에 큰 역할을 담당했다. 관심 있는 독자는 'Mises Institute'라는 웹사이트를 방문해보기 바란다.

찬가지로 미제스 역시 이 같은 은행 통화량의 확대가 물가를 올리고 인플레이션을 유발하는 것으로 생각했다.

그러나 미제스가 지적했듯이, 리카도 학파는 대출 확대로 인플레이션이 가져올 불행한 결과에 대하여 과소평가했다. 그것은 리카도 학파가 생각했던 것보다 훨씬 더 나쁜 결과를 초래했기 때문이다. 즉, 은행대출의 확대는 물가를 올릴 뿐만 아니라 인위적으로 이자율을 낮춤으로써 기업가들에게 잘못된 신호 signal 를 보내고, 그 때문에 기업가들이 바람직하지 않은 비경제적 투자를 수행하게 만든다.

정부 간섭이 없는 자유시장에서의 대출이자율은 그 시장을 구성하는 모든 참여자의 '시간 선호' time preference[32]에 의해만 결정되기 때문에, 대출의 본질은 지금 당장 사용할 수 있는 '현물' present good(현재 사용할 수 있는 현금을 의미함)이 미래 일정시점에 사용할 수 있는 '선물' future good (미래에 사용할 수 있는 현금 차용증서를 의미함)로 교환되는 것이다. 사람들은 언제나 현재 시점에서 예상되는 미래 일정시점에서 받을 화폐보다는 지금 당장 쓸 수 있는 화폐를 선호하기 때문에, 시장에서 현물은 항상 선물보다 프리미엄을 가진다. 그 프리미엄이 바로 이자율이며[33] 그 크기는 사람들이 선물보다 현물을 선호하는 정도, 즉 시간 선호도에 따라 변화한다.[34]

---

[32] [역주] 모든 사람은 미래 시점에서 소비할 수 있는 상품(또는 화폐)보다는 현재 시점에서 당장 소비할 수 있는 상품(또는 화폐)을 좋아한다는 것이 시간 선호 이론이다. 시간 선호는 '현재가치 선호' 또는 '현물 선호'라고 부른다.

[33] [역주] 만약 지금 100만원(현물)을 빌려주고 1년 후에 110만원(선물)을 받는 권리(차용증서)를 받는다면 현물에는 10만원의 프리미엄이 붙은 것이며 그 프리미엄을 1년간의 이자(연간 이자율 = 10/100 = 10%)로 정의한다.

[34] [역주] 빌려주려는 사람이 많으면(현물보다 선물을 선호하는 사람들의 증가) 프리미엄은 낮아지며(이자율 하락), 빌려주려는 사람이 적으면(선물보다 현물을 선호하는 사람들의 증가) 프리미엄이 높아진다(이자율 상승).

사람들의 시간 선호는 또한 자신이 지금 당장 얼마를 소비할 것인지에 대비시켜 미래를 위해 얼마를 저축하고 투자할 것인지 결정한다. 만약 사람들의 시간 선호가 떨어지면, 즉 미래보다 현재에 대한 선호 정도가 감소하면, 사람들은 지금 당장 소비를 줄이고 미래를 위해 더 많이 저축하고 투자하는 경향을 보이게 될 것이다. 그리고 동시에 같은 이유로, 이자율, 즉 시간 할인율rate of time-discount도 떨어진다. 경제성장은 대체로 시간 선호 하락의 결과로 나타난다. 왜냐하면, 시간 선호가 떨어지면 이자율은 하락하고 결과적으로 '소비 대비 저축 및 투자' 비율은 증가하기 때문이다.

그러나 만약 일반 대중의 자연적 시간 선호 하락 및 저축 증가로 이자율이 떨어진 것이 아니라, 은행대출 및 통화량 확대를 조장하는 정부의 간섭 때문에 떨어졌다면 무슨 일이 발생하겠는가? 은행의 기업대출과정에서 창출된 당좌통화가 시장에 새로운 대출 재원으로 공급됨에 따라 적어도 초기에는 이자율이 낮아질 것이다. 달리 표현하면, 만약 일반소비자들의 평가와 시간 선호의 변화 때문에 이자율이 자연적으로 낮아진 것이 아니라 정부 간섭 때문에 인위적으로 낮아졌으면 어떤 일이 벌어지겠는가?

당연히 문제가 생기기 시작한다. 시장에서의 이자율 하락을 관찰한 기업가들은 과거에 이 같은 시장 신호의 변화가 일어났을 때 항상 대응했던 식으로 행동할 것이다. 즉, 그들은 자본재에 더 많은 투자를 할 것이다. 왜냐하면, 이자율이 떨어졌기 때문에 '과거에는' 이익을 낼 수 없다고 판단했던 장기 투자프로젝트가 이제는 이익을 낼 수 있을 것으로 생각하게 된다는 것이다.[35] 간단히 말해, 기업가들은 저축이 '진짜' 자연적

---

[35] [역주] 자본재는 생산설비 및 원재료 등의 재화이므로 미래 소비를 위해서는 현재

으로 증가하여 이자율이 떨어졌을 때와 똑같이 반응한다는 것이다. 그들은 저축이 실질적으로 증가한 것으로 착각하여 투자하기로 하고, 소비재의 직접 생산보다는 내구재 설비, 자본재, 산업 원재료, 건설 등에의 투자를 확대한다.

이같이 기업가들은 좀 더 낮은 이자로 제공되는 새로이 늘어난 은행돈을 부담 없이 빌린다. 그들은 이 돈을 자본재 투자에 사용하고, 결국 그 돈은 다시 자본재 산업에 종사하는 임직원들에게 임금으로 지급된다. 자본재 산업에 대한 수요가 증가하면서 그 산업의 임금수준을 덩달아 올리게 되지만, 기업가들은 그 정도 높은 비용은 감수할 수 있다고 생각한다. 그러나 문제는 대출시장에 대한 정부와 은행의 인위적 개입과 그로 말미암은 시장의 이자율 신호에 대한 중대한 간섭 때문에 기업가들이 속는다는 것이다.[36] 이자율에 대한 시장 신호에 따라 기업가들은 얼마나 많은 재원을 자본재 생산에 투입하고 얼마나 많은 재원을 소비재 생산에 투입할 것인지 결정하게 되는 것이다.

높아진 임금으로 받은 그 새로운 은행대출금을 노동자들이 소비하기 시작하면서부터 문제는 발생한다. 사람들의 소득은 늘었지만 그들의 시간 선호는 아직 '실제로' 하락하지 않았기 때문에, 사람들은 지금까지 했던 것보다 더 많은 저축을 하고자 하지 '않는다'. 간단히 말해. 노동자

시점에서 투자가 필요하다. 이에 비하여 소비재는 지금 당장 소비할 수 있는 재화이다. 이자율이 낮아지면, 현재 시점에서 낮은 이자율로 대출을 받아 그 돈으로 장기적인 자본재 프로젝트에 투자하고 미래 시점에서 회수하여 대출금을 상환하면 이자율이 낮은 만큼 이익을 얻을 수 있다. 즉, 이자율이 낮아지면 자본재 투자에 매력이 생긴다. 반면에 단기적 소비재 프로젝트에는 투자와 회수 사이의 시차가 존재하지 않으므로 이자율 하락의 영향을 거의 받지 않는다.

[36] [역주] 일반적인 경제학 이론에서는, 적어도 단기적으로는, 인위적 부양으로 경기가 호전되었는지 아니면 '진짜' 자연적으로 경기가 좋아졌는지에 대해 사람들이 구분하기 힘들다는 것을 인정하고 있다.

들은 예전의 '소비/저축' 비율[37]을 그대로 유지함으로써 늘어난 소득 대부분을 저축하지 않고 상당 부분을 소비하게 된다는 것이다. 이는 경제체제 내에서 소비자들이 소비재 산업에 대한 지출을 다시 더 늘리고, 새로이 생산된 기계, 자본설비, 산업 원재료 등을 구매할 정도의 충분한 저축과 투자를 하지 않는다는 것을 의미한다.[38] 이같이 새로이 생산된 자본재를 기업가들이 기대한 가격 또는 시장가격으로 전부 구매해 줄 정도의 충분한 저축과 투자가 부족해서, 자본재 산업은 갑자기 심각한 불황에 빠지게 된다. 왜냐하면, 소비자들이 소비/투자 비율을 바꾸어 저축을 늘리지 않았기 때문에, 자본재 산업에는 과잉 투자가 발생했고(따라서 '화폐금융 과잉 투자 이론'이라는 말이 유래됨), 소비재 산업에는 과소 투자가 발생했다는 사실이 드러나게 되었다. 기업들은 정부의 간섭 때문에 인위적으로 낮춰진 이자율에 현혹되어 실제보다 더 많은 저축이 이루어져 투자가 가능한 것처럼 착각하여 행동했던 것이다. 새로운 은행 돈이 시장에 풀렸지만, 소비자들이 예전의 시간 선호를 바꾸지 않음으로써 기업이 만든 재화를 전부 구매할 정도로 충분한 저축이 쌓이지 않았기 때

---

[37] [역주] 소비자들은 소득 중에서 일부를 소비하고 나머지를 저축(또는 투자)한다. 이때 소득금액 대비 소비금액의 비율을 소비성향(propensity to consume)이라고 부른다. 예를 들어, 어느 사람의 소비성향이 0.8이라면, 그 사람은 100원의 소득 중에서 80원은 소비하고 나머지 20원은 저축(또는 투자)한다는 것이며, 이때의 소비/저축 비율은 4(= 80/20)이다. 본문에서처럼, 만약 소득이 100원에서 120원으로 늘었는데도 소비성향을 계속 0.8로 유지한다면 소비금액은 96원이고 저축은 24원이기 때문에, 늘어난 소득 20원(=120 - 100)이 모두 저축되지 않고 그 중에서 4원(=24 - 20) 만큼만 저축되고 나머지 16원은 소비를 늘린다는 것이다.

[38] [역주] 예를 들어, 생활필수품 등의 소비재는 큰 저축 없이도 구매가 일어나지만, 주택이나 자동차 등과 같은 내구재 그리고 자본재는 어느 정도 저축이 쌓여야 구매가 일어난다. 또한 저축은 미래를 위한 일종의 투자이기 때문에 경제학에서는 저축과 투자를 혼용하여 사용할 때가 많다. 이후 본문에서는 투자 속에 저축을 포함하여 정의하고 있다.

문에, 기업은 분명히 한정된 가용 재원을 잘못 투자한 셈이 된다('화폐금융 악성투자 이론'). 기업은 자본재에 과잉 투자하고 소비재에는 과소 투자한 것이 분명하다.

이같이 인위적으로 만들어진 인플레이션을 동반한 호황은 가격체계 및 생산체계를 왜곡시킨다. 자본재 산업에서의 노동, 원재료 및 기계 가격은 호황기에 지나치게 올라서, 소비자들이 이전의 소비/투자 선호 비율을 고수하는 한, 이익을 낼 수 없게 된다. 이 같은 '불황'은 리카도 이론이 예측한 것보다 훨씬 더 심각할 것이며, 그 이론과 마찬가지 논리에 의해 불황은 시장경제체제가 호황기에 범했던 불건전하고 비경제적인 투자를 모두 제거하고 청산하여 소비자들 스스로 진짜 원하는 소비/투자 비율로 재확립하는 데 필요한 일종의 건전한 조정으로 여겨진다. 불황은 고통스러운 과정이지만, 자유시장 스스로 호황기의 과잉과 오류를 제거하고 소비자 대중에게 다시 효율적 서비스를 제공하는 기능을 갖도록 시장경제체제를 재확립하는 데 꼭 필요한 과정이다. 자본재 산업에서의 생산요소들(토지, 노동, 설비, 원재료 등)의 가격은 호황기 중에 너무 높게 책정되었기 때문에 이들 가격은 불황기를 거치면서 가격과 생산의 적정 비율이 새로이 정착될 때까지 다시 하락해야 한다는 것을 의미한다.

다른 말로 표현하면, 인플레이션을 동반한 호황은 전반적으로 물가상승을 초래할 뿐만 아니라 재화들 사이의 가격 연관성, 즉 상대적 가격 relative prices[39] 체계를 왜곡시킨다. 간단히 말해, 인플레이션을 유발하는

---

[39] [역주] 예를 들어, 만약 어떤 기간에 A재화의 가격은 10%만큼 하락하고 B재화의 가격은 30%만큼 하락했다면, A재화의 가격은 B재화와의 상대적 관점에서 오히려 20%만큼 가격이 상승한 것으로 생각한다. 두 재화의 가격이 상승한 때에도 같은 논리를 적용한다.

대출확대는 모든 가격을 상승시킬 것이지만, 자본재 산업의 제품가격과 임금은 소비재 산업의 가격보다 더 빠르게 오른다. 따라서 소비재 산업보다 자본재 산업에서 더 큰 호황이 찾아온다. 반면에, 불황이라는 조정기간의 주요 기능은 그간 비대해졌던 자본재 산업에서 그간 위축되었던 소비재 산업으로 자원을 다시 이동시키기 위해 소비재 산업과 대비해 자본재 산업의 제품가격과 임금을 상대적으로 더 크게 낮추게 된다. 즉, 불황기에는 은행대출의 축소로 모든 가격이 하락하겠지만, 자본재 산업의 가격과 임금은 소비재 산업보다 더 큰 폭으로 하락할 것이다. 간단히 말해, 호황과 불황 모두 소비재 산업보다 자본재 산업에서 더 강하게 나타날 것이다. 이같이 미제스 이론은 경기순환이 자본재 산업에서 더 강하게 나타나는 이유를 설명한다.

그러나 이 이론에는 하나의 결점이 있는 것처럼 보인다. 노동자들은 상당히 빠른 속도로 높아진 임금 소득을 얻게 되고, 그에 따라 그들 스스로 원하는 소비/투자 비율로 빠르게 재조정하려 할 텐데, 그간에 드러난 불건전한 투자나 은행의 시장신호 간섭으로 야기된 기업들의 오류가 문제점으로 대두하지 않고, 어떻게 수년간 지속할 수 있는가? 어떤 응보도 치르지 않고 어떻게 호경기가 수년간 지속할 수 있는가? 간단히 말해, 불황의 조정과정이 작동하기 시작하는데 왜 그리 오랜 시간이 걸리는가? 이에 대한 대답은 다음과 같다. '만약' 은행대출이 확대되고 그 때문에 이자율이 자유시장 수준 이하로 떨어진 것이 단지 일회적 현상이었다면, 호황은 사실상 수개 월 정도로 매우 짧은 기간 지속하였을 것이다. 그러나 중요한 사실은 대출확대는 일회성이 '아니라'는 것이다. 대출확대 정책이 계속됨으로써 소비자들은 그들 스스로 원하는 소비/투자 비율로 재조정할 기회를 갖지 못하며, 자본재 산업에서의 원가상승이 인플레이션으로 높아진 제품가격을 결코 따라잡지 못하게 떠받친다. 경주마에게 계속 약물을 투여하는 것과 같이, 은행대출이라는 촉진제를 점점 더 많이 투여함으로써 호황은 지속하고 결국 필연적으로 파국으로 내닫는 것이다. 은행들이 파산 위험에 처하거나 국민이 지속적인 인플레이션에 대해 거부감을 느끼게 되면 정부는 마침내 대출확대 정책을 중단하든지 축소하게 되고, 그때부터 응분의 대가가 호황을 따라잡게 된다. 그러나 대출확대가 멈춰지는 순간부터 그간의 잘못에 대한 대가를 호되게 치러야 하며, 호황기에 이루어졌던 불건전한 과잉 투자를 청산하고 좀 더 많은 '소비재' 생산을 위해 경제를 재조정해야 한다. 그리고 두말할 나위 없이 호황이 오래가면 갈수록 청산해야 할 과잉 투자는 더 많아지며 재조정은 더 철저해질 수밖에 없다.

이같이 오스트리아 학파의 이론은 왜 기업가들이 집단적인 오류(대출확대라는 인위적 자극제 투입이 중단되면 갑자기 드러나는 자본재 산업에의 과잉 투자)를 범하는지, 그리고 왜 호황과 불황이 소비재 산업보다 자본재 산업에서 더 강하게 나타나는지 설명한다.[40] 경기순환이 반복되

---

[40] [역주] 이제까지 설명한 바와 같이 오스트리아 학파(미제스-하이에크의 경기순환 이론)는 정부와 은행의 간섭에 의한 통화공급 정책 때문에 인위적으로 조정된 경제 상황에 대해 기업가들(일반 국민 포함)이 집단적인 오류를 범함으로써 경기순환(과잉 또는 과소 투자)이 일어난다고 주장한다. 프리드먼(Friedman)은 1993년에 실증 분석한 결과에 근거하여 "그들 이론은 미국의 경기순환 현상을 설명해주지 못한다"는 결론을 제시했다. 그러나 그 후 오스트리아 학파인 제임스 키일러(James Keeler)는 2001년에 미제스-하이에크 이론의 가정이 실증적으로 문제가 없다는 논문을 발표했다.

이에 비하여 케인스 학파는 소비자들의 과잉 수요(excess demand)로 불균형적 순환이 발생한다고 주장함으로써 소비자 수요에 초점을 맞추고 있다. 한편, 1980년대 이후, 루카스(Lucas) 및 프레스코트(Prescott) 등의 신고전주의 경제학자들은 공급측면에서 경기순환이 일어난다는 실물경기순환(real business cycle) 이론을 제시하여 노벨 경제학상을 수상했다. 이들의 이론은 오스트리아 학파의 주장과 유사한 점이 많다(따라서 오스트리아 학파의 이론은 학계에서 무시되고 있지 않음). 이들은 기업가들이 단기적으로는 착각할 수 있으나 장기적으로는 착각하지 않는다는 가정(합리적 기대가설 rational expectation hypothesis) 아래, 경기순환은 불균형이 아닌

는 이유, 즉 다음 호황이 다시 시작되는 이유에 대한 설명은 리카도 학파의 이론과 유사하다. 일단 파산과 청산이 진행되고 가격 및 생산의 조정이 완료되면, 경제체제와 은행들의 재정상태가 회복되고, 은행들은 결국 자연스럽게 그들이 원하는 대출확대 정책으로 다시 돌아간다는 것이다.

(3) 스태그플레이션 현상

스태그플레이션에 대해 오스트리아 학파는 어떤 설명을 하고 있는가? 오스트리아 학파만의 설명은 어떤 것인가? 최근의 경기침체에도 물가는 왜 계속 오르는 것일까? 우리는 먼저 경기침체 기간에 모든 상품의 가격이 똑같이 오르는 것이 아니라 소비재 상품가격이 특별히 더 오른다는 사실, 따라서 높은 실업 및 생활비 증가와 같은 최악의 상황이 동시에 발생하여[41] 일반 국민을 당황스럽게 한다는 사실을 지적함으로써 위의 질문을 다음과 같이 수정해야 한다. 앞서 지적했듯이 1974~1976년의 불황 기간에 소비재 가격은 빠르게 상승했지만, 도매 물가 wholesale prices[42]는 계속 유지되었고 산업원재료 가격은 오히려 빠르게 그리고 큰 폭으로 내렸다. 그러면 최근 불황에서는 왜 생활비 물가가 계속 오르는 것일까?

이제 다시 '고전적인'(제2차세계대전 이전의) 호황-불황 경기순환에서는 가격이 어떤 식으로 변동했는지 살펴보자. 호황기에는 통화공급이 증가했고, 따라서 전반적인 물가는 상승했지만, 소비재 가격보다는 자본

균형에 해당되며 기술혁신에 따른 충격의 크기(일종의 공급 충격, 루카스 주장)가 경기순환의 크기를 결정한다고 제안했다. 최근에도 수요 측면보다는 공급 측면에 따른 경기순환 이론이 실제 경제자료와 더 부합한다는 여러 논문이 발표되었다.
[41] [역주] 실업률이 높아지고 동시에 생활비가 증가하는 것이 스태그플레이션의 정의이다. 따라서 스태그플레이션이 발생하면 서민은 일자리 상실과 생필품 가격상승이라는 이중고에 시달리게 된다.
[42] [역주] 도매 물가는 소비재와 산업재의 평균 유통가격으로 계산한다.

재 가격이 '더 크게' 오름에 따라 경제적 자원이 소비재 산업에서 자본재 산업으로 이동했다. 다시 말해, 전반적 물가 상승으로부터 추론한 '상대적 가격'을 비교해보면 호황기에 자본재 가격은 상승했고 소비재 가격은 '하락'했다. 그러면 그때의 불황은 어떠했는가? 정반대의 현상으로, 통화공급이 감소했고, 따라서 전반적인 물가는 하락했지만, 소비재 가격보다는 자본재 가격이 '더 크게' 떨어짐에 따라 경제적 자원이 자본재 산업에서 소비재 산업으로 다시 이동했다. 간단히 말해, 전반적 물가 하락으로부터 추론한 '상대적 가격'을 비교해보면 불황기에 자본재 가격은 '하락'하고 소비재 가격은 '상승'했다.

오스트리아 학파의 요점은 호황-불황기에서의 상대적 가격에 대한 위의 시나리오가 최근에도 '여전히' 발생하고 있다는 것이다. 즉, 호황에는 상대적 가격 기준으로 자본재 가격은 여전히 오르고 소비재 가격은 내려가며, 불황에는 이와 정반대의 현상이 나타난다는 것이다. 그러나 제2차 세계대전 이전과 현재의 차이점은 본 장의 앞부분에서 지적한 바와 같이 새로운 통화제도가 도입되었다는 사실이다. 지금은 금본위제도가 폐지됨에 따라 연방준비은행이 호황이든 불황이든 상관없이 '언제나' 통화공급을 늘릴 수 있고 또 그렇게 하고 있다. 금본위제가 폐지되었던 1930년대 초부터 지금까지 통화공급이 축소된 적이 없으며, 아마 가까운 미래에도 그럴 가능성은 높지 않다. 그러므로 지금은 통화공급이 '항상' 증가하고, 일반 물가는 '항상' 높아지고 있다. 다만 어떤 때는 조금 천천히 어떤 때는 좀 더 빠르게 증가할 뿐이다.

간단히 말해, 고전적인 경기침체에서는 언제나 소비재 가격이 자본재 가격보다 상대적으로 상승했다. 예를 들어, 만약 어떤 불황기에 소비재 가격이 10%만큼 하락했고 자본재 가격이 30%만큼 떨어졌다면, 상대적 가격 관점에서 소비재 가격이 상당히 더 오른 것이다. 그러나 소비자 관점에서 생활비 하락은 매우 반가운 일이며, 특히 경기침체나 불황이라는 쓴 알약에 축복과도 같은 설탕 코팅이다. 대량실업의 고통을 받던 1930년대 미국의 대공황 기간에도 실직을 모면한 75~80%의 노동자들은 크게 떨어진 소비재 가격의 혜택을 톡톡히 보았다.

그러나 케인스 학파 경제학자들이 조정과 통제가 자동되고 있는 현대에는 그 같은 달콤한 설탕 코팅이 쓴 알약에서 제거되었다. 지금은 통화공급의 축소가 일어나지 않고, 따라서 전반적 물가 하락은 '결코' 발생하지 않으며, 불황기에 여전히 나타나는 상대적 소비재 가격의 상승은 결국 소비자들에게 절대명목가격 면에서 더 부담으로 작용한다. 지금은 경기침체 기간 중에도 생활비 물가가 오르기 때문에 소비자들은 이중고에 시달리는 셈이다. 케인스 학파로 구성된 '경제자문단'의 지배가 시작되기 전의 고전적 경기순환 시대에 살았던 소비자들은 최소한 한 번에 한 가지 고통만을 감수하면 되었다.

(4) 자유지선주의 경제정책

경기순환에 대한 오스트리아 학파의 분석에서 우리가 금방 쉽사리 얻을 수 있는 정책적 결론은 무엇인가? 그것은 케인스 학파의 기득권 세력이 취한 것과 정반대의 정책이다.[43] 인플레이션을 조장하는 은행대출 확

---

[43] [역주] 2007~2010년의 금융 위기를 겪으면서 오스트리아 학파의 경기순환 이론은 다시 한 번 주목을 받았다. 오스트리아 학파를 지지하는 피터 쉬프(Peter Schiff)가 2006년에 미국 주택시장의 버블 붕괴를 예견했기 때문이다. 그러나 이론적 뒷받침이 적다는 이유로 결국 케인스 학파와 포스트 케인스 학파(Post-Keynesian) 모두로부터 동의를 얻지는 못했다. 또한 자유지선주의자이며 미국 공화당 하원의원(텍사스 주)이었던 론 폴(Ron Paul)은 1988년, 2008년 및 2012년 등 세 번에 걸쳐 공화당 대통령 예비선거에 출마하여 오스트리아 학파의 경기순환 이론을 지지하는 유세를 벌였다.

대가 가격 및 생산 부문에서 심각한 왜곡을 초래하는 바이러스이기 때문에 경기순환에 대한 오스트리아 학파의 처방은 다음과 같다. 첫째, 만약 우리가 호황기에 있다면 정부와 은행들은 즉시 경기 부양을 중단해야 한다. 이 같은 인위적 자극제의 투여를 중단하면 인플레이션을 동반한 호황은 곧 끝나게 되고, 불가피한 경기침체나 불황이 시작되는 것은 사실이다. 그러나 정부가 이 과정을 지연시키면 시킬수록 당연히 더 힘든 재조정이 필요하다. 왜냐하면, 불황의 재조정이 빨리 극복될수록 더 좋기 때문이다. 이는 정부가 불황의 조정과정을 늦추려는 어떤 시도도 해서는 안 된다는 것을 의미한다. 될 수 있으면 빨리 불황 과정이 제대로 진행될 수 있도록 함으로써 실질적 회복이 시작되도록 해야 한다. 또한, 이는 특히 케인스 학파가 애용하는 그 어떤 것도 해서는 안 된다는 것을 의미한다. 정부는 불건전한 경제상황을 지탱하려는 어떤 짓도 하지 말아야 하고 위기에 빠진 기업들에 추가 대출하거나 구제 금융을 절대로 제공해서는 안 된다. 그렇게 하는 것은 단지 고통만을 지연시킬 뿐이며, 금방 끝날 수 있는 일시적 불황을 만성적인 질병으로 바꿔 놓는 결과를 초래한다. 정부는 임금이나 물가를 잡으려는 어떤 시도도 하지 말아야 하며, 특히 자본재 산업에 대해서는 더욱 그러하다. 그렇게 하면 불황의 조정과정을 절대 끝낼 수 없으며 단지 그 과정을 무기한으로 늦추고 연장할 뿐이다. 그것은 또한 자본재 산업을 영원히 만성적 불황과 대량실업의 늪에 빠지게 한다. 정부는 불황에서 벗어나려고 다시 인플레이션을 조장하는 정책을 절대로 시도해서는 안 된다. 왜냐하면, 만약 추가적 인플레이션 조장 정책이 성공한다 해도 (성공을 보장할 수도 없지만) 그것은 단지 앞으로 찾아오게 될 더 크고 심각한 불황의 씨를 뿌릴 뿐이기 때문이다. 정부는 소비를 진작시키려는 어떤 일도 하지 말아야 하며, 절대로 정부 지출을 늘려서는 안 된다. 왜냐하면, 경제 조정과정을 좀 더 빠르게 진행하게 하는 유일한 방법은 소비/투자 비율을 낮추어 소비를 축소함으로써 현재의 불건전한 투자들이 더 많이 확인되고 경제성을 갖도록 하는 것인데, 바로 그 시점에서의 정부 지출의 확대는 경제 전체의 소비/투자 비율을 더 높이기 때문이다. 이 과정에서 정부가 도울 수 있는 유일한 길은 정부 예산을 축소하는 것이고, 이는 경제 전체의 투자/소비 비율을 높이게 될 것이다(왜냐하면, 정부 지출은 정치인과 정부관료가 소비지출로 간주할 수 있기 때문이다.).

이같이 불황과 경기순환에 관한 오스트리아 학파의 분석에 의하면, 정부가 해야 할 일은 아무것도 없다. 정부는 '스스로' 경기부양 정책을 중단하고 철저하게 손을 뗌으로써 자유방임주의 정책을 견지해야 한다. 정부가 하는 모든 일은 시장의 조정과정을 지연시키거나 방해할 뿐이다. 정부개입이 적으면 적을수록 시장의 조정과정은 더 빠르게 진행되고 경제는 더 건실하게 회복된다.

불황에 대한 오스트리아 학파의 처방은 케인스 학파와는 정반대이다. 정부는 절대적으로 경제에서 손을 떼고, 인플레이션을 조장하는 일을 중단하고, 정부예산을 감축하는 일에 자신의 역할을 한정해야 한다.

경기순환에 대한 오스트리아 학파의 분석이 정부개입의 반대와 자유시장 경제를 지향하는 자유지선주의 입장과 아주 잘 맞는다는 사실이 분명해졌을 것이다. 국가는 항상 경제를 부풀리고 간섭하려 하기 때문에 자유지선주의 처방은 국가에서 통화와 은행제도를 완전히 분리하는 것이 중요하다는 것을 강조한다. 이는 최소한 연방준비제도의 폐지와 상품화폐(금 또는 은과 같은 commodity money)로의 복귀와 관련된다. 그렇게 함으로써 화폐 단위가 국가 소속의 화폐발행 기구에 의해 인쇄되는 종잇조각의 이름이 아닌 시장에서 생산되는 어떤 상품의 단위 무게로 다시 바꾸는 것이다.

10 공공 부문 I: 영업하는 정부

사람들은 타성에 젖어 틀에 박힌 사고를 하기 쉽다. 정부와 관련된 일에서는 특히 그렇다. 그러나 시장이나 일반 사회에서는 변화를 당연한 것으로 여기며 또 빨리 받아들인다. 그것이 바로 우리 문명을 끊임없이 경이롭게 발전시켜온 원동력이다. 새로운 상품이나 생활 방식, 새로운 생각은 종종 열렬한 환영을 받기도 한다. 하지만 정부 영역에서는 수백 년 동안 해왔던 일을 그대로 답습한다. 과거부터 그렇게 해왔으니 무조건 옳다는 식이다. 특히 미국 등 여러 나라에서는 수백 년 동안, 어쩌면 아득한 옛날부터, 기본적이며 필수적인 서비스를 정부가 제공해왔다. 그 서비스란 거의 모든 사람이 그 중요성을 인정하는 것들로서, 방위(군대, 경찰, 사법 등 포함), 소방, 도로, 상하수도, 쓰레기 수거 및 우편 등의 업무가 이에 속한다. 국민의 마음에 이러한 서비스는 마땅히 정부 몫이라는 식으로 깊이 각인되어 있다 보니, 정부 재정에 대해 공격을 할라치면 많은 사람이 그것을 서비스 자체에 대한 공격으로 받아들이기도 한다. 따라서 만일 누군가가 정부에 사법 서비스에서 손을 떼라고 하면서 민간 기업이 더 도덕적이고 더 효율적인 사법 서비스를 제공할 수 있다고 주장한다면, 사람들은 이를 사법부 자체의 중요성을 부인하는 것으로 생각하는 경향이 있다.

위에서 열거한 서비스를 정부 대신 민간 기업이 제공해야 한다고 주장하는 자유지선주의자는 정부가 어떤 이유로 해서 아득한 옛날부터 신발 산업을 국민의 세금으로 독점 운영해왔을 경우, 그 신발 산업을 민간 부문에 맡기라고 주장할 때와 마찬가지 취급을 받게 되는 셈이다. 만일 정부만이 신발을 제조·판매할 수 있는 독점적 지위를 누려왔다면, 그리고 만일 어느 자유지선주의자가 정부를 향해 신발업에서 손을 떼고 민간 기업에 그것을 넘기라고 주장한다면, 사람들은 그를 어떻게 대하겠는가? 두말할 것도 없이 사람들은 다음과 같은 반응을 보일 것이다. "어떻게 그런 주장을 할 수 있는가? 당신은 일반인, 그리고 가난한 사람들이 신발을 신는 것에 반대하는 것이다! 정부가 신발업에서 손을 떼면 도대체 누가 국민에게 신발을 제공한다는 말인가? 말해 보라! 말이 되는 소리를 해라! 정부를 깎아내리며 잘난 척하기는 쉽다. 그러나 도대체 누가 신발을 제공한다는 말인가? 어떤 사람들이? 각 도시나 마을에 신발 가게가 몇 개나 있게 되겠는가? 그 가게들의 자본은 어떻게 조달할 것인가? 상표는 몇 개나 있어야 하나? 재료는 어떤 것을 쓸까? 어느 가게가 살아남을까? 신발 가격은 어떻게 산정하나? 적정 품질을 유지하기 위해 신발 산업에 규제가 필요하지 않을까? 가난한 사람들에게는 누가 신발을 제공한다는 말인가? 만일 가난해서 신발을 살 형편이 안 된다면 어떻게 할 것인가?"

이런 질문들은 말도 안 되는 것으로 여겨질 것이다. 그러나 자유시장을 옹호하는 자유지선주의자들에게는 신발의 경우뿐 아니라, 소방, 경찰, 우편 등 다른 정부 업무의 경우에도 마찬가지로 말도 안 되는 것으로 여겨진다. 요는 자유시장을 옹호한다고 해서 그러한 시장의 조감도를 미리 제공할 수는 없다는 것이다. 자유시장의 백미는 시장에서 서로 경쟁하는 개별 기업들이 끊임없이 더 효율적이고, 더 나은 제품을 공급하려고 애쓴다는 것이다. 다시 말해, 제품과 시장을 지속해서 개선하고, 기술을 발전시키며, 원가를 절감하고, 급변하는 소비자의 요구를 최대한 빨리 그리고 효율적으로 만족하게 하려 한다는 것이다. 자유지선주의 경제학자는 현재 시장이 제대로 형성되지 못한 곳이 있다면 그곳에서 시장이 어떻게 자라날 수 있는지 몇몇 가이드라인을 제시할 수는 있다. 그러나 그는 정부로 하여금 자발적 시장 행위로 나타나는 대중의 생산적이며 창의적인 에너지를 방해하지 않게끔 자유를 보장하라고 요구하는 것 외에 달리할 수 있는 것이 없다. 아무도 특정 서비스나 상품의 미래 시장과 관련해 참여 업체의 수, 각 업체의 규모, 가격 정책 등에 대해 예측할 수가 없다. 우리는 단지, 경제 이론이나 역사적 통찰에 의해, 자유시장이 관료 정부의 필연적 독점 체제보다 훨씬 더 효율적이리라는 것을 알 뿐이다.

가난한 사람들이 어떻게 방위비, 소방비, 우편비를 부담할 수 있느냐는 질문에 대해서는 다음과 같은 반문이 가능하다. 그렇다면, 가난한 사람들은 현재 시장에서 파는 물건은 어떻게 구하는가? 차이점이라면 자유 민간 시장에서는 오늘날과 같은 정부 독점 체제에서보다 이들 재화와 서비스를 훨씬 더 싼 값으로, 훨씬 더 풍부하게, 그리고 훨씬 더 좋은 품질의 것을 구할 수 있게 된다는 것이다. 이는 사회 구성원 모두에게 이익이 된다. 특히 가난한 사람들에게는 더욱 그럴 것이다. 또한, 이들을 비롯한 정부의 다른 활동을 뒷받침하기 위해 짊어져야 하는 엄청난 세금 부담으로부터 가난한 사람들을 포함해서 우리 모두를 해방해 줄 것이다.

앞에서 우리는 우리 사회가 보편적으로 안고 있는 절박한 문제들이 모두 정부와 관계가 있음을 보았다. 우리는 또한 공교육 제도와 얽혀있는 심각한 사회적 갈등도 각 부모가 자기 자녀가 받기를 원하는 교육을 재정적으로 뒷받침할 수 있도록 허용해 주면 모두 사라지게 될 것임을 보았다. 정부가 하는 일에는 심각한 비효율과 갈등이 항상 내재해 있는 법이다. 만일 정부가 독점 서비스를 제공한다면 (예를 들어 교육이나 상수도 사업 등에서), 정부가 어떤 결정을 내리든지 그 결정은 딱한 처지의 소수자들에게까지 강요되고 만다. 그것이 학교 교육 정책과 관련한 문제이든지 (즉 통합 교육을 시킬 것인지 분리 교육을 시킬 것인지, 진보 교육을 시킬 것인지 전통 교육을 시킬 것인지, 종교 교육을 시킬 것인지 말 것인지의 문제 등), 아니면 수돗물에 관련된 문제이든지를 (즉 불소를 함유시킬 것인지 말 것인지의 문제 등을) 막론하고 그렇다. 분명히 짚고 넘어가야 할 것은 그와 같은 논쟁은 소비자들이 각자 원하는 재화나 서비스를 구매할 수 있을 때에는 절대로 일어나지 않는다는 것이다. 그런 경우에는, 예를 들어, 어떤 신문을 발행해야 하는지, 어떤 교회를 세워야 하는지, 어떤 책을 발간해야 하는지, 어떤 음반을 시장에 내놓아야 하는지, 어떤 자동차를 만들어야 하는지 등과 관련해 소비자들끼리 다툴 필요가 전혀 없다. 시장이 소비자들의 다양한 요구를 수요에 맞게 생산해 주기 때문이다.

요컨대 자유시장에서는 소비자가 왕이다. 이윤을 창출하고 손실을 면하기를 원하는 기업들은 저마다 소비자에게 최대한 효율적으로 또 가장 저렴한 가격으로 제품이나 서비스를 제공하고자 온 힘을 기울인다. 정부에서 하는 일은 이와는 정반대이다. 정부가 하는 일에는 서비스와 비용 간에 치명적 간극이 항상 존재한다. 즉 서비스를 제공하는 것과 그 서비스에 대한 대가를 지급하는 것 간의 간극이 존재하는 것이다. 정부 각 부처는 민간 기업처럼 소비자에게 좋은 서비스를 제공하거나 소비자에게 원가 이상으로 제품을 판매함으로써 수입을 얻는 것이 아니다. 대신, 정부 부처는 이미 힘들대로 힘든 납세자들의 등을 쳐 수입을 얻는 것이다. 그 때문에 정부 업무에 효율성이 떨어지고 비용은 눈덩이처럼 불어나는 것이다. 이는 정부 부처들이 손실이나 부도에 대해 걱정할 필요가 없기 때문이다. 손실이 나더라도 세금을 더 걷어 메우면 되기 때문이다. 그뿐만 아니라, 소비자에게 잘 보이려고 애쓸 필요도 없다. 정부의 입장에서 보면, 소비자는 정부의 한정된 자원을 '낭비하는' 성가신 존재에 불과하다. 정부 업무에서 소비자는 침입자처럼 푸대접을 받는다. 관료들이 누리는 안정된 소득을 방해하는 훼방꾼 취급을 받는 것이다.

민간 기업은 재화나 서비스에 대한 소비자의 수요가 증가하면 할수록 더욱 신이 난다. 새로운 사업의 가능성을 모색하고 환영하며, 신규 주문을 소화해내기 위해 기꺼이 설비를 확장한다. 그러나 정부는 다르다. 정부는 같은 상황에서 소비자에게 '구매'를 줄이라고 요구하거나 명령하기까지 한다. 그러면서 공급 부족 사태를 야기하고 서비스의 질을 떨어뜨린다. 따라서 정부가 관장하는 도로에 대한 소비자의 사용이 증가하면, 정부는 교통체증 악화를 방치하거나 자가용을 몰고 나오는 사람들을 향해 비난을 퍼붓는 식으로 대처한다. 예를 들어 뉴욕시 정부는 교통체증이 가장 심한 맨해튼 지역에서 자가용 운행을 불법화하겠다는 으름장을 계속해서 놓고 있다. 이런 식으로 소비자에게 으름장을 놓을 생각을 하는 것은 정부 말고는 없다. 교통체증 문제를 '해결'하겠다며 자가용 차량(트럭이나 택시 등을 포함해서)을 도로에서 몰아내려는 후안무치한 발상을 하는 것은 정부 말고는 없다. 이런 식이라면 교통체증 문제에 대한 가장 '이상적' 해결책은 모든 차량을 불법화하는 것이 아니겠는가?

소비자에 대한 이런 태도는 도로 교통에 국한되는 것이 아니다. 뉴욕시는 물 '부족' 때문에 주기적으로 고통을 겪어왔다. 뉴욕시에서는 오랫동안 시 정부가 독점적으로 물 공급을 해왔다. 충분한 물 공급, 수요 공급 원리에 따른 물 가격 책정에 실패한 뉴욕시가 물 부족 사태에 대해 보이는 반응은 항상 책임을 소비자의 탓으로 돌리는 일이었다. 즉 시민이 물을 '너무' 많이 쓰기 때문이라는 것이다. 따라서 시 정부의 대응책이라는 것이 고작 잔디에 물을 주는 것을 금지하고, 물 사용을 제한하며, 시민에게 물을 적게 마시라고 요구하는 식이다. 이런 식으로 정부는 그 실패의 책임을 다른 희생양에게 덮어씌운다. 그 결과 잘 모셔야 할 소비자에게 오히려 협박하고 공갈을 치는 것이다.

뉴욕시 정부가 급증하는 범죄 문제에 대해 보이는 반응도 이와 유사하다. 더 나은 치안 서비스를 제공하기는커녕, 시 정부는 무고한 시민들에게 우범 지역에 있지 말 것을 강요해왔다. 맨해튼의 센트럴 파크가 야간 강도 및 절도 범죄 때문에 오명을 얻자, 뉴욕시는 야간 시간 중 공원 사용을 금지하는 통행금지 안을 내놓았다. 다시 말해, 어느 무고한 시민이 야간에 센트럴 파크에 있고 싶어 하면, 그를 통행금지법 위반으로 체포한다는 것이다. 무고한 시민을 체포하는 것이 공원 범죄를 없애는 것보다 더 쉬우리라는 것은 두말할 필요도 없다.

요컨대 면면히 이어온 민간 기업의 좌우명은 "소비자는 항상 옳다"임에 비해 정부 업무의 암묵적 원칙은 "모든 것이 소비자의 잘못"이라는 것이다.

저품질 저효율 서비스에 대한 불평이 늘어나면 정치 관료들은 상투적 반응을 보인다. "세금을 더 걷어야 한다"는 것이다. 20세기 동안 '공공 부문' 및 그에 따른 조세 부담이 국민 소득보다도 훨씬 가파르게 증가해왔음에도 아직도 부족하다는 것이다. 정부 업무의 결함과 두통거리가 정부 예산의 부담 증가와 궤를 같이하여 배가됐는데도 아직도 부족하다는 것이다. 국민에게 여전히 더 많은 돈을 정부가 파놓은 쥐구멍에 퍼부으라는 것이다!

세금을 더 내라는 관료들의 요구에 대한 반론으로 다음과 같이 질문해 보자. "민간 기업에서는 어째서 그런 문제가 발생하지 않는 것일까?" 오디오 제조업체나 복사기 회사, 컴퓨터 회사 등은 왜 생산 확대를 위한 자본 조달에 별 어려움이 없을까? 왜 그들은 소비자들의 요구에 부응하기 위한 투자가 부족하다는 비난 성명을 내지 않는 것일까? 이 질문들에 대한 대답은 다음과 같다. 소비자들은 오디오 기기나 복사기, 컴퓨터 등을 구매하고 대금을 지급한다. 투자가들은 그 사업들에 투자함으로써 돈을 벌 수 있다는 것을 안다. 민간 시장에서는 일반인의 요구에 효과적으로 부응하는 기업들은 생산 확대를 위한 자본 조달에 별 어려움을 느끼지 않는다. 그러나 제대로 안 돌아가는 기업들은 다르다. 그들은 궁극적으로는 문을 닫을 수밖에 없다. '정부'에는 손익 메커니즘이 작동하지 않는다. 성공적 업무 수행이 투자 유인으로 이어지는 것도 아니고, 비효율적이거나 시대에 뒤떨어졌다고 해서 처벌받거나 문을 닫게 되는 것도 아니다. 정부 업무에서는 손익 개념이라든가 그에 따른 생산 확대 혹은 생산 감축 등의 개념이 없다. 정부 업무와 관련해서는 아무도 진정으로 '투자'하지 않는다. 성공적으로 업무 수행을 한다고 해서 조직이 확장되는 것도 아니고, 그러지 못한다고 해서 조직이 사라지는 것도 아니다. 정부는 필요한 '자본'을 강제 징수 메커니즘을 통해 문자 그대로 징발해 가는 것이다.

많은 사람이 "정부를 민간 기업처럼 운영하면" 이런 문제를 해결할 수 있으리라고 생각한다. 정부 관료 중에도 이런 생각을 하는 사람들이 있다. 정부로 하여금 독점권을 가진 업체를 설립해 기업처럼 운영하게 하라는 것이다. 실제로 이런 시도가 행해지기도 했다. 미국의 '우편 사업'과 뉴욕시의 악화일로의 대중교통 사업 등이 그 예라 할 수 있다.[1] 이런

---

[1] 미국의 우편 사업과 관련한 비판에 대해서는 할디(John Haldi)의 『우편 사업 독점』 (*Postal Monopoly*, Washington, D. C.: American Enterprise Institute for Public Policy Research, 1974)을 참조할 것.

유의 '공기업'에는 만성적 적자를 종식할 임무가 부여되고, 공채 발행이 허용된다. 물론 이렇게 하면 해당 서비스를 직접 이용하는 사람들이 전체 납세자의 부담 중 일부를 덜어주기는 할 것이다. 그러나 이런 유의 반관 반민식 운영으로 해결될 수 없는 치명적 결함이 정부 업무에는 항상 존재한다. 첫째, 정부 업무는 항상 독점이나 준독점 semimonopoly 이다. 경우에 따라, 예를 들면 우편 업무나 대중교통 업무 같은 경우에는, 그것이 법으로 보장되기도 한다. 즉 다른 경쟁자의 시장 진입이 불법화된다. 독점이란 결국 자유시장체제에서보다 정부 서비스의 원가와 가격은 높아지고, 품질은 떨어짐을 의미한다. 민간 기업은 최대한 원가를 낮춤으로써 이윤을 얻는다. 그러나 파산이나 손실 걱정을 할 필요가 없는 정부로서는 원가를 낮추려고 노력할 필요가 없다. 정부는 손실이나 경쟁에서 자유로우므로 서비스를 줄이든지 아니면 가격을 올리면 그만이다. 두 번째 치명적 결함은 아무리 노력을 해도 정부가 세운 공기업은 결코 민간 기업처럼 운영될 수가 없다는 것이다. 공기업은 필요한 자본을 국민의 세금으로 메우면 그만이기 때문이다. 안 그럴 수가 없다. 정부 공기업이 시장에서 채권을 발행할 수 있다는 사실도 결국은 정부가 그 채권의 상환을 징세권으로 보장해주고 있기 때문이다.

　마지막으로 이런 유의 공기업에는 또 하나의 중요한 문제가 내재해 있다. 민간 기업들이 효율성의 본보기가 되는 이유 중 하나는 자유시장체제에서는 원가를 계산할 수 있으며, 따라서 손실을 방지하고 이윤을 창출하려면 무엇을 해야 하는지 판단할 수 있기 때문이다. 손실 방지와 이윤 증대를 추구하는 동기 못지않게 이런 가격 제도를 통해 재화와 용역이 시장에서, 현대 산업 '자본주의' 경제를 구성하는 모든 유형의 생산 활동 속에서, 적절히 배분되는 것이다. 경제적 계산이 이런 경이로운 일을 가능하게 하는 것이다. 이와는 반대로 사회주의 제도 아래에서 시행되던 중앙계획경제체제에서는 정확한 가격 계산이 불가능하다. 따라서 원가와 가격을 제대로 계산해내지 못한다. 이것이 공산국가들이 산업화되어 감에 따라 사회주의식 계획경제가 실패로 판명되는 가장 중요한 이유이다. 동유럽 공산국가들이 사회주의식 계획경제에서 벗어나 급속히 자유시장 경제로 이행하는 것은 중앙계획경제체제에서는 원가와 가격을 정확히 결정할 수 없기 때문이다.

중앙계획경제가 계산 마비를 야기하고 그 결과 불합리한 자원 배분 및 생산을 초래한다면, 정부 활동이 커지면 커질수록 경제 혼란은 그만큼 더 가중될 것이고 정확한 원가 계산이나 생산 자원의 합리적 배분은 훨씬 더 어려워질 것이다. 정부 업무가 확대될수록 또 시장경제가 위축될수록, 계산 마비로 말미암은 폐해는 더욱 심화될 것이며 그에 따라 경제는 더욱 엉망이 될 것이다.

자유지선주의의 궁극적 프로그램은 다음 한 문장으로 요약될 수 있다. 공공 부문을 폐지하라. 정부 업무와 서비스를 모두 민간 기업의 자발적 활동으로 대체하라. 이제까지 일반론적인 관점에서 정부 업무를 민간 기업 활동과 비교해보았다. 이제부터는 정부의 주요 업무가 자유시장 경제체제 안에서 어떻게 수행될 수 있는지 구체적으로 살펴보기로 하자.

11 공공 부문 II: 도로

1. 도로 보호

공공 부문을 폐지한다는 것은 도로를 포함하여 모든 토지를 민간이 소유한다는 것을 의미한다. 여기서 민간이라 함은 개인, 기업, 조합은 물론 개인이나 자본의 자발적 모임이면 어느 것이든지 포함된다. 모든 도로와 토지를 민간이 보유하게 되면, 외견상 민간 운영의 난제로 보이는 상당수 문제가 저절로 해결된다. 우리에게 필요한 것은 모든 토지를 민간이 소유하는 새로운 세상에 우리의 사고를 한번 대입해보는 일이다.

경찰 업무를 예로 들어보자. 완전한 민간 경제체제 아래에서는 경찰 서비스가 어떻게 제공될까? 토지와 도로를 전적으로 민간이 소유하는 세계를 상정해보면 대답 일부는 자명해진다. 뉴욕시의 타임스 광장 지역을 생각해보자. 이곳은 우범 지역으로 악명이 높지만, 시 당국은 경찰력 투입을 거의 하지 않는다. 뉴욕 시민이라면 타임스 광장뿐 아니라 뉴욕시 어디든지 그들이 거의 '무정부' 상태에서 거리에 나다니고 있다는 사실을 안다. 그들의 안전은 운에, 즉 그들이 만나는 사람들의 선의에 달려 있음을 안다. 뉴욕시에서 경찰은 그저 최소한의 역할만을 할 뿐이다. 이런 사실은 언젠가 경찰이 1주일간 파업을 했을 때 극명하게 드러났다.

파업하지 않을 때와 비교하여 범죄 증가가 전혀 없었기 때문이다. 여하튼 타임스 광장 지역과 지역 내 도로가 모두 민간 소유라고 가정해보자. 예컨대 '타임스 광장 상인 협회'가 소유주라고 하자. 소유주인 상인들은 만일 이 지역 내에서 범죄가 빈발한다면 고객들이 인근 경쟁 지역으로 빠져나갈 것임을 너무나도 잘 안다. 따라서 더 나은 경찰 서비스를 제공해 고객들을 유인하는 것이 그들에게 경제적 이익이 될 것이다. 민간 기업이란 언제나 고객을 유인하고 유지하고자 노력하는 법이다. 그러나 아무리 매장 진열과 포장을 멋있게 한들, 또 조명을 근사하게 하고 서비스를 잘한다고 한들, 만일 그 지역 내에서 고객이 강도나 절도를 당한다면 무슨 소용이 있겠는가?

타임스 광장 소유주들은 그들의 손실 방지 및 이윤 추구를 위해 충분한 경찰력 투입에 그치는 정도가 아니라 고객이 감동할 수 있는 정도의 경찰 서비스를 제공하려고까지 할 것이다. 정부 조직으로서의 경찰은 효율성을 높이려는 아무런 인센티브도 느끼지 못할 뿐 아니라, '고객'의 요구 자체에 신경을 쓰지 않는다. 그들은 늘 그들이 가진 물리적 힘을 잔혹하고 강압적인 방법으로 행사하고자 하는 유혹에 빠져 있다. '경찰 가혹 행위'는 경찰 제도와 관련해 잘 알려진 사실이다. 그리고 가혹 행위를 당한 시민들의 문제 제기에도 불구하고 제대로 해결되지 않고 있다. 그러나 만일 민간 상인들이 제공하는 경찰이 고객들에게 가혹 행위를 한다면, 그 고객들은 당연히 거래를 끊고 다른 거래처를 물색하게 될 것이다. 따라서 소유주인 상인 조합은 자신들이 제공하는 경찰력이 수적으로도 충분할 뿐 아니라 고객들에게 최대한 예의 바른 서비스를 제공하게끔 관리하게 될 것이다.

그와 같은 고효율 고품질 경찰력이 전국 방방곡곡에, 도로 구석구석 자리하게 될 것이다. 공장들이 뭉쳐 자신들의 구역을, 상인들이 뭉쳐 자신들의 도로를 지킬 것이며, 도로 회사들은 자신들이 소유한 유료 도로나 여타 사유 도로를 위해 안전하고 효율적인 경찰력을 제공하게 될 것이다. 이는 거주 지역의 경우에도 마찬가지이다. 거주 지역의 도로 사유화와 관련하여 두 가지 유형을 생각해볼 수 있다. 첫 번째 유형은 특정 구역의 소유자들이 공동으로 그 구역 전체를 소유하는 것이다. 예컨대 '85번가 구역 회사'가 소유한다고 치자. 그러면 그 회사가 경찰 서비스를 제공하게 될 것이다. 비용은 구역 내 주택 소유자들로부터 직접 갹출하거나, 임대 주택이 포함된 경우에는 임대료에 포함시킬 수도 있다. 주택 소유자들은 그 구역의 안전을 유지하는 데 직접적 관심을 갖게 되며, 주택 임대 사업자들은 난방, 상수도, 청소 등의 일반적 서비스에 더해 길거리 안전도 함께 도모함으로써 임차인들을 유인하려 할 것이다. 자유지선주의적 절대 사유재산 사회에서 주택 임대 사업자들에게 '왜' 안전한 길거리를 제공해야 하느냐고 묻는다면, 그것은 마치 오늘날 집주인들에게 왜 임대인을 위해 난방이나 온수를 제공해야 하느냐고 묻는 것이나 마찬가지로 어리석은 짓이다. 경쟁과 소비자 수요의 힘이 그런 서비스를 제공하도록 하는 것이다. 그뿐만 아니라, 자기 집에 사는 사람들에게나 세를 놓는 사람들에게나, 자신들이 소유한 토지나 주택의 자본 가치는 해당 주택이나 동네의 일반적 특징에 더해 길거리 안전도와 일정한 함수 관계를 이루게 될 것이다. 그 지역 길거리가 안전하고 잘 순찰된다면, 그 지역 땅이나 집값이 올라가게 될 것이다. 이는 잘 간수된 집의 가격이 올라가는 것이나 마찬가지 이치이다. 이에 반해 길거리 범죄가 빈발하게 되면, 그 지역 땅이나 집값이 하락하게 된다. 이는 낡은 집 가치가 떨어지는 것처럼 당연한 일이다. 집주인으로서는 자기 재산의 시장 가치가 올라가는 것을 선호하기 때문에, 효율적이며 잘 포장된 그리고 안전한 도로를 제공하고자 하는 인센티브가 저절로 자리 잡게 된다.

거주 지역의 도로를 민간이 소유하는 두 번째 유형은 민간 도로 회사가 소유하는 방안이다. 이 회사는 도로만을 소유하고 주택이나 건물을 소유하지는 않는다. 도로 회사는 도로를 유지·보수하고 개선하며, 또 치안을 유지해주는 대가로 집주인들에게 대금을 청구한다. 여기서도 마찬가지로 도로가 안전하고, 조명이 충분하며, 포장이 잘 되어 있으면, 그 지역으로 사람들이 몰려올 것이다. 이와 반대로 위험하고, 조명이 부실하고, 또 관리 상태가 엉망인 도로들의 경우에는 사람들이 떠나게 될 것이다. 집주인들이나 운전자들이 그 도로에 만족해하면, 그 도로 회사의 이윤과 주가가 올라갈 것이다. 집주인들이 도로에 불만스러워하면, 사용자가 감소하고 해당 도로 회사의 이윤과 주가가 내려갈 것이다. 따라서 도로를 소유한 회사들은 사용자들을 만족시키려고 치안 유지를 포함한 고효율 도로 서비스를 제공하고자 온갖 노력을 하게 될 것이다. 그들은 이윤을 창출하고, 또 자본 가치를 높이기 위해 그렇게 하게 된다. 거꾸로 말하면 손실을 보지 않거나 자본 잠식을 당하지 않으려고 그렇게 하는 것이다. 이처럼 집주인들이나 도로 회사의 경제적 이익 추구 본능에 맡기는 것이 정부 관료들의 의심스러운 '이타심'에 맡기는 것보다 훨씬 더 낫다.

이쯤에서 다음과 같은 의문을 품는 사람이 있을 것이다. 도로 회사가 도로를 소유하는 경우, 그 회사가 일반적으로 고객을 최대한 만족시키려 한다고 해도, 만일 어떤 희한한 도로 소유자가 폭군처럼 갑자기 자신의 도로를 봉쇄하여 주변의 주택 소유자들이 사용하지 못하게 하면 어떻게 한다는 말인가? 주변 사람들이 어떻게 통행할 수 있는가? 길을 영원히 못 다니게 되는가? 아니면 엄청난 통행료를 물어야 하는가? 이 의문에 대한 대답은 토지 소유권과 관련한 다음의 유사한 문제에 대한 대답과 같다. 만일 어떤 사람의 집을 둘러싸고 있는 집들의 소유자들이 갑자기

담합하여, 그 사람의 통행을 금지한다면 어떻게 할 것인가? 이에 대한 대답은 다음과 같다. 자유지선주의 사회에서는 주택이나 도로 서비스를 구매함에 있어, 구매 계약서나 임대 계약서 상에 통행 보장 기간을 명시하면 된다. 계약서에 이런 '간단한' 조처를 미리 취해 두면, 갑자기 통행을 봉쇄하는 일은 발생하지 않게 된다. 왜냐하면, 그렇게 하는 것은 집주인의 재산권을 침해하는 것이 되기 때문이다.

자유지선주의가 그리는 사회의 원칙에 새롭거나 놀랄 만한 것은 전혀 없다. 우리는 이미 지역 간 경쟁이나 운송수단 간 경쟁이 어떠한 활력을 초래하는지 경험을 통해 알고 있다. 예를 들어 19세기 전국에 걸쳐 사설 철도가 건설되던 당시, 철도 간 경쟁이 각 지역을 개발하는 데 엄청난 힘을 발휘했다. 철도 회사마다 이윤, 토지 가치 및 자본 가치를 배가하려는 목적으로 이민을 유도하고 경제 개발을 이루고자 있는 힘을 다했다. 모든 철도 회사가 조금도 주저하지 않고 그렇게 했다. 그렇게 하지 않으면, 사람과 시장이 그 지역을 떠나 경쟁 철도 회사 관할의 다른 항구나 도시 등으로 옮겨갈 것이기 때문이었다. 모든 도로가 사유화되면 마찬가지 원리가 작동할 것이다. 이와 유사하게 민간 상인이나 기구에 의한 경찰 서비스 제공에 대해서도 우리는 이미 친숙하다. 상점들이 이미 자체 경비를 두고 있다. 은행이나 공장, 쇼핑센터들이 경비원을 두고 있지 않은가? 자유지선주의 사회에서는 이런 건강한 제도를 도로에까지 확장시키는 것뿐이다. 점포 안에서보다 점포 밖 도로 상에서 강·절도가 훨씬 더 빈번히 발생하는 것은 결코 우연이 아니다. 그것은 점포 안에는 임무에 충실한 사설 경비원이 있지만, 도로 상에는 '무능한' 정부 경찰에만 의존해야 하기 때문이다. 실제로 뉴욕시 여러 지역에서 급증하는 범죄 문제에 대처하기 위해 지역 주민의 자발적 기금 모금으로 사설 순찰 경비원을 고용하는 일이 최근에 늘고 있다. 그 결과 이 지역 내 범죄 발생률이 현저하게 감소하고 있다. 문제는 이런 노력이 불완전하고 비효율적이라는 것이다. 왜냐하면, 그 지역 내 도로들이 주민 소유가 아니며, 따라서 효율적 경찰 서비스를 항구적으로 제공하는 데 필요한 자본을 동원할 수 있는 효율적 메커니즘이 없기 때문이다. 게다가 사설 도로 순찰원은 도로가 그들 고용주의 소유가 아니라는 이유로 법적으로 무장할 수 없다. 아울러 점포의 소유주와는 달리 명백한 범죄 행위가 아닌 한 의심스러운 행동을 하는 사람에게 어떤 조처를 할 수 없다. 요컨대 재산권을 가진 사람들이 할 수 있는 일을 그들은 재정적으로나 행정적으로 할 수 없다는 것이다.

그뿐만 아니라 경찰이 지역 주민으로부터 임금을 받게 되면 당연히 고객에 대한 가혹 행위는 종지부를 찍을 것이다. 아울러 이 제도는 오늘날처럼 경찰을 외래 '제국'의 식민통치자, 즉 봉사하기보다 억압하려는 존재로 보는 시각에도 종지부를 찍게 할 것이다. 오늘날 미국의 예를 들자면, 일반적으로 흑인 지역에서는 중앙 도시 정부가 고용한 경찰이 순찰을 담당하고 있는데, 흑인 사회에서는 이 경찰을 외계인으로 인식한다는 것이다. 지역 주민이 고용하는 경찰의 경우에는 이야기가 180도로 달라질 수밖에 없다. 사람들은 그들이 외래 당국을 대신해 강압책을 쓰는 것이 아니라, 고객에 봉사하는 것으로 인식하게 될 것이다.

할렘가에 있는 어느 지역의 사례는 공공 경찰과 사설 경찰 간의 차이를 극명하게 대비해 준다. 7번 도로와 8번 도로 사이의 서부 135번가에 뉴욕 경찰청 82지구대의 경찰서가 자리 잡고 있다. 이 경찰서의 위용에도 불구하고, 이 지역 상점 곳곳에서 야간 강도 사건이 일어났다. 이를 보다 못한 지역 내 상인 15인이 1966년 겨울에 야경원을 고용해 그 지역을 도보로 순찰하게 했다. 야경원들은 리로이 V. 조지LeRoy V. George 경비업체 소속이었는데, 그들을 고용해 재산세만으로는 감당하지 못하는 치

안 업무를 담당하게 한 것이다.¹

미국 역사상 가장 성공적이며 가장 잘 조직된 사설 경찰은 철도 경찰이었다. 철도 경찰은 철도 회사가 승객과 화물을 보호하기 위해 운영되기 시작했다. 현대적 철도 경찰은 제1차세계대전 말 미국 철도 협회의 보안팀Protection team에 의해 설립되었다. 이 제도가 성공적으로 운영된 결과, 1929년에 이르면 철도에 대한 화물 손해 배상액이 93%나 감소하게 되었다. 철도 경찰이 체포한 범인들(그들의 활동에 관한 본격적 연구가 행해지던 1930년대 초에 총 10,000명에 이르렀음)에 대한 유죄 판결 비율은 83%에서 97% 사이였는데, 이는 당시 정부 경찰의 유죄 판결 비율보다 훨씬 높은 것이다. 철도 경찰은 무장할 수 있었기 때문에 정상적으로 범인을 검거할 수 있었다. 당시 철도 경찰이 훌륭한 인품과 능력을 겸비했다는 좋은 평판을 널리 받았음은 철도 경찰 제도에 비판적이었던 범죄학자마저 인정한 사실이다.²

2. 도로 규칙

개인이나 민간 기업이 국가의 모든 토지를 소유하게 되면, 결과적으로

---

[1] 울드리지(William C. Wooldridge)의 『독점자 미국』(*Uncle Sam the Monopoly Man*, New Rochelle, N. Y.: Arlington House, 1970), 111쪽 이하를 참조할 것.

[2] 앞에서 인용한 울드리지(Wooldridge)의 저서 115~117쪽을 참조할 것. 본문에서 언급하는 범죄학적 연구는 샬루(Jeremiah P. Shalloo)의 『민간 경찰』(*Private Police*, Philadelphia: Annals of the American Academy of Political and Social Science, 1933)에 나와 있다. 울드리지는 샬루가 당시 철도 경찰이 좋은 평판을 받고 있다고 말한 것이 "오늘날 대도시 공권력의 상태와 아주 대조적"이라고 평한다. 즉 "불법 행위에 대한 공권력의 대응이 너무도 무력해, 아무리 그들을 시민의 봉사자라고 멋지게 표현한들 그들의 존재의의가 거의 없다"는 것이다. 울드리지의 『독점자 미국』 117쪽.

지역 간 엄청난 다양성이 나타나게 되리라는 것은 두말할 필요도 없다. 사설 경찰이 제공하는 경찰 서비스의 내용과 규칙도 해당 지역의 소유자, 즉 토지 및 도로 소유자들의 뜻에 좌우될 것이다. 범죄 발생 우려가 큰 거주 지역에서는 그 지역에 들어오는 사람이나 차량에 대해 지역 주민과 사전 약속을 하게 하거나, 아니면 입구에서 전화로 해당 주민에게 승인을 얻게 할 수도 있을 것이다. 다시 말해 오늘날 아파트 단지나 개인 소유 지역에서 종종 행해지는 것과 같은 규칙을 도로에 적용할 수 있을 것이다. 어떤 지역에서는 누구나 마음대로 출입하게 할 수도 있을 것이다. 아울러 그 중간 단계로 다양한 유형의 감시 기준을 마련할 수 있을 것이다. 상업 지구에서는 손님들의 기분을 상하게 하지 않기 위해 누구에게나 출입을 개방하게 될 것이다. 이 모든 것이 지역마다 주민의 희망과 가치관을 최우선 척도로 삼아 결정될 것이다.

이렇게 되면 주거나 도로 사용과 관련해 '차별'할 수 있는 자유도 허용되지 않겠느냐고 반문할 사람도 있을 것이다. 그렇다. 자유지선주의자들의 기본 신조는 누구에게나 자기 소유의 건물이나 도로에 들어오거나 사용할 수 있는 사람을 선택할 권리가 있다는 것이다. 물론 상대방이 그것을 원할 때에 말이다.

자신이 설정한 기준에 따라 선택한다는 의미에서의 '차별'은 선택의 자유에서 없어서는 안 될 요소이다. 이는 자유 사회의 필수 요소이기도 하다. 그러나 자유시장에서는 그러한 차별에 비용이 수반된다. 그러므로 그 대가를 지급해야 한다.

자유 사회에서 어떤 사람이 집을 한 채 혹은 여러 채 소유하고 있다고 하자. 그는 일단 시장 가격으로 임대를 놓을 수가 있다. 그러나 여기에 위험이 따른다. 집을 망가트릴 위험이 있다는 이유로 어린 자녀를 둔 부부에게 세를 주는 것을 꺼릴 수가 있다. 반면 그런 위험에 대한 보상을 받기 위해 임대료를 높일 수도 있다. 즉, 자유시장에서는 어린 자녀를 둔 가정의 경우 그렇지 않은 경우보다 임차료를 올려 받는 경향이 있다. 하지만 집주인이 순수하게 경제적 이유로 '차별'하는 것이 아니라, 개인적 이유로 차별하는 경우에는 어떤가? 예를 들어 집주인이 키가 180cm 정도의 스웨덴 출신 미국인의 열성 팬이라서, 그런 조건의 사람에게만 세를 놓겠다고 한다고 하자. 자유 사회에서는 물론 그럴 권리가 있다. 하지만 그 때문에 그는 금전적 손실을 감수해야만 한다. 왜냐하면, 그 조건에 맞는 사람이 나타날 때까지 계속 임대 계약을 거절해야 하기 때문이다. 이 예가 극단적으로 보일지 모르지만, 시장에서 개인적 취향에 따라 차별하는 경우에는 어느 경우에나 비록 정도의 차이는 있지만, 결과는 같다. 만일 집주인이 빨간 머리를 싫어해 그런 사람들에게는 세를 놓지 않겠다고 하면, 앞의 경우만큼은 아니겠지만, 금전적 손실을 감수해야 한다.

어느 경우에든 자유시장에서 그러한 '차별'을 하면, 그에 따른 비용을 감수해야 한다. 그 비용이란 이윤을 포기하거나 아니면 소비자로서 서비스를 포기해야 함을 의미한다. 만일 어느 소비자가 자신이 좋아하지 않는 사람들이 판매하는 물건은 사지 않기로 한다면, 좋아하지 않는 이유가 타당하건 하지 않건 간에, 그 물건이나 서비스 없이 지내야 한다는 뜻이다.

자유 사회에서 모든 재산권자는 자기 재산에의 접근이나 사용과 관련해 규칙을 정하게 된다. 규칙이 엄격하면 할수록, 사용하는 사람의 수가 줄 것이며, 재산권자는 규칙의 엄격성과 그로 말미암은 소득의 손실 간의 관계를 잘 따져보아야 한다. 예를 들어 19세기 말 일리노이 주의 '기업도시'에서 조지 풀먼 George Pullman 이 그랬던 것처럼, 입주자들에게 항상 정장 차림을 하라고 요구할 수도 있다. 그러나 그럴 때 그런 조건을 수락할 입주자가 많지는 않을 것이며, 집주인은 큰 금전적 손실을 겪게 될 것이다.

　재산 관리는 소유주가 직접 한다는 원칙은 정부가 경제에 개입해야 한다는 논거에 대한 반박 논리를 제공해 준다. 그 논거인즉슨 "어차피 정부가 교통 규칙을 정하지 않느냐는 것이다. 빨간 불일 때는 서고 파란 불일 때는 간다든지, 우측통행을 한다든지, 최대 속도는 얼마라든지 등등 말이다. 그런 규칙이 없다면 거리는 엉망이 될 것이다. 그러니 다른 경제 부문에서도 정부가 개입 못 할 이유가 무엇이냐"는 것이다. 여기에서 오류는 교통 규칙이 있어야 하느냐와 관련된 것이 아니다. 물론 그런 규칙은 필요하다. 그러나 여기서 중요한 것은 그런 규칙은 도로를 누가 소유하고 관리하든지 간에 항상 제정된다는 것이다. 정부가 교통 규칙을 세워온 것은 도로를 소유하고 관리해온 것이 항상 정부였기 때문이다. 자유지선주의 사회에서는 도로를 소유한 민간인이나 업자가 도로 사용 규칙을 세우게 될 것이다.

　하지만 자유 만능 사회에서는 교통 규칙이 '혼란'스럽지나 않을까? 어떤 소유주는 빨간 불에 서야 한다고 하고, 다른 소유주는 파란 불에 서라고 하면 어떻게 될까? 어떤 도로에서는 우측 운행을 해야 하고, 어떤 도로에서는 좌측 운행을 해야 한다면 어떻게 될까? 그런 질문은 정말 쓸데없는 질문이다. 원활한 도로 교통을 위해서는 교통 규칙을 통일하는 것이 도로 소유주 모두에게 이익이 된다. 어느 도로 소유주가 좌측 운행을 고집하고 파란 불에 '정지'하라고 요구한다면, 그 도로에서는 사고가 빈발하게 되고, 도로 사용자가 사라지게 될 것이다. 19세기 미국의 민간 철도들은 유사한 문제에 봉착했으나 별문제 없이 화합하여 문제를 해결했다. 각 철도 회사는 다른 회사의 열차에도 자신의 철도를 사용할 수 있게 했다. 모두의 이익을 위해 철로를 서로 연결하였으며, 상이한 궤간을 통일시켰다. 그리고 6000항목에 이르는 화물의 분류를 통일시켰다. 그뿐만 아니라, 과거 엉망 상태였던 표준 시간대를 현재와 같이 통합해 낸 것도 정부가 아니라 바로 이 민간 철도 회사들의 주도에 의한 것이었다. 정확한 일정표 작성을 위해 철도 회사들은 뭉칠 수밖에 없었던 것이다. 그리하여 그들은 1883년에 당시 전국적으로 54개에 달하던 시간대를 오늘날과 같은 4개로 묶어내는 데 합의했다. 뉴욕의 한 경제 전문지 Commercial and Financial Chronicle 는 다음과 같이 극찬했다. "사업의 법칙과 자기 보존 본능이 모든 입법 기관이 다 합쳐서도 이루지 못했던 개혁과 개선을 해냈도다."[3]

3. 도로 사용료 책정

미국 정부가 관리하는 일반 도로나 고속도로의 상태를 들여다보면, 민간이 도로를 관리하게 될 때 정부가 관리하는 것보다 사정이 더 나빠질리 없다는 것을 쉽게 알 수 있다. 한 가지 예를 들자면 자동차 회사나 석유 회사, 타이어 회사, 건설업자나 노조 등의 로비 때문에 연방 정부와 주 정부는 지나칠 정도로 과도하게 고속도로를 확장해 왔다는 것이 일반적 인식이다. 고속도로는 이용자들에게 고액의 보조금을 제공해 주는 괴물이다. 그 결과 철도의 사업성을 잡아먹는 데 결정적 역할을 했다. 트럭은 국민의 세금으로 건설되고 관리되는 도로망을 이용해 영업하는 데 비해, 철도는 자기 부담으로 선로를 깔고 관리해야 하니, 경쟁이 되겠는

---

[3] 커크랜드(Edward C. Kirkland)의 『산업 발달: 1860년~1898년 기간 중의 기업, 노동 및 공공정책』(*Industry Comes of Age: Business, Labor, and Public Policy, 1860~1897*, New York: Holt, Rinehart, and Winston, 1961), 48~50쪽을 참조할 것.

가? 게다가 국민의 혈세를 퍼부은 도로망은 결국 자동차 통근이 가능한 교외 지역을 크게 확장시키게 되고, 수많은 주택과 회사를 억지로 짓게 하고, 그에 따라 도시의 부담을 인위적으로 가중시켰다. 그것이 납세자와 경제에 미친 부담은 실로 엄청난 것이었다.

세금의 혜택을 특히 많이 본 계층은 도시의 자동차 통근자들이었다. 교통체증이 심각한 곳도, 또 교통 집중에 세금을 퍼부어주는 곳도 바로 도시이기 때문이다. 컬럼비아 대학의 윌리엄 비크리 William Vickrey 의 추산으로는, 도시 고속도로 건설에 들어간 비용이 자동차 한 대당 1마일 주행하는 데 6센트에서 29센트 사이였는데, 고속도로 사용자들이 휘발유세와 자동차세 등으로 내는 비용은 1센트 정도에 불과하다. 자동차 운전자가 아니라 일반 납세자가 도로 유지비를 대는 것이다. 게다가 휘발유세는 사용 도로나 시간대와 상관없이 거리당 동일하게 부과된다. 따라서 일반 휘발유 세수로 고속도로를 건설하거나 관리한다는 것은 결국 비용이 적게 드는 농촌 지역의 고속도로 사용자가 낸 세금으로 비용이 훨씬 많이 드는 대도시의 고속도로 사용자를 도와주는 셈이 된다. 농촌 지역 고속도로 건설 및 관리에는 자동차 한 대가 1마일 주행하는 데 2센트밖에 들지 않는다.[4]

또한, 휘발유세는 도로 사용에 대한 가격 제도로서는 합리적이라고 할 수 없다. 민간 기업이라면 도로 사용에 대한 가격을 결코 그런 식으로 책정하지 않을 것이다. 민간 기업이라면 가격을 수요 공급의 원리에 따라, 즉 공급 부족이나 수요 부족이 일어나지 않는 지점에서 결정한다. 휘발유세를 사용 도로와 관계없이 거리당 동일하게 부과한다는 것은 수

---

[4] 출처: 비크리(William Vickrey)의 미발간 논문 「통행 비용이 비싼 세금을 증가시킨다」(Transit Fare Increases a Costly Revenue).

요가 많은 대도시 도로나 고속도로의 가격이 자유시장 가격보다 훨씬 낮게 책정된다는 뜻이다. 결과적으로 교통량이 많은 도로의 교통체증이 특히 출퇴근 시간대에 더 심해지고, 농촌 지역의 도로는 한산하게 된다. 합리적 가격제도라면, 도로 소유자들의 이윤을 극대화하면서도 원활한 차량 흐름을 꾀해야 할 것이다. 현행 제도 아래에서는 정부가 교통체증이 심각한 도로 사용자들에게 자유시장 가격보다 훨씬 저렴한 가격을 물리는 셈이다. 그리고 그 결과는 만성적 교통체증으로 나타나는 것이다. 교통체증 문제를 해결하기 위해 정부는 합리적 가격 정책을 마련하기보다 도로 증설 정책으로 일관했다. 결국, 자동차 운전자들에게 국민의 혈세를 더 퍼준 셈이 되고, 교통체증 문제는 전혀 나아지지 않았다. 가격은 시장 가격보다 훨씬 낮게 책정하면서 도로 공급만 늘리면, 교통체증 문제가 악화하며 만성이 될 수밖에 없다.[5] 잘못되어도 한참 잘못된 정책일 뿐이다. 『워싱턴 포스트』지는 연방 정부의 고속도로 프로그램에 대해 다음과 같이 보도했다.

　　수도 워싱턴의 순환 고속도로는 미국의 주요 고속도로망 중 가장 먼저 건설된 것 중 하나이다. 1964년 여름 마지막 구간이 개통되었을 때 고속도로 역사상 최고 수준이라는 찬사를 들었다.

　　당시 예측은 (1) 남북으로 향하는 교통량을 우회시킴으로써 워싱턴 도심의 교통체증을 완화함은 물론 (2) 수도 외곽 지역들을 그물망처럼 연결해 줄 것으로 기대되었다.

---

[5] 정부 소유의 공항 활주로에 대한 비합리적 사용료 책정으로 인한 유사한 결과에 대해서는 에커트(Ross D. Eckert)의 『공항과 교통체증』(*Airports and Congestion*, Washington, D. C.: American Enterprise Institute for Public Policy Research, 1972)을 참조할 것.

그러나 이런 기대와는 달리 워싱턴 순환 고속도로는 (1) 출퇴근용 및 워싱턴 지역 내 순환용으로 전락하고 말았으며, (2) 엄청난 건설 붐을 일으켜 부유한 백인 계층의 도심 탈출을 가속화하는 원인이 되었다.

워싱턴 고속도로는 교통체증을 완화하기는커녕 심화시켰다. I-95, 70-S, I-66 등의 고속도로가 속속 개통됨에 따라 출퇴근자들이 도심 직장으로부터 훨씬 떨어진 곳으로 이주할 수 있게 되었다.

정부 기관이나 소매 유통업체 및 서비스 기업들도 도심에서 외곽으로 이주해, 도심 주민의 고용 기회를 그만큼 박탈하는 결과가 야기되기도 했다.[6]

민간이 도로 소유주라면 어떤 가격 정책을 쓸까? 우선 교량이나 터널

---

[6] 버차드(Hank Burchard)의 「미국 고속도로 제도: 이제 어디로」(U. S. Highway System: Where to Now?), 1971년 11월 29일, 『워싱턴 포스트』(*Washington Post*) 지에 수록됨. 혹은 딕먼(John Dyckman)이 지적했듯이

"도로를 추가로 건설하면 교통량도 따라서 증가한다. 현재의 교통 수요를 충족시키기 위해 고속도로를 개통하면 교통 수요도 따라서 증가하는 법이다. 그 결과 교통체증이 다시 일어나고, 결국에는 고속도로 건설 이전 때와 마찬가지 상황으로 되돌아간다."

슈라이버, 게이톤즈 및 클레머(A. Schreiber, P. Gatons, and R. Clemmer) 편, 『도시 문제 경제학 선집』(*Economics of Urban Problems: Selected Readings*, Boston: Houghton Muffin, 1971)에 수록된 딕먼(John W. Dyckman)의 글 「도시 교통 문제」 (Transportation in Cities), 143쪽에서 인용. 시장 가격 훨씬 아래로 가격이 책정되면 아무리 공급을 늘려도 교통체증 문제를 해결할 수 없다는 점에 대해서는 『경제학 계간』(*Quarterly Journal of Economics*), 1963년 11월호에 수록된 메이버그(Charles O. Meiburg)의 「고속도로에 대한 경제학적 분석」(An Economic Analysis of Highway Services), 648~656쪽을 참조할 것.

처럼 도시 진입이 편리한 곳에서 고속도로 사용료를 징수할 것이다. 그러나 지금과 같은 방식은 아닐 것이다. 예를 들어 출퇴근 시간대나 여름철의 일요일처럼 교통량이 많은 시간대는 그렇지 않은 시간대보다 비싼 요금을 부과할 것이다. 자유시장에서는 교통량이 많은 시간대의 요금이 올라가는 것이 당연하다. 가격은 교통체증이 사라지고 차량 흐름이 안정화되는 수준에서 결정된다. 그러면 직장에 어떻게 출퇴근하느냐고 반문할 독자도 있을 것이다. 물론 출퇴근해야 한다. 그러나 반드시 차를 몰고 출퇴근해야 하는가? 어떤 사람은 통근을 포기하고 도심으로 이사할 것이다. 어떤 사람은 카풀을 이용할 것이다. 또 어떤 사람은 버스나 기차를 이용할 것이다. 이런 식으로 교통량 폭주 시간대의 도로 사용은 수요 공급 원리에 따른 시장 가격을 지급하고자 하는 사람에게로 국한될 것이다. 근무 시간을 조정해 교통 혼잡 시간을 피해 출퇴근하는 방법도 있을 것이다. 주말에 움직이는 사람들도 운전을 덜 하거나 혼잡 시간을 피하려 할 것이다. 마지막으로 교량이나 터널에서 벌어들이는 이윤이 커지면, 민간 기업은 더 많은 교량과 터널을 건설할 것이다. 도로 건설이 압력 단체나 보조금 수혜자의 목소리 크기에 좌우되는 것이 아니라, 시장의 유효 수요 및 원가 계산에 의해 좌우될 것이다.

민자 고속도로가 어떻게 운영될지는 그런대로 상상할 수 있다. 그러나 시내 도로를 민간이 운영한다는 것에 대해서는 쉽게 이해가 되지 않을 것이다. 어떻게 가격을 매긴다는 말인가? 구역마다 요금소를 설치한다는 말인가? 그럴 수는 없다. 그렇게 한다면 경제성이 당연히 떨어질 것이다. 도로 소유주에게나 차량 운전자들에게나 똑같이 가격이 터무니없이 올라갈 것이다. 가능한 방법으로는 우선 도로 소유주가 주차 가격을 현재보다 훨씬 합리화하는 것이다. 체증이 심한 도심에서는 수요가 넘치므로 주차료를 높게 책정할 수 있다. 현재의 관행과는 반대로, 주차 시간에 비례하여 훨씬 더 높은 주차료를 부과하는 것이다. 현재는 주차 시간이 길수록 주차료가 저렴해진다. 요약하자면 체증이 심한 지역에서는 차들이 빨리 나가도록 하는 것이다. 주차는 그렇다고 치자. 하지만 체증이 심한 도심 도로를 운행하는 것은 어떻게 하나? 가격을 매길 수 있나? 여기에도 여러 방법이 있을 수 있다. 먼저 운전자들에게 허가증이나 스티커 형태의 통행권을 구매해 차량에 부착하게 하는 방법이 있다. 아울러 교통량이 많은 시간대에 운행하려면 훨씬 고가의 통행권을 구매해 차량에 부착하게 하는 것이다. 다른 방법도 있을 수 있다. 현대 기술로 얼마든지 차량에 계기를 부착시켜 운행 거리를 표시하게 할 수도 있다. 물론 교통량이 많은 시간대에 체증 구간을 운행할 때는 정해진 가중치를 적용한다. 그렇게 한 후 월말에 고지서를 발송하여 사용료를 징수하는 것이다. 비슷한 안이 오래전 월터스A. A. Walters에 의해 제안된 바도 있다.

> 관리상 특별히 필요한 장치로는 … 택시에서 사용되는 것과 같은 특수 주행 계기 … 등이 있다. 특별히 제작된 이 주행 계기는 '깃발'이 올려져 있을 때는 주행 거리를 기록하고, 그 거리에 따라 사용료를 징수한다. 이는 뉴욕이나 런던, 시카고 등과 같은 대도시 지역에 적합하다. 하루 중 해당 도로에서 '깃발을 올리는' 시간은 별도로 정하도록 한다. 당일 '스티커'를 구매해 부착하는 경우에는 주행 계기를 부착하지 않고도 온종일 해당 지역을 운행할 수 있게 허용한다. 부정기적으로 '스티커'를 사용하는 경우에는 가격을 주행 계기의 최대 사용료보다 비싸게 책정한다. 이것이 잘 운영되는지 감독하는 방법도 간단하다. 도로에 카메라를 설치해, 스티커를 부착하지 않거나 주행 기기를 작동시키지 않는 위반 차량을 촬영해서 적절한 벌금을 물리면 된다.[7]

비크리는 다음과 같이 제안하기도 했다. 교통체증이 가장 심한 교차로에 카메라를 설치해 모든 차량의 번호판을 찍고, 매월 그 교차로를 지나간 횟수에 비례하여 요금을 청구한다는 것이다. 아니면 모든 차량에 전자장치를 부착해 고유한 신호를 송신하게 하고, 교차로에 설치된 장비로 하여금 그 신호를 수신하게 하는 방법도 있다고 했다.[8]

어쨌든 도로 사용료를 합리적으로 산정하는 문제는 민간 기업이나 현대 기술을 이용하면 식은 죽 먹기로 풀 수 있다. 자유시장의 사업가들은 이보다 훨씬 어려운 문제도 이미 잘 해결해 왔다. 단지 그들에게 기회만 주면 된다.

만일 모든 운송수단이 민영화된다면, 즉 모든 육상, 해상, 항공, 철도 운송으로부터 미로와도 같은 보조금의 망, 통제의 망, 규제의 망을 벗겨낸다면, 소비자들은 그들의 운송비를 어떻게 배분할 것인가? 예를 들어

---

[7] 월터스(Walters)에 따르면, 주행 계기 방식의 적용이 적정 규모로 확대되면, 주행 계기 한 대당 비용이 10달러 정도로 낮아질 것이라고 한다. 1961년 10월호 『이코노믹스』(Economics)에 수록된 월터스(A. A. Walters)의 「고속도로 체증의 민간 및 사회적 비용 측정과 그 이론」(The Theory and Measurement of Private and Social Cost of Highway Congestion), 684쪽 참조. 또한 메이버그(Meiburg)의 앞에서 인용한 책 652쪽; 비크리(Vickrey)의 앞에서 인용한 책; 앞에서 인용한 딕먼(Dyckman)의 「도시 교통 문제」(Transportation in Cities), 135~151쪽; 앞에서 인용한 슈라이버, 게이톤즈 및 클레머(Schreiber, Gatons, and Clemmer)의 책에 수록된 케인(John F. Kain)의 「대도시 교통 계획 재평가」(A Reappraisal of Metropolitan Transport Planning), 152~166쪽; 치니츠(B. Chinitz) 편, 『도시와 그 외곽』(City and Suburb, Prentice-Hall, 1964)에 수록된 마이어(John R. Meyer)의 「허수아비 때려눕히기」(Knocking Down the Straw Men), 85~93쪽; 넬슨(James C. Nelson)의 「땅길, 바닷길, 하늘길 시설의 가격 책정」(The Pricing of Highway, Waterway, and Airway Facilities), 『미국경제학회보, 발표논문집』(American Economic Review, Papers and Proceedings), 1962년 5월호, 426~432쪽 등을 참조할 것.

[8] 더글라스 노스와 로저 밀러(Douglass C. North and Roger LeRoy Miller)의 『공공 문제의 경제학』(The Economics of Public Issues, New York: Harper & Row, 1971), 72쪽.

철도 여행으로 되돌아갈 것인가? 수요와 비용을 잘 추산해보면, 다음과 같은 예측이 가능하다. 철도는 장거리 화물, 항공은 장거리 여객 서비스, 트럭은 단거리 화물, 그리고 버스는 통근용이 될 것이다. 철도가 장거리 화물 운송수단으로 다시 각광을 받게 되더라도, 전처럼 여객 서비스를 크게 담당하게 되지는 않을 것이다. 고속도로가 과잉 건설된 것에 환멸을 느낀 자유주의자들이 최근 고속도로 사용을 최대한 억제할 것과 도시 교통 문제 해결을 위해 지하철과 통근용 철도를 대폭 확충하라고 요구하고 있다. 그러나 이 같은 거창한 안은 그에 따르는 엄청난 경제적 비용과 낭비에 눈감는 처사이다. 고속도로 중 건설되지 말았어야 할 것이 있다 하더라도 이미 건설되어 있는 것이다. 이미 건설된 고속도로를 이용하지 않는다는 것은 어리석은 일이다. 최근 일군의 교통 경제학자들은 샌프란시스코 만 지역에서 하듯이 도시 급행 철도를 새로이 건설하는 데에 수반되는 엄청난 낭비에 반대하는 목소리를 높여 왔다. 그들은 그 대신 기존의 고속도로에 통근용 고속버스를 도입하는 방안을 제안했다.[9]

    철도와 항공은 세금 보조를 받지 않고 규제도 받지 않는 순수 민영 체제를 그려보는 것이 그다지 어렵지 않다. 그러나 도로도 그런가? 그것이 가능할까? 이에 대한 대답 중 하나는 사설 도로가 과거에 잘 운영된 적이 있다는 것이다. 18세기 이전의 영국에서는 지방 정부가 도로를 소유하고 관리했다. 당시 도로는 엉망으로 건설되고 관리는 더욱 엉망이었다. 이런 공공 도로로는 18세기 영국이 경험한 산업 혁명, 새로운 시대를 선도한 그 '혁명'을 뒷받침할 수 없었다. 통행이 거의 불가능한 영국 전역의 도로를 개선하는 중대한 임무가 민간 도로 회사에 떨어졌다. 이들은

---

[9] 마이어, 케인 및 월(Meyer, Kain, and Wohl)의 『도시 교통 문제』(*The Urban Transportation Problem*, Cambridge: Harvard University Press, 1965) 및 앞에서 인용한 마이어(Meyer)와 케인(Kain)의 글 등을 참조할 것.

1706년부터 다른 나라 사람들이 부러워할 정도의 도로망을 구축해냈다. 이 민간 도로 회사의 소유주들은 대체로 해당 도로의 수혜자라 할 수 있는 그 지역의 지주, 상인 및 기업가들이었다. 그들은 요로에 설치된 요금소에서 요금을 징수함으로써 그들의 투자비를 회수했다. 경우에 따라 요금 징수 업무를 경쟁 입찰을 통해 선발한 개인에게 1년 혹은 다년간 위탁하기도 했다. 영국의 국내 시장을 발전시킨 것이 바로 이 민간 도로들이다. 석탄 등 부피가 큰 물품의 운송비를 대폭 절감시킨 것도 바로 이 민간 도로들이다. 도로 회사들은, 서로에게 이득이 되기 때문에, 각 도로를 서로 연결해 전국적 도로망을 구축했다. 이 모든 것이 민간 기업이 뛴 결과이다.[10]

영국에서와 같은 일이 약간의 시차를 두고 미국에서도 일어났다. 지방 정부들이 건설한 도로들이 거의 통행이 불가능했기 때문에, 민간 기업들이 대략 1800년부터 1830년 사이에 미국 북동부 전역에 걸쳐 거대한 도로망을 구축했다. 여기서도 도로 건설과 관리에 있어서 민간 기업이 정부를 훨씬 능가함이 입증되었다. 민간 기업이 도로를 건설하고 관리했으며, 사용자에게 통행료를 징수했다. 이 경우 역시 대체로 해당 도로 주변의 상인과 부동산 소유자들이 도로 회사에 참여했다. 또한 이들은 자발적으로 도로들을 서로 연결해 도로망을 구축했다. 바로 이 민자 고속도로들이 미국 역사상 최초의 도로다운 도로가 된 것이다.[11]

---

[10] 애쉬톤(T. S. Ashton)의 『18세기 영국 경제사』(*An Economic History of England: the 18th Century*, New York: Barnes and Noble, 1955), 78~90쪽 참조. 같은 기간 동안 영국 전역에 건설된 사설 운하망에 대해서는 같은 책 72~90쪽 참조.

[11] 테일러(George Rogers Taylor)의 『1815년~1860년 기간 중의 교통 혁명』(*The Transportation Revolution, 1815~1860*, New York: Rinehart & Co., 1951), 22~28쪽을 참조할 것. 아울러 울드리지(W. C. Wooldridge)의 『독점자 미국』(*Uncle Sam the Monopoly Man*), 128~136쪽을 참조할 것.

12 공공 부문 III: 경찰, 법률, 법원

제1절 경찰 업무

시장과 민간 기업은 실제로 존재한다. 따라서 일반 재화와 용역에 대하여 자유시장을 그려보는 일은 그다지 어렵지 않을 것이다. 가장 문제가 되는 것은 아마도 외부의 공격이나 침해로부터 개인의 신체나 재산을 보호하는 서비스, 즉 경찰이나 법원 등의 업무를 정부 대신 시장이 맡도록 하는 일일 것이다. 민간 기업과 자유시장이 이러한 서비스를 어떻게 제공할 수 있을까? 즉 경찰, 법률 제도, 사법 서비스, 법 집행, 교도소 등의 서비스가 자유시장에서 어떻게 제공될 수 있을까? 앞에서 이미 살펴보았듯이, 적어도 경찰 업무의 상당 부분은 도로나 토지 소유주들에 의해 제공될 수 있다. 그러면 이제 이 영역 전반에 대해 체계적으로 검토해보기로 하자.

첫째로, '경찰 업무'와 관련하여 흔히 품게 되는 잘못된 생각이 있는데, 그것은 경찰 보호 서비스를 마치 정부가 모든 이에게 제공하는 일정한 양의 단일하고 절대적인 그 무엇으로 보고, 정부만이 이 서비스를 제공해야 한다고 생각하는 것이다. 심지어 대다수 자유방임주의자도 이 같은 잘못을 저지른다. 그러나 실제로는 '음식'이나 '주거지'라고 불리는 절대 단일상품 absolute single commodity 이 존재하지 않는 것처럼, '경찰 서비스'라고 불리는 절대 단일상품도 존재하지 않는다. 물론 모든 사람이 겉으로 보기에는 똑같은 양의 보호 서비스를 받기 위해 세금을 내기는 하지만, 이는 근거 없는 믿음일 뿐이다. 사실상 모든 종류의 보호에는 무한대에 가까운 등급 차이가 있다. 특정 개인 또는 기업체의 경우, 매일 밤 한 번씩 1명의 경찰관이 순찰을 할 수도 있고, 2명의 경찰관이 해당 구역을 계속 순찰할 수도 있고, 순찰차를 돌게 할 수도 있다. 또 1명 또는 여러 명의 경호원이 24시간 근무할 수도 있다. 그뿐만 아니라 경찰은 여러 가지 의사결정을 내려야 하는데, 이것이 얼마나 복잡한지는 절대적 '보호'라는 신화의 이면을 자세히 들여다보면 명약관화해진다. 경찰은 다른 모든 개인이나 조직, 그리고 기관과 마찬가지로 늘 한정된 재원을 어떻게 배분할까? 전자장비는 얼마나 배정할까? 지문채취 장비에는? 제복경찰 uniformed police 과 구별되는 사복 수사관 detective 에는? 도보경찰 foot police 과 구별되는 순찰차에는? 등 쉽지 않은 질문이 줄을 이을 것이다.

요는 정부가 재원을 합리적으로 배분할 방법이 없다는 것이다. 정부는 단지 예산이 한정되어 있다는 것만 알 뿐이다. 이에 따라 예산 배정은 정치적 입김에 좌우되며, 쓸데없는 일과 관료주의적 비효율성으로 얼룩지게 된다. 그 결과 경찰 서비스가 소비자의 요구에 부응하는지, 효율적이기는 한지 전혀 알 수 없게 된다. 만약 경찰 서비스가 자유경쟁시장에서 공급된다면 상황은 달라질 것이다. 이 경우 소비자는 자신이 원하는 수준의 보호 서비스에 대한 값만을 지급하게 될 것이다. 예를 들어 가끔가다 한 번씩 경찰관이 순찰하는 정도를 원하는 소비자는 지속적인 순찰을 원하는 소비자보다 적은 비용을, 24시간 경호서비스를 원하는 소비자보다는 훨씬 더 적은 비용을 지급할 것이다. 자유시장에서 보호 서비스는 소비자가 지급할 용의가 있는 수준에 비례하여, 그리고 소비자가 값을 치르기를 원하는 방식으로 공급된다. 시장에서는 항상 그렇듯이 효율성은 수익을 창출하고 손실을 최소화하려는 욕구, 즉 비용을 절감하고 소비자의 요구를 최대한 충족시키려는 욕구 때문에 확보된다. 만일 어떤 경찰회사가 심각한 비효율에 시달리게 된다면, 그 회사는 얼마 안 가 파산하고 시장에서 사라질 것이다.

정부 소속 경찰이 항상 직면해야 하는 큰 문제 하나는 "어떤 법 조항을 실제로 집행할 것인가"이다. 경찰은 원칙적으로는 "모든 법을 집행"해야 한다는 절대명령에 귀속되어 있으나, 실제로는 제한된 예산 때문에 인력과 장비를 가장 긴급한 대책을 필요로 하는 범죄에 할당할 수밖에 없다. 그러나 앞에서 언급한 절대 명령 때문에 경찰은 자원의 합리적 할당을 할 수가 없다. 자유시장이라면 고객이 지불할 용의가 있는 것에 경찰력이 집행될 것이다. 예를 들어 김 아무개 씨가 고가의 보석을 소유하고 있고 이것이 조만간 도난당할지도 모른다고 믿고 있다고 가정하자. 그는 경찰회사에 24시간 경찰보호를 그가 원하는 강도로 제공해 줄 것을 요청하고, 그에 따른 대금을 지급할 것이다. 반면 그가 자신의 사유지에 개인 도로를 소유하고 있으며, 많은 사람이 이 도로를 사용하는 것을 원하지 않기는 하지만, 이 도로에 대한 무단 출입자에 대하여는 그다지 신경 쓰지 않는다고 하자. 이럴 때, 그는 도로를 보호하기 위하여 아무런 경찰 자원을 투입하지 않을 것이다. 일반적으로 시장은 소비자에게 달려 있다. 그리고 우리는 모두 소비자이다. 이는 우리 각자가 자신이 원하고 구매할 의향이 있는 보호 서비스의 수준과 종류를 스스로 결정해야 함을 의미한다.

토지소유자의 경찰과 관련하여 이제까지 언급한 것은 민간경찰에게도 대체로 그대로 적용된다. 자유시장에서의 경찰은 효율적이 될 것이다. 아울러 의뢰인 또는 의뢰인의 친구나 고객에게 예의를 지켜야 하고, 무자비한 행동을 해서는 안 된다는 강한 동기를 갖게 될 것이다. 센트럴 파크 Central Park가 민간 소유라면, 공원의 수익을 최대화하기 위하여 효율적으로 경비할 것이다. 입장료를 내는 무고한 고객에게 통행금지시간을 설정하는 짓 따위는 하지 않을 것이다. 경찰 업무를 자유시장에 맡기게 되면, 고객에게 친절하고 효율적인 경찰 보호 서비스는 상급을 받게 되고 기준에 미달하는 서비스는 불이익을 받게 될 것이다. 모든 정부 활동에 내재한 서비스와 그 가격 간의 괴리, 여기서 괴리라고 하는 것은 여타 모든 정부 기관들처럼 현재의 경찰 역시 수익을 소비자로부터 자발적으로 그리고 경쟁을 통해 얻는 것이 아니라 납세자로부터 강제적으로 얻는다는 의미인바, 그 같은 괴리는 더는 나타나지 않을 것이다.

실제로 정부 경찰이 점점 더 비효율적이 되어감에 따라 소비자들은 민간 형태의 보호 서비스에 더욱 눈을 돌리게 되었다. 앞에서 이미 특정 구역 또는 지역 내에서의 보호 서비스에 대해 언급한 바 있다. 또한, 사설경호원, 보험회사, 사설탐정과 함께 금고, 잠금장치, CCTV, 도난경보기 등 나날이 장비들이 정교해지고 있다. 미국의 법집행과 사법행정에 관한 대통령위원회 President's Commission on Law Enforcement and Administration of Justice [1] 는 1969년 정부 경찰 지출액이 연 28억 달러에 달할 것으로 추정했으며, 이 중 민간 보호 서비스에 13.5억 달러, 장비에 2억 달러를 각각 지출하여 결국 민간보호를 위한 지출액이 정부 경찰 지출액의 반 이상을 차지하리라 추정하였다. 어떤 신비로운 권리나 힘에 의해서 경찰 보호가 왠지 당연하고 영원한 국가 통치권의 속성이라고 믿는 이들은 이러한 수치에 대하여 진지하게 생각해보아야 할 것이다.[2]

---

[1] [역주] 1965년 7월 23일 미국의 존슨 대통령에 의해 설립된 위원회로서, 보다 더 효과적이고 공정한 사법 제도를 마련하는 임무를 띠었다.
[2] 앞에서 언급한 울드리지(Wooldridge)의 저서 111쪽 이하를 참조할 것.

추리소설을 즐겨 읽는 사람이라면 도난당한 물품을 되찾는 데 있어 민간 보험회사의 조사관이 경찰보다 훨씬 효율적이라는 것을 알고 있을 것이다. 보험회사가 소비자에게 서비스를 제공하는 것이 경제 논리에 의한 것이며 따라서 보험금 지급을 회피하려고 노력하기도 하지만, 보험회사의 주된 관심사 자체가 경찰의 경우와 매우 다르다고 할 수 있다. 가상의 '사회'를 위해 일하는 경찰의 주 관심사는 범죄자를 잡아 처벌하는 것이며, 도난당한 물품을 피해자에게 돌려주는 것은 전적으로 부차적이다. 반면 보험회사와 조사관에게 있어 주된 관심사는 도난품을 되찾아주고 범죄 피해자를 돕는 것이며, 범죄자의 체포와 처벌은 부차적이다. 여기서 우리는 고객(범죄의 피해자)에게 서비스를 제공할 목적으로 존재하는 민간 기업과 이윤 추구와는 무관한 경찰 간의 차이를 또다시 볼 수 있다.

우리는 가설로서만 존재하는 시장에 대한 청사진을 직접 그려 보일 수는 없지만, 자유지선주의 사회에서 경찰 서비스가 토지소유자나 보험회사에 의하여 제공되리라고 보는 것이 타당하다. 보험회사는 범죄의 피해자에게 보험금을 지급하기 때문에 범죄를 줄여 보험금 지급을 줄이기 위한 수단으로서 경찰 서비스를 제공할 가능성이 매우 높다. 어떠한 경우든지 정기적인 월 보험료를 지급하고 필요할 때마다 경찰기관으로부터 (보험회사이든 아니든) 경찰 서비스를 받을 가능성이 매우 높다.

이는 순수 민간경찰의 개념을 처음 접하는 사람들이 던지는 전형적인 질문, 다시 말해 "그렇다면, 만약 누군가에게 공격당하거나 강도를 만나게 되면 경찰에게 달려가서 보호 서비스를 받기 위해 얼마를 내야 하는지 흥정을 해야 한다는 말입니까?" 하는 질문에 대한 첫 번째 명료한 답을 제공해준다. 잠깐만 생각해보아도 자유시장에서 이러한 방식으로 제공되는 서비스는 존재하지 않음을 알 수 있다. 경찰회사 A나 보험회사

B로부터 보호 서비스를 받고자 하는 개인은 공격당할 때까지 기다리기보다는 당연히 정기 보험료를 내고 있을 것이다. "하지만 응급상황이 벌어지고 A사의 경찰이 누군가 강도를 당하고 있는 것을 발견한다고 합시다. 이 A사의 경찰은 달려가서 피해자가 A사의 보험에 가입해 있는지 물어볼까요?" 우선, 앞서 언급한 바와 같이 이러한 형태의 길거리 범죄는 해당 거리의 소유자가 고용한 경찰에 의하여 해결될 것이다. 그러나 담당 경찰이 없는 인근 지역에서 A사의 경찰이 누군가 공격당하고 있는 장면을 목격하는 예상 밖의 경우에는 어떨 것인가? 그는 피해자를 방어하기 위해 달려갈 것인가? 이는 물론 A사의 방침에 따르겠지만, 민간 경찰회사가 응급상황에서 피해자에게 무료 서비스를 제공하고 상황 종료 후 구조된 피해자에게 자발적인 기부금을 요구하는 등의 정책을 수립하여 고객에게 호감을 사려 할 것이라는 것쯤은 쉽게 상상할 수 있다. 주택보유자가 도둑맞거나 공격당할 때, 해당 개인은 당연히 그동안 이용해온 경찰회사에 연락할 것이다. 이때 주택보유자는 이제까지의 '경찰'이 아닌 경찰회사 A에 연락할 것이다.

경쟁은 효율성, 저비용, 고품질을 보장한다. 따라서 어떤 지역에 단 하나의 경찰회사만을 두어야 한다고 생각할 필요는 없다. 경제학자들은 특정 재화나 용역의 생산은 '자연 독점' natural monopoly 을 야기하므로 어떤 지역에서 민간 경찰회사가 여럿 생기면 오래가지 못할 것이라고 주장해 왔다. 그럴 수도 있다. 하지만 이는 완전 자유시장만이 결정할 수 있다. 실제 경쟁 하에서 어떤 기업이, 몇 개나, 그리고 어떤 규모 및 품질의 기업이 살아남을지는 오직 시장만이 결정할 수 있다. 경찰 보호 서비스가 '자연 독점'에 해당한다고 예단할 필요는 없다. 어찌 되었건 메트로폴리탄 Metropolitan, 에퀴터블 Equitable, 푸르덴셜 Prudential 등과 같은 보험회사가 나란히 공존하고 있듯이, 메트로폴리탄, 에퀴터블, 푸르덴셜 경찰회사가 공존하지 못할 이유는 없지 않은가? 19세기 프랑스의 자유시장 경제학자 귀스타브 드 몰리나리 Gustave de Molinari 는 경찰 보호에 대한 자유시장을 생각해내고 옹호한 최초의 인물이다.[3] 몰리나리는 도심 지역에는 결국 몇 개의 민간 경찰회사가, 각 농촌 지역에는 하나의 민간 경찰회사가 생존하게 되리라 예측하였다. 우리는 현대 기술 덕택으로 도심의 거대 기업이 외딴 지역에 지사 또는 분소를 설립하는 것이 전에 비하여 훨씬 쉬워졌음을 인식해야 한다. 따라서 와이오밍 Wyoming 의 한 작은 마을에 사는 사람이 지역 내 경찰회사의 서비스를 이용할 수도 있고, 아니면 인근의 메트로폴리탄 경찰회사의 지사를 이용할 수도 있다.

"그렇지만 빈곤층은 지금처럼 무료 보호 서비스를 받는 대신 민간 회사의 보호 서비스를 받을 여유가 있겠느냐?"라는 의문이 있을 수 있다. 이는 순수 민간 경찰 서비스론에 대한 가장 흔한 비판 중 하나로서, 이에 대한 해답은 여러 가지가 있다. 우선, 자유지선주의 사회에서 이러한 문제는 당연히 경찰 서비스만이 아닌 모든 상품 또는 서비스에 적용된다. 그러나 보호 서비스는 모든 사람에게 필수적이지 않은가? 아마도 그럴 것이다. 하지만 이는 다른 의식주 등도 마찬가지이다. 의식주 등이 보호 서비스보다 더하지는 않을지 몰라도 최소한 그것만큼 꼭 필요한 것임에도, 그렇다고 해서 정부가 의식주 등을 국영화하여 이들을 강제 독점 아래 무료로 제공해야 한다고 말하는 사람은 거의 없다. 앞서 복지에 관한 장에서 살펴본 바와 같이 극빈자들은 일반적으로 민간 자선 단체의 도움을 받는다. 경찰의 경우에도 빈곤 계층에 대하여 무료 경찰 서비스를 자발적으로 제공하는 방법이 분명 있을 것이다. 경찰회사가 선의로 (병원

---

[3] 몰리나리(Gustave de Molinari)의 『안전의 생산』(*The Production of Security*, New York: Center for Libertarian Studies, 1977)을 참조할 것.

이나 의사들이 현재 하는 것처럼) 보호 서비스를 제공하거나 아니면 오늘날의 '법률 지원' 단체처럼 특별 '경찰서비스 지원' 단체들을 만들어 제공할 수도 있을 것이다. (법률 지원 단체는 관계 당국과 분쟁이 있는 빈곤층에 자발적으로 무료 법률 자문을 제공한다.)

추가로 고려해야 할 중요 시안이 있다. 앞에서 살펴본 바와 같이 정부의 경찰서비스는 '무료'가 아니다. 납세자가 그 비용을 대는 것이다. 그런데 납세자는 때때로 그들 자신이 빈곤층이다. 납세자는 훨씬 더 효율적일 수 있는 민간 경찰회사에 지불할 이용료보다 더 많은 세금을 현재의 경찰에게 지급하고 있는 것인지도 모른다. 게다가 민간 경찰회사들은 대량소비시장의 문을 두드릴 것이다. 대량소비시장에서는 규모의 경제에 힘입어 경찰서비스 가격이 의심의 여지 없이 매우 낮아질 것이다. 그 어떤 경찰회사도 시장과 동떨어진 가격을 제시하지 않을 것이며, 보호 서비스 비용은 오늘날의 보험료보다 터무니없이 비싸지지는 않을 것이다. (사실 오늘날의 보험 산업은 저비용 경쟁을 막기 위해 정부로부터 각종 규제를 받고 있기 때문에, 경찰서비스는 현행 보험료보다는 훨씬 저렴해질 것이다.)

대부분의 사람에게 민간 경찰 개념을 거부하게 하는 마지막 질문이 있다. 경찰회사끼리 항상 서로 충돌하지는 않을 것인가? '무정부 상태'가 되어 어느 한 사람이 '자신'의 경찰을 부르는 동안, 상대방 역시 '그 자신'의 경찰을 불러 경찰 간에 계속되는 마찰이 있지는 않을 것인가?

이 중요한 질문에는 여러 종류의 답이 존재한다. 첫째로, 전체를 총괄하는 '국가', 즉 중앙 정부 또는 단일 지자체가 없으므로, 우리는 '적어도' 대규모의 가공할 만한 핵무기를 동반하는 국가 간 전쟁의 공포에서 해방된다. 과거의 역사를 돌이켜보면, 국가 간 전쟁의 총체적 대량 파괴와 비교하면 외딴 인근 지역의 '패싸움'이나 충돌로 사망한 사람의 수는 아무것도 아니지 않은가? 여기에는 그럴만한 이유가 있다. 감정적 반응을 막기 위해 두 개의 가상 국가, '루리타니아'와 '왈다비아'를 설정해보자. 만약 루리타니아와 왈다비아가 모두 자유지선주의 사회로 전환되어 정부가 사라지고 대신 무수히 많은 개인, 민간 기업 및 경찰회사들이 생긴다면, 발생할 수 있는 충돌은 당연히 지역 내 분쟁에 국한될 것이며, 무기의 범위 및 파괴력 역시 매우 제한적이 될 것이다. 루리타니아의 한 도시 내의 두 경찰회사 간에 충돌이 생겨 총격전이 벌어진다고 가정하자. 최악의 상황에서도 이 두 회사는 대량폭격이나 핵전쟁 또는 세균전 등을 벌일 수는 없을 것이다. 그러면 대참사가 일어나 두 회사 모두 사라지게 될 것이기 때문이다. 대량파괴는 여러 지역을 하나로 묶어 단일 정부의 독점 체제로 귀속시키기 때문에 일어나는 것이다. 만약 왈다비아의 단일 독점 정부가 오랜 경쟁자인 루리타니아의 정부와 대립하게 된다면, 두 정부는 대량살상 무기 사용이나 핵전쟁까지 불사할 것이다. 이는 타격을 입히는 상대가 '다른 사람', '다른 국가'이기 때문이다. 더욱이 이제 각 개인은 어느 단일 독점 정부에 소속된 국민이기 때문에, 다른 정부의 눈에 그 개인은 돌이킬 수 없이 '그 개인'의 정부와 동일시된다. 예를 들어, 프랑스의 국민은 '자기' 정부와 동일시되기 때문에 만약 다른 정부가 프랑스를 공격한다면 프랑스 정부뿐만 아니라 프랑스 국민도 공격의 대상이 될 것이다. 그에 비해 만일 A사와 B사 두 회사가 싸우게 된다면, 기껏해야 각 회사의 고객들이 싸움에 휘말리게 되는 것이며, 그 이상은 아무도 연루되지 않는다. 그렇다면 만약 최악의 상황이 벌어져 자유지선주의 세계가 '무정부' 세계가 될지라도, 우리는 무시무시한 대량파괴 무기를 독점적으로 보유한 각각의 '무정부적' 민족국가들 nation-states 앞에서 속수무책인 지금의 상황보다는 여전히 '훨씬' 나은 상황에 놓이게 될 것이라는 점이 자명해진다. 기억해야 할 것은 우리가 언제나 그래 왔듯이 앞으로도 '국제적 무정부 상태'에서 살 것이라는 점이다. 전 세계를 통괄하는 세계 정부 world government 가 없는 상태에서는 강압적 민족국가들을 통제할 방법이 없으며, 이러한 상황이 조만간 바뀔 기미도 전혀 보이지 않는다.

자유지선주의 세계에서는, 무정부 상태가 된다 하더라도, 우리가 국가 지배 체제에서 지난 수 세기 동안 겪어온 참혹한 전쟁, 대량 파괴, 원자 폭탄 등을 겪지 않아도 될 것이다. 지역 경찰이 계속 충돌하는 일이 벌어지더라도 제2의 드레스덴 Dresden[4] 이나 제2의 히로시마 Hiroshima 는 생겨나지 않을 것이다.

그러나 아직도 더 생각해 보아야 할 것이 매우 많다. 우리는 비록 소규모일지라도 '무정부 상태'가 발생할 것이라고 인정해서는 안 된다. 경찰 충돌의 문제를 사심 없는 의견 대립의 경우와 하나 혹은 그 이상의 경찰 집단이 범법자가 되어 강압적으로 돈을 탈취하거나 제멋대로 하려는 경우의 둘로 나누어 생각해보자. 범법 경찰 집단의 문제는 일단 논외로 하고, 경찰 집단들이 사심이 없으며, 충돌은 사심 없는 의견 대립에 의해서만 촉발된다고 가정해보자. 경찰이 해당 고객에게 제공할 수 있는 보호 서비스의 매우 중요한 측면 중 하나가 조용한 보호임은 두말할 필요가 없다. 경찰의 보호 서비스를 구매하는 모든 소비자는 다른 무엇보다 효율적이고 조용한 보호, 즉 충돌이나 소란이 없는 보호를 원할 것이다. 모든 경찰회사는 이 중요한 사실을 매우 잘 알고 있을 것이다. 그렇다면, 경찰들끼리 지속해서 충돌하여 서로 싸울 것이라는 가정은 실로 터무니없게 된다. 왜냐하면, 이렇게 '무정부 혼란 상태'가 되면 모든 경찰회사의 영업에 막대한 타격이 가해진다는 사실을 간과하는 것이기 때문이다. 직설

---

[4] [역주] 제2차세계대전 당시 연합군의 폭격으로 거의 폐허가 되다시피 한 독일의 도시.

적으로 말하면, 이러한 전쟁과 충돌은 기업행위에 매우 부정적 영향을 준다. 따라서 자유시장에서는 경찰회사들끼리 서로 충돌하지 않게끔 대책을 강구할 것이다. 의견 대립이 생기면 민간법원에서 민간판사와 중재인을 통해 해결되도록 하게 될 것이다.

좀 더 구체적으로 보자면, 앞서 언급한 바와 같이 도로 소유자, 상점 주인, 임대인, 주택 보유자 각각이 자체 경비원을 두거나 자신의 경찰회사를 지정해 놓고 있으므로 충돌 자체가 최소화될 것이다. 일상생활에서 경찰회사 간의 직접 충돌은 현실적으로 가능성이 매우 희박할 것이다. 그러면 인접한 두 주택의 주인 간에 싸움이 발생하는 경우를 가정해보자. 각자가 상대방이 먼저 폭력을 사용했다고 주장하며 각자의 경찰회사에 연락한다고 가정해보자. 어떤 일이 벌어질까? 두 경찰회사가 서로 총격전을 벌이게 되면 그것은 물리적으로뿐 아니라 경제적으로도 파멸을 초래하게 될 것이다. 그 때문에 각 경찰회사는 기업 활동을 계속하기 위해서 민간법원이나 중재인을 통해 시시비비를 가릴 것임을 필수불가결한 업무 강령의 하나로 채택할 것이다.

제2절 법원

이제 판사 또는 중재인이 어떤 분쟁에서 김 아무개 씨가 이 아무개 씨에게 폭력을 행사한 과실이 있다는 판결을 내렸다고 가정해보자. 만약 김 아무개 씨가 그 평결을 받아들인다면, 김 아무개 씨에게 어떠한 배상이나 벌칙을 부과하더라도 자유지선주의의 보호이론에는 아무 문제도 야기되지 않는다. 그러나 김 아무개 씨가 평결을 받아들이지 않는다면 어떻게 될 것인가? 아니면 다음의 사례를 가정해보자. 박 아무개 씨가 강도를 당했다. 그는 자신의 경찰회사에 범인 검거를 요청한다. 경찰회사는 최 아무개 씨가 범인이라고 결론짓는다. 이후에는 어떻게 될 것인가? 만약 최 아무개 씨가 자신의 죄를 인정한다면 역시 아무런 문제 없이 사법 절차가 진행되어 최 아무개 씨는 피해자에게 배상해야만 한다. 그러나 만일 최 아무개 씨가 자신의 죄를 인정하지 않으면 어떻게 될 것인가?

위 사례들은 우리로 하여금 경찰의 보호 서비스라는 영역에서 벗어나 보호의 또 다른 핵심 영역인 사법 서비스로 주의를 돌리게 한다. 여기서 사법 서비스란 일반적으로 인정된 절차에 따라 각종 범죄 행위 및 분쟁에서 누가 범죄자이고 누가 계약 파기자인지 최대한 밝히기 위한 방법을 정하는 것이다. 경쟁력 있는 민간 경찰서비스의 제공이 자유시장에서 가능하다고 인정하는 사람들조차도 순수 민간법원의 도입에 대해서는 생각이 흔들린다. 어떻게 법원이 민간 기업일 수 있는가? 정부가 없는 상태에서 법원 결정을 어떻게 집행할 수 있는가? 끊임없는 대립과 '무정부 상태'가 뒤따르지 않겠는가?

무엇보다도 정부가 독점하는 법원은 다른 정부활동과 마찬가지로 비효율성, 소비자 무시 등과 같은 심각한 문제를 안고 있다. 예를 들어 판사직은 지혜, 인격 또는 소비자에게 서비스를 제공하는 데 있어서의 효율성 등에 따라 선정되는 것이 아니라, 정치적 과정에 의해 선출되는 정치적 자리이다. 더욱이 법원은 독점 기관이다. 만약 어느 지역의 법원이 부패하여 돈으로 매수되거나 억압적이거나 비효율적이라면, 현재로서는 시민이 달리 의지할 곳이 없다. 예를 들어, 와이오밍 주 딥폴즈 Deep Falls 시의 어느 시민이 억울한 일을 당했다 해도, 그저 와이오밍 지방법원의 결정에 따를 수밖에 없다. 자유지선주의 사회에서는 재판을 의뢰할 수 있는 법원이나 판사가 다수 존재한다. 다시 한번 말하지만, 사법권의 자연 독점을 가정할 이유가 전혀 없다. 예컨대 딥폴즈 시의 시민은 푸르덴셜 사법회사의 해당 지역 지사에 도움을 요청할 수도 있을 것이다.

자유 사회에서 법원은 필요한 재원을 어떻게 조달하는가? 다양한 방법이 있다. 각 개인이 법원 서비스에 가입하여 월정액을 납부하고 필요할 때 법원에 도움을 요청하는 방법이 있을 수 있다. 또는 경찰보다 법원의 도움을 받아야 하는 경우가 훨씬 드물 것이므로, 각 개인은 법원 서비스를 사용하고자 할 때 비용을 먼저 지급하고, 추후에 범죄자 또는 계약 파기자로 하여금 피해자나 원고에게 그 비용을 배상하도록 하는 방법이 있을 수 있다. 아니면 경찰회사가 분쟁을 조정하기 위하여 법원을 고용하거나, 또는 경찰 서비스와 사법 서비스를 함께 제공하는 '수직적 통합기업'을 설립하는 방법도 있을 수 있다. 예를 들어 푸르덴셜 사법회사가 경찰 사업부와 사법 사업부를 함께 두는 식으로 말이다. 이들 중 어느 것이 가장 적합한지는 오직 시장만이 결정하게 될 것이다.

우리는 오늘날 사회에서도 사적 중재private arbitration를 사용하는 경우가 많아지고 있음을 주목할 필요가 있다. 정부 법원은 너무나도 지체가 심하고, 비효율적이며, 낭비적이어서 분쟁에 휘말린 당사자들은 분쟁을 좀 더 저렴하고 빨리 해결하기 위해 사적중재인에게 도움을 청하는 경우가 크게 늘고 있다. 최근 몇 년 사이에 사적 중재업은 급성장하는 매우 성공적인 업종이 되었다. 게다가 이는 자발적이어서 중재의 규칙을 당사자들이 신속하게 결정할 수 있다. 국민 모두에게 적용되는 복잡다단한 법적 틀이 필요 없기 때문이다. 따라서 중재 시 판결은 관련 업계 또는 직업에 종사하는 전문가들에 의해 내려질 수 있게 된다. 현재 "악수는 주먹보다 강하다 the Handclasp is Mightier than the Fist"를 모토로 하는 미국중재협회 American Arbitration Association가 미국 전역에 25개소의 지점과 23,000명의 중재인을 보유하고 있다. 1969년에 이 협회는 22,000건이 넘는 중재를 수행하였다. 또한, 보험회사들은 자발적 중재를 통하여 연간 50,000건이 넘는 보험 청구를 조정한다. 자동차 사고 관련 보험 청구에서도 사적중재인의 이용이 늘고 있으며 성공적이라는 평가를 받고 있다.

사법기능의 상당 부분을 사적중재인들이 수행하고 있기는 하지만 사적중재인들의 결정이 법원에 의하여 집행되기 때문에 분쟁 당사자가 중재인을 누구로 할지에 대해 합의하게 되면 그 중재인의 판결이 법적 구속력을 갖는 것 아니냐는 항변이 제기될 수 있다. 이는 사실이다. 하지만 1920년 이전에는 사정이 달랐다. 1900년부터 1920년 사이에 빠른 속도로 중재 업종이 성장하면서 현재에 이른 것이다. 실제로 현대의 중재 운동은 미국 남북전쟁 당시 영국에서 무섭게 번져 나갔다. 당시 사적중재인의 판결이 법적 구속력이 없었음에도 이 같은 '민간 법원' private courts 을 이용하는 상인이 급증하였다. 1900년이 되기 전에 미국에 자발적 중재가 이미 뿌리내리게 되었다. 실제로 중세 영국에서 상사법 merchant law 은 정부 법원에 의하여 허술하고 비효율적으로 다루어지고 있었으며 이 법의 전체적 골격은 민간 상사법원 merchants' courts 에서 다듬어진 것이다. 상사법원은 순전히 자발적 중재인들로 구성되었으며, 그 판결은 법적 구속력이 없었다. 그렇다면 이들이 어떻게 성공할 수 있었는가?

해답은 다음과 같다. 중세시대 때부터 1920년까지 상인들이 유일하게 기댈 수 있는 언덕은 구역 내 상인들 간의 집단 배척 및 집단 불매뿐이었다. 즉, 어느 상인이 중재에 따르기를 거부하거나 판결을 무시할 경우, 다른 상인들은 이러한 사실을 업계에 공지하고 해당 상인과의 거래를 거부함으로써 결국 그를 굴복시켰다. 울드리지 Wooldridge 는 중세시대의 한 예를 다음과 같이 든다.

상인들이 상사법원을 작동하게 하는 방법은 단순하다. 모두 법원의 결정을 수용하는 데 동의하는 것이다. 물론 상인이 이러한 합의를 깬다고 해서 감옥에 가게 되는 것은 아니다. 그렇지만 장사를 계속하기 어렵게 된다. 왜냐하면, 합의를 수용하는 나머지 상인의 단결력이 물리적 강제력보다도 훨씬 더 효과적이기 때문이다. 호밍Homing 지역에 사는 존이라는 사람의 예를 들어보자. 그는 생선 도매업자였다. 그는 견본과 같은 것이라고 속여 많은 양의 청어를 판매하였다. 그러나 동료 상인들은 그가 실제로는 '부패한 청어와 값이 싼 가시고기'를 섞어서 팔았음을 알게 되었고, 그는 시장에서 쫓겨나지 않으려고 속인 부분을 변상해내어야 했다.[5]

현대 사회에서 집단 배척은 더더욱 효과적이 되어, 중재인의 판결을 무시하는 자는 누구든 영원히 중재인의 서비스를 받지 못할 것이라는 사실을 알게끔 되었다. 제너럴 일렉트릭 General Electric 사의 회장인 오웬 영Owen D. Young은 다른 기업가들의 도덕적 질책이 법률 집행보다도 훨씬 효과적인 제재라고 하였다. 오늘날에는 현대적 기술, 컴퓨터, 신용등급 등으로 해서 전국 단위의 집단 배척과 퇴출을 과거 어느 때보다도 더 효과적으로 수행할 수 있을 것이다.

상거래 분쟁에서는 순수 자발적 중재가 충분하다고 하더라도, 강도, 강간, 은행 강도 등과 같은 진짜 범죄 행위는 어떻게 할 것인가? 이런 경우에는 아마도 집단 배척만으로는 충분하지 않을 것이다. 앞에서 논의한 것처럼 도로 소유자들이 그러한 범법자들을 자신들의 소유지 안에 들어오지 못하게 막는다고 하더라도 말이다. 그렇다면 형사 사건에서는 사법 기관과 법 집행이 반드시 필요하게 된다.

자유지선주의 사회에서 법원은 어떻게 운용되어야 하는가? 특히, 법원의 판결을 어떻게 집행할 수 있겠는가? 더욱이 법원의 운용 전반에서

---

[5] 앞에서 언급한 울드리지(Wooldridge)의 저서 96쪽을 참조할 것. 아울러 94~110쪽도 참조할 것.

유죄로 판결 나기 전에는 누구에게나 어떠한 물리력도 사용하면 안 된다는 자유지선주의의 중요한 원칙을 반드시 준수해야 한다. 법원이나 경찰이라 하더라도 이를 어기고 무고한 사람에게 물리력을 사용한다면 유죄 판결을 받게 될 것이다. 국가주의 사회에서와는 달리, 경찰관이나 판사라 하더라도 사회 내 일반 사람이 사용할 수 있는 수준을 초과하여 강압을 사용할 수 있는 특권은 없다.

여기서 앞서 언급한 사례를 다시 살펴보기로 하자. 박 아무개 씨가 강도를 당했다. 그가 고용한 경찰회사는 최 아무개 씨가 범죄자라고 결론짓는다. 그러나 최 아무개 씨는 자신의 죄를 인정하지 않는다. 이런 때에는 어떻게 해야 하는가? 우선 지금으로서는 전 세계에 효력을 미치는 세계 법원이나 그 법원의 판결을 집행하는 세계 정부가 없음을 인식해야 한다. 이렇게 우리가 '국제적 무정부 상태'에 살고 있음에도 두 국가의 국민 간 분쟁을 해결하는 데에는 문제가 거의 없다. 예를 들어 우루과이의 한 국민이 아르헨티나의 어떤 국민에게 사기를 당했다고 주장한다고 하자. 그 우루과이인은 어느 법원에 가야 하는가? 그는 자기 나라 법원, 즉 피해자인 원고의 법원에 간다. 소송은 우루과이 법원에서 진행되며, 아르헨티나 법원은 이를 존중한다. 이는 미국 국민이 캐나다 국민에게 사기를 당했다고 생각하는 때에도 동일하게 적용된다. 로마제국이 멸망하고 나서 유럽에서 여러 게르만족이 같은 지역에서 뒤섞여 살고 있을 당시, 만약 어느 서고트인 Visigoths 이 프랑크인 Frank 에게 상해를 당했다고 생각하면 그는 서고트 법원에 소송을 제기하였고 서고트 법원의 판결은 일반적으로 프랑크 법원에 의하여 인정되었다. 원고 측 법원에 소송을 제기하는 것은 합리적인 자유지선주의적 절차이기도 하다. 이는 피해자인 원고는 고통을 받은 당사자이며 그가 자기 측 법원에 소송을 제기하는 것은 당연하기 때문이다. 따라서 앞에 든 예에서 박 아무개 씨는 푸르덴셜 법원회사에 최 아무개 씨를 절도 혐의로 형사 고발할 것이다.

물론 최 아무개 씨 역시 푸르덴셜 법원회사의 고객일 수도 있으며, 이 경우에는 아무 문제가 없다. 푸르덴셜의 판결은 양 당사자에게 모두 적용되며, 법적 구속력을 가진다. 그러나 한 가지 중요한 조건은 최 아무개 씨가 유죄를 선고받기 이전에는 죄가 없는 것으로 간주하기 때문에 그에게 강제 소환을 집행할 수 없다는 것이다. 하지만 최 아무개 씨에게는 자발적 소환이 권유될 것이다. 즉 그가 어떤 혐의로 피소되었으니 직접 혹은 법정 대리인으로 하여금 법정에 출두하도록 권고할 것이다. 최 아무개 씨가 법원에 출두하지 않으면, 궐석 *in absentia* 재판이 진행되며, 이는 최 아무개 씨가 재판 과정에서 자신을 변호할 기회를 갖지 못하게 되므로 당연히 본인에게 불리하게 될 것이다. 만약 최 아무개 씨에게 유죄가 선고되면, 법원과 집행관은 최 아무개 씨를 체포하고 판결된 처벌을 집행하고자 물리적 방법을 사용할 것이다. 물론 처벌에서 가장 먼저 생각해야 할 것은 피해자에 대한 배상이다.

그러나 만약 최 아무개 씨가 푸르덴셜 법원회사를 인정하지 않는다면 어떻게 될 것인가? 만약 그가 메트로폴리탄 법원회사의 고객이면 어떻게 될 것인가? 이 경우에 문제는 조금 더 어려워진다. 맨 먼저 박 아무개 씨는 푸르덴셜 법원에 소송을 제기한다. 최 아무개 씨가 무죄인 것으로 밝혀지면 사건은 여기에서 종결된다. 그러나 최 아무개 씨가 유죄판결을 받는다고 가정하자. 만약 그가 아무런 조처를 하지 않으면, 법원 판결은 그에게 불리하게 돌아갈 것이다. 그러나 최 아무개 씨가 푸르덴셜 법원이 비효율적이라거나 아니면 매수당했다고 주장하며 메트로폴리탄 법원에 소송을 제기한다고 하자. 이렇게 되면 이 건은 메트로폴리탄 법원에서 심리된다. 만약 메트로폴리탄 법원 역시 최 아무개 씨에게 유죄를 선고하면 이 건은 종결되게 된다. 푸르덴셜 법원은 최 아무개 씨를 판결에 따라

처리하게 된다. 그러나 메트로폴리탄 법원이 최 아무개 씨에게 무죄 판결을 내린다면 어떻게 될 것인가? 두 법원과 소속 집행관들이 거리로 나와 총격전을 벌일 것인가?

이는 분명 비이성적이며 자기파괴적인 행동일 것이다. 고객에 대한 사법서비스의 핵심은 정의롭고, 불편부당하며, 평화롭게 기능하는 판결을 제공하는 일이다. 다시 말해 최선의, 그리고 가장 객관적인 방법으로 범죄와 관련된 진실을 밝혀내는 일이다. 판결 후 총격전이 벌어진다면 고객들은 이를 훌륭한 사법 서비스라고 생각하지 않을 것이다. 따라서 고객에 대한 법원 서비스의 핵심은 항소 절차이다. 요약하자면, 모든 법원은 항고재판appeals trial 의 결과에 따르는 데 동의할 것이며, 위의 사례에서는 메트로폴리탄 법원과 푸르덴셜 법원이 합의한 자발적 중재인의 판결에 따르게 될 것이다. 항소심 판사가 판결을 내리면, 이 세 번째 재판의 판결은 구속력을 갖는 것으로 간주한다. 이후 푸르덴셜 법원은 그 판결에 따른 집행을 하게 된다.

"항소심이라니! 이는 결국 강제적 독점 정부를 다시 세우게 되는 것 아닙니까?" 그렇지 않다. 왜냐하면, 이 체계 안에서는 어느 한 개인이나 어느 한 법원만이 항소심을 담당하게 되는 것이 아니기 때문이다. 간단히 말해, 현재 미국에서는 대법원Supreme Court 이 최종심을 담당하게 되어 있으며, 따라서 원고나 피고의 희망과 관계없이 대법원판사가 최종 결정권자가 된다. 반면, 자유지선주의 사회에서는 각 민간법원이 각자 공정하고, 전문적이며, 객관적이라고 생각하는 항소심 판사를 선택할 수 있다. 특정 판사나 판사들만이 항소심을 맡도록 전 사회에 강요하는 일은 있을 수 없다.

항소심 판사에 대한 비용은 어떻게 조달되는가? 다양한 방법이 있을 수 있다. 그 중 가장 가능성이 높은 방법은 고객으로부터 항소 서비스를 포함해 수임료를 받은 원심법원이 그 비용을 대는 것이다.

그러나 최 아무개 씨가 계속 항소를 요구하면 어떻게 되는가? 무한정 항소하여 판결을 회피할 수 있는가? 어느 사회에서든지 법적 절차는 무한정 진행될 수 없으며, 어느 시점에서는 종결되어야 한다. 정부가 사법 기능을 독점하는 현재의 국가주의 사회statist society에서는 대법원이 최종 결정을 내리도록 임의로 정해져 있다. 자유지선주의 사회에서도 당사자 간에 합의된 최종심이 있어야 한다. 어떠한 범죄나 분쟁이든지 원고와 피고라는 두 당사자만이 있기 때문에 어느 두 법원이 같은 판결을 내리면 그것이 구속력을 갖는 것으로 법제화하는 것이 가장 타당할 것이다. 이렇게 하면 원고와 피고 각각의 두 법원이 같은 판결을 내린 경우는 물론, 그 두 원심의 상반된 판결에 대해 어느 한 항소법원이 판결을 내린 경우를 모두 해결하게 된다.

제3절 법률과 법원

이제 자유지선주의 사회에도 법이 있어야 함이 명백해졌다. 어떻게 그럴 수 있는가? 법률을 공포할 정부, 판사 임명 제도, 법안에 투표할 입법부 없이 어떻게 법률 체계가 존재할 수 있는가? 무엇보다도, 법이라고 하는 것이 자유지선주의 원칙에 부합하는가?

마지막 질문부터 대답하자면, 민간법원에 대한 정확한 지침을 정하기 위해 법은 반드시 필요하다. 예를 들어, 법원 A가 빨간 머리를 가진 사람은 모두 선천적으로 사악하므로 반드시 처벌받아야 한다고 판결한다면, 그 판결은 명백히 자유지선주의 정신을 거스르는 것이며, 그것은 빨간 머리를 한 사람들의 권리를 침해하는 것이 될 것이다. 따라서 그와 같은 판결은 자유지선주의 원칙에 따라 불법이며, 사회 구성원들의 지지를 받기 어렵다. 그렇다면 일반적으로 받아들여지고 모든 법원이 준수를 맹세하는 법체계가 필요하게 된다. 그러한 법체계는 개인의 신체나 재산에 대한 침해를 절대로 허용하지 않는 자유지선주의 원칙을 견지하고, 자유지선주의 원칙에 따라 재산권을 정의하며, 법적 잘잘못을 따짐에 있어 (오늘날 적용되는 것과 같은) 증거주의 rules of evidence 를 확립하고, 각 범죄에 대한 최고 처벌 규정 등을 마련하게 될 것이다. 이러한 법체계 안에서 각 법원은 어느 법원이 가장 효율적인 절차를 가졌는지 서로 경쟁하게 되며, 또한 판사, 배심원 제도 등이 과연 가장 효율적인 사법 서비스 제공 방법인지 등을 시장이 결정하게 될 것이다.

정부나 입법부 없이 서로 경쟁 관계에 있는 판사들만으로 그렇게 안정적이고 일관성 있는 법체계가 가능한가? 가능할 뿐만 아니라, 역사적으로 가장 훌륭하고 성공적인 법체계는 바로 이러한 방식으로 개발되었다. 왕은 말할 것도 없고 의회 역시 변덕스러웠으며, 권리 침해를 다반사로 행하고, 또 일관성이 없었다. 그들은 법체계에 변칙과 폭정만을 들여왔을 뿐이다. 실제로 정부는 다른 서비스 부문에서와 마찬가지로 법률을 개발하고 적용하는 데도 별다른 자격이 없다고 해야 할 것이다. 따라서 국가로부터 종교가 분리되었듯이, 또 경제가 국가로부터 분리될 수 있듯이, 경찰, 법원 및 법률 그 자체를 포함한 모든 국가 기능도 국가로부터 분리될 수 있는 것이다.

앞에서 일례로 제시한 바와 같이 상사법 체계는 국가나 국가 법원에서 개발한 것이 아니라 민간 상사 법원에서 개발하였다. 정부가 상사 법원에서 개발되던 상사법을 채용하게 된 것은 훨씬 나중의 일이었다. 이 같은 현상은 해상, 해운, 인양 등을 관장하는 해사법 admiralty law 에서도 동일하게 나타났다. 국가는 이런 문제에 관심이 없었으며, 국가의 사법권은 공해상에는 미치지 않았다. 따라서 해운업자들은 민간 법원에서 해사법을 적용하는 것뿐 아니라, 해사법의 전체 틀을 만들어 내었다. 정부가 해사법을 정부 법원으로 들여온 것 역시 나중의 일이었다.

마지막으로 그 유명한 관습법common law인 영미법Anglo-Saxon law의 주요 골격은 서로 경쟁 관계에 있던 판사들이 오랫동안 면면히 이어져 온 원칙들을 고수하며 수 세기에 걸쳐 만들어낸 것이지 국가가 만들어낸 것이 아니다. 이 원칙들은 어느 특정 왕이나 의회가 임의로 결정한 것이 아니라 수 세기에 걸쳐 합리적인 - 그리고 상당 부분 자유지선주의적인 - 원칙을 실제 사례에 적용해온 결과로 만들어진 것이다. 과거 판례를 따른다는 원칙은 과거에 대한 맹목적 추종 때문이 아니라, 과거의 모든 판사가 일반적으로 인정된 관습법 원칙을 특정 사건이나 문제에 적용하여 판결했기 때문에 나타나게 되었다. 과거의 판사들은 (오늘날과는 다르게) 법을 제정하지 않았다. 그들의 임무, 즉 전문 분야는 일반적으로 인정되는 관습법 원칙에 부합하는 법률을 찾아내어 그 법률을 특정 사건, 혹은 신기술이나 새로운 제도적 상황에 적용하는 것이었다. 수세기에 걸쳐 이루어진 관습법의 영광은 그들이 성공했음을 웅변해 주는 것이다.

더욱이 관습법 판사들은 민간인들이 분쟁이 생겼을 때 찾아가는 법률 전문가로서 민간 중재인과 매우 흡사한 기능을 하였다. 법적 구속력을 갖는 판결을 내리는 자의적으로 도입된 '대법원' 같은 것은 없었다. 판례 역시 존중은 되었으나 자동으로 법적 구속력을 가지는 것은 아니었다. 이탈리아의 자유지선주의 법학자 브루노 레오니Bruno Leoni 는 다음과 같이 말하였다.

> 영국에서 법원은 자의적 규칙을 쉽게 제정하지 못하였다. 이는 법원이 직접 그렇게 할 수 있는 위치에 놓인 적이 전혀 없었기 때문에, 다시 말해 의원들처럼 의례적으로, 아무 때나, 광범위한 분야에 걸

쳐, 오만한 태도로 법률을 만들어낼 수 없었기 때문이다. 더욱이 영국에는 너무나도 많은 사법재판소 court of justice 가 있고, 서로 간에 질투가 심하여 판례를 따른다는 그 유명한 원칙조차도 최근에 이르러서야 공개적으로 인정되었다. 게다가 이전에 민간인이 제소한 적이 없는 사건에 대해서는 아무것도 결정할 수 없었다. 마지막으로, 상대적으로 소수의 사람만이 자신들의 사건에 대한 판결의 기준이 되는 규칙이 무엇인지 법원에 문의하였다.[6]

그리고 '대법원'의 부재에 대하여는 다음과 같이 말하였다.

변호사법이나 법원법의 경우, 판사나 법률 전문가가 소송에 대한 최종 결정권을 갖게 되면 언제나 바람직스럽지 못한 것들까지 포함되는 법률적 특성이 생겨나는 경향이 있을 수 있다는 것은 부인할 수 없다. … 오늘날 일부 국가들의 사법 제도에서는 '대법원' 제도를 운영하고 있는데, 그 때문에 원고와 피고 간에 상당한 의견 대립이 있을 때마다 대법원 판사들의 다수 혹은 일부의 개인적 견해가 모든 당사자에게 강요되는 일이 벌어지고 있다. 그러나 … 이는 변호사법이나 법원법의 본질과는 거리가 먼 것으로 오히려 그 본질로부터 일탈한 것이다. …[7]

그러한 문제점들과는 별도로, 판사들의 개인적 견해가 강요되는 경우는 다음과 같은 이유로 최소화되었다. (a) 판사는 민간인이 소송을 제기할 때만 판결을 내릴 수 있었다. (b) 각 판사의 판결은 해당 소송 건에만

---

[6] 레오니(Bruno Leoni)의 『자유와 법』(*Freedom and the Law*, Los Angeles: Nash Publishing Co.. 1972), 87쪽.
[7] 앞의 책, 23~24쪽.

적용되었다. (c) 관습법 판사나 변호사들은 항상 과거 수백 년 동안의 판례를 고려하여 판결을 내렸기 때문이다. 더욱이 레오니가 지적한 바와 같이, 힘센 다수나 압력 단체들이 소수를 무시하는 입법부나 행정부와는 달리, 판사는 직책상 분쟁 당사자들의 주장을 잘 듣고 저울질해야만 한다. "판사 입장에서 분쟁 당사자들은 자신들의 주장과 증거를 자유롭게 제시할 수 있다는 점에서 동등하다. 의견이 다른 소수가 항상 다수에게 지는 것은 아니다." 또한, 레오니는 이러한 절차와 자유시장 경제 간의 유사성을 다음과 같이 지적한다. "물론, 주장에는 좀 더 그럴듯한 주장과 그렇지 못한 주장이 있을 수 있다. 그러나 모든 분쟁 당사자가 자신의 주장을 펼 수 있다는 사실은 모든 사람이 무언가를 사거나 팔기 위해 시장에서 다른 사람들과 경쟁할 수 있다는 사실에 비견될 수 있다."[8]

레오니는 사법 private law 의 영역에서 고대 로마 시대의 판사들이 영국의 관습법 법원에서와 마찬가지 방식으로 일을 처리했음을 밝혀냈다.

> 로마의 법률가들은 일종의 과학자들이었다. 이들은 시민이 연구해 달라고 의뢰한 사건에 대한 해답을 찾기 위해 심층 연구를 하였다. 이는 마치 오늘날의 기업가가 공장이나 제품과 관련한 기술적 문제를 물리학자나 공학자에게 의뢰하는 것과 같다. 따라서 민간 로마법 private Roman law 은 기술하거나 발견해내야 할 그 어떤 것이지, 제정해야 하는 것이 아니었다. 즉, 이미 존재하는 것들로서, 모든 로마시민의 공동 유산의 일부를 구성하는 것이었다. 누군가가 그 법을 제정한 것이 아니다. 아무도 자기 뜻에 따라 그 법을 바꿀 수 없었다. … 이것이 오랫동안 내려온, 로마적 개념이라고도 할 수 있는, 법률의 확실성 개념이다.[9]

---

[8] 앞의 책, 188쪽.

마지막으로, 레오니는 고대 관습법의 운용에 대한 자신의 지식을 사용하여 다음과 같은 핵심 질문에 답할 수 있었다. "자유지선주의 사회에서 누가 판사들을 임명하고 … 누가 그들로 하여금 법률을 정의하는 임무를 담당하게 할 것인가?" 레오니의 대답은 "사회의 기본 관습법의 원칙을 알고 적용하는 데 있어 전문성과 지혜 면에서 가장 명성이 높은 판사들에게 임무를 맡기는 국민 자신이라는 것이다.

> 사실 누가 판사를 임명할지 미리 정하는 것은 별로 중요하지 않다. 왜냐하면, 사람들 간에 분쟁이 생기면 민간중재인에게 의뢰하여 그 해결 방안을 찾는 것처럼, 어떤 의미에서는 누구나 할 수 있기 때문이다. … 판사를 임명하는 것은 물리학자나 의사처럼 박식하고 경험 많은 사람을 '임명'하는 것만큼 특별한 문제가 아니다. 어느 사회든지 훌륭한 전문가 집단의 등장이 공식 임명 때문인 것처럼 보일지 모르나, 그것은 단지 겉으로만 그렇게 보일 뿐이다. 실제로는 고객, 동료 및 일반 대중의 광범위한 동의에 기초하는 것이다. 그러한 동의 없이는 어떤 임명도 효과를 발휘하지 못한다. 물론 사람들이 잘못 선택할 수도 있다. 그러나 그런 문제는 어느 유형의 선택에서나 항상 존재하는 것이다.[10]

물론 미래의 자유지선주의 사회에서 기본적 법체계가 맹목적 관습에 의존하지는 않을 것이다. 이러한 맹목적 관습의 상당 부분은 반자유지선주의적일 수 있다. 법체계는 다른 개인의 신체나 재산을 침해하지 않아야 한다는 자유지선주의의 원칙에 기초하여 확립되어야 할 것이다. 요컨대,

---

[9] 앞의 책, 84~85쪽.
[10] 앞의 책, 183쪽.

아무리 전통이 훌륭하다고 하더라도, 단순한 전통보다는 이성reason에 기초해야 한다는 것이다. 그러나 우리에게는 이미 관습법 원칙이 있으므로 관습법을 수정하고 보완하는 것은 체계적 법률 원칙을 완전히 새로 만드는 것보다는 훨씬 수월할 것이다.

그러나 자유지선주의적 법률 및 법원 제도를 둔 가장 훌륭한 역사적 사례라고 할 수 있는 사회에 대해서는 최근까지도 역사학자들이 그다지 주목을 하지 않았다. 이 사회에서는 법원과 법률이 대부분 자유지선주의적이었을 뿐만 아니라, 그 법원과 법률이 '국가가 진짜 존재하지 않는' 자유지선주의 사회에서 운영된 경우였다. 고대 아일랜드가 바로 그 사회이다. 고대 아일랜드는 약 천 년 동안이나 자유지선주의 체제를 유지하다가 17세기에 들어와 영국에 무참히 정복되었다. 자유지선주의적 면모를 보인 다른 원시 부족들(서아프리카의 이보족 등 여타 유럽 부족들)과 달리, 정복되기 이전의 고대 아일랜드는 절대로 '원시' 사회가 아니었다. 고대 아일랜드는 매우 발달한 사회로서 수 세기 동안 서유럽에서 가장 선진적이고 문명화되었으며, 학문이 발달한 사회였다.

천 년 동안 고대 켈트 아일랜드 Celtic Ireland 에는 국가나 그와 유사한 어떤 것도 존재하지 않았다. 고대 아일랜드법의 권위자인 피든Peden이 기술한 바로는 "이 사회에는 의회, 법집행관, 경찰, 공적 사법 기관 등 어느 것도 존재하지 않았다. … 국가가 시행하는 사법 행위의 흔적 자체가 없었다."[11]

---

[11] 고대 아일랜드의 무정부주의적 제도에 대한 개괄적 설명으로서 가장 탁월하다고 할 수 있는 피든(Joseph R. Peden)의 「켈트 아일랜드에서의 재산권」(Property Rights in Celtic Irish Law), 『자유지선주의 연구 논총 I』(*Journal of Libertarian Studies* I), 1977년 봄호, 83쪽에서 인용함. 81~95쪽도 참조할 것. 요약으로는 피든(Peden)의 「무국가 사회: 고대 아일랜드」(Stateless Societies: Ancient Ireland), 『자유지선주의 논단』(*The Libertarian Forum*), 1971년 4월호, 3~4쪽을 참조할 것.

그렇다면 사법 질서는 어떻게 보장되었는가? 고대 아일랜드의 기본 정치 단위는 투아^{tuath}였다. 토지를 소유한 모든 '자유시민^{freeman}'과 모든 전문가와 장인은 투아의 회원이 될 자격이 있었다. 각 투아의 회원들은 1년에 한 번씩 회의를 열어 공동의 정책을 결정하고, 다른 투아와의 전쟁이나 평화를 선포하고, '왕'을 선출하거나 폐위시켰다. 여기서 중요한 것은 다른 원시부족과는 달리 아무도 혈연이나 지연 때문에 특정 투아에 귀속되지 않았다는 것이다. 개별 회원들은 자유롭게 한 투아에서 탈퇴하여 경쟁 관계에 있는 투아에 가입할 수 있었으며, 실제로도 그런 일이 자주 일어났다. 때때로 둘 이상의 투아가 더 효율적인 단위를 구성하기 위하여 하나로 합병하기도 하였다. 피든이 기술한 바로는 "투아는 사회적 이익을 위하여 자발적으로 뭉친 사람들의 단체이며 그 회원들이 소유한 토지의 총합이 해당 투아의 영토를 구성하였다."[12] 요약하면, 고대 아일랜드에는 어떤 (흔히 계속 확장되는) 영토에 대해, 소속 주민의 토지소유권과 구별되는, 별도 형태의 통치권을 행사하는 근대적 개념의 국가가 존재하지 않았다. 투아는 자발적 회원의 토지재산으로만 구성된 자발적 연합이었다. 역사적으로 고대 아일랜드에는 전 지역에 걸쳐 항상 80~100여 개의 투아가 공존하였다.

그렇다면 선출된 '왕'은 어떤 존재였는가? 왕은 국가통치자의 성격을 띠었는가? 왕은 주로 종교적 대사제로서 자발적 사회·정치 조직이며 동시에 종교 조직인 투아의 종교의식을 주재하였다. 기독교 이전 토속신앙의 사제처럼 왕의 기능은 세습되었으며, 이러한 관행은 기독교 시대까지 이어졌다. 왕은 세습적 사제 기능을 수행하는 여럽피나^{derbfine}라고 불리던 왕족 중에서 투아가 선출하였다. 그러나 정치적으로는 왕은 극히

---

[12] 피든(Peden), 「무국가 사회」(Stateless Societies), 4쪽.

제한된 기능만을 가지고 있었다. 왕은 투아의 군사적 지도자였으며, 투아 의회를 주재하였다. 그러나 왕은 오직 의회의 대리인으로서만 전쟁을 수행하거나 평화 협상을 할 수 있었다. 또한, 왕에게는 투아 구성원들에 대한 통치권이나 사법권이 전혀 없었다. 왕은 법률을 제정할 수도 없었으며, 그 자신이 소송 당사자일 때에는 독립된 사법 중재인에게 자신의 사건을 맡겨야 했다.

그렇다면 법률은 어떻게 만들어지고 사법 질서는 어떻게 유지되었는가? 먼저, 법률은 브레혼*brehon*이라고 불린 전문 법률가 계층에 의해 구전이나 이후 기록으로 전승되어온 고대 및 태고로부터의 관습 체계에 기초하였다. 브레혼은 절대로 공무를 담당한, 즉 정부 관료가 아니었다. 그들은 그저 지혜, 관습법에 대한 지식, 판결의 공정성 등에 대한 평판에 근거하여 분쟁 당사자들이 선출한 사람들이었다. 피든은 다음과 같이 기술하였다.

> 전문 법률가들은 분쟁 당사자들에게 특정 소송에 적용되는 법이 무엇인지 자문을 해주었으며, 많은 경우 그들 자신이 소송 당사자들의 중재인 역할을 맡기도 하였다. 그들은 언제나 민간인이었으며, 관료가 아니었다. 그들의 직능은 법에 대한 지식 및 사법적 평판의 진실성에 따라 결정되었다.[13]

더욱이 브레혼은 개별 투아나 왕들과 아무런 관련이 없었다. 브레혼은 철저히 민간인 신분이었으며, 전국을 활동 범위로 하고, 아일랜드 전역에 걸친 분쟁 당사자들이 이용하였다. 또 하나 중요한 점은 민간 로마

---

[13] 앞의 책, 같은 쪽.

변호사 제도와 달리 브레혼만이 모든 사법 업무를 담당하였다. 즉, 고대 아일랜드에는 브레혼 외의 다른 판사나 어떠한 유형의 '공공' 재판관도 존재하지 않았다.

법률 교육을 받고, 변화하는 상황에 맞게끔 법률에 주석과 판례를 추가한 사람들이 바로 브레혼이었다. 특히 브레혼 법률가들은 어떠한 의미에서의 독점 체제도 형성하지 않았다. 대신 여러 법률 학교가 공존하며, 고객 확보를 위해 서로 경쟁하였다.

브레혼의 판결은 어떻게 집행되었는가? 이는 정교하고 자발적으로 개발된 '보험' 또는 보증 체계를 통하여 집행되었다. 사람들은 다양한 보증 관계로 엮여 있었으며, 이는 서로 간에 잘못이 일어나면 잘못을 바로잡을 것과 브레혼의 판결에 따를 것임을 보장하였다. 요컨대, 브레혼들 자체는 판결의 집행에 관여하지 않았으며, 이는 보증을 선 민간인들의 책임이었다. 보증에는 다양한 유형이 있었다. 일례를 들자면, 자기 재산을 다른 사람의 채무에 대한 담보로 제공하고, 만일 채무자가 변제를 거부하면 원고와 함께 채무 변제를 강제하는 유형이 있었다. 이 경우, 채무자는 피해액의 두 배를 변상해야 했다. 즉, 피해액의 100%는 원래의 채권자에게, 또 다른 100%는 자신의 보증인에게 지급해야 했다. 이 제도는 상업적 계약뿐 아니라 모든 유형의 범법 행위 및 침해·공격 행위에도 적용되었다. 즉 이는 오늘날의 관점에서 보면, '민사' 및 '형사'상의 모든 사건에 적용되었다. 모든 범죄자는 '채무자'로 간주되어 피해자, 즉 '채권자'에게 배상 및 보상을 해야 했다. 피해자는 자신의 보증인을 모아 범죄자를 체포하기 위한 절차를 진행하거나, 소송 사실을 공지하여 피고로 하여금 그 분쟁 사건의 판결을 브레혼에게 의뢰하도록 요구하였다. 그러면 범죄자는 자신의 보증인을 보내 협상을 시도하거나 브레혼의 판결에 따를 것을 합의하든지 하였다. 그렇게 하지 않으면, 범죄자는 지역

사회 전체에서 '범법자'로 간주되어 법원에서 더는 자신의 권리를 주장할 수 없게 되었으며, 지역 사회에서 불명예를 안고 살아가야 했다.[14]

천 년 동안 켈트 아일랜드에서도 당연히 전쟁이 일어나기는 했으나, 이는 다른 유럽 지역을 뒤흔든 파괴적인 전쟁들에 비하면 극히 사소한 충돌에 불과하였다. 피든은 다음과 같이 지적하였다.

> 조세 및 징병을 통해 대량의 무기와 병력을 동원할 수 있는 강압적 국가 체제를 갖지 않았던 아일랜드로서는 대규모 군사력을 일정 기간이나마 유지할 방법이 없었다. 아일랜드의 전쟁은 … 유럽의 기준에서 보면 동네 싸움이나 개싸움 정도에 지나지 않았다.[15]

이제까지 우리는 효율적이고 예의 바른 경찰, 유능하고 학식 있는 판사, 체계적이며 사회적으로 수용 가능한 법체계를 갖는 것이 이론적으로나 역사적으로 충분히 가능하며, 더 나아가 이 모든 것이 강압적 정부 없이도 가능하다는 것을 보였다. 특정 지역 안에서 독점적 보호자로 자처하며 강제로 세금을 징수하는 정부 없이도 얼마든지 모든 보호 체계의 확립이 가능하다. 다른 서비스들과 마찬가지로 보호 서비스 제공에도 정부는 필요하지 않다. 정부에 대해 강조해야 할 중요한 사실 하나가 더 있다. 그것은 수 세기에 걸쳐 정부가 행사해온 무기에 대한 강제적 독점

---

[14] 포담대학(Fordham University)의 도나휴(Charles Donahue)는 고대 아일랜드 법 중 비종교적 부분이 단지 우연에 의한 전통이 아니라고 주장하였다. 그 대신 인간의 이성으로 발견 가능하다는, 스토아 학파의 자연법 개념에 분명히 뿌리를 두었다는 것이다. 도나휴(Charles Donahue)의 「초기 켈트법」("Early Celtic Laws", 1964년 가을 컬럼비아대학의 "법률 및 정치 사상사"(History of Legal and Political Thought)에 대한 세미나에서 발표한 미발간 논문), 13쪽 이하를 참조할 것.
[15] 피든(Peden), 「무국가 사회」(Stateless Societies), 4쪽.

은 그 어떤 분권화된 민간 기관도 상상 못할 무시무시한 살상과 폭정, 그리고 억압을 야기했다는 사실이다. 여러 시대에 걸쳐 지난날 정부가 자행한 대량 살상, 착취 그리고 폭정의 암울한 그림자를 직사한다면, 국가라는 괴물Leviathan을 버리고 … 자유를 시도해보는 데 조금도 주저할 이유가 없다.

제4절 법의 수호자가 타락하는 경우

이제 마지막으로 다음 문제가 남는다. "만일 경찰이나 판사 혹은 법원이 썩었거나 편파적이면 어떻게 할 것인가? 예를 들어 극부유층 고객에게 편파적으로 유리한 결정을 내린다면 어떻게 할 것인가?" 앞에서 우리는 의견 차이가 정직하다는 가정하에 자유지선주의적 법률 및 사법 제도가 완전 자유시장에서 어떻게 작동하는지 살펴보았다. 그러나 만일 하나 혹은 그 이상의 경찰이나 법원이 실제로 범법자가 될 때에는 어떻게 할 것인가?

먼저, 자유지선주의자는 이러한 질문을 회피하지 않는다. 마르크스주의자나 좌파 무정부주의자(무정부주의적 공산주의자 또는 무정부주의적 노동조합운동가) 같은 유토피아적 이상주의자들과 달리, 자유지선주의자들은 그들이 꿈꾸는 완전 자유사회가 도래한다고 해서 사람들이 갑자기 마법에라도 걸린 듯 아주 새로운 자유지선주의자로 변모할 것으로 생각하지 않는다. 우리는 사자가 양들과 함께 누워 놀리라고 생각하지도 않으며, 이웃에게 범죄나 사기 행위를 하려는 사람이 한 사람도 없게 되리라고 생각하지도 않는다. 물론 사람들이 '더' 선량해지면 질수록 어떤 사회 제도이든지 더 잘 작동할 것이다. 특히 그만큼 경찰이나 법원의 업무도 줄어들 것이다. 그러나 자유지선주의자들은 그런 가정을 하지 않는다. 우리가 주장하는 것은, 인간이 어떤 수준의 '선량함'이나 '사악함'을 가지고 있든지 간에, 순수한 자유지선주의적 사회는 가장 도덕적이고 가장 효율적이며, 동시에 범죄가 가장 적고 개인의 신체나 재산이 가장 안전한 사회가 될 것이라는 점이다.

부패한 판사나 법원의 문제를 먼저 고찰해보자. 부유한 고객에게 유리한 판결을 내리는 법원은 어떻게 될 것인가? 우선 자유시장 경제의 보상과 제재의 메커니즘을 전제할 때, 이러한 편파 행위가 일어날 가능성은 매우 낮다. 법원의 생존과 판사의 생계는 모든 소송에서 그들이 얼마나 청렴한지, 공정한지, 객관적인지, 아울러 그들이 진실을 얼마나 잘 밝혀내는지 등에 대한 평판에 의존한다. 이것이 그들의 '브랜드 이름'이다. 매수설이 도는 즉시 해당 판사는 고객을 잃게 되며, 법원 역시 더는 찾는 고객이 없어질 것이다. 범죄 성향이 있는 의뢰인이나 부당 거래나 사기죄로 감옥에 들어가야 할 사람들조차 남들이 진지하게 받아들이지 않는 그런 판결을 내리는 법원을 후원하지 않을 것이다. 예를 들어, 만약 이 아무개 씨가 어떤 범죄나 계약위반으로 고소를 당하여 자신의 처남이 대표로 있는 '법원'으로 그 사건을 가져간다면, 적어도 정직한 법원이라면 누구도 그 법원의 판결을 진지하게 받아들이지 않을 것이다. 그 법원은 이 아무개 씨와 그의 가족을 제외한 누구의 눈에도 더는 '법원'으로 비치지 않을 것이다.

이렇게 교정 메커니즘이 잘 작동되는 법원과 오늘날의 정부 법원을 비교해 보라. 정부 법원의 판사들은 오랜 임기 동안, 경우에 따라서는 종신 임기로, 임명되거나 선출되며, 특정 영역에서 의사결정의 독점권을 부여받는다. 심각한 부정부패의 경우를 제외하고는, 판사의 부정한 판결에 대하여 어떤 조처를 하기란 거의 불가능하다. 판사들의 판결권과 집행권은 세월이 지나도 아무 견제도 받지 않고 계속 유지된다. 이들의 봉급은 불쌍한 납세자들의 주머니에서 강제로 징수된다. 그러나 전적으로 자유로운 사회에서는 판사나 법원에 대해 의심이 생기는 순간 고객은 떠나갈 것이며, 그들의 '판결'은 무용지물이 될 것이다. 이는 정부 메커니즘보다도 판사들을 정직하게 만드는 훨씬 더 **효율**적인 제도이다.

또 다른 이유에서도 부정부패와 편파적 판결에 대한 유혹이 훨씬 줄어든다. 자유시장에서 기업은 부유층 고객이 아니라 소비자들로 구성된 대량 시장으로부터 수익을 얻는다. 메이시Macy's 백화점의 수익은 소수의 부유한 고객이 아닌 일반 대중으로부터 얻는다. 이는 오늘날의 메트로폴리탄 생명보험회사도 마찬가지이며, 미래의 '메트로폴리탄' 법원 회사도 마찬가지일 것이다. 법원이 부유층 고객을 선호하여 다수 고객을 잃을 위험을 감수하는 것은 참으로 어리석은 짓일 것이다. 이 같은 제도를 판사들이 여타 정치인과 마찬가지로 자신의 소속 정당의 선거 운동 비용을 대는 부유층의 눈치를 보아야 하는 오늘날의 제도와 비교해보라.

'미국식 제도'가 행정부, 입법부 및 사법부 중 어느 한 쪽에 과도한 권력이 가지 않도록 절묘한 '견제와 균형'을 제공한다고 믿는 사람들이 많다. 그러나 미국식 '견제와 균형'의 제도는 상당 부분 허구이다. 행정, 입법, 사법부는 각각의 영역에서 강압적 독점권을 행사하며, 3부가 모두 주어진 기간 동안 어느 한 정당의 책임 아래에 있는 하나의 정부에 속해 있기 때문이다. 더욱이, 미국은 기껏해야 두 개 정당뿐인데, 두 당은 이념과 인적 자원 면에서 서로 매우 유사하여 종종 결탁하기까지 한다. 또 정부의 일상 운영은 직업 관료들이 담당하는데, 그들은 유권자들의 표로 바꿀 수가 없다. 이렇게 허구에 찬 견제와 균형을 자유시장 경제가 제공하는 진정한 견제와 균형과 비교해보라! 유통업체인 **A&P**사를 정직하게 만드는 것은 세이프웨이, 파이오니어 등과 같은 수많은 다른 유통업체와의 실질적, 그리고 잠재적 경쟁이다. 이들을 정직하게 만드는 것은 소비자들이 언제든지 발길을 돌릴 수 있기 때문이다. 자유시장에서 판사와 법원이 정직해야 하는 이유는 어떤 사안에서 의혹이 제기되면 고객들이 바로 옆의 다른 판사나 법원으로 갈 수 있기 때문이다. 정직하지 않으면 고객들이 문을 닫게 하기 때문이다. 이러한 것들이 바로 자유시장 경제와 자유 사회의 제대로 된, 그리고 실효성 있는 견제와 균형이다.

마찬가지 논리가 민간 경찰이 범법자가 되거나, 혹은 강압적 방법으로 금품을 뜯어내거나, 피해자로부터 돈을 뜯어내기 위해 '갈취 행위'를 할 가능성 등에 대해서도 적용된다. 물론 자유 사회의 경찰에서도 그런 일이 벌어질 수 있다. 하지만 오늘날의 사회에 비하면 훨씬 더 즉각적인 견제와 균형이 가능하다. 고객에게 해악을 끼치는 무리를 분쇄하기 위해 무력을 사용할 수 있는 또 다른 경찰이 존재하기 때문이다. 만약 메트로폴리탄 경찰회사가 갱단이 되어 금품을 갈취하려 한다면, 사람들은 이들을 진압하기 위해 푸르덴셜, 에퀴터블 등 다른 민간 경찰의 도움을 청할 수 있을 것이다. 이것이 국가의 경우와 극명하게 대비된다. 만약 어느 폭력 단체가 국가 기구를 장악한다면, 국가가 가진 강압적 무기의 독점력 때문에 쉽지 않을 혁명의 방식을 제외하고는 현재로서는 그들을 어떻게 할 수가 없다. 자유지선주의 사회에서는 폭력배 국가의 약탈을 막기 위해 대규모 혁명을 일으킬 필요가 없다. 강도로 변한 경찰을 진압하기 위해 다른 정직한 경찰에게 도움을 청하면 된다.

따지고 보면, 국가라는 것이 조직화한 강도 집단이 아니고 무엇인가? 세금이라는 것이 브레이크 없는 초대형 절도가 아니고 무엇인가? 전쟁은 민간 경찰로서는 상상도 할 수 없는 대규모 학살이 아니고 무엇인가? 징병은 대규모 노예화가 아니고 무엇인가? 민간 경찰이라면 오늘날의 국가가 태연히 저지르는 잘못, 그것도 수백 년 동안씩이나 상습적으로 저질러온 잘못의 극히 일부라도 저지르고 무사할 수 있겠는가?

민간 경찰이 막게 되는 경우라 하더라도 오늘날의 정부가 행하고 있는 것과 같은 강도 행위에 버금가는 행위를 할 가능성이 거의 없다는 것은 다음을 통해서도 확인할 수 있다. 정부로 하여금 말도 안 되는 행위를 상습적으로 할 수 있게 해주는 또 하나의 중요한 요인은 소심한 대중이 가진 소위 합법성이라는 개념이다. 평범한 시민은 정부 방침이나 강제 징세를 좋아하지 않을 수도 있으며, 어떤 경우에는 강력히 반대할 수도 있다. 그러나 그들은 수 세기에 걸친 정부의 교묘한 선전에 세뇌되어 정부는 합법적 통치자이며, 정부 명령에 따르지 않는 것은 잘못이며, 정신 나간 짓이라는 생각을 하게 된다. 이 합법성 개념은 국가 지배 지식인들이 여러 시대에 걸쳐 조성해온 것이며, 그것은 합법성을 치장하는 장식, 즉 국기, 국민의례, 서훈, 헌법 등에 의해 강화되고 선동되어 왔다. 강도 집단으로서는 – 모든 경찰이 뭉쳐 하나의 거대 강도 집단이 된다 하더라도 – 절대로 이러한 합법성을 누리지 못한다. 사람들은 그들을 여전히 강도로 인식할 것이며, 그들의 강탈을 자동 납부되는 고통스러운 '세금'으로 간주할지언정 결코 합법적이라고 생각하지 않을 것이다. 사람들은 곧 이러한 비합법적 요구에 저항할 것이며, 강도들은 타도될 것이다. 사람들이 국가라는 괴물이 없는 자유지선주의 사회에서의 기쁨, 번영, 그리고 자유와 효율성을 일단 맛보게 된다면, 국가라는 괴물이 다시 발을 붙이기는 거의 불가능할 것이다. 자유라는 것은 한 번 완전히 만끽하고 나면, 사람들로 하여금 그것을 포기하도록 하는 것은 결코 용이한 일이 아니다.

그러나 모든 장애와 난관에도, 새로 찾은 자유에 대한 사랑에도, 자유시장에 내재한 견제와 균형에도, 어쨌든 국가가 다시 들어서게 된다고 가정해 보자. 어떻게 될 것인가? 그렇다손 치더라도 변하는 것이라고는 국가를 다시 갖게 되는 것뿐이다. 지금보다, 즉 현 상태의 국가 아래 있는 것보다 더 나빠질 것은 없다. 어느 자유지선주의 철학자가 말한 것처럼 "최소한 세상은 멋진 휴가를 다녀온 셈이 될 것이다." 카를 마르크스의 우렁찬 약속은 공산주의보다 자유지선주의 사회에 훨씬 더 어울린다. 자유를 구가함에, 또 국가를 폐지함에 있어 우리에게는 잃을 것이 전혀 없다. 오직 얻을 것만이 있을 뿐이다.

제5절 국방

이제 자유지선주의 주장에 반대하는 마지막 논거에 대해 살펴보기로 하자. 자유지선주의자라면 한 편으로 공감을 표시하면서도 또 다른 한 편으로는 비판을 가하는 다음과 같은 말을 들어본 적이 있을 것이다. "좋습니다. 이 제도가 지역 경찰이나 법원에는 성공적으로 적용될 수 있다는 것을 이해하겠습니다. 하지만 자유지선주의 사회가 러시아로부터는 우리를 어떻게 지켜줄 수 있나요?"[16]

물론 이러한 질문에는 몇 가지 미심쩍은 가정이 함축되어 있다. 먼저 러시아가 미국에 대한 군사적 침략을 감행하려고 한다는 가정인데, 이는 기껏해야 의심스러운 가정에 불과하다. 또한, 그러한 야욕이 미국이 순수 자유지선주의 사회가 된 이후에도 계속될 것이라는 가정도 포함된다. 이러한 생각은 전쟁이란 상대방이 자신을 공격하리라고 서로 의심하는, 중무장한 민족국가 간의 충돌에서 비롯된다는 역사의 교훈을 간과하는

---

[16] [역주] 이 책이 출간된 1970년대는 미국과 소련 간의 냉전이 심각한 상태에 있던 때였다.

것이다. 자유지선주의 사회가 된 미국은 누구에게도 전혀 위협이 되지 않을 것이다. 이는 미국에 무기가 없어서가 아니라, 미국이 어느 개인이나 어느 국가에도 해를 끼치거나 침략하지 않을 것이라는 신념을 지니게 되기 때문이다. 더는 본연적으로 위협적인 '민족국가' nation-state 가 아니므로 다른 나라가 미국을 공격할 가능성은 극히 희박해진다. 민족국가의 최고 악 중 하나가 국가 자신과 소속 국민 모두를 동일시한다는 것이다. 따라서 모든 국가 간 전쟁에서는 무고한 민간인, 즉 각 국가의 국민이 모두 적국으로부터의 공격의 대상이 된다. 그러나 자유지선주의 사회에서는 그러한 동일시가 일어나지 않으며, 따라서 그렇게 참혹한 전쟁의 가능성은 매우 낮아진다. 예를 들어 불법적 메트로폴리탄 경찰회사가 미국인뿐만 아니라 멕시코인에게도 공격을 가했다고 가정해보자. 만약 멕시코에 정부가 있다면, 그 정부는 메트로폴리탄 경찰회사의 범죄와 일반 미국인들은 아무 관계가 없다는 것을 너무나도 잘 알 것이다. 멕시코 경찰이 메트로폴리탄 경찰회사를 처벌하고자 전투를 펼치면 그들은 오늘날과는 달리 일반 미국인과 전쟁을 벌이는 것이 아니게 된다. 사실인즉슨 가해자를 검거하기 위해 미국의 다른 경찰회사들이 멕시코 경찰과 합세할 가능성이 매우 높다. 따라서 자유지선주의 국가 또는 지역에 대한 국가 간 전쟁의 개념은 사라질 가능성이 매우 높다.

더욱이 러시아에 대해 이런 유의 질문을 던지는 것은 심각한 철학적 오류를 내포한다. 그것이 무엇이든지 간에 새로운 제도에 대해 고려할 때, 우리는 무엇보다도 우리가 그것이 실현되기를 원하는지부터 결정해야 한다. 자유지선주의가 되었건, 공산주의나 좌익 무정부주의, 혹은 신권정치나 그 외의 다른 어떤 체제가 되었든지 간에 그것을 원하는지 아닌지 판단하려면 먼저 그것이 실현되었다고 가정한 후, 그 후에 그 체제가 작동 가능한지, 존립 가능한지, 그리고 얼마나 효율적일 것인지 따져

보아야 한다. 앞에서 우리는 자유지선주의 제도가 도입되기만 하면, 작동이 가능하고, 존립이 가능하며, 다른 어떤 사회 제도보다도 훨씬 더 효율적이고, 번영을 구가하게 되며, 더 도덕적이고, 더 자유로울 수 있음을 보여주었다고 믿는다. 그러나 현 체제에서 그 이상적 상태로 어떻게 나아갈 수 있는지에 대해서는 아무런 언급도 하지 않았다. 이 둘은 완전히 별개의 문제이기 때문이다. 즉 하나는 우리의 이상이 무엇인지에 대한 문제이고, 다른 하나는 현 체제로부터 그러한 목표로 나아가기 위해 어떤 전략이나 전술을 쓸 것인가의 문제이다. 앞에서 러시아와 관련해 제기한 질문은 이 두 담론을 뒤섞고 있다. 즉, 자유지선주의가 전 세계에 뿌리내려 있다고 가정하는 것이 아니라, 무슨 이유에서인지 오직 미국에만 자유지선주의가 확립되어 있다고 가정하는 것이다. 왜 이렇게 가정해야 하는가? 왜 자유지선주의가 모든 곳에 확립되어 있다고 먼저 가정한 후, 우리가 이를 마음에 들어 할지 생각해보지 않는가? 자유지선주의 철학은 모름지기 영원한 것이며, 시간이나 공간의 제약을 뛰어넘는 것이다. 우리는 미국뿐만 아니라 모든 곳, 모든 사람의 자유를 옹호한다. 만약 누군가가 전 세계의 자유지선주의화가—그것이 실현되기만 한다면—우리가 생각할 수 있는 최선의 제도이며, 실제로도 작동할 수 있고 효율적이며, 도덕적이라는 데 동의한다면, 그로 하여금 자유지선주의자가 되게 하라. 그리고 자유를 우리의 이상적 목표로 삼는 데 동참시키도록 하라. 나아가 분명 더 어렵기는 하겠지만, 그 이상을 어떻게 실현할지 그 방안을 찾아내는 또 다른 과업에 동참시키도록 하라.

전략의 문제로 옮겨가 보면, 자유가 먼저 안착된 지역이 넓으면 넓을수록 자유가 유지될 가능성은 더 높아지며, 폭력적 전복이 시도된다 하더라도 그것을 막아낼 가능성이 더 높아지리라는 것은 분명하다. 만일 전 세계에 걸쳐 자유가 동시에 확립된다면 '국방' national defense 이라는 문제는 당연히 사라질 것이다. 오직 지역 경찰의 문제만이 남게 될 것이다. 그러나 만일 와이오밍 주의 딥폴즈만이 자유지선주의가 되고 나머지 미국 지역과 다른 나라들은 여전히 국가 체제로 남는다면, 사정은 달라질 것이다. 만일 와이오밍 주 딥폴즈가 미국 정부로부터 분리 독립을 선언하고 자유 사회가 된다면, 분리 독립에 대한 과거의 불관용 정책을 감안할 때 미국은 딥폴즈를 즉각 침공하여 갓 태어난 자유 사회를 짓밟을 것이고, 딥폴즈의 경찰로서는 그 공격에 속수무책일 수밖에 없을 것이다. 이 두 극단적 예 사이에 수많은 중간 단계가 가능하며, 자유 지역이 넓으면 넓을수록 외부로부터의 위협을 견디어낼 가능성이 더 높아진다는 것은 분명해진다. 따라서 앞에서 제기한 '러시아 관련 질문'은 전략의 문제이지, 기본 원칙이나 우리가 추구할 목표를 결정하는 문제는 아니라고 할 수 있다.

이를 염두에 두고 러시아 문제를 논의해보기로 하자. 소련이 정말로 현재의 미국이라는 울타리 안에 있는 자유지선주의자들을 공격하는 데 혈안이 되어 있다고 가정해보자(물론 단일 민족 국가 형태의 미국 정부는 더는 존재하지 않는다). 먼저, 국방비 지출의 형태와 규모는 미국인 소비자 자신들이 결정하게 될 것이다. 소련의 위협을 두려워하는 사람 중 폴라리스Polaris[17] 잠수함을 선호하는 사람들은 폴라리스 잠수함에 대한 재원 마련에 찬성할 것이다. 탄도탄 요격 미사일ABM[18] 시스템을 선호하는 사람들은 그것에 투자할 것이다. 소련의 위협에 코웃음 치거나 열혈 평화주의자들은 '국방' 서비스에 전혀 기여하지 않을 것이다. 국방에 대

---

[17] [역주] 미해군의 중거리 탄도탄으로서 잠항중(潛航中)의 잠수함에서 발사 가능.
[18] [역주] ABM(Anti-Ballistic Missile)은 탄도 미사일을 요격하는 대공 미사일로서 그 중 하나가 패트리어트 미사일이다. 1972년에 미국과 소련은 ABM을 개발하지 않기로 조약을 체결하였으나, 2002년에 미국이 일방적으로 그 조약을 파기하였다.

한 다양한 견해는 그 견해에 동의하고 후원하는 사람들의 수에 비례하여 채택될 것이다. 역사상 명멸했던 수많은 나라가 전쟁과 국토방위를 위해 얼마나 많은 낭비를 했는지 생각하면, 민간의 자발적 국방 노력이 정부의 낭비투성이 행태보다 훨씬 더 효율적일 수 있다고 제안하는 것이 이성의 한계를 벗어난 일이 아님은 자명하다. 분명코 이러한 노력은 형언할 수 없을 정도로 훨씬 더 도덕적일 것이다.

그러나 최악의 상황을 가정해보기로 하자. 소련이 마침내 침공하여 미국의 영토를 점령했다고 가정하자. 그러면 어떻게 할 것인가? 우리가 인식해야 할 것은 소련의 곤경이 이제부터 시작이라는 점이다. 전승국이 패전국을 통치할 수 있는 주된 이유는 패전국에 국가 기구가 있어 소속 국민에게 승전국의 명령을 전달하고 집행할 수 있기 때문이다. 인도보다 영토나 인구 규모에서 훨씬 열세인 영국이 인도를 수 세기 동안 통치할 수 있었던 것은 당시 인도를 지배하던 인도 왕자들에게 영국의 명령을 전달하고 이들이 다시 인도 국민에게 그 명령을 집행할 수 있었기 때문이다. 그러나 패전국에 정부가 존재하지 않을 때에는 점령국이 패전국을 통치하는 데 심각한 어려움을 겪는다는 것이 역사적 사실이다. 예를 들어, 영국이 서아프리카를 점령했을 때 영국은 이보Ibo족(후에 비아프라를 건설함)을 통치하는 데 극심한 어려움을 겪었는데, 그 이유는 이보족이 기본적으로 자유지선주의자들이어서 원주민들에게 명령을 전달할 수 있는 정부나 족장이 없었기 때문이다. 영국이 고대 아일랜드를 정복하는 데 수 세기가 걸린 것도 아마 당시 아일랜드가 국가 체제가 아니어서 조약을 이행하고 명령을 전달하는 등의 일을 수행할 정부 기구가 없었기 때문일 것이다. 이러한 이유로 영국은 '난폭'하고 '문명화'되지 않은 아일랜드를 '신뢰할 수 없다'고 맹렬히 비난하였는데, 이는 아일랜드인들이 영국 정복자들과의 조약을 지키지 않았기 때문이었다. 당시 아일랜드에는 어떤 형태의 국가도 없었기 때문에, 영국은 자신과 조약을 맺은 아일랜드 전사들이 오직 자신들만을 대변할 뿐이며, 아일랜드 인구의 다른 집단들을 책임질 수 없다는 사실을 전혀 이해할 수 없었다.[19]

더욱이, 미국을 점령한 소련인들의 생명은 미국 주민에 의해 불가피하게 발생하게 될 게릴라전으로 더욱 위험에 처할 것이다. 이는 분명 20세기가 우리에게 주는 교훈 중 하나이다. 사실 미국 독립전쟁의 성공이 이 교훈의 효시라고 할 수 있는데, 그것은 어떤 점령군도 저항 의지로 똘똘 뭉친 원주민들을 장기간 억누를 수 없다는 것이다. 생산성과 화력 면에서 상대가 안 될 정도로 무장한 거대 미국이 무장도 빈약한 작은 나라 베트남을 제압하지 못했다면, 도대체 어떻게 소련이 미국을 제압할 수 있다는 말인가? 소련 점령군 누구의 생명도 저항하는 미국 대중의 분노로부터 안전하지 않을 것이다. 게릴라전에 대처하기 어려운 것은 그것이 독재적 중앙 정부에 의한 것이 아니라 외국으로부터 독립과 자유를 쟁취하기 위해 싸우는 사람들 스스로 자발적으로 수행하는 것이기 때문이다. 이렇게 불가피하게 수반되는 수많은 골칫거리, 그리고 막대한 비용과 손실을 예상할 때, 무력 정복에 혈안이 된 가상의 소련 정부라는 것은 절대 나타나지 않을 것이다.

---

[19] 피든(Peden)의 「무국가 사회」(Stateless Societies), 3쪽 및 오트웨이-루스벤(A. Jocelyn Otway-Ruthven)이 지은 『중세 아일랜드사』(*A History of Medieval Ireland*, New York: Barnes & Noble, 1968)에 수록된 휴즈(Kathleen Hughes)의 서문을 참조할 것.

13 환경보존, 생태 및 경제성장

제1절 자유주의자들의 불만

미국의 좌파 자유주의left-liberals 지식인들은 종종 알 수 없는 행동을 하는 집단이다. 역사상 긴 기간은 아니지만 지난 30~40년에 걸쳐 그들은 회전 춤을 추고 난 후에 묘한 말을 마구 쏟아내는 이슬람 승려들처럼[1] 자유시장에 기반을 둔 자본주의에 대해 많은 불만을 토로해왔다. 그런데 이해할 수 없는 것은 그러한 불만이 과거 그들 선배의 여러 입장과 전적으로 모순됨에도, 스스로 당황하거나 그런 무리한 행동을 자제하려는 기색을 보이지 않는다는 것이다. 더욱이 똑같은 사람이 갑자기 태도를 바꾸어 한 입으로 두말을 하고서도 자신이 추구하는 견해에 대한 자신감이나 정직성에 상처조차 받지 않는 것 같다.

지난 수십 년에 걸쳐 자유주의자들의 주장이 어떻게 변화해왔는지 살펴보자.

---

[1] [역주] 저자는 이슬람 신비주의 수도승들(수피스트 Sufists라고 부름)이 회전 춤(whirl dance)을 춘 후에 알 수 없는 말을 계속 쏟아내는 모습에 비유하여 표현했다. 이슬람 신비주의 수도승들은 신과의 접촉 또는 깨달음을 얻기 위하여 회전 춤을 추며, 춤을 추고 난 후에는 신비한 말을 쏟아 내는 행동을 한다고 한다. Sufist들이 자유시장적 자본주의를 반대한 것은 아니다.

1. 1930년대 말과 40년대 초에 자유주의 지식인들은 자본주의가 필연적으로 장기적인 침체에 빠질 것이라고 결론을 내렸다. 이 침체는 인구증가의 둔화, 서부개척지의 고갈 및 더 새로운 발명의 어려움 때문에 발생하는 것이었다. 이 같은 예측에 근거하여 이들은 장기적 경기 침체와 대량 실업사태를 극복하려면 자유시장체제에 기반을 둔 자본주의를 폐지하고 사회주의 또는 국가 주도의 계획경제 체제를 수용해야 한다고 주장했다. 이것이 바로 미국 역사상 가장 큰 경제적 호황기에 돌입하는 문턱에서 내려진 결론이었다.

2. 1950년대의 경우, 자유주의 지식인들은 제2차세계대전 후의 미국 경제가 크게 호황이었음에도 그들의 눈높이를 한껏 올렸다. 이들에게 소위 '경제성장'에 대한 숭배주의가 나타난 것이다. 자본주의가 최근 크게 성장한 것은 분명하나 그렇게 빠른 속도로 성장한 것은 아니라고 전제한 후, 성장률을 극대화하려면 자유시장적 자본주의는 폐지되어야 하고, 그 대신 사회주의 또는 정부 간섭주의 체제를 도입하여 경제를 강제로 부양해야 하며, 더 많은 투자와 저축을 강제해야 한다고 그들은 주장했다. 우리가 그렇게 빠른 성장을 원치 않을지라도 그렇게 해야 한다는 것이다. 콜린 클락 Colin Clark 과 같은 보수주의 경제학자는 이 같은 자유주의적 프로그램에 대하여 '성장지상주의'라고 공격했다.

3. 1958년에 경제학자인 갤브레이스 John K. Galbraith[2]가 『풍요로운 사

---

[2] [역주] 하버드 대학의 경제학자였던 갤브레이스는 그의 저서 『풍요로운 사회』에서 제2차세계대전 이후 미국의 민간부문(private sector, 특히 대기업)은 매우 풍요로워졌으나 공공부문(public sector)은 계속 가난한 채로 방치되었기 때문에, 사회간접자본 확충이 부진했고 소득불균형이 영구화되었다고 주장했다. 따라서 더 많은 세금확충 등을 통해서 공공부문의 강화가 필요하다고 역설했다. 그 후 갤브레이스는 1967년에 새로운 저서인 『새로운 산업국가』(The New Industrial State)에서 자신의 기존

회』*The Affluent Society*라는 베스트셀러를 출간하면서 갑자기 자유주의 진영에 나타나자 자유주의 지식인들은 돌변하여 자신들의 기존 입장을 완전히 바꾸기 시작했다. 이제 자본주의의 문제점은 너무 크게 성장했기 때문으로 몰아갔다. 우리는 더는 침체해 있지 않으며 오히려 너무 부유해졌고, 슈퍼마켓의 인파와 자동차 행렬 속에서 사람들은 영혼이 피폐해졌다는 것이다. 따라서 이를 바로 잡기 위해 정부는 광범위한 간섭이나 아니면 사회주의 형식의 개입이 필요하고, 소비자들에게는 무거운 세금을 부과하여 지나치게 부푼 풍요로움을 줄여야 한다고 주장했다.

4. 과잉 풍요에 대한 숭배가 한때를 풍미하더니, 1962년에 마이클 해링턴Michael Harrington의 『또 다른 미국』*The Other America*[3]이라는 저서에 자극받아 이제는 반대로 빈곤에 대한 걱정을 늘어놓았다. 갑자기 미국의 문제는 과잉 풍요가 아닌 심각한 빈곤이 점증한다는 것이고, 그 해결책은 또다시 정부가 개입하여 강력한 계획을 수립하고, 가난한 자들을 빈곤에서 구해내기 위해 부자들에게 무거운 세금을 부과해야 한다는 것이다. 이 때문에 우리는 수년간 '가난과의 전쟁'을 치러야 했다.

주장을 더욱 확장했다.

[3] [역주] 해링턴의 저서 『또 다른 미국』의 부제는 '미국 내의 빈곤'(Poverty in the United States)이다. 해링턴은 제2차세계대전 이후, 미국은 사상 최대의 경제호황을 구가했지만, 그 그늘에는 빈곤이 광범위하게 존재한다는 점을 부각시켰다. 그리고 그 빈곤(또는 현재는 빈곤 상태가 아니지만 향후 빈곤 가능성이 높은 상황)은 현재 각 부문에 심각한 영향을 주고 있을 뿐만 아니라 앞으로는 통제 불능 상태가 될 수 있다고 경고했다. 또한 해링턴은 가난은 개인의 선택에 의한 것이 아니라 '가난의 문화'(culture of poverty), 즉 사회적 산물이라고 역설했다. 그는 사회운동가 및 저술가로 활동하면서 '미국 민주사회주의자 연맹'(the Democratic Socialists of America)을 결성하여 회장직(1982~1989)을 역임했다.

5. 경기 침체, 성장 부족, 과잉 풍요, 과잉 빈곤 등과 같은 자유주의 지식인들의 지적은 유행에 따라 숙녀복의 치마 길이가 바뀌듯이 변해갔다. 그러던 중 1964년에 '3대 혁명을 위한 특별위원회' Ad Hoc Committee on the Triple Revolution[4]가 당시 유명했던 성명을 발표하면서 자유주의 지식인들의 생각은 다시 원점으로 돌아왔다. 미치광이 같던 2~3년 동안([역주] 특별위원회 활동기간) 우리는 미국의 문제는 경기 침체가 아니라 정반대라는 생각으로 세뇌당했다. 수년 안에 미국의 모든 생산시설이 자동화되고 인공지능화될 것이며 개인 소득 및 국민 총생산은 크게 높아져 대단한 풍요를 이루겠지만, 그 때문에 모든 사람이 직장을 잃고 자동화로 대체될 것이라고 주장했다. 이들은 또다시 자유시장적 자본주의는 영구적 대량실업을 초래하는 원흉이기 때문에, 독자들이 추측할 수 있듯이, 즉시 사회주의를 도입하든지 아니면 정부의 강력한 간섭을 통해서만 치유될 수 있다고 역설했다. 결국, 1960년대 중반 수년에 걸쳐 우리는 소위 '자동화에 대한 히스테리' automation hysteria 로 몸살을 앓았다.[5]

---

[4] [역주] '3대 혁명 특별위원회'는 1964년 3월 22일에 일련의 사회운동가, 교수 및 기술자 그룹이 자발적으로 결성한 위원회이다. 당시 미국 대통령이었던 존슨(Lyndon B. Johnson)과 정부 고위 관리들에게 보내는 공개서한에 의하면, 현재 세계는 ① 자동화를 촉진시키는 사이버 혁명, ② 상호 멸망의 길을 가는 무기 혁명, 그리고 ③ 인권혁명이라는 세 가지 혁명이 진행 중이라고 전제한 뒤, 특히 사이버 혁명의 문제점을 지적했다. 이 위원회는 기계화가 국민의 일자리를 계속 빼앗을 것이라고 주장하면서, 공공부문, 주택건설, 대중교통, 전력산업 등의 부문에서 자동화 진척 또는 신기술 적용을 제한하고, 실업자 노조 구성 등을 통하여 소득 재분배를 시행하라고 제안했다. 1967년 이후 이 위원회의 활동은 미미했다.

[5] 1945년에 보수주의 경제학자였던 조지 터보(Geroge Terborgh)는 경기 침체를 반박하는 논문인 「경제적 성숙의 도래」(The Bogey of Economic Maturity)를 발표했다. 그러나 1966년에 갑자기 태도를 바꾸어 경제적 풍요를 반박하는 논문인 「자동화 히스테리」(The Automation Hysteria)를 발표하여 미국사회에 자동화 히스테리라는 화두를 던졌다.

6. 1960년대 말이 되면서 자동화 히스테리가 매우 잘못된 것이고, 자동화는 예전의 '기계화'보다 더 빠르게 진행되는 것이 아니며, 사실 1969년의 경기 침체 때문에 생산성 증가율이 크게 떨어졌다는 사실이 모든 이에게 명확해졌다. 지금은 아무도 자동화 위협에 대해 거론하지 않는다. 경제에 대한 자유주의자들의 돌변은 이제 단계 7로 진입한다.

7. 이번에는 환경 및 생태 보전, 심지어는 자원 고갈을 명분으로 과잉 풍요를 지적하면서 자유시장에 기반을 둔 자본주의는 너무 빠르게 성장하고 있다고 주장한다. 미래 언젠가 닥칠 마이너스 성장 또는 경제적 퇴행을 피하기 위해서는 국가 주도의 계획경제 또는 사회주의를 도입하여 현재의 모든 성장을 중단하고 '제로 성장' zero-growth 사회를 만들어야 한다는 것이다. 우리는 다시 초강력 갤브레이스주의 super-Galbraithian 로 회귀했다. 여기에 기술 발전을 공해발생의 주범으로 지목하여 공격함은 물론, 생태학 또는 '하나의 지구촌' spaceship earth 등과 같은 과학 전문용어가 더해졌다. 자본주의는 기술 발전, 과잉 인구, 산업화, 공해를 초래하는 성장만을 가져다주므로 반드시 정부가 개입하여 이 같은 병폐를 제거해야 한다는 것이다.

자유주의 지식인 중에서도 동일한 사람이 위의 5번 및 7번과 같은 서로 모순된 입장을 동시에 견지할 때가 종종 있다. 그래서 ① 우리는 더는 생산을 위해 사유재산권 보장이나 자본주의 체제 또는 물질적 인센티브가 필요 없는 '자원부족 극복의 시대' postscarcity age 에 살고 있고, ② 자본가들의 끝없는 탐욕이 천연자원을 소멸시키고 전 세계적으로 심각한 자원부족 상태를 초래하고 있다고 주장한다. 이 양자의 문제, 아니 사실상 모든 문제에 대한 자유주의자들의 처방은 언제나 동일한 것으로 귀결된다. 즉, 자유시장적 자본주의를 대체하는 사회주의 또는 정부 주도의 계획경제 도입이다. 자유주의 지식인들의 이같이 조잡한 곡예에 대해 이미 한 세대 전에 위대한 경제학자인 조셉 슘페터 Joseph Schumpeter 는 알맹이를 뽑아 다음과 같이 정리했다.[6]

자본주의는 사형선고를 내리려고 작심한 판사 앞에서 재판을 받고 있다. 어떤 변론을 듣더라도 판사는 사형선고를 내릴 것이다. 성공적인 변론으로 얻을 수 있는 것은 단지 그들의 기소 내용을 바꾸는 것뿐이다.

사실상 옳은 지적이다. 자유주의자들의 고발과 기소 내용은 계속 변하고 과거의 기소 내용과 모순될지라도 그들의 해법은 짜증스럽게도 언제나 똑같다.

제2절 기술과 경제성장에 대한 공격

성장과 풍요에 대한 유행병 같은 공격은 명백히 부유하고 부족할 것이 없는 미국 상류층의 자유주의자들에 의해 이루어졌다. 과거에는 꿈꾸지도 못한 물질적 풍요와 생활수준을 누리면서 물질주의에 조소를 보내며 더 이상의 경제성장을 동결하라고 요구하기는 어렵지 않다.[7] 그러나 여

---

[6] 조셉 슘페터(Joseph A. Schumpeter)의 『자본주의, 사회주의 그리고 민주주의』 (*Capitalism, Socialism, and Democracy*, New York: Harper & Bros., 1942), 144쪽.
[7] 잡지 『하퍼스』(*Harper's*), 1977년 12월호, 49~56쪽과 73~80쪽에 실린 윌리엄 터커(William Tucker)의 「환경주의와 여가를 즐기는 사람들」(Environmentalism and the Leisure Class)에 대한 기고문 참조. 다행히도 흑인은 자유주의자들의 반성장주의 주장에 대한 심각성을 이해하기 시작했다. 1978년 1월에 '전국 유색인종 발전협회'(NAACP, the National Association for the Advancement of Colored People)의

전히 빈민가에 사는 세계인구의 상당수에 경제성장의 동결 요구는 진정 불쾌한 일이다. 미국 내에서조차도 과잉 풍요에 대한 증거는 찾아보기 어렵다. 심지어 미국 상류층의 자유주의자들 자신도 물질만능주의와 풍요를 배척한다는 그들의 전쟁에 앞장서서 자신의 월급봉투를 불태워버리는 경우는 눈에 띄지 않는다.

기술에 대한 이들의 거센 비판은 더욱 무책임하다. 만약 기술이 원시 부족사회나 산업혁명 이전의 수준으로 퇴보한다면 그 결과는 전 세계적인 대규모 기아와 사망일 것이다. 세계 인구 대부분은 생존을 위하여 바로 현대 기술 및 산업에 의존하고 있다. 콜럼버스 이전의 북미 대륙은 기껏해야 백만 명 정도의 인디언을 부양할 수 있었다. 반면에 지금은 매우 높은 생활수준을 누리는 수억 명의 사람들을 부양할 수 있는데, 이는 바로 현대 기술과 산업 덕분이다. 현대 기술과 산업을 폐기하는 것은 곧 인류를 멸망시키는 일이다. 아마도 인구 문제에 대한 이 같은 해결은 미치광이 같은 몇몇 반인구주의자들 anti-populationists 에게는 좋을지 모르지만, 대부분의 사람에게 이는 사실상 드라콘적인 draconian [8] '최종 해결'이 될 것이다.

이사회에서는 카터 대통령의 에너지 정책을 반대하면서 석유 및 가스 가격에 대한 규제철폐를 요청했다. NAACP의 새로운 입장을 설명하면서 이사회 의장인 마거릿 윌슨(Margaret B. Wilson)은 다음과 같이 선언했다.

"우리는 카터 대통령이 발의한 에너지 정책이 초래할 저성장 경제에 우려를 표명한다. 문제는 어떤 에너지 정책이 향후 발전 가능한 확장 경제, 즉 제약적이지 않은 경제에 도움이 될 것인지의 여부이다. 저성장 정책은 누구보다도 흑인에게 더 많은 고통을 가져다 줄 것이기 때문이다." [폴 딜레이니(Paul Delaney)의 기고문, 「에너지 정책에 대한 NAACP의 반박 의견」(NAACP in Major Dispute on Energy View) 참조. 『뉴욕타임스』(New York Times), 1978년 1월 30일].

[8] [역주] 드라콘(Dracon)은 기원 전 7세기의 아테네 집정관으로서 아테네 최초의 "엄격한" 성문법을 제정했다. 그는 성문법을 위반한 사람에게 엄격한 처벌(즉, 사형)을 내린 것으로 유명하며 용(dragon)을 자처한 것으로 알려져 있다.

기술에 대한 무책임한 태도는 자유주의자들의 또 다른 변덕이다. 자유주의 지식인들은 1940년대에 현대 기술이 국가 계획에 도움이 되도록 제대로 활용하지 못한다는 이유로 자본주의를 비난하면서 기술 엘리트 technocrats에 의한 독재를 요구했다. 그러나 얼마 전까지만 하더라도 우리 생활 진반에 걸친 기술 엘리트 독재를 열망하던 바로 그 지식인들이 지금은 우리로부터 기술발전의 핵심적 결실을 빼앗으려 하고 있다.

하지만 자유주의 사상의 이 같은 다양한 모순적 입장이 절대 사라지지 않고 있다. 그 같은 반기술주의자 anti-technologists 중 많은 사람이 자동화 히스테리를 180도로 뒤집어 앞으로는 기술 발전이 둔화할 것이라는 전망을 자신 있게 내놓았다. 그들은 기술이 침체할 것이고 지속적으로 개선되거나 가속적으로 발전하지 않을 것이라고 가정함으로써 인류의 어두운 미래를 신 나게 예견했다. 이것이 많은 사람이 극구 칭찬하는 반성장주의 anti-growth 로마클럽 보고서 Club of Rome Report[9]의 사이비적인 과학 및 기술 예측이다. 패설 Passell, 로버츠 Roberts 및 로스 Ross가 이 보고서에 대한 비판에서 언급했듯이, "만약 전화회사가 20세기 초반의 기술 수준에 매여 있다면 요즘의 통화량을 처리하는 데 약 2천만 명의 교환원이 필요할 것이다." 또는 영국의 편집인인 노먼 매크레이 Norman Macrae가 지적했듯이,

---

[9] [역주] 로마클럽(Club of Rome)은 1968년 4월에 이탈리아의 아우렐리오 파체이(Aurelio Peccei)라는 실업가와 스코틀랜드의 과학자 알렉산더 킹(Alexander King)이 주장하여 결성한 NGO(비정부 시민운동) 단체로서 국제적 주요 사안에 대한 싱크탱크(think tank) 역할을 자처했다. 이 단체는 1972년에 『성장의 한계』(*The Limits to Growth*)라는 보고서를 내놓으면서 세상의 주목을 받았다. 이 클럽의 목적은 "인류에게 당면한 심각한 문제들을 확인·분석하고 이 문제들을 국제적 주요 인사들과의 의견교환을 통해서 변화를 모색하는 역할을 담당한다"는 것이다. 2008년에 이 클럽은 본부를 스위스의 빈터투어(Winterthur)로 옮겼으며 세계 주요 국가에 지부를 두고 있다(http://www.clubofrome.org). 이 클럽의 최근의 관심사는 기후 변화, 인류의 미래, 인류의 도전, 경제 및 사회개발의 새로운 전략 등이다.

"1880년대처럼 말horse에 의존한 교통수단으로 회귀한다면 오늘날의 도시는 모두 말똥으로 뒤덮일 것이다."[10] 패설 등은 구체적으로 다음과 같이 비판했다.

> 그 팀[로마클럽]의 모형은 제조업 및 농업 제품에 대한 수요는 기하급수적으로 증가한다고 가정하지만, 이를 수용하기 위한 기술 진보에 대해서는 자의적으로 비기하급수적인 제한을 설정했다. …
> 약 2세기 전에 토머스 맬서스 Thomas Malthus 목사는 요즘 같은 컴퓨터 인쇄의 혜택도 받지 못하는 시대에 살면서 유사한 전망을 하였다. … 맬서스는 인구는 기하급수적으로 증가할 것이나 식량 증산은 기껏해야 산술급수적으로 증가할 것이라고 주장했다. 그는 주기적인 기아와 전쟁을 통하여 식량의 수요와 공급의 균형이 맞추어질 수밖에 없다고 예측했다. …
> 그러나 이는 근시안적인 추측 이상의 어떤 특별한 다른 근거는 없었다. 맬서스의 예측은 잘못된 것이고, 식량 생산능력은 인구 증가에 맞추어 늘어났다. 확신할 수는 없지만, 기술 진보 역시 앞으로 둔화할 기미를 보이지 않고 있다. 최고의 계량경제학적인 추정에 의하면, 이제까지의 기술 진보는 사실상 기하급수적으로 증가했다.[11]

우리에게 필요한 것은 더 낮은 경제성장이 아닌 더 높은 성장과 좀 더 우수하고 다양한 기술이다. 기술 폐기를 시도하거나 원시 부족사회로

---

[10] 메도우즈(D. Meadows)의 『성장의 한계』(*The Limits to Growth*, New York: Universe Books, 1972); 그리고 패설, 로버츠, 로스(P. Passell, M. Roberts, and L. Ross)가 1972년 4월 2일, 뉴욕타임스에 실은 글, 「성장의 한계에 대한 검토」 (Review to *the Limits to Growth*), 10쪽.

[11] 패설, 로버츠, 로스(Passell, Roberts, and Ross)의 「성장의 한계에 대한 검토」 (Review to *the Limits to Growth*), 12쪽 참조.

회귀하고자 하는 것은 사실상 불가능하며 어리석은 일이 아닐 수 없다. 기술개발과 더불어 더 많은 자본투자는 결국 우리 모두에게 물질적으로 더 풍족한 삶과 더 높은 생활수준을 약속할 것이며, 더 많은 여가와 더 나은 '영적' 생활을 영위할 수 있는 기반을 마련해 줄 것이다. 하루하루의 생존을 위하여 많은 시간을 일해야 하는 사람들은 귀중한 문화와 문명생활을 즐길 여유가 전혀 없다. 더욱 심각한 문제는 생산 자본에 투입되어야 할 재원이 세금이나 각종 규제 혹은 군사 및 과시적인 항공우주산업 등과 같은 비생산적이고 낭비적인 정부 지출로 흘러나가고 있다는 사실이다. 더욱이, 과학자 및 기술자와 같은 귀중한 인력자원이 아직도 국민을 위한 소비재 생산에 투입되지 않고 정부에 집중적으로 전용되고 있다. 지금 우리에게 필요한 것은 당장 정부가 길을 비켜주고, 경제에서 세금과 불필요한 지출의 악령을 제거하며, 가능한 한 모든 생산과 기술 자원이 소비자들의 복리증진에 전적으로 투입될 수 있게 하는 것이다. 우리는 소비자들의 필요와 수요를 적절히 충족시켜주는 경제성장과 기술 및 설비투자가 필요하다. 이를 실현하게 할 수 있는 유일한 방법은 국가주의 statism 의 망령을 제거하고 모든 국민의 에너지가 자유시장적 경제체제에서 발현될 수 있게 하는 것이다. 제인 제이콥스 Jane Jacobs 가 밝힌 바와 같이, 우리는 자유시장적 경제체제에서 자유롭게 발현되는 경제와 기술의 발전이 필요한 것이지, 1950년대 자유주의 세력들의 억지 주장에 의해 세계경제에 부과된 왜곡과 낭비를 원하는 것이 아니다. 한 마디로, 우리는 진정한 자유시장에 근거한 자유지선주의 경제체제 libertarian economy 가 필요하다.

제3절 자원 보존

위에서 언급한 바와 같이, 우리는 '자원고갈 극복 시대' postscarcity age 에 돌입했기 때문에 더 이상의 경제성장이 불필요하다고 주장했던 바로 그 자유주의자들이 이제는 앞장서서 '자본가의 탐욕'이 우리의 희소 자연자원을 파괴하고 있다고 불평하고 있다. 예를 들어 로마클럽의 종말론 예언자들은 단지 현재의 자원 사용 추세에만 근거하여 40년 이내에 주요 천연자원이 고갈될 것이라고 확신에 찬 예측을 발표했다. 그러나 지난 세기에도 수없이 반복적으로 그 같이 확신에 찬 예측이 나왔지만 결국 완전히 그릇된 것으로 판명되었다.

그런 예언자들이 간과한 것은 자유시장이 천연자원을 보존하고 확충하는데 중대한 역할을 한다는 사실이다. 전형적으로, 구리 광산의 예를 들어 보자. 우리 산업문명에서의 변함없는 수요에도 왜 이미 훨씬 전에 고갈됐어야 할 구리 광석은 아직 남아있는가? 왜 광산업자들이 구리 광맥을 발견하고 개광한 후에도 구리 원석을 한꺼번에 모두 채굴하지 않는가? 왜 해를 거듭하며 조금씩 채광하는가? 그 이유는 구리 광산업자들이 다음과 같은 사실을 알고 있기 때문이다. 예를 들어, 만약 올해에 구리 생산을 세 배로 늘리면 그에 따라 수입은 세 배로 늘겠지만, 광산은 그만큼 고갈되어 그로부터 나오는 미래 수입도 고갈될 것이다. 시장에서는 이 같은 미래 수입의 고갈이 즉각적으로 구리 광산 전체의 화폐 가치, 즉 광산 가격에 반영된다. 다시 말하면, 구리 광산의 매각가격에 반영된 이 화폐가치, 즉 광산소유주의 주식가격은 미래의 구리 생산으로 벌어들일 수 있는 기대 수입에 근거한다. 따라서 구리의 고갈은 광산의 경제적 가치를 떨어뜨리고, 이 때문에 광산의 주식가격 역시 하락시킨다. 그러므로 광산소유주들은 광산 전체의 자본가치 capital value 손실(따라서 그가 소유한 주식가치의 손실)과 비교하여 현재의 구리 생산을 증가시켜 즉각적인 소득을 늘릴 것인지, 아니면 미래를 위하여 더 보전할 것인지를 저울질하게 된다.

광산소유주들은 미래의 구리 산출량과 수요에 대한 예측, 그리고 현재 및 미래의 기대 이자율 등에 따라 의사결정 한다. 예를 들어, 만약 수년 내에 새로운 합성금속이 개발되어 구리가 시대에 뒤떨어진 금속이 된다고 예상한다면, 광산소유주들은 구리 가치가 높은 지금 시점에서 가급적 빨리 생산하여 판매할 것이고 미래를 위한 비축은 줄일 것이다. 그렇게 함으로써 구리가 더 많이 필요한 시기인 지금 더 많이 생산하여 소비자들과 경제 전체에 혜택을 주게 된다. 그러나 반대로 만약 미래에 구리 부족사태가 일어날 것으로 예상되면, 광산소유주들은 지금 생산을 줄이고 앞으로 구리 가격이 더 높아질 때 더 많이 생산하기 위하여 기다릴 것이다. 그렇게 함으로써 구리가 더 집중적으로 필요한 미래에 더 많이 생산하여 소비자들과 경제 전체에 도움을 주게 된다. 자원소유주에 의한 이 같은 생산시기 결정은 소유주 자신의 소득 및 재산에 도움이 될 뿐만 아니라 소비자 대중과 경제 전체에 혜택을 주는 기가 막힌 내재적 기제 mechanism 를 시장경제는 내포하고 있다는 사실을 우리는 알게 된다.

하지만 이러한 자유시장 기제에는 더 중요한 것이 있다. 만약 향후에 구리 부족사태가 점차 심해질 것으로 예상된다고 가정하자. 그 결과는 현재 시점에서 구리 생산이 더 많이 보류되고 앞으로 생산을 위해 비축될 것이다. 그리고 중요한 것은 구리 가격이 상승할 것이라는 사실이다. 구리 가격의 상승은 구리 자원을 '보존 효과'로 이어진다. 즉, 구리 가격의 상승은 앞으로 구리는 더 귀한 물질이 될 것이라는 신호로 작용하기 때문에 시장에서는 구리사용을 줄이는 방안을 모색하게 된다. 예를 들어, 될 수 있으면 구리 사용을 줄이고 좀 더 저렴한 금속이나 플라스틱으로 대체할 것이고, 구리는 적절한 대체가 없는 곳에만 사용되기 위해 비축되기 때문에 좀 더 충분히 보존될 것이다. 그뿐만 아니라 구리 가격의 상승은 새로운 광맥을 찾기 위한 인센티브를 제공하고, 아마 새로운 기술발견을 통해 좀 더 저렴한 대체물질의 개발을 촉진할 것이다. 구리의 높은 가격은 기업들로 하여금 구리를 보존하고 재활용하자는 운동까지 불러일으킬 것이다. 자유시장의 이 같은 가격 기제 덕분에 이미 오래전에 고갈되었어야 하는 구리나 기타 천연자원이 아직도 존재하고 있다. 패설과 로버츠와 로스는 로마클럽 보고서에 대하여 다음과 같이 비판했다.

> 천연자원의 보유량과 미래 필요량에 대한 로마클럽 모형의 예측치는 그 자원이 미래에 어떻게 사용될 것인지에 따라 달라지는 최대 '한계' 소비량의 추정 limit projection 과정에서 가격변수를 고려하지 않았다. 실제 세계에서 가격상승은 그 희소자원을 보존하는 신호로 작용하여 좀 더 싼 대체물질을 사용케 하는 인센티브를 제공하고, 아울러 그 희소자원의 소비를 줄일 방법을 찾는 연구노력을 촉진하며, 새로운 자원탐사에 좀 더 높은 수익성을 제공해준다.[12]

사실, 로마클럽과 같은 종말론자들의 예측과는 달리, 원자재 및 천연자원의 가격은 여전히 낮은 수준이며, 다른 것들에 비하여 오히려 가격이 상대적으로 하락했다. 자유주의자들과 마르크스주의자들은 이 같은 가격하락을 자원생산 후진국들에 대한 자본가들의 착취 징표로 여겼다. 그러나 종말론자들의 주장과는 전혀 달리, 과거보다 천연자원이 더는 희귀해지지 않고 오히려 더 풍부해졌고, 따라서 이것들의 상대적 가격이 낮아졌다고 말하는 것이 더 타당하다. 예를 들어 플라스틱과 합성섬유

---

[12] 패설, 로버츠, 로스(Passell, Roberts, and Ross)의 앞의 글, 12쪽.

등과 같은 저렴한 대체 물질의 개발이 천연자원의 가격을 낮추고 더 풍부하게 만들었다. 우리의 현대기술은 가까운 미래에 핵융합과 같은 획기적인 저렴한 에너지원을 발견할 수 있으리라 기대할 수 있고, 그렇게 되면 자동으로 필요한 원자재를 매우 풍족하게 생산할 수 있을 것이다.

합성물질과 저렴한 에너지원의 개발은 종말론자들이 간과한 현대기술의 중요한 측면을 부각한다. 즉, 현대기술과 산업생산은 예전에는 전혀 쓸모없었거나 존재하지 않았던 자원을 창조한다는 사실이다. 예를 들어, 등유 램프와 자동차가 나타나기 전까지 석유는 자원이 아니라 성가신 검은 액체의 '쓸모없는 것'으로 여겼다. 석유를 유용한 자원으로 전환한 것은 바로 현대 산업의 발전이었다. 그뿐만 아니라 지질탐사기술의 발전과 시장의 경제적 인센티브를 통해 현대기술은 새로운 석유매장을 매우 빠른 속도로 찾아내고 있다.

천연자원이 곧 고갈될 것이라는 예측은 전혀 새로운 주장이 아니다. 1908년에 미국의 시어도어 루스벨트Theodore Roosevelt 대통령은 주지사 회의를 소집하여 천연자원의 '긴박한 고갈'을 경고했다. 그 회의에서 철강업자 앤드류 카네기Andrew Carnegie는 슈피리어 호Lake Superior 주변의 철광지대는 1940년 즈음이면 바닥을 드러낼 것으로 예측했으며, 철도산업의 거물이었던 제임스 힐James J. Hill은 미국의 목재 자원은 10년 이내에 대부분이 고갈될 것으로 예상했다. 그뿐만 아니라, 농업보조금 프로그램 때문에 밀의 과잉 생산으로 골머리를 앓고 있던 당시에 향후 미국에서의 심각한 밀 생산 부족을 예측했다. 이 같은 어두운 전망은 시장경제의 작동원리에 대해 무지했고 안타깝게도 현대기술의 전망을 과소평가했기 때문이다.[13]

---

[13] 이 같은 잘못된 예측에 대하여 토머스 놀란(Thomas B. Nolan)의 「기술이라는 소멸

일부 천연자원이 과거와 현재에 고갈 위기에 놓인 것은 사실이다. 그러나 그 이유는 '자본가들의 탐욕'에 의한 것이 아니다. 오히려 반대로 이들 자원에 대한 사유재산권을 정부가 허용하지 않았기 때문, 즉 사유재산권의 작동원리를 충분히 추구하는 데 실패했기 때문이다.

목재 자원이 그 하나의 예이다. 미국 서부지방과 캐나다의 대부분 산림은 민간 소유가 아니라 연방정부 또는 지방정부의 소유이다. 따라서 정부는 민간 목재회사들에 그 사용을 임대했다. 간단히 말해, 민간에 연간 사용에 대해서만 재산권을 허용하고 산림자원 그 자체에 대한 재산권은 부여하지 않았다. 이 경우에 민간 목재회사들은 자산가치를 보유하지 못하게 되고, 따라서 자원고갈 자체에 대해서는 걱정할 필요가 없다. 목재회사는 자원을 보존하고 나무를 다시 심는 등을 수행할 경제적 인센티브가 없다. 산림자원의 자산가치를 유지하려는 목재회사들의 노력과 투자는 그들에게 아무런 경제적 이득을 주지 못하므로 가급적 빨리 더 많은 나무를 베어서 파는 일에만 몰두하게 된다. 그러나 과거부터 숲에 대한 민간 소유를 광범위하게 허용한 유럽에서는 소유주가 목재를 벌목하지만, 산림의 자산가치 고갈을 막기 위해 수목을 복원하고 보전하는 것이 자신에게 이득이 된다.[14]

되지 않는 자원」(The Inexhaustible Resource of Technology)에서 인용. 그리고 자렛(H. Jarrett)의 편저, 『보존에 관한 전망』(*Perspectives on Conservation*, Baltimore: Johns Hopkins Press, 1958), 49~66쪽 참조.

[14] 목재와 그 보전에 관해 앤서니 스콧(Anthony Scott)의 『천연자원: 보존의 경제학』(*Natural Resources: The Economics of Conservation*, Toronto: University of Toronto Press, 1955), 121~125쪽 등 참조. 그리고 연방정부 자신의 고속도로 및 무절제한 댐 건설, 그리고 육군 공병단의 여러 건설공사가 목재 자원을 보전하기보다는 파괴에 앞장섰다는 사실에 관한 참고문헌은 에드윈 돌란(Edwin G. Dolan)의 『탄스타플』(*TANSTAAFL*, New York: Holt, Reinhart & Winston, 1971), 96쪽 참조.

미국에서 가장 큰 죄인은 농업부 산하의 산림청 The Foreset Service 이다. 이들은 산림을 소유하면서 연간 벌목권만을 임대함으로써 결국 산림을 황폐화시켰다. 이에 비하여 조지아 퍼시픽 Georgia-Pacific 이나 유에스 합판 U. S. Plywood 등과 같은 대규모 목재회사가 소유한 산림은 향후 목재 공급을 위해 과학적으로 벌목하고 다시 나무를 심고 있다.[15]

미국 정부가 사유재산권을 허용하지 않아서 초래된 또 다른 불행한 결과는 19세기 후반에 있었던 미국 서부지역의 목초지 황폐화에 관한 것이다. 서부영화를 본 사람이라면 누구나 '개방 방목지' open range[16]라는 주인 없는 묘한 땅을 서로 차지하려고 소몰이와 양치기 농부들이 서로 폭력 다툼을 벌이는 장면을 보았을 것이다. 개방 방목지 문제는 연방정부가 미시시피 주 서쪽의 건조한 지역에 대해서는 개척이주민 homsteader 정책을 제대로 시행하지 않아서 생긴 결과이다. 미국 동부지역의 비교적 습한 지역에서는 농민이 생존하는 데 필요한 면적을 160에이커로 판단하여 각 개척이주민에 160에이커의 국유지를 무상으로 불하했다. 그러나 서부의 건조 지역에서는 160에이커를 가지고는 소나 양의 방목장을 성공적으로 조성할 수 없었다. 그러나 연방정부는 서부 개척이주민에 160에이커 이상의 목초지 불하를 거부함으로써 그들이 원하는 좀 더 큰 방목장 조성을 불가능하게 만들었다. 그 결과, 소와 양을 키우는 개인 목축업자들이 어떤 제재도 받지 않고 정부 소유 목초지에 들어가 마음대로 풀을 뜯어 먹게 할 수 있는 개방 방목지가 생겨났다. 정부 소유 개방 방목지

---

[15] 로버트 푸울 2세(Robert Poole, Jr.)의 「보전 논리와 생태」(Reason and Ecology). 그리고 제임스(D. James) 편저의 『밖에서 안을 보기』(*Outside, Looking In*, New York: harper & Row, 1972), 250~251쪽 참조.

[16] [역주] 초기 개척 당시, 미국에서는 '공유지 불하법'을 제정하여 개척이주민에게 공유지를 불하하는 방법으로 개인소유권을 인정해주었다. 이에 관한 서부영화로는 케빈 코스트너 주연의 〈오픈 레인지〉(*Open Range*)가 있다.

는 누구도 소유권을 갖지 않는다는 것을 의미했다. 따라서 소나 양의 목축업자는 누구든지 앞다투어 가급적 빨리 자신의 가축을 방목시키고 모조리 풀을 뜯어먹게 하는 것이 경제적으로 유리했다. 그렇지 않으면 다른 목축업자들에게 기회를 빼앗기기 때문이다. 이 같이 목초지에 대한 개인 소유권을 거부한 비극적인 정부의 근시안적 정책 결과는 풀이 자라기도 전에 너무 일찍 방목을 시작하여 목초지를 황폐화시켰고, 아무도 다시 풀을 심거나 가꾸려 하지 않았다. 누구든 목초지를 복원하려고 수고하거나 기다리는 사람은 다른 목축업자들이 서둘러 자신의 소와 양을 방목시키는 광경을 무력하게 쳐다 볼 수밖에 없었다. 따라서 미국에서는 서부지역의 황폐화된 목초지를 '먼지바람이 부는 분지' dust bowl 로 부르게 되었고, 또한 많은 목축업자, 농부 및 양치기들이 독자적으로 불법적인 울타리를 쳐서 개인 소유로 만들었으며, 개방 방목지를 먼저 차지하려는 분쟁이 발생했다.

미국 환경보존 운동 역사의 권위자였던 새뮤얼 헤이즈 Samuel P. Hays 는 개방 방목지의 문제점을 다음과 같이 설명했다.

> 미국 서부 가축업자들의 대부분은 누구나 무상으로 사용할 수 있는 연방정부 소유의 '개방 방목지'에 의존했다. … 미국의회는 방목을 전적으로 규제하거나 목축업자들이 개방 방목지를 취득할 수 있도록 허용하는 법률을 제정하지 않았다. 소와 양치기들은 마음대로 공유지에서 풀을 뜯어 먹였고 … 목축업자는 배타적으로 혼자서 이용하기 위하여 방목지에 울타리를 쳤다. 그러나 경쟁자들은 그 철조망을 절단했다. 양치기들과 목동들은 힘과 폭력으로 경쟁업자 소유의 가축을 죽이거나 심지어는 경쟁업자를 살해하는 방식으로 그들 사이의 분쟁을 '해결'하려 했다. 다시 말해, 재산권과 관련된 가장 기초적인 제도의 부재가 혼란과 비통함, 그리고 파괴를 야기했다.

이러한 혼란의 와중에 공유 방목지는 빠르게 황폐화되었다. 처음에는 무성하고 풍부했던 목초지가 과잉 사용으로 걷잡을 수 없이 황무지로 변해 갔다. … 공유지는 지탱할 수 있는 수준을 넘는 가축들로 넘쳐났다. 목축업자들은 각기 다른 업자에게 가용한 목초를 빼앗기지 않으려고 해가 바뀌면 일찍부터 방목을 시작했으며, 풀들이 자라서 씨를 퍼트리게 놓아두지 않았다. 이 같은 상황이 반복되면서 가용한 목초의 양과 질은 빠르게 감소하였으며, 왕성하던 다년생 식물은 일년생 식물에게 자리를 내줬고 일년생은 다시 잡초에게 자리를 내줬다.[17]

이러한 과정을 거치면서 공유 방목지의 3분의 2 이상이 고갈되었다는 것이 헤이즈의 결론이다.

자원에 대한 사유재산권의 부재가 자원을 고갈시켰을 뿐만 아니라 막대한 잠재 자원을 개발하는 데 실패 원인으로 작용한 매우 중요한 영역이 또 하나 있다. 그것은 잠재적으로 엄청난 생산성을 지닌 대양에 관한 것이다. 대양은 국제적인 공유지이다. 즉, 어느 개인이나 회사 또는 정부도 대양의 일부를 소유할 수 없다. 그 결과로 바다는 농경이 발달하기 전의 미개 시대의 토지처럼 계속 원시상태로 남아있었다. 원시인들의 생산 방식은 '수렵채취'이다. 즉, 야생동물을 사냥하고 과일과 산딸기, 견과류와 씨앗을 채집했다. 원시인들은 땅을 개발하거나 증산방법을 모색하지 않고, 오직 자신의 환경 내에서 소극적으로 그 땅에 의존하여 살아갔다. 그 결과, 토지는 광대하지만 비생산적이었고 단지 소수의 부족만

---

[17] 새뮤얼 헤이즈(Samuel Hays)의 『보존과 효율의 복음』(*Conservation and the Gospel of Efficiency*, Cambridge: Harvard University Press, 1959), 50~51쪽 참조. 그리고 루이스 페퍼(E. Louise Peffer)의 『공공영역의 폐쇄』(*The Closing of the Public Domain*, Stanford: Stanford University Press, 1951), 22~31쪽 등 참조.

근근이 먹여 살릴 정도의 역할밖에 하지 못했다. 그 후 농업의 발달에 힘입어 토지는 농장으로 전환되었고, 체계적인 경작이 시작되면서 생산성과 생활수준이 크게 향상되었다. 인류문명이 시작된 것은 오직 농업을 통해서였다. 하지만 농업이 발전하려면 먼저 사유재산권이 보장되어야 했다. 처음에는 경작지와 수확물에 대해서, 그리고 그 다음에는 토지 자체에 대한 사유재산권이었다.

그러나 대양은 아직도 사냥과 채집 단계의 비생산적인 원시상태로 남아 있다. 누구든지 바다에서 고기를 잡거나 자원을 추출할 수 있지만 아직도 사냥과 채집방식에 의존하고 있다. 대양에서는 누구도 경작할 수 없고 누구도 양식업에 종사할 수 없다. 이런 방식으로 우리는 대양의 무궁한 어족자원과 광물자원을 활용할 수 있는 기회를 박탈당하고 있다. 예를 들어, 누군가가 대양에서 물고기를 양식하기를 원하고 사료를 주어 양식장의 생산성을 높이려 한다면 그 사람은 즉시 자기 노력의 결실을 박탈당할 수 있다. 왜냐하면 재산권을 인정해주지 않는다면 다른 사람들이 달려들어 물고기 잡아가는 것을 막을 수 없기 때문이다. 그뿐만 아니라 어장의 생산성을 높이거나 대양에서 광물을 추출하는 수단과 방법에 대한 기술연구에 매진할 경제적 인센티브도 없다. 사실 그렇게 하지 않을 반인센티브 disincentive 만이 가득하다. 토지에 사유재산권이 허용되듯이, 대양의 일부에 대해서도 사유재산권이 충분히 허용될 때에 한해서 그러한 인센티브가 살아난다. 지금이라도 어업 생산성을 높일 수 있는 단순하지만 합리적인 기술이 존재한다. 예를 들어, 큰 물고기가 작은 물고기를 잡아먹지 못하도록 바다에 전자 울타리를 치고 물고기들을 크기별로 분리하면 어업 생산을 엄청나게 늘릴 수 있다. 그리고 일부 대양에 대해 사유재산권을 허용한다면 양식업이 크게 번창할 것이고, 심지어는 우리가 지금 상상할 수도 없는 다양한 방식의 대양 자원을 창조하고 생산을 배가시킬 수 있을 것이다.

정부는 총 어획량이나 조업허용 계절의 기간에 대한 비합리적이고 비경제적인 규제를 두는 방식으로 어족자원의 고갈 문제에 대처하고자 하는 헛수고를 하고 있다. 그 결과, 연어, 참치 및 가자미 어업은 과도하게 조업기간을 단축시키고 조업의 질을 해치고 있으며, 비수기에는 사용하지도 않는 조업 선단의 과잉 생성을 촉발함으로써 어획 기술은 아직도 원시적이고 비생산적인 상태에 머무르고 있다. 이러한 정부규제는 또한 양식업의 성장을 촉진하는 데도 아무런 도움을 주지 못한다. 더글러스 노스Douglass C. North와 로저 밀러Roger R. Miller는 다음과 같이 비판했다.

> 어부들은 정부의 규제 때문에 비효율적 장비를 사용할 수밖에 없고 짧은 기간에만 조업을 해야 하고, 나아가 … 물론 어부들이 너무 많아서 가난하다. … 소비자들은 효과적인 어로 방법을 사용할 때 지급해야 할 가격보다 더 비싼 가격으로 붉은 연어를 소비하고 있다. … 각종 규제가 늘어나는데도 연어 떼의 보존에 대해서는 아직 소홀하다.
> 근본적 문제는 대양에 대한 소유권을 불허하고 있기 때문이다. 어느 어부도 영속적으로 연어 떼를 지키는 데 관심을 보이지 않는다. 그 반대로 어부들은 조업기간 중에 될 수 있는 한 더 많은 연어를 잡는 것이 그들에게 이득이 된다.[18]

이와는 대조적으로, 노스와 밀러는 최소의 비용과 고효율의 기술을 동원하여 대양자원을 보존하고 생산하는 일이 이전보다 더 수월해져서, 이

---

[18] 더글라스 노스와 로저 밀러(Douglass C. North and Roger Leroy Miller)의 『공공문제의 경제학』(*The Economics of Public Issues*, New York: Harper & Row, 1971), 107쪽 참조.

제는 대양에 관한 재산권 허용 문제가 실현가능해졌다는 점을 지적했다. "최근 고성능 전자감지 장비의 발명 덕분에 낮은 비용으로 상당히 넓은 지역을 쉽게 감시할 수 있다."[19]

최근 일부 대양을 둘러싼 국제적 분쟁의 증가는 이 중요한 영역에 대한 재산권 문제가 얼마나 중요한지 극명하게 보여 준다. 미국을 비롯한 여러 나라에서는 해변으로부터 200해리까지 주권을 주장[20]하고, 정부와 민간 기업들은 이 수역과 관련하여 논쟁을 벌이고 있으며, 트롤어선과 어망의 제한 문제로 어민과 석유 시추 및 채굴업자가 같은 수역을 놓고 전쟁을 벌이고 있어서, 재산권은 점차 그리고 확실하게 중요한 문제로

---

[19] 앞의 책, 108쪽 참조. 또 다른 참고문헌은 제임스 크러치필드와 기울리오 폰테코르보(James A. Crutchfield and Giulio Pontecorvo)의 『태평양 연안의 연어 어업: 불합리한 보존』(*The Pacific Salmon Fisheries: A Study of irrational Conservation*, Baltimore: Johns Hopkins Press, 1969). 그리고 참치 어업에서의 유사한 사례에 관한 참고문헌은 프랜시스 크리스티 2세(Francis T. Christy, Jr.)의 「미국 전역의 해양 자원에 관한 새로운 차원」(New Dimensions for Transnational Marine Resources), 『미국 경제학 리뷰』(*American Economic Review, Papers and Proceedings*), 1970년 5월호, 120쪽. 또한 태평양 연안의 가자미 어업에 관한 참고문헌은 제임스 크러치필드와 아널드 젤너(James A. Crutchfield and Arnold Zellner)의 『태평양 연안의 가재미 산업의 경제적 전망』(*Economic Aspects of Pacific Halibut Industry*, Washington, D. C.: U. S. Dept. of the Interior, 1961). 그리고 전자 울타리의 설치 이외에도 일부 해양에 대한 사유재산권 허용이 가능하다는 가상적인 제안에 관한 참고문헌은 고든 털럭(Gordon Tullack)의 『어업에 관한 과격한 제안』(*The Fisheries: Some Radical Proposals*, Columbia, S. C.: University of South Carolina Bureau of Business and Economics Research, 1962) 참조.

[20] [역주] 1945년에 미국 트루먼(Truman) 대통령이 '연안에서 200해리 내에 생식하는 수산자원은 모두 연안국의 소유'로 선언함으로써 연안 수역에 관한 관할권 문제가 대두되었다. 그 후 1973년 제3차 유엔해양법회의 결과에 따라 1977년에는 미국, 소련, 일본 등이 배타적 경제수역에 관한 국내법을 제정했으며, 곧 이어 각국이 서둘러 국내법을 제정함으로써 200해리는 세계적 대세가 되었다. 배타적 경제수역은 영해(1982년 유엔해양법 회의에서 12해리로 정의)와는 달리, 영유권이 인정되지 않아 경제활동 목적이 아닌 선박항해는 가능하며 통신 및 수송을 위한 케이블이나 파이프 설치도 가능하다.

대두된다. 프랜시스 크리스티 Francis Christy 는 다음과 같이 기술했다.

> 석탄은 해저 갱도에서 채광되고, 석유는 해저 바닥에 고정시켜 수면 위에 설치한 플랫폼 platform 에서 추출하며, 다른 광물들은 해저 표면에서 준설 방식으로 얻는다. … 통신 케이블이 지나가는 그곳 해저에서 정착성 어패류를 채취하고, 바다 깊은 곳에 서식하는 해양 동물들은 덫이나 트롤 어선으로 포획하며, 해저와 해수면 사이의 중간수역에서 서식하는 바다 생물들은 갈고리나 그물 또는 때때로 잠수함 활동을 방해하는 트롤어선에 의해 잡히고, 해수면에서 서식하는 생물들은 그물이나 작살의 표적이 되며, 또한 해수면 그 자체는 해상 운송뿐만 아니라 해양자원을 추출하는 선박들에 의해 활용된다.[21]

이 같은 분쟁의 증가에 대해 크리스티는 다음과 같이 예측했다. "해양은 지금 변화를 맞고 있다. 지금은 재산권이 거의 인정되지 않지만, 앞으로는 어떤 형태로든 재산권이 부여되거나 가능한 상태가 될 것이다." 그리고 "해양자원의 가치가 점차 올라감에 따라 배타적 권리의 허용은 더 빨라질 것"이라고 크리스티는 결론지었다.[22]

---

[21] 크리스티(Christy)의 앞의 책, 112쪽.
[22] 앞의 책, 112~113쪽 참조. 해양 및 해양어업의 전체적인 문제점에 대한 좀 더 명확한 경제적, 기술적, 법적 논의에 관한 참고문헌은 프랜시스 크리스티 2세와 앤서니 스콧(Francis I. Christy, Jr. and Anthony Scott)의 『해양어업: 공동의 재산』(*The Common Wealth on Ocean Fisheries*, Baltimore: Johns Hopkins Press, 1965).

제4절 공해 문제

위와 같이, 자원에 대한 완전한 재산권 보장과 자유시장의 기제가 자원을 보존하고 창출할 것이고, 이것들이 정부 규제보다 훨씬 효과적일 것이라고 우리가 인정한다고 하더라도 공해 문제는 어떻게 될 것인가? 우리는 자본가들의 그칠 줄 모르는 탐욕으로 심각한 공해에 계속 고통 받지는 않겠는가?

우선 이와 관련하여 명백한 경험적 사실이 하나 있다. 사회주의와 같은 정부 소유권은 공해문제에 해결책이 되지 않는다는 것이 판명되었다. 정부에 의한 계획경제를 주창해 온 자유주의 몽상가들도 소련의 바이칼 호Lake Baikal 오염은 귀중한 자연자원에 대한 기념비적인 산업공해 때문이었다는 사실에 동의한다. 그러나 이 보다 더 큰 문제가 있다. 예를 들어, 대기오염과 수질오염, 특히 하천오염이 그것이다. 그러나 이들 두 분야 역시 바로 사유재산권 작동이 허용되지 않아서 발생한다는 사실에 주목해야 한다.

먼저 하천을 보자. 해양과 마찬가지로 하천은 일반적으로 정부가 소유한다. 물에 대해서는 완전한 사유재산권이 허용된 적이 없다. 따라서 하천은 원래부터 정부가 소유해 왔다. 그러나 정부의 소유권은 진정한 소유권이 아니다. 왜냐하면, 정부 관리들이 자원을 통제할 수는 있지만 시장에서 그 재산에 대한 이득을 볼 수 없기 때문이다. 즉, 정부 관리들은 하천을 팔거나 또는 하천 관련 주식을 팔 수 없다. 따라서 그들은 하천의 가치와 청정성을 보존할 경제적 인센티브를 가질 수 없다. 그렇다면 경제적 관점에서는 누구도 하천을 소유하고 있지 않은 셈이다. 따라서 누구나 하천에 쓰레기와 폐기물을 버릴 수 있었기 때문에, 정부 관리들은 하천의 부패와 오염을 방치해 온 셈이다. 그렇다면 만약 민간기업이 하천과 호수를 소유한다면 어떻게 될 것인지 생각해보자. 일례로 만약 어느 사람이 이리 호Lake Erie[23]를 소유한다면, 그 호수에 쓰레기를 버린 사람은 누구든지 사유재산권 침해라는 명목으로 즉시 법원에 고소당하고, 법원의 명령에 따라 손해배상을 해야 하므로, 더는 침범하지 않을 것이다. 이 깊이 오직 사유재산권만이 공해의 종식 또는 자원에 대한 침범의 종식을 보장한다. 아무도 하천을 소유하지 않은 탓에 누구도 앞장서서 자신의 귀중한 재산을 침범으로부터 방어하려 하지 않는다. 반면에 개인이 소유한 호수(조그만 호수의 경우)에 쓰레기나 오염물질을 버리려 한다면 그 주인은 씩씩거리며 달려 올 것이기 때문에 누구도 그렇게 할 수 없을 것이다.[24] 이에 대하여 에드윈 돌란Edwin G. Dolan은 다음과 같이 기술하고 있다.

> 만약 제너럴 모터스라는 회사가 미시시피 강을 소유하게 되면 그 회사는 강변 주위의 기업들과 지방자치단체들에 막대한 폐수 비용을 부과할 것이고, 더 나아가 식수공급과 물놀이 및 낚시 사업권을 따내려는 기업에 임대하여 최대 수익을 얻는 경제적 인센티브가 있으므로 미시시피 강의 수질은 충분히 청정하게 유지될 것이라고 확신해도 좋다.[25]

---

[23] [역주] 미국 중부의 5대 호 중의 하나로서 클리블랜드라는 도시가 그 호수에 면해 있다.

[24] 현재 미국 서부의 여러 주에서의 '점유'(appropriation)에 관한 법률은 이미 하천에 관한 '개척이주민'적인 완전한 사유재산권 부여에 대한 근거를 제공한다. 이에 대한 논의에 대한 참고문헌은 잭 허쉘레이퍼, 제임스 드해븐, 그리고 제롬 밀리먼(Jack Hirshleifer, James DeHaven, and Jerome W. Milliman)의 『용수 공급: 경제, 기술 및 정책』(*Water Supply: Economics, Technology and Policy*, Chicago: University of Chicago Press, 1960), 제9장 참조.

[25] 에드윈 돌란(Edwin G. Dolan)의 「자본주의와 환경」(Capitalism and the Environment), 『개인주의자』(*Individualist*), 1971년 3월호, 3쪽 참조.

정부는 하천 소유자로서 하천오염을 방치해 왔을 뿐만 아니라 가장 활발하게 하천을 오염시킨 주범이기도 했다. 특히 정부는 각 지방의 오·폐수 처리자이지만 동시에 오염의 주범이다. 물과 땅과 공기를 오염시키지 않고 폐기물을 태워버릴 수 있는 저렴한 화학적 처리시설이 이미 개발되어 있다. 그러나 지방자치단체가 소비자들에게 어떤 대가도 받지 않고 폐기물 투하를 허용하는 상황에서 누가 더 나은 화학적 처리시설 개발에 투자하겠는가?

이 같은 예는 사유재산권이 인정되지 않아서 해양 양식업의 기술개발이 지연되는 경우와 유사한 문제점을 안고 있다. 만약 정부가 하천 소유자로서 수질오염을 허용한다면, 그 산업기술은 수질 오염방지가 아닌 오염 유발 기술이 될 것이며 지금까지도 그래 왔다. 하천 소유자에 의해 통제되지 않고 하천을 오염시키는 생산공정이 허용되면, 그런 종류의 생산공정만이 남게 될 것이다.

수질오염의 문제가 사유재산권 허용으로 해결될 수 있다면 대기오염은 어떻게 되는가? 자유지선주의자들은 이 난제에 대하여 어떤 가능한 방안을 제시할 수 있겠는가? 대기에 대해서도 분명한 사유재산권이 가능하지 않은가? 그 답은 당연히 가능하다. 이미 우리는 라디오와 텔레비전 주파수는 사적 소유가 가능하다고 결론지은 바 있다. 항공사 경로 역시 가능하다. 예를 들어, 민간항공노선은 개인 소유가 가능하다. 민간항공위원회 Civil Aeronautics Board 가 여러 도시를 연결하는 항로를 지정하고 제한할 필요도 없다. 그러나 대기오염에 관해서는 공기의 사적소유권을 직접 다루기보다는 우리의 호흡기관, 농경지 및 과수원에 대한 사유재산권 보호 문제를 다루어야 한다. 대기오염과 관련된 핵심적 사실은 오염방출자가 매연, 핵 방사능 물질, 아황산가스 등 달갑지 않은 유해 물질을 대기로 방출함으로써 무고한 피해자들의 호흡기관 속으로 유입됨은 물론, 그들의 물적 재산에 피해를 준다는 것이다. 이렇게 인간의 신체와 물적 재산을 훼손하는 배기가스는 전부 피해자들의 사유재산권을 침해하는 것이다. 결국, 대기오염은 다른 사람들의 재산에 방화하거나 신체에 상해를 입히는 것과 마찬가지로 침해 행위에 해당한다. 타인에게 상해를 입히는 대기오염은 오히려 단순하고 확실한 침해 행위이다. 따라서 정부, 즉 경찰과 법원의 주요 기능은 이 같은 침해 행위를 중단시키는 것이다. 그러나 정부는 이 같은 업무를 제대로 수행하지 못했으며, 불행히도 대기오염을 막는 방어기능을 수행하는 데 실패해 왔다.

이 같은 정부의 실패가 단지 그들의 무지에서 비롯된 것이지, 단순히 새로운 기술적 문제를 인식하고 그것에 대처하는 데 시간이 걸려서가 아니라는 사실을 깨닫는 것이 중요하다. 몇몇 현대적 오염원은 최근부터 새로이 인식되기 시작했다고 하더라도 전통적인 공장 매연이나 그로 말미암은 여러 가지 심각한 악영향은 이미 산업혁명 이후부터 알려진 것이 사실이다. 19세기 후반에 또는 길게는 19세기 초반에 미국의 법원은 산업 매연에 의한 사유재산권 침해를 눈감아주는 보수적 결정을 내린 적이 있으며, 우리는 대체로 이 사실을 인지하고 있다. 그렇게 하려고 미국법원은 영국 관습법에 내재한 사유재산권에 대한 방어체계를 조직적으로 약화시키고 변화시켜야 했으며, 실제로 그렇게 했다. 역사적으로 19세기 중후반 이전에는 어떤 해로운 대기오염도 신체적 상해 행위로 간주하였으며, 피해자들이 소송을 제기하여 손해배상을 받아내고, 더는 재산권 침해가 발생하지 않도록 금지하는 법원명령을 받아낼 수 있는 불법 방해 행위 nuisance 였다. 그러나 19세기 중에 미국 법원은 조직적으로 '업무 태만에 관한 법률' law of negligence 과 '불법 방해에 관한 법률' law of nuisance 을 개정함으로써 다른 유사 제조공장 또는 다른 오염원의 관행적 수준보다 특별히 더 심각하거나 광범위하지 않은 수준 내에서의 대기오염은 모두 허용했다.

공장 설립과 매연 방출이 늘어나면서 근처 과수원의 나무가 말라죽기 시작함에 따라 농민들은 공장을 상대로 피해보상과 더 이상의 사유재산 침해를 금하는 법원명령을 받아내고자 소송을 제기했다. 그러나 판사들은 다음과 같이 판결했다. "미안합니다. 우리도 공장 매연(대기오염 등)이 당신들의 재산을 침해하고 간섭한 사실을 알고 있습니다. 그러나 당신들만의 재산권보다 더 중요한 것이 있습니다. 그것은 공공정책, 즉 '공공의 이익'입니다. 공공의 이익에 의하면 산업은 좋은 것이고, 산업발전 역시 좋은 것입니다. 따라서 당신들의 단순한 재산권은 공공복지를 위해 희생해야 합니다." 그 때문에 우리는 지금 폐암 및 각종 질병 등에 시달리는 등의 사유재산권 유린에 대한 쓰디쓴 대가를 치르고 있다. 이 모든 것이 진정으로 '공공의 이익'을 위한 것인가?[26]

이 같은 원칙이 대기오염시대에도 법원에 지침이 되었다는 것은 1947년의 '안토닉 대 체임벌린' Antonik v. Chamberlain 소송사건[27]을 처리했던 오하이오 법원의 판결에도 잘 나타나 있다. 오하이오 주의 애크런Acron 시 근교의 주민은 피고가 개인 소유의 비행장을 운영하지 못하도록 요구하는 소송을 제기했다. 그 근거로는 공항에서 발생하는 과도한 소음으로

---

[26] 로버츠(E. F. Roberts)의 「수정헌법 제9조에 대한 항변!」(Plead the Ninth Amendment!), 『자연 역사』(Natural History), 1970년 8~9월호, 18쪽 및 그 이하 참조. 그리고 19세기 초반의 경제성장과 재산권에 대한 법적 제도의 변화에 관한 역사 및 명확한 분석에 관한 참고문헌은 모튼 호르위츠(Morton J. Horwitz)의 『1780~1860년 미국법의 변천』(The Transformation of American Law, 1780~1860, Cambridge: Harvard University Press, 1977) 참조.

[27] [역주] '안토닉 대 체임벌린' 소송사건 이후에도 민간항공기 운행과 관련된 소송이 여러 차례 일어났지만 미국 법원은 원고의 주장을 받아들이지 않았다. 다만 항공기 이착륙이나 불가피한 비상착륙을 제외하고는 최소 안전 고도(약 150미터)를 지켜야 한다고 판결했다(위스콘신 대법원, 1950).

자신들의 재산권이 침해당하고 있다는 것이었다. 금지명령을 기각하며 법원은 다음과 같이 선고했다.

> 이번 사건의 판결을 맡은바 우리는 공정한 법원의 위상을 견지하여 공항 소유주와 인근 토지 소유주들 사이의 이해갈등 문제도 심사 숙고해야 하지만 더 나아가 우리가 살고 있는 시대의 공공정책에 관해서도 인식하지 않을 수 없다. 우리는 당연히 공항의 존재가 … 공공에 큰 관심 사항이라는 점을 인식하고, 공항을 축소하거나 운행을 금지한다면 그 결과는 공항 소유주의 재산에 큰 손해를 입힐 뿐만 아니라 전체 주민에게는 귀중한 공공자산을 잃어버리는 심각한 손실이 줄 수 있다.[28]

이 같은 판사들의 범죄행위를 지원하기 위해, 연방 및 주 정부 그리고 입법부가 관여하여 오염원을 상대로 한 대기오염 피해자들의 '집단소송' class action suits[29] 제기를 금지함으로써 오염원의 침해행위를 더욱 공고하게 하였다. 만약 어느 공장이 도시의 대기를 오염시켜서, 수만 명의 희생자를 냈다면(어느 한 피해자에 의한 법원금지명령은 효과적일 수 있지만), 피해자 각자가 자신만의 특수한 피해에 대하여 보상을 받으려고 별도의 소송을 제기하는 것은 사실상 비현실적이다. 따라서 관습법에서는 '집단소송'의 합당성을 인정하고 있으며, 그 소송에서는 하나 또는 소수

---

[28] 밀턴 카츠(Milton Katz)의 『기술적 평가에서의 불법행위 부담의 기능』(The Function of Tort Liability in Technology Assessment, Cambridge: Harvard University Program on Technology and Society, 1969), 610쪽.

[29] [역주] 소비자, 공해, 증권 등과 관련된 피해에 대하여 손해배상을 요구하는 집단소송. 소송을 제기한 일부 피해자들이 승소하면, 나머지 소송을 제기하지 않은 피해자들도 요청에 의하여 동일한 손해배상을 지급받을 수 있다.

의 피해자가 자신들뿐만 아니라 유사한 손해를 입은 전체 '집단'을 대신하여 가해자를 고발할 수 있다. 그러나 미국 입법부는 체계적으로 공해와 관련된 집단소송을 불법화했다. 이 같은 이유로, 피해를 준 오염원을 상대로 한 각 피해자의 개별적 소송은 '사적 방해'를 명목으로 일 대 일로 제기해야 한다. 그러나 특정 지역에서 많은 사람에게 피해를 주고 있는 어느 거대 오염원을 상대로 집단소송을 제기하는 것은 현행법상 금지되어 있다. 프랭크 버브Frank Bubb는 다음과 같이 비유했다. "이것은 마치 정부가 당신에게 다음과 말하는 것과 같습니다. 어느 강도가 당신에게만 피해를 주려고 한다면 정부는 그 강도로부터 당신을 보호하려고 노력할 것입니다만, 그 강도가 당신을 포함한 이웃 모두에게 피해를 주려고 한다면 정부는 그 강도로부터 당신을 보호하지 않을 것입니다."[30]

소음 역시 대기오염의 한 형태이다. 소음이란 공기를 통하여 타인의 신체와 재산을 폭격하고 침범하는 음파를 만들어내는 것을 말한다. 최근에야 의사들은 소리가 인체에 미치는 악영향에 관해 연구를 시작했다. 역시 자유지선주의 법체계에서는 타인에게 손상을 주는 과도한 소음, 즉 '소음 공해'에 대해 손해배상은 물론, 집단소송과 법원금지명령을 모두 허용할 것이다.

따라서 대기오염에 대한 처방은 매우 명백하다. 문제의 본질에는 근접하지도 못하면서 납세자들에게 희생을 강요하는 수십억 달러짜리 땜질용 정부 프로그램은 전혀 쓸모가 없다. 그 처방은 단순하게 법원이 개인의 신체와 재산권 침해를 보호하는 본래의 기능으로 되돌아가는 것이며, 그렇게 함으로써 누구도 대기로 오염물질을 방출하지 못하도록 하는 것

---

[30] 프랭크 버브(Frank Bubb)의 「대기오염에 대한 처방」(The Cure for Air Pollution), 『자유지선주의 논단』(*The Libertarian Forum*), 1970년 4월 15일, 1쪽. 그리고 돌란(Dolan)의 『탄스타플』(*TANSTAAFL*), 37~39쪽 참조.

이다. 그러면 대기오염을 지지하는 산업발전 옹호자들은 어떻게 되는가? 그리고 소비자가 부담해야 하는 생산비용의 증가는 어떻게 되는가? 또한, 현재의 공해방지 기술은 어떻게 되는가?

오염물질배출을 법으로 금지하면 그만큼의 산업생산비용을 증가시킬 것이라는 논리는 노예제도를 폐지하면 그만큼 **목화** 재배비용이 **높**아질 것이고, 따라서 노예제도의 폐지가 아무리 도덕적으로는 옳은 일일지라도 '비현실적'이라는 미국 남북전쟁 이전 시대의 주장만큼이나 비난받아 마땅하다. 왜냐하면, 이는 오염원이 아무런 처벌도 받지 않고 오염과 관련된 높은 비용 전체를 국민의 호흡기관과 재산권에 부과할 수 있다는 것을 의미하기 때문이다.

그뿐만 아니라, 높은 비용과 기술부족을 이유로 대기오염이 처벌받지 않고 허용된다면, 앞으로도 계속 공해방지를 위한 기술개발의 경제적 인센티브가 발생하지 않게 된다는 중요한 사실을 간과하고 있다. 반대로, 그 인센티브는 지난 한 세기 동안 그러했듯이 정확히 반대 방향으로 작동될 것이다. 예를 들어, 미국에서 승용차와 트럭이 처음으로 운행되기 시작했을 때 법원이 다음과 같은 판결을 내렸다고 가정해보자.

> 통상적으로 우리는 트럭이 사람들의 잔디밭을 침해하면 사유재산권 침해를 이유로 반대할 것이며, 교통체증 여부와 상관없이 트럭은 언제나 도로에만 국한하여 운행해야 한다고 주장할 것이다. 그러나 트럭은 공공복지에 매우 중요하다. 그렇기에 우리가 만약 트럭이 잔디밭을 가로질러 가는 것이 교통문제를 완화할 것이라고 믿는다면 그들이 원하는 잔디밭은 어느 곳이든 침범이 허용되어야 한다고 선포할 것이다.

만약 법원이 이런 판결을 내렸다면, 우리는 이제 트럭이 잔디밭을 제멋대로 침범하는 교통체계를 갖게 되는 것이다. 그리고 누군가가 이를 저지하려 한다면 그 사람은 현행 교통체계의 유지를 방해한다는 명목으로 처벌받을 것이다. 중요한 사실은 트럭이 잔디를 짓밟는 것보다 우리 모두에게 훨씬 더 큰 피해를 주는 대기오염에 대해서 법원이 바로 그 같은 판결을 내렸다는 점이다. 이러한 방식으로 정부는 사실상 처음부터 공해유발 기술에 대해 면죄부를 주었다. 따라서 지금 우리가 바로 이 같은 기술을 지니고 있다는 것은 전혀 놀라운 일이 아니다. 이에 대한 유일한 해결책은 공해를 유발하는 자들의 침해를 중지하도록 강제하는 것이고, 그렇게 함으로써 무공해 또는 심지어는 반공해 방향으로 기술을 전환하는 것이다.

공해방지 기술은 아직 시작 단계이지만 이미 대기오염과 소음을 막는 기술이 개발되었다. 소음을 일으키고 잡음이 심한 기계에는 그 기계의 음파에 정확히 반대되는 파장의 음파를 내보냄으로써 고통스러운 소리를 상쇄시키는 머플러 muffler 라는 장치를 장착할 수 있다. 이제 심지어 오염된 공기폐기물은 굴뚝에서 방출되자마자 회수하여 산업에 유용한 제품을 생산하는 데 재활용하는 기술이 개발되었다. 예를 들어, 대기오염의 주범인 유독한 아황산가스는 수집되고 재활용되어 유용한 황산을 생산할 수 있다.[31] 심한 공해를 배출하는 점화식 엔진은 새로운 장치를 통해 '정화'되든지 아니면 디젤이나 가스 터빈 또는 증기나 전기 자동차와 같은 무공해 엔진으로 모두 대체되어야 한다. 그리고 자유지선주의 엔지니어인 로버트 푸울 2세 Robert Poole, Jr. 가 지적했듯이, 무공해 또는 반공해 기술을 설치하는 비용은 "무고한 제3자들에게 공해 또는 세금

---

[31] 제인 제이콥스(Jane Jacobs)의 『도시경제학』(*The Economy of Cities*, New York: Random House, 1969), 109쪽 등 참조.

부담의 형태로 그 비용을 떠넘기기보다는 궁극적으로 그 기업의 제품 소비자, 즉 스스로 그 기업과의 관계를 선택한 사람들이 부담해야 한다."[32]

로버트 푸울은 공해를 "해로운 물질 또는 에너지를 동의 없이 다른 사람의 신체와 재산에 전가하는 것"이라는 설득력 있는 정의를 내렸다.[33] 대기오염에 관한 자유지선주의 해법, 즉 유일하고 제대로 된 해법은 그 같은 침해를 방지하고 대항하기 위해 법원과 법체계를 활용하는 것이다. 다행히 최근에 법체계가 이 같은 방향으로 변화하기 시작한다는 징조가 보인다. 예를 들어 집단소송을 허용하지 않는 법들의 폐지와 새로운 판결이 그것이다. 그러나 이것은 단지 시작일 뿐이다.[34]

자유지선주의자들과는 대조적으로 보수주의자 중에는 대기오염 문제에 대하여 서로 다르지만 결국 유사한 두 부류의 사람이 있다. 그 중 하나는 애인 랜드Ayn Rand와 로버트 모제스Robert Moses로 대표되는 부류로서 대기오염의 심각성 자체를 부인하고, 그러한 소동을 모두 부족주의적 사회주의를 수립하려고 자본주의와 기술발전을 파괴하려는 좌파의 선동 탓으로 돌린다. 이들의 비판이 부분적으로 사실일지 모르지만, 이처럼 대기오염 자체를 전면 부인하는 것은 과학을 전면 부인하는 것이고, 또한 좌파로부터 자본주의를 옹호하려는 보수주의자들은 결국 '인권보다 재산권을 더 중시'한다는 비아냥을 받고 있다. 그뿐만 아니라, 대기오염을 막는다고 해서 보수주의자들이 그토록 애지중지하는 재산권이 더 보호되는 것도 아니며, 오히려 수많은 시민의 재산권을 짓밟는 산업자본가

---

[32] 푸울(Poole)의 앞의 책, 251~252쪽.
[33] 푸울(Poole)의 앞의 책, 245쪽.
[34] 돌란(Dolan)의 『탄스타플』(*TANSTAAFL*), 39쪽. 그리고 카츠(Katz)의 앞의 책의 전반적 내용.

들을 보수주의자들이 감싼다는 인상까지 주게 되는 것이다.

두 번째 좀 더 세련된 보수주의적 반응은 밀턴 프리드먼Milton Friedman과 같은 자유시장 경제학자들이 취한 입장이다. 프리드먼 추종자들은 대기오염의 존재를 인정한다. 그러나 사유재산권 방어 논리에 따르지 않고, 정부에 의한 소위 공리주의적 '비용과 효익' 분석에 따른 해법을 제시한다. 이들은 비용과 효익 분석을 통하여 어느 수준의 공해를 허용할 것인지에 대한 '사회적 결정'을 내리고 그것을 실행하자는 것이다. 구체적으로, 사회적 결정에 따라 각 기업에 공해허용량에 대한 면허인 '공해배출권한' pollution rights 을 부여하고, 그 허용량에 비례하여 세금을 부과하는 방법, 또는 납세자들이 공해배출을 중지하는 대가로 그 기업에 보조금 형식으로 비용을 지급하는 방법 등을 실행하자는 것이다. 이 같은 제안은 자유시장을 안전하게 지킨다는 명분으로 정부에 엄청난 행정 권한을 부여하게 될 뿐만 아니라, 국가에 의해 집행되는 집단적 의사결정이라는 명분으로 사유재산권을 지속해서 짓밟게 될 것이다. 이는 진정한 자유시장과는 거리가 멀고, 다른 여러 경제분야에서와 마찬가지로 사유재산권 보호가 확립되지 않고는 실질적으로 개인의 자유와 자유시장을 보호할 수 없다는 문제점을 야기시킨다. 폐기종 질환에 걸리기 싫은 도시민은 시골로 이사 가야 한다는 프리드먼의 끔찍한 발언은 "빵이 없으면 케이크를 먹게 하라"는 마리 앙투아네트Marie Antoinette35의 유명한 말을 극명

---

35 [역주] 마리 앙투아네트(1755~1793)는 오스트리아 합스부르크 왕가 출신으로서 프랑스 루이 16세의 왕비가 되었다. 대단한 미모였지만 경박하고 지각없고 사치가 심해서 프랑스 국민으로부터 '오스트리아 x'라는 별칭으로 불렸다. 그녀는 '빵을 달라!'고 외치는 민중에게 '빵이 없으면 케이크를 먹으면 되지'라는 말을 한 것으로 전해지고 있으며, 다이아몬드 목걸이 뇌물 사건으로 궁중의 명예를 추락시켰다. 이 목걸이는 배달 사고로 앙투아네트는 결백함이 입증되기는 했지만 프랑스 국민의 불신을 더욱 부채질했다. 루이 16세는 프랑스 대혁명으로 1792년에 퇴위 당했으며 앙투아네트는 1793년에 처형되었다.

하게 상기시키며, 인간 또는 사유재산권에 대한 현실감 부족을 드러내고 있다. 프리드먼의 말은 사실상 '여기 있는 것이 싫으면 떠나라'고 하는 전형적인 보수주의자들과 맥을 같이 하는 것으로서, 정부가 '여기' 땅을 모두 소유하고 있으므로 정부의 규칙에 반대하는 사람은 누구든지 그곳을 떠나야 한다는 의미를 지닌다. 이러한 프리드먼의 제안에 대한 푸올의 자유지선주의적 비판은 매우 신선한 대비가 된다.

> 그것은 불행히도 보수주의 경제학자들이 범하기 쉬운 가장 심각한 사례 중의 하나이다. 프리드먼의 제안에서는 어디에도 '권리'에 대한 언급이 없다. 이는 지난 200년간의 자본주의 옹호자들의 입지를 약화시킨 잘못을 범한 것이다. 심지어 오늘날에도 '자유방임'이라는 말은 도시 전체가 매연과 검댕이로 뒤덮였던 18세기 영국의 이미지를 떠올리는 경향이 있다. 초기 자본가들은 매연과 검댕이는 산업발전을 위해서 치를 수밖에 없는 대가라는 미국 법원의 입장에 동의했다. … 그러나 권리가 없는 자유방임은 모순되는 말이다. 자유방임의 입장은 인간의 권리에 기초하고, 그로부터 도출되었고, 그 권리가 신성불가침하게 존중될 때만이 유지될 수 있다. 지금과 같이 환경에 대한 경각심이 고조되고 있는 시대에 이같이 낡은 모순이 다시 자본주의를 괴롭히고 있다.
>
> [프리드먼 추종자들이 말했듯이] 공기는 희귀자원임이 틀림없다. 그러나 우리는 공기가 왜 희귀한지 자문해볼 필요가 있다. 만약 조직적 오염 때문에 공기가 희귀자원이 되었다면, 그 해결책은 현재 상태에 대한 대가(세금)만을 높이면서 국민에 대한 권리침해는 그대로 허가해주는 것이 아니라, 맑은 공기로 숨 쉴 수 있는 국민의 권리가 확실하게 보호될 수 있도록 강력히 요구하는 것이다. … 어느 공장이 아황산가스 분진을 대량으로 배출하여 폐부종과 각종 질환을 일으킨다면, 그 공장주는 그 사람들의 다리를 부러뜨린 것만큼이나 상

해를 입힌 것이다. 이 점은 자유지선주의적 자유방임주의 입장에 매우 중요하므로 아무리 강조해도 지나치지 않다. 자유방임주의적 공해배출자라는 말은 그 말 자체가 모순이므로 그렇게 이해해야 한다. 자유지선주의 사회는 '완전 귀책의 사회'이고, 그 사회에서는 모든 사람이 자기 행동 및 그 행동으로 말미암은 잘못된 결과에 대하여 전적으로 책임을 지게 된다.[36]

정부는 국민의 사유재산 보호라는 당연한 기능을 배신해 왔을 뿐만 아니라 한 술 더 떠 좀 더 적극적인 의미에서 대기오염에 기여해 왔다. 얼마 전까지만 하더라도 미국 농무부 Department of Agriculture 는 일부 농민의 반대를 무릅쓰고 광범위한 지역에 헬리콥터로 디디티 DDT 라는 곤충 박멸제를 대량으로 살포했었다. 그리고 여전히 미국 남부지역에서는 불개미 박멸을 위해 독성 발암물질의 살충제를 대량으로 살포하고 있다.[37] 이 역시 비용만 많이 들 뿐 실질적 효과는 미지수이다. 또한, 미국 원자력에너지위원회 the Atomic Energy Commission 는 원자력 발전소 및 원자폭탄 실험을 하면서 방사성 폐기물을 대기 및 토지에 쏟아 부었다. 지방자치단체의

---

[36] 푸울(Poole)의 앞의 책, 252~253쪽 참조. 프리드먼의 말('여기 있는 것이 싫으면 떠나라')에 대한 참고문헌은 피터 매켄(Peter Maiken)의 「히스테리로는 공해를 퇴치할 수 없다」(Hysterics Won't Clean Up Pollution), 『휴먼 이벤트』(*Human Events*), 1970년 4월 25일, 13쪽, 21~23쪽 참조. 그리고 프리드먼 추종자의 입장에 대하여 좀 더 자세한 내용을 담고 있는 참고문헌은 토머스 크로커와 로저스 3세 (Thomas D. Crocker and A. J. Rogers III)의 『환경경제학』(*Environmental Economics*, Hinsdale, Illinois: Dryden Press, 1971) 참조. 또한 이와 유사한 견해들에 대한 참고문헌은 데일스(J. H. Dales)의 『공해, 번영, 그리고 가격』(*Pollution, Property, and Prices*, Toronto: University of Toronto Press, 1968) 및 래리 러프 (Larry E. Ruff)의 「공해에 대한 경제적 상식」(The Economic Common Sense of Pollution), 『공공 이익』(*The Public Interest*), 1970년 봄호, 69~85쪽 참조.

[37] 글렌 가빈(Glenn Garvin)의 「발암성 물질에 의한 불개미 퇴치」(Killing Fire Ants With Carcinogens), 『인콰이어리』(*Inquiry*), 1978년 2월 6일, 7~8쪽 참조.

발전소 및 상수도 공장들과 허가를 받은 독점적 전력회사들 역시 무분별하게 대기를 오염시켜 왔다. 따라서 지금 이 영역에서 국가가 해야 할 가장 시급한 과제는 자신들이 저지르고 있는 대기오염 행위를 중단하는 것이다.

이처럼 우리가 현대 환경주의자들의 그릇된 철학과 혼돈을 과감히 떨쳐낼 때, 우리는 기존 체제를 혁신할 수 있는 중요한 기초적 사례를 발견하게 된다. 그리고 그 사례는 자본주의, 사유재산, 성장, 또는 기술 등과 본질적으로 다르지 않은 것으로 판명될 것이다. 그것은 부당한 침해로부터 사적 재산권을 보호하고 허용하는 데 있어 실패한 정부에 대항하는 사례이다. 개인의 재산권이 정부와 거대 민간기관들의 부당한 침해로부터 완전히 보호된다면, 우리는 거기서 우리 경제와 사회의 다른 영역과 마찬가지로 사기업과 현대 기술이 인류에게 저주가 아닌 구세주로 다가옴을 발견하게 될 것이다.

14 전쟁과 외교정책

제1절 좌파 및 우파의 고립주의

'고립주의'는 미국의 제2차세계대전 참전을 반대하던 자들에게 오명을 씌우고자 고안한 명칭이다. 서로 조응한다는 이유에서 종종 나치 지지자들을 지칭하는데 사용되기도 해서 고립주의라는 용어는 일반적으로 부정적인 의미뿐만 아니라 '우파'라는 의미를 띠기도 했다. '고립주의자'가 적극적인 나치 지지자들로 그려지지는 않았지만, 최소한 자신들을 둘러싼 세상에 대해 무지하고 편협한 문외한으로 여겨졌다. 그 반면 십자군이 성전을 수행하듯 미국이 전 세계에서 전쟁에 참전하기를 원했던 '국제주의자'들은 국제적 감각이 있고 온정이 많은 것으로 그려졌다. 물론 지난 몇십 년 동안은 반전세력들을 오히려 '좌파'로 간주하였다. 린든 존슨Lyndon Johnson 대통령부터 지미 카터Jimmy Carter 대통령에 이르는 간섭주의자와 그들의 추종자들은 오늘날의 좌파들에게 '고립주의자' 혹은 '신고립주의자'라는 꼬리표를 붙이려는 노력을 지속하고 있다.

고립주의자는 좌파인가 우파인가? 제1차세계대전 기간 중 반전주의자들은 지금과 마찬가지로 '좌파주의자'라고 맹렬히 공격당했다. 그들 진영에는 심지어 자유지선주의자와 자유방임적 자본주의를 옹호하는 사람들이 포함되어 있었음에도 그러했다. 사실 지지난 세기 전환기에 있었던 미국과 스페인 간의 전쟁과 필리핀 내에서의 반란 진압 전쟁을 반대하는 중심에는 사회학자이자 경제학자인 윌리엄 섬너 William Graham Sumner와 '반제국주의자 연맹'을 창설한 보스턴 상인 에드워드 앳킨슨 Edward Atkinson 등과 같은 자유방임 자유주의자들이 자리 잡고 있었다. 앳킨슨과 섬너는 18세기와 19세기 당시 영국의 위대한 고전주의적 자유주의 전통에 엄연히 속해 있었고, 특히 '맨체스터 학파'의 리처드 코브던 Richard Cobden과 존 브라이트 John Bright 같은 '극단주의' 자유방임주의자들과 궤를 같이 했다. 코브던과 브라이트는 당시 영국이 관여한 모든 종류의 전쟁과 타국에 대한 정치적 간섭을 맹렬히 반대하는 선봉에 섰다. 하지만 코브던은 자신에게는 실망스럽게도 고립주의자가 아니라 '국제적인 사람'으로 알려졌다.[1] 1930년대 후반 인신 공격적 비방운동이 본격화되기 전까지는 전쟁 반대론자들이 민족국가의 강화를 반대하고 평화와 자유 무역, 이주의 자유 및 모든 국가 국민 간의 평화로운 문화 교류를 옹호하는 진정한 '국제주의자'로 간주하였다. 타국에 대한 간섭이 '국제적'인 것은 전쟁이 국제적인 것과 마찬가지의 이유일 뿐이었다. 무력 위협이든 아니면 노골적인 군사 이동이든 강제력 행사는 항상 한 국가와 다른 국가 사이의 국경을 넘어서야 한다.

'고립주의'는 우파적 어감이 있고, '중립주의'와 '평화공존'은 좌파적 느낌이 있는 것이 사실이다. 그러나 국가 간 전쟁과 정치적 간섭을 반대한다는 핵심은 같다. 18세기와 19세기의 고전적 자유주의자이든, 세계 1차 대전과 냉전 당시의 '좌파'이든, 혹은 제2차세계대전 당시의 '우파'

---

[1] 윌리엄 도슨(William H. Dawson), 『리처드 코브던과 외교정책』(Richard Cobden and Foreign Policy, London: George Allen and Unwin, 1926) 참조.

이든 간에 지난 두 세기 동안 반전세력이 취한 입장이 바로 이것이었다. 그러한 반간섭주의자들이 글자 그대로 '고립'을 지지한 경우는 거의 없다. 일반적으로 그들이 옹호한 바는 타국의 내정에 대한 정치적 불간섭과 이와 결부된 사항으로, 모든 국가 시민 간의 평화로운 무역과 투자 및 교류의 자유라는 의미에서의 경제와 문화적 국제주의였다. 그리고 이것이 바로 자유지상주의 핵심이기도 하다.

제2절 정부 역할의 제한

자유지선주의자는 지역을 불문하고 국가를 전면 폐기하는 것과 현재 정부가 제공하는 형편없는 치안, 재판 등과 같은 법률적 기능을 시장에서 공급하는 것을 지지한다. 자유지선주의자는 자유를 인간의 천부적 자연권으로 간주하여 옹호하고, 미국인만을 위해서가 아니라 모든 이를 위해 지지한다. 따라서 진정한 자유지선주의 세상에서는 '외교정책'이라는 것이 없다. 국가도 없고, 일정 지역의 영토에서 강제력을 독점하는 정부도 없기 때문이다. 하지만 지금 우리는 민족국가의 세계에서 살고 있고, 이 체제가 조만간 사라질 것 같지 않다는 점을 고려할 때 국가가 지배적인 현 세상에서 자유지선주의자가 취할 외교정책의 입장은 무엇인가?

국가가 해체될 때까지 자유지선주의자는 정부 권력이 미치는 영역을 모든 방면에서 가능한 최대로 제한하고, 점차 축소되기를 바란다. 이미 앞에서 이 '탈국가화' 원칙이 여러 중요한 '국내' 문제에서 어떻게 작동하게 되는지 살펴봤다. 그곳에서의 목표는 정부의 역할을 밀어내고, 자연적이고 자발적인 역량이 평화로운 상호작용을 통해 발현할 수 있는 영역을 최대한 자유로운 개인들에게, 특히 자유시장 경제에서, 확보해주는 것이었다. 외교 영역에서도 그 목표는 마찬가지이다. 즉, 정부가 다른 정부 혹은 타국의 일에 간섭하지 못하게 하는 것이다. 정치적 '고립주의'와 평화로운 공존, 즉 타국에 대한 행위를 자제하는 것이 국내정치에서 자유방임 정책운동을 펼치는 것에 상응하는 자유지선주의의 입장이다. 우리가 내정에서 정부를 옭아매듯이 우리의 정부가 외국에서 활동하지 못하도록 옭아맨다는 발상이다. 고립주의 또는 평화공존은 내정에서 정부에 극도의 제한을 가하는 것에 상응하는 외교정책이다.

구체적으로 말해, 현재 세계의 육지 전체가 수많은 국가에 의해 분할되어 있고, 각 영토는 그 지역에 대한 폭력 행사를 독점한 중앙 정부에 의해 통치되고 있다. 따라서 국가 간의 관계에서 자유지선주의의 목표는 각 국가의 폭력이 타국으로 확장되지 못하게 막음으로써 적어도 개별 국가의 폭정이 자신의 관리 구역에 한정되도록 하는 것이다. 왜냐하면, 자유지선주의자는 모든 사적 개인에 대한 국가의 침해 범위를 가능한 최소로 줄이는 데 관심을 두기 때문이다. 국제관계에서 이를 성취할 수 있는 유일한 길은 각국의 국민이 자신들이 속한 국가에 압력을 가하여 국가의 활동을 자체의 독점지역으로 한정하고, 타국을 공격하거나 혹은 타국 국민을 침략하지 못하게 하는 것이다. 단언하자면, 자유지선주의자의 목표는 현재 실존하는 어느 국가에 의해서이건 개인과 재산의 침해 정도가 가능한 최소화될 수 있도록 제한하는 것이다. 이는 전쟁을 전적으로 회피한다는 것을 의미한다. 각 국가의 지배 아래 있는 국민은 그들 '각자'의 해당 국가에 서로 공격하지 않도록 압력을 가하거나, 또는 만약 분쟁이 발발하면, 물리적으로 가능한 최대로 조속히 철군하게끔 종용해야 한다.

논의를 개진하기 위해 그라우스타르크와 벨그라비아라는 두 가상의 국가만이 존재하는 세계를 가정해 보자. 두 나라는 각기 자신의 정부에 의해 지배된다. 여기서 그라우스타르크 정부가 벨그라비아 영토를 침범한다면 무슨 일이 일어나게 되는가? 자유지선주의자 관점에서는 두 가지 사악한 일이 즉각적으로 발생한 셈이다. 첫째, 벨그라비아 정부가 무슨 죄를 범했건 간에 그 일과는 상관이 없는 무고한 벨그라비아 민간인들을 그라우스타르크 군대가 학살하기 시작한 것이다. 전쟁에는 대량 살상이 따르게 된다. 자유지선주의자에게는 수많은 사람을 대상으로 하는 이러한 생명권과 자기 소유권에 대한 대대적인 침범은 단순 범죄가 아니라 궁극적인 범죄이다. 둘째, 모든 정부가 강제적 조세라는 도둑질을 통해 세입을 확보하기 때문에 그라우스타르크에서 군대를 동원하고 전쟁에 내보내는 것에는 그 어떤 경우이던 불가피하게 강제적 세금의 증가가 수반된다. 자유지선주의자는 국가 간 전쟁은 필연적으로 대량 학살과 세금 강제의 증가를 수반하기 때문에 전쟁에 대해 반대하는 것이다. 이점과 관련해서는 더 이상의 부연설명이 필요치 않다.

 물론 항상 상황이 그러했던 것은 아니다. 중세시대는 전쟁의 범위가 훨씬 제한되었다. 근대적 병기가 도입되기 전에는 무기의 종류가 매우 제한되어 정부는 폭력행사를 상대 정부의 군대에 엄격히 한정시킬 수 있었고, 사실 종종 그렇게 했다. 세금 강제가 증가한 것은 사실이나 최소한 무고한 사람들에 대한 대량 살상은 없었다. 전근대 시기에는 무기의 화력 수준이 상당히 낮아 폭력을 분쟁 상대국의 군대에 한정시킬 수 있었을 뿐만 아니라, 해당 영토 내의 모든 주민을 대표하는 중앙집권적인 민족국가도 없었다. 만일 일군의 왕이나 귀족들이 다른 쪽과 싸운다고 해도 그 지역 모든 주민이 어느 한 쪽을 지지해야 하는 것으로 인식되지도 않았다. 그뿐만 아니라, 당시는 지배자에 예속된 대규모의 징집 군대가 아니라 기껏해야 고용된 소규모 용병 무리가 군대를 구성하였다. 종종 민중이 좋아하는 스포츠가 안전한 마을의 성벽 위에서 전투를 지켜보는 것이었을 정도로 전쟁은 스포츠 경기의 일종으로 간주되었다. 그러나 중앙집권적 국가와 대량 파괴의 근대적 무기체계가 나타나면서 징집된 군대뿐만 아니라 민간인 학살이 국가 간 전쟁의 중요한 부분이 되었다.

자유지선주의자들의 당연한 반대에도, 어찌 됐건 전쟁이 발발했다고 가정해 보자. 자유지선주의자의 입장은 분명 전쟁이 지속하는 한 무고한 민간인에 대한 공격의 범위는 가능한 축소되어야 한다는 것이다. 이제는 구식이라고 할 수 있는 국제법은 이러한 목표를 달성하는 데 필요한 두 가지의 탁월한 장치를 갖추었다. 즉 '전쟁에 관한 법규'와 '중립에 관한 법규' 혹은 '중립국의 권리'라는 것이다. 중립의 법규는 전쟁을 분쟁국에 한정함으로써 비분쟁국에 대한 공격과 특히 타국의 국민에 대한 침략을 막고자 고안되었다. 따라서 미국이 준수했던 '공해의 자유'나 적국에 대한 중립적인 무역을 봉쇄할 수 있는 교전국의 권한을 엄격히 제한한 것과 같은 오래된 규범이지만 이제는 거의 잊힌 국제법의 원칙이 중요했다. 요컨대, 자유지선주의자는 어떠한 국가 간의 분쟁에서도 중립국은 중립으로 남도록 하고, 분쟁국들은 중립적인 민간인의 권리를 충분히 준수하게끔 유도한다. 영국인 법률가 빌F. J. P. Veale이 말했 듯이 '전쟁의 법규'는 그 나름대로 전쟁 당사자가 각기 범할 수 있는 상대국 민간인에 대한 권리 침해를 가능한 제한하기 위해 고안되었다.

> 이 규범의 근본적인 원칙은 문명화된 국민 간의 적대행위는 실제 교전 중인 군대에 한정되어야 한다는 것이다. … 전투원들의 유일한 임무가 서로 싸우는 것이고, 따라서 비전투원은 군사 활동 영역에서 제외해야 한다고 함으로써 전투원과 비전투원의 구분을 지었다.[2]

---

[2] 프레더릭 빌(F. J. P. Veale), 『야만으로의 진보』(*Adavance to Barbarism*, Appleton, Wisc.: C. C. Nelson Publishing Co., 1953), 58쪽.

영국이 제2차세계대전 당시 민간인에 대한 전략적 폭격을 감행하기 전까지 이 규칙은 전선이 아닌 지역의 모든 도시에 대해 폭격을 금하는 형태로 수정되어 지난 몇 세기 동안 서구 유럽 국가의 전쟁에서 지켜졌다. 물론 현재는 이런 개념 전체가 거의 사라졌다. 현대 핵전쟁의 본질이 바로 대규모 민간인 말살을 전제하기 때문이다.

다시 우리들의 가상 국가인 그라우스타르크와 벨그라비아로 돌아와, 그라우스타르크가 벨그라비아를 공격하고 제3의 정부인 왈다비아가 벨그라비아를 방어하기 위해 '그라우스타르크의 침략'에 대항하는 전쟁에 뛰어든다고 상정하자. 이 행위가 정당화될 수 있는가? 사실 '집단 안보'라는 20세기의 간악한 이론의 기원이 여기에 있다. 한 정부가 다른 정부를 '침략'할 때 세계의 다른 정부들이 함께 뭉쳐 '피해자' 국가를 방어하는 것이 도덕적 의무라는 발상이다.

'침략'에 대항하는 집단안보 개념에는 몇 가지 치명적인 결함이 있다. 그 한 가지는 왈다비아나 혹은 다른 나라가 싸움에 끼어들게 되면 그들 자신이 침략의 범위를 확장시키고 복잡하게 만든다는 점이다. (1) 그라우스타르크 시민을 부당하게 대량 학살하고, (2) 왈다비아 시민에 대한 세금 강제의 증가를 의미하며, (3) 국가와 국민이 동일시되는 현시대에 왈다비아가 전쟁에 참전하게 되면서 자국민을 그라우스타르크의 폭격기나 미사일에 의한 보복에 철저히 노출하는 결과를 초래하기 때문이다. 이처럼 왈다비아 정부의 전쟁 개입은 정부가 보호하기로 추정된 바로 그 왈다비아 시민의 생명과 재산을 위협에 빠트리게 된다. 마지막으로 (4) 왈다비아 시민의 징집과 노예화가 통상적으로 강화된다.

만약 이런 종류의 '집단 안보'가 정말로 전 세계에 적용된다면, 그래서 모든 '왈다비아인'이 온갖 지역 분쟁에 무모하게 뛰어들어 전쟁을 확산시키게 된다면 결국 소규모 지역 충돌이 곧 세계 전쟁으로 발전하게 될 것이다.

집단안보 개념에는 또 다른 결정적인 결함이 있다. '침략'을 중단시키기 위해 전쟁에 돌입한다는 발상은 분명 한 개인이 다른 개인을 침해하는 경우에서 유추된 것이다. 가령 스미스가 존스를 때려눕힌다고 하자. 또는 그를 공격하는 것처럼 보인다고 가정하자. 그러면 근처의 경찰이 피해자 존스를 구하기 위해 달려간다. 경찰은 가해행위를 중단시키려고 소위 '치안 활동'을 개시하는 것이다. 일례로 트루먼 대통령이 미국의 한국전쟁 개입을 언급하면서 '치안 활동', 즉 침략을 격퇴하기 위한 유엔의 집단 노력이라고 주장한 사건은 이런 허무맹랑한 신화를 좇은 것이다.

그러나 '침략'이라는 말은 '치안 활동'이라는 용어가 그러하듯 스미스와 존스라는 개인적 차원에서만 그 의미가 있다. 이러한 용어들은 국가 간의 차원에서는 전혀 말이 되지 않는다. 첫째, 전쟁에 돌입하는 정부는 그 때문에 무고한 민간인들에게 자신이 침략자가 되는 것이고, 이는 사실 대량학살자가 되는 것이다. 개인적 행위 차원에서의 제대로 된 비유는 바로 이런 것이다. 스미스가 존스를 구타하고 경찰이 존스를 도우려고 달려온다. 달려온 경찰은 스미스를 체포하는 과정에서 구역 전체를 폭격해 수천 명을 살해하거나 무고한 군중을 향해 기관총을 난사한다. 이것이 훨씬 더 정확한 비유이다. 전쟁 당사국이 하는 일이 바로 이 짓이고, 20세기에는 실제로 이런 일들이 엄청난 규모로 벌어지고 있기 때문이다. 그러나 이런 방식으로 행동하는 경찰은 종종 그 자신 스스로가 애초에 구타 사건을 유발한 스미스보다 훨씬 더 심각한 침해행위를 저지른 범죄자가 될 것이다.

개인 침해의 비유에는 또 다른 결정적인 오류가 있다. 스미스가 존스를 구타하거나 그의 재산을 훔친다면 우리는 피해자의 신체나 재산에 대한 권리를 침범한 자로 스미스를 지목할 수 있다. 그러나 그라우스타르크 국이 벨그라비아 국가 영토를 침략할 때는 이를 개인 차원과 유사한 방식으로 권리 '침해'라고 언급하는 것이 허용되지 않는다. 자유지선주의자의 견해에 따르면 어떤 정부도 특정 영토에 대해 재산권이나 '주권'을 정당하게 주장할 수 없기 때문이다. 따라서 벨그라비아 국의 영토에 대한 권리 주장은 존스의 개인 사유 재산에 대한 권리 주장과는 전혀 다르다. 비록 후자 역시 조사 결과 비합법적인 강탈의 유산으로 판명 난다 할지라도 마찬가지다. 어느 국가도 그 어떤 형태의 재산일지라도 합법적으로 소유하지는 못한다. 모든 영토는 모종의 침략과 폭력적 정복의 결과물이다. 결국, 그라우스타르크 국의 침공은 필연적으로 두 무리의 도둑과 침략자 사이의 전투에 지나지 않으며 그 과정에서 양쪽의 무고한 시민이 짓밟히고 희생된다는 것이 문제다.

정부에 대한 이런 일반적인 단서 외에도 소위 '침략' 국가는 종종 '피해자'에 대해 매우 그럴듯한 권리 주장을 펼 때가 있다. 물론 민족국가 체제 내에서 그러하다. 그라우스타르크가 벨그라비아 국경을 넘은 것은 한 세기 전에 벨그라비아가 그라우스타르크를 침공해 북동부 지역을 강탈했기 때문이라고 가정해 보자. 이 지역 주민은 문화, 인종, 나아가 언어적으로도 그라우스타르크 사람이다. 따라서 지금 그라우스타르크는 최소한 그들의 동포들과 재결합하고자 침공을 감행한 것이다. 이 같은 경우에 자유지선주의자들은 전쟁을 일으키고 민간인을 살해한다는 이유로 양국 정부 모두를 비난하겠지만, 한편으로는 그라우스타르크 국의 주장을 더 정당한 것으로 보고 그라우스타르크 편을 들어야 할 것이다. 그 논리는 다음과 같은 방식으로 바꾸어 표현할 수도 있다. 비현실적이긴 하지만 두 나라가 전근대적 전쟁 방식으로 되돌아가서, (1) 무기체계가 제한되어 있기에 민간인 그 누구도 신체와 재산에 손상을 입지 않고, (2) 군대는 징병이 아니라 지원병이며, 또한 (3) 조세가 아니라 자발적인 방법으로 재원이 마련되는 경우라고 한다면, 지금 이 맥락에서 자유지선주의자는 주저하지 않고 그라우스타르크의 편을 들 수 있을 것이다.

완벽하지는 않지만, 최근의 전쟁 중에서 그 어떤 경우도 1971년 후반에 방글라데시 해방을 위해 인도가 감행한 전쟁보다 '정당한 전쟁'에 대한 위 세 조건을 더 잘 충족시키지는 못한다. 파키스탄 정부는 인도 대륙에 대한 대영제국의 끔찍스러운 마지막 유산으로 창설되었다. 특히 파키스탄 국가는 서부 파키스탄의 푼잡인들이 다수를 차지하는 생산적인 동쪽 파키스탄의 벵갈 인을 지배하는 제국주의 형태로 구성되어 있었고, 북서 변방지역의 파타 인들에 대해서도 마찬가지였다. 오랫동안 벵갈 인들은 제국주의적인 압제자로부터 독립을 열망하고 있었다. 1971년 초 선거에서 벵갈 인들이 승리하자 의회는 정지되고, 그때부터 푼잡 군대가 민간인인 벵갈 주민을 대상으로 체계적인 학살을 자행했다. 인도의 분쟁 개입은 벵갈 인들의 민간 저항세력인 묵티 바히니Mukhti Bahini[3]를 지원하는 셈이었다. 물론 세금의 징수와 징병이 있었지만 인도 군대는 벵갈 민간인들에 대해서는 무력을 행사하지 않았고, 오히려 푼잡 점령국에 대항한 벵갈 민중의 진정한 혁명전쟁이 일어나 오직 푼잡 군인들만이 인도 군대의 총알받이가 되었다.

이 예는 전쟁의 또 다른 특징을 보여준다. 즉 게릴라 혁명전쟁이 다른 어떤 국가 간 전쟁보다 훨씬 더 자유지선주의 원칙에 부합할 수 있다. 그들 활동의 본질상 게릴라는 국가의 약탈에 대항해 민간인 주민을 방어한다. 따라서 게릴라는 적인 국가와 동일한 나라에 거주하기 때문에 핵이나 다른 대량살상 무기를 사용할 수 없다. 나아가 게릴라가 승리하려면

---

[3] [역주] 벵갈 말로 '해방군'이라는 뜻으로 '자유 전사'(Freedom Fighter)라고도 불렸다. 1971년에 있었던 벵갈 해방전쟁에서 파키스탄 군대에 저항하여 싸웠던 벵갈 인들의 게릴라 세력이다.

민간 주민의 지지와 원조에 의존해야 하므로 기본적인 전술의 일환으로 반드시 민간인이 해를 입지 않도록 해야 하며, 온전히 국가 기구와 군대 조직만을 겨냥해 활동해야 한다. 따라서 게릴라 전쟁은 적에게는 정조준하고 무고한 민간인은 공격에서 면하게 해주던 영예로운 과거의 미덕으로 우리를 회귀하게 한다. 또한, 종종 게릴라는 주민의 열렬한 지지를 얻고자 하는 노력의 일환으로 징집과 조세 부과를 가능한 자제하고, 인력과 자재 조달은 자발적 지원에 의존한다.

하지만 게릴라 전쟁의 자유지선주의적 특징은 혁명적인 측면에만 국한된다. 국가가 반혁명 세력을 진압한다는 측면에서는 상황이 아주 달라진다. 국가는 자국민에게 '핵무기'를 사용할 정도까지는 아니더라도 필연적으로 대량 공포 작전에 주로 의존하게 된다. 즉 시민 군중을 살해하고, 테러를 가하며, 대대적 검거 작전을 펼친다. 게릴라가 승리하려면 민중 다수의 지지를 받아야 하므로 국가는 반게릴라 전쟁 수행을 위해 민중을 파괴하는 데 집중해야만 하고, 민중 집단을 우방인 게릴라로부터 격리시키려면 집단 수용소로 내몰아야 한다. 이 전술은 쿠바 반군에 대항하여 1890년대 스페인 장군이었던 '도살자' 웨일러Weyler가 처음 사용한 이래, 필리핀에서 미군에 이어, 보어전쟁에서 영국군이 계승하였으며, 최근 베트남 남부에서 일어났던 실패한 정책인 '전략적 촌락'[4]까지 이어졌다.

이처럼 자유지선주의 외교정책은 반전주의 정책은 아니다. 우리는 그

---

[4] [역주] '전략적 촌락'(Strategic Hamlet) 프로그램은 베트남 전쟁 당시인 1961년 남부 베트남 정부와 미군이 공산 반군(National Liberation Front)에 대처하기 위해 주민을 이주시켰던 정책이다. 결과적으로는 주민의 공산주의자에 대한 우호감을 증대시키는 계기가 됨으로써 디엠 정부(Diem regime)의 몰락을 재촉한 실패한 정책이다.

누구도 반전주의자들처럼 자기 방어를 위해 폭력적 공격에 대항해 무력을 쓸 권리는 없다고 주장하지는 않는다. 우리가 주장하는 바는 누구도 징집과 조세를 강요할 권리 혹은 타인을 살해하거나 자기 방어를 위해 타인을 살해할 권리를 가질 수 없다는 것이다. 모든 국가는 실재하고, 그들의 존재 자체가 자국민을 침략하고 현재의 영토를 확보하는 데 있다. 또한, 국가 간 전쟁은 무고한 민간인 학살을 수반하므로 때에 따라 정도의 차이는 있겠지만, 전쟁은 항상 정당하지 못한 것이다. 적어도 국가에 대항한 게릴라 전쟁은 전투의 대상을 국가의 관료와 군대에 한정할 뿐 아니라 자발적인 방법으로 투쟁의 인력과 재원을 마련하기 때문에 자유지선주의의 요건을 충족시킬만한 잠재력을 가진다.

제3절 미국의 외교정책

지금까지 우리는 국가가 자국민에게 범하는 침략과 침공에 주목하는 것이 자유지선주의자들의 가장 중요한 책무임을 살펴보았다. 그라우스타르크의 자유지선주의자는 그라우스타르크 국가를 제한하고 축소하는 데 그들의 관심을 집중해야만 하고, 왈다비아 자유지선주의자는 왈다비아 국가를 견제하기 위해 노력해야 한다는 것이다. 외교 문제와 관련해서는 각국의 자유지선주의자들이 그들 정부에 압력을 가하여 전쟁과 타국에 대한 간섭을 자제토록 하고, 그들 정부가 관여된 전쟁에서는 그 어떤 전쟁을 막론하고 철수토록 해야 한다. 따라서 미국의 자유지선주의자들은, 다른 이유는 없다고 할지라도, 그들 자신의 정부가 범하는 제국주의적이고 호전적 행위에 비판적인 관심을 집중시켜야 한다.

하지만 여기에는 자유지선주의자가 미국의 침공과 국외 개입에 주목해야 할 또 다른 이유가 있다. 20세기 전체를 봤을 때, 경험적으로 유일하게, 가장 호전적이고 가장 개입을 많이 하며 가장 제국주의적인 정부가 미합중국이었기 때문이다. 이와 같은 주장은 미국정부는 외교에서 항상 거룩하고 평화로운 의도로 정의에 헌신했다는 기득권층의 선전에 수십 년 동안 집중적으로 노출되었던 미국인들에게는 매우 놀라운 사실일 것이다.

미국의 팽창주의적 충동은 19세기 후반기에 점차 자리 잡기 시작하여, 미국의 스페인과의 전쟁을 계기로 과감히 국외로 뛰었고, 쿠바를 지배했으며, 푸에르토리코와 필리핀을 점유했고, 독립을 쟁취하고자 했던 필리핀 국민의 반란을 무참히 짓밟았다. 미합중국의 제국주의적 확장은 우드로 윌슨Woodrow Wilson 대통령이 갑자기 싸움에 개입했던 제1차세계대전 당시 가장 활짝 꽃을 피웠다. 미국의 개입으로 전쟁과 대량학살이 장기화하고, 의도하지 않게 참혹한 황폐화를 가져와 러시아에서 볼셰비키의 전승과 독일에서 나치의 승리를 직접적으로 가능하게 했다. 전 세계적인 개입과 지배라는 새로운 미국의 정책은 한편으로는 급진적이거나 마르크스주의적인 정부를 억압하고 다른 쪽으로는 유행에 뒤떨어진 군주제 정부도 억제함으로써 모든 국가를 미국의 이미지에 맞추려 한 미국의 정책에 경건한 도덕적 가면을 제공했고, 이 모든 것은 윌슨의 특별한 천재성 덕분이었다. 20세기의 나머지 기간 미국 외교 정책의 대체적 윤곽을 잡은 사람이 바로 윌슨이었다. 거의 모든 후임 대통령들은 자신을 윌슨주의자로 간주하며 그의 정책을 따랐다. 상당 기간 서로 극과 극으로 여겨졌던 허버트 후버Herbert Hoover와 프랭클린 루스벨트Franklin D. Roosevelt는 사실 미국이 참전한 첫 번째의 전 세계적 성전인 제1차세계대전에서 중대한 역할을 담당했던 인물들이다. 따라서 두 사람 모두 그들의 향후 외교와 국내 정책의 지침으로 제1차세계대전 당시의 개입과 계획경제 경험을 상기했던 것은 우연이 아니다. 리처드 닉슨$^{\text{Richard Nixon}}$ 역시 대통령으로서 처음 수행한 일 중 하나가 바로 윌슨의 사진을 자신의 책상 위에 올려놓은 것이다.

'민족 자결주의'와 침략에 대항한 '집단 안보'라는 핑계로 미국 정부는 세계 곳곳에서 지속해서 세계지배와 현상 유지에 대항하는 모든 반란에 대해 강제적으로 억압하는 정책이자 목표를 추구하였다. '침략'은 어느 곳에서든 격퇴한다는 명분 아래, 세계의 '경찰'이라는 이름으로 미국은 지속적으로 그 자신이 가장 심각한 침략자가 되었다.

미국의 정책을 침략적인 것으로 표현하는 데 주저하는 사람이라면 세계 각지에서 발생하는 모든 국내적 또는 외교적 위기에 대해 미국의 전형적인 반응이 어떠했는지 생각해 봐야 한다. 미국 국민의 생명과 안보에 직간접적으로 위협이 된다고는 도저히 상상할 수 없는 지역에서 발생하는 사건들까지 포함해서 검토해 보자. 예를 들어, '범블스탄'의 군사 독재자가 위험에 빠졌다고 가정하자. 아마 그 나라 국민은 독재자와 그의 동조자들이 자행한 착취를 더는 견딜 수 없게 되었을 것이다. 이와 같은 사태에 대해 미합중국은 심각한 우려를 하게 되고, 국무부나 국방부에 우호적인 언론인들은 독재자가 무너진 이후 범블스탄과 그 인접지역의 '안정'을 해칠 수 있는 경우에 대한 경고성 기사를 작성해 유포하기에 이른다. 그 이유는 주로 그렇듯이 독재자가 '친 미국' 혹은 '친 서방' 성향의 인물이기 때문이다. 즉 그는 '그들'이 아닌 '우리' 중의 한 사람이다. 따라서 미합중국은 범블스탄 야전 사령관을 지탱시키기 위해 황급히 서둘러 수백만 또는 심지어 수천억 달러에 달하는 군사 및 경제 원조를 투입한다. '우리'의 독재자가 건재하면 안도의 한숨을 쉬고, '우리'의 국가를 구해냈다는 축하의 메시지가 사방으로 퍼진다. 미국인 세금 납부자에 대한 지속적이거나 혹은 더 강화된 강제와 범블스탄 시민에 대한 압제는 물론 이 등식에서 고려되지 않는다. 이와 반대로 범블스탄 독재자가 혹시 무너지면 미국의 언론과 관료조직에 당분간은 히스테리가 만연할 것이다. 이후 얼마 시간이 지나면, 미국 국민은 범블스탄을 '잃고' 난 후라도 여전히 거의 이전과 다름없는 삶을 지속해 나갈 것이다. 더욱이 독재자의 구조 실패가 범블스탄 국가를 지탱하기 위해 국민에게서 갹출해야만 하는 국외 원조에서 수천억 달러가 줄어드는 것을 의미하는 것이라면 미국 국민의 삶은 아마 더 나아질 것이다.

그렇듯 미국은 세계 어느 지역에서 발생하는 위기이든 자신의 의사를 관철하려 할 것이라 기대되고 또 그렇게 이해된다면 그것은 미국이 가장 큰 간섭주의 국가이자 제국주의 국가라는 분명한 징표가 된다. 미국이 현재 자신의 의사대로 하지 못하는 유일한 지역이 소련과 공산주의 국가들이다. 물론 과거에 개입하고자 시도한 사례가 있기는 하다. 윌슨 대통령은 영국 및 프랑스와 함께 수년간 볼셰비즘을 요람에서 분쇄하려 하였고, 그 일환으로 '적군'을 격퇴하고자 미군과 연합군을 파병하여 러시아 황제 지지세력Czarist 인 '백군'을 도왔다. 제2차세계대전 후 미합중국은 전력을 기울여 동유럽에서 소련을 축출하려 했고, 이란 서북부의 아제르바이잔에서 실제로 소련군을 몰아내는 데 성공하였다. 또한, 미국은 영국이 그리스에서 공산정권을 분쇄하는 것도 도왔다. 미합중국은 중국에서 장개석의 독재지배를 유지하고자 최선을 다해 노력했다. 소련이 제2차세계대전 후 만주에서 철군하자 만주를 점령하기 위해 대규모로 장개석 군대를 북방으로 공수해주었다. 그뿐만 아니라 중국이 그들 앞바다의 섬인 진먼金門과 마주馬祖를 점령하지 못하도록 막아주었다. 쿠바에서 독재자 풀헨시오 바티스타Fulgencio Batista[5]를 사실상 대통령직에 앉히고

---

[5] [역주] 1940년 쿠바 자유선거에서 바티스타는 공산당의 힘을 얻어 대통령에 당선되

나서 미합중국은 미중앙정보국CIA이 주도한 피그스 만Bay of Pigs 침공으로부터 미정보국과 마피아가 연관된 카스트로Fidel Castro에 대한 암살 기도에 이르기까지 공산주의 카스트로 정권을 축출하려고 필사적으로 노력했다.

미국의 최근 전쟁 중 분명 미국인과 외교정책에 대한 미국인의 태도에 가장 큰 상처를 남긴 것이 베트남 전쟁이었다. 베트남에서의 미국 제국주의 정책은 사실 이번 세기에 미국이 범한 비극적인 외교적 오류의 축소판이다. 베트남에서 벌인 미국의 제국주의 전쟁은 대부분의 사람이 알고 있는 것과는 달리 케네디 대통령이나 아이젠하워 대통령에 의해서 시작된 것이 아니고, 심지어 트루먼 대통령에 의한 것도 아니다. 그것은 다름 아닌 프랭클린 루스벨트Franklin Roosevelt 하에 있던 미국 정부가 일본에 중국과 후일 베트남이 된 인도차이나에서 군대를 철수하라는 무자비하고 모욕적인 최후통첩을 전달한 1941년 11월 26일 바로 그날에 시작된 것이다. 결국, 일본에 대한 미국의 최후통첩이 진주만 공격을 피할 수 없게 만들었다. 아시아 대륙에서 일본을 몰아내기 위해 태평양 전쟁을 시작한 미합중국과 미 중앙정보국CIA의 전신인 군사전략정보국OSS은 일본에 대항한 호치민의 공산주의자들이 이끄는 민족저항 운동을 지지하고 지원했다. 제2차세계대전 후에는 공산당 베트민[6]이 베트남 북부지역 전체를 맡고 있었다. 그런데 과거 베트남의 제국주의 지배자인 프랑스가 호치민과의 협약을 저버리고 베트민 군을 학살했다. 이 배신행위에서 프랑스는 영국과 미합중국의 도움을 받았다.

어 4년간 통치하였고, 그 후 다시 52년에 집권하여 59년 1월 1일 사회혁명이 완수되기 전까지 미국의 지원하에 정권을 유지하였다. 당시 쿠바의 음모와 부패 그리고 사회적 갈등에 책임이 있는 것으로 알려진 독재자이다.
[6] [역주] 호치민이 지도자인 베트남 독립 동맹으로서 1941~1954년 존속하였다.

프랑스가 호치민의 지휘로 재조직된 베트민 게릴라 운동에 패배했을 때 미국은 1954년의 제네바 협약을 인정했고, 이 협약에 따르면 베트남은 이른 시일 안에 한 국가로 통일하게 되어 있었다. 전후 남과 북으로 분할 점령한 것은 순전히 임의적인 상황이고, 단지 군사적인 편의 때문이라고 인식하였다. 그러나 속임수를 써서 베트남의 남부 반쪽에서 베트민을 쫓아낼 수 있었던 미국은 한 걸음 더 나아가 제네바 협약을 파기하고, 프랑스와 프랑스의 꼭두각시 황제 바오 다이 Bao Dai[7]를 대신해 자신의 하수인인 고 딘 디엠 Ngo Dinh Diem [8]과 그의 가족을 남베트남을 지배하는 독재자의 자리에 앉혔다. 디엠이 당혹스러운 존재가 되자 미 중앙정보국 CIA은 디엠을 암살하는 쿠데타를 획책했고, 그를 대체하여 또 다른 독재 정권을 세웠다. 남부에서 공산주의자가 주도하는 민족해방 운동인 베트콩[9]을 억제하려고 미국은 남부와 북부 베트남 전역에 황폐의 폭탄비를 쏟아 부었다. 즉 융단 폭격을 퍼붓고, 백만 베트남인을 살해했으며, 오십만 명의 미국 군인을 베트남의 정글과 수렁으로 밀어 넣었다.

비극적인 베트남 분쟁 내내 미국은 이 전쟁은 우리의 도움을 요청한 우방이며 '친서방적'인(이 말이 무엇을 의미하든 간에) 남베트남 국가에 대한 공산주의 정권인 북베트남 국가의 '침략'이 초래한 것이라는 허구를 지속하였다. 실제로 베트남 전쟁은 제국주의적인 미국이 베트남 국민

---

[7] [역주] 베트남의 마지막 황제로서 1926년 즉위하여 1945년 제2차세계대전이 끝난 후 왕위에서 물러났으나 1949년 프랑스와의 협정에 의해 원수에 취임하였고, 1955년 국민투표에서 패하여 물러났다.
[8] [역주] 고 딘 디엠(Ngo Dinh Diem)은 1954년 미국의 지원을 받아 수상으로 취임하였고, 1956년 국민투표를 통해 대통령이 되었으나 1963년 쿠데타에 의해 목숨을 잃었다.
[9] [역주] 베트콩(Viet Cong)은 베트남 공산주의자라는 뜻으로 '남베트남 민족해방전선'을 일상적으로 이르는 말이다.

대다수의 소망을 무시하고 그 나라의 남부 반쪽에 국민의 지지를 받지 못하는 종속적인 독재자를, 필요하면 실질적인 집단학살까지 저지르면서까지, 유지하고자 했던 결국 실패할 수밖에 없는 기나긴 여정이었다.

미국인들은 '제국주의'라는 단어를 미합중국 정부의 행위에 적용하는 데 익숙하지 않다. 그러나 그 말은 참으로 적합한 표현이다. 넓은 의미에서 제국주의는 A 국가가 B 나라 국민을 침략하고, 이어서 그러한 외세의 지배를 강제적으로 유지하는 것이라고 정의할 수 있다. 앞서 논의한 경우에서 보듯, 그라우스타르크 국가가 과거 벨그라비아의 북동부에 속했던 지역을 영구적으로 지배하는 것이 그러한 제국주의의 한 예이다. 그러나 제국주의가 반드시 타국의 국민에 대한 직접적인 지배의 형태를 띨 필요는 없다. 20세기에 와서는 간접적인 형태인 '신제국주의'가 유행이 지난 직접적인 지배 유형을 점진적으로 대체해 나가고 있다. 이 경우 제국주의 국가는 그 지역 출신의 종속적인 지배자를 효과적으로 통제함으로써 타국 국민에 대한 지배를 유지한다. 이러한 유형의 현대적인 서구 제국주의는 자유지선주의자 역사학자 레너드 리지오 Leonard Liggio 에 의해 비판적으로 개념이 정의되었다.

> 서구 국가들의 제국주의적 권력이 … 세계의 인민에게 배가된 또는 강화된 착취의 체제, 즉 제국주의를 부과하였고, 이를 통해 서구 정부의 권력은 각 지역 국가가 자행하는 현재의 착취에 더하여 서구의 착취를 추가할 기회의 대가로 해당 지역 지배계층을 유지해 주고 있다.[10]

---

[10] 레너드 리지오(Leonard P. Liggio), 『왜 헛수고인 성전을?』(*Why the Futile Crusade?*, New York: Center for Libertarian Studies, 1978), 3쪽.

미국을 오래된 제국주의적인 세계열강으로 보는 견해는 최근 역사학계가 수용하기 시작했다. 이는 윌리엄 애플먼 윌리엄스에게 영감을 받은 일군의 뛰어난 신좌파 수정주의 역사학자들이 설득력 있는 학문적 저작을 출간한 결과이다. 그러나 이러한 견해는 제2차세계대전 당시와 냉전 초창기의 전통적인 자유주의 '고립주의자' 및 보수주의자의 것이기도 하다.[11]

제4절 보수주의자 비판

구보수주의자와 고전적 자유주의 고립주의자의 마지막 반간섭주의 및

---

[11] '신좌파' 수정주의자의 견해에 관해서는 윌리엄스의 저술뿐만 아니라 가브리엘 가드너(Gabriel Kolko Lloyd Gardner), 스테판 앰브로스(Stephen E. Ambrose), 고든 레빈 주니어(N. Gordon Levin, Jr.), 월터 라페브르(Walter LaFeber), 로버트 스미스(Robert F. Smith), 바톤 번스타인(Barton Bernstein), 그리고 로널드 래도쉬(Ronald Radosh)를 참조하기 바람. 전혀 다른 수정주의 학풍에서 비슷한 결론을 도출한 학자는 찰스 비어드(Charles A. Beard), 해리 반스(Harry Elmer Barnes), 자유지선주의자 제임스 마틴(James J. Martin), 그리고 고전적 자유주의자인 존 플린(John T. Flynn)과 가렛 가레트(Garet Garrett)이다. 래도쉬는 그의 책 『우파의 예언자들: 미국의 세계주의에 대한 보수주의 비판자들 프로파일』(*Prophets on the Right: Profiles of Conservative Critics of American Globalism*, New York: Simon & Schuster 1975)에서 미국의 제2차세계대전 참전에 대한 보수주의 고립주의자의 반대를 긍정적으로 묘사하고 있다. 유스터스 되네크(Justus D. Doenecke)는 발표한 수많은 논문과 특히 그의 책 『신속한 자들에게는 아닌 것: 냉전 당시의 구 고립주의자들』(*Not to the Swift: The Old Isolationists in the Cold War Era*, Lewisburg, Pa: Bucknell University Press, 1978)에서 초기 냉전에 직면한 제2차세계대전 당시 고립주의자가 느꼈던 감상에 대해 세밀하고 동정적으로 분석하였다. 반간섭주의, 반제국주의 관련 우파와 좌파의 공동전선 형성 요구는 칼 오글스비(Carl Oglesby)와 리처드 숄(Richard Shaull)의 책 『봉쇄와 변화』(*Containment and Change*, New York: Macmillan, 1967)에서 볼 수 있다. 고립주의자들의 저작 관련 주석이 달린 참고도서 목록을 위해서는 도에네크의 『고립주의 문헌』(*The Literature of Isolationism*, Colorado Springs, Colo.: Ralph Myles, 1972) 참조.

반제국주의 공세는 한국전쟁 당시에 있었다. 『시카고 트리뷴』 신문의 논설 주필이며 진주만 공격에 대한 최초 수정주의 역사책의 저자인 보수주의자 조지 모건스턴 George Morgenstern 은 미-스페인 전쟁부터 한국전에 이르기까지 미국이 저지른 소름 끼치는 제국주의 역사를 자세히 다룬 기사를 워싱턴의 우익 주간지 『휴먼 이벤트』Human Events 에 발표하였다. 모건스턴은 맥킨리 McKinley 대통령이 스페인과의 전쟁을 정당화하면서 한 '고상한 헛소리'에 대해 다음과 같이 언급했다.

> 후일 유럽의 전쟁에 간섭하면서 윌슨 대통령이 내세웠던 복음주의적 합리화나, 천년왕국을 약속한 루스벨트 대통령, 뭔가 잘못 돌아간 "유럽에서의 십자군 전쟁"을 높이 평가한 아이젠하워 Eisenhower 대통령, 또는 한국에서의 성전을 설교했던 트루먼 Truman 대통령 이하 스티븐슨 Adlai Ewing Stevenson, 폴 더글러스 Paul Douglas 그리고 뉴욕 타임스 신문에 주목했던 사람이라면 누구에게나 친숙한 일이다.[12]

1950년대 후반 북한에서 중공군의 손에 미군이 패주하던 바로 그 시점에 행해져 많은 사람이 주목한 연설에서 보수주의 고립주의자 조셉 케네디 Joseph P. Kennedy 는 한국에서 미군이 철수하라고 요구했다. 케네디는 "나는 본래 공산주의를 반대했다. 하지만 만일 유럽이나 아시아 일부가 공산

---

[12] 조지 모건스턴(Geroge Morgenstern), 「과거는 진군한다」(The Past Marches On), 『인간사』(Human Event) 1953년 4월 22일. 진주만(Pearl Harbor) 공격에 대한 수정주의 역사책으로는 모건스턴(Morgenstern)의 『진주만: 어느 비밀 전쟁 이야기』(Pearl Harbor: Story of a Secret War, New York: Devin-Adair, 1947) 참조. 보수주의적 고립주의자와 그들의 냉전(Cold War)에 대한 비판과 관련해서는 머리 N. 로스바드(Murray N. Rothbard), 「구우파의 외교정책」(The Foreign Policy of the Old Right), 『자유지선주의 연구 학술지』(Journal of Libertarian Studies), 1978년 겨울호 참조.

주의 쪽으로 넘어가거나 공산주의가 덮친다고 하더라고 우리가 막을 수는 없다"라고 선언했다. 냉전, 트루먼 독트린, 마셜 플랜의 결과는 재앙이었다고 케네디는 공격하였다. 즉 우방을 돈으로 매수하지도 못했고, 유럽과 아시아 대륙에서의 전쟁 위협은 오히려 증가하였다는 것이다. 그러면서 케네디는 다음과 같이 경고하였다.

> 이 세계의 반은 다른 반쪽의 지시에 절대로 복종하지 않을 것이다. … 인도차이나에서 프랑스의 식민정책을 지지한다거나 한국에서 이승만 방식의 민주주의를 성취하는 것이 우리와 무슨 관련이 있는가? 달라이 라마를 왕좌에 앉혀두기 위해 티베트의 산골로 해병대를 지금 보내야 할 것인가?

경제적인 측면에서 냉전 정책의 결과 우리는 우리 자신에게 불필요한 부채부담을 지우고 있다고 하면서, 우리가 계속해서 "방만하게 외국에 원조를 준다거나, 외국 전쟁에 돈을 낭비해서 우리의 경제를 약화시킨다면 다시 1932년과 같은 공황을 초래하거나, 우리가 구하고자 노력해온 바로 그 체제를 파괴할 위험에 직면하게 된다"고 케네디는 덧붙였다.

미국에 유일한 합리적인 대안은 냉전 외교정책을 전부 폐기하는 것이라는 결론이었다. 즉 "한국에서 물러나라." 그리고 유럽과 베를린에서도 나오라는 것이다. 만일 러시아 군대가 유럽으로 진군하고자 한다면 미국은 아마 그들을 막을 수 없을 것이다. 그래서 만약 유럽이 공산주의 국가가 된다면 공산주의는 다음과 같은 일이 벌어진다는 것이다.

> 단일 세력에서 분열할 수 있다. … 더 많은 국민을 통치해야 하면 할수록 통치하는 사람은 통치당하는 사람들에게 자신들을 정당화해야 할 필요가 더욱더 증가하게 된다. 더 많은 국민이 속박을 당하게

되면, 반란의 가능성도 그만큼 더 커지게 된다.

냉전의 전사들이 세계 공산주의 체제가 변치 않을 영원한 삶의 일부분이 되리라 전망했던 바로 그 시점에 케네디는 티토 원수를 인용하면서 공산주의 세계는 결국 분열하게 될 것을 예측했다. 즉 "중국의 모택동이 스탈린으로부터 명령을 받지는 않을 것이다."

이미 케네디는 알고 있었다.

> 물론 이 정책이 유화정책으로 비판받을 것이다. [그러나] … 현명하지 못한 공약에서 물러나는 것이 유화인가? … 우리의 안보를 위협하는 공약을 하지 않는 것이 우리 이익의 관점에서 현명한 일이라면, 그리고 이것이 유화정책이라면 나는 유화정책을 찬성한다.

결론적으로, "내가 제안하는 바는 미국의 생명을 미국의 목적을 위해 쓰기 위해 보전해야 한다는 것이며, 따라서 매섭게 추운 한국의 언덕이나 전쟁의 상처를 입은 서독의 평원에서 그들의 생명을 낭비하지 말아야 한다는 것이다"라고 케네디는 주장했다.[13]

한국전과 관련해 제기된 미국 외교정책의 가장 신랄하고 강력한 비판은 고전자유주의 언론인인 예비역 가렛 가레트 Garet Garrett 에 의해 행해졌다. 가레트는 "우리는 공화국과 제국 사이를 가르는 경계를 넘어섰다"라고 선언하면서 그의 팸플릿 『제국의 등장』 *The Rise of Empire*(1952)을 시작하였다. 뉴딜 정책하에서 공화정 내에 등장하기 시작한 행정부와 국가주

---

[13] 조셉 케네디(Joseph P. Kennedy), 「현재의 정책은 정치적이고 도덕적으로 파산상태이다」(Present Policy is Politically and Morally Bankrupt), 『핵심적 연설들』(*Vital Speeches*), 1951년 1월 1일, 1970~1973쪽.

의적 폭정을 고발한 그의 유명한 1930년대 팸플릿 『혁명이란』*The Revolution Was*과 이 논제를 연결시키면서, 가레트는 유구한 입헌공화제 체제 '내부에서의 혁명'을 또다시 보았다. 가레트는 트루먼이 전쟁 선포 없이 한국전에 개입한 것을 그 예로 들면서, 이를 의회 권력의 '찬탈'이라 불렀다.

가레트는 그의 팸플릿에서 제국의 존재가 드러내는 특징 또는 기준에 대해 개략적으로 언급했다. 첫째는 대통령이 의회 재가 없이 한국전에 개입한 것에서 드러나듯이 행정부 권력이 우세해지는 것이다. 둘째는 국내정책을 외교정책에 종속시키는 것이고, 셋째는 '군사적 사고방식의 확산'이며, 넷째는 '위성국 체제'의 정비이고, 다섯째는 '허풍과 두려움의 콤플렉스 상태', 즉 제한 없는 국력에 대한 허풍이 지속적인 두려움, 적과 '야만인' 혹은 신뢰할 수 없는 위성국에 대한 두려움 등과 결합하는 것이다. 가레트는 미합중국이 위의 모든 조건에 완전히 부합한다고 보았다.

미합중국이 제국의 특징을 모두 갖고 있음을 발견하고, 가레트는 미합중국 역시 그 이전의 제국과 마찬가지로 자신이 '역사에 사로잡힌 포로'라고 생각한다고 덧붙였다. 그 이유는 미국이 두려움을 넘어서 '집단안보'와 세계무대에서 소위 운명적인 역할을 맡아야 한다는 생각이 자리잡고 있기 때문이다. 가레트는 다음과 같이 결론을 맺는다.

> 이제는 우리의 차례라네.
> 무엇을 하기 위한 우리의 차례인가?
> 세계의 도덕적 지도자의 책임을 질 우리의 차례,
> 어느 곳에 있는 악의 세력이든 대항하여 세력균형을 유지하는 우리의 차례
> 유럽과 아시아와 아프리카에서이건, 대서양이건 태평양에서건, 공중을 통하건

바다를 통해서이건, 이번의 악은 러시아 야만인이라네.
세계의 평화를 수호할 우리의 차례.
문명을 구할 우리의 차례.
인류를 위해 봉사할 우리의 차례.

그러나 이것은 제국의 언어이다. 로마제국은 자신이 문명의 수호자임을 추호도 의심하지 않았다. 이들의 선한 의도는 평화와 법 그리고 질서였다. 에스파냐 제국은 구원을 덧붙였다. 대영제국은 백인종이 안고 가야 할 부담이라는 고매한 신화를 첨가했다. 우리는 자유와 민주주의를 더했다. 그러나 거기에 무엇이 더해지든 여전히 더욱더 같은 언어일 뿐이다. 권력의 언어가 그것이다.[14]

제5절 국가 건강 상태로서의 전쟁

대다수 자유지선주의자는 외교정책 문제에 익숙하지 않으므로 자유지선주의 이론의 근본 문제를 다루거나 자유로운 시장, 우체국 업무, 또는 쓰레기 처리 민영화와 같은 '국내적' 사안에 시간과 노력을 기울이고자 한다. 그러나 전쟁이나 호전적 외교정책을 공격하는 것 역시 자유지선주의자들에게 매우 중대한 일이다. 여기에는 두 가지 중요한 이유가 있다. 하나는 이미 해묵은 사안이지만 여전히 중대한 문제인 핵으로 말미암은 대량학살은 반드시 막아야 한다는 사실이다. 간섭적인 외교정책과 관련

---

[14] 가렛 가레트(Garet Garrett), 『국민들의 나물국』(*The People's Pottage*, Caldwell, Idaho: Caxton Printers, 1953), 158~159쪽, 129~174쪽. 냉전을 비판하는 보수주의자나 고전적 자유주의자의 반제국주의 또 다른 표현을 더 접해보기 위해서는, 되네크(Doenecke), 『신속한 자들에게는 아닌 것』(*Not to the Swift*), 79쪽 참조.

해 기존의 도덕적이고 경제적인 측면에서의 반대 사유에 덧붙여 이제는 항시 내재하는 인류의 파멸 위협이 추가되었다. 핵으로 온 세상이 파괴되면 다른 모든 문제, 즉 사회주의, 자본주의, 자유주의 또는 자유지선주의 등과 같은 사상은 무의미해진다. 따라서 평화로운 외교정책과 핵전쟁의 위협을 종식하는 것이 무엇보다 중대한 사안이 된다.

또 다른 이유는 핵 위협과는 별도로, 자유지선주의자 란돌프 본Randolph Bourne 의 말을 빌리자면, 전쟁은 '국가의 건강성'을 알려주는 척도이다. 전쟁은 항상 국가권력이 사회로 확장되고 심화하는 큰 기회로 작용했고, 이를 계기로 주로 영구화되었다. 전쟁은 국가기구의 지시와 주도로 애국심을 자극하여 국가의 모든 역량과 자원을 동원할 수 있는 좋은 핑곗거리다. 전쟁을 통해 국가는 진정으로 자신의 실체를 드러내게 된다. 즉 전쟁은 권력 및 권력의 규모와 자만을 극대화하고, 경제와 사회에 대한 절대적 지배를 증대시킨다. 사회는 일종의 패거리가 되어 적으로 추정되는 자들을 죽이고자 뒤를 쫓고, 공식적인 전쟁 수행에 이의를 제기하는 자들을 억압하고 근절시키며, 소위 공공의 이익을 위한다는 이유로 거리낌 없이 진실을 저버린다. 자유지선주의자 앨버트 제이 녹Albert Jay Nock이 말했듯이, 사회는 '진군하는 군대'의 가치와 사기로 무장한 병영이 되었다.

전쟁이 언제나 국가가 외부 위협에 대항해 국민의 역량을 결집해 나라를 지켜내게 해 준다는 점은 매우 아이러니한 일이다. 국가가 전쟁을 통해 살찔 수 있게 하는 근간이 되는 신화가 바로 '전쟁은 국가에 의한 국민의 방어'라는 헛소문이다. 하지만 사실은 정확히 그 반대이다. 왜냐하면, 만약 전쟁이 국가를 건강하게 한다면 그것이 또한 가장 심각한 위험요인이기 때문이다. 국가는 오직 전쟁에서의 패배나 혁명에 의해서만 '죽음'을 맞는다. 그래서 전쟁에서 국가는 자신을 위해 광적으로 국민을 동원하여 다른 국가에 대항해 싸우게 되는데 여기에 자신은 국민을 위해 싸운다는 구실을 붙이는 것이다.

　미국 역사에서도 전쟁은 대개 사회에 대한 국가권력이 영구적으로 강화되었던 가장 큰 계기였다. 위에서 언급한 바와 같이, 1812년에 있었던 영국과의 전쟁에서 보호관세, 연방세제, 육군과 해군 상비군이 출현했듯이, 인플레를 조장하는 근대적 부분지급 준비금제도 역시 전쟁을 통해 최초로 대규모 출현하였다. 전시 인플레의 직접적인 결과가 중앙은행, 즉 제2미합중국은행 Second Bank of United States 의 재설립이었다. 거의 모든 국가주의적 정책과 제도가 전쟁이 끝난 후에도 영구적으로 지속하였다. 남북전쟁과 전시의 실질적인 일당지배 체제는 거대 정부를 추구하는 신중상주의 정책과 보호관세를 통한 다양한 대기업 지원, 철도에 대한 거대한 토지 공여 및 기타 보조금 지급, 연방소비세, 그리고 연방정부가 통제하는 은행제도 등의 확립으로 이어졌다. 또한, 이때 연방정부에 의한 징병과 소득세가 처음으로 도입되었으며, 이것이 후세의 위험한 선례가 되었다. 제1차세계대전은 비교적 자유롭고 방임적인 경제에서 대내적으로는 조합주의적 국가 독점과 외부로는 영속적인 세계 간섭이라는 현재의 체제로 전환되는 결정적이고 치명적인 계기가 되었다. 전쟁 기간 중 전시산업위원회 War Industries Board 위원장 버나드 바루크 Bernard Baruch 에 의해 주도된 집산주의적 경제 동원은 대기업 지도층과 진보적인 지식인들이 점진적으로 꿈꿔왔던 체제, 즉 대기업과의 친밀한 협력 하에 연방 정부가 계획하는 경제의 카르텔화와 독점화를 현실화시켰다. 또한, 새로운 조합주의 국가 경제체제에서 기꺼이 협력자 junior partner 자리를 받아들인 전국 규모의 노동운동을 태동시키고 발전시킨 것 역시 바로 이 전시 집산주의 경험이었다. 그뿐만 아니라, 전시에 한때 행해졌던 집산주의가 대기업 지도자와 조합주의 정치가들이 평상시 미합중국에 부과하고자 했던 경제체제의 영구적인 지침이자 모델로 작용했다. 한때 식량 관련 절대 권력을 행사하던 황제와도 같았던 통상부 장관이자 후일 대통령이 된 허버트 후버Herbert C. Hoover는 이 지속적인 독점국가주의 경제 출현에 일조하였고, 이 구상은 루스벨트 대통령의 뉴딜 정책에서 전시의 기구와 심지어 전시 인력까지 부활하면서 현실화되었다.[15] 또한 제1차세계대전은 외교에서의 윌슨주의적 세계간섭을 영구화시켰고, 새로이 사회에 부과된 연방준비제도와 영구적인 소득세, 높은 연방예산, 대규모 징병, 그리고 경제의 호경기와 군비 관련 수주, 서방에 대한 차관과의 밀접한 연관성 등을 고착화했다.

제2차세계대전은 이 모든 추세의 정점이자 완성이었다. 루스벨트 대통령은 윌슨주의 대내 정책 및 외교 정책 프로그램의 무모한 공약을 미국인의 삶에 최종적으로 덧씌웠다. 즉, 거대 정부와 대기업 그리고 거대 노동조합 간의 영구적인 협력관계, 지속적으로 늘어나는 군산복합체, 징병제, 가속하는 인플레, 그리고 끝없이 높은 비용이 소요되는 전 세계적인 반혁명 '경찰' 역할이 그것이다. 이어지는 행정부 간에는 실질적인 차이가 거의 없이, 루스벨트, 트루먼, 아이젠하워, 케네디, 존슨, 닉슨, 포드, 카터 대통령으로 연결되는 세계는 '조합주의적 자유주의'이며 조

---

[15] 많은 수정주의 역사학자가 최근 20세기 미국의 역사에 대해 이와 같은 해석을 내리고 있다. 특히 그중에서도 가브리엘 콜코(Gabriel Kolko), 제임스 와인스타인(James Weinstein), 로버트 위베(Robert Wiebe), 로버트 커프(Robert D. Cuff), 윌리엄 류크텐버그(William E. Leuchtenburg), 엘리스 홀리(Ellis D. Hawley), 멜빈 우로프스키(Melvil I. Urofsky), 조안 윌슨(Joan Hoff Wilson), 로널드 래도쉬(Ronald Radosh), 제리 이스라엘(Jerry Israel), 데이비드 에킨스(David Eakins), 폴 콘킨(Paul Conkin)의 저작을 참고 바람. 이 저작들 역시 외교정책 수정주의에서와 같이 윌리엄 윌리엄스(William Appleman Williams)에 의해 영향을 받았다. 이러한 접근방법을 적용한 일련의 에세이는 로널드 래도쉬(Ronald Radosh)와 머리 N. 로스바드(Murray N. Rothbard) 편, 『리바이어던에 관한 새로운 역사』(*A New History of Leviathan*, New York: Dutton, 1972)에서 찾을 수 있다.

합주의 국가의 완성이었다.

최소한 표면적으로나마 자유시장 경제를 지지하는 보수주의자들이 이처럼 안이하게 대처하고, 심지어 거대한 군산복합체를 칭송하기까지 한다는 것은 매우 아이러니한 일이다. 현재 미국에서 자유시장에 대해 이보다 더 심한 애곡은 없다. 상당수에 이르는 과학자와 기술자들이 민간외 목적을 위한 기초 연구, 소비자의 생활수준과 생산성을 증가시키는 연구에서 멀어져 낭비적이고, 비효율적이며, 비생산적인 군사와 우주탐사 목적의 쓸모없는 연구로 전용되었다. 이런 무익한 활동들은 모든 면에서 파라오가 건축한 거대한 피라미드만큼이나 낭비적이지만, 사실은 그보다 훨씬 더 파괴적이다. 케인스 경의 경제학이 조합주의적 자유주의 국가의 가장 훌륭한 경제학으로 간주하는 것은 우연한 일이 아니다. 케인스 학파의 경제학자들은 그것이 피라미드이든 미사일이든 또는 철강 공장이든 상관없이 모든 형태의 정부 지출에 대해 동일하게 승인한다. 개념 정의상 그것이 얼마나 낭비인지는 개의치 않고 이 모든 지출이 국민총생산을 부풀리기 때문이다. 최근 들어서야 많은 자유주의자가 케인스 학파의 조합주의적 자유주의가 미국에 초래한 낭비와 인플레이션 그리고 군사주의의 해악에 대해 인식하게 되었다.

정부 지출 범위에서 군사와 민간 부문 모두 확대되면서 과학과 산업은 점점 더 비생산적인 목적과 극도로 비효율적인 과정으로 왜곡되어 발전하였다. 소비자를 가능한 최대의 효율로 만족하게 한다는 목표는 점차 정부 하청업자에 의한 환심 사기로 대체되어 종종 매우 낭비적인 '원가가산' 계약의 형태로 나타난다. 산업 활동의 지표가 경제에서 정치로 바뀌는 분야가 점차 늘어갔다. 그뿐만 아니라, 나라의 전 산업과 지역이 정부와의 군사 계약 수주에 의존하게 되면서 프로그램의 지속과 관련한 거대 기득권이 생겨났고, 이들은 그것이 군사상 불가피하다는 가장 진부한 핑계에 부합하는지조차 고려하지 않았다. 우리의 경제적 번영이 비생산적이자 반생산적인 정부 지출이라는 마약에 의존하게 된 것이다.[16]

고전적 자유주의 작가인 존 플린John T. Flynn은 미국의 제2차세계대전 참전에 대해 가장 통찰력 있는 예언자적 비평가 중 한 사람이었다. 참전 방지를 위한 많은 노력에도 결국 동참하게 된 제2차세계대전 중에 쓴 『행군을 떠나면서』As We Go Marching 에서 플린은 전시가 되면서 가장 크게 정점에 다다랐던 뉴딜정책 때문에 20세기 초 이래 주요 대기업이 추구해 온 조합주의 국가가 최종적으로 설립되고야 말았다고 비난하였다. 플린은 다음과 같이 기술하고 있다.

> 일반적인 생각은 사회를 재조정하여 자유로운 사회를 대체하는 강제적인 계획 경제체제로 만드는 것이었다. 그 체제에서 기업들은 서로 뭉쳐 거대한 길드를 형성하거나 자치自治와 정부 감독의 요소를 국가경제의 감독체제와 결합해 정부 법령을 집행하는 엄청난 규모의 조합주의적 구조로 변환되었다. … 아무튼 이것은 기업들이 애기하던 것과 크게 다르지 않다.[17]

뉴딜정책은 노동조합과 기업 모두가 환영한 강력한 국가 '조직화' regimentation 의 도구인 국가산업부흥국National Recovery Administration 과 농업조정국Agricultural Adjustment Administration 을 통해 처음으로 그러한 사회를 만들

---

[16] 군수 산업 정책 때문에 야기된 경제적 왜곡에 대해서는 시모어 멜먼(Seymour Melman) 편, 『미국의 전시 경제』(*The War Economy of the United States*, New York: St. Martin's Press, 1971) 참조.
[17] 존 플린(John T. Flynn), 『행군을 떠나면서』(*As We Go Marching*, New York: Doubleday, Doran & Co., 1944), 193~194쪽.

려고 시도하였다. 제2차세계대전이 발발하자 바로 이 집산주의 프로그램이 재건되었다. 즉 "거의 모든 계획기구가 거대한 관료조직하에서 절대적인 권력을 행사하고 완전한 통제하에 밀려드는 막대한 부채로 지탱되는 경제"가 되었다. 플린은 뉴딜정책이 전쟁 후에도 이러한 체제를 외교관계에까지 영원히 확장할 것이라고 예언했다. 전후에도 막대한 정부 지출의 중심은 여전히 군사 분야일 것이다. 왜냐하면, 보수주의자들은 이러한 정부 지출 형태를 절대 반대하지 않을 것이며, 노동자들 역시 일자리 창출이라는 이유로 이 체제를 환영하기 때문이라는 통찰력 있는 예측을 했다. 또한, 플린은 "이처럼 군국주의는 공동체의 다양한 요소들이 함께 합의에 도달할 수 있는 엄청나게 매혹적인 공공사업의 하나다"라고 덧붙였다.[18]

전후 미국의 정책은 제국주의라는 의미의 '국제주의'일 것이라고 플린은 예측했다. 제국주의는 "물론 전쟁이 국제적이라는 의미에서 … 국제적"이며, 군국주의 정책으로부터 따라나오는 것이다. "우리는 다른 나라들이 해왔던 일을 할 것이고, 우리는 다른 나라의 도발 야망에 대한 우리 국민의 두려움이 사그라지지 않도록 할 것이며, 우리는 우리 자신의 제국주의적 사업에 착수할 것이다." 제국주의는 미합중국에 영구적으로 '적'이 존재하게 만들 것이고, 후일 찰스 비어드 Charles A. Beard 가 "영구적 평화를 위한 영구적인 전쟁"이라 칭한 전쟁을 치르게 할 것이다. 그 이유에 대해 플린은 다음과 같이 지적한다.

> 우리는 전 세계에 걸쳐 군사기지를 가지게 되었다. … 세계 어느 지역에서 문제가 발생하더라도 그곳이 … 우리의 이익에 위협이 된

---

[18] 앞의 책, 198쪽, 201쪽, 207쪽.

다고 주장하지 못할 지역은 없다. 그렇게 위협에 노출되면, 전쟁이 끝나더라도 제국주의자에게는 세계 어느 곳이건 바로 공격하거나 우리가 반드시 갖게 되는 모든 적으로부터의 공격에 대항할 수 있는 방대한 해군력과 엄청난 규모의 육군을 유지할 논거가 남게 된다.[19]

제2차세계대전이 미국에 초래한 삶의 변화를 가장 감명 깊게 묘사한 사람 중 한 사람이 평생을 급진주의자이자 개인주의자로 살았던 존 더스 패서스John Dos Passos이다. 그는 뉴딜정책이 진행되면서 '극좌'에서 '극우'로 밀려나게 된다. 더스 패서스는 그의 전후 소설 『대전략』*The Grand Design*에서 그가 느낀 신랄함을 그대로 표출했다.

> 국내에서 우리는 혈액은행과 민방위를 조직하였고 집단수용소(단지 우리는 이주센터라고 불렀다)를 설치함으로써 세상의 나머지 국가가 하는 짓을 모방했고, 거기에 몰아넣었다.
> 일본인 선조를 가진 미국 시민을 … 인신보호영장의 혜택도 없이 그렇게 했다. …
> 미합중국의 대통령은 진지한 민주주의자를 이야기했고 의회의 의원들도 마찬가지였다. 행정부에는 시민의 자유를 깊이 신봉하는 자들이 있었다. "지금 우리는 전쟁을 하느라 바쁘다. 그러니 네 가지 자유 모두는 나중에 누리게 하자"라고 그들은 말했다. …
> 전쟁은 카이저의 시간이다. …
> 그리고 미국 사람들은 보통 사람이 졸지에 철조망 너머로 이주하게 된 이 세기에 대해 당신에게 감사하고, 따라서 '신이시여 이 자를 도우소서'라는 말을 하게 되어있었다.
> 우리는 배웠다. 우리가 배워서 하게 된 것도 있다.

---

[19] 앞의 책, 212~213쪽, 225~226쪽.

그러나 헌법과 독립선언 그리고 리치먼드와 필라델피아에서의 그 위대한 논쟁에도 우리는 아직 배우지 못했다
어떻게 사람들이 삶을 관장하는 권력을 한 사람의 손에 쥐여주고 그 사람이 그것을 현명하게 사용하게 할지.[20]

제6절 소련의 외교정책

앞 장에서 우리는 러시아가 정말 미합중국에 군사 공격을 감행하려 광분하느냐는 사안을 논의하는 과정에서 국방 문제를 이미 다루었다. 제2차세계대전 이래 미국의 군사 및 외교 정책은 최소한 수사적으로는 점차 다가오는 러시아의 위협이라는 가정에 기초하고 있고, 이 때문에 미국 국민은 세계 간섭과 군사비로 수천억 달러를 지출하는 것을 용인하였다. 하지만 러시아의 위협이라는 가정이 얼마나 현실적이고 근거 있는 것인가?

첫째, 다른 마르크스-레닌주의자들과 마찬가지로 소련이 모든 사회체제를 공산주의 정권으로 바꾸고 싶어 한다는 데는 의문의 여지가 없다. 하지만 그러한 의향 자체가 어떤 실질적인 공격 위협을 의미하지는 않는다. 즉 사생활에서 나쁜 일을 바란다고 해서 그것이 임박한 침해에 대한 기대의 현실적 근거가 되지 않는 것과 같다. 오히려 마르크스-레닌주의 자체는 공산주의의 승리가 불가피하지만, 외부 세력에 편승해서가 아니라 각 사회 내에서의 긴장과 '모순'이 축적되면서 일어난다고 믿는다. 따라서 마르크스-레닌주의는 공산주의가 자리 잡기 위해서는 내부적 혁

---

[20] 존 더스 페소스(John Dos Passos), 『대전략』(*The Grand Design*, Boston: Houghton Mifflin Co., 1949), 416~418쪽.

명 혹은 현재 '서구공산주의' 이론에서는 민주적 변화가 불가피한 것으로 간주한다. 더 나아가 외부에서 강제된 공산주의는 기껏해야 의심스러운 대상이 되거나, 최악에는 사회의 진정한 유기적 변화를 저해하거나 역효과를 내는 것으로 간주한다. 소련의 군사력에 편승하여 다른 나라에 공산주의를 '수출'한다는 생각은 마르크스-레닌주의에 완전히 모순된다.

물론 소련의 지도자들이 마르크스-레닌주의에 반하는 일은 절대 하지 않는다는 뜻은 아니다. 그러나 그들이 강력한 러시아 민족국가의 통상적인 지배자로 남아있다는 사실만으로 미합중국에 대한 소련의 위협이 임박했다는 증거라는 주장도 설득력이 매우 약하다. 왜냐하면, 우리의 냉전 전사들이 생각해낸 그러한 위협의 오직 유일한 추정 근거는 소련연방이 소위 마르크스-레닌주의를 신봉한다는 것과 세계 공산주의의 승리라는 궁극적인 목표에 헌신한다는 의혹에 지나지 않기 때문이다. 만일 소련의 지배자들이 단순히 자국의 이익만을 추구하는 러시아만의 독재자로 행동한다면 소련을 임박한 군사 공격을 감행할 더할 나위 없는 악마적 원흉으로 간주하는 근거가 송두리째 무너져 내리게 된다.

1917년 러시아에서 볼셰비키가 정권을 잡았을 때 그들은 소련의 향후 외교정책에 대해 거의 고려하지 않았다. 서구의 선진 산업국가에도 곧이어 공산주의 혁명이 일어날 것이라고 믿었기 때문이다. 제1차세계대전이 끝나고 이와 같은 희망이 무너져 버린 후에야 레닌과 볼셰비키 동지들은 '평화공존' 이론을 공산주의 국가의 기본적인 외교정책으로 받아들였다. 그 이면의 계산은 이런 것이었다. 최초의 성공적인 공산주의 운동의 산물인 소련 러시아는 세계 전역의 여타 공산당의 횃불이자 지지자가 될 것이다. 하지만 국가로서 소비에트는 다른 모든 나라와 평화로운 관계 수립에 전념할 것이고, 국가 간 전쟁을 통해 공산주의를 수출하고자 하지는 않을 것이다. 이 견해는 마르크스-레닌주의 이론을 신봉할 뿐 아니라,

현존하는 공산주의 국가의 생존을 최상의 외교정책 목표로 삼는 매우 실질적인 방침이었다. 다시 말해 국가 간 전쟁을 초래하여 소비에트 국가를 위험에 빠트리는 일은 절대 하지 않는 것이다. 다른 나라들은 각국의 내부적 과정에 의해 공산주의화될 것이라고 기대한 것이다.

소련은 이처럼 우연한 계기에 그들만의 이론적인 근거와 실질적인 근거가 혼합되어 자유지선주의자들이 적절하고 원칙 있는 외교정책으로 유일하게 간주하는 입장에 일찍부터 도달해 있었다. 그뿐만 아니라, 시간이 지나면서 이 외교정책은 모든 사회 운동이 일단 권력을 획득하고 일정 기간 지속하면 반드시 겪게 되는 '보수주의' 경향에 의해 강화되었다. 즉, 각 민족국가의 권력을 유지하고자 하는 이해관계가 최초의 이상인 세계혁명보다 점점 우선시되기 시작하는 것이다. 스탈린과 그의 후계자들의 지배하에서 점진적으로 증가한 보수주의는 비폭력적인 '평화공존' 정책을 강화하고 보강하였다.

사실상 볼셰비키의 성공 스토리는 제1차세계대전 발발 초기 러시아군의 즉각적인 철수를 요구한 러시아 내 유일한 정당이 되면서부터 시작되었다. 그들은 한 걸음 더 나아가, '자신들' 정부의 패배를 의미하는 '혁명적 패배주의'를 요구함으로써 엄청난 비난을 자초하기도 했다. 전선에서 대규모 탈영으로 이어진 중대한 피해를 보게 되자 러시아 내에서는 전쟁에 대한 지지도가 급속도로 떨어지게 되었고, 이때 지속해서 즉각적인 전쟁 종식을 요구한 유일한 정당이 레닌이 주도하던 볼셰비키였다. 반면 다른 정당들은 여전히 독일에 대항해 끝까지 싸우기를 천명하였다. 볼셰비키가 정권을 잡자 레닌은 심지어 볼셰비키 중앙위원회 다수의 맹렬한 반대에도 '유화정책'인 브레스트-리토프스크 Brest-Litovsk 평화조약을 1918년 3월에 체결하라고 지시했다. 조약 체결 당시 레닌은 승기를 잡은 독일군에 백러시아와 우크라이나를 포함한 모든 점령 지역을 넘겨주는 대가로 러시아를 겨우 전쟁에서 빠져나오게 할 수 있었다. 이처럼 레닌과 볼셰비키는 단순히 평화를 원하는 정당이 아니라 실질적으로 '어떤 대가를 치르고라도 평화'를 추구하는 정당으로 정권을 시작하였다.

제1차세계대전 종전과 독일의 패망 후 새로이 등장한 폴란드가 러시아를 공격해 왔고 백러시아와 우크라이나 상당 부분을 점령하는 데 성공하였다. 전쟁 끝 무렵 러시아 내부의 혼란과 내전에 편승하여 핀란드, 에스토니아, 라트비아, 리투아니아와 같은 다양한 민족 집단이 제1차세계대전 이전 러시아 제국에서의 탈퇴를 결정하고 민족 독립을 선언하였다. 레닌주의는 민족 자결주의에 대해 말뿐인 공감을 표현할 뿐, 지금 소련의 지도자들에게 과거 러시아의 국경이 손상되지 않은 채로 그대로 유지되어야 한다는 점은 애초부터 명백했다. 적군에 의한 우크라이나 재정복은 백군에게서 뿐만 아니라 우크라이나 민족주의자들과 우크라이나의 무정부주의 토착세력인 네스터 마크흐노 Nester Makhno[21]의 군대로부터의 재탈환을 의미했다. 나머지 부분과 관련해서 러시아는 1920년대와 1930년대의 독일과 마찬가지로 제1차세계대전 이후 성립된 소위 베르사유 체제[22]에 대해 '수정주의' 입장을 취하는 국가였다. 즉, 독일과 러시아의 외교정책 지표는 이들 자신이 '진정한' 국경으로 간주하던 1차 대전 이전의 국경을 회복하는 것이었다. 한 가지 주목할 바는 러시아와 독일의

---

[21] [역주] 네스터 마크흐노(Nester Ivanovich Makhno, 1888.10.26~1934.7.25)는 우크라이나 무정부주의 공산주의자이다. 10월 혁명 이후 볼셰비키와 결별하여 다양한 무정부주의적 실험을 우크라이나에서 대규모로 감행하였다. 하지만 볼셰비키가 권력을 강화하면서 모두 실패하고 망명하여 파리에서 생을 마감한다.

[22] [역주] 베르사유 체제(Settlement at Versailles)는 1차 대전 승전국이 독일을 포함한 패전국에게 강요한 요구와 이의 결과인 당시 국제체제이다. 지나친 전쟁배상과 권리 제한의 내용을 담고 있었고, 이에 대한 불만이 계기가 되어 제2차세계대전이 발발하였다.

모든 정치 정당은 여당이든 야당이든 상관없이 국가 영토의 완전한 회복이라는 이 목표에 모두 동의하였다는 사실이다.

그러나 분명히 할 사실은 히틀러 지배하의 독일이 잃어버린 국토를 되찾고자 강력한 조처를 한 반면, 신중하고 보수적인 소련의 지배자들은 전혀 아무 일도 하지 않았다는 점이다. 스탈린과 히틀러 사이에 협약이 맺어지고 독일이 폴란드를 정복하자 비로소 소련에 대한 더 이상의 위험이 사라지게 되었고, 그때야 잃어버린 영토를 탈환할 수 있었다. 구체적으로 말해 러시아는 동부 폴란드였던 백러시아와 우크라이나의 과거 러시아 영토뿐만 아니라 에스토니아, 라트비아, 리투아니아를 다시 손에 넣었다. 게다가 이러한 과거 영토 수복은 싸우지도 않고 이루어졌다. 이제 제1차세계대전 이전의 구 러시아가 핀란드를 제외한 모든 지역을 회복한 것이다. 하지만 핀란드는 러시아에 대항해 싸울 준비가 되어있었다. 러시아는 핀란드 전체를 다시 복속시키겠다고 요구하지 않고, 단지 인종적으로 러시아인 지역인 카렐리야 지협 Karelian Isthmus 의 일부만을 요구했다. 핀란드 사람들이 이 요구를 거부하자, 러시아와 핀란드 간의 소위 '겨울전쟁'(1939~1940)이 뒤따랐고, 이 전쟁은 핀란드가 러시아인들이 사는 카렐리야를 내주면서 종식되었다.[23]

1941년 6월 22일 영국을 제외한 서부 전 지역에서 승리한 독일이 그동안 도발하지 않았던 소비에트 러시아에 대규모 기습공격을 감행했고, 이 침략행위는 헝가리, 루마니아, 불가리아, 슬로바키아와 핀란드 같은 동유럽의 친독일 국가들이 부추기고 도움을 준 것이었다. 독일과 연합군에 의한 러시아 침공은 그날 이후 줄곧 유럽 역사의 가장 중추적인 사건의

---

[23] 러시아와 핀란드 전쟁에 대한 계몽적인 견해에 대해서는 막스 조콥슨(Max Jokobson), 『겨울전쟁의 외교』(*The Diplomacy of the Winter War*, Cambridge: Havard University Press, 1961) 참조.

하나가 되었다. 스탈린은 침략에 대한 대비가 너무 미비했고, 동유럽에서 맺은 독-러 평화협정의 합리성을 과신한 나머지 러시아 군대가 패주하도록 방치한 셈이었다. 사실 스탈린은 너무도 비호전적이어서 독일은 성공 가능성이 높지 않았는데도 거의 러시아를 정복할 뻔했다. 러시아 정복에 나서지 않았다면 독일은 유럽에 대한 통제력을 무한정 유지할 여지가 충분했기 때문에 러시아 침공을 필두로 자신을 최후의 파국으로 치닫게 한 장본인은 반공주의의 유혹에 이끌려 신중하고 합리적인 경로를 저버리고만 히틀러 자신이었다.

냉전의 전사들이 믿는 신화에서도 소련은 제2차세계대전 이전까지는 국제적인 침략과는 무관했다는 점이 종종 인정된다. 대부분의 냉전 전사들이 제2차세계대전 당시 미국과 러시아가 독일에 대항해 맺은 동맹을 진심으로 인정하고 있어서 사실 달리 주장할 여지가 없기도 하다. 이들의 논지에 의하면 러시아가 팽창주의자가 되고 동유럽 지역으로 진출하게 된 것은 제2차세계대전 중이거나 바로 직후부터라는 것이다.

시기를 둘러싼 이러한 비난이 간과한 것은 1941년 6월에 있었던 독일과 연합국의 러시아 침공이라는 핵심적 사실이다. 독일과 그 동맹국들이 먼저 이 전쟁을 감행했다는 데는 의심의 여지가 없다. 따라서 침략자를 격퇴하기 위해 분명 러시아는 침략 군대를 퇴각시키고 독일과 여타 동유럽의 교전국들을 정복해야만 했다. 러시아의 행동을 팽창주의라고 비난하기보다 이탈리아와 독일 일부를 정복하고 점령한 미국을 비난하는 것이 오히려 더 손쉽다. 어쨌든 미국은 독일에 의한 직접적인 공격은 전혀 당하지 않았다.

제2차세계대전 당시 3대 주요 동맹국이었던 미합중국, 영국, 러시아는 정복 영토에 대해 3국 합동 군사점령을 합의했었다. 그 협약을 처음 깬 것은 전쟁 중 이탈리아를 군사 점령하면서 러시아에 그 어떤 역할도 허락하지 않은 미합중국이었다. 이러한 심각한 협약 위반에도 스탈린은 토착 공산주의 운동을 반복적으로 배반함으로써 혁명 이데올로기에 충실하기보다는 러시아의 보수적인 국가 이익을 우선시하는 자신의 외교정책 노선을 지속해서 선호했다. 스탈린은 러시아와 서방의 평화로운 관계를 유지하고자 여러 곳에서 공산주의 운동이 성공하지 못하도록 일관적으로 방해공작을 펼쳤다. 독일 군대의 퇴각으로 생긴 공백 때문에 공산주의자 일당이 쉽사리 정권을 잡을 수도 있었던 프랑스와 이탈리아에서 그의 방해 노력은 특히 성공적이었다. 스탈린은 공산주의자들에게 정권을 잡는 대신 반공산주의 정당에 의해 주도되는 연립정권에 참여하라고 설득했다. 양국 모두에서 공산주의자들은 곧 연립정부에서 쫓겨나고 말았다. 공산주의 일당이 거의 정권을 잡았던 그리스에서도 스탈린은 그들을 외면함으로써 회복이 어려울 정도까지 세력을 약화시켰고, 새롭게 침공해 들어오는 영국군대에 권력을 넘기라고 종용하기에 이른다.

공산주의 일당의 세력이 특히 강력했던 나라는 스탈린의 요구를 단호하게 거절했다. 유고슬라비아에서 승리를 거둔 티토는 반공주의자 미하일로비치Mihailovich 주도로 연립정부를 이끌어 나가라는 스탈린의 지시를 거절했고, 모택동 역시 장개석을 따르라는 스탈린의 비슷한 요구를 거절했다. 스탈린의 요구를 거부한 사건들이 세계 공산주의 운동에서 후일 발생하게 되는 지극히 중대한 분열의 시작이었음은 의심할 여지가 없다.

결국, 러시아는 자국 수호 방어 전쟁에서 승리한 후 군사 점령국 지위로 동유럽을 통치했다. 러시아의 초기 목표는 소련군을 등에 업고 동유럽을 공산화하는 것이 아니었다. 처음의 목표는 지난 반세기 동안 2천만 명이나 학살당한 지난 전쟁을 포함하여 세 번에 걸친 침략전쟁과는 달리 동유럽이 더는 러시아 공격의 고속도로가 되지 않도록 보장하는 것이었다. 한마디로 말해, 러시아는 국경을 인접한 이웃 나라가 군사적 의미에서 반공주의 국가가 아니기를 원했고, 또 다른 침공의 도약대로 쓰이지 않기를 희망했다. 동유럽에서의 정치적 상황은 열악하여 러시아가 외교 관계에서 평화적 노선을 추구할 만큼 신뢰할 수 있는 비공산주의 정치인들은 조금 더 근대화된 핀란드에만 유일하게 존재했다. 핀란드에서 그러한 상황이 도출된 것은 장기적 안목을 가진 정치가이자 농업 지도자였던 유호 파시키비 Juho Paasikivi의 작품이었다. 러시아가 당시 6년 동안 전쟁을 두 번이나 치른 핀란드를 공산화시키려 하지 않고 핀란드에서 철군할 수 있었던 것은 그때나 그 이후나 핀란드가 '파시키비 노선' Paasikivi line[24]을 확고히 따랐기 때문이다.

심지어 다른 동구 유럽 국가에서도 러시아는 전후 몇 년 동안은 연합정부에 충실하였고, 미국이 냉전 정책에 따라 동유럽에서 러시아를 축출하고자 무차별 압박을 3년에 걸쳐 가한 이후인 1948년에 들어서야 비로소 동유럽 공산화를 완성하였다. 오스트리아와 아제르바이잔 같은 다른 지역에서는 러시아가 기꺼이 군대를 철수하기도 하였다.

냉전의 전사들은 핀란드에서 러시아가 취한 행동을 설명하는 데 어려움이 있다. 만약 러시아가 언제 어디서나 늘 공산주의 지배를 강요할 작정이었다면 왜 유독 핀란드에서만은 '유화책'을 썼을까? 타당성 있는 유일한 설명은 러시아가 유화책을 채택한 주요 동인이 자국에 대한 위협적 공격으로부터 안보를 지키고자 함이었으며, 세계 공산주의의 성공은 안보보다 우선순위에서 낮은 위치를 차지한다는 것이다.

사실상 냉전의 전사들은 세계 공산주의 운동 내부에서 발생한 골이 깊은 분열을 설명조차 하지 못했고, 더더욱 그 사실을 받아들이지도 않

---

[24] [역주] '파시키비 노선'(Paasikivi line)은 1946부터 1956년까지 대통령으로 재임한 파시키비(J. K. Paasikivi)가 천명하고 유지한 적극적인 중립국 외교정책을 말한다.

는다. 그 이유는 모든 공산주의자가 공통된 이데올로기에 의해 지배될 때 어느 곳에 있든 공산주의자는 하나의 통합된 단일 조직체의 일부이며, 초기 볼셰비키의 성공을 고려할 때 다른 공산주의자들은 당연히 모스크바의 하수인이거나 '대리인' agent 이어야 하기 때문이다. 만일 공산주의자들이 주로 마르크스-레닌주의와의 결속으로 행동한다는 것이 사실이라면 중국과 러시아의 깊은 분열, 예를 들어, 러시아가 중국과의 국경지역에 백만의 군대를 배치하고 즉각적인 교전을 준비하고 있다는 점을 어떻게 이해해야 하는가? 유고슬라비아와 알바니아 공산국가 간의 적대감은 왜 일어난 것인가? 도대체 어떻게 캄보디아와 베트남 공산주의자 사이에 실제로 군사 분쟁이 일어날 수 있는가? 물론 그 답은 일단 혁명운동 세력이 정권을 장악하게 되면 곧이어 국가 권력 유지를 계급의 이해관계로 하는 지배층의 특징을 띠기 시작하기 때문이다. 그들의 시야에서 전 세계적인 혁명은 점차 희미해져 별 의미를 띠지 않게 된다. 국가 엘리트는 권력과 부富 사이에 상충하는 이해관계를 가질 수도 있고, 실제로 그러하기 때문에 공산주의자들 사이의 상호분쟁이 끊이지 않는다는 점은 놀랄 일이 아니다.

제2차세계대전에서 독일과 그 연합국들의 군사 침략을 격퇴한 이래 소련은 지속해서 보수적인 군사정책을 펼쳤다. 유일하게 군사력을 사용한 경우는 영토 확장을 위해서가 아니라 공산진영을 '방어'할 때뿐이었다. 그래서 1956년 헝가리와 1968년 체코슬로바키아가 소련 진영에서 탈퇴하겠다고 위협했을 때 소련은 군대를 동원하여 간섭했다. 물론 이러한 군사개입이 비난받을 일이기는 하지만 소련은 팽창주의와는 다른 수세적이고 보수적인 방식으로 행동하였다(소련은 티토가 유고슬라비아를 소련진영에서 빼내자 침공을 신중히 고려한 것으로 보이나 유고슬라비아 군대가 가진 가공할 게릴라 전 능력 때문에 단념하였다). 그 어떤 경우에도 러시아는 공산진영을 확장하거나 영토팽창을 위해 군대를 사용하지 않았다.

프린스턴 대학의 러시아학 프로그램 소장인 스티븐 코언Stephen F. Cohen은 소련 외교정책의 보수주의 성격에 대해 다음과 같이 자세히 설명하고 있다.

> 혁명에 의해 탄생하고 아직도 혁명적인 사상을 공언하는 체제가 세상에서 가장 보수주의적인 체제 중 하나가 되었다는 사실이 터무니없어 보일지도 모른다. 그러나 소련 정치에서 가장 중요하다고 언급되는 다양한 요인이 모여 이와 같은 보수주의 경향이 성립되는 데 기여하였다. 즉, 혁명 전 러시아 정부의 관료적 전통, 보수적 규범을 전파하고 관료적 특권의 열렬한 수호자인 기득권 계급 형성에 따른 소비에트 삶의 관료화, 노령화된 현 엘리트의 실체, 그리고 심지어 이미 수년 전에 그 요점이 새로운 사회질서의 창조에서 기존 질서에 동조하는 것으로 전환된 공식 이데올로기 등등. …
>
> 다시 말해, 오늘날 소련 보수주의의 주요 핵심은 국내외에서 현재 보유하고 있는 것들을 위험에 빠트리기보다는 보존하고자 노력하는 것이다. 물론 보수주의 정부도 체코슬로바키아의 경우에서 살펴보았듯이 위험한 군사적 행동을 할 수 있다. … 하지만 이런 것들은 혁명적이거나 영토 확장적인 군국주의가 아니라 일종의 방어적인 군국주의, 즉 제국 수호주의에서 비롯된 행동이다. 추정컨대 대부분의 미국 지도자와 마찬가지로 대부분의 소련 지도자에게도 데탕트는 이타적인 노고의 산물이 아니라 국익을 추구한 결과라는 사실이 명백하다. 어떤 의미에서 이것은 서글픈 일이다. 하지만 데탕트를 위해서는 상호이익이 되는 이기주의가 숭고하지만 결국 공허한 이타주의보다는 더 견고한 토대를 제공한다는 것 역시 사실이다.[25]

마찬가지로, 철저한 반소련주의의 원천이었던 윌리엄 콜비 William Colby 미 중앙정보국 CIA 전 국장조차도 소련의 압도적인 관심이 또 한 번의 재앙인 자국 영토에 대한 침략 재발을 방지하고자 하는 방어적인 목적에 있다고 해석한다. 콜비는 상원 외교위원회에서 다음과 같이 증언했다.

> 여러분은 그들의[소련의] 자국 안보에 대한 우려, 심지어 피해망상을 보게 될 것이다. 여러분은 그들이 다시는 침공당하지 않을 것이며 그동안 겪어야 했던 여러 종류의 혼란과 수많은 침공을 두 번 다시 경험하지 않겠다는 결의를 보게 될 것이다. … 내가 생각하기엔 그들은 … 그런 일이 다시는 일어나지 않도록 보증하기 위해 자신들을 지나치게 보호하려 한다.[26]

허장성세를 부리지만 중국 역시 보수적이며 평화적인 외교정책을 추구해왔다. 그들은 타이완을 침공하지 못했을 뿐만 아니라, 심지어 국제사회에서 중국 영토의 일부로 인정되는 작은 해안 도서인 금문 Quemoy 과 마조 Matsu 를 장개석의 손에 남겨 두었다. 영국과 포르투갈이 점령한 홍콩과 마카오에 대해서도 아무 행동도 취하지 않았다. 그리고 심지어 중국은 인도와의 관계 악화로 벌어진 국경전쟁에서 손쉽게 인도 군대에 승리를 거두고도 단독으로 휴전을 선언하고, 군대를 자국 국경 내로 철수시키는 유별난 행보를 취했다.[27]

---

[25] 스티븐 코언(Stephen F. Cohen), 「왜 데탕트는 작동할 것인가」(Why Detente Can Work), 『인콰이어리』(Inquiry), 1977년 12월 19일, 14~15쪽.
[26] 리처드 바넷(Richard J. Barnet), 「현재의 위험: 미소의 군사 균형과 미국의 안보」(The Present Danger: American Security and the U. S. -Soviet Military Balance), 『자유지선주의 리뷰』(Libertarian Review), 1977년 11월호, 12쪽에서 재인용.
[27] 네빌 맥스웰(Neville Maxwell), 『인도의 대 중국 전쟁』(India's China War, New York: Pantheon Books, 1970) 참조. 중국의 티베트 재정복과 민족적 반란 진압도

제7절 *선험적* 역사 인식 회피

미국인과 여타의 자유지선주의자들이 이 장에서 개진된 분석을 수용하지 못하는 이유는 여전히 한 가지 공통된 논제가 남아있기 때문이다. 즉, 윌슨 대통령은 독재주의는 필연적으로 호전적이지만 민주주의는 필연적으로 평화 지향적일 수밖에 없다는 신화를 제기했다. 물론 이 논제가 미국을 불필요하고 끔찍한 전쟁으로 끌고 들어간 윌슨 자신의 과실을 무마하기에 매우 편리하다는 것은 사실이다. 하지만 그와는 별개로, 간단히 말해, 이런 가설을 입증해줄 증거는 없다. 수많은 독재자가 눈을 내부로 돌리고 신중하게 자국민을 약탈하는 데 열중했다. 이러한 예는 과거 일본과 공산주의 알바니아 그리고 현재 제3세계의 수많은 독재체제에 이르기까지 다양하다. 오늘날 세계에서 가장 난폭하고 억압적인 독재자로 알려진 우간다의 이디 아민Idi Amin[28]조차 다른 나라를 침공해 자신의 정권을 위험에 빠트리려 한다는 징표는 보이지 않는다. 반면, 의심할 여지가 없는 민주주의 국가인 영국과 같은 나라는 19세기와 그 이전에 걸쳐 강압적인 제국주의를 전 세계에 퍼트렸다.

민주주의나 독재주의라는 체제에 주목하는 것이 문제의 핵심에서 벗어나는 이유는 모든 국가는 자국민을 지배하고 전쟁 개시 여부를 결정하기 때문이다. 그리고 국가는 민주주의이든 독재이든 혹은 또 다른 형태의

우리의 주장에 대한 적합한 반박 논지가 아니다. 장개석뿐만 아니라 다른 중국인들도 오랫동안 티베트를 대중국의 일부로 간주하였고, 우리가 소련을 인도하는 것으로 봤던 바와 같이 중국 역시 여기서 마찬가지의 보수적인 민족국가의 방식으로 행동하고 있기 때문이다.

[28] 이디 아민(Idi Amin Dada Umee)은 1971년 쿠데타로 우간다 정권을 잡아 79년 탄자니아와의 전쟁 와중 축출 당하기까지 무자비하게 국민을 탄압한 독재자이다. 그는 2003년생을 마감할 때까지 사우디가 제공한 은신처에서 살았다.

지배 체재까지 모두 지배 엘리트에 의해 운영된다. 특정한 계기로 이 지배 엘리트가 타국에 대항해 전쟁 여부를 결정할 때는 여러 이유가 복합적으로 작용한 결과이다. 여기에는 지도자의 성격, 적의 군사력, 전쟁의 동기, 여론 등이 포함된다. 여론은 전쟁할 때와 하지 않을 때 모두 측정되어야 하지만, 전쟁을 결정하는 데 있어 민주주의와 독재주의를 구분 짓는 오직 한 가지 유의미한 차이는 전자는 전쟁에 대한 동의를 이끌어내는 데 국민을 상대로 더욱더 많은 선전을 쏟아 부어야 한다는 점이다. 모든 근대 전쟁 국가들의 열성적인 여론 조성 행태에서 볼 수 있듯이, 강도 높은 선전이 두 경우 모두 필요하다. 그러나 민주주의 국가는 훨씬 더 열심히 신속하게 움직여야 한다. 그리고 민주주의 국가는 정의, 자유, 국가 이익, 애국심, 세계평화 등 대중이 존중하는 가치에 호소하는 데 있어 더욱더 위선적인 수사법을 사용할 수 있어야만 한다. 따라서 민주주의 국가에서는 대국민 선전 기법이 좀 더 세련되고 정제되어야 한다. 앞서 살펴보았듯이, 이것은 단지 전쟁이나 평화와 관련해서만이 아니라 모든 정부 정책 결정 과정에서 그러하다. 왜냐하면, 특히 민주주의를 포함한 모든 정부는 정부의 억압적 활동이 진정으로 국민에게 최상의 이익을 가져다주는 일이라고 믿게 해야 하므로 대국민 설득작업에 열의를 보여야 한다.

그동안 민주주의와 독재체제에 대해 언급한 내용은 한 국가 내 자유의 정도와 대외적인 침략성 사이에는 상관관계가 부족하다는 지적에도 마찬가지로 적용된다. 일부 국가들은 국외에서는 침략적인 전쟁을 감행하는 동시에 내부적으로 국민이 상당한 수준의 자유를 누리도록 허용하는 데 전혀 문제가 없다는 점을 증명했고, 나머지 다른 나라들은 평화적인 외교정책을 추구하지만 내부적으로는 전체주의 체제를 유지하는 것이 가능하다는 것을 보여 준다. 우간다, 알바니아, 중국, 영국 등이 모두 동등하게 이 경우에 잘 해당된다.

한마디로 말해, 자유지선주의자들과 여타 미국인들은 선험적인 역사 인식에 유의해야 한다. 즉, 더 민주적이며 내부적으로 더 많은 자유를 허용하는 국가라고 해서 반드시 또는 대개 더욱더 독재적이고 전체주의적인 국가에 침략당하는 희생양이 되라는 법은 없다는 점을 분명히 해야 한다. 간단히 말해, 이와 같은 추정에 대해 그 어떤 역사적 증거도 없다. 외교 분쟁 시 상대적인 옳고 그름과 상대적인 침략 정도를 평가할 때 경험에 기초해 역사주의적인 접근방식으로 분쟁 사안 자체를 세부 조사하는 방안을 대체할 수 있는 것은 없다. 따라서 세부 조사 결과 만약 민주적이고 상대적인 비교에서 좀 더 자유로운 미국이 그에 비해 전체주의적인 성격이 더 강한 러시아나 중국보다 외교적으로 더욱더 침략적이고 제국주의적인 나라로 판명 난다고 해도 매우 놀랄 일은 아니다. 반대로 어떤 관찰자가 특정 국가를 외교 관계에서 덜 침략적인 나라로 칭송한다고 해서 그 관찰자가 해당 국가의 국내 활동에 대해서까지 어떤 형태이든 동정적인 태도를 보인다는 의미는 절대 아니다. 미국인들이, 국내 정치에서 점차 더 그렇듯이, 외교 사안과 관련한 정부의 행적에 대해서도 신화에 매몰되지 않은 상태에서 냉철하고 명확하게 평가할 수 있어야 한다는 점은 매우 중요하다. 이것은 말 그대로 죽고 사는 문제이다. 왜냐하면, 전쟁과 조작된 '외부 위협'은 국가가 오랫동안 국민의 충성을 확보할 수 있는 주요 수단이기 때문이다. 위에서 살펴보았듯이, 전쟁과 군국주의는 고전적 자유주의의 무덤을 파는 행위였다. 우리는 더는 국가가 이런 속임수를 쓰고도 무사하도록 그냥 방관할 수는 없다.[29]

---

[29] 최근 냉전 전사들이 소련의 위험이라는 악귀를 다시 불러내려는 시도를 한 것에 대한 비판에 대해서는 바넷(Barnet), 『현재의 위험』(*The Present Danger*) 참조.

제8절 외교정책 프로그램

논의를 마무리하자면, 미국을 위한 자유지선주의 외교정책 프로그램의 주요 강령은 미국으로 하여금 전 지구적인 간섭주의 정책을 포기하도록 요구하는 것이다. 즉, 아시아, 유럽, 라틴 아메리카, 중동 등 모든 지역에서 군사 및 정치적으로 완벽히 그리고 즉각적으로 철수하라는 것이다. 미국의 자유지선주의자들은 미국에 지금 당장 철수하라고 외쳐야 하고, 미국 정부가 관련된 다른 모든 곳에서도 그렇게 해야 한다. 미합중국은 기지를 해체하고, 군대를 철수하며, 끊임없는 정치적 관여를 중단하고, 미 중앙정보국을 폐지해야 한다. 또한, 모든 국외 원조를 끝내야 한다. 지속적인 국외 원조는 단지 "세계의 굶주리는 사람들을 돕는다"라는 명목으로 조세 납부자들을 강제하여 미국의 수출 산업과 친미 우방 국가에 보조금을 지급하는 것일 뿐이다. 한마디로 말해, 미합중국 정부는 자국 국경 내로 완전히 철수해야 하며, 모든 지역에 걸쳐 정치적인 '고립' 또는 중립 정책을 유지해야 한다.

이러한 자유지선주의 외교정책의 극단적인 '고립주의' 기조는 1930년대에 예비역 해병대 소장 스메들리 버틀러Smedley D. Butler에 의해 표출되었다. 1936년 가을 버틀러 장군은 지금은 까마득히 잊혀버린 헌법 수정안 하나를 제안하였다. 만일 다시 한번 진지한 고려의 대상이 된다면 자유지선주의자들의 가슴을 뭉클하게 할 만한 그런 사안이었다. 다음은 버틀러가 제안한 헌법 수정안의 전체이다.

1. 그 어떤 이유로도 지상군 인력을 미합중국의 대륙 한계와 파나마 운하 지역 밖으로 이동시키는 것은 이로써 금지된다.
2. 미합중국 해군 또는 다른 여타 군 소속 선박은 구호활동의 경우를 제외하고 그 어떤 이유로도 해안선 5백 해리 밖으로 나가는 것을

이로써 금한다.
3. 육군, 해군, 해병대의 항공기는 어떤 이유로도 미합중국의 해안선에서 7백5십 마일 밖으로 비행하는 것을 이로써 금한다.[30]

제9절 군비축소

이처럼 자유지선주의 외교정책의 첫 번째 강령은 냉전과 이 세기에 발생한 여타 모든 분쟁 개입과 관련 미합중국 국가의 제일 책임을 인정하는 것에 더하여 엄격한 고립주의와 중립성을 견지하는 것이다. 그러나 고립을 전제로 할 때 미합중국은 어떤 종류의 군사 정책을 추구해야 하는가? 초창기 많은 고립주의자 역시 '이빨까지 무장한다'는 철저한 무장 정책을 옹호했다. 하지만 핵전쟁 시대에 무장 군사 정책 프로그램을 견지하면 전 세계적인 대학살의 심각한 위협, 강력하게 무장한 국가, 엄청난 낭비, 그리고 비생산적인 정부가 부과하는 경제적인 왜곡 등을 지속시킬 것이다.

순수한 군사적 관점에서 보더라도 미합중국과 소련연방은 서로 상대방을 수차례 초토화해 버릴 만한 힘을 보유하고 있다. 그리고 미합중국은 다탄두 핵미사일을 장착한 난공불락의 폴라리스Polaris 잠수함을 제외한 무기를 전부 폐기하더라도 전면적인 핵 보복력을 쉽사리 보존할 수 있다. 그러나 자유지선주의자들과 같이 대규모 핵전쟁으로 말미암은 인류의 파괴를 우려하는 사람들에게는 폴라리스 잠수함까지 포함한 군비축소만

---

[30] 「여성의 가정 동반자」(The Woman's Home Companion), 1936년 9월, 4쪽. 할그렌(Mauritz A. Hallgren), 『비극적인 착오』(The Tragic Fallacy, New York: Knof, 1937), 194쪽 주석 재수록.

으로는 만족스러운 해결책이 되지 못한다. 세계 평화는 여전히 불안한 '공포의 균형' Balance of Terror, 즉 우연한 경우에 또는 광적인 권력자가 등장하면 언제라도 깨져버릴 수 있는 불안한 균형 상태에 계속 의존하게 된다. 모두가 핵전쟁의 위협에서 안전해지려면 전 세계적으로 핵무기 군축을 성취하는 것이 매우 중요하다. 1972년의 전략무기제한협정 SALT 과 제2차 전략무기제한협정은 핵무기 군축을 달성하기 위해 시작 단계에서 주저주저하면서 이루어진 초기 노력의 일환일 뿐이다.

핵 대학살 nuclear holocaust 로 멸망하지 않는 것은 전 인류의 그리고 심지어 모든 국가 지배자의 이익과 부합한다. 따라서 이러한 상호 이기주의는 핵을 비롯한 현대의 대량파괴 무기를 '포괄적이고 완전하게' 폐기한다는 공동의 정책을 전 세계가 합의하고 수행할 수 있도록 확고하고 합리적인 기초를 제공하게 될 것이다. 1955년 5월 10일 소련연방이 생존이라는 공동의 목적을 추구하는 서방의 제안을 받아들인 이래 이와 같은 합동 군축의 가능성이 상존해 왔다. 하지만 소련이 서방의 제안을 수용하자 서구 국가들은 오히려 황급하게 태도를 바꿔 자신들의 제안을 전면 포기하는 결과를 초래했다.[31]

미국의 설명으로는, 미국은 군축에 더하여 사찰을 원했지만 소련은 사찰 없는 군축만을 고집했다고 주장해 오고 있다. 그러나 실제 상황은 매우 달랐다. 1955년 5월 이래 소련연방은 모든 형태의 군축에 관해 호의를 보였고, 종류에 상관없이 모든 군축 대상에 대해 무제한 사찰을 제안했다. 반면 미국은 무제한 사찰을 옹호하기는 했지만 그에 따른 실질적인 군축은 미비한 수준이거나 전혀 이루어지지 않았다. 바로 이 점이 아이젠

---

[31] 이러한 협상에서 보인 서방의 부끄러운 기록에 대한 자세한 내용과 미국 언론에서 묘사된 내용을 바로 잡기 위해서는 필립 노엘베이커(Philip Noel-Baker), 『군비 경쟁』(*The Arms Race*, New York: Oceana Publications, 1958) 참조.

하워 대통령이 제안한 근사하게 보이지만 기본적으로는 정직하지 못한 '영공 개방' open skies 정책이 안고 있는 부담이었다. 영공 개방 제안은 소련이 1955년 5월 군축 제안을 수용하자 서방 세계가 재빨리 철회해버린 본래 제안을 대체하고자 마련된 복안이었다. 영공 개방이 근본적으로 미국과 러시아의 우주 위성을 통해 가능해진 지금에도 논란이 되고 있는 1972년 전략무기 제한협정은 실질적인 군축을 포함하지 않았고 다만 추후 핵확산을 제한하는 내용만을 담고 있다. 게다가 핵과 공군력이 전 세계에 걸친 미국의 전략적 능력을 좌우하기 때문에 핵미사일과 공격용 폭격기 제거를 내용으로 하는 협약에 소련이 진지하게 임한다는 것은 신뢰할 만한 근거가 충분하다.

그 협약에는 합동 핵무기 감축과 국경을 넘어 대규모로 발사되는 폭격기를 포함한 각종 무기에 대한 감축도 고려되어야 한다. 왜냐하면, 미사일이나 폭격기와 같은 대량살상 무기는 무고한 민간인 피해를 방지할 수 있는 정밀표적 조준이 불가능하기 때문이다. 더구나 미사일과 폭격기의 완전한 포기는 미국 정부를 포함한 모든 정부에게 고립 정책과 중립 정책을 취하도록 강제하게 된다. 정부에게서 공세적 전쟁 무기가 박탈될 때에 한하여 정부는 어쩔 수 없이 고립과 평화의 정책을 추구하게 될 것이다. 물론 미국을 포함한 모든 정부의 미심쩍은 과거 행적을 고려할 때 대량 살상과 파괴를 예고하는 극악무도한 무기를 각국 정부의 손아귀에 남겨둔 상태에서 이러한 무기들이 절대로 사용되지 않을 것이라고 믿는다면 그것은 어리석은 일이다. 만약 정부의 무기 사용이 정당하지 못한 일이라면 왜 완벽하게 장전된 무기들이 깨끗하지 못한 정부의 손아귀에 그대로 남아 있는 것인가?

전쟁과 외교정책에 관한 보수주의와 자유지선주의의 견해 차이는 현대 자유지선주의 운동 초기에 있었던 윌리엄 버클리 William F. Buckley, Jr.와 자유지선주의자 로널드 해모위Ronald Hamowy의 논쟁에서 뚜렷하게 드러났다. 보수주의적인 외교정책에 대한 자유지선주의자의 비판을 비웃으며 버클리는 다음과 같이 썼다.

> 어느 사회이건 명판tablet 수호를 유일한 관심사로 여기는 사람들을 위한 자리가 따로 있다. 하지만 이것은 오직 적[소련]에 대항하기 위해 희생을 주저하지 않는 보수주의자들의 성향 때문에 가능한 것이며, 그 덕분에 그들은 수도자적 삶을 향유할 수 있고 쓰레기 수거 민간화 여부를 둘러싼 하찮은 세미나에도 분주하게 관여하며 살 수 있다는 점을 상기시켜 줄 필요가 있다.

이에 대해 해모위는 신랄하게 반박했다.

> 내가 배은망덕한 사람으로 보일지도 모르지만 버클리 씨가 내 생명의 은인이라며 고마움을 표현하고 싶지는 않다. 더 나아가 만일 그의 견해가 더 우세하고 그래서 요구하지도 않은 도움을 주겠다고 계속 고집을 부린다면 그 결과는 핵전쟁 때문에 나를 포함한 수천만 명이 목숨을 잃게 되거나 "미국인답지 않다"는 이유로 나는 곧 감옥 행이 될 것이 거의 확실하다. …
>
> 나는 내 개인적인 자유를 완강히 고수한다. 그 이유는 바로 이것 때문이다. 나는 누구도 자신의 결정을 타인에게 강요할 권리는 없다고 주장한다. 버클리 씨는 적赤이 되느니 죽기를 선택할 것이다. 나도 마찬가지다. 하지만 나는 모든 사람은 그 자신이 스스로 결정을 내려야 한다고 주장한다. 핵무기에 의한 대량학살이 그들을 대신해 그 결정을 하게 될 것이다.[32]

여기에 우리는 원하는 사람은 누구나 "적赤보다 죽음이 낫다" 혹은 "자유가 아니면 죽음을 달라"와 같은 개인적인 결정을 할 자격이 있다는 점을 덧붙이고자 한다. 보수주의의 전쟁 옹호 정책이 그러한 우를 범하듯 그 누구도 다른 사람들을 대신해 이러한 결정을 내려줄 자격은 없다. 보수주의자가 실제로 말하고자 하는 것은 바로 이것이다. "적赤이 되느니 그들을 차라리 죽게 내버려 두는 것이 낫다", 그리고 "나에게 자유를 달라 아니면 그들에게 죽음을 내려라." 하지만 이것은 숭고한 영웅의 전장에서의 외침이 아니라 대량 살육자의 것이다.

그래도 한 가지 점에서는 버클리가 옳다. 핵전쟁 시대에는 전쟁과 외교정책에 대한 우려가 쓰레기 처리 민간화에 대한 우려보다 앞선다. 물론 후자도 중요한 문제이긴 하다. 만일 버클리의 주장대로 한다면 우리는 그의 주장과는 반대의 결론에 불가피하게 도달하게 된다. 현대의 항공 무기와 미사일은 민간인 피해까지 방지할 만큼 정밀 표적 조준이 될 수 없어서 그 존재 자체만으로 비난받아 마땅하다는 견해이다. 그리고 핵감축 및 항공 무기 감축이야말로 쓰레기 처리 민영화에 앞서 더욱 열성적으로 처리해야 할 최우선적이고 중대한 선善이다.

---

[32] 로널드 해모위(Ronald Hamowy)와 윌리엄 버클리(William F. Buckley, Jr.), 「전국 비평: 비판과 답변」(National Review: Criticism and Reply), 『신 개인주의 비평』(*New Individualist Review*), 1961년 11월호, 9쪽, 11쪽.

제3부
에필로그

15 자유를 위한 전략

제1절 교육: 이론과 운동

이제 우리는 새로운 자유지선주의, 이론적으로 타당할 뿐만 아니라 각종 정치 현안도 풀 수 있는 진리 체계를 갖게 된 것이다. 그럼 이 진리로 지금 어떻게 해야 승리를 쟁취할 수 있을 것인가? 우리는 역사상 모든 '급진적인' 사상이 직면했던 중대한 전략적인 문제에 봉착한다. 우리는 어떻게 이 세상에서 저 세상으로, 즉 현 상황에 시달리는 불완전한 세상에서 자유의 위대한 목표에 도달할 것인가?

전략에서 어떤 마술같은 비법은 없다. 사회 변화의 전략은 설득과 전향에 의존하는바 엄밀한 과학이기보다는 예술에 가깝기 때문이다. 그렇다손 치더라도 물론 목표를 추구하는데 지혜로울 수 있는 여지가 전무한 것은 아니다. 적절한 변화의 전략에 대해 이론이 있을 수 있고, 그렇지 않더라도 최소한 이론적인 논의는 가능하다.

전략을 논할 때 적어도 한 가지 사실에 대해서만큼은 거의 이견이 없다. 불교나 채식주의를 비롯한 여타의 사회운동과 마찬가지로, 자유지선주의의 승리를 위해 반드시, 그리고 가장 필요한 것이 바로 교육이라는 사실이다. 즉, 가능한 한 많은 사람이 그 가치에 동참하도록 설득하고 전향시켜야 한다. 교육은 나름대로 두 가지 핵심적인 측면을 지닌다. 사람들의 주의를 환기하여 그러한 체계의 존재를 알리는 것과, 이들을 자유지선주의 체계로 전향시키는 것이다. 자유지선주의 운동이 단지 슬로건과 홍보, 여타 이목을 끄는 수단으로만 구성되어 있다면, 한동안 사람들의 이목을 끌 수 있을지는 몰라도 우리가 할 말은 별로 없다는 사실이 알려지고, 그렇게 되면 사람들의 귀 기울임은 순간적이고 단발적인 것이 된다. 따라서 자유지선주의자는 반드시 깊이 생각하고 열심히 연구해야 한다. 이론적이고 체계적인 저서와 논문, 그리고 글을 써내야 하며, 학술회의와 세미나에도 적극적으로 참여해야 한다. 반면 이런 저서나 논문에 대해서 아무도 알지 못한다면 단순히 이론을 정교하게 만드는 것은 소용이 없다. 그래서 홍보, 슬로건, 학생운동, 강연, 라디오와 방송 출연 등이 필요하다. 진정한 의미에서의 교육은 이론과 운동, 이념과 그 이념을 전파할 사람이 함께할 때 비로소 이루어질 수 있다.

그렇듯, 이론은 대중이 주목할 수 있도록 전달되어야 하는 것과 같이, 기치를 들고, 논쟁을 벌이고, 소동을 일으키며 메시지를 대중에게 전달하는 사람이 필요하다. 다시 말해, 이론과 운동은 서로 같이 하지 않으면 헛되고 무익할 수밖에 없다. 이론은 이론과 목표를 추구하는데 헌신하는 의식적인 운동이 없는 한 뿌리를 내리지 못하고 고사할 수밖에 없으며, 운동 역시 이념을 간과하고 목표를 벗어난다면 아무 의미 없는 소란으로 전락한다. 자유지선주의자 중 일부는 활동가들과 함께하는 생동적인 운동이 어딘지 순수하거나 명예롭지 못하다고 생각한다. 하지만 목표 추구에 매진하는 자유지선주의자가 없다면 어떻게 자유를 쟁취할 수 있겠는가? 반면 일부 급진적인 운동가들은 그 어떤 행동이든 상관없이 실행에만 급급하여 탁상공론같이 보이는 이론을 무시한다. 하지만 그들 자신들이 이루고자 노력하는 바가 무엇인지에 대해 고작 수박 겉핥기 정도로밖에 이해지 못한다면, 그들의 활동은 헛수고가 되고 에너지 낭비로 그치게 될 수 있다.

그뿐만 아니라 우리는 종종 자유지선주의자들이, 다른 사회운동 구성원들도 마찬가지이지만, 저서와 잡지 및 학회를 통해 자기들끼리만 얘기하고, 외부세계의 사람들은 거의 귀 기울이지 않는다고 푸념하는 것을 들을 수 있다. 그러나 이 같은 푸념은 '교육'이 지니는 다양한 목적을 이해하지 못한 데에서 기인한다. 광범위한 의미에서, 다른 사람들을 교육하는 것도 중요하지만, 자기 자신을 지속적으로 교육하는 것 또한 그에 못지않게 중요하다. 물론 자유지선주의 단체는 항상 다른 사람들을 자기편이 되도록 설득하고 모집하고자 노력해야 하지만, 그와 동시에 반드시 자신이 속한 집단을 활기차고 건강하게 유지시켜야 한다. 우리 스스로를 교육하는 일은 매우 중요한 두 가지 목표를 이루게 한다. 첫 번째는 자유지선주의 '이론', 다시 말해 우리가 추구하는 사업 전체의 목적과 취지를 정교하게 다듬고 발전시키는 기능이다. 자유지선주의는 우리의 삶에 있어 매우 중요한 진리를 담고 있지만, 그 진리가 그저 석판에 새겨진 것 같아서는 안 된다. 살아있는 이론이어야 한다. 글과 토론을 통해 발전시키고, 잘못이 나타나면 반증하고 교정할 수 있어야 한다. 지금도 수많은 자유지선주의 운동가가 등사판으로 인쇄한 종이에서 아주 세련된 출판물에 이르기까지 수십 종의 소식지와 잡지를 발간하고 있고, 이러한 것들은 쉴 새 없이 생겨나고 또 사라진다. 이는 자유지선주의 운동에 수많은 사람이 논쟁을 벌이고, 고심하고, 동참하고 있다는 것이고, 그 운동이 건강하고 성장하고 있다는 징표이다.

설령 그것이 말뿐일지라 하더라도 '우리에게 얘기하는 것'에는 더없이 중요한 또 다른 이유가 있다. 그것은 우리의 신념을 '보강'reinforcement 해 준다. 이는 얼마든지 의견을 나누고 논쟁을 벌이며 일반적으로 소통하고 교감할 수 있는 나와 비슷한 생각을 가진 사람들이 이 세상에 존재하고 있다는 심리적으로는 매우 긴요한 자각이다. 아직까지 자유지선주의는 상대적으로 소수가 신봉하는 신념일 뿐만 아니라, 재 상황에서 급진적인 혁신을 제안 한다. 따라서 자유지선주의는 필연적으로 외로운 신념일 수 밖에 없고, 운동이 일어나고 있음을 강화시키는 것, 즉 '우리 자신에게 얘기하는 것'은 이러한 고독과 싸우고 이를 극복하는데 도움이 된다. 이미 자유지선주의 운동은 일군의 변절자를 낳을 만큼 상당한 역사를 갖고 있다. 탈당자들을 분석한 결과, 거의 모든 경우에 그 자유지선주의자는 다른 동료와의 소통이나 유대 없이 혼자 고립되어있었다. 동료애와 공동체 의식이 충만한 활기찬 운동만이 이와 같이 운동가가 자유를 추구하는 것이 '비현실적이고' 희망이 없는 것으로 단정 짓고 포기하는 것을 막아주는 최상의 해결책이다.

제2절 우리는 과연 '몽상가들'인가?

자 그러면 우리가 이론과 운동 모두를 아우르는 교육을 한다고 하자. 그렇다면 이 '교육'이 가르쳐야 할 내용은 무엇이어야 하는가? 모든 '급진적인' 신념에는 항상 '몽상'이라는 딱지가 붙는다. 자유지선주의 운동 또한 예외가 아니다. 자유지선주의 운동가 중에서는 이러한 이유로 너무 극단적인 발상으로 사람들을 겁주느니 자유지선주의의 이념을 처음에는 완전히 드러내지 않는 편이 낫다고 주장하는 사람들도 있다. 이들은 '페이비언' Fabian 적인 점진주의 계획을 권고하는데, 이는 점차적으로 국가권력을 줄이는 일에 주력하자는 입장이다. 세금 영역이 그 일례가 될 것이다. 모든 소득세, 아니 세금제도 전체를 폐지하자는 '극단적인' 주장

대신에 소득세의 2%쯤만 낮추는 정도의 작은 개선을 요구하는 수준으로 우리를 한정하는 것이다.

전략적인 면에서만큼은 자유지선주의자가 마르크스주의자에게 배워야 할 바가 많다. 마르크스주의자야말로 그 어떤 집단보다 오랫동안 급진적인 사회변화의 전략을 고심해왔기 때문이다. 마르크스주의자는 정도를 벗어나는 중대한 전략적 착오에 두 가지 종류가 있다고 본다. 하나는 '좌익 파벌주의'라고 이르고, 다른 하나는 반대쪽으로 벗어나는 '우익 기회주의'이다. 극단적 자유지선주의 원칙을 비판하는 자들은 마르크스주의 '우익 기회주의자'와 유사하다. 기회주의자의 주된 문제는 그들이 점진적이자 '실질적인' 프로그램, 즉 당장에 적용될 만한 정책만을 추구하게 되면서 궁극적인 과제, 자유지선주의 목표에 대한 인식을 완전히 상실할 위험이 크다는 데 있다. 소득세를 2% 줄이자고 요구를 한정하는 사람은 세금제도의 전면적인 폐지라는 종국적 목표를 화젯거리에서 묻어버리는 데 일조하게 된다. 그런 사람은 당장의 방편에 집중함으로써 궁극적인 목표를 사라지게 하고, 그럼으로써 자유지선주의자가 되어야 했던 애초의 이유를 없애버린다. 도대체 자유지선주의자들이 아니라면 그 누가 그 순수한 원칙과 목표의 기치를 높이 들고 나간단 말인가? 그 답은 누구도 아니다 이고, 그렇기에 최근 진영에서 이반 자가 발생하는 가장 큰 요인 중 하나가 바로 잘못된 경로인 기회주의의 선택이었다.

기회주의로 말미암은 이반의 사례로서 주목할 만한 경우는 우리가 로버트라고 부르게 될 사람이다. 그는 1950년대 초에 아주 헌신적이고 과격한 자유지선주의자가 되었다. 하지만 즉각적인 이득과 운동의 활성화를 원하면서 로버트는 자유지선주의의 궁극적인 목표에 대한 언급, 그중에서도 특히 정부에 대한 적대감을 절하하는 것이 적절한 전략적 경로라는 결론에 도달하였다. 그는 서로 타협할 수 있는 '긍정적인 면'과 자발적인 행동을 통해 얻을 수 있는 성과를 강조하는 데 주력했다. 그의 경력이 쌓일수록 고지식한 자유지선주의자를 걸림돌로 여기게 되었다. 그는 자신의 조직 안에서 정부에 대해 '부정적인' 의견을 표시하다 발각된 자는 누구든 주도면밀하게 해고하기 시작했다. 머지않아 로버트는 공공연히 자유지선주의 이념을 버리고 정부와 기업, 즉 강압과 자발성이 서로 협력할 것을 요청하였다. 단적으로 말해, 기득권층에 편승한 것이다. 하지만 로버트는 술에 취하면 자신을 '무정부주의자'로 내세울 것이다. 그러나 그것은 단지 현실과 아무런 관련이 없는 어느 추상적인 공상의 세계에서나 그럴 것이다.

자유시장주의 경제학자인 프리드리히 하이에크F. A. Hayek는, 그 자신은 결코 극단주의자라고는 할 수 없는데도, 자유를 쟁취함에 있어 순수하고 '극단적인' 이데올로기를 절대 잊어서는 안 되는 신념으로서 견지하는 것이 얼마나 중요한지 조목조목 기술한바 있다. 그는 사회주의의 가장 큰 매력 중 하나가 관념적인 목표, 즉 목표를 획득하고자 노력하는 모든 이의 행동을 점철하고, 알리며, 지도하는 이상을 지속적으로 강조하는 것이다라고 지적했다. 그는 덧붙여 이렇게 말했다.

  자유로운 사회를 건설하는 과정은 또다시 지적 모험이자 용기의 산물로 삼아야 한다. 우리에게 필요한 것은 현실에 대한 궁색한 변명도, 희석된 사회주의도 아닌 자유주의적 유토피아이다. 노동조합을 포함해 힘 있는 자의 현실안주적 경향도 허용치 않고, 지나치게 현실적이거나, 현재 정치적으로 성취 가능해 보이는 것에 한정하여 행동을 설정하지도 않는 진정한 자유주의적 급진주의 말이다. 우리에게는 권력과 영향력의 감언이설에 넘어가지 않으며, 조기에 실현될 가능성이 미미할지라도 이상을 바라보고 일할 준비가 되어있는 지도자가 필요하다. 실현되기에는 시간이 한참 걸릴지라도 완전한 실현을 위해 원칙을 지키며 싸울 수 있는 그런 사람들 말이다. … 자유무역과 기회의 자유는 여전히 수많은 사람한테 꿈과 희망을 품을 수 있게 하는 이상이다. 그러나 '적당한 수준의 자유무역'이나 '규제의 완화'는 이론적으로도 수긍이 가지 않지만, 사람들의 열정을 일으키기에는 역부족이다. 우리가 사회주의자들의 성공에서 배워야 할 가장 중요한 것은 바로 '몽상가'가 될 수 있는 '용기'이다. 이 용기가 있었기에 그들은 지식인들의 지지를 얻었고, 여론에 영향력을 행사하여 최근까지만 해도 전혀 불가능하다고 생각되는 일을 매일매일 가능한 일로 변화시킬 수 있었다. 현재의 여론상 현실적으로 보였던 사안에만 연연하던 자들은 결국 그들이 주도하지 못한 대중의 여론이 변화해감에 따라 그것조차 금방 정치적으로 수용 가능하지 않게 됨을 발견하곤 한다. 자유사회의 철학적인 기반을 지속적인 토론대상으로 부활시키고, 그 원칙의 실행을 우리의 가장 생동적인 지성인들의 상상력과 창의성을 자극하는 과제로 만들지 않는 한 자유에 대한 전망은 절망적일 수밖에 없다. 하지만 과거 전성기 자유주의의 특색이었던 그 사상의 힘에 대한 믿음을 다시 되찾을 수 있다면 그 싸움은 이제 시작인 것이다.[1]

하이에크는 이 글에서 우리가 궁극적인 목표를 우선시해야 하는 중요한 이유에 대해 말한다. 그것은 바로 논리적으로 일관적인 체계만이 불러일으킬 수 있는 격정과 감동이다. 그렇지 않은 경우라면, 과연 누가 2%의 세금감면을 위해 온몸을 던져 바리케이드를 치겠는가?

순수한 원칙을 고수하는 데에는 또 다른 전술적인 이유가 있다. 사실

---

[1] 프리드리히 하이에크(F. A Hayek), 「지성인들과 사회주의」(The Intellevtuals and Socialism), 『철학, 정치학, 경제학 연구』(*Studies in Philosophy, Politics, and Economics*, Chicago: University of Chicago Press, 1967), 194쪽.

우리가 매일 목격하는 사회적, 정치적 현상은 다양한 압력의 산물이고, 대부분이 서로 상충하는 이념과 이해의 밀고 당기기 끝에 초래된 대부분의 경우에 있어 누구도 만족하기 어려운 결과이다. 하지만 단지 그러한 이유에서라면 자유지선주의자로서는 판을 크게 벌리는 것이 그만큼 더 중요하다. 단지 2%의 세금 감면을 주장하다보면 예정된 세금 확대를 일부 완화시키는 성과를 거둘 수 있다. 그러나 과감한 세금 감면 주장은 큰 폭의 세금 감면 효과를 가져 올 수도 있다. 지난 과거 극단주의자들의 전략적 역할이 바로 일상적인 행동의 기반을 자신이 원하는 방향으로 이끌기 위해 지속적으로 밀어붙이는 것이었다. 사회주의자들이 특히 이 전략에 매우 능통했다. 60년 전, 아니 30년 전에 나왔던 사회주의 프로그램을 보면 한 시대 혹은 두 시대 전에는 위험할 정도로 사회주의적이라고 생각되었을 내용이 이제는 미국적 전통의 주류에서 필수불가결한 부분을 이루고 있다는 점이 분명해진다. 이런 방식으로 소위 현실적인 정치의 일상적인 타협이 집산주의적 방향으로 가차 없이 이끌려가게 된 것이다. 자유지선주의자라고해서 이 같은 성과를 이루지 못할 이유는 없다. 사실, 집산주의에 대한 보수주의적 반대가 허술한 이유 중의 하나가 보수주의라는 것 자체가 본래 일관성 있는 정치철학을 내세우는 것이 아니라 '미국 전통'의 체현으로 신성시 되는 기존 체제의 현실적인 방어 논리만을 제시하기 때문이다. 그러나 현대에 이르러서 국가주의가 점점 커지고 고착되어감에 따라 당연히 국가주의 자체가 점차 공고화되고, 그럼으로 인해 '전통'으로 자리매김하게 되었다. 따라서 보수주의는 국가주의를 전복시킬 만한 지적 무기를 마련할 수 없는 것이다.

원칙을 고수한다는 것은 그저 궁극적인 이상의 기치를 높이 들고 모순되지 않도록 행동하는 것만이 다가 아니다. 나아가 최종의 목표를 물리적으로 가능한 한 최대한 조속히 실현할 수 있도록 노력해야 함을 의미한다. 간단히 말해, 자유지선주의자는 자신의 목표에 도달함에 있어 직접적이고 신속한 것에 반하는 점진적인 접근을 선호하거나 옹호해서는 결코 안 된다. 그렇게 하는 것은 스스로 자신의 목표와 원칙의 중요성을 결과적으로 훼손하기 때문이다. 만일 자신이 자기의 목표를 그렇게 경시한다면 어찌 다른 사람들이 높이 평가해줄 수 있겠는가?

단적으로, 자유라는 목표를 진정으로 좇는다면 자유지선주의자는 가장 효과적이고 빠른 방법을 통해 성취하기를 추구해야 한다. 고전적 자유주의자인 레너드 리드Leonard E. Read가 제2차세계대전 이후 정부가 추진해 온 가격과 임금 규제를 즉각적으로 폐지해야 한다고 주장하면서 "이 연단에 버튼이 있어서 그것을 누르면 가격에 대한 세상의 모든 규제가 일거에 사라질 수 있다면 나는 당장 거기에 손가락을 올려 누를 것이다!"[2]라고 외친 것도 이와 같은 기조에 입각한 것이었다.

그렇기에 자유지선주의자는 자유를 침해하는 모든 것을 즉각적으로 사라지게 하는 그런 버튼이 있다면 기꺼이 그것을 누를 수 있는 사람이어야 한다. 물론 그러한 마법의 버튼이 존재하지 않는다는 것은 그도 알고 있다. 그렇지만 그 사람의 근본적인 선호가 그의 총체적인 전략 관점을 물들이고 형성시킨다.

그러한 '폐지론자'의 입장을 취한다고해서 자유지선주의자들이 실제로 목표를 구현하는 데 얼마나 걸리는지에 대해 비현실적인 평가를 내린다는 말은 아니다. 1830년대 자유지선주의 노예 폐지론자인 윌리엄 개리슨William Lloyd Garrison이 처음 노예의 즉각적인 해방이라는 영광스러운 기준을 제기했을 때 결코 '비현실적'이지 않았다. 그의 목표는 도덕적으

---

[2] 레너드 리드(Leonard E. Read), 『나라면 버튼을 누를 것이다』(*I'd Push the Button*, New York: Joseph D. McGuire, 1946), 3쪽.

로 적절했고, 자신의 목표가 하루아침에 이루어지지 않을 것임을 자각할 정도로 현실적이었다. 우리는 1장에서 개리슨 Garrison 이 자신의 입장을 구분 짓는 것을 봤다. "우리가 아무리 있는 힘을 다해 즉각적인 폐지를 주장해도, 안타깝지만, 노예제도는 결국 점진적으로 폐지될 것이다. 노예제도가 한 번의 노력으로 전복될 것이라고 우리는 말한 적이 없다. 마땅히 그렇게 되어야 한다고 우리는 항상 주장할 것이다."[3] 이에 덧붙여, 개리슨이 강렬하게 경고했듯이, 그렇지 않다면 "이론상의 점진주의는 실제로는 영구함이다."

이론상 점진주의는 자유지선주의 목표가 비자유지선주의 혹은 반反자유지선주의적인 고려 사항에 차선 내지 삼선에 위치함을 인정함으로써 사실 그 목표 자체를 훼손시킨다. 점진주의를 선호한다는 것은 자유보다 다른 가치가 더 중요하다고 말하는 것과 마찬가지이다. 만약 노예제도의 폐지를 지지하는 사람이 "나는 노예제도의 종식을 지지한다. 그렇지만 10년이 지난 후의 일이다."라고 말했다고 하자. 그것은 8년이나 9년 안에는, 더 나아가 당장에는 노예제도를 폐지하는 것이 옳지 않으며, 그렇기에 당분간은 노예제도가 존속하는 편이 낫다는 것을 의미한다. 이것은 정의에 대한 고려가 무시된 것이며 폐지론자 (혹은 자유지선주의자) 자신이 더 이상 그 목표 자체를 최고의 가치로 견지하지 않는다고 말하는 것이다. 사실상 폐지론자와 자유지선주의자 모두에게 범죄와 불의를 연장시키자고 주장하는 행위와 다를 바 없다.

자유지선주의자에게는 궁극적이고 극단적인 자신의 이상을 높이 치켜세우는 것이 매우 중요하다. 하이에크의 입장과는 달리, 그렇다고 해서

---

[3] 윌리엄 피즈(William H. Pease)와 제인 피즈(Jane H. Pease) 편, 『노예제도 비판논증』(*The Antislavery Argument*, Indianapolis: Bobbs-Merrill, 1965), xxxv쪽에서 인용되었음.

그 사람이 공상적 이상주의자라는 것은 아니다. 엄밀히 말해, 공상가는 인간의 자연적 법칙과 현실에 반하는 체제를 옹호하는 사람이다. 공상적 유토피아 세계는 사람들 모두가 설득되어 현실에서 구현해보고자 노력해도 결코 이룰 수 없는 체제를 말한다. 유토피아는 성공할 수 없는, 즉 실제 운영에서는 지속 가능하지 않은 체제이다. 좌파가 지향하는 유토피아적인 목표, 즉 전문화를 폐지하고 동질성을 채택하는 공산주의는 모든 사람이 즉각적으로 채택하고자 하더라도 이룰 수가 없다. 이는 인간과 세상의 본질, 그 중에서도 개개인의 독특함과 개성, 관심사와 능력에 반하기 때문이다. 나아가 공산주의는 결과적으로는 급격한 부의 감소를 의미하고, 너무 많이 감소되는 바람에 인류의 상당수를 급작스러운 굶주림과 멸종의 상태로 빠트릴 수 있으므로 현실에서는 작동할 수가 없다.

간단히 말해, 일상적인 의미에서 '유토피아적'이라는 말은 현 상태와 극단적으로 다른 프로그램을 실행하는 과정에서 봉착하게 되는 두 가지 종류의 난관을 혼동하고 있다. 그 중 하나는 그것이 인간과 세상의 본질에 어긋나고, 그렇기에 실행에 옮겨졌을 때 제대로 작동할 수가 없다는 의미이다. 그것이 공산주의적 유토피아이다. 두 번째는 충분히 많은 사람들에게 그러한 프로그램이 채택되어야 한다고 설득하는데 있어서의 어려움이다. 전자는 인간 고유의 본성을 거스르므로 좋지 않은 이론이지만, 후자는 그저 충분한 사람들에게 독트린의 옳음을 납득시키는 문제, 즉 인간 의지의 문제이다. 일반적인 비아냥조의 '유토피아적'이라는 단어는 전자에만 적용된다. 그렇다면, 자유지선주의는 깊은 의미에서는 전혀 유토피아적이지 않고 오히려 특출하게 현실주의적이다. 자유지선주의자는 인간의 다양성과 차별성을 무시하지 않는다. 오히려 다양성 속에서 찬란히 빛나는 완벽한 자유의 세계에서 이것이 마음껏 발현될 수 있도록 힘쓴다. 그렇게 함으로써 이루 말할 수 없을 만큼의 생산력 증대와 모든 사람의 생활수준 향상이라는 매우 현저하게 실용적인 결과, 진정한 공상가들은 일반적으로 사악한 '물질만능주의'로 경멸할 결과를 만들어 낸다.

자유지선주의자는 또한 현저히 현실적이다. 오직 자유지선주의자만이 국가의 본질과 권력에 대한 갈구를 이해하고 있기 때문이다. 이에 비해 겉으로는 훨씬 더 현실적으로 보이는 '제한된 정부'를 신봉하는 보수주의자가 진정 비현실적인 공상가이다. 그들은 헌법으로 중앙 정부를 최대한 제한해야 한다는 소원기도를 반복하고 하고 있다. 하지만 1789년 이후 시작된 헌법의 변용과 그에 따라 확장되는 국가 권력을 비판하면서도 이러한 타락에서 제대로 된 교훈을 얻지는 못하고 있다. 엄밀한 의미에서 입헌국가라는 아이디어는 심지어 최적의 여건과 상황에서도 실패했던 뜻이 숭고한 실험이었다. 그때 실패했는데 지금은 왜 그 비슷한 실험이 더 나은 결과를 내겠는가? 그렇지 않다. 중앙정부의 손아귀에 모든 정책 결정 권력과 총포를 쥐어주면서 '혼자서 자제해'라고 말하는 사람이 바로 자유방임 보수주의자들이고, 그가 진정 비현실적인 유토피아 공상가이다.

자유지선주의자들이 좌파의 광범위한 이상주의를 조롱하는 또 다른 더 근본적인 이유는 그들은 언제나 인간 본성의 급격한 변화를 상정하기 때문이다. 좌파에게 인간은 본성이 없는 것이다. 개인은 제도에 따라 무한 변형될 수 있을 것으로 간주되고, 공산주의 이상, 혹은 그 중간 단계인 사회주의 체제가 자연히 '신공산주의 인간'을 탄생시킬 것이라 생각한다. 자유지선주의자는 깊이 분석해보면 모든 사람에게는 자유의지가 있고, 스스로 자신을 형성해 나간다고 믿는다. 그렇기에 다가올 '신질서'가 사람들을 일률적으로 극심하게 변화시킬 것이라고 기대하는 것은 어리석다고 생각한다. 물론, 자유지선주의자들도, 비록 사회주의자들의 목표와는 일치할리 없는 도덕적 이상을 지니지만, 모든 사람에게서 도덕적인 향상이 있기를 바란다. 예를 들어, 지구상에서 사람들 간에 서로 침해하고자 하는 욕구가 사라지는 것을 보게 되면 자유지선주의자들은 더없이 기뻐할 것이다. 그러나 그들은 그런 변화가 실제로 일어날 것이라고 믿을 만큼 비현실적이진 않다. 그 대신에 자유지선주의 체제는 실재하는 모든 인간의 가치와 태도 하에서 다른 어떤 체제보다 도덕적인과 동시에 실행 가능한 체제이다. 물론, 인간의 폭력성이 줄어든다면 자유지선주의 체제는 물론이고 그 어떤 체제라도 이전보다는 더 순조롭게 운영될 것이다. 예를 들어, 경찰이나 법원을 찾아 가야 할 일도 줄어들 것이다. 그러나 자유지선주의 체계는 그러한 변화에 목을 매지는 않는다.

만약 자유지선주의자들이 즉각적인 국가주의의 폐지와 자유를 제창해야 한다면, 그리고 점진주의적인 방법이 이론상 이러한 궁극적 목표를 거스르는 것이라면, 과연 오늘날의 사회에서 자유지선주의자는 어떠한 전략적 자세를 취해야 할까? 항상 즉각적인 폐지만을 지지하도록 스스로를 제한해야 하고, 자유를 향해 한 발짝씩 나아가려는 '점진적인 요구'는 모두 나쁜 전략으로 여겨야 하는 것일까? 그렇지 않다. 그런 태도는 오히려 '좌파 파벌주의'라 불리는 또 다른 전략적인 덫에 빠지는 결과를 낳는다. 왜냐하면 자유지선주의자들이 스스로의 목표를 깎아 내리거나 잃어버리는 기회주의자가 되는 실수를 저질렀지만, 몇몇은 종종 완전히 반대되는 쪽으로 실수를 범했다. 이들은 목표를 향한 그 어떤 진척도 반드시 목표 자체를 훼손하게 될 것이라고 비난하고 두려워했다. 안타까운 것은 이러한 파벌주의자들이 목표에 미흡한 모든 진척을 부정함으로써 그들이 그렇게도 소중히 여기는 목표 자체를 공허하고 무의미하게 만든다는 것이다. 물론 단 한 번의 움직임으로 모든 부분에서 자유를 얻을 수 있다면 우리 모두에게 그보다 좋은 일은 없겠지만 현실에서 그런 기회를 맞을 가능성은 희박하다. 사회적 변화는 항상 사소하고 점진적으로 일어나

지도 않지만, 일거에 일어나는 경우도 거의 없다. 그래서 목표를 향한 잠정적인 접근 방식을 아예 거부함으로써 파벌주의자들은 최종 목표에 도달하는 것 자체를 완전히 불가능하게 한다. 그렇듯 파벌주의자들은 종국적으로는 기회주의자와 마찬가지로 진정한 목표를 훼손하는 붕괴주의자인 것이다.

신기하게도 때로는 한 사람이 양쪽 중 하나의 실수를 번갈아서 범하고, 매번 적절한 전략적 경로에 대해서는 경멸적 태도를 보이곤 한다. 좌익 파벌주의자는 몇 년이고 실재 세계에서는 성과를 내지 못하면서도 자신의 순수성만을 헛되이 반복하다가 갑자기 눈앞의 작은 진척을 쫓아 자신의 궁극적 목표를 희생하면서까지 우익 기회주의자의 무모한 덤불로 뛰어들 수도 있다. 반대로 자신과 동료가 끊임없이 스스로의 지적 고결함과 궁극적 목표에서 이반하는 것에 환멸을 느낀 우익 기회주의자가 좌익 파벌주의자로 넘어와서, 그러한 목표에 대해 전략적인 우선순위를 정하는 것은 그 어떤 것이든 맹렬한 비난을 가하기도 한다. 이렇게, 상반된 두 편향이 상대방을 제물삼아 서로를 강화시키면서 자유지선주의의 목표에 효과적으로 도달한다는 주요 과업을 훼손하고 있다.

그렇다면 중간 단계적 조치나 과도기적인 요구 사항 중에서 무엇이 목표를 향해 진일보 하는 것으로 환영받고, 어떤 것이 기회주의적인 배반으로 비난받아야 할지 어떻게 알 수 있을까? 이 질문에 대답하려면 매우 중대한 두 가지 조건을 고려해야 한다. 첫 번째는, 과도기적 요구가 무엇이든 간에 자유라는 최종의 가치가 항상 바람직한 목표로 간주되어 높이 치켜세워져야 하며, 두 번째는 그 어떤 과정이나 수단도 절대로 궁극적인 목표와 명시적이든 암묵적이든 간에 모순되어서는 안 된다는 점이다. 단기적인 요구가 우리가 원하는 정도만큼 이뤄지지 못할 수 있다. 하지만 최종목표와는 일치해야 한다. 그렇지 않다면 단기적인 목표가 장기적인 목적에 반하여 작용할 것이고, 그렇게 되면 자유지선주의 원칙을 기회주의적으로 방기하는 결과를 초래할 것이다.

위에서 언급한 비생산적이고 기회주의적 전략의 예는 세금에 대한 정책에서 쉽게 찾아볼 수 있다. 자유지선주의자들은 종국적으로 세금제도가 완전히 폐지되기를 갈망한다. 그러므로 자유지선주의자가 그러한 방향으로서 전략적인 수단으로 과감한 세금 감면이나 소득세의 폐지를 주장하는 것은 아주 정당한 일이다. 하지만 자유지선주의자는 결코 새로운 세금이나 세금 인상을 지지해서는 안 되는 것이다. 예를 들어, 자유지선주의자는 소득세를 크게 줄이자고 하면서 이를 소비세나 다른 형태의 세금으로 대체하자고 요구해서는 안 된다. 세금의 감면 또는 더 좋은 일인 폐지는 항상 여지없이 정부의 권력을 줄이고 자유로 향해 전진하는 것이다. 그러나 다른 부분에서의 새로운 세금이나 세금의 증가로 대체되는 것은 정확히 그 반대의 기능을 한다. 왜냐하면 그것은 다른 전선에서 정부의 입김이 거세지는 것을 의미하기 때문이다. 새로운 종류의 세금을 부과하거나 인상하는 것은 자유지선주의의 목표와 상충하며, 이를 약화시키는 결과를 낳는다.

마찬가지로, 재정 적자가 영속적인 현시대에 우리는 현실적인 문제에 봉착한다. 세금을 감면하는 것이 재정적자를 악화시킬지라도 과연 감면에 동의해야 하는가? 보수주의자들은 그들 나름의 관점에서 세금 감면보다는 예산의 균형을 맞추는 것을 더 선호하기 때문에 반드시 상응하거나 더 큰 규모의 정부 지출의 감축을 동반하지 않는 세금의 감면은 예외 없이 반대한다. 그러나 자유지선주의자에게 세금은 침해적인 행위이므로 어떤 종류의 세금 감면이든 이를 바로 환영하지 못하는 것도 자유지선주의 목표에 반하고 훼손시킨다. 정부 지출을 반대할 시기는 예산이 논의되고 표결될 때이다. 이때 자유지선주의자는 지출의 과감한 삭감 역시 요구해야 한다. 간단히 말해, 정부 활동은 가능한 곳이면 어디든 축소되어야 한다. 세금이나 지출의 축소에 반대하는 그 어떤 것도 허용하면 안 된다. 이는 자유지선주의의 원칙과 목표에 반하기 때문이다.

기회주의적 행동에 빠지게 되는 특별히 위험한 유혹은 일부 자유지선주의자들이 보이는, 특히 자유지선주의에서 정당에서 나타나는 경향인 일종의 탈국가화 '4개년 계획' 같은 것을 들고 나오면서 '책임성' 있고 '현실적'으로 보이고자 하는 것이다. 여기에서 중요한 점은 계획 수행 기간의 길이가 아니라 총체적인 자유라는 목표에 이르는 데 필요한 일종의 종합적이고 계획된 과도기 프로그램을 수립한다는 발상이다. 예를 들어, 첫 번째 해에 법률 A를 폐지하고, 법률 B를 개정하고, 또 세금 C를 10% 줄인다는 등이다. 두 번째 해에는 법률 D를 폐지하고, 세금 C를 다시 10% 감소시킨다는 등등이다. 이러한 계획의 심각한 문제, 자유지선주의의 원칙과 배치되는 바는 그것이, 예로, 법률 D는 계획된 프로그램의 두 번째 해가 될 때까지는 폐지되지 말아야 한다는 것을 강하게 함축한다는 점이다. 그렇게 해서 점진주의 이론의 함정에 송두리째 빠지는 것이다. 자유지선주의 지망 계획가들은 그들의 계획에 내포된 속도보다 빨리 자유를 향해 전진하는 것에 대해 부정적인 것과 같은 입장에 처하게 된다. 사실 빠른 진행보다 늦은 진행이 바람직하다는 데는 그 어떤 타당한 이유도 없다. 오히려 그 반대이다.

자유를 이루기 위한 포괄적으로 계획된 프로그램이라는 발상에는 또 다른 결함이 있다. 왜냐하면 바로 그 배려와 잘 준비된 진척 속도, 전체적으로 포괄적인 성격의 프로그램이 의미하는 바가 국가는 정부는 인류의 공적이 아니며, 국가를 이용하며 계획되고 계산된 속도로 자유를 성취하기 위해 나아가도록 만들어 내는 것이 가능하고 바람직하다는 것이기 때문이다. 이에 반해 국가가 인류의 주요 적이라는 통찰은 아주 상이한 전략적 견해를 제시한다. 즉, 자유지선주의자는 어떤 전선에서이든 국가의 권력이나 행위가 축소되는 일이라면 쌍수를 들고 환영하고 요구해야 한다는 것이다. 그러한 축소는 언제든 환영받을 만한 일인 범죄와 침해의 감소를 의미할 것이다. 그렇기에, 자유지선주의자가 관심을 둬야 할 바는 국가를 이용하여 계산된 탈국가화의 과정에 착수하는 것이 아니라, 언제 어디서든 할 수만 있다면 모든 종류의 국가주의 발현을 분쇄시키고자 해야 한다.

이러한 분석을 감안해, 1977년 자유지선주의 정당의 전국 위원회 National Committee of the libertarian party 는 아래와 같은 내용을 담은 선언문을 채택했다.

> 우리는 지고지순한 원칙의 깃발을 높이 쳐들어야 하고, 절대로 우리의 목표를 타협해서는 안 된다. 자유지선주의 원칙이 우리에게 내리는 도덕적 소임은 독재, 불의, 완전한 자유의 부재, 권리의 침해를 더는 못하게 하는 것이다.
>
> 자유지선주의 당의 공약에도 나와 있듯이, 중간단계적인 요구는 본래의 목표에는 미흡한 성취이고, 이보다는 열등하게 취급되어야 한다. 그래서 그러한 요구는 우리의 최종 목표를 향해 인도하는 것으로 표현되어야 하지 그 자체로 목표가 되어서는 안 된다.
>
> 원칙을 고수한다는 것은 자의로, 또는 부득이한 점진주의의 수렁을 철저히 피해야만 한다는 것을 의미한다. 즉, 공평함을 위해서, 또는 사회의 고통을 줄이거나 사람들의 기대에 답하기 위해서라는 핑계로 우리는 자유로 향하는 걸음을 협상하거나 늦춰야 한다는 견해를 회피해야 한다. 우리의 최종적인 목표는 어디까지나 자유를 쟁취하는 것이다.
>
> 우리는 탈정부화를 이루는 데 특정한 순서에 얽매여서는 안 된다. 이는 국가주의와 인권의 침해를 묵인하는 것으로 오인될 수 있기

때문이다. 우리는 절대 독재의 연장을 지지할 수는 없기 때문에 어디 서든, 언제든, 우리가 할 수 있는 한 그 어떤 것이든 탈국가화 조치는 모두 수용해야 한다.

그렇듯 자유지선주의자는 긍정적인 정부의 역할에 대한 그 어떤 제안에도 빠져서는 안 된다. 자유지선주의의 관점에서 정부가 해야 할 일은 그렇게 강제될 수만 있다면 최대로 조속히 사회의 모든 영역에서 정부의 역할을 제거하는 것뿐이다.

이에 더해 우리의 말에는 결코 모순이 있어서는 안 된다. 자유지선주의자는 절대로 궁극적인 목표에 반하게 작동할 그 어떤 정책 제안을 해서는 안 된다는 것은 말할 것도 없고, 미사여구에도 몰두해서는 안 된다. 만약 자유지선주의자가 특정 세금 감면제도에 대한 의견을 묻는 질문을 받았다고 하자. 그 당시에는 세금제도의 폐지를 외치기 곤란한 상황이라 여겨져도 "물론 어떤 종류의 세금은 중요하긴 하지만 …"과 같은 원칙에도 맞지 않는 미사여구를 세금 감면에 대한지지 표명에 덧붙이는 짓을 해서는 안 된다. 청중을 혼란스럽게 하고 원칙에 모순되고 어긋나는 수사적 허세는 우리의 최종 목표에 방해가 될 뿐이다.

제3절 교육만으로 충분한가?

그 어떤 분파에 속하고 어느 신념을 지니더라도 자유지선주의자들은 모두 교육을 매우 중요시하고, 되도록 많은 수의 사람이 자유지선주의자, 그 중에서도 열성적인 자유지선주의자가 되도록 설득하는 일에 중요성을 둔다. 그러나 문제는 너무도 많은 자유지선주의자가 이러한 교육의 규모와 역할에 대해 단순하게 생각한다는 것이다. 간단히 말해, 그들은 다음과 같은 질문에 대해 답하고자 하지도 않는다. 교육 이후는 어떻게 되는지? 그 다음은 뭘 해야 하는지? 어느 정도의 사람들이 설득되었다면 그 다음은 무슨 일이 발생하는지? 또 얼마나 많은 사람이 설득되어야 그 다음 단계로 넘어갈 수 있는지? 전부가? 과반수가? 단순히 다수가?

많은 수의 자유지선주의자는 모두가 똑같이 자유지선주의자로 전향할 가능성이 있으므로 필요한 것이라곤 교육뿐이라는 막연한 생각을 가지고 있다. 세상의 모든 사람이 전향할 수 있다. 물론 이것은 논리적으로는 타당한 말이지만, 사실 이는 사회적으로 미흡한 전략이다. 자유지선주의자들은 국가가 기생충과 같은 사회의 적이며, 소수의 지배 엘리트를 만들어 이들을 통해 나머지 우리를 억압하고 자신들의 소득을 강제로 착취해간다는 사실을 누구보다도 잘 인식해야만 한다. 지배하는 위치에 있는 엘리트들에게 자신들의 불평등을 깨닫게 하는 것이 논리적으로는 가능하고, 한두 경우에는 성공할 수 있을지 모르지만, 실제로는 거의 불가능에 가까운 일이다. 예를 들어, 세계에서 가장 큰 군수기업 중 하나인 제네럴 다이나믹스 General Dynamics 나 록히드 Lockheed 같은 회사의 간부가 정부로부터 막대한 보조금을 받지 말라는 말에 설득될 가능성이 얼마나 되겠는가? 아니면, 미 대통령이 이 책이나 다른 자유지선주의 관련 책을 읽고, "이들의 말이 맞다. 내가 지금까지 실수를 해왔던 것 같다. 나는 사임하겠다."라고 할 확률은 또 어떠한가? 최소한 국가의 착취를 수단으로 자신의 배를 채우고 있는 자들을 전향시킬 가능성은 희박하다고 말해도 좋을 것이다. 우리의 희망은 국가의 권력을 통해 이득을 얻고 있는 사람이 아니라, 국가 권력에 의해 피해를 받는 대다수의 국민을 전향시키는 데 있다.

하지만 우리가 이런 말을 하는 것은 교육 문제 너머에 권력의 문제가 있다는 것을 또한 말하는 것이다. 충분한 사람들이 전향된 후에는 국가의 권력을 사회로부터 제거하는 수단과 방법을 모색해야 하는 추가적인 사안이 남았다. 국가가 우아하게 스스로 권력을 포기할 리는 없으므로, 우리는 교육이 아닌, 즉 압박의 수단을 사용해야만 할 것이다. 특별히 어떤 방법을 쓸 것이고, 어떤 조합을 쓸 것인지는 시간적 상황에 따라, 어떤 것이 작동하고 어떤 것이 작동하지 않는지에 달렸다. 이는 투표일 수도 있고, 국가의 손이 닿지 않은 대체기관일 수도 있고, 정부와 협력하기를 강경하게 거부하는 행동일 수도 있다. 원칙과 이론의 문제와는 대조적으로 사용될 전술의 선택은 자유지선주의의 원칙과 목표를 거스르지 않는 한 전술가가 취하는 실용주의와 판단의 문제이고, 과학적일 수는 없는 예술적 기교의 문제이다.

제4절 누구를 설득해야 하는가?

하지만 교육은 가까운 미래와 먼 훗날을 위한 현재 당면한 전략적인 문제이다. 여기서 중요한 문제는 과연 '누구'를 대상으로 하느냐이다. 만약 우리의 지배자 상당수가 전향된다고 기대할 수 없다면, 어느 집단이 전향할 가능성이 가장 높은가? 어느 사회, 직업, 경제 혹은 인종 계층인가?

보수주의자들은 종종 큰 기업 사업가에게 큰 기대를 건다. 대기업에 대한 이러한 견해는 아인 랜드 Ayn Rand가 언명한 "대기업들은 미국에서 가장 박해 받는 소수집단이다"라는 말에서 가장 극명하게 표현되었다. 그런데 박해라니? 몇몇 극소수의 존경스러운 경우를 빼고는, 대기업들은 공적인 여물통에서 얻어먹으려 서로 다투면서 줄서기를 한다. 록히드나 제너럴 다이나믹스 그리고 AT&T와 같은 기업과 넬슨 록펠러 같은 기업인이 박해 받는다고 느끼겠는가?

　복지-전쟁 기업국가에 대한 대기업들의 후원은 지방정부부터 중앙정부까지 너무나 노골적이고 광범위해서, 심지어 상당수의 보수주의자들마저 어느 정도 선까지는 인정할 수밖에 없을 정도이다. 그렇다면 '미국에서 가장 박해 받는 소수집단'이 이렇게까지 열정적으로 국가를 후원하는 것은 어떻게 설명한단 말인가? 이에 대해 보수주의자들이 빠져나올 수 있는 구멍은 1) 이 사업가들이 모두 어리석어서 자신들의 경제적 이해관계를 알지 못한다고 여기거나, 2) 이들이 좌파 자유주의자들에게 세뇌당해서 그들의 영혼이 죄책감과 빗나간 이타주의에 물들었다고 간주하는 것이다. 하지만 그 어느 쪽도 믿을 만하지 않다는 것은 AT&T 나 록히드를 대충만 훑어보아도 잘 알 수 있다. 큰 기업가들이 대개 국가주의의 칭송자이고 기업 자유주의자인 것은 지식인들이 그들의 영혼에 독을 넣어서가 아니라, 그렇게 함으로써 자신들에게 좋은 일이 생기기 때문인 것이다. 20세기로 접어들어 국가주의가 급격하게 성장하면서, 대기업가들은 국가청부계약, 정부 보조금, 카르텔화 등의 막대한 권력을 이용해 사회의 나머지 일원을 희생하면서 자신들의 특권을 쌓아왔다. 넬슨 록펠러가 뜬금없는 이타주의를 발휘해서라고 생각하기보다는, 자신의 이득에 따라 그렇게 행동했다고 보는 것이 아무런 무리가 없다. 예를 들어, 광범위한 정부 규제기구 네트워크가 대규모 기업을 위한 각 산업의 카르텔화에 이용되었고, 이는 일반 국민을 희생시키면서 이뤄졌다는 사실에 대해선 심지어 자유주의자들마저도 일반적으로 인정하고 있다. 그러나 자유주의자들은 뉴딜적인 가치관을 고수하기 위해 이러한 규제기관이나 비슷한 혁신이 진보시대나 윌슨과 루스벨트의 임기시절에 공공복리를 생각하면서 좋은 뜻을 가지고 시도되었다는 생각으로 자신들을 위로한다. 그렇기에 규제기관 및 여타 자유주의적 혁신의 발상과 기원은 좋았다고 하고, 실행 과정에서 규제기관들은 여하튼 죄악의 나락으로 떨어져 사적인 기업의 이익에 종속하게 되었다고 한다. 그러나 콜코Kolko, 바인슈타인Weinstein, 돔호프Domhoff와 같은 수정주의 역사학자들은 이러한 자유주의자들의 주장이 근거 없는 신화에 불과하다는 것을 명확하고 철저하게 밝혀냈다. 실제로는, 지방이나 중앙을 막론하고 정부의 모든 규제 개혁이 바로 그 특권 그룹 자신들에 의해 고안되고, 명문화되어 로비로 만들어졌다는 것이다. 위에서 언급된 역사학자들의 연구는 죄악이 스며들기 전의 '개혁의 황금기' Golden Age of Reform 가 있지는 않다는 것과 죄악은 처음부터 거기 있었고, 고안될 때부터 있었다는 사실을 명확하게 보여준다. 자유주의자들의 소위 '진보적인' 뉴딜복지국가는 사실 그들이 창출해낸 바를 만들어 내도록 디자인되었다. 즉, 중앙집권적인 국가주의와 정부와 산업이 '동업관계'를 형성하는 세상, 기업과 다른 우호집단에 보조금과 독점의 특권을 부여해줌으로써 존속되는 세상인 것이다.

록펠러 가문이나 다른 혜택을 받고 있는 대기업가들이 자유지선주의자 혹은 하다못해 자유방임주의적 견해로 전향하기를 기대하는 것은 헛된 희망이다. 그러나 그렇다고 해서 모든 대기업가나 일반적인 사업가들을 단념하자는 것은 아니다. 마르크스주의자들의 견해와는 달리, 사업가들, 심지어 큰 기업의 사업가들이라고 해도 그 모두가 같은 계급 이해관계를 지닌 동질적인 경제 계급을 형성하는 것은 아니다. 그와 반대로, 미국의 민간항공 위원회CAB 가 대형 항공사들에게 독점의 특권을 부여하거나, 연방통신위원회FCC 가 AT&T에게 독점권을 수여했을 때, 수많은 크고 작은 기업이 이러한 특권에서 소외되고 피해를 입었다. 일례로, 연방통신 위원회가 AT&T에게 통신 관련 독점권을 준 것은 현재 급속히 성장하고 있는 정보통신 산업을 오랫동안 정체시켰다. 통신사업이 매우 빠르게 성장할 수 있었던 것은 연방통신위원회FCC 가 경쟁을 허용하는 결정을 했기 때문이다. 특권이란 것은 반드시 소외시키는 것을 의미한다. 그래서 국가가 자신들의 산업에 미치는 영향력을 종식시키는데 강한 경제적 이해관계를 지니는 크고 작은 기업과 사업가들은 항상 대거 존재하기 마련이다. 그래서 일군의 기업가들, 특히 특권을 누리는 '동부의 기득권'과는 거리가 먼 기업가 중에는 잠재적으로 자유시장과 자유지선주의 사상에 귀 기울일 사람이 있다.

그렇다면 과연 어떤 집단이 자유지선주의 사상을 받아들일 가능성이 가장 클 것으로 기대할 수 있는가? 소위 마르크스주의자들이 이야기하듯 우리가 제안하는 '사회 변화의 주동세력'은 어디에 있는가? 물론 이것은 자유지선주의자에게 매우 중요한 전략적 질문이다. 왜냐하면 이 질문이 우리의 교육 에너지를 어느 쪽으로 경주해야 할지 방향을 제시하기 때문이다.

자유지선주의 운동의 부흥에서 가장 두각을 보이는 집단이 대학의 젊은이인데, 이는 그다지 놀라운 일은 아니다. 왜냐하면 대학시절이야 말로 사람이 가장 성찰적인 태도를 지니고, 사회에 대한 기본적인 의문을 제기하는 시기이기 때문이다. 청소년들은 일관적인 논리와 있는 그대로의 진실에 매혹되고, 대학생들은 학문의 세계와 추상적인 관념에 익숙하며, 아직 직장인들의 소심함과 편협함에 짓눌리지 않으므로 자유지선주의로 전향시키기 적합한 대상이다. 가까운 미래에는 대학 캠퍼스에서 지금보다 훨씬 더 크게 성장한 자유지선주의 운동을 기대할 수 있을 것이고, 이러한 성장은 이미 증가하고 있는 자유지선주의를 따르는 젊은 학자, 교수와 대학원생들에서 보인다.

일반적인 젊은이는 그들의 관심에 가깝게 연관된 문제에 관한 자유지선주의의 견해에 의해서도 호감을 가질 수 있어야 한다. 특히 우리가 요구하는 징병제도의 완전한 폐지, 냉전에서의 철수, 모든 사람의 자유권

보장, 마약을 포함한 피해자 없는 범죄의 합법화 등이 관심의 대상이다.

방송매체 또한 새로운 자유지선주의 강령에 호의적인 관심을 불러일으키는 보고임이 증명되었다. 이는 단순히 대중매체의 홍보가치 때문만이 아니라, 자유지선주의의 일관성이 새로운 사회, 정치적인 현상에 가장 주의를 기울이는 사람들과, 본래는 자유주의자이지만 기득권 자유주의의 점증하는 실패와 붕괴에 가장 위기감을 느끼는 사람들을 끌어들이기 때문이다. 방송매체에 종사하는 사람들은 대개 자신들을 좌파로 치부하는데다 외교정책과 개인의 자유에 대해 탐탁치 않은 입장을 견지하는 적의적인 보수주의 운동에 매력을 느끼지 못하게 된다. 그러나 같은 방송인들은 그들이 본능적으로 가치를 느끼는 평화와 개인의 자유에 대해 전폭적인 지지를 보내고, 이 부분에서의 큰 정부에 대해 지니는 그들의 반대를 경제와 재산권에 대한 정부의 간섭과 연결시키는 자유지선주의 운동에 대해 대부분 우호적인 마음이 생길 수 있고, 또한 그렇게 되고 있다. 시간이 갈수록 더욱 더 많은 방송인이 이와 같이 새롭고 계몽적인 연결고리를 만들어내고 있다. 이것들은 당연하게도 방송인들이 나머지 대중에게 파장과 영향력을 형성함에 있어 매우 중요하다고 하겠다.

그렇다면 종종 대학생들과는 상반되는 계층으로 간주되는 '미국의 중간층', 즉 미국 인구의 상당부분을 차지하는 중산층과 노동자 계급은 어떠한가? 우리가 이들의 호감을 살 수 있을까? 논리적으로는 미국의 중산층에게 보여줄 수 있는 우리의 매력은 훨씬 더 커야 한다. 왜냐하면 계속해서 오르는 세금, 인플레이션, 도시과밀 현상, 범죄, 그리고 사회복지 관련 추문과같이 대다수의 미국인을 괴롭히는 고질적이고 악성적인 불만거리를 직접적으로 다루기 때문이다. 자유지선주의자들만이 이러한 절박한 사회적 병폐 피해에 구체적이고 일관적인 해결책을 가지고 있다. 이 해결책의 핵심은 모든 부문에서 이것들을 정부의 손아귀에서 벗어나게 하여 사적이고 자발적인 행동에 맡기는 것이다. 정부와 국가주의가 이러한 사회적 병폐에 책임이 있고, 강압적인 정부가 우리를 괴롭히지 못하게 하는 것이 해결책을 제공할 것임을 우리는 보여준다.

중소기업가들에게 우리는 독점의 특권도, 카르텔도, 기득권층과 국가의 보조금도 없는 진정한 자유 기업의 사회를 약속할 수 있다. 그리고 그들에게는 물론이고, 독점적인 기득권에 속하지 못하는 대기업 사업가들에게도 우리는 그들의 재능과 열정을 한껏 펼칠 수 있는 여지가 있고, 그들뿐만 아니라 모든 인류를 위해 향상된 기술의 증가된 생산력을 제공해주는 세상을 약속할 수 있다. 각양각색의 인종 및 소수집단에는 오직 자유하에서만 각자의 집단이 다수결의 원칙에 방해 받거나 강제되지 않고 완전히 자유롭게 자신들의 기관을 운영하고, 자신들의 관심사를 계발할 수 있다는 것을 우리는 보여 줄 수 있다.

간단히 말해, 자유지선주의의 매력은 모든 계층에 적용되는 매력이다. 이는 인종, 직업, 경제적인 계급, 세대를 넘어서며, 직접적으로 지배층에 속하지 않는 사람이라면 누구나 잠재적으로 우리의 메시지에 귀 기울일 수 있는 그런 호소력이다. 자유와 번영을 가치 있게 여기는 사람이나 집단 모두가 자유지선주의 강령의 잠재적인 신봉자인 것이다.

이와 같이, 자유는 사회의 광범위한 영역에 걸친 거의 모든 집단을 끌 수 있는 잠재력을 가진다. 하지만, 대부분의 사람은 세상이 순조롭게 돌아가고 있다면 공적인 일에 관심을 두지 않는다는 것 역시 현실이다. 극적인 사회적 변화가 일어나려면, 즉 완전히 다른 사회체제로의 변화를 위해서는 소위 '위기 상황'이라는 것이 필요하다. 간단히 말해, 모두가 대안적인 해결책을 모색하게끔 하는 기존 체제의 붕괴가 있어야만 한다. 사회적 대안을 찾는 움직임이 광범위하게 일어날 때 반체제 운동의 활동가들이 존재하고 있어서 급진적인 대안을 제공할 수 있어야 하고, 사실

현 체제에 찾아온 위기 상황의 원인은 체제 자체에 있다고 연관시키고, 어떻게 당장의 문제를 해결하고 미래에 유사한 상황이 재발하지 않도록 방지할 수 있는지 보여줄 수 있어야 한다. 이때 희망하기는 이 반체제 인사들이 현재 실재하는 위기에 대해 예측하고 경고한 기록을 함께 제공한다면 더욱 좋을 것이다.[4]

그뿐만 아니라, 위기 상황의 또 다른 특징은 지배층 엘리트조차 체제에 대한 지지를 망설인다는 점이다. 위기가 닥쳐오면, 국가의 일부분조차 통치에 대한 열정과 열의를 잃기 시작한다. 간단히 말해, 국가의 일부에서는 자신감을 잃어버리는 상황이 발생한다. 그래서 이러한 붕괴의 상황에서는 지배층 엘리트조차 대안적인 체제로 전향하거나, 또는 적어도 현 체제에 대한 열정이 식어버릴 수 있다.

이러한 이유로 역사학자 로렌스 스톤Lawrence Stone은 급격한 변화의 요건으로 지배층 엘리트의 의지 쇠락을 강조했다. "지배층이 대중 조작 기술이나 군사력의 우월함, 또는 자신감이나 단결성을 잃어버릴 수 있고, 또는 피지배층에서 멀어지거나, 재정 위기에 빠질 수 있다. 그러면 지배층은 무기력하게 되고, 연약해지거나 혹은 난폭해질 수 있다."[5]

---

[4] 이에 대해 프리츠 레드리치(Fritz Redlich)는 다음과 같이 말했다. "이념의 승리는 사건들이라는 밑거름으로 준비되어야 한다. 미국 중앙은행에 대한 신념을 떨쳐버리는 것이 1907년 금융위기가 닥치기 전에는 얼마나 힘들었는지, 그리고 금융위기 이후에는 비교적 얼마나 수월했는지 기억할 것이다." 프리츠 레드리치(Fritz Redlich), 「사상: 공간적 이동과 시간적 전이」(Ideas: Their Migration in Space and Transmittal Over Time), 『카이크로스』(Kyklos, 1953), 306쪽.

[5] 로렌스 스톤(Lawrence Stone), 『영국혁명의 기원: 1529~1642』(The Causes of the English Revolution, 1529~1642, New York: Harper & Row, 1972), 9쪽. 이는 레닌이 정리한 혁명의 시기에 대한 특징들과도 흡사하다. 레닌은 다음과 같이 말했다. "어떠한 상황이 되었든 '상류층', 즉 지배층 사이에 위기가 닥치면 피지배층의 불만과 분노가 이 때문에 생긴 균열을 통해 터져 나오게 마련이다. 보통 혁명이 일어나기 위해서는, '피지배층'이 예전처럼 살기를 '원치 않는' 정도로는 부족하며, '지배층'

제5절 왜 자유는 승리할 것인가

우리는 자유지선주의 강령에 대해 언급했고, 중대한 현재의 문제에 어떻게 적용되는지 또 사회의 어느 계층이 어느 시점에서 우리의 강령에 마음이 끌리게 되는지 살펴보았기 때문에 이제 우리는 자유의 미래 전망에 대해 가늠해볼 차례이다. 특히 자유지선주의가 장기적으로 끝내 승리할 것이라는 사실뿐만 아니라, 상당히 짧은 시간 내에 승기를 잡을 것이라는 본 저자의 확고하고 점점 더 커지는 믿음에 대해 우리는 면밀한 검토를 해야 한다. 나는 독재의 어두운 나날이 끝을 향하고 있고, 곧 새로운 자유의 새벽이 열릴 것이라고 확신하기 때문이다.

많은 자유지선주의자들은 자유에 대한 전망에서 매우 부정적인 견해를 가지고 있다. 우리가 서장에서 언급한 20세기에서의 국가주의의 성장과 고전적 자유주의의 쇠퇴에 집중한다면 쉽사리 이러한 비관적인 예상에 빠져들게 된다. 이러한 비관론은 수많은 문명을 거쳐 가며 폭정과 독재, 착취로 점철된 인간의 역사를 돌이켜보면 더욱더 깊어질 수 있다. 17세기부터 19세기까지 서방국가들 사이에 있었던 고전적 자유주의의 발흥은 암울한 과거와 미래의 기록 속에서 잠시 발생했던 이례적인 영광의 순간일 뿐이었다고 우리가 생각한다고 해서 잘못됐다고 할 사람은 없다. 하지만, 이것은 마르크스주의자들이 '인상주의' impressionism 라고 부르던 오류에 굴복하는 것이다. 즉, 작동하는 인과율이나 추세의 깊은 분석 없이 역사적인 사건 자체만 피상적으로 집중하는 것 말이다.

또한 예전처럼 '살 수 없어야' 하는 것이다. …" 블라디미르 레닌(V. I. Lenin), 「제2차 인터내셔널의 와해」(The Collapse of the Second International, 1915년 6월), 『레닌 선집 21권』(Collected Works, vol. 21, Moscow: Progress Publishers, 1964), 213~214쪽.

자유지선주의에 대한 낙관적인 견해를 뒷받침하는 근거는 동심원으로 그려질 수 있는 연차적인 사실로 뒷받침될 수 있다. 바깥쪽 크게는 광범위하고 장기적인 고려에서부터 안쪽 작게는 단기적인 추세에 예리하게 초점을 맞추는 방식의 일련의 구심원 형태로 제시될 수 있다. 가장 넓고 장기적인 관점으로 보면, 오직 자유지선주의만이 인간의 본성과 세상의 본질에 부합하므로 종국적으로 자유지선주의자는 승리할 것이다. 오직 자유만이 인간의 번영과 성취, 그리고 행복을 가져올 수 있는 체제이다. 간단히 말해 자유지선주의만이 진실이며, 인류에게 적합한 정책이기 때문에 승리하게 될 것이고, 진리는 결국 드러날 것이다.

그러나 이러한 장기적인 고려는 실로 아득한 이야기일 수 있으며, 역사의 한 순간을 살고 있는 우리에게는 진실이 끝내 승리하는 것을 보기 위해 수세기를 기다려야 한다는 것은 큰 위안거리가 되지 못할 수도 있다. 다행스럽게도 우리가 희망을 가질 수 있는 조금 더 단기적인 이유가 있다. 특히 이는 18세기 이전의 암울한 역사는 자유의 향후 전망과는 무관한 것으로 치부할 수 있게 해주는 이유이다.

우리가 여기서 주장하는 바는 고전적 자유주의 혁명이 18세기와 19세기에 우리를 추동하여 산업혁명을 일으키게 되었을 때 역사는 상전벽해와 같은 변화와 큰 도약을 하게 되었다는 것이다.[6] 산업혁명 이전 세상, '구질서'와 소작농 경제의 세상에서는 전제정이 무한정 수세기 동안 지속하지 못할 이유가 없었다. 소작농이 식량을 생산하면 왕과 귀족, 그리고 영주들은 그 소작농이 살아서 계속 일할 수 있을 만큼 이상의 잉여분

---

[6] 더욱 자세한 역사적인 증거는 머리 N. 로스바드(Murray N. Rothbard)의 「좌익과 우익: 자유의 전망」(Left and Right: The Prospects for Liberty), 『자연에 대한 반동으로서의 평등주의와 에세이들』(*Egalitarianism as a Revolt Against Nature, and Other Essays*, Wacshington, D. C.: Libertarian Review Press, 1974), 14~33쪽 참조.

은 전부 착취해갔다. 농경 전제정이 그만큼 잔혹하고 착취적이며 암울하였지만 존속할 수 있었던 것은 다음과 같은 두 가지 주요 이유 때문이었다. 첫째는, 비록 생계유지 수준이었지만, 경제는 쉽사리 유지될 수 있었고, 둘째는, 대중은 더 나은 체제를 알지도 경험해보지도 못했기 때문에, 그런 이유로 그들 주인들을 위해 지속적으로 짐을 지는 가축과 같은 생활을 만들 수 있었다.

그러나 산업혁명은 역사의 대약진이었다. 되돌릴 수 없는 조건과 기대 걸이를 만들어냈기 때문이다. 산업혁명은 역사상 최초로 국민의 생활수준이 간신히 목숨을 연명하는 정도에서 전례가 없는 높은 수준의 사회로 변환시켰다. 이전까지 침체되어 있던 서양의 인구 또한 급증하여 크게 증가한 직업의 기회와 나아진 생활을 누렸다.

산업혁명 이전의 시기로 시계를 돌릴 수는 없다. 대중은 생활수준이 나아질 것이라는 기대가 급격하게 뒤집히는 것을 허용치 않을 것은 물론이고, 농업경영의 체제로 돌아가는 것은 현재 인구의 상당수가 기아를 겪고 아사하는 결과를 불러올 것이다. 싫든 좋든 간에, 우리는 산업혁명 시대에서 살아야 한다.

그러나 이것이 사실이라면, 자유를 쟁취해야 할 이유는 분명하다. 우리가 이 책에서 간단하게나마 다룬 것처럼, 경제학은 오직 자유와 자유시장만이 산업경제를 운영할 수 있다는 것을 보여주기 때문이다. 간단히 말해, 산업혁명 이전의 세계에서도 자유시장과 자유로운 사회가 바람직하고 정의로운 일이겠지만, 산업사회에서는 그것이 핵심적인 필수요건이기도 한 것이다. 루트비히 폰 미제스 Ludwig von Mises 를 비롯한 경제학자들이 보여준 바와 같이, 산업경제에서는 국가주의가 도저히 기능할 수 없다. 그래서 산업사회를 보편적으로 지향한다는 점을 고려한다면 산업이 존속되고 번성하기 위해서는 세상이 자유와 자유시장을 받아들여야 한다는 사실이 종국적으로는, 진리가 단순히 드러나는 것보다는 훨씬 가까운 시기에, 분명해 질 것이다. 허버트 스펜서 Herbert Spencer 를 포함한 19세기의 자유지선주의자들이 '군사사회'와 '산업사회', '신분사회'와 '계약사회'를 구분하면서 인식했던 바가 바로 이러한 통찰력이다. 20세기에 이르러서 미제스는 A. 모든 국가의 관여는 시장을 왜곡하고 훼손시키며, 경제를 환원시키지 못하면 사회주의로 만든다는 점과, B. 사회주의는 손익계산의 동기도, 가격 시스템도, 자본, 토지 등의 생산수단에 대한 진정한 가격 체계 없이는 산업경제를 계획할 수는 없기 때문에 재난을 초래할 뿐이라는 것을 입증하였다. 간단히 말해, 미제스가 예측하였듯이, 사회주의도 그렇고, 그 어떠한 중간 형태의 국가주의 또는 간섭주의도 제대로 기능할 수 없다. 그래서 우리가 산업경제를 추구하는 한 이러한 형태의 국가주의는 폐기되고, 자유와 자유시장으로 대체되어야 할 것이다.

이제 이것은 단순히 진실이 승리하기를 막연히 기다리는 것보다는 훨씬 단기적인 일이었다. 하지만 섬너, 스펜서, 파레토처럼 20세기의 분기점에 서 있던 고전적 자유주의자들에게는 사실 이것이 견딜 수 없을 만큼 먼 일로 느껴졌다. 뭐라 할 수는 없는 일인 것이, 그들은 고전적 자유주의의 몰락과 그들이 그렇게도 한결같이 강경하게 반대해왔던 전제주의 형태가 새로이 탄생하는 것을 지켜봐야 했기 때문이다. 불행히도, 그들은 불길한 예측이 구현되는 순간에 함께했던 것이다. 세상은 기업국가주의와 사회주의가 완전한 실패로 드러나는 것을 보기까지 몇 세기는 아닐지라도 적어도 몇 십 년은 기다려야 했다.

그러나 먼 훗날이 지금 여기에 도래했다. 우리는 이제 국가주의의 폐해를 예상할 필요도 없게 되었다. 이미 병폐가 모든 방면에 산재해 있다. 한때 케인스 경은 그의 경기부양 정책이 장기적으로는 파멸을 초래할 것이라는 자유시장 경제학자들의 비판을 비웃었다. 그의 유명한 응답에서, "장기적으로 보면 우린 다 죽고 없다"라고 하면서 낄낄거렸다. 그러나 이제 케인스는 죽었고, 우리는 그가 말한 긴 시간을 살아남아 여전히 살아있다. 국가주의자들의 악담이 누워서 침 뱉기가 된 것이다.

그러나 20세기에 들어오면서, 그 이후로 이어지는 수십 년 동안은 사태가 그렇게 분명하지는 않았다. 다양한 형태의 국가 간섭은 산업경제의 생존에 장기적으로 필요한 요건인 자유와 자유시장에 구멍을 내면서 산업경제를 존속하고 심지어 연장하려 하였다. 반세기 동안 이러한 정부 개입은 확실하고 명백한 위기나 혼란을 야기하지 않으면서 계획과 통제, 경제 기능을 손상할 정도의 높은 세금, 명목화폐로 인플레이션을 통해 국민에게 약탈을 자행할 수 있었다. 19세기의 자유시장에 기초한 산업화가 이러한 약탈을 견딜 수 있도록 경제에 상당한 '지방'을 비축해두었기 때문이다. 정부가 한동안 세금과 규제를 가하고 물가상승을 조장하더라도 곧바로 분명한 부작용이 나타나지 않을 수 있었다.

그러나 국가주의가 너무나 길어지고 오랜 시간 군림해오면서 이 '지방'의 보호대는 얇아졌다. 1940년에 이미 미제스가 지적했듯이, 자유방임주의가 만들어둔 '비축 자금'은 바닥났다. 그래서 이제는 정부가 무슨 일을 하든 즉각적으로 부작용을 일으키고, 이 부정적 효과는 모두에게, 심지어 열성적인 국가주의 변명자들의 눈에조차 분명해졌다.

최근에 들어서는 동유럽 공산주의 국가의 공산주의자들조차 산업경제에서는 사회주의적인 중앙계획이 작동하지 않는다는 사실을 점차 깨닫기 시작했다. 따라서 유고슬라비아와 같은 나라에서는 최근 빠른 속도로 중앙계획 체제에서 벗어나 자유시장으로 전향하고 있다. 서방국가에서도 이제 정부의 돈이 바닥났다는 사실이 만천하에 드러나면서 국가자본주의는 어디서나 위기에 봉착해 있다. 세금을 올리는 것은 산업과 경제적 동기 부분에서 손볼 수 없을 만큼 병들게 하고, 새로운 통화의 확장은 재난과도 같은 급격한 물가상승을 낳게 되는 것이다. 그래서 우리는 국가주의의 가장 열성적인 투사였던 자들에게서 "정부에 대한 기대치를 낮추라는" 소리를 점차 듣고 있다. 서독에서는 사회민주당이 이미 오래 전에 사회주의로의 전환을 포기했다. 영국 사람들조차 '영국병'이라고 부르는 세금으로 병든 경제와 악화된 물가상승으로 고통 받고 있는 영국에서는 헌신적인 국가주의자들의 손아귀에 있던 토리당이 현재는 자유시장을 지지하는 파벌에로 넘어갔고, 노동당마저도 질주하는 국가주의의 계획으로 말미암은 혼돈에서 조금씩 물러서고 있다.

그러나 우리가 가장 기대를 걸 만한 곳은 역시 미국이다. 이곳에서 우리는 낙관적인 범주의 반경을 단기적인 측면으로 좁힐 수 있기 때문이다. 사실 우리는 미국이 이제 영구적인 위기 상황에 돌입하였다고 자신 있게 말할 수 있다. 심지어 우리는 그 위기의 기원이 되는 연도를 1973~1975년이라고 꼭 집을 수도 있다. 자유라는 대의를 위해서는 다행스럽게도, 국가주의의 위기가 미국에 도래했을 뿐만 아니라, 운 좋게도 사회 전반에, 삶의 다양한 영역에도 동시에 닥쳤다. 그 결과 이러한 국가주의의 붕괴는 누적 영향력에서 서로를 강화시키는 시너지 효과를 내고 있다. 그리고 이것들이 국가주의 위기일 뿐만 아니라 현재의 위기 상황이 국가주의가 가져온 결과이지 자유시장이나 대중의 욕심 또는 다른 엉뚱한 것의 탓이 아니라는 것을 모든 사람이 인식하고 있다. 마지막으로, 이 모든 위기 상황은 정부를 배제함으로써 완화될 수 있다는 것도 알고 있다. 이제 그저 필요한 것이라곤 길을 인도하는 자유지선주의자들인 것이다.

잠시 이러한 체제 위기의 영역들을 살펴보고, 어느 정도가 1973~1975년 사이에 꼬리를 물고 일어났고 또 그 이후로 이어지는지 보자. 1973년 가을부터 1975년까지 미국은 인플레이션을 동반한 불황을 경험하였다.

이는 물가와 불황 두 문제를 완전히 해결할 것으로 여겼던 케인스 학파의 미세조정이라는 것이 적용된 지 40년이 지나서였다. 당시 물가 상승률은 놀랄 정도인 두 자리 숫자에 다다랐다.

나아가 1975년에는 뉴욕시가 최초로 대규모의 채무 위기를 맞았고, 이는 곧 부분적인 채무 불이행으로까지 이어졌다. 물론 '채무 불이행'이라는 두려운 말은 쓰지 않았다. 사실상의 파산 대신에 '채무 연장'으로 불렀고, 단기 채권자들에게 뉴욕 주가 발행한 장기 채권을 받아들이도록 강요했다. 그러나 이것은 수많은 지방과 주 정부 채권에서의 채무 불이행의 시작일 뿐이었다. 지방 정부와 주 정부들이 점차 자주 절대로 즐겁지 않은 선택과 마주하게 될 것이기 때문이다. 즉, 예산을 급격히 삭감할 것인지, 세금을 증대시킴으로써 기업과 중산층을 밖으로 내몰 것인지, 아니면 채무불이행을 선언할지 선택해야 했다.

1970년대 전반부터 이미 소득과 저축, 투자에 대한 높은 세금이 기업활동과 생산성을 해쳐왔다는 사실이 드러나기 시작했다. 회계사들은 그제야 이런 세금이 물가상승으로 기업 사업성 판단의 왜곡과 합쳐졌을 때 점증하는 자본의 결핍으로 이어졌고, 인식도 못하는 사이 미국의 핵심적인 자본 축적을 소진하는 급박한 위협에 처했다는 사실을 깨닫기 시작했다.

높은 재산세, 소득세, 판매세에 대항하는 세금 반란이 미국 전역을 휩쓸고 있다. 정부에 몸을 담은 정치인이라면 그 누가 되었든 이 이상 세금을 올리는 것은 그의 정치적 자살행위나 다름없다는 것도 분명했다.

이전에는 미국의 여론이 신성시하여 말 그대로 비판의 여지가 전혀 없다고 믿었던 사회보장연금 제도도 오랫동안 자유지선주의자와 자유시장주의자 문필가들이 경고했던 대로 이제는 완전히 망가진 상태인 것으로 인식된다. 심지어 기득권층에서도 사회보장연금제도는 파산했으며,

결코 진정한 '보험' 안이 되지 못한다는 것을 이제는 인정한다.

산업의 규제를 완전한 실패로 보는 견해가 점차 늘어나서, 이제는 에드워드 케네디 Edward Kennedy 상원의원과 같은 국가주의자도 항공사에 대한 규제완화를 주장하고 있을 정도이다. 그뿐만 아니라 국제상업회의소 ICC와 민간항공위원회 CAB를 폐지하자는 말도 적지 않게 나오고 있다.

또한 사회 부문에서는 한때 신성불가침으로 여겼던 공립학교제도가 점점 더 큰 비난의 대상이 되었다. 공립학교는 필연적으로 전체 구성원을 대상으로 교육방침을 결정하게 되면서 인종, 성, 종교, 교육 내용 등과 관련하여 많은 사회적 갈등을 야기했다. 범죄와 감금에 대한 정부의 방침도 갈수록 지탄을 받고 있다. 자유주의지선주의자인 토머스 새즈 Thomas Szasz가 거의 혼자 힘으로 수많은 국민을 비자발적 감호에서 해방해주었지만, 이제 정부는 그렇게 선호하던 범죄자 '재활' 정책이 처참한 실패라는 것을 인정한다. 또한 대마초를 금하는 마약법이나 다양한 형태의 성적 관계를 금지하는 법의 집행이 완전히 붕괴되었다. 나라 곳곳에서 피해자 없는 범죄에 대한 법률, 즉 피해자가 발생하지 않는 행위를 범죄로 명명하는 법을 모조리 폐지하자는 정서가 커지고 있다. 이러한 법률을 집행하려고 시도하는 것은 사실상의 경찰국가와 억압을 불러올 뿐이라는 점도 점차 인식되고 있다. 예전에 금주법이 그랬듯이, 개인적인 도덕의 영역에서 금지주의는 효과도 없고 부당한 일이라고 여길 시대가 그리 머지않았다.

국가주의가 경제와 사회부문에 가져온 처참한 결과와 더불어, 베트남에서의 상처뿐인 패배가 1975년에 정점에 이르렀다. 완전한 실패로 끝난 베트남에 대한 미국의 개입은 국민이 윌슨과 루스벨트 정권 이후로 계속되어왔던 간섭주의적인 미국의 외교정책 전반을 재고하도록 만들었다. 미국의 권력은 감소해야 하고, 미국 정부는 세계를 성공적으로 운영할 수는 없다는 견해의 확산은 본토에서 큰 정부의 개입을 줄이려는 움직임에 상응하는 신고립주의적 외교정책의 발현이다. 비록 미국의 외교정책은 아직도 적극적으로 국제주의적이지만 이러한 신고립주의적인 정서는 1976년 중에 있었던 미국이 앙골라에 개입을 제한하는 성과를 냈다.

아마 모든 징조 중에서 미국 국가에 대한 신비성, 도덕적인 기초에 대한 환상이 깨져가고 있음을 가장 잘 드러내는 징조는 1973년에서 1974년 사이에 있었던 워터게이트 스캔들의 폭로였다. 바로 워터게이트 스캔들이 우리가 오직 미국에게 자유의 머지않은 승리에 대한 가장 큰 희망을 갖게 되는 이유이다. 정치가들이 이후로 계속 경고해왔듯, 워터게이트 스캔들은 대중의 '정부에 대한 믿음'을 무너뜨려버렸기 때문이었고, 그럴 때가 되기도 했다. 워터게이트 스캔들은 각자의 표면적인 이념을 불문하고 모든 이가 지닌 정부 자체에 대한 뿌리 깊은 태도에서 급격한 변화를 야기했다. 무엇보다도 워터게이트 스캔들은 도청, 약물투여, 감청, 우편물 검사와 선동가, 그리고 암살 등 정부가 자행하는 개인의 자유와 재산권 침해에 대해 모든 이가 눈을 뜨게 만들었다. 또한 워터게이트 스캔들은 마침내 그 전까지는 신성불가침한 존재로 여겨졌던 FBI와 CIA의 존재를 탈신성화하여 객관적이고 차가운 눈으로 바라볼 수 있게 했다. 이보다도 더 중요한 것은, 워터게이트 스캔들이 대통령의 탄핵을 초래함으로써 미국의 국민이 사실상 군주로 여겼던 직책을 영구적으로 탈신성화시켰다는 것이다. 더는 대통령이 법을 초월하는 것으로 여겨질 리 없고, 이제 대통령은 잘못을 저지를 리가 없다고 여겨지지 않게 되었다.

여기에서 무엇보다도 가장 중요한 것은, 미국에서 정부 자체가 대체로 비신성화되었다는 점이다. 그 누구도 이제는 정치인이나 정부를 믿지 않는다. 모든 정부가 변함없는 적의의 시선으로 보여지면서 우리를 18세기의 미국 혁명가들과 미국의 대중을 특징지었던 정부에 대한 건강한 불신의 상태로 되돌려 놓았다.

잠시 동안은, 지미 카터 대통령이 그가 장담한 것처럼 국민의 정부에 대한 신앙과 신뢰를 되찾을 것처럼 보였다. 그러나 다행히도 카터의 노력은 버트 랜스Bert Lance7 사건과 다른 자잘한 실수 탓에 성과를 거두지 못했다. 그리하여 정부의 영구적인 위기는 계속되고 있다.

그래서 현재의 미국은 지금 그리고 향후에도 자유가 승리하기 위한 조건이 성숙했다. 이제 우리에게 필요한 것은 현 체제의 위기를 설명하고 우리의 정부가 만들어 놓은 늪에서 빠져나갈 수 있는 자유지선주의의 길을 밝혀 줄 왕성하며 성장하는 자유지선주의 운동이다. 그리고 이 책의 도입부에서 언급했듯이, 우리는 지금 정확히 그것을 만들어나가고 있다. 이제 드디어 제1장에서 제기한 질문에 대한 약속된 답을 할 차례다. 즉 왜 하필 지금인가? 만약 미국이 그렇게 자유지선주의적인 가치에 대한 뿌리 깊은 전통을 물려받았다면, 왜 자유지선주의가 최근 4, 5년 사이에 부상한 것인가?

우리의 대답은 이러하다. 자유지선주의 운동의 발생과 급성장은 결코 우연이 아니며, 이는 1973년에서 1975년 사이에 미국에서 벌어져 지금에 이르기까지 계속되고 있는 위기 상황의 결과이다. 위기 상황은 항상 관심과 해결책의 모색을 자극한다. 이 위기는 정부가 우리에게 이런 고난을 안겨주었으며, 오직 자유만이, 즉 정부를 원래 수준으로 돌리는 것만이 우리를 이 늪에서 빠져나갈 수 있게 한다는 것을 다수의 생각 있는 미국

---

7 [역주] 버트 랜스(Bert Lance)는 지미 카터(Jimmy Cater) 대통령의 선거 참모로 활약한 공로로 카터 정부에서 연방관리예산국(Office of Management and the Budget) 국장을 역임했으나 민간 시절 행적과 관련한 논란으로 1977년 9월 21일 사임했다. 후일 재판에서 무죄로 판명되었으나 워터게이트(Watergate) 사건이 있은 지 얼마 되지 않아 터진 스캔들이어서 취임 초기 카터 정부의 신뢰성에 치명적인 손상을 주는 사건이었다.

인이 깨닫도록 해주었다. 우리가 지금 성장하고 있는 것은 조건이 성숙했기 때문이다. 어떤 의미로는 자유시장에서와 마찬가지로 수요가 그 자체의 공급을 만들어낸 것이다.

이것이 1976년에 자유지선주의 정당이 처음으로 연방 공직 선거에 뛰어들었을 때 자그마치 174,000표를 획득한 이유이다. 워싱턴 시에서의 정치 관련 저명한 신문인 배론 보고서The Baron Report가, 어떤 의미에서는 자유지선주의로 편향되지는 않은 신문이 최근호에서 보수주의가 유권자층에서 강세를 보이고 있다는 미디어의 주장을 부정한 것도 바로 이 때문이다. 반대로, "만약 여론의 추세 중 두드러지는 것이 있다면, 그것은 자유지선주의, 즉 정부 개입을 반대하고 개인의 자유를 지향하는 철학으로의 선향이다"라고 지적하였다. 더하여 배론 보고서는 자유지선주의는 정치적 이념 성향의 양쪽 극단 모두에게 매력적으로 다가갈 수 있다고 했다. "보수주의자는 이것이 연방정부 프로그램에 대한 대중의 불신을 드러낼 때 그러한 추세를 환영하고, 자유주의자들은 마약, 성적 행위 등과 같은 부분에서 개인의 권리를 점차 수용하는 것으로 보일 때와 해외 간섭에 대한 국민의 지지가 점차 조심스러워짐을 보일 때 환영한다."[8]

제6절 자유로운 미국을 향하여

마지막으로, 자유지선주의 강령은 더 나은 미래에 대한 약속과 함께 가장 좋았던 시절의 미국을 실현하겠다고 제안한다. 자유지선주의자들은 이제는 다행히도 한물간 지난 시대 유럽의 군주정 전통에 집착하는

---

[8] 『배론 보고서』(The Baron Report), 1978년 2월 3일, 2쪽.

보수주의자보다도 더욱 공고하게 미국을 건국한 위대한 고전적 자유주의 전통을 이어받았다. 이 전통은 우리에게 개인의 자유에 대한 미국의 전통과 평화로운 외교정책, 최소 정부와 자유시장 경제를 물려줬다. 자유지선주의자들만이 제퍼슨과 페인, 잭슨과 노예 폐지론자들의 진정한 계승자들이다.

우리는 보수주의자들보다도 더 진정으로 전통적이고 더 뿌리 깊게 미국적이지만, 동시에 어떤 면에서는 급진주의자보다도 더욱 급진적이다. 그것은 결코 우리가 인간의 본성을 정치적 경로를 통해 바꾸고자 하거나 희망한다는 의미에서가 아니다. 우리만이 20세기 현재의 침범하는 국가주의와 실로 말끔하고 제대로 된 결별을 주선해 준다는 의미에서이다. 날카롭고 순수하게 대항할 수 있기 때문이다. 구좌파는 우리가 이미 겪고 있는 고통을 더 바랄 뿐이고, 최근의 조사에 따르면 신좌파는 아직도 여전히 심화된 국가주의나 강제적인 평등주의와 통일성을 제안하고 있다. 자유지선주의는 뉴딜정책과 전쟁, 중앙집권화와 국가의 개입을 반대한, 이제는 잊혀진 30년대와 40년대의 '구우파 Old Right' 사상의 논리적인 최고 정점이다. 우리만이 자유주의적인 국가의 모든 면모와 단절을 원한다. 복지와 전쟁과의 단절, 독점적인 특권과 평등주의와의 단절, 개인적이든 경제적인 경우이든 간에 피해자 없는 범죄의 억압과 단절하고자 한다. 오직 우리만이 기술관료주의 없는 기술과 오염이 없는 성장, 혼란이 없는 자유, 폭정이 없는 법과 개인의 재산과 신체에 대한 재산권의 보호를 제시한다.

우리 주변의 어디에서나 옛 자유지선주의 교리의 가닥과 흔적이 흩어져 있다. 이는 영광스러운 과거의 큰 부분에도 자리하고 있고, 혼란스러운 현재의 가치와 사상에서도 발견할 수 있다. 그러나 오직 자유지선주의자들만이 이 가닥과 흔적을 모아 하나의 힘 있고 논리적이며 일관적인 체제를 만들어 낼 수 있다. 카를 마르크스와 마르크스주의가 크게 성공한 것은 그의 사상이 옳기 때문이 아니었다. (사실상 그의 모든 주장이 의심스럽다.) 마르크스가 사회주의 이론을 엮어서 하나의 강력한 체계로 구축했기 때문이다. 자유는 이와 대등하면서도 대조적인 체계적 이론이 없이는 성공할 수 없다. 그리고 최근 몇 년 전까지도 우리는 엄청난 경제, 정치적인 사상과 실천의 유산을 물려받았음에도 제대로 통합된 일관성 있는 자유의 이론을 지니지 못했다. 그러나 이제 우리에게는 그러한 체계적인 이론이 있다. 우리는 지식으로 완전하게 무장하고, 국민 내의 모든 집단과 요소에 우리의 메시지를 전하고 그들의 상상력을 사로잡을 준비가 되어 있다. 여타 다른 이론과 체제는 모두 이제 명백하게 실패하였다. 사회주의는 동유럽을 중심으로 세계 곳곳에서 퇴각하고 있고, 자유주의는 우리를 헤어날 수 없는 문제가 가득한 수렁으로 빠뜨렸다. 보수주의는 보잘 것 없는 현 상태를 보전하는 것 외에는 아무 방안도 제시하지 못한다. 완전한 자유는 현대에 와서 한 번도 제대로 시도된 적이 없다. 우리 자유지선주의자들은 이제 자유와 모든 인류의 번영이라는 미국의, 아니 전 세계의 꿈을 실현하자고 제안한다.

｜해제｜

머리 N. 로스바드와
그의 책 『새로운 자유를 찾아서』에 대해

경희대학교 철학과 정연교

　『새로운 자유를 찾아서』의 저자 머리 로스바드Murray N. Rothbard는 언뜻 보기에도 지식인처럼 보이는 사람이다. 시원한 이마와 희끗하고 숱이 적은 머리, 뿔테 안경과 나비넥타이가 잘 어울리는 풍모를 지녔다. 몸매와 키 또한 특별하지 않아 학구적 인상과 잘 어울린다. 그는 실제로도 운동이나 야외 활동하는 것을 싫어했다. 더구나 이런 저런 공포증 때문에 터널과 다리, 기차와 비행기는 물론 엘리베이터 타는 것도 꺼려했다. 나돌아 다니기보다는 읽고 쓰고 이야기하기를 즐기는 유형에 속하는 사람인 것만큼은 분명하다.

　로스바드는 밤낮을 거꾸로 산 사람으로도 유명하다. 아내의 강압에 마지못해 신년에 약속한 결의가 "늦어도 새벽 5시 이전에 잠자리에 들고, 오후 1시 30분 이전에 일어난다."였을 정도로 야행성이 심했다. 하지만 밤낮을 바꾸어 지내는 것이 늘 문제가 되는 것만은 아니었다. 사람들과 어울리기를 진정으로 좋아했고 한 번 시작한 이야기는 끝을 보아야 직성이 풀리는 그에게 긴 밤은 중단 없이 방해받지 않고 토론하기에 더할 나위없는 기회였다.

로스바드의 매력은 두 가지로 집약할 수 있다. 하나는 물론 재능이다. 그는 놀랄 만큼 박학다식했다. 하나도 제대로 공부하기 힘든 정치, 철학, 경제, 역사와 사상사 등의 분야에서 사람들이 주목할 만한 저서 수십 권과 논문 수백 편을 남겼다. 그의 저작들은 분량에 있어서도 그러했지만 질에 있어서도 뛰어났다. 누가 뭐래도 그는 유럽 각국은 물론 한국, 중국, 일본 등의 국가에서도 다투어 번역할 정도로 자유지선주의를 대표하는 지식인이었다.

그러나 로스바드의 또 다른 매력, 그를 남다른 지식인으로 만든 매력은 그의 신념과 열정이다. 그는 학자였지만 그보다 먼저 '투사'였다. 그는 더 나은 세상을 만들고자 부당한 현실에 끊임없이 대항한 '행동하는 지식인'이었다. 『뉴욕타임스』와 같은 유명 일간지는 물론, 『포춘』Fortune 처럼 약간은 대중적인 잡지에 기고하는 것을 마다하지 않았으며, 경우에 따라서는 통속적인 잡지와 거리낌 없이 대담할 수 있을 정도로 그에게는 확고한 목표와 소신이 있었다.

당연히 현실 정치 역시 가장 중요한 관심거리 중 하나였다. 그는 1972년 자유지선당the Libertarian Party이 출범한 이래 줄곧 중책을 맡아 일했고, 자유지선주의 운동의 싱크 탱크라 할 수 있는 카토연구소the Cato Institute와 루트비히 폰 미제스 연구소the Ludwig von Mises Institute를 설립하는 일에도 깊이 관여했다.

1. 로스바드의 생애와 저작

아마 태어나면서부터 철저하게 정치, 사회이론가인 사람은 없을 것이다. 그러나 로스바드는 어려서부터 철저하게 계몽주의적 가풍 속에서 성장했다는 증거가 많다. 로스바드는 1926년 3월 2일 뉴욕 브롱스 출신으로 그의 어머니는 러시아 민스크 지방 출신인 레이 바부쉬킨, 아버지는 폴란드의 바르샤바 인근에서 태어난 데이비드 로스바드였다. 미국으로 이민 온 후 그의 아버지는 굴지의 정유회사에서 수석 화학자로 일했고, 그 덕에 로스바드는 비교적 경제적으로 윤택한 환경에서 성장했다. 로스바드의 아버지는 당대의 지식인 이민자들이 공유했던 계몽주의적 가치관을 가지고 있었다. 이성과 자율 그리고 책임에 토대를 둔 가치관을 중시했다. 아들의 미들 네임에 '뉴턴'을 붙인 것만 보아도 그가 얼마나 계몽주의적이었는지 짐작할 수 있다. 비록 자신의 아들이 그토록 극단적인 정치철학적 견해를 가질 것이라고 짐작할 수는 없었겠지만 설사 그렇다 해도 로스바드의 아버지 또한 크게 놀라지 않았을 것이다. 그 또한 당대의 지식인 상당수가 그러했듯이 자유지선주의의 모태인 고전적 자유주의를 추종했기 때문이다.

로스바드는 1942년 콜롬비아 대학교에 입학하여 경제학과 수학을 전공한다. 그는 어려서부터 영리하다는 소리를 듣고 자랐고, 주위에서도 그가 아이비리그에 진학해서 우수한 성적으로 졸업하는 것을 당연시했다. 그러나 재미나게도 로스바드가 '오스트리아 경제학' Austrian economics 에 심취하게 된 곳은 수재들이 다니는 콜롬비아 대학교가 아니라 당시만 해도 약간 '노는 대학'이라는 평판이 있었던 뉴욕 대학교였다.

사건의 경위는 이러하다. 당시 로스바드는 노벨 경제학상 수상자인 조지 스티글러 George J. Stigler의 수업을 듣고 있었다. 그러던 중 임대료 규제에 대한 스티글러와 밀턴 프리드먼의 글을 접하게 되었고 이에 찬동하는 에세이를 쓰게 되었다. 이를 기특하게 여긴 스티글러의 추천을 받아 로스바드는 자유시장 경제 싱크탱크 '경제교육재단' the Foundation for Economic Education을 방문할 기회를 얻는다. 미제스를 만난 곳이 바로 여기였다. 당시 미제스는 나치를 피해 미국으로 망명해와 있었고 뉴욕 대학교에 초빙교수로 재직 중이었다.

로스바드는 곧 미제스가 매주 개최하던 세미나의 정규 참석자가 되었고 이어서 그의 대표 저서 『인간행동』Human Action을 접하게 된다. 이때부터 로스바드는 미제스로부터 인간과 사회가 어떤 원리로 작동하는지, 왜 자유지선주의가 가장 우월한 정치적 이념인지, 자유시장 경제체제는 어떤 방식으로 작동하는지 온전하게 이해할 수 있게 되었고 그 결과 소위, '인간행동학praxeologist'의 열렬한 옹호자가 된다.

로스바드가 경제학 박사 학위를 취득한 것은 1956년이다. 지도교수는 저명한 경제사가 조셉 도프만Joseph Dorfman이었고, 논문의 소재는 미국의 첫 번째 공황이었다. 논문의 제목도 「1819년 공황」, The Panic of 1819이었다. 그는 이 주제를 다룬 첫 번째 학자였으며 그의 학설은 아직도 이 주제에 관한 정설로 여겨진다. 로스바드에 따르면, 1819년 공황이 일어난 것은 정부가 경제 정책을 잘못 펼쳤기 때문이 아니다. 이유는 더 근원적인 곳에 있다. 1812년 발발해서 3년 간 지속한 영국과의 전쟁이 바로 그것이다. 전쟁에 엄청난 비용이 발생했으며, 미국 정부는 이를 충당하기 위해 많은 부채를 졌지만, 끝내 상환하는 데 실패함으로써 공황이 일어났다고 로스바드는 분석했다.

박사학위논문에 대한 학계의 호평에도 로스바드는 두 가지 문제에 봉착한다. 그 하나는 학문적 정체성과 관계된 것이었다. 만약 자유방임주의적 경제체제가 국가주도적 경제체제보다 우월하다면, 안보나 국방과 같이 전통적으로 공적 영역에 속하는 것도 시장에 맡기는 것이 더 나을 수 있다고 생각되었기 때문이다. 최소국가와 무정부주의 사이에서 무엇을 택해야 할지 결정하지 않을 수 없는 순간이 다가왔던 것이다. 로스바드가 선택한 입장은, 이미 알고 있듯이 후자였다. 1949년 겨울에 일어난 일이었다. 두 번째 문제는 생계였다. 명문 대학의 경제학과에서 박사학위를 취득했지만, 로스바드는 경제적으로 윤택하지 못했다. 1952년 1월 이후 그의 주된 수입원은 고전적 자유주의 학자를 지원하던 윌리암 볼커 기금 William Volker Fund 으로부터 대학생을 위한 시장경제 입문서를 쓰는 조건으로 매년 6,000달러를 지원받는 것이 전부였다. 그 결과 탄생한 것이 『인간, 경제, 국가』 Man, the Economy and the State 라는, 입문서라고 하기에는 다소 방대한 저서이다.

『인간, 경제, 국가』에서 로스바드의 목적은 우선 어떻게 복잡하고 어려운 경제학 이론이 인간의 행동에 대한 몇 개의 공리와 보조적인 추정으로부터 연역 가능한지 보여주는 것이었다. 그리고는 정부뿐만 아니라 기업도 '계획경제'는 실패할 수밖에 없다는 사실과 순수 자유시장 경제에서는 가격 독점이 가능하지 않다는 사실도 보여주고자 했다. 물론 이에 더해 인플레를 야기하고 불황을 조장하는 배후에는 정부가 있음을 강조하는 것도 잊지 않았다. 그에 따르면, "순수한 자유시장체제에서 경기 순환이란 있을 수 없다." 결론적으로 로스바드는 정치가나 관료는 해법이 아니라 문제라고 비판하고, 모든 것을 시장에 맡길 때만 문제를 해결할 수 있다고 주장한다. 한마디로 케인스 경제학을 통렬하게 비판하고 오스트리아 경제학의 정수를 보여주고자 했던 것이다.

애초의 계획에 따르면, 『인간, 국가, 경제』의 대미는 잘못된 국가 개입의 사례를 유형 별로 정리해서 분석하는 것이었다. 그러나 이미 두 권의 책으로 나누어 발간할 수밖에 없을 정도로 방대해진 상황에서 출판사가 그 어떤 내용일지라도 더는 추가하는 것을 용납하지 않았다. 그래서 처음에 발간된 『인간, 국가, 경제』에서는 국가 개입의 사례를 아주 축약된 형태로만 제시할 수밖에 없었다. 이에 로스바드는 국가의 과도한 개입이 가져올 수 있는 문제를 적시하고 국가가 없는 상태에서 어떻게 치안과 국방을 민간 영역에서 자발적으로 조달할 수 있는지 설명을 담아 1970년 별도의 책을 발간한다. 『권력과 시장』Power and Market이 바로 그것이다.

다방면에 박학다식한 로스바드이지만, 그에게도 특별히 더 전문성을 가진 분야가 있었다. 바로 금융과 통화 분야이다. 그는 특히 금본위제가 지닌 장점에 의거하여 부분준비제도 fractional reserve system를 비판하는데 주력했다. 은행이 대출한 금액에 100% 상응하는 준비율을 유지할 수 있어야 과도한 대여를 제어할 수 있고, 결과적으로는, 경기악순환이 일어나는 것을 방지할 수 있다고 보았기 때문이다. 로스바드는 자신의 견해를 설명하기 위해 한편으로는 대중적인 팸플릿 「정부가 우리 돈을 갖고 무슨 일을 하는가?」What Has Government Done to Our Money?를, 다른 한편으로는 대학교재 『은행의 신비』The Mystery of Banking를 집필했으며 다른 한편으로는 경제사 연구서 『미국의 대공황』America's Great Depression을 발간했다.

로스바드는 『미국의 대공황』에서 1929년 발발한 미국 대공황의 원인이 1920년 대 미국의 연방준비은행이 주도한 과도한 신용대출과 그로 말미암아 발생한 '엉터리' 활황에 있다고 진단한다. 그리고 이에 더해 공황이 점차 악화되고 장기간 지속된 가장 큰 이유 또한 이를 '치료'하려고 정부가 과도하게 경제에 개입했기 때문이라고 지적한다. 결국 이 책 때문에 로스바드는 소위 '후버 수정주의' Hoover revisionism라는 대공황 관련 학설을 대표하는 학자가 되었다.

1971년 2월 9일 로스바드는 뉴욕타임스에 기명 논평 「새로운 자유지선주의 신조」The New Libertarian Creed를 기고했다. 이 글에서 그는 점점 더 많은 젊은이가 베트남 전쟁과 징집, 치솟는 세금과 사적 영역에 대한 정부 개입을 식상히 여기게 되었고 그 결과 반발하고 있다고 경고했다. 이 글은 미국의 출판사 맥밀란Macmillan의 편집자 맨델Tom Mandel의 이목을 끌었고 그로 말미암아 로스바드는 생애 처음으로 출판계약을 체결하기에 이른다. 바로 『새로운 자유를 찾아서: 자유지선주의 선언』For a New Liberty, the Libertarian Manifesto이 탄생하게 된 계기이다.

『새로운 자유를 찾아서』 발간 이래 1975년 이후부터 1979년에 이르기까지 로스바드가 주력한 것은 미국의 건국사를 다시 쓰는 일이었다. 그에 따르면 당시 미국사를 이해하는 역사학계의 의견은 상당히 왜곡된 것이었다. 미국의 역사는 자유를 위한 역사였고 토머스 제퍼슨과 토머스 페인 등 건국의 아버지 중 상당수 역시 자유지선주의적 이념을 갖고 있었다는 것이 총 4권으로 구성된 『자유로 잉태한』Conceived in Liberty에서 로스바드가 입증하고자 했던 주된 결론이었다. 본래 5권으로 기획되었지만 출판사의 재정난으로 『자유로 잉태한』의 마지막 책은 출판되지 못했다.

1980년대 이후 로스바드는 점차 더 철학적인 논의에 관심을 두기 시작한다. 그 대표적인 사례가 1982년 캔자스 주의 재력가 코크Charles Koch의 도움으로 『자유의 윤리학』The Ethics of Liberty을 출간한 일이다. 이 책에서 그는 왜 정부가 폭력에 의존할 수밖에 없는지 그리고 왜 정부는 생래적으로 비윤리적일 수밖에 없는지 설명한다. 그리고는 자연권에 기초한 정교한 윤리체계를 전개한다. 학문적으로 볼 때 그가 남긴 가장 의미 있는 저서 중 하나라 평가할 수 있다.

2. 『새로운 자유를 찾아서』의 개요와 특징

『새로운 자유를 찾아서』는 "미스터 자유지선주의자" Mr. Libertarian라 불릴 정도로 평생 자유지선주의를 위해 모든 것을 바쳐왔던 로스바드가 자유지선주의의 역사, 특징 및 정당성을 널리 알리고자 작심하고 저술한 입문서이다. 그렇기에『새로운 자유를 찾아서』의 성격을 제대로 파악하고 그 내용이 지닌 의미를 음미하려면 무엇보다 이 책이 여타의 자유지선주의 입문서와 비교해서 특징과 의미가 어떻게 다른지 이해하는 것이 필요하다. 더불어 로스바드의 생애와 주요 저작에 대해 좀 더 구체적으로 살펴보는 것도 도움이 된다. 끝으로 더 심도 있는 이해를 원한다면, 자유지선주의가 정치철학적 지평에서 어떤 의미가 있는지 살펴보는 것도 나쁘지 않다.

『새로운 자유를 찾아서』는 이미 언급했듯이, 로스바드가 집필한 자유지선주의 입문서이지만 동시에 1970년대 들어 미국을 중심으로 한동안 유행했던 자유지선주의적 사회운동의 일종인 "친시장적 무정부주의" anarcho-capitalism의 매니페스토이다. 따라서 보기에 따라서는 객관적이거나 공정한 자유지선주의 입문서의 자격을 갖추지 못한 것이 아닌지 의심할 수 있다. 그럼에도 역자들이 이 책을 번역한 것은 이 책이 지금까지 발간된 자유지선주의 입문서 중 가장 탁월하다고 판단했기 때문이다.

역자들이 선택한『새로운 자유를 찾아서』 판본은 1978년 콜리어 Collier Books에 의해 발간된 수정판이다. 이 책은 이후 루트비히 폰 미제스 연구소 Ludwig von Mises Institute에 의해 2002년 온라인 판본으로 다시 발간되기도 했다. 한편『새로운 자유를 찾아서』 초판은 본래 1973년 6월 미국의 맥밀란 Macmillan 출판사에 의해 출간되었으며, 최근에는 2011년 루트비히 폰 미제스 연구소에서 각주와 색인, 서체 등을 총체적으로 정비한 책이 새롭게 출간되었다.

자유지선주의에 대한 입문서는 많다. 그러나 『새로운 자유를 찾아서』와 같이 학문적 깊이와 대중적 호소력을 고루 겸비한 책은 거의 없다. 아마도 미국 남가주대학USC의 철학 교수인 호스퍼스John Hospers가 쓴 『자유지선주의』libertarianism(1971)와 카토연구소Cato Institute의 부회장 보아즈 David Boaz가 저술한 『자유지선주의: 입문서』Libertarianism: A Primer(1997) 정도가 그나마 후보로 거론될 수 있을 것이다. 그러나 둘 다 『새로운 자유를 찾아서』와 경합하기에는 역부족이다.

호스퍼스의 책은 철학자의 저서답게 길고 지루하다. 지나치게 현학적인 논의가 많아 자유지선주의를 처음 접하는 사람에게 이해보다는 부담을 줄 가능성이 크다. 반면 보아즈의 책은 자유지선주의의 기원과 특징에 대해 체계적으로 이해할 수 있는 기회를 제공한다는 점에서 권고할만하다. 그러나 독자의 마음을 움직이는 데는 『새로운 자유를 찾아서』에 비교하기 곤란하다. 결국 이론적 설명을 충분히 겸비한 동시에 구체적인 사안에 대해 자유지선주의의 입장과 그 근거가 무엇인지 분명하게 설명하는 입문서를 찾는다면, 특히 매니페스토적 성격을 갖고 있어 때로는 뜨거운 감동을 촉발할 수 있는 입문서를 찾는다면, 『새로운 자유를 찾아서』가 바로 '그 책'이라 할 수 있다.

독자 입장에서는 『새로운 자유를 찾아서』가 자유지선주의 중 특별히 "친시장적 무정부주의" 입장에서 쓰인 책이라는 사실을 잊지 않는 것도 중요하다. 로스바드는 루트비히 폰 미제스, 프리드리히 하이에크, 밀턴 프리드먼, 로버트 노직 등과 같은 자유지선주의자들이 취해 온 '최소국가주의'minarchism 혹은 minimal statism와는 다른 입장을 견지한다. 예를 들어, 미제스와 로스바드는 자유지선주의적 이념의 철학적 전제라 할 수 있는 '비침해성의 원리'non-aggression principle가 국가의 역할과 기능에 관해 함축하는 바를 서로 사뭇 다르게 이해하고 있었다. 미제스는 이 원리가 '야경국가'의 필요성을 함축한다고 생각했던 반면 로스바드는 그렇지 않다고 판단했다. 로스바드는 정부의 공적 서비스는 국민이 무엇을 얼마나 원하는지 짐작할 수 있는 객관적 징표인 시장가격 대신 일부 공직자와 전문가의 주관적 판단에 더 의존하므로 비효율적인 동시에 부당하다고 보았다. 로스바드가 무정부주의의 일종을 주창하는 것도 이 때문이다.

그렇다면 과연 무정부상태가 존속 가능한가? 치안과 국방은 어떻게 될 것인가? 로스바드는 『새로운 자유를 찾아서』에서 한편으로는 도로와 교통에서 환경과 자원에 이르기까지 흔히 국가가 담당해야 한다고 여겨지는 일들이 어떻게 사적 영역에서 훨씬 더 효율적으로 수행될 수 있는지 설명하고, 다른 한편으로는 왜 국가나 정부가 하는 일은 부패와 비효율로부터 자유로울 수 없는지 보여줌으로써 이에 답하고자 했다. 특히 우리가 평소 당연시하는 징집과 세금 그리고 형벌체제가 사실은 '비침해성의 공리'의 관점에서 바라보면, '비자발적으로 예속된 상태', 즉 노예의 처지와 다르지 않다고 지적한다.

이 밖에도 개인의 자유가 국가에 의해 침해받고 있을 가능성이 농후한 분야는 많다. 로스바드는 특히 언론, 방송통신, 포르노그래피, 도박, 마약 등과 같은 사적 영역에서 국가가 정당하게 개인의 자유를 제한할 수 있는 정도와 범위를 넘어서지는 않았는지 생각해 볼 것을 권고한다. 교육도, 로스바드로서는, 사적인 자유만큼이나 문제가 많다고 생각하는 사회적 이슈이다. 그는 정부가 교육의 내용과 방법 및 연한 등을 통제하는 공교육 체제야말로 미래 사회의 자유를 위협하는 근본적인 위험 요소일 수 있음을 지적한다.

현대 국민국가에 있어 가장 규모가 큰 국가적 과제로 여겨지는 일 중 하나는 경제이다. 더 구체적으로 말하자면 거시적 측면에서 경제를 조율

하는 일을 의미한다. 이미 언급했듯이, 로스바드는 이 문제에 있어 그 누구에게도 뒤지지 않는 식견과 전문성을 갖고 있었다. 그는 평소 인플레와 경기 악순환의 원인이 근본적으로는 정부가 중앙은행과 금융정책을 이용하여 과도하게 지출하는 데 있다는 사실에 주목하고 이를 근절하려면 중앙은행을 폐지하고 금본위제로 돌아가야 한다고 주장했다. 워낙 복잡하고 어려운 경제학적 지식을 요구하는 분야인데다, 비주류 입장을 주장하다 보니 호의적인 반응이나 평가를 기대하기 쉽지 않고 대중적으로도 친숙하지 않지만 로스바드는 거시경제문제에 자유지선주의가 지향하는 입장과 근거를 일목요연하게 보여준다.

한편, 현대 사회에서 경제만큼이나 중요한 사회적 문제가 있다면 그것은 환경일 것이다. 로스바드는 이 문제에 대한 해법 역시 통상적인 규제 중심적 사고와 정반대되는 관점에서 찾는다. 그는 공해 문제에 대한 해법이 강이나 바다와 같이 흔히 공유의 대상으로 받아들인 것들을 사적 소유화하고 이에 기반해 철저한 법집행을 하는 데 있다고 주창한다. 그리고 같은 맥락에서 자원고갈과 생태계 보존 문제에 대해서도 '기발한' 해법을 제시한다. 아마 자유지선주의가 아니면 접하기 어려운, 그리고 동시에 사회 기반 시설과 제도에 대한 논의에 못지않은 지적 자극을 예상할 수 있는 논의가 아닐 수 없다.

안보와 국방은 흔히 로스바드 류의 무정부주의가 지닌 약점으로 지적받는다. 그러나 로스바드는 이 문제에 대해서도 파격적인 대안을 제시한다. 그는 전쟁과 외교 역시 원칙적으로는 비침해의 원리에 의거하여 판단해야 하며, 정부나 국가는 외부적인 위협에 대한 해법이 아니라 불필요한 전쟁을 야기하는 원인이라고 지적한다. 현대적인 의미의 국민국가가 없다면 분쟁이나 전쟁이 발발할 위험이 크게 줄어들 뿐만 아니라 설사 그러한 일이 일어난다고 해도 현 체제하에서보다는 훨씬 더 용이하게 해소할 수 있다는 주장이다. 특히 미국과 같은 강대국이 타국에 대한 내정간섭을 지양하고 해외 파병을 자제하면 세계 평화를 위해 한걸음 더 전진할 수 있다고 역설한다. 이 또한 워싱턴뿐만 아니라 강대국의 외교, 국방 정책을 주도해온 주류 입장과 모순적이다. 그러나 오히려 그렇기에 더욱 경청할만한 자유지선주의 고유의 입장이다.

아마 『새로운 자유를 찾아서』에서 가장 파격적이라는 인상을 주는 논의가 있다면 그것은 도로나 항만과 같은 기반시설과 경찰과 법원과 같이 사회의 근간을 이루는 제도에 대한 자유지선주의적 논의일 것이다. 이들에 대한 논의가 '파격적'으로 느껴지는 이유는 그것이 한편으로는 물리적 측면에서, 다른 한편으로는 정신적 측면에서 우리 사회의 근간을 이루는 제도의 타당성과 유효성에 의문을 제기하고 있기 때문이다. 로스바드는 도로, 철도 그리고 항만과 같은 기간 시설도 정부에게 맡기기보다는 민간에서 소유하고 운영하는 것이 각종 폐해와 오남용을 줄임으로써 효율성을 제고할 수 있다고 지적한다. 이에 더해 경찰과 법원과 같은 공공질서 유지에 필수적인 치안 제도 역시 민간 영역에서 담당할 경우 잃는 것보다 얻는 것이 많을 수 있음을 논증한다. 아마 이 같은 주장은 로스바드와 같이 친시장적 무정부주의를 신봉하지 않는다면, 거의 생각하기 어려운 견해일 것이다. 그 타당성 여부를 떠나 독자에게 신선한 자극을 줄 수 있다는 사실만으로도 충분히 가치 있는 입장이 아닐 수 없다.

진보적 가치를 대변하는 복지 문제에 대한 로스바드의 비판은 주로 정부의 비도덕성과 비효율성에 초점을 맞추고 있다. 로스바드는 최근에 이르기까지 정부의 복지 정책이 가난한 사람들에게 실질적인 도움이 된 사례가 없음을 지적하면서 복지 문제 역시 민간 영역에 맡겨 놓는 것이 효과적이라고 주장한다. 로스바드에 따르면, 사회안전망에 대한 해법은 정부 주도의 복지 정책이 아니라 민간 주도의 자선에서 찾아야 한다고 역설하고 실제로 과거 민간 주도의 빈민구제가 상당히 효율적이었음을 다양한 사례를 통해 보여준다.

로스바드의 입장은 비록 생소할지는 몰라도 결코 난해하지 않다. 더구나 금방 어디가 잘못되었다고 지적하기도 쉽지 않다. 자유지선주의를 '난센스'라고 말하는 사람을 흔히 볼 수 있지만 왜 그렇다고 생각하는지 조리 있게 설명할 수 있는 사람을 만나기는 쉽지 않다. 로스바드와 같이 명쾌하고도 분명한 입장이, 설사 입장이 다른 사람에게도, 소중한 이유도 여기에 있다. 로스바드와 자유지선주의를 평하기에 앞서 한두 가지 유의해야 할 점이 있다.

로스바드는 스스로를 가리켜 '친시장적'이라고 표현한다. 그러나 로스바드가 말하는 '시장'과 '자본주의'는 우리가 흔히 생각하는 시장이나 자본주의가 아님에 유의해야 한다. 그는 현대 자본주의 체제를 찬양하기보다는 비판하는 데 앞장섰다. 시장과 자본주의가 본래의 취지에서 벗어나 부패 혹은 왜곡되었다고 보았기 때문이다. 그러나 사회주의자와 달리 로스바드는 문제의 원인을 자본가나 시장이 아닌 정부와 기업의 유착에서 찾는다. 다시 말해, 권력과 부를 가진 기득권 세력이 서로 결탁하여 자유로운 경쟁 구도를 왜곡함으로써 부당하게 이익을 챙기는 것이 모든 문제의 근원이라고 보았던 것이다. 그는 이러한 형태의 시장 왜곡을 '조합주의corporatism'라고 부르고, 이를 타파하려면 정부 기능을 대폭 축소해야 하며 궁극적으로는 폐지해야 한다고 주장했다. 정부의 입장에서 보면, 정부의 존립 근거 그 자체를 부정하는 로스바드가 정부가 무신경하고 게으르다고 비판하는 사회주의자보다 더 두려울 뿐만 아니라, "국가에 현존하는 가장 위험한 적"State's Greatest Living Enemy일 수밖에 없었던 이유도 여기에 있다.

친시장적 무정부주의자와 최소국가주의자 중 누가 옳은지 그리고 누가 더 자유지선주의의 정신을 잘 대변하는지는 이제까지도 그래왔지만 앞으로도 학술적인 논란의 대상이 될 것임에 분명하다. 하지만 이러한 이유로 자유지선주의 입문서 중 옥석을 구별할 수 없는 것은 아니다. 자유지선주의에 대한 좋은 입문서는 자유지선주의의 원리를 충실하게 설명하는 동시에 그것이 함축하는 바가 무엇인지 단도직입적으로 보여주는 책이라 할 수 있다. 『새로운 자유를 찾아서』는 이 점에 있어 어느 것에서도 부족한 점이 없다. 로스바드의 장점 중 하나는 그의 생각이 제아무리 상식이나 여론에 어긋난다고 해도, 그래서 보나마나 비난과 질책을 받는다 하더라도, 결코 절충하거나 조율하지 않는다는 것에 있다. 로스바드는, 옳든 그르든 '비침해성의 원리'가 무정부주의를 뜻한다고 굳건하게 믿었으며 이에 따라 무정부주의가 안보, 경제, 사회, 교육, 환경 등 제 분야에서 함축하는 바를 분명하면서도 체계적으로 설명하였다. 그렇기에 보기에 따라서는 자유지선주의 중 특정 입장으로 경도된 면이 있음에도 『새로운 자유를 찾아서』가 현존하는 가장 탁월한 자유지선주의 입문서로 간주될 수 있는 것이다.

『새로운 자유를 찾아서』가 어느덧 고전의 반열에 오르게 되었지만 로스바드와 『새로운 자유를 찾아서』 모두, 처음부터 각광을 받았던 것은 아니다. 로스바드가 출판사로부터 『새로운 자유를 찾아서』를 청탁을 받아 집필할 때 그는 이미 당대에 자유지선주의를 대표하는 지식인 중 한 명이었으나 사실 그것이 전부였다. 그 전은 물론 이후에도 그에게 책을 기획해서 출판하고자 제안한 출판사는 없었다. 당시 미국 정치계와 학계에서 자유지선주의, 특히 로스바드 류의 "극단적인 자본주의자"를 어떻게 받아들였는지 짐작케 하는 대목이다. 그러나 과연 로스바드를 그렇게 받아들이는 것이 합당한지는 생각해볼 문제이다.

3. 왜 지금 자유지선주의를 논하는가?

우리나라에서는 자유지선주의를 다룬 책을 접하기 쉽지 않다. 아마 일본과 중국도 크게 다르지 않을 것이다. 이는 동아시아의 지적, 문화적 전통이 유럽과 많이 다르다는 사실에 기인한다. 사실 우리나라 사람들 대부분에게 자유지선주의는 좋게 보아도 생뚱맞고 나쁘게 보면 터무니없는 생각이다. 그래서인지 한참 존 롤스의 『정의론』이 세대를 풍미할 때 그에 대한 비판으로 소개된 로버트 노직의 『무정부, 국가 그리고 유토피아』Anarchy, State and Utopia에 학자 중 일부가 관심을 두었지만 대부분 한시적인 '학술적 관심'에 그치고 말았다. 아마 오늘날에도 우리나라에 자신이 온전한 의미에서 자유지선주의자라고 스스로 자부할 수 있는 사람은 극소수에 그칠 것이다. 당연한 결과이겠지만, 우리나라 사상계에서 자유지선주의가 지니는 의미 역시 적어도 아직까지는 롤스가 대변해 온 사회민주주의적 이상에 대한 비평을 넘어서는 기능을 지닌다고 보기 어렵다.

사실 자유지선주의가 학계는 물론 현실 정치에서까지 이미 유효기간이 지난 '고전적' 입장으로 간주되거나, 앞뒤 분간 못하는 소박한 고집쟁이들이나 주장하는 입장으로 취급받는 것은 우리나라나 동아시아에 국한된 현상이 아니다. 전 세계 어느 곳을 가도 한국에서와 마찬가지로 대체로 두 가지 정치적 입장이 주류를 이룬다. 소위 '진보'와 '보수'가 그것이다. 하지만 진보와 보수는 서로 크게 다른 듯이 보여도 한 가지 중요한 측면에서 매우 유사하다. 보수와 진보 모두 국가공동체가 제대로 기능하려면 정부가 상당한 역할과 기능을 담당해야 한다고 가정하기 때문이다. 말하자면, 둘 다 '국가주의'의 일종이라는 점에서는 대동소이하다는 것이다.

보수와 진보가 모두 국가주의라는 사실을 인식하는 것이 중요한 이유는 정치철학에서 "어떻게 통치해야 하는가?"에 못지않게 중요한 물음이

"누가 통치해야 하는가?"이기 때문이다. 근대 이후 점차 진보와 보수가 주요 정치경제적 이슈를 독점할 수 있었던 이유는 무엇보다 사람들이 민주주의를 통해 두 번째 문제를 해결했다고 믿게 되었기 때문이다. 이는 누구나 어릴 때부터 모든 권력은 국민에게 있으나 민주주의적 의사결정 절차를 통해 소수의 대표자에게 자발적인 권력이양이 가능하며 또 그렇게 하는 것이 불가피하다고 배워온 결과이다. 그러나 과연 그러한가? 로스바드는 이에 대해 매우 부정적이다. 촘스키 또한 그러하다. 이들 자유지선주의자들은 가장 민주적인 것처럼 보이는 미국도 결코 정권을 잡은 소수의 권력 오남용으로부터 자유롭지 못하다고 본다. 아니 절대 자유로울 수가 없다고 비판한다.

이미 언급했듯이 자유지선주의자에 로스바드만 있는 것은 아니다. 당연히 그의 입장만이 자유지선주의를 대변하는 것도 아니다. 자유지선주의자 중에는 최소국가주의자도 적지 않으며, 심지어 좌와 우, 진보와 보수 진영으로 나눌 수도 있다. 흔히 좌파적 자유지선주의자를 대표하는 사람으로 손꼽히는 사람 중 한 명이 바로 촘스키이다. 그러나 이 같이 다양한 입장 차이에도 불구하고 자유지선주의를 하나로 묶어주는 공통적 요소가 있다. 그것은 국가의 존재 근거와 필요성에 대해 다분히 회의적 태도와 입장을 견지한다는 사실이다. 다시 말해, 국가가 비침해성의 원리를 수호하는데 요긴할 수도 있지만, 자칫 잘못할 경우 오히려 그것을 해칠 수도 있다는 우려를 모두가 공유하고 있다는 점에서 같다.

따지고 보면, 근대 초 세계를 주도한 이념은 국가주의가 아니라 반국가주의였다. 시민혁명과 산업혁명을 주도했던 영국은 물론 18~19세기를, 미국과 북구 유럽을 이끌었던 정치이념은 자유지선주의의 뿌리라고 할 수 있는 고전적 자유주의였다. 그러던 것이 우여곡절 끝에 어느덧 좌우를 넘어 국가주의적 정치이념의 지배로 귀착되었다. 물론 국가주의 그 자체가 이론과 실재에 있어 무정부주의보다 못할 이유는 없다. 다만 사회적 이슈를 국가주의의 틀에 한정시켜 논의할 경우 불가피하게 생각하지 않으면 안 되는 주요 논점을 망각하게 된다는 것을 경계할 뿐이다.

로스바드가 『새로운 자유를 찾아서』를 관통해서 하나의 자명한 공리, 즉 "그 누구도 다른 사람이나 그가 소유한 것을 침해할 수 없다"는 비침해성의 공리를 반복해서 강조하는 이유는 이제 사람들이 더는 정부가 하지 말아야 할 일과 마땅히 해야 할 만한 일에 관해 관심을 두지 않게 되었기 때문이다. 선거철이 되면 정치인 너나 할 것 없이 '작은 정부'를 운운하지만, 정작 유권자나 정치인 모두에게 이 말은 기구나 사람의 축소 이상을 의미하지 않는다. 정작 이슈는 정부가 국민의 삶에 마땅히 관여할 수 있는 경계나 범위인데 현실에 있어서는 모두가 방법이나 방편의 효율성만을 궁리하는 상황이 된 지 이미 오래이다.

사실 대다수 국민 또한 모든 일을 국가 주도로 해야 한다고 생각하는 마당에 자칫 자유지선주의적 주장은 쇠귀에 경 읽는 일이 되기 십상인 것도 사실이다. 그러나 동서고금을 막론하고 정치가 늘 첨예하게 대립하고 반목하는 주된 이유는 정부가 해야 할 일을 지나치게 키웠기 때문이라는 사실을 간과하면 곤란하다. 더구나 지난 수백 년 소위 '민주화'가 이룬 가장 큰 업적 중 하나도 정부와 권력의 영향을 제한하고 축소해 온 것이었음을 잊어서도 안 된다. 이미 근 40여 년이 지난 70년 대 초 미국의 한 극단적 자유지선주의자가 쓴 선언문 성격의 글이 아직도 우리에게 시사하는 바가 적지 않은 이유도 바로 여기에 있다. 어쩌면 21세기 한국의 정치에서 우리가 생각해야 할 가장 근원적인 문제는 좌와 우, 진보와 보수가 아니라 다시 개인과 사회의 문제일지도 모른다. 과연 우리가 지향할 공동체는 어떤 것인가? 전체주의 체제인가? 국가주도적 복지국가인가? 아니면 국가주도적 자유경제체제인가? 그것도 아니면 최소국가

혹은 무정부 상태인가? 만약 누군가 『새로운 자유를 찾아서』를 읽고 나서 이 같은 이슈가 왜 문제인지 이해할 수 있게 된다면 필자는 물론 역자 또한 그간의 수고가 가치 있었다고 느낄 수 있을 것이다.

찾아보기

• 인명 •

가레트, 가렛 Garret, Garet 441
개리슨, 윌리엄 로이드 Garrison, William Lloyd 481
갤브레이스, 존 케네스 Galbraith, John Kenneth 123, 385
고든, 토머스 Gordon, Thomas 8, 9
굴드, 스티븐 제이 Gould, Stephen Jay 28, 29
굴드너, 앨빈 Gouldner, Alvin 246
굿먼, 폴 Goodman, Paul 192, 193, 195
그린, 아널드 Green, Arnold W. 62
노스, 더글러스 North, Douglass C. 403
노엘베이커, 필립 Noel_Baker, Philip 467
노이스타트, 리처드 Neustadt, Richard 97
노자 99
녹, 앨버트 제이 Nock, Albert Jay 80, 194, 195, 444
니덤, 조셉 Needham, Joseph 96
닉슨, 리처드 Nixon, Richard 97, 269, 433
더스 패서스, 존 Dos Passos, John 450
데블레토글루, 니코스 Devletoglou, Nicos E. 224

데일스, 존. H. Dales, J. H. 418
도나휴, 찰스 Donahue, Charles 372
돌란, 에드윈 Dolan, Edwin G. 398, 407
되네크, 유스터스 Doenecke, Justus D. 443
되링거, 피터 Doeringer, Peter 245
드 주브넬, 베르트랑 De Jouvenel, Bertrand 88, 102
드바니, A. DeVany, A. 166
디엠, 고 딘 Diem, Ngo Dinh 436
딕먼, 존 Dyckman, John 338, 341
라스킨, 마커스 Raskin, Marcus 97
래도쉬, 로널드 Radosh, Ronald 446
레닌 Lenin, V. I. 453, 499
레드리치, 프리츠 Redlich, Fritz 498
레오니, 브루노 Leoni, Bruno 364
로버츠, M. Roberts, M. 391, 396
로스, 레너드 Ross, L. 391, 396
로스바드, 머리 Rothbard, Murray N. 279, 300, 439, 446, 500
로저스, A. J.(3세) Rogers, A. J. Ⅲ 418
로젠블라트, 다니엘 Rosenblatt, Daniel 243
로크, 존 Locke, John 7, 8, 49, 50, 56

530 | 새로운 자유를 찾아서: 자유지선주의 선언

루스벨트, 시어도어 Roosevelt, Theodore 397

루스벨트, 프랭클린 Roosevelt, Franklin D. 432, 435

루이스, 새뮤얼 Lewis, Samuel 200

루터, 마르틴 Luther, Martin 195, 196, 201

리드, 허버트 Read, Herbert 208

리지오, 레너드 Liggio, Leonard 437

리카도, 데이비드 Ricardo, David 300

마르크스, 카를 Marx, Karl 378

만, 호레이스 Mann, Horace 200

매케이, 토머스 Mackay, Thomas 248

매켄, 피터 Maiken, Peter 418

매크레이, 노먼 Macrae, Norman 391

매튜, 토머스 Matthew, Thomas 265

맥더모트, 존 McDermott, John 195

머피, 아치볼드 Murphey, Archibald D. 198

메이버그, 찰스 Meiburg, Charles O. 338, 341

멩켄, 헨리 Mencken, H. L. 90, 143

멜먼, 시모어 Melman, Seymour 448

모건스턴, 조지 Morgenstern, George 439

모와트, 찰스 Mowat, Charles L. 250

몰리나리, 귀스타브 드 Molinari, Gustave de 350

문, 파커 토머스 Moon, Parker, T. 60

미제스, 루트비히 폰 Mises, Ludwig von 199, 277, 303, 501

미헬스, 로베르트 Michels, Robert 79

밀러, 로저 리로이 Miller, Roger LeRoy 403

바너드, 헨리 Barnard, Henry 200

바루크, 버나드 Baruch, Bernard 445

바티스타, 풀헨시오 Batista, Fulgencio 434

밴 뷰렌, 마틴 Van Buren, Martin 13

밴필드, 에드워드 Banfield, Edward C. 219, 220, 242

버넘, 제임스 Burnham, James 86

버브, 프랭크 Bubb, Frank 412

버차드, 행크 Burchard, Hank 338

버클리, 윌리엄 Buckley, William F. Jr. 468

버틀러, 스메들리(3성 장군) Butler, Maj. Gen. Smedley D. 465

번디, 맥조지 Bundy, McGeorge 94

베이트먼, 뉴턴 Bateman, Newton 201

베일린, 버나드 Bailyn, Bernard 132

벤튼, 토머스 하트 Benton, Thomas Hart 13

본, 란돌프 Bourne, Randolph 444

부캐넌, 제임스 Buchanan, James 224

브라이트, 존 Bright, John 421

브렘, 클로이드 Brehm, C. T. 232

브로즌, 예일 Brozen, Yale 255

블랙, 찰스 Black, Charles 102
블랙, 휴고 Black, Hugo 152
비스마르크, 오토 Bismark, Otto von 18, 30
비어드, 찰스 Beard, Charles A. 449
비크리, 윌리엄 Vickrey, William 336, 341
빌, 프레더릭 Veale, F. J. P. 425
새즈, 토머스 Szasz, Thomas S. 146
섬너, 윌리엄 그레이엄 Sumner, William Graham 421
세이빙, 토머스 Saving, T. R. 232
셰퍼, 스티븐 Schafer, Stephen 141
숄, 리처드 Shaull, Richard 438
슘페터, 조셉 Schumpeter, Joseph 81, 389
스미스, 알렌 Smith, J. Allen 105
스미스, 애덤 Smith, Adam 4, 64
스탈린, 요시프 Stalin, Joseph 453, 455
스토비에르스키, 루돌프 Stobierski, Rudolph J. 242
스토우, 캘빈 Stowe, Calvin 200, 201
스톤, 로렌스 Stone, Lawrence 498
스틴치콤, 아서 Stinchcombe, Arthur 219, 220
스펜서, 허버트 Spencer, Herbert 208, 502
스푸너, 라이샌더 Spooner, Lysander 82
아민, 이디 Amin, Idi 462
액튼 경 Acton, Lord 47

앤더슨, 마틴 Anderson, Martin 256
앳킨슨, 에드워드 Atkinson, Edward 421
에니스, 브루스 Ennis, Bruce 148
영, 오웬 Young, Owen D. 358
오고먼, 네드 O'Gorman, Ned 252
오글스비, 칼 Oglesby, Carl 438
오펜하이머, 프란츠 Oppenheimer, Franz 80
와이스브로드, 버튼 Weisbrod, Burton A. 221
울드리지, 윌리엄 Wooldridge, William C. 331, 343, 357
워너, 해리 Warner, H. P. 165
월로우스키, 레온 Wolowski, Leon 57, 59
월터스, A. A. Walters, A. A. 340
웨스트, E. G. West, E. G. 207, 210
위드, 설로 Weed, Thurlow 14
위트포겔, 칼 Wittfogel, Karl 89
윈담, 더글러스 Windham, Douglas 221
윌리엄스, 윌리엄 애플먼 Wiliams, William Appleman 438, 446
윌슨, 마거릿 부시 Wilson, Margaret Bush 390
윌슨, 우드로 Wilson, Woodrow 432
잭슨, 앤드류 Jackson, Andrew 200
잭슨, 조너선 Jackson, Jonathan 207
제이콥스, 노먼 Jacobs, Norman 89
조지, 헨리 George, Henry 53

존슨, 린든 Johnson, Lyndon B. 420
초도로프, 프랭크 Chodorov, Frank 62
카네기, 앤드류 Carnegie, Andrew 397
카스트로, 피델 Castro, Fidel 435
카터, 지미 Cater, Jimmy 420
칼뱅, 존 Calvin, John 196
칼훈, 존 Calhoun, John 76
케넌, 조지 Kennan, George F. 95
케네디, 조셉 Kennedy, Joseph P. 439
케넌, 세실리아 Kenyon, Cecilia 123
케이츠, 돈 Kates, Don B. 185, 188
케인스, 존 경 Keynes, Sir John M. 274
켈럼스, 비비언 Kellems, Vivien 137
켈젠, 한스 Kelsen, Hans 81
코브던, 리처드 Cobden, Richard 421
코언, 스티븐 Cohen, Stephen F. 460
콜비, 윌리엄 Colby, William 461
크로커, 토머스 Croker, Thomas D. 418
크리스톨, 어빙 Kristol, Irving 233
크리스티, 프랜시스 Christy, Francis T. Jr. 405
태프트, 로버트 Taft, Robert A. 94
탤럭, 윌리엄 Tallack, William 142
터보, 조지 Terborgh, George 387
테일러, 존 Taylor, John 132
트렌처드, 존 Trenchard, John 7, 9
파시키비, 유호 Paasikivi, Juho 458
패설, 피터 Passell, P. 391, 396
패터슨, 이사벨 Paterson, Isabel 209, 263

푸울, 로버트(2세) Poole, Jr. Robert 399, 414, 417
프리드먼, 밀턴 Friedman, Milton 215, 269, 416, 417
플린, 존 Flynn, John T. 448
피든, 조셉 Peden, Joseph R. 368, 372, 383
피오르, 마이클 Piore, Michael J. 245
하이에크, 프리드리히 Hayak, Friedrich A. 277, 279, 478
하퍼, 플로이드 A. Harper, F. A. 262
해리슨, 윌리엄 헨리(장군) Harrison, Gen William Henry 14
해링턴, 마이클 Harrington, Michael 386
해모위, 로널드 Hamowy, Ronald 469
해즐릿, 헨리 Hazlitt, Henry 272
핸슨, 리 Hansen, W. Lee 221
헤이즈, 새뮤얼 Hays, Samuel P. 400
호르위츠, 모튼 Horwitz, Morton 410
호치민 Ho Chi Minh 435
홈스(대법원장) Holmes, Justice 70
후버, 에른스트 Huber, Ernst 97
후버, 허버트 Hoover, Herbert C. 163, 432, 446
후프스, 타운센드 Hoopes, Townsend 97
흄, 데이비드 Hume, David 85
히긴슨, 스티븐 Higginson, Stephen 207
힐, 제임스 Hill, James J. 397

・용어/주제・

ㄱ

가격 280, 282
    수요공급 관계와 가격 282
    통화공급과 가격 282
가난과의 전쟁 233, 386
가톨릭 173
    교구 학교 202
    낙태와 가톨릭 173
강간 170
강제 조세 75, 82, 100
강제 증언 139, 140
강제노동 125, 130, 139
    참조: 비자발적 예속 125
강제적인 배심원 의무 144
개방 목초지 399
개척이주민 399
개척이주민 정착제도
    목초지의 파괴와 개척이주민 정착제도 399
개혁가 또는 개혁주의자 27
거대정부: 19세기의 거대정부 17, 18
거리 행상 265
게릴라(혁명) 전쟁 429
견제와 균형 체제 375
경기순환
    경기순환의 반복 302
    리카도의 경기순환 이론 300, 303

오스트리아(미제스 학파 또는 화폐금융 과잉투자) 이론 303, 309
경기순환과 이자율 303
경기침체 275
    1958년 경기침체 276
    1969~1971년 경기침체 276
    경기순환에 관한 리카도 학파 이론과 경기침체 301
    인플레이션을 동반한 경기침체 276
    참조: 불황 275
경제 4, 20, 22
    자유시장과 경제 63
    전통적 자유주의와 경제 5
경제적 결정주의 91
경제학 276
    오스트리아 학파 경제학 279
    케인스 학파
        (참조: 케인스 경제학) 274
경찰
    경찰에 의한 도청 175
    경찰의 가혹행위 326
    경찰의 부패 180
    철도 경찰 331
    흑인 지역의 경찰 330

경찰력
    경찰력간의 충돌 351
    자유지선주의 사회에서의
        범법자와 경찰력 376
고대 아일랜드(켈트족) 101, 368
고립주의 420
고속도로 망: 19세기의 고속도로 망 343
고속도로 사용료 책정 335
고속도로 프로그램 337
고전적 자유주의자 481, 502
    고전적 자유주의의 쇠퇴 22
    사회주의와 고전적 자유주의 23
공개시장 매입 292
공공부문 316
    공공부문의 폐지 324
공교육과 청소년 범죄 220
공리주의 26
    자유시장 경제와 공리주의 39
    자유지선주의 신조와 공리주의 26
    징집과 공리주의 127
공립학교(공립학교 체제) 121, 506
    19세기 보수주의 및 국가주의와
        공립학교 21
    공립학교 보조금 213
    공립학교에서의 의무교육 191
    공립학교와 통합교육 211
    공립학교의 학부형 통제 211
    독일의 공립학교 195
    소수 인종의 언어와 공립학교 198, 218
    의무교육의 전체주의적 성격 208
    주거 지역 분리와 공립학교 212
    청소년 범죄와 공립학교 220
공산주의(공산주의 운동) 44
    개인소유권과 공산주의 44
    공산주의의 분열 458
    냉전과 공산주의 458
공유 목축지 400
과두 정치 79
과학 20, 22
과학자 22
관료주의 25, 203
교육 121
    고등교육 220
    교육받을 권리 214
    자유지선주의 운동과 교육 474
교통 규칙: 사설도로의 교통 규칙 331
교통 위기 116
교통체증 116
교회 87
    국가와 교회의 연합 87
    왕과 교회의 신성한 권리 87
    정교분리 6
국가
    국가 권력의 제한 101
    국가가 활용하는 죄의식 92
    국가에 대한 시민의 복종 85

국가에 대한 이단적 견해 90
국가에 의해 경시당하는 개인 73
국가의 건강성으로서의 전쟁 443
국가의 과두 지배 80
국가의 기생적 성질 80, 84
국가의 기원 100
국가의 비신화화 및 탈신격화 37
국가의 실패 502
국가의 통화공급 관리 285
국가의 폭력행사 독점 76
국가지배의 필연성 90
다수의 국가에 대한 지지 혹은 수용 85
도둑집단으로서의 국가 82
사회주의와 국가 22
전통적 자유주의와 국가 6
정부에 의해 만들어진 계급 83
조합주의 국가 18
지식인과 국가 86
지식인의 국가에 대한 필요 87
침략(침범)자로서의 국가 74, 82
국가 안보 지식인 94
국가 없는 사회 101
국가산업부흥국 448
국가산업부흥법(1932년) 135
국방 378
국채 293
군국주의 449
　전통적 자유주의와 군국주의 6

군대: 육군 또는 군대 6, 18
　군대의 비자발적 예속 129
　상비군 131
군비축소 466
군산복합체 116, 446
권력
　권력에 대한 카토의 편지 8, 9
　자유지선주의 운동과 권력 476
권리
　공기 오염과 권리 416
　사회의 권리 60
　인권 67
　자기소유권 125, 130
　자연권 7
권리장전 102
그리스 457
금본위제 285
급진적 자유지선주의: 미국혁명의 급진적 자유지선주의 성격 7, 9, 11
급진주의 23, 27
　전통적 자유주의자와 급진주의 7, 16
급진주의자 16, 21
기술
　공해방지 기술 413
　자유주의자의 기술 비판 390

ㄴ

낙태　173
남베트남　436
내전　454
냅 위원회　180
냉전　440, 458
네그로　265
노동자: 19세기의 노동자　18
노동조합　120, 135, 220
　　공교육과 노동조합　220
　　노동조합에 의한 파업　120
　　파업금지법과 노동조합　135
노리스-라과디아 법(1932년)　134
노예 폐지론　25, 481
노예제　125
　　노예제 폐지　14, 25
　　노예제로서의 징집　34
농산물 가격 보조　254
농업조정국　448
농촌전기사업국　255
뉴딜 정책　105, 446, 448
뉴욕시　115, 116, 229, 265, 505
　　뉴욕시에서의 장외 경마 도박　177
　　뉴욕시의 경찰 부패　180
　　뉴욕시의 물 부족　320
　　뉴욕시의 범죄　321, 325
뉴욕시운송협회　322

ㄷ

담배 광고 금지　180
당좌통화　284, 288
대공황　236, 275, 313
대기업　492
대기오염　408, 412
대기오염 관련 집단소송　411
대법원: 자유지선주의에서의 대법원 부재　361, 365
대출확대. 참조: 은행신용대출　302, 303, 309
대통령: 워터게이트 사건과 대통령　122
대학
　　대학 보조금　221
　　대학의 인증　222
　　재단법인 형태의 대학 운영　223
도로
　　도로 사용 규칙　331
　　도로 사용료 책정　335
　　도로에서의 경찰 보호　115
　　도로의 민간 소유　325
　　민간경제에서의 도로 경비　325
　　영국과 미국에서의 사설 도로　342
도박　177
도시 재정위기　115
도시 주택 건설　119
도시구획법　255
도심부흥 프로그램　254

찾아보기 | 537

도청 175
독과점적 정부 서비스 322
독립선언문 7
독일 18
　독일의 외교정책 454
　독일의 의무교육 195
동유럽
　소련의 대 동유럽 정책 455, 457
두려움: 국가에 의해 주입된 두려움
　91

ㄹ

라디오 법(1927년) 157
라틴 아메리카 100
러시아
　1차 대전과 러시아 453
러시아계 유대인 이민자 244
로드아일랜드 198
로마 가톨릭 교회 99
로마클럽 보고서 391, 396
리카도 학파 300

ㅁ

마르크스-레닌주의 451
마약 179
마인드 219
마조리 웹스터 초급대학 223
매사추세츠만 식민지 197
맥콘위원회 232

면책법 139
명예훼손 154
모르몬 교회의 복지 계획 237
목재자원 398
목초지 파괴 399
무정부 상태 351, 353
묵티 바히니 429
문화: 공공복지와 문화 241
물 부족 117
물놀이 문화 407
미국 농무부 418
미국 식민지 11
미국 철도 협회 331
미국 헌법 102
미국독립혁명 4, 12
미국시민자유연맹 170
미국의 대법원 105
미국의 스페인 전쟁 432
미국의 우편사업 255
미국중재협회 356
미합중국
　군축과 미국 467
　미국에서의 국가에 대한 신비감
　　붕괴 507
　미국에서의 자유지선주의 운동
　　전망 509
　미국에서의 전쟁과 국가의 권력
　　445
　미국의 외교정책 431

미국의 위기 상황　504
　　역사적 실현으로서의
　　　　자유지선주의와 미국　478
미확정 선고　150
민간 상사법원　357
민간(자유시장) 경제의 경찰 서비스
　　　350
민간항공위원회　256, 408
민족주의　92
민주당　12
　　1844년 대통령선거 후보자와
　　　　민주당　14
　　전통적인 자유주의 정당으로서의
　　　　민주당　12, 30
민주주의　14, 22
　　의회 민주주의　101

ㅂ

반제국주의연맹　31
방글라데시　429
방송매체　160
　　라디오　160
　　텔레비전　160
방어　108
배론 보고서　509
버스통학: 인종 통합을 위한 버스통학
　　　211
범법자　142, 183, 373
범죄　34

　　노상에서의 범죄　115
　　사회와 범죄　62
　　참조: 도로에서의 경찰 보호　115
　　피해자 없는 범죄　33, 170, 182
범죄자　139
　　범죄자 구금　143
　　범죄자 처벌　141
　　범죄자에 의한 피해자 보상　72,
　　　141
법
　　고대 아일랜드의 사법체계　370
　　관습법　364, 367, 368, 409, 411
　　로마법　366
법률심사
　　법률심사와 국가　102
법원 혹은 법정
　　고대 아일랜드의 법원　370
　　공해와 법원　412
　　대안으로서의 사적 중재　356
　　방송매체와 법원　162
　　부패하고 편파적인 법원　373
　　자유지선주의 사회에서의 법원
　　　판결의 집행　358
　　자유지선주의 사회의 법원　362
　　항소법원　362
법정 모독　144
베를린 대학　96
베트남 전쟁　435
베트민　435

베트콩　436
보석　143
보수주의　16
   19세기의 보수주의　16
   군산복합체와 보수주의　447
   보수주의의 복지체제 비판　248
   사회주의와 보수주의　22
   자유지선주의 아이디어의 수용성
      492
   자유지선주의 이념에 대한 수용성
      479
   포르노와 보수주의　167
보수주의자　16, 17
보육원　252
보조금　213, 214, 218, 220, 253
보험회사조사관　348
보호무역　17, 18
복지국가: 복지국가와 조세　256
복지제도　119
   문화 및 도덕적 가치와 복지제도
      241
   복지제도에 남고자 하는
      인센티브/반인센티브　230
   복지제도에 의해 방해받는
      자구노력　250
   복지제도와 미래 가치관　242
   복지제도와 인구증가　251
   복지제도의 사기저하 영향　248
   복지제도의 위기　227

봉건제도　5, 9
북베트남　436
불매운동　155
불합리성　20
불황　275
   오스트리아(미제스) 학파
      이론에서의 불황　308
브레혼　370, 371
브루클린 노스사이드　242
비자발적 예속　125, 191
   비자발적 예속과 노예　140
   비자발적 예속으로서의 조세　136
   비자발적 예속으로서의 징집　126
   사법체계에 있어서의 비자발적
      예속의 측면　144
   정신질환자의 강제 입원　146
비자발적 예속 또는 노예
   사법체계에 있어서의 비자발적
      예속의 측면　145
   정신질환자의 강제 입원　146
비침해성의 공리　33
빈곤에 대한 자유주의자 걱정　386
빈민
   가난한 자와 조세　260, 262
   소득재분배와 빈민　256, 267
   정부 서비스와 빈민　253
   정부가 빈민을 도와주는 최선의
      방법　268

ㅅ

사망률: 하류층의 사망률 244
사법제도와 비자발적 예속 144
사법체계
    자유지선주의 사회에서의
        사법체계 354
사업가 492
    중소기업가 497
사적중재인 357
사회계급
    조세와 사회계급 83, 256
사회보장세 257
사회보장체계 505
사회복지사 233
사회와 개인 59
사회적 다원주의와 고전적 자유주의 28
사회적 다원주의(사회진화론) 28
사회주의 323, 324, 478
    19세기의 사회주의 21
    사회주의의 실패 503
    언론의 자유와 사회주의 159
사회진화론 29
산림 398
산림청 399
산아제한 172
산업주의 22
산업혁명 5, 16, 500
상류층 문화와 복지 242

서구에서의 국가의 기원 100
서독 504
성매매 업소 171
성문 헌법 76
성행위에 관한 법률 170
세금 납부자 83
세금 반란 505
세금 소비자 83
소득 분배의 불평등 261
소득세 136
    대학교육과 소득세 223
    역소득세 269
    역진적 소득세 257
    원천 과세 136
소득재분배
    고등교육과 소득재분배 221
    복지국가와 소득재분배 256
소련
    군축과 소련 467
    소련의 외교정책 451
소비/투자(혹은 저축)비율과
        경기순환 307
소비세 또는 간접세 139
소비자 수요
    통화공급과 소비자 수요 282
소수인종: 공립학교와 소수인종 198
소음 공해 412
소환권 140
쇼-카르도조 267, 268

수감 150
수정헌법 제13조 126, 140
수정헌법 제5조 138, 139
    소득세와 수정헌법 제5조 138
수질오염 406
순수 휘그파 7
스태그플레이션 276, 311
스토어프런트 252
습관 88
시간 선호 304
시민 복종 85
시민의 자유 33
시위 156
시장경제 34, 65
    자유시장 경제와 경기순환 299
시장경제 자본주의: 자유주의
    지식인들의 시장경제
    자본주의에 대한 불만 385,
    387
식민시대 미국의 공립학교 196
식민지 시대 미국 9
신좌파 수정주의 역사학자 438
신횃불 운동 197
실업 385
    최저임금법과 실업 253
    하류층의 실업 245

ㅇ

아일랜드계 이민자 244

안토닉과 체임벌린 소송 사건 410
알바니아계 미국인 241
알코올음료 179
애국심 90
어업 402
에너지 390, 397
에식스 결사 206, 207
여럽피나 369
역사적 결정론 90
연간소득 보전 269
연방간척부 255
연방규약 10
연방전파위원회 164
연방주의당 12
연방주택국 255
연방준비은행 제도 287
    연방준비은행의 예치금 조건 289
    통화공급과 연방준비은행제도
    289
연방준비은행권 289
연방통신위원회 158, 164
영국
    영국에서의 사적 조정 357
    영국의 노르만 정복 101
    영국의 사설 도로 342
영국시민혁명 5
영국시민혁명기 7
오리건 주 201, 202
오스트리아 경제학파 277

와그너 법 135
왕권신수설 101
외교정책 115
    독일의 외교정책 454
    미국의 외교정책 431
    선험적 역사관 회피와 외교정책 462
    소련의 외교정책 451
    자유지선주의 외교정책 465, 469
요구불예금 289
우크라이나 454
우편서비스 118
워터게이트 스캔들 122, 507
원시인 401
원자력에너지위원회 418
원자재 보존 397, 398
원자적 개인 43
위기 상황 497
위스콘신 대학 188
유고슬라비아 457
유산 65, 66
유아 사망률 244
은본위제도 285
은행 요구불예금 288
은행(은행제도) 122
    경기순환과 은행 297, 310
은행신용대출 302, 303, 309
은행신용대출과 경기순환 290
음모론: 역사의 음모론 90

의료보장과 도시 빈민의 태도와 가치 243
의무교육법 191, 218, 220
이성 20, 21, 22, 42
이자율 304
이탈리아 456
인간 본성 43
인권과 주택 69
인증 217, 222
인플레이션 121, 280
    인플레이션에 대한 설명 280
인플레이션을 동반한 경기침체 276
    오스트리아 학파의 경기순환 이론과 스태그플레이션 311, 312

ㅈ

자기소유권 48, 68
자동차 116, 194
자동화에 대한 히스테리 387
자본주의에 대비되는 자선사업가 263
자본주의에 대한 자유주의 비판 385
자비스와 간이 발의한 주민청원 113
자선기구협회 250
자연권 26
    개인소유권과 자연권 42
    자연권에 바탕을 둔 자유지선주의 신조 42
    자연권에 바탕을 둔 재산권 41

자유시장 경제와 자연권 64
재산권의 정의와 자연권 48
자연법 42
자원 고갈 388
자원 보존 394
자유
  성매매의 자유 171
  자유지선주의의 자유에 대한 정의 67
자유: 언론의 자유 159
  라디오와 텔레비전과 언론의 자유 157
  재산권과 언론의 자유 109
  학문의 자유와 언론의 자유 206
자유: 표현의 자유 152
  폭동의 선동과 표현의 자유 152
  표현의 자유와 재산권 68
  피켓팅과 데모와 표현의 자유 155
  혼잡한 극장에서 '불이야'라고 소리치기와 표현의 자유 70
자유로운 교환 63
자유로운 시장: 현재 정부 제공 서비스 및 재화의 자유시장 316
자유방임 자유주의자 31, 40
  공해와 자유방임 자유주의자 417, 418
자유시장 28
자유시장 경제 315

자유주의 지식인의 불만 384
자유주의자 21
  포르노와 자유주의 168
자유주의자(자유주의 운동) 493
  자유방임적 자유주의 22, 31
자유주의자의 경제 성장 비판 389
자유주의적 제국주의 30
자유지선당 3
자유지선주의
  교육과 자유지선주의 490
  대중매체와 자유지선주의 496
  미국독립혁명에서의 자유지선주의 4, 10
  미국의 중산층과 자유지선주의 496
  우파 기회주의와 자유지선주의 477
  유토피아적 혹은 현실주의적인 자유지선주의 478
  자유지선주의 관점에서의 사회 62
  자유지선주의 사회에서의 법률체계 362
  자유지선주의 외교정책 423
  자유지선주의 운동 3
  자유지선주의 운동과 청소년 495
  자유지선주의 이론 473
  자유지선주의 전망 499
  자유지선주의에 호감을 갖는 집단 495

자유지선주의의 전환기적 요청
    478
좌파 분파주의와 자유지선주의
    477
청소년과 자유지선주의 495
표현방식에서의 모순과
    자유지선주의 489
자유지선주의 정당 175, 489, 509
    자유지선주의 정당의 전략 선언
    489
재산권 109, 154
    공중파에 대한 재산권 162, 163
    사물에 대한 재산권 108
    자기소유권 43, 44
    재산권에 대한 자유지선주의 이론
    108
    재산권의 정의 43
    토지 소유권 163
    표현의 자유와 재산권 151, 157
재산세 113
재산소유권
    생산자의 재산권 48
    인권과 재산권 69
    재산권에 대한 자연권의 입장 41
    재산소유권에 대한 공리주의 입장
    39
재판
    사전 구금 144
    신속히 재판을 받을 권리 142

재판의 강제 출석 140
재할인율 291
잭슨주의 자유지선주의자 14
전국 유색인종 발전협회 389
전기 부족과 정전 118
전략무기제한협정 467
전쟁 6
    고대 아일랜드와 전쟁 101, 372
    전쟁에 대한 자유지선주의자 입장
    425
    전쟁의 법규 425
    전통적 자유주의와 전쟁 6
전체주의 99
전통 15, 16, 20
    전통의 힘 88
전화서비스 118
점진주의 27, 476, 482
정당성 또는 합법성 37, 47, 64, 66,
    377
    사법부와 정당성 부여 103
정복에 의한 국가의 기원 100
정부
    다른 기구와 구별되는 정부 74
    미국독립혁명과 정부 9
    정부 권력에 대한 제한 106
    정부에 대한 제퍼슨과 잭슨 당파의
        견해 12
    정부에 대한 카토의 편지 8

정부에 의해 정의된 정당한 소유자 47
정부에 의해 제공되는 서비스 및 업무 316
정부와 공립학교 203
정부 지출 276, 315, 447
   급격한 지출 축소 264
정부로부터의 수주 계약 264, 447
정부발행 유가증권 294
정책 연구소 267
제1차세계대전 432
   러시아와 제1차세계대전 452
제2차세계대전 446
제국: 전통적 자유주의와 제국 6
제국주의 4, 6, 9, 12, 13, 31
   고전적 자유주의와 제국주의 30
   미국의 제국주의 432
   제국주의 정의 437
조세 6, 35, 37, 82
   강제와 조세 37, 136
   계급과 조세 83
   고등교육과 조세 220
   과도한 조세 113
   도둑질인 조세 82
   전통적 자유주의와 조세 6
   정부 운영 및 서비스와 조세 36
   조세부과의 기회주의적 전략 487
   조세의 폐지 혹은 과감한 삭감 261, 476

주정부와 지방정부의 조세 257
조세재단 260
조지주의자 53
종교
   중국의 종교 89
좌파 유토피아주의와 자유지선주의 483
주정주의자 39
주택
   도시 주택 119
   주거지 차별 332
중국 461
   고대 중국 89
   중국의 전제주의 99
중립 425
   중립국의 법규 425
중상모략 154
   중상모략 명예훼손과 표현의 자유 154
중상주의 5, 12, 21
중소기업청 267
중앙계획 324
   중앙계획 경제의 실패 502
증인에 대한 강제증언 요구 140
지급준비금 289
지식인
   19세기 국가주의적 보수주의와 지식인 20

국가를 위한 변명자로서의 지식인
   36
국가안보와 지식인 94
국가와 지식인 86
지하철 116
진보주의자 21, 25
집단안보 426
징집: 비자발적 예속으로서의 징집
   35, 127

ㅊ

차별 332
착한 사마리아인 189
참여적 공유주의 44
철도 116, 329, 334, 335
총기 규제법 183
최저임금 253
최저임금법 253
출판업계 205

ㅋ

카르텔 21, 445, 493
카토의 편지(트렌처드와 고든) 7
케인스 경제학 274, 275, 447
   경기순환과 케인스 경제학 276
코네티컷 주 197
쿠바 434
퀘이커 교도 197
크로우더 위원회 220

ㅌ

탈국가화 계획 488
태프트-하틀리 법 133
테네시강유역개발 255
테크노크라트 또는 기술관료 20, 22, 26
텔레비전
   유료 텔레비전 160
   텔레비전 방송에서의 폭력 168
   텔레비전 방송의 자유 160
토지 소유권 52
통합 교육 211
통화공급 283
   경기순환과 통화공급 302
   연방준비은행 제도와 통화공급
      287
   통화공급과 인플레이션 283
투어 369, 370
트리뷴 사와 오크 리브스 방송사 간의
   소송 164
티베트 440

ㅍ

파업 120
   파업금지법 133
파키스탄 429
판매세 139
평등 67
   사회주의와 평등 23

찾아보기 | 547

평화공존 423
    소련 정책으로서의 평화공존 452
평화주의자 73
포르노 167
폭동 선동 153
폭력성
    텔레비전 방송에서의 폭력성 168
폴란드 455
풍요: 과잉 풍요에 대한 자유주의자의
    견해 386, 387
프랑스 435
피어스와 수녀회 간의 소송 202
피임 172
피켓시위 156
핀란드 455

ㅎ

하류층의 문화와 공공복지 244
하버드 대학 연구: 권총에 관한 하버드
    대학 연구 189
하천오염 117, 408
학교
    사립학교 217
    프리드먼의 바우처 계획과 학교
    215

학교 교육 대 교육 일반 193
학군 210
한국전 94
합성물질 397
항공사 117
항소심 361
해양자원 405
해외 간섭 434
핵 군축 467
허가 혹은 면허 254
    방송국 면허 157
현재적 성향: 복지제도와 현재적 성향
    247
환각제 179
획일성 대 다양성, 그리고 공립학교
    203
휘그 기득권 세력 7
휘발유세 336

기타

1812년 전쟁 445
19세기 국가주의 18
3대 혁명을 위한 특별위원회 387
KKK단 202, 203

지은이 머리 N. 로스바드 (Murray Rothbard)

1926. 3. 2. 뉴욕에서 출생
1943. 뉴욕시 Birch Wathen 고등학교 졸업
1945. 컬럼비아(Columbia) 대학교 학사 취득 (수학)
1946. 컬럼비아(Columbia) 대학교 석사 취득 (경제학)
1956. 컬럼비아(Columbia) 대학교 박사 취득 (경제학)
   (논문: 「효용과 후생경제학의 재건을 위하여(Toward a Reconstruction of Utility and Welfare Economics)」)
1962. 『1819년 공황: 반응과 정책(The Panic of 1819: Reactions and Policies)』, 『인간, 경제, 국가(Man, Economy, and State)』 출간
1963. Polytechnic Institute of Brooklyn Polytechnic Institute 경제학과 교수로 취임
1965. 저널 《좌와 우(Left and Right)》의 편집인 취임
1970. 『권력과 시장(Power and Market: Government and the Economy)』 출간
1973. 『새로운 자유를 찾아서: 자유지선주의 선언 (For a New Liberty: The Libertarian Manifesto)』 출간
1975. 『자유로 잉태한(Conceived in Liberty)』 Volume I 출간
1976. 『자유로 잉태한(Conceived in Liberty)』 Volume II 출간
1977. 『자유로 잉태한(Conceived in Liberty)』 Volume III 출간, The Cato Institute의 Resident Scholar로 취임
1979. 『자유로 잉태한(Conceived in Liberty)』 Volume IV 출간
1982. 『자유의 윤리학(Ethics of Liberty)』 출간, The Ludwig von Mises Institute의 학무 담당 부총장으로 취임
1986. 저널 《오스트리아 학파 경제학 리뷰 (The Review of Austrian Economics)》 편집인 취임, University of Nevada, Las Vegas 경제학과 석좌교수 취임
1995. 1. 7. 뉴욕에서 세상을 뜸.

옮긴이 소개

권기붕
연세대학교 정외과를 졸업하고 펜실베이니아 대학(University of Pennsylvania)에서 정치학(국제정치) 박사 학위를 받았다. 현재 경희대학교 평화복지대학원에 재직하며 원장을 맡고 있고, 주로 근대정치이론과 시민사회론, 국제정치이론을 연구하고 가르치고 있다. 주요 역서로는 『초대 대통령 이승만의 청년시절』이 있고, 저서에는 『정의로운 전쟁은 가능한가(공저)』, 『대한민국 정책지식 생태계 (공저)』 등이 있다.

정연교
성균관대학교 철학과를 졸업하고 University of Rochester에서 「John Locke's Contractarian Theory of Political Obligation」으로 박사 학위를 받았다. 현재 경희대학교 철학과 교수 및 후마니타스 칼리지 학장으로 재직하고 있다. 주로 고전적 자유주의와 진화론 및 과학기술혁명이 현대문명에 미친 영향에 대해 연구해왔다. 주요 논문으로는 「로크의 자연상태 개념에 관한 소고」, 주요 역서로는 『이렇게 살아도 괜찮은가?』가 있으며, 주요 저서로는 『맥루언을 읽다(공저)』 등이 있다.

정혜영
서울대학교 경영학과 및 대학원을 졸업하고 미국 University of California at Berkeley에서 경영학 박사를 취득하였다. 경희대학교 재정부총장을 역임하고 현재는 같은 대학교 경영대학 교수로 재직 중이다. 저서로는 『자본시장과 회계정보(공저)』 등이 있으며 역서로는 『재무제표분석』(Foster 지음)과 『옵션시장』(Rubinstein 지음) 등이 있다.

한학성
한국외국어대학교와 미국 University of Texas at Austin에서 공부했으며, 현재 경희대학교 영어학부 교수로 재직하고 있다. 촘스키의 생성문법이론으로 박사 학위를 취득한 후 상당 기간 촘스키에 매료되어 있었으나, 최근에는 한국인 및 한국어적 관점에서의 영어학, 한국영어교육사 및 영어연구사 등에 더 많은 관심을 두고 있다. 그동안 『영어 관사의 문법』, 『영어 공용어화, 과연 가능한가』, 『우리시대 영어담론: 그 위선의 고리들』, 『영어 구두점의 문법』 등의 책을 펴냈으며, 오토 예스퍼슨의 『외국어교육 개혁론』(How to Teach a Foreign Language) 등을 번역했다.